博士后文库

BOSHIHOU WENKU

〔管理学〕

人才发展学

赵光辉 ◎ 著

知识产权出版社

图书在版编目（CIP）数据

人才发展学/赵光辉著. —北京：知识产权出版社，2016.4
ISBN 978-7-5130-4025-9

Ⅰ.①人… Ⅱ.①赵… Ⅲ.①人才培养—研究 Ⅳ.①C961

中国版本图书馆 CIP 数据核字（2016）第 010454 号

内容提要

本书从人才发展的理论和实践角度，向读者展示人才发展的系统理论知识。主要内容包括：人才发展的概念及意义；人才发展的理论基石；人才发展的我国传统智慧；人才发展的西方现代理论；人才发展与经济社会发展；人才发展与国家发展；人才发展的比较优势；人才发展的未来趋势；人才发展的国际视野；人才发展的战略选择。是一部针对"人才发展"认知的、融合人力资源管理、技术经济及管理、管理科学与工程、公共管理等多领域知识的专业书籍。本书适用于高等院校公共管理、人才学、人力资源管理等相关专业的本科和研究生的教材，同时也可作为研究人员和政府公务员的参考书，尤其适合组织人事部门工作人员的学习读本。

责任编辑：兰　涛　　　　　　　　责任校对：董志英
封面设计：邵建文　　　　　　　　责任出版：孙婷婷

人才发展学

赵光辉　著

出版发行：知识产权出版社有限责任公司	网　址：http://www.ipph.cn
社　址：北京市海淀区西外太平庄 55 号	邮　编：100081
责编电话：010-82000860 转 8325	责编邮箱：lantao@cnipr.com
发行电话：010-82000860 转 8101/8102	发行传真：010-82000893/82005070/82000270
印　刷：北京富生印刷厂	经　销：各大网上书店、新华书店及相关专业书店
开　本：880mm×1230mm　1/32	印　张：24
版　次：2016 年 4 月第 1 版	印　次：2016 年 4 月第 1 次印刷
字　数：630 千字	定　价：59.00 元
ISBN 978-7-5130-4025-9	

出版权专有　侵权必究
如有印装质量问题，本社负责调换。

序

王通讯[*]

赵光辉博士将他的《人才发展学》书稿寄我，希望我为他这本新著的面世写几句话，我高兴地答应了，因为在这样一个举世浮躁的时代，像他这样的年轻学者不多，我很乐意为有个性、有坚守的人说一些鼓励、鼓劲、鼓舞的话。

人才发展，作为一个问题，还是一个新近提出的，是2010年全国第二次人才工作会议之后方进入研究者视野的课题。正因为如此，所以研究者不多，也比较容易写出新意。总看全书，著者是花费了大量时间精力的，章节布局也不容易。就我看到过的高价值材料看，光辉是一位思路开阔的有心人，探索触角涉猎较广，开山铸铜，力图构建一个属于自己的学术体系。正如前贤所言，任何学科或一个重大创建，无不经过"搜集材料、整理材料；融汇材料、提炼材料；形成观点、提出创见"几个阶段。通

---

[*] 王通讯，我国著名人才学家，原中国人事科学研究院院长兼人事与人才研究所所长，上海交通大学兼职教授，美国普林斯顿大学博士生导师，首都经济贸易大学博士生导师，中国人才研究会副会长、秘书长。

读全书，著者的点点辛劳，均可以从中窥见。

要论这本《人才发展学》的特色，我认为有以下三点：

第一，较好继承了前贤人学学术的研究成果。关于人的研究历史久远。人才研究也有了不短的历史。著者紧紧抓住马克思这位学术导师关于人的发展的"三大阶段""三种形态"的理论，高屋建瓴，挈领振衣，占据了论述展开的有利位置。同时，对在人才发展方面有深入研究的中西学者的理论成果，包括舒尔茨的人力资本理论、熊彼特的企业家创新理论等等也广为吸纳，作为自己构建体系的基石。没有承前，就没有启后，这是十分必要的，也是十分正确的。

第二，特别关注了当代人才学术的最新进展。人才研究属于中国特色。但是，国外的人力资源研究，也包含着人才研究的内容，其中不少成果对国内人才研究具有极高的参考价值。例如，1995年联合国开发计划署关于"人力资源能力建设方程"的研究成果就属于可资借鉴的部分。著者通过引用能力建设方程，说明了我国目前人力资源能力建设尚处在"较弱地位"，指出我国整体人才发展还有较大的空间。此外，美国关于人力资本投资的国际比较，也能够使国人猛醒，认识到加大人力资本投资对于建设创新型国家的极端重要性。

第三，尤其呈现了历史经验的启迪作用。研究人才发展，不能忽视在20世纪曾经出现过的三次令人瞩目的成功追赶，那就是1900年美国对英国的赶超，1950年日本对美国的追赶，1960年韩国对西欧的追赶。这在当时，都被认为是不可能的事情，但他们都成功了。后来学者们研究发现，这三个国家有一个共同特点，就是都采取了"人才优先"的人才战略。这里讲的"人才优先"专指追赶国对本国人才开发的优先投资与超前投资。大体而言，当追赶国人均GDP相当于被追赶国20%的时候，前者人均受教育年限达到后者的40%；当追赶国人均GDP相当于被追赶国40%的时候，前者人均受教育年限达到后者的70%；当追赶国人均GDP相当于被追赶国的80%的时候，前者人均受教育年限基本达到与后者接近的水平。原来人才发展的赶超之势，成就了经济发展之赶超。赶超的秘密，不在别处，就在人才资源优先开发与超前投资上。

正是由于著者把握住了以上三条基本方略，从而使得该书架构得以站立起来，并将吸引更多的后来者继续砥砺而前行。

关于如何进一步把这个有意义的题目做好，我也想借此机会，谈几点自己不成熟的想法。

首先，需要进一步界定好"人才发展"的内涵。人才作为行为主体，既有个体，又有群体，还有整体。那么，人才发展是不是可以分出这样几个层次加以论述呢？我看可以。层次不同，人才发展规律不会一样。分层次论述的好处是层次分明。在整体架构上，可以采取"总－分－总"的体系。当然，这需要一定的理论高度和文字驾驭功夫，应尽量做到条分缕析，环环相扣，步步深入，详略得当。

其次，需要进一步开阔研究视野。关于人才发展的知识，可以说是如汪洋大海。如何从中撷取相关内容加以系统化不是一件容易的事情。比如我正在研读的人才学前辈潘光旦的《人文史观》就是一本具有重要参考价值的著述。在这本书里，潘老前辈介绍了西方学者关于人才产生与发展的"三边形"理论。这种理论说，形成人才的因缘是极复杂的，归纳为三类，一是属于生物遗传的，二是属于文化背景的，三是属于平生际遇的。一人成才的程度，当然视这三种因缘结合的程度而差。真正的人才，第一靠遗传的良好。但他成才到什么程度，局部也要看他所处的社会有多少文化遗业，有什么文化遗业。遗业与际遇都是供给刺激的东西，不过一是纵的而有时间性，一是横的而有空间性。此外，潘老前辈对公元前530～430年100年间，希腊从67000多成年自

· 3 ·

由人里，产生14名第一流的人才，平均5000人中产生一个，做出了解释，认为这是对外来移民进行严格选择的结果。类似这样的研究成果就应当予以必要的吸纳。

再次，需要人才主管部门予以必要的支持。人才研究与其他社会科学一样，既需要重视应用研究，也需要重视理论研究。像《人才发展学》这样的研究项目，目前往往排不上队，只能靠有心者自己潜心钻研，得不到国家、社会的经费支持。有见识的领导者应该改变这种现状，划拨一些经费予以适当支持。这样做，对于国家长远利益来说，是很有意义、功德无量的。

又是一年春来早，隔窗已是花满枝。

是为序，并就教于海内同好者。

2016年4月3日，于海棠在望书斋

中美大学差异与人才发展

倪军[1]

美国目前仍被公认为是世界上的创新大国、强国：世界上70%的专利出自美国，无论是诺贝尔奖得主人数，还是世界一流大学的数目，美国都遥遥领先。更值得注意的是，世界上很多重大的、具有突破性意义的科研成果都来自美国。它们不一定都是由美国本土学生创造的，实际上，更多是由外国学生在美国大学从事研究后创造出来的。

美国高等教育能够给我们带来哪些启示？不妨研读这样一份调查报告。它是由美国密歇根大学机械工程终身正教授和吴贤铭制造科学冠名教授、上海交通大学密西根学院荣誉院长倪军，在

---

[1] 倪军教授，上海交通大学密歇根学院荣誉院长、美国密歇根大学机械工程学院终身正教授和吴贤铭制造科学冠名教授，并担任密歇根大学吴贤铭制造研究中心主任、美国国家基金会设立的可重构式制造系统国家工程中心执行主任和产学研智能维护系统中心的共同主任。他先后承担了美国三大汽车公司、波音公司、美国空军和国家科学基金等115项重大科研项目。

对比研究中美排名前十位大学的人才培养体系后写就的。这些入选的高校包括美国的哈佛大学、麻省理工学院、普林斯顿大学、耶鲁大学以及中国的北京大学、清华大学、复旦大学、上海交通大学等。

学生质量、教学设施、办学经费、师资队伍、管理体系、办学理念……在这些"看得见"的分类里，中国大学和美国大学相比，究竟"输"在哪？

一、同样搞科研，创新机制截然不同

从创新机制来看，中美大学间的区别非常大。中国的大学基本以国家战略目标为导向。例如，国家现在有16个重大科研专项，很多科研经费也就顺着这些项目拨过去了。而在美国，大部分的创新还是以个人兴趣为导向。这样，从资源分配来看，中国的科研经费实行的是国家拨款，且拨款方式比较集中。十几个重大专项，每个都有上百亿元资金投入。而美国实行的则是分散性投资。

从组织结构方面看，中美两国也有很大的差别。在科研上，中国的高校一般是大团队、大梯队，而美国都是小梯队、小组，但这些小组又可以动态组合成无数个新的队伍。

不妨举例来说。比如上海交大的机动学院有差不多300位教授，他们捆绑在十七八个研究所里，具体的科研基本上也就是这十七八个单位做。而在美国密歇根大学机械系，教授、副教授、助教加起来总共60位，他们却有60个创新团队，再经过排列组合后，可能出现的创新小组会超过100个。

也就是说，在美国密歇根大学虽然只有60名科研人员，但创新性研究的点可能不止60个；而在中国，科研项目往往就局限于十多个科研院所，因为一个所里往往集结了一个学科带头人、所长，还有几位正教授、若干副教授、一批博士后和一大批学生。底下的教授、副教授、博士生，这些人的研究方向、任务都是由所长从上到下指派过来的。

尽管我们的目的导向是创新，为了解决国家的重大需求，国家集中队伍突击，各方面的力量可以协调，由此很高效地达到攻克某些技术指标的目标。比如中国可以很快地派无人探测器登月，但这里也有局限，那就是所有的资源都局限在某个点上。如果国家有16个重大专项，那么很多钱就砸在这16个领域里面。

必须注意的是，以创新兴趣为驱动的知识创造，其结果不一定马上就能应用，一般来说，重大科研突破都属于这种情况。因此，就未来创新人才培养模式来说，中国高等教育面临三大挑战：一是创新环境，二是创新机制，三是创新基础。

第一，中国的创新环境基本上是对接国家需求的。原创性研究不一定可以和美国相比，但完成某些国家的科研项目、任务，如国家"863"项目等，则可以非常高效。随着创新型社会逐步建立，中国以后不能只是局限于跟踪研究，即国外做什么我们做什么，中国一定要推出自己的原创性研究，这就是第一个挑战。

第二，在创新机制上，中国大学要学会在科研大团队模式和动态协作的众多科研小组模式上实行两者兼顾，既不能完全依靠大梯队，也不能像美国，都靠个人小组。从中国社会发展、经济发展的实际需要来讲，高校既要有科研大团队，也有鼓励若干创新型小组甚至个人，鼓励教授自己带学生一起创造。

第三，从创新基础来说，未来10年，中国大学很可能要经历一个大的变革。目前中国高校做的很多科研，还是工业界应该做而不能做的事。而这种水平的研究在美国基本上已经由大公司的研发队伍来做了。今后，一旦中国有更多企业都能够像华为那样有了属于自己的研发队伍，那么就不会继续依靠大学来解决它们的问题。所以，中国高校一定要在基础创新上往前走一步，谁走得早，谁就领先。

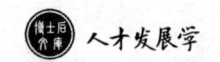

二、缺乏淘汰制度，博士生质量"差太多"

大学生是国家未来的创新人才。不言而喻，如果大学教育体系跟不上，就会直接影响人才的培养。

中国前十位大学，其本科生源质量一点不亚于美国前十名大学的学生，尤其是中国学生在数理化方面的功底很好。但仔细对比一下，中国学生的质量还是"很一般"。因为美国学生有很多方面的优势。最典型的是学生解决问题的能力，让中国学生解一个方程式，他能解得非常巧妙、非常快，在这方面美国学生绝对不如中国学生。但是美国学生解决实际问题的能力要比中国学生强很多，他们更善于从实际生活中提炼方程式。

客观来看，中国大学培养的硕士生，其实要比国外好。国外读硕士很快，如在美国读工科硕士，学生一般有三种方法：第一种是读十门课；第二种是读八九门课，再做一些研究；第三种是读七门课再做一个论文。在前两种情况下，美国培养的硕士在能力上比中国本土培养的硕士要差一些。因为中国读硕士需要两年半时间，而国外只要一年。

中美大学教育差异最大的是博士阶段，国内培养的博士生水平普遍不如美国前 10 位大学培养的博士生。其中一个重要原因是，美国有淘汰制度。而在中国，一旦进入博士班，几乎还没有什么淘汰机制能把不合格的学生淘汰掉。

美国博士生的淘汰率很高。以美国密歇根大学机械系的研究生培养为例，有一年共有 1200 多个学生申请攻读这个系的研究生，最后只有 180 个人被录取，但这只是一个"入口"。

180 个学生进来后，必须在修完两个学期的课程后参加博士资格考试。在机械系，第一次考过的学生不超过入读学生人数的一半。比如 20 分是满分，考 14 分的学生可以通过。但考到 12、13 分，甚至 11 分，还会给第二次机会。两次考试加起来，只有

65%的学生可以通过博士资格考试。不通过怎么办？赶快再读点课，拿个硕士毕业证走人。

第二是开题报告，在国内很少有博士生开题报告通不过的，但在美国，有可能10%的教授觉得选题太差，那个博士生就被刷掉了。博士生在答辩时也有通不过的情况发生。因为美国大学的答辩委员会认为，如果给一个不合格的学生博士学位，让他毕业，就等于把学校品牌给他了，所以他们非常慎重，宁缺毋滥。

就算一个人读了四五年博士，7万美元一年，如果通不过答辩，那么40多万美元就浪费了，但是答辩委员会不愿意让不合格的学生毕业。否则别人会质疑说"这样的人也能拿到密西根大学的博士生学位？"学校的声誉会因此受到损害。

很多外国跨国企业，比如GE、福特公司到中国来招人的时候，他们喜欢招收从中国大学毕业的硕士生。一些人事主管感慨，好的博士生有时候也能遇到，但总体感觉跟硕士差不多。而相比之下，美国大学培养出来的博士，可以闯过一道道关卡并拿到学位的，一般是很不错的。

三、课程改不改，到底谁能说了算

大学对人才的培养如何来评估？其实，有效的人才培养并不是指把学生的课时填满就够了，而是要看学生是否学到真正有用的知识。

美国密歇根大学机械系最近20多年来，排名始终保持在全美前五名，本科生排全美第二，研究生排第四。机械系很大，船热、流体力学、材料、控制、动力都有，一共有近60位教授。最近，机械系又在酝酿工程教育改革。为什么呢？因为不断加剧的全球化进程，从某种意义上来说，是对新知识提出的挑战。高校对学生能力的培养，包括用人单位希望毕业生所具备的能力都有了新要求。对比二三十年前，一个大学毕业生所学的知识，够支持他一辈子的职业生涯。而现在，大学毕业生每五年就需要充电一次，因为知识的更新太快了！

在知识爆炸的社会里，很多新知识大家都希望学，但是学时有限，怎么办？我们提出一个概念，叫 Justin time。以美国密歇根大学机械系的工程教育改革为例，每几年就要改一次，但这样的改革不是一改就不变了，直到现在还在不断的变革中。

美国大学的教学改革怎么进行？首先，要在改革前做调查，任何改革都不是平白无故、没有依据地改，而是要根据调研资料反映出来的问题来改。

记得以前就有过这样一个调查：从密歇根大学机械系毕业的学生在很多行业工作，第一类是毕业 20 年的，第二类毕业 10 年，第三类毕业 5 年。于是调查分成两类，一是大学课堂上的学习内容在他们职业生涯当中有多重要；二是密西根大学的教育对他们有没有用。然后从分析调查表就可以看到，哪些课程设置对学生职业生涯重要，哪些是工程教育体系里的不足之处，哪些是学校认为重要而毕业生觉得不重要的，还有哪些是毕业生认为很重要但学校的教育里没有注重的。

密西根大学机械系几年前的一次教学改革有两大内容：一是加强学生动手能力，二是增加实验课。

以前每一门课后面都有一个"小尾巴"，让学生跟着老师去做实验，但具体的实验结果都由实验室的工作人员测试出来了，学生只是去抄个数据、写个报告就完事，这样就达不到"学生要学"的目标。现在的新教学方案是，把所有的实验抽出来集中成一节大课，三、四年级学生都需要上这样的实验课。两年的实验课加起来一共 8 学分，在整个本科 128 个总学分中的比例相当大。由此，学生们不仅要做实验，还要设计实验。比如测试材料的强度，做这个实验时就要考虑怎么测，如何调整误差，实验报告如何处理等。这些实验都由两三个学生合成一个小组完成，学生都非常重视。

这样改革后,学生们就不会像原来那样,在实验室"看一下、听一下"就走了。

四、教授提得快,导致人才"变了样"

就目前来讲,中国高校师资队伍普遍比美国前十位大学的要差。国内大学聘用教师的标准太随意、太低,有时提拔教授很快,但并不强调个人的创新。这些年,很多高校都从海外引进教师人才,但一些学校没有把人才用好,导致引进人才过了一两年就本土化了。

发生这样的情况,与国内大学的管理体制有直接关系。大学把教授聘来了,如何激励教授工作,又凭什么指标评价教授的工作?在评价上,现在国内评价教授的标准是,以中国自己定义的标准评价,即我们说这个人是大教授,他就是大教授。而美国对教授的评价,依据的是国际公认的标准,即在学术地位、教学、科研等方面有自己的贡献。

中美大学的评价标准,是有差异的。因此,中国高教改革要有长足的进步,首先必须改革教师考核体系。很多引进人才在国外也是名校毕业的优秀教师,为什么回来才两年就本土化了?因为国内的考核标准把人变成这样了!

再看课堂文化,中国高校的办学理念和美国也有明显差异。国内大学以传授书本知识为主,而美国大学在培养人的能力、创新性和传授知识上是三者兼顾的。

在教学方法上,中国的教学一般是教授在课堂上讲,学生听讲、记笔记。但美国大部分的老师都是一边教授知识,一边与学生互相学习。

在中国的大学讲台上,很少有教授敢讲自己不懂的问题,因为他可能会被学生轰下去。很多学生会说,老师怎么自己也不懂，就这样在讲台上讲呢？但在美国，经常可以看到学生和老师一起探讨问题，老师可能会说：这个问题老师也不知道答案，但如果由他自己来解答，会如何简化、找出怎样合理的方法……这样，学生和老师一起讨论、学习，这也是美国学生解决实际问题能力强于中国学生的重要原因。

反观中国学生，可就不一样了。中国学生喜欢在做完作业后"对一对"：如果答案一样，大家都放心了。而在美国课堂上，更多的题目是开放式的，很多问题没有唯一解，只有若干个解里面哪个比较好。就这一点而言，中美大学的教师在教学理念上有明显差异。

其实，问题有唯一解，老师改卷子很容易，计算机也可以改卷；但如果题目是开放式的，那么对老师的要求就非常高了。

这些，为我的学生赵光辉博士的人才学专著开篇说几句话，以为序。

目 录

第一章 人才发展的理论价值 ……………… 1

第一节 人才发展的理论溯源 …………… 2
一、人的发展的时代烙印 …………… 2
二、人的发展的内在含义 …………… 9
三、人才发展的社会约束 …………… 15

第二节 人才发展理论的价值导向 ………… 17
一、人才发展与社会发展 …………… 17
二、人的全面发展 …………………… 20
三、人才发展规律 …………………… 22

第三节 人才发展的实践意义 ……………… 26
一、人才发展与企业发展 …………… 27
二、人才发展与产业发展 …………… 30
三、人才发展与区域发展 …………… 33
四、人才发展与国家发展 …………… 36

第四节 人才发展政策评估 ………………… 39
一、人才发展政策模型 ……………… 39
二、人才发展评估方法 ……………… 43

三、人才发展评估结论 ⋯⋯⋯⋯⋯⋯⋯⋯⋯⋯⋯⋯⋯⋯ 48

第二章　人才发展的理论演进 ⋯⋯⋯⋯⋯⋯⋯⋯ 58

第一节　马克思主义人的全面发展理论 ⋯⋯⋯⋯⋯ 59
一、马克思主义人的全面发展理论的内容 ⋯⋯⋯ 59
二、马克思主义人的全面发展理论的形成 ⋯⋯⋯ 60
三、马克思主义人的全面发展理论的创立背景 ⋯ 63
四、马克思主义人的全面发展理论的本质特点 ⋯ 65
五、马克思主义人的全面发展理论的核心观点 ⋯ 71
六、马克思主义人的全面发展理论的现实意义 ⋯ 77

第二节　中央领导集体的人才思想 ⋯⋯⋯⋯⋯⋯⋯ 78
一、毛泽东的人才思想 ⋯⋯⋯⋯⋯⋯⋯⋯⋯⋯⋯ 79
二、邓小平的人才思想 ⋯⋯⋯⋯⋯⋯⋯⋯⋯⋯⋯ 82
三、中央领导集体的人才思想 ⋯⋯⋯⋯⋯⋯⋯⋯ 87

第三节　当代人才发展的新常态 ⋯⋯⋯⋯⋯⋯⋯⋯ 91
一、当代人才发展理论的实践 ⋯⋯⋯⋯⋯⋯⋯⋯ 95
二、当代人才发展的价值导向 ⋯⋯⋯⋯⋯⋯⋯⋯ 100
三、"中国梦"与人才发展 ⋯⋯⋯⋯⋯⋯⋯⋯⋯ 101

第三章　人才发展的传统智慧 ⋯⋯⋯⋯⋯⋯⋯⋯ 107

第一节　治国安邦的核心理念 ⋯⋯⋯⋯⋯⋯⋯⋯⋯ 108
一、为政在人：人为中心 ⋯⋯⋯⋯⋯⋯⋯⋯⋯⋯ 108
二、为政以德：道德教化 ⋯⋯⋯⋯⋯⋯⋯⋯⋯⋯ 111
三、正己正人：修齐治平 ⋯⋯⋯⋯⋯⋯⋯⋯⋯⋯ 113
四、治国安邦与人才发展 ⋯⋯⋯⋯⋯⋯⋯⋯⋯⋯ 116

第二节　选材育人的思想精粹 ⋯⋯⋯⋯⋯⋯⋯⋯⋯ 118
一、察言考行 ⋯⋯⋯⋯⋯⋯⋯⋯⋯⋯⋯⋯⋯⋯⋯ 119
二、德才兼备 ⋯⋯⋯⋯⋯⋯⋯⋯⋯⋯⋯⋯⋯⋯⋯ 119
三、知人善任 ⋯⋯⋯⋯⋯⋯⋯⋯⋯⋯⋯⋯⋯⋯⋯ 120

四、不拘一格 …………………………………… 122
　　五、人法兼治 …………………………………… 123
第三节　人才发展的制度设计 ……………………… 126
　　一、荐举选才制度 ……………………………… 127
　　二、科举选才制度 ……………………………… 134
　　三、选官制度借鉴 ……………………………… 138

第四章　人才发展的西方理论 ……………………… 142

第一节　企业家理论 ………………………………… 143
　　一、企业家理论的发展脉络 …………………… 143
　　二、企业家理论的主要内容 …………………… 148
　　三、企业家理论与人才发展 …………………… 153
第二节　人力资源管理理论 ………………………… 155
　　一、人力资源管理的基本内容 ………………… 155
　　二、人力资源管理与人才发展 ………………… 160
　　三、人力资源理论与人才发展 ………………… 163
　　四、人力资源管理与人才发展 ………………… 164
第三节　人力资本理论 ……………………………… 169
　　一、人力资本理论的发展状况 ………………… 169
　　二、人力资本理论的数学模型 ………………… 174
　　三、人力资本投资理论的应用 ………………… 175
　　四、人力资本理论与人才发展 ………………… 177
第四节　创新理论 …………………………………… 180
　　一、创新理论建立与延展 ……………………… 180
　　二、创新理论与人才发展 ……………………… 181
　　三、创新理论与人才发展 ……………………… 210

第五章　人才发展与经济发展 ……………………… 214

第一节　人才是经济社会发展的第一资源 ………… 215

一、人类社会变革的主要标志 ………………… 215
　　二、经济社会发展的真正动力 ………………… 216
　　三、世界各国国力竞争的焦点 ………………… 217
第二节　人才是最先进的生产力 ………………… 227
　　一、生产力理论的理论解释 …………………… 227
　　二、人力资源理论演进过程 …………………… 228
　　三、人才主体生产力的需求 …………………… 229
　　四、人才发展的经济学分析 …………………… 230
　　五、国内外发展的历史轨迹 …………………… 233

第三节　人才是创新的主体 ……………………… 236
　　一、为什么人才是创新的主体 ………………… 236
　　二、人才怎样成为创新的主体 ………………… 241
　　三、如何培养造就创新型人才 ………………… 247

第六章　人才发展与国家发展 …………………… 276

第一节　国家发展提升人才战略 ………………… 277
　　一、国家发展与人才发展 ……………………… 277
　　二、国家战略与人才战略 ……………………… 292
　　三、科学发展完善人才发展 …………………… 293
　　四、人才发展推动国家发展 …………………… 298

第二节　跨越发展与人才发展 …………………… 303
　　一、跨越发展的现代化之路 …………………… 303
　　二、跨越发展拉动人才发展 …………………… 312
　　三、人才发展推动跨越发展 …………………… 318

第三节　全球化发展与人才发展 ………………… 356
　　一、全球化发展大势 …………………………… 356
　　二、全球化发展与人才发展 …………………… 358
　　三、人才发展应对全球发展 …………………… 362

第七章　人才发展的比较优势 ······ 404

第一节　人才资源比较优势 ······ 405
一、人才资源优势分析 ······ 405
二、人才资源开发难题 ······ 407
三、人才资源转化方略 ······ 408
四、西部地区人才发展 ······ 412

第二节　人才竞争比较优势 ······ 417
一、国际人才竞争态势 ······ 418
二、国际人才竞争新思维 ······ 421
三、我国人才竞争比较优势 ······ 432
四、我国人才发展的创新点 ······ 445

第三节　党管人才体制优势 ······ 450
一、党管人才体制内容 ······ 450
二、党管人才体制特点 ······ 457
三、党管人才体制优势 ······ 461
四、党管人才与人才发展 ······ 463

第八章　人才发展的未来趋势 ······ 468

第一节　人才流动全球化 ······ 469
一、人才流动全球化的现状 ······ 469
二、人才流动全球化的特征 ······ 471
三、人才流动全球化的原因 ······ 474

第二节　人才培养国际化 ······ 478
一、国外人才培养国际化 ······ 479
二、我国人才培养国际化 ······ 482
三、发挥自身的条件优势 ······ 492

第三节　人才使用网络化 ······ 496
一、人才使用网络化的形势 ······ 496

二、人才使用网络化的优势 …………………………… 497
　　三、人才使用网络化的技术 …………………………… 498
第四节　人才竞争高端化 ………………………………… 505
　　一、高端化人才的特点 ………………………………… 506
　　二、高端化人才的竞争模式 …………………………… 507
　　三、高端化人才竞争的规律 …………………………… 510
　　四、高端化人才竞争的问题 …………………………… 511
　　五、高端化人才竞争的策略 …………………………… 515

第九章　人才发展的国际视野 ……………………………… 519

第一节　人才发展的国际经验 …………………………… 520
　　一、新兴国家人才发展的措施 ………………………… 521
　　二、新兴国家人才发展的经验 ………………………… 526
　　三、我国人才发展的五点启示 ………………………… 528
第二节　人才发展与新一轮科技、产业革命 …………… 530
　　一、新一轮科技、产业革命与人才需求 ……………… 531
　　二、新一轮科技、产业革命现状与趋势 ……………… 536
　　三、新一轮科技、产业革命与人才发展 ……………… 538
　　四、新一轮科技、产业革命的人才行动 ……………… 544
第三节　世界主要国家人才策略 ………………………… 552
　　一、美国人才策略 ……………………………………… 553
　　二、日本人才策略 ……………………………………… 558
　　三、德国人才策略 ……………………………………… 561
　　四、俄罗斯的人才策略 ………………………………… 567
　　五、国外策略与人才发展 ……………………………… 568

第十章　人才发展的政策走向 ……………………………… 576

第一节　人才发展目标及方针 …………………………… 577
　　一、构建完备的教育培训体系 ………………………… 578

二、逐步推进人才发展法制化 ················ 579
　　三、促进人才发展理念转变 ···················· 580
　　四、改革创新人才使用政策 ···················· 581
　　五、构建人才发展评估机制 ···················· 582
　　六、充分发挥市场调节机制 ···················· 583
第二节　人才优先发展战略布局 ···················· 584
　　一、人才优先发展的必要性 ···················· 585
　　二、人才优先发展"四个优先" ················ 586
第三节　人才资源开发新格局 ······················ 590
　　一、人才资源开发规律 ························ 591
　　二、人才资源能力建设 ························ 603
　　三、国家战略人才培养 ························ 608
第四节　人才发展重大工程 ························ 616
　　一、重大人才工程实施现状 ···················· 617
　　二、重大人才工程实施制度 ···················· 619
　　三、重大人才工程实施目标 ···················· 620
第五节　人才发展体制机制 ························ 623
　　一、人才发展体制机制的多项改革 ·············· 624
　　二、人才发展体制机制的战略调整 ·············· 632
　　三、高层次创造性人才发展制度变革 ············ 634

附录　人才发展访谈录 ·························· 645

第一章
人才发展的理论价值

人才是一个相对的、发展的概念，不同的社会环境，不同的时代背景，不同的社会需求，概念也不尽相同。知识经济社会更需要具有巨大创造力和富有创新意识的高素质人才。创造新知识的能力是国家、组织、个人竞争力的根本源泉，而创造新知识要靠人才。人越全面发展，人的素质越高，社会的物质文化财富就会创造得越多，人民的生活就越能得到改善。本章对人才发展政策评估进行了论述，对人才发展的选择提出建议，旨在为我国人才发展政策的制定、完善及创新提供参考。

人才是我国经济社会发展的第一资源，是任何其他资源无法替代的战略性资源，是开发价值最高的资源，是开发潜力最大的资源。人才发展，就是严格遵循一个国家或地区发展的长远的总体的目标与思路，通过加强人才的培养，建立起一支规模宏大、素质优良、结构合理的人才队伍，通过改进人才管理机制，创建良好的用人环境，挖掘人才潜力，激发人才活力，从而推动社会和经济发展的过程。

第一节 人才发展的理论溯源

一、人的发展的时代烙印

人的发展问题再度成为时代发展面临的焦点，既与人类社会现代化过程中所引发的一系列矛盾与冲突直接关联，又与人类社会发展演变的新的特点与新的要求关联。人类社会现代化发展的过程，是人类社会进步与新的社会文明形态诞生并迅速发展的过程。这一过程在导致人类社会结构、社会形态与社会生活方式发生急剧变化的同时，也引发了一系列社会矛盾与社会冲突。尤其是现代化运动在全球范围内的急速扩张，不仅加剧了人类生存与自然之间的矛盾，而且造成不同民族之间、不同社会制度或不同文化传统国家之间的矛盾与冲突。这些矛盾与冲突，一方面导致人类的生存与发展陷于深刻的危机之中，另一方面也向人类的生存与发展提出了新的挑战与新的要求。

（一）现代化发展所引发的人类生存危机使人的现代化问题成为时代发展的焦点

现代化是迄今为止人类发展史上最为深刻和波澜壮阔的社会变革运动。这一运动为人类社会发展带来的深刻影响和天翻地覆的变化，是人类历史上的任何一次变革都无法比拟的。从工业革命的兴起到信息时代的来临，人类在短短不到500年的发展历程中所呈现出的以乘数比例加速增长的图景以及社会生活面貌所发生的天翻地覆的变化，乃是令人极为震撼与鼓舞的。然而，任何事物的发展都具有两面性。正如有的学者所言，现代化是一把"双刃剑"，它既创造了前所未有的物质财富与精神财富，又导致人类的生存与发展陷入了严重的危机之中。

人类社会现代化的发展虽然源起于传统农业社会，但是，现代化在本质上而言是对传统社会的否定与超越。这种否定与超越，既反映在社会性质、社会结构与社会形态的差异上，也反映在社会生产方式、社会生活方式及社会生活面貌的变革与发展上。正是这种否定与超越，在不断改变人类存在与发展的社会基础的同时，也在不断改变人类存在与发展基本关系的性质及其发展状况。如果说在传统的农业社会，人类的生存与发展由于社会生产力发展水平的制约而未能突破种群、区域和国家界域限制，因而未造成人类生产力发展水平的自然、社会文化的矛盾与冲突的话，那么，现代社会的诞生及其现代化的迅速发展，则完全改变了传统农业社会人类生存及其发展与自然、社会的和谐状况。

与原始社会和传统农业社会人类生存与发展的和谐景象不同，现代社会不仅是一个充满矛盾与冲突的社会，而且是一个不断制造和传播矛盾与冲突的社会。现代社会矛盾与冲突的产生，根源于现代化发展所引发和导致的人类生存与发展基本关系性质及其状态的变化。人类社会现代化的发展，既是建立在现代科学技术主导的现代生产方式之上的，也是建立在个体分化与个体相对独立、自主与自由的社会关系条件基础之上的。现代科学技术主导的现代生产方式的发展，在迅速地推进人类政治、经济、文化发展的同时，也必然造成人与自然的紧张和对立；而个体的分化与个体相对独立、自主与自由性的获得，在促使个体生存与发展从对社会依赖关系中解放的同时，也加剧了个体与个体、个体与社会

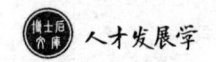

之间的矛盾与冲突。

可见,现代化之所以会引发人类生存与发展的危机,是因为现代化本身就内含着许多自身无法克服的困境与悖论。所谓困境和悖论,其实质是现代化发展所制造或生产的矛盾与冲突。由于这些矛盾与冲突具有内在性,因而,人们一般将现代化本身制造的矛盾与冲突称为现代化的困境与悖论。这些困境与悖论主要表现在以下几个方面。

(1) 现代化内含着人与自然的冲突与矛盾。工业革命的兴起及迅猛发展,一方面有力地推动了人类文明演变的历史进程,使人类社会由封闭的、相对简单的传统社会形态跃迁到开放的、多元的现代社会形态;另一方面,现代科学技术突飞猛进的发展和现代生产方式的迅猛扩张,使得全球社会工业化、城市化、市场化、信息化的进程日益加速,从而导致了人类发展与自然、社会的矛盾日益突出和尖锐化。并且,伴随着现代化在全球范围内加速,这种由于发展而导致的矛盾与冲突,不仅未能因为人类现代社会文明的发展而得到逐步消解,反而呈现出日益尖锐化的倾向。

(2) 现代化内含着个体与社会、主体自由追求与客体制约的难解悖论。人类由传统社会向现代社会的转变,即现代化的发展,是人类主体意识增长和社会文化性不断发展所导致的必然结果。在这一过程中,一方面,现代科学技术的迅速发展和现代生产方式的不断革新,为人的解放和主体性意识的增强创造了愈来愈丰富的物质条件;另一方面,人的主客观对立的特性决定了随着人的主体性的扩张,其作为客体性的一面也必然会得到不断强化,这就注定了现代化过程中人的发展必然会始终受到其自身所创造的客观对立面的制约,因而人的自由与解放也必然是相对的。现代化的发展,在创造着促进个体分离与独立的社会条件的同时,也制造着限制和束缚个体解放和通向自由存在与发展的客观对立面的力量。

（3）现代化内含着人类价值追求的稳定性与多变性的内在冲突。人类社会现代化的过程，也是一个人类价值不断解构与重建的过程。在这一过程中，一方面，随着传统社会的解构，传统的文化价值已失去其存在的合理性；另一方面，现代社会发展的开放性与即时性，又导致现代文化无法经过有序的整合而形成新的传统。传统的解构在导致文化断裂的同时，使现代人的生存失去了意义的支持和价值的引导；而现代生活的纷繁多变和日趋世俗化的发展，使现代人对生存意义的追寻和稳定的价值理念获得的梦想，愈来愈成为无法确定与难以企及的奢望。可以说，现代化发展对传统社会稳定性的解构以及对社会文化机制观多元性的催生与人类发展对价值追求的稳定性之间，本身就包含必然的矛盾与冲突。

（4）现代化内含着全球化与民族化的冲突与矛盾。现代科学技术的迅速发展、社会生产方式的日益革新和实践交往方式的不断进步，一方面使得资本的扩张超越了时空界限的制约，导致世界各国各民族的发展具有了愈来愈高的依赖性，从而使全球化成为人类社会发展的必然趋势；另一方面，资本主义与西方价值观的扩张，促成了世界民族国家间的相互冲突。国家主义、民族主义在全球化的发展中不仅未能得到削弱，反而在民族与国家生存的激烈竞争中不断得到强化。正因为如此，现代化的发展在带来全球政治、经济、文化一体化发展的同时，也加剧了不同国家、民族之间的矛盾冲突。

（二）"以人为本"的新的发展观的确立使人的健康发展成为当代社会发展面临的主要问题

现代化的发展，既是以个体的分离和个体对群体的依赖关系的解放为重要条件的，同时现代化的发展也必然会不断地促进个体从对社会依赖关系中的分离而使其越来越成为独立、自主与自由的生存与发展体。现代化的发展对个体的解放,一方面,极大地解放了人类自身并且有力地促进了人类自身的进步与发展;另一方面,由于人的主体意识的无理性的高涨和主体性的过度扩张,不仅限制了人类健康的发展,而且对人类的生存与发展造成一系列危害与灾难。基于对现代化的反思而兴起的人本主义思潮在全球范围内的传播,使人本主义的理念深入人心,人的现实幸福、生存与发展问题受到人们的普遍关注和高度重视。

所谓"以人为本"的发展观,"就是社会的一切发展既依赖人的发展又为了人的发展,人既是发展的目的,又是发展的手段"❶。这一发展观内含着全新的发展理念和内容,较之于资本主义扩张时期的那种"以物为本"的发展观有着巨大的进步和科学性。"以人为本"或者人本主义发展观的基本内涵主要包括三个方面的内容:人既是社会发展的起点,又是社会发展的归宿与目的;人的发展与社会的发展具有统一性,而不是具有分裂性;人的健康发展有赖于人与自然、社会关系的协调统一,或者说人与自然、社会关系的协调统一,是人的健康发展的根本要求。因此,"以人为本"的发展观或者人本主义发展观内在地包含着人、自然、社会三者的统一。

"以人为本"的发展观的确立,是人类发展在对"以物为本"的发展观反思的基础上而实现的。现代社会的诞生及其迅速发展,为人类个体从自然性群体中的解放创造了重要的现实基础与条件,因而现代化的发展极大地促进了人类个体性的解放和人的个性的积极自由的发展。正因为如此,现代社会诞生以来,伴随着劳动的专业化分工与社会生活分化的不断发展,人类个体在获得广泛的自主性、独立性与自由性的同时,主体意识和个体性也得到了极度的张扬。然而,人的主体性意识和个体性的过度张

---

❶ 郑永廷等. 人的现代化理论与实践 [M]. 北京:人民出版社,2006:406.

扬，虽然极大地促进了人类个体的多样化发展，但同时导致了极端个人主义和人的物化发展倾向的出现，并给人类的生存与发展带来了巨大的灾难。"以人为本"的发展观，正是人类在对现代化发展所造成的人的发展的物化现象的反思中而得到确立的，是历史进步性与必然性的反映。

"以人为本"的发展观促进人类健康发展所具有的价值主要表现在以下几个方面。

（1）正确揭示了人在社会发展中的地位与作用。"以人为本"的发展观既不把人看作自然与社会的依附，也不把人看作自然与社会的主宰，而是把人看作社会的主体、动力与目的，重视人与社会的协调发展。作为一种自然性的生命存在现象，人的存在与发展必须依赖于一定的自然环境才能实现；而作为一种社会文化性的存在物，人的存在与发展则是以一定的群体或者社会的形式而展开的。人的存在与发展的特征，决定了人类与自然、社会发生关系的必然性。因此，人类与自然、社会建立什么样的关系，不仅决定着人类的存在，而且极大地影响着人类的发展。正是在这一意义上而言，"以人为本"的发展观有助于人类在自身的存在与发展过程中正确处理人类生存与自然、社会发展之间的关系。

（2）正确揭示了人、自然、社会三者之间的辩证关系。"以人为本"的发展观既注重人自身的发展，又重视自然与社会的同步发展，强调三者的和谐统一，因而是一种可持续的发展观。我们说，人类与自然、社会三者之间建立什么样的关系，对于人类的存在与发展产生重要的影响。在不同的关系状态下，人类的存在与发展呈现着不同的状态。一般而言，若人、自然、社会三者之间建立的关系是良性互动的，则有利于促进人类自身和人类社会的进步与发展。正因为"以人为本"的发展观正确揭示了人、自然、社会三者之间具有的彼此依存与互相促进的辩证关系，因而必然对人类在自己的生存与发展过程中对人、自然、社会三者之间关系的处理与把握产生重要而又积极的指导作用。

人本主义思潮的兴起和"以人为本"的科学发展观的确立，是人类在对历史经验与教训总结过程中得出的理性选择。这一发展观的确立，既体现了人类自身的发展、社会文化性的提升与增长，也表征着人类社会文明的进步与发展。人类观念的进步尤其是人类关于自身发展观念的进步与发展，虽然是人类劳动创造与文化发展的必然结果，但是，这种观念的进步与发展，无疑会对人类现实的存在与发展产生重要而深远的影响。20 世纪 60 年代以来，人本主义思潮的兴起以及在这一思潮的影响下"以人为本"的科学发展观的确立，正是人类对现代社会诞生以来"以物为本"发展观所导致的深刻的社会危机的反思过程中文化自觉的反映，是人类存在与发展日益走向理性与成熟的重要性表征。

（三）知识经济时代人力资本价值的凸显使人的开发与发展成为时代发展的首要任务

现代科学技术尤其是现代信息技术突飞猛进的发展、人本主义思潮的兴起和"以人为本"的发展观的确立，使人类社会的发展跃进到全球化与知识经济时代。知识经济时代的到来和迅速发展，不仅在迅速地改变着人类存在与发展的社会关系基础，为人类独立、自主与自由的存在与发展创造着更为优越的社会条件，而且使人力资本的价值得到空前凸显。在这一新的历史发展背景下，不同国家、民族之间发展的竞争，越来越多地取决于人力资源和人才优势的竞争。

知识经济时代的到来及其迅速发展，之所以使得人力资本的价值得到空前凸显，是由知识经济的本质特征决定的。所谓知识经济，指的是以知识的创新、生产为主导的经济形态，或者说，知识经济就是建立在知识和信息的生产、分配和应用之上的一种经济形态。知识经济赖以存在与发展的根本力量是知识的创新。

可以说，没有知识的生产、没有知识的创新，就不可能有知识经济的产生。而知识的产生与创新，无疑离不开人力资源的开发。人是知识生产与知识创新的主体，因而没有人的进步与发展，没有人的能力、素质和潜能的开发，也就没有人对知识生产与知识创造的主导性，因此，在知识经济时代，人力资本的价值必然会得到前所未有的凸显。

人的创造力是知识经济时代社会发展的源泉。正因为如此，为了迎接知识经济发展的挑战，世界各国的专家、学者和政府首脑都不约而同地把人力资源的开发、人的素质的提高、人的教育与培养、人才争夺等一系列有关人的发展和现代化问题作为21世纪的重大发展战略问题而予以高度重视。无论是发达国家，还是发展中国家，都相继制定了教育、培养和促进人的现代化发展的战略计划，并以此而谋求在知识经济与全球化发展的激烈竞争中获取主动和战略优势地位。改革开放以来，我国政府对人力资源的开发、人的教育与培养、人的现代化发展等关系国家发展和未来竞争的重大战略问题给予了高度重视，尤其是"以人为本"的发展观的提出，不仅为我国人的现代化发展奠定了基础，而且为我国社会的健康、和谐与可持续发展奠定了基础。

二、人的发展的内在含义

马克思认为，人的发展就是人的本质力量的发展，是"人以一种全面的方式，也就是说，作为一个完整的人，占有自己的全面的本质"❶。其实质意思就是指每个人在劳动、社会关系和个体素质诸方面的全面、自由而充分的发展。

从形式上或从量上讲，人的发展是指每个成员都得到发展，

---

❶ 马克思，恩格斯．马克思恩格斯全集［M］．第42卷．北京：人民出版社，1979：123.

不是一部分发展而多数人不能发展,或者是一部分人的发展而牺牲了另一部分人的发展。马克思说:"作为过去取得一切自由的基础的是有限的生产力;受到这种生产力所制约的、不能满足整个社会的生产,使得人们的发展只能具有这样的形式:一些人靠另一些人来满足自己的需要,因而一些人(少数)得到了发展的垄断权;而另一些人(多数)经常地为满足最迫切的需要而进行斗争,因而暂时(即在新的革命的生产力产生以前)失去了任何发展的可能性。"❶ 18—19世纪资本主义世界的现实说明,工人经常为满足最迫切的生存需要而进行斗争,失去了全面发展的可能性,而剥削、压迫工人的资本家也得不到全面发展,"精神空虚的资产者为他自己的资本和利润欲所奴役;律师为他的僵化的法律观念所奴役……一切'有教养的等级'都为各式各样的地方局限性和片面性所奴役,为他们自己肉体上和精神上的近视所奴役。为他们的由于受专门教育和终身束缚于这一专门技能本身而造成的畸形发展所奴役"❷。因此,在马克思看来,真正的人的发展只能是全社会的每一个人的发展,因为"一个人的发展取决于和他直接或间接进行交往的其他一切人的发展"❸。

从内容上讲,人的发展是指以劳动解放为基础的人的活动的全面发展(劳动、需要、能力都要得到发展)、社会关系的全面发展、个性的自由发展,每个人都能人尽其才;从发展的广泛性上讲,是指人的各方面才能和能力的协调发展,而不是人的某个方面的发展,是每个人的一切都在各个方面得到最大限度自由发展的状态。并且这种全面的发展应是自由的,是人自觉、自愿、

---

❶ 马克思,恩格斯. 马克思恩格斯全集 [M]. 第3卷. 北京:人民出版社,1960:507.

❷ 马克思,恩格斯. 马克思恩格斯全集 [M]. 第20卷. 北京:人民出版社,1971:317.

❸ 马克思,恩格斯. 马克思恩格斯全集 [M]. 第3卷. 北京:人民出版社,1960:515.

自主地发展自己的能力，施展自己的才能、才华和力量，人的活动摆脱了为异己物的社会关系的强制和束缚，而不是被迫的、受外界力量所强加和支配的，或者是由于外界压力而不得不作出的选择。马克思关于"个人的独创和自由的发展""全部才能的自由发展""每个人都可以在任何部门内发展""不受阻碍的发展"等的表述都是指人要自主、自由的发展。这种全面的发展还应是充分的，这是就发展的程度而言的，充分的发展表明人的能力向着更高的程度发展，就是尽可能地发展自己的能力。所以，马克思说，"一切天赋得到充分发展""自由而充分地发展"。

马克思认为，作为类存在物，人的本质是自由自觉的互动，即实践活动，最集中的表现是劳动；作为社会存在物，人的本质在现实性上是一切社会关系的总和；作为完整的个体，人是自然因素、社会因素和精神因素的统一体，人的本质就是人的个性。与此相联系，人的全面发展在马克思那里无疑就表现出多方面的规定性。

（一）人的劳动活动的全面发展

马克思说："在共产主义社会里，任何人都没有特殊的活动范围，而是都可以在任何部门内发展，社会调节着整个生产，因而使我有可能随自己的兴趣今天干这事，明天干那事，上午打猎，下午捕鱼，傍晚从事畜牧，晚饭后从事批判，这样就不会使我老是一个猎人、渔夫或批判者。"[1] 也就是说，活动的全面发展表现为活动的内容和形式充分达到丰富性、完整性和可变动性，而不是社会活动的贫乏化、片面化和固定化。改造自然界的活动、改造社会的活动、改造人自身的活动（如教育活动、艺术活动、宗教活动和审美活动等）全面生成和丰富，同时人们不再屈

---

[1] 马克思，恩格斯. 马克思恩格斯选集. 第1卷. 北京：人民出版社，1995：85.

从于被迫的分工和狭隘的职业,每个人按自己的天赋、特长、爱好,自由地选择活动领域,不仅从事体力劳动,而且从事脑力劳动,不仅参加物质生产劳动,而且参加经济、政治、社会生活的管理活动,进行科学艺术的创造活动等。

(二) 人的社会关系的全面发展

马克思认为,人的全面发展,并不是什么人性的复归,而是通过人们创造全面的社会关系达到的,人对自己本质的全面占有不是人的全面性本质的失而复得,而是人们通过社会实践、通过创造全面的社会关系而全面地创造自己的本质。社会关系是劳动实践活动的展开,社会关系实际上决定着一个人能发展到什么程度,"个人的全面性不是想象的或设想的全面性,而是他的现实关系和观念关系的全面性"❶。

人的社会关系的全面丰富必然包含人的社会交往的普遍性。交往是指人与人之间的物质和精神的变换过程,是社会主体之间的相互作用、相互沟通,是人与人之间发生社会关系的一种中介,是人类特有的存在方式和活动方式。它是人类所有活动的前提,也是社会关系形成的前提。交往的普遍性意味着随着生产力、分工和交换的发展,个人作为独立的主体越来越积极地参与各领域、各层次的社会交往,个体之间的交往、个体与群体和社会的交往得以广泛建立和实现;人的物质交往和精神交往充分发展,同时摆脱了相互之间的分离状态,他们不再独立地属于不同的人,而是在每个个体中有机统一起来,并形成良性互动;交往从自发的自然共同体交往、社会共同体交往转向世界共同体交往,个人越来越成为世界中的个人,成为世界性的公民,并同整个世界的生产发展密切联系。

---

❶ 马克思,恩格斯. 马克思恩格斯选集. 第3卷. 北京:人民出版社,1960:286.

（三）人的个性的自由发展

人的个性随着人的活动的多样化、社会关系的丰富化而不断发展。人的个性的发展表现为个人主体性水平的全面提高以及个人独特性的增加和丰富。也就是说，人的自觉能动性、创造性和自主性得到全面发展，个性的模式化、同步化、标准化被消除，个性的单调化、定型化被打破，每个人都追求并保持着独特的人格、理想、社会形象和能力体系，显现着自己独特的存在，呈现出与众不同的差异性，即个人的唯一性、不可重复性、不可取代性，社会因此充满生机和活力。

1. 人的主体性得到不断提升和发展

人的主体性是指人作为社会实践活动的主体，在与客体的相互作用中应该具有的能动性。从人对自然、社会的认识、利用和改造方面来说，这种能动性表现为人的主动性、自主性、选择性、创造性；从人对自然、社会的责任方面来说，这种能动性表现为人的道德性、理智性、自觉性等。人的主体性是这两方面能动性的统一。

古代社会生产力不发达，人自身的发展受到限制，导致人的主体性受到抑制。如今，随着科学技术的发展和社会的全面进步，人们逐步摆脱以往的依附性和服从性，其主体性不断增强，越来越受到尊重。在人的发展和客体发展的相互关系中，人的发展越来越成为主导的方面。人的主体性得到不断提升和发展是当今时代人的全面发展的显著特征。❶

---

❶ 2013年5月14日，国务院新闻办公室发表《2012年中国人权事业的进展》白皮书。白皮书以大量数据和事实，从6个方面介绍了我国人权事业的新进展：经济建设中的人权保障、政治建设中的人权保障、文化建设中的人权保障、社会建设中的人权保障、生态文明建设中的人权保障、人权领域的对外交流与合作。这是我国自1991年以来发表的第十部中国人权白皮书。以此为标志，促进我国人的全面发展，已经成为国家建设的重要组成部分。

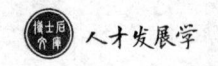

2. 人的精神生活的全面发展尤为重要

从人的需要的角度来说，人的全面发展是物质生活全面发展和精神生活全面发展的高度统一。

在人类社会的低级阶段，物质匮乏是困扰人发展的首要方面。随着生产力的高度发展，人们的物质需要逐渐得到比较普遍和比较充分的满足，精神需要便相对地突出出来，越来越成为人们追求的主要目标。如果仅仅热衷于物质生活水平的提高，则会导致精神空虚、思想颓废等不良后果，这种片面的发展不仅有害于个人的全面发展，也不利于社会的全面进步。因此，随着知识经济时代的到来，人的精神生活的全面发展显得尤为重要。提升人的思想道德素质和科学文化素质，成为人的全面发展的核心内容。

3. 人与自然、社会的协调发展是人的全面发展的本质要求

人的全面发展是与生产力的不断发展和社会关系的不断丰富相伴随的。在现代社会，人的全面发展与社会发展的辩证统一关系日益明显，这是由"经济发展靠科技，科技发展靠人才"的现代社会发展的逻辑关系决定的。因此，人们在考虑个人发展的同时，也要适应社会发展的要求，尊重社会发展的客观规律和社会生活中的法律、道德规范。

自然界是人类社会赖以生存和发展的外部环境和物质基础。随着科技的进步和社会生产力的发展，人类逐渐从被动地依附于自然、从属于自然转变为以征服者的姿态主动利用、改造和开发自然。但是正如恩格斯所说："不要过分陶醉于我们对自然界的胜利。对于每一次这样的胜利，自然界都报复了我们。"虽然人类创造了前所未有的生产力，但也在相当程度上破坏了人类赖以生存的基础，人与自然的关系正在走向失衡，生态环境的恶化成为人类面临的严重危机。在此情况下，人与自然的协调发展、和谐相生成为人的全面发展的本质要求和重要内容。

4. 人力资源开发成为人的全面发展的重要途径

人力资源主要包括人的生理素质、心理素质、知识技能、精神动力和创造能力等。人力资源开发就是通过制定和实施一系列人才政策和措施，解放人的思想，激发和调动人的积极性、主动性、能动性、创造性，充分挖掘人的潜能。在传统意义上，人的全面发展，人的各种素质的培养和提高，主要是通过教育的途径来实现的。随着社会的进步和知识经济的到来，人对自身内在资源的开发越来越具有重要的意义，成为人的全面发展的重要途径。

三、人才发展的社会约束

人的本质的生成性以及人的存在与社会关系的统一性，决定了社会关系的发展对人的发展具有重要的功能性规约作用。无论是人类由猿而人的转变，还是人类在自身的发展过程中由原始人向传统人的转变、由传统人向现代人的转变，无不是以社会关系形态的转变作为前提条件的。或者说，人类的发展由原始人向传统人的转变、由传统人向现代人的转变的实现，是伴随着原始社会关系形态向传统社会关系形态的转变、传统社会关系形态向现代社会关系形态的转变而实现的。倘若没有新的社会关系形式的生成与发展和新的社会关系形态的确立，那么，也就不可能有人类整体性的进步与发展。

人类社会现代化的发生及其向全球的蔓延与扩张，是人类社会发展真正进入巨大变革的开始。这一巨大变革的动力，无疑源自于人类自身的解放和人的本质力量在新的历史条件下的发展与表达，其主要表征在于科学技术的进步、现代生产方式的诞生、现代社会关系的生成及其相应形态的逐渐形成与建立。所有这一切变化，都从根本上改变了人类生存与发展的社会基础与社会方式。基于现代生产方式和现代交往手段而生成的现代社会关系形态,不仅有力地促进了人类个体从自然性群体依赖关系中的解放,而且为个体自由、自主与独立的存在与发展创造了前所未有的社会基础和广阔的空间。尤其是现代通信技术的发展对人类实践与交往时空限制的突破,更使人类的存在与发展获得了空前的自由度。正是在这一意义上,社会现代化的发展与现代社会关系形态的确立,无疑将人类自身的现实存在与发展推进到了一个新的境界。

现代社会关系作为人类自身的创造和社会现代化的产物,既是现代人在现实的生存与发展中生命本质力量表达的基本形式,也是规约、促进现代人新的本质力量生成与发展的重要社会文化条件,对现代人现实的存在与发展具有重要意义。从现代社会关系生成及其发展所具有的性质、特征来看,现代社会关系对现代人的存在及其发展所具有的规约价值或者作用,主要表现为对现代人独立自主自由多样发展条件的创造及其推动等两个方面。当然,人的独立自主与自由多样发展之间存在密切联系。独立自主是自由多样化发展的前提与基础,自由多样化的发展则是人的独立与自主的重要体现。人只有在获得独立性、自主性的条件下,才有可能实现自由多样化发展;而人的自由与多样化的发展,则是人的独立与自主生存的结果和重要表现。

现代社会关系的生成及其发展,对现代人的存在与发展所具有的规约作用具体体现在以下四个方面:第一,现代社会关系的生成与发展,不仅促进了个体的解放,而且为个体独立与自主的生存及其发展创造了现实的环境与条件;第二,现代社会关系发展的开放性、多元性、丰富性的特征,对促进个体自由多样化的发展创造了充分的社会规约条件,有利于促进人自由而全面的发展;第三,现代交往技术的诞生及其迅速发展,完全打破了人类实践交往的时空制约性,为现代人自由的个性发展开辟了广阔的空间与前景;第四,现代社会关系的多元化发展,在为现代人的生存与发展创造出愈来愈广阔的自由选择的同时,也带来了选择与发展的困惑。

现代社会关系对人的存在与发展的规约也具有二重性,正是由于这种二重性的存在,才使现代社会关系的发展必然对现代人的生存与发展带来巨大的机遇和广阔的空间,但也必然会对现代人的生存与发展提出前所未有的挑战,甚至可能会对现代人生存的幸福造成障碍。

人的发展问题的再度凸现,基于这样一种历史背景和事实:一方面,现代化的全球发展和人的主体意识的过度张扬造成人与自然、人与人、人与社会关系的尖锐对立和高度紧张,并由此而引发了严重的人类生存危机;另一方面,全球化和知识经济时代的到来、现代科学技术突飞猛进的发展和人本主义理念的确立,则向人类的生存与发展提出了新的要求,从而使人自身的开发与发展成为时代所面临的主要问题。

第二节 人才发展理论的价值导向

一、人才发展与社会发展

马克思在关于人的发展学说中,通过分别考察三大社会形态下人的发展方式和特征,具体揭示了个人发展和社会发展的关系,强调人的全面发展问题产生和实现于社会的发展过程之中。在前资本主义社会,由于当时生产力水平相对有限,在社会关系上表现为人对人的直接依赖关系,在这种原始的社会关系中,"无论个人还是社会,都不能想象会有自由而充分的发展,因为这样的发展是同原始关系相矛盾的"❶,因此,人才发展表现为

---

❶ 马克思,恩格斯. 马克思恩格斯全集[M]. 第46卷. 北京:人民出版社,1972:485.

"原始的丰富";在资本主义社会,伴随着社会化大生产而来的专业化分工与协作,人们征服自然界能力的空前提高,在社会关系上表现为以对物的依赖和崇拜为中介的个人独立,人才发展表现为"畸形发展"和"片面发展";到了共产主义社会,基于生产力的提高发展和产品的极大丰富,在社会关系上表现为人与人之间的平等、和谐,人才发展表现为个人的全面自由发展。

(一)人才发展离不开社会的发展

一方面,社会生产力的发展为人才发展奠定物质基础。人不是孤立存在的,任何人都存在于一定的社会之中,因此,人才发展,人的素质的提高,又需要社会发展为之提供必要的物质和文化条件,如住房、医疗、交通、通信等生活基础,提供学习科学文化和接受教育、安全、娱乐、生活消费、精神享受、环境保护等发展基础,以及提供参与社会活动和社会民主、发挥个人能力等社会保障。当人还不能使自己的吃穿住行在量和质的方面得到基本满足的时候,他就根本不能获得全面发展,甚至很难提出全面发展的目标和任务。社会生产力既是人类社会发展的前提和动力,也是人才发展的前提和动力。人才发展以人的生命存在为前提,只有充分发展的社会生产力创造高度发展的物质条件,才可能使人的全面发展具备现实基础。马克思指出:"当人们还不能使自己的吃喝住穿在质和量方面得到充分供应的时候,人们就根本不能获得解放。"[1]这就表明,生产力发展、物质财富增加的过程,是人获得发展的过程。离开必要的物质条件,人才发展就失去了依托。当然在这个问题上不能庸俗地把人才发展等同于物欲的满足。

另一方面,社会生产关系的发展是人才发展的舞台,人才发

---

[1] 马克思,恩格斯. 马克思恩格斯全集[M]. 第42卷. 北京:人民出版社,1979:368.

展离不开社会条件，离不开社会制度环境。生产关系是人的诸种社会关系中最根本的关系。如果说生产力是影响人的全面发展的根本因素，生产关系则是影响人的全面发展的直接因素。生产力是生产关系以及全部社会关系的基础，生产关系则决定生产如何进行及人们在生产中所处的地位。"个人的全面性不是想象的或设想的全面性，而是他的现实关系和观念关系的全面性"。❶ 人的全面发展是通过创造全面的社会关系达到的。高度发达的生产力只有在一定的社会制度环境中才能转化为人全面发展的条件。一个生产资料由少数人所占有的社会制度不可能实现人的全面发展。而我国社会主义制度的建立和巩固，则为人的全面发展提供了广阔的可能和空间。中国特色社会主义建设的宏伟事业，一切工作都是为了满足人民群众日益增长的物质文化生活需要，推动人的全面发展，促使人们充分享受社会发展带来的物质上、精神上、政治上的成果，并不断通过人的全面发展带动和实现社会的全面进步。

（二）社会的发展离不开人才发展

首先，人才发展为社会发展提供了动力。人是一切物质财富和精神财富的创造者和享有者。社会经济文化的发展，物质财富的创造，人民生活水平的提高，从根本上讲，都离不开人才发展。全面发展的人，会为社会创造出更多的物质财富和文化财富，人越全面发展，人的素质越高，社会的物质文化财富就会创造得越多，人民的生活就越能得到改善。没有人自身的全面发展，社会的全面持续发展也就不可能。

其次，人才发展是社会发展的目的。人才发展既是社会发展的一个重要组成部分，也是社会发展的最终目标。人，是一切实

---

❶ 马克思，恩格斯．马克思恩格斯全集［M］．第46卷．北京：人民出版社，1972：36.

践活动的最终价值取向。如果社会发展不能最终体现在人才发展上，那无疑是一种片面的、扭曲的发展。这就要求我们在制定社会发展战略时，要坚持以人为本，尊重人、理解人、关心人，真正从人的需要和发展的角度出发，考量社会发展的意义，把满足人的全面需求和促进人的全面发展作为经济、社会发展的根本出发点和落脚点。

二、人的全面发展

"人的全面发展"的基本内涵有以下几点，首先，人的全面发展与人类的彻底解放密不可分，二者都是共产主义追求的崇高理想和最高目标，也都是共产主义社会的基本人格、人文特征。把这两个方面相联系，就会改变许多人心目中仅仅从个体的人层面上去理解人才发展之局限，也超越了抽象人道主义的哲学家离开社会历史而空谈人的进步与发展的片面性。其次，这个思想要求揭示人才发展历史过程和客观规律，并从人的劳动本质和社会关系本质出发来理解人才发展进步。再次，关于马克思说过的"每个人的自由全面发展"命题，必须看到，这里表明对人才发展追求不是去满足个别人或者少数人才发展需要，而是去实现全体的人或者绝大多数人才发展的需要。最后，人的全面发展是相对于人的片面发展、畸形发展而言的。所以，人的全面发展应该有这样几个要点：全面、自由、和谐、个性的充分展现。❶

还有的学者探讨了人的全面发展内容的两个层面：未来理想的层面和适应现实生产、生活需要的层面。王锐生教授认为，人的全面发展可以被理解为作为未来社会中最高原则、理想化纯粹状态中的人格理想，还可以被理解为作为党的各项发展政策的人

---

❶ 崔新建. 人的发展和社会发展互为前提和基础 [N]. 人民日报，2001-09-08（7）.

文价值取向。从理论层面上说，前一种很重要，因为它是贯穿整个马克思学说的两大维度（科学维度和人文维度、合规律性与合目的性）之统一；但从实践层面上来说，后者更具有直接的现实性，关系到每个人怎样生产和生活，怎样在社会主义建设中实现自身的价值。按照马克思所说的人格发展与社会形态发展三阶段论思想，原始状态中的人在某种意义上是"全面发展的人"，因为那里没有分工和因为分工而造成的人才发展的片面性。在社会有了分工，特别是有了阶级对立之后，大多数劳动人民为生存所迫只能片面发展自己的才能，甚至没有摆脱束缚而自由活动的时间。"人的依赖关系"和"以物的依赖性为前提的人的表面的独立性"使得劳动人民的生产和生活局限在很狭隘的范围之内，成为畸形的人和异化了的人。只有在消灭私有制和资本主义制度，消灭了阶级对立和强制性的分工，而实现了自由人联合的共同体，实现了生产和生活资料极大丰富时，那时每一个人可能达到真正意义上的自由和全面发展。在我们的现实生活中，在社会主义初级阶段和市场经济体制中，不需要盲目提倡那种抽象空想式的"全面发展"，另外我们也要考虑到把目前的要求与未来的理想统一起来，千方百计为人的多方面才能获得发展创造条件。❶

从上述讨论和分析出发，我们可以看到，当前所讲"人的全面发展"所含要义在于：第一，这个命题指出了，要使"一切人"或绝大多数的人，而不是一些人或者少数人才发展；第二，要针对资本主义私有制、奴役式的分工和竞争所造成的人格片面发展、畸形发展，而提倡在社会主义和谐宽松的环境中，使人的各方面素质和能力得到全面和谐的发展；第三，应该提倡多样化、个性化的充分发展；第四，全面发展只能是相对的，在同一

---

❶ 王锐生. 论人的二种全面发展//中国人学学会. 人学与现代 [M]. 南宁：广西人民出版社，2002：58.

个历史水平上，全面发展要比片面发展更好，但是在不同发展水平上，全面发展与片面发展比较，后者不一定就不好，当前我国的经济、文化、教育发展水平不是很高，要契合实际提倡与客观条件相适应的发展，使人才发展状况既能满足社会角色所需要，又能在自我实现的丰富性和独特性方面有所提高；第五，衡量人的全面发展状况，不能着眼于人的特长。单一色调再艳丽也构不成美好的图画，好画必须是色彩丰富；单一的音调再高也奏不出动听的乐曲，雅曲必须是音域宽广。固守于一技之长和一得之功的人就像单色的画和单调的歌，只有身心健康、德才兼备，在丰富的人生领域中多有作为才可称为人的全面发展。

三、人才发展规律

人是社会的主体，社会的发展离不开人的发展，也不断地推动着人的发展。人的发展是一个历史过程，是伴随着社会生产力运动和经济关系的发展而发展的，因而始终受到各种条件特别是物质生产条件的制约。在不同的社会发展时期，人的发展条件、状况、所要解决的问题也不同。从自然经济到市场经济，人的发展发生了重大转折。市场经济是伴随着资本主义的产生、发展而不断发展的。几百年来，资本主义市场经济的发展极大地推动了世界经济的发展，同时不断积累着全球性问题，这些问题直接影响着人类的生存和发展。

（一）人才发展的国家战略

从 20 世纪下半叶开始，世界上一些科学家和社会活动家陆续提出社会可持续发展、循环经济等理论，主张合理规范人的社会活动。从世界范围内看，第二次世界大战以后的西方国家，曾经出现以经济增长为核心的发展浪潮，表现为对国民生产总值和经济高速增长的片面追求，认为"发展就是经济增长"，从而忽视人的价值、社会的全面发展。这种"经济主义"发展观不仅导致一系列"西方社会病",诸如分配不公、两极分化、社会腐败、政治动荡、文化失落等,而且导致自然资源遭到过度开发,生态受到破坏,环境受到污染等。

随着国家经济、科技的迅猛发展,21世纪世界资源开发重心由自然资源转向人力资源,特别是人才资源跨国转移的大趋势已日益明显,人才竞争也将成为第一位的竞争。知识经济改变了人们传统的资源观念,知识资本和人才资源已经取代土地、资本、矿藏和能源等成为第一位的战略资源,社会经济的发展对知识的依赖和对人才的需求越来越大。随着科学技术的迅猛发展和知识经济的崛起,国家和地区间的竞争已经由原来的自然资源和资本资源的掠夺,转向了人才资源的竞争,人才在经济社会发展和综合国力竞争中的地位和作用日益凸现。实施人才发展战略,是我国主动适应时代潮流、积极参与国际竞争做出的重大决策。

(二)人才发展的现实写照

我国是一个占世界人口1/5的发展中国家,近代以来,在实现现代化的进程中,在经济日益全球化的进程中,如何建设惠及全体人民的小康社会,中国人民一直在探寻、不断实践。这期间历经曲折和磨难,直至新中国成立以后,特别是改革开放以来,社会主义市场经济的建立与完善,为人才发展注入了新的活力,中国人才发展更是有了不可同日而语的新变化,人尽其才、自由、充分、和谐发展的氛围逐渐形成。

1. 人才的主体性、独立性、自主性得以发展

社会主义市场经济建立以来,我国实行的是以公有制为主体、多种经济成分并存的经济制度,这为人的独立性的增强提供了现实条件,主要表现为个人有了劳动生产的自主权,个人可以凭借自身的能力展开竞争。人们可以根据自己的意愿、志趣、特长等实际情况做可以发挥自己才能的事情。这就极大地促进了人们之间的交往,激活了人们用合理、合法的手段获取正当个人利益的思维,突出了个

体的独立自主性，从而使人的自我意识逐渐强化，不仅从根本上保证了大多数人的劳动权利和对劳动产品的所有权，而且为每个劳动者实现自己的愿望提供了机会，从而使自身的物质和精神方面的需要不断得到满足，使每个人的自由个性得到不同程度的展现和发展。

2. 人才的交往范围不断扩大，丰富的社会关系逐步形成

普遍交往和丰富的社会关系是人的全面发展的重要内容之一。随着不同职业、不同层次、不同区域、不同民族、不同国家之间普遍交往的扩大，人们越来越多地参与各个领域、各个方面的交往，因而社会关系不断丰富起来，社会化程度不断提高。正是在广泛的交往中，人们在心理、情感、信息、技能等诸多方面实现交流，彼此取长补短，从而丰富自己、提高自己、发展自己。

3. 人的素质不断提高，个性自由发展，能力得以提升

随着我国社会主义市场经济的建立与不断完善，社会生产力得到极大的解放和发展，不仅为个人人才发展提供了丰富的物质资料，而且为人的各种天赋、潜能和个性不断丰富、提高和发展提供了广阔的舞台和无限的机会。随着人的活动多样化、社会关系丰富化，人的素质和个性也得以不断提高和发展，能力不断增强。人的素质的普遍提高，表现为人的生理素质、心理素质、思想道德素质和科学文化素质等的发展和完善。科学技术不断发展，极大地提高了劳动生产率，同时为人们提供了充分的可自由支配的时间，人们可以根据需要在不同的方面培养和发展自己的兴趣、爱好，挖掘潜能，有效地促进了人的专业技能的不断发展。

（三）人才发展的美好未来

人的全面发展是历史发展和社会进步的客观趋势。促进人的全面发展，必须以高度发达的社会主义物质文明、精神文明和政治文明为基础。经过全党和全国人民的共同努力，我们胜利实现

了现代化建设"三步走"战略的第一步、第二步目标，社会主义事业的全面发展，为人才发展打下了坚实的基础。

改革开放以来，随着经济的快速增长，国内市场由短缺转为相对宽裕，实现了从卖方市场向买方市场的历史性跨越，从而使商品短缺这个曾经长期困扰中国人的历史性难题终于得以解决。这标志着中国社会生产力的巨大发展，标志着中国人民已经告别短缺经济时代。中国在从一个贫穷落后、人口众多的大国向全面小康社会迈进的过程中，人民获得了改革开放和现代化建设的丰硕成果——从"温饱"跨入"小康"。

在社会主义核心价值观和努力实现中国梦的思想指导下，中国正在实现从单纯追求经济增长向追求社会全面进步的转变。中央已经实行和将陆续出台一系列关系民生、民利、民权、民情、民心的政策和举措。这些政策和措施，使和谐社会建设取得明显进展。"以人为本"的理念深入人心，民生问题越来越受到党和国家的高度重视。

面向未来，中国站在一个新的历史起点上。这就意味着，我国在经济建设上，将要继续深化改革、加快发展，进一步完善社会主义市场经济体制，转变经济发展方式，走新型工业化的道路，发展循环经济，建设资源节约型和环境友好型社会；在政治建设上，社会主义民主制度将进一步健全，社会主义民主政治将更加发展，依法治国，实行更加广泛、更加有效的民主参与和社会合作；在文化建设上，进一步确立社会主义的共同价值体系，促进和繁荣多样性的文化事业；在社会建设上，逐步解决当前社会发展中的一些突出问题，协调好各种社会利益关系，更加注重社会公平正义。

随着生产力充分发展，物质财富的极大丰富，社会一切成员将有更加充裕的物质生活。劳动将被当作自我完善的根本手段，而不是仅作为谋生的需要。社会能够提供丰富的产品，工作日的缩短，法定节假日的增加，使人们拥有更加充裕的自由、闲暇时间，人的活动和发展的空间更为广阔。社会主义市场经济体制的不断完善，创造更加适合人的全面发展的社会条件，使人的个性逐步得到自由充分的发展。

随着社会发展，民主、法制制度越来越健全，民众越来越积极、有效地参与各种社会活动，参政议政的水平将大大提高，民主法制意识逐渐增强，法律和社会公德指导着个人生活、个人交往，人们的积极性可以充分地被激发和调动起来，人的潜能得到充分发挥。

建设社会主义精神文明，培育和谐文化，建设社会主义核心价值体系，大力发展科技教育，尊重知识，尊重人才氛围的形成，必将使人的思想文化水平有进一步的提升，精神生活更加充实丰富，人的灵魂进一步净化，人们将会展现出高尚的人格和道德情操。

推进生态文明建设，把生态文明建设融入经济、政治、文化、社会建设各方面和全过程，更加注重人与自然的协调发展，一定会给人才发展带来更加优美、舒适、安全的自然环境和生活环境。

第三节 人才发展的实践意义

知识经济社会的效率标准不再是劳动生产率，而是知识生产率，即不断地生产知识并把知识转化为技术、转化为产品的效率。知识的生产率取决于知识的开发与传播。知识经济以高技术产业为支柱，体现了产业发展的新途径，在高技术产业中，最为重要的因素是智力资源。当全球范围的竞争焦点集中在人才身上的时候，具有知识、能力及高素质的人才的竞争，将促使由教育业、科研业、信息业共同构成的知识型产业和人才中介产业的兴起与繁荣，从而开拓新的产业领域。随着知识经济的决策和管理的不断知识化，随着资产投入的无形化，人才发展必将是知识经济时代发展的主题。

一、人才发展与企业发展

全球企业是在经济全球化发展、技术快速更新和消费者需求不断变化的背景下兴起的一种企业组织形式，是跨国企业和国际企业发展的高级阶段。与国内企业相比，它具有如下特征：首先，全球企业真正采用全球观念，将分布在全球的各个业务单位作为一个有机的整体；其次，全球企业面向全球市场来开发、生产、销售其产品和服务，也在全球范围内筹措与配置资源；再次，全球化企业既能够满足各地市场的不同需求，重视本土化，也能将各地市场与各个业务单位作为其拓展市场的不可分割的、相互联系的、彼此平等的组成部分。正是因为具有这些特征，全球企业才能够在日趋激烈的市场竞争中取得竞争性优势。可以相信，伴随着企业环境的非连贯性变化，越来越多的企业将朝着全球企业的方向前进。21世纪将是真正的全球企业时代。

尽管各个全球企业所面对的经营环境差异悬殊，各自的内部优势和劣势也大相径庭，但是，从未来市场竞争的本质和世界经济发展的趋势看，全球企业在人力资源管理中应该特别注意以下几点。

（一）转换企业思维方式，培养和加强全球观念

一般而言，全球企业的发展水平可以通过企业管理人员看待全球化的方式来衡量和判别。如果企业经营管理者能够在思考企业经营问题时强调整体性，能够在一个统一的组织内采取行动、能够对分布在各地的员工需求做出快速反应，能够长期有效地协调和配置组织的所有资源，那么，企业就形成了全球观。企业全球观的培育是一个长期性的组织文化变革过程。在这一过程中，企业应该主动打破原有的母公司中心文化，并通过采用全球知识

数据库、建立全球电子通信系统、进行全球性的跨文化培训等方式来培育组织的全球观。例如，美国 IMR 公司就采取了在世界各地招聘员工、进行文化意识培养以及在职业生涯早期进行国际调任等方式来加强员工的全球观念。正如其 CEO 所指出的，通过这些措施，他们彼此了解，对各自的文化也相互熟悉，因此，企业的经营决策往往要比他们仅被培养得只具有北美人的想法时好得多。

（二）培育和加强团队精神，建立全球性的战略协调机制

全球性的战略协调以其地理上的柔性、管理的多样化以及对当地市场和当地政治的应对性，在全球企业的经营管理活动过程中发挥着重大作用，是企业最重要的竞争力和战略优势所在。其中，员工之间的合作与协调是整个战略的关键和基础。首先，企业应该强调组织内部的团队合作。例如，在美国波音公司的波音777 飞机的设计、制造和装配过程中，200 多个小组参与了这一工程。通过这种合作，不仅相关人员从中体会到人与人之间彼此依靠与合作的重要性和力量所在，而且企业组织也获得了一种能够支撑其竞争优势的重要资源。其次，企业还应该重视企业组织与其他组织之间的合作。这种合作既能够增加企业的专门知识和专长，也能够使合作各方的知识和能力得到充分发挥。当然，全球企业团队合作的发展要依赖于员工沟通技能和合作技能的提高。因此，企业应该从战略意义上来考虑和决定对该方面技能的投入与管理，同时也应该通过培训和激励制度的变革来加强员工的这种合作意识。

（三）加强全球范围内的有效沟通，整合和共享组织信息与知识

有效沟通是一种重要的组织资源。在未来企业的竞争中，这种组织资源是企业建立竞争优势的重要基础。在此方面，全球性的信息和知识系统是一种能够促进组织内部有效沟通的重要工

具。通过这种系统，组织成员能够整合和分享来自全球各地的信息和知识。除此之外，全球企业的组织结构的变化也是加强组织有效沟通的重要方面。合理的组织结构能够为组织及其员工之间的沟通提供必要的组织支撑。

（四）变革人才的管理与开发机制，推动企业柔性战略的实施

一方面，全球企业的人才竞争变得越来越激烈，人才的管理与开发成为企业取得竞争优势的基础；另一方面，柔性战略的实施，又要求企业不断调整其人才数量和人才结构。因此，如何根据企业经营战略的变化来管理与开发人才将是21世纪全球企业人力资源管理的战略重点之一。在此方面，越来越多的全球企业在重视对内部人才培训提拔的同时，开始强调通过"买"或者"借"的方式来获得高质量人才，例如，拉利伯斯底公司的120位高层经理人员中，就有30名从外部招聘而来。此外，全球企业也逐步重视对外部咨询人员和外部合伙人的使用。这种利用市场交易来增加和利用人才的方式，不仅使企业得到了外部人才的知识和经验，而且使企业人才的管理与开发和企业的竞争战略相互联系起来。

（五）变革企业人力资源管理体系，提高业务单位对全球绩效的贡献

变革管理体系，提高各个业务单位对全球绩效的贡献是人力资源管理的一项主要工作。在此方面，爱立信公司进行了成功探索。该公司不断研究其在能力和技能方面的缺陷，并对分布在世界各地的130多家分支机构的人员招聘、培训、薪酬等进行统一决策。这样，各个经营单位都能够围绕公司的竞争战略发挥各自的作用。有的公司开始对业务单位管理人员的薪酬制度进行重新设计。它们通过增加"对全球产出的贡献"这一指标在薪酬构成中的权重来提高业务单位对全球绩效的贡献。

（六）建立新的激励机制，提高员工的忠诚和共享组织知识

在未来的全球竞争中，员工的忠诚度和组织知识的分享对全

球战略的成功实施具有举足轻重的意义。在此方面，企业激励机制的调整和变化可以发挥重要作用。因此，如何建立和变革企业激励机制将是未来全球企业人力资源管理的一个战略重点。美国百事可乐公司和伯克曼实验室为此进行了成功的探索。百事可乐公司实施了一个名为"权利分享"的计划，其中规定，员工只要在公司工作实践超过1500小时，或者在公司全职工作1年以上，就可以获得公司的股票。员工对组织的忠诚度因此大大提高。伯克曼实验室则实施了让做出杰出贡献的员工参加战略制订会议免费旅游的计划，从而达到了激励员工、加强沟通、共享组织知识的目的。

二、人才发展与产业发展

人才作为科学技术这个第一生产力的载体，其素质水平不仅决定着一国科学技术水平状况，而且直接关系各产业的发展，影响社会经济发展目标的实现。在经济全球化条件下，我国面临的产业升级更多体现在实现同一产业内部全球价值链分工地位的提升。要实现从加工大国向制造大国、服务大国、创造大国的转变，实现产业升级，提升在各产业全球价值链分工中的地位，最终只能依靠人才。人的主动性、创造性将是实现中国现阶段乃至未来跨越式发展的核心动力。而人才的价值不仅体现在其数量上，更重要的是体现在其质量上，人才素质的开发与提高，必须依靠科学技术和教育的发展。中国人才数量、质量和结构的优化是实现产业升级、保持经济持续健康发展的根本动力。要实现中国产业的高层次升级，促进中国企业在全球价值链分工环节的提升，必须依靠人才的改善和提高，而这离不开人才的有效开发。人才发展是全球价值链分工背景下实现中国产业升级的关键。开发中国人才，只有将人口压力转变为人才优势，才能真正推动产业升级，实现中国经济从粗放型增长向集约型增长的转变。

发达国家可以凭借其高质量的人才大力推进高技术产业的发展，同时向发展中国家转移传统产业，推动产业转换和国民经济的发展。而发展中国家则需要不断吸收发达国家的科学技术以发展本国经济，实现产业升级，在这一过程中，发展中国家拥有的人才质量则决定了对科学技术的吸收能力以及在吸收基础上的二次创新能力。具有较强吸收能力和创新能力的发展中国家不仅可以回避风险多、花费大的技术开发过程，直接利用发达国家的资本和技术，而且可以利用低工资的优势打回发达国家市场，利用后发优势实施赶超战略。人才是国家产业升级的重要支撑，主要原因在于以下几个方面：

（一）人才是利用其他所有资源的重要主体

人才作为所有资源当中唯一的主动性资源，是利用所有其他资源的主体。没有人才，其他物质资源的消耗仅仅可能呈现一种自然演化损耗状态，无法进入真正的生产利用状态，整个自然界仍旧按照其原有的步骤演进变化。没有人才的介入，其他物质资源的消耗也只有整个自然界的其他生物，这种消耗总体显示为自然演化，没有改造利用世界的主观能动价值。除物质资源外的其他资源也受到人才的巨大影响，文化是人才的附属产物，而地理、气候因素也是人才利用和改变的重要对象。失去了人才这一主体，这些资源的利用自动演变为自然进化。因此，人才是有效利用整个国家资源进行生产并消费的双重主体，失去人才的主动介入，整个物质资源将呈现自然演化，也就谈不上任何物质资源的主观利用。

（二）人才的素质和能力决定了其他资源的利用水平和效率

就一国所具有的各种资源而言，人才的素质水平是决定资源总体利用情况的核心要素。物质资源的利用水平和效率与一定时期的技术水平密切相关。技术水平的提高从根本上说依赖于人才素质水平的提升。人才素质水平的提升有助于对自然、物质资源的有效利用，从而促进社会、经济的发展。随着人类认识世界、改造世界能力的提高，其他物质资源的有效范围也在不断扩大，相关物质资源的利用效率也将随着人才素质和能力的提升而得到不断的改善，拥有优秀人才的国家可以通过人才的有效利用实现技术水平的提升，从而开发并改变现有物质资源的利用范围和利用效率。不仅是物质资源，其他文化、地理和气候资源也会随着人才的充分发展而有所变化，从而对经济、社会产生不同影响。物质资源贫乏的国家，可以通过开发高素质人才来克服物质资源劣势，从而促进经济的发展。一方面，人才数量增加或质量提高时，消耗的物质资源会迅速减少，从而实现人才对物质资源的直接替代；另一方面，人才的创造性活动可以使丰富资源替代匮乏资源，从而实现人才对物质资源的间接替代。

（三）人才所具备的可开发性使之成为各种资源中的核心要素

人才的可开发性意味着人才可以通过自身不断的发展，实现自身的提升，从而推动科技、社会的进步，这种特征决定了这种资源不论在数量上还是质量上都具有良好的再生、增值特征，对于国家发展而言，具有先天资源禀赋只是运气，而真正能够通过国家努力实现社会经济发展的核心动力还是在于人才发展。这一方面归因于一国人才的可开发性，另一方面，人才是有效利用并发挥其他资源优势的关键。

（四）人才是大规模跨国移动难度最大的一种资源

经济全球化趋势日益加强，各国间贸易也发展迅速，各种资源流动性大大加强，货币资金的转移、产品货物的运输和信息的传递变得异常便捷。但是，国家之间的人才流动始终受到一定的限制，现行政治、法律框架决定了大规模人口迁移不可能发生。人才跨国流动的难度必然造成各国人才素质及结构的差异性，而人才质量和数量上的差异又将决定全球范围的产业布局。人才必将成为影响国家产业升级的主要资源要素。高素质的人才不仅有助于提高经济系统的产出,而且有助于催生高技术及高技术产业,引导一般性资源流向高技术产业,促进高技术产业的成长,从而实现产业升级,促进国家经济增长。而人才质量较低则必然导致国家技术吸收能力较弱。因此,一国所拥有的人才的数量与结构决定了国家的资源优势,对产业升级和经济发展方式转变具有重要的影响力。

三、人才发展与区域发展

更好地实施人才强国战略、充分发挥人才在区域发展中的作用,既是长期艰巨的历史任务,又是现实紧迫的重大课题。区域发展,人才发展是关键。人才已成为地方政府综合竞争力的制高点,在区域经济的发展中有着举足轻重的作用。区域人才发展要以区域经济社会发展为核心,以改革为动力,以队伍建设为重点,以优秀人才培养为目标,以人才法制建设为保障。

(一)人才发展与区域发展的关系

1. 人才可以促进区域经济的迅速增长

联合国教科文组织的研究成果显示,劳动生产率与劳动者文化程度呈现出高度的正相关,与文盲相比,小学毕业者可提高生产率43%,初中毕业者可提高108%,大学毕业者可提高300%。区域经济内部产业结构的优化也是区域经济发展的一种表现。当一个地方人力资源状况好,高素质、高技能、高学历的人才多,高新技术产业、技术密集型产业就多,当地的经济实力就强,发展后劲就足。人才的知识属性突出地表现为他们对知识的拥有、追求和锲而不舍的精神,因此人才对于新知识的追求、对新事物的敏感决定了他们善于采用新的观念和技术,淘汰旧的技术,从而促进整个企业乃至行业的优胜劣汰,实现产业结构变革,使其能更好地与经济发展水平相适应。

2. 人才对加强地方经济建设具有重要影响

随着市场经济的发展和完善,能够在市场中自由流动的因素已从物质、资金、技术等逐步扩展至人才,在这样的背景下,我国地方政府加强了人才培养和引进等方面的工作,将人才竞争视为提升区域竞争力的一个重要因素。对于地方政府来说,培养和引进人才是地方政府人才政策的主要内容。尽管现阶段各地政府都出台了相应的人才政策以吸引人才,但在制订和实施人才政策的过程中都或多或少地存在许多问题,最终导致"人才高消费"现象,或是人才政策趋同现象,以致人才政策有名无实。产生这些现象的原因是多方面的,一个重要原因是地方政府没有意识到人才综合竞争力是一个动态的过程,其价值导向存在严重的错位。

3. 人才可以促进西部地区经济发展

西部大开发是中央的战略选择,是邓小平同志关于"两个大局"❶思想的重要体现,是我国改革开放和社会主义现代化建设历史进程中的重要一步。这一战略对我国经济社会的发展具有重大意义:一是有利于扩大内需,推动国民经济持续增长;二是能促进各地区经济协调发展,最终实现共同富裕;三是能加强民族团结,维护社会稳定和巩固边防。我国政府有长期实施这一战略的决心和信心。与东部相比,西部地区经济相对落后、生态环境脆弱。根据中国科学院可持续发展研究组的研究,西部地区的经济发展水平和生态水平整体偏低。全国经济水平指数和生态水平指数最低的10个省(自治区、直辖市),西部地区占7个。因

---

❶ 1988年8月12日,邓小平在听取关于价格和工资改革初步方案的汇报时指出:沿海地区要加快对外开放,使这个拥有2亿人口的广大地带较快地发展起来,从而带动内地更好地发展,这是一个事关大局的问题。内地要顾全这个大局。反过来,发展到一定的时候,又要求沿海拿出更多力量来帮助内地发展,这也是一个大局。那时沿海也要服从这个大局。

此，我国实施西部大开发战略，主要有两个目标和任务：一是抓好经济建设；二是优化生态环境。

从经济发展的普遍规律来看，一般经济发展往往会付出环境破坏的代价，而西部大开发既要发展经济，又要重建生态环境。这个任务十分艰巨，仅靠传统的经济发展方式是难以达到的，只有采用新的经济追赶战略和跨越式发展模式，才能实现西部地区生态平衡与经济发展的双重目标。

（二）区域人才一体化

区域人才一体化是区域经济社会发展的内在要求、必然结果和推动力量。区域人才开发合作实践蓬勃发展方式多种多样。以合作紧密度为标准，可分为松散型和紧密型两种；以合作时间长短为标准，可分为短期、中期和长期三种；以合作方向为标准，可分为单向型和双向型两种。

对话式合作是指合作倡议方和参与方通过会谈协商，最后签订人才开发合作文本或专项合作协议的一种人才开发模式。该模式主要包括召开联席会议、共同举办论坛和贯通信息网络等三种形式。

项目式合作是区域人才开发合作最主要的方式。合作各方从区域经济社会发展和人才需求的实际出发，通过具体项目合作来进行人才交流与合作。该种方式既包括发达地区对口支援欠发达地区的帮扶性项目，也包括区域间的互助性项目。其主要形式包括人才培训合作、高级人才智力服务、共同组织招聘会、联合申报项目、人才派遣服务等形式。

实体式合作是指在区域内人才开发合作各方结合自身需求和优势，投入一定的资金和土地，为开展人才资源交流与合作提供载体的一种人才开发合作模式。主要包括共建培训基地、实践基地、创新中心、人才市场等形式。

政策式合作是促进人才资源自由流动的基础和前提，促进各项人才政策的衔接统一、平等开放是政府部门在推进区域人才开发合作中应履行的根本使命。合作各方梳理本区域人才吸引、流动、培养、评价、激励等方面的政策法规，革除各项不合时宜的规定，力求塑造一体化的政策框架，降低人才在合作区域内开发使用的成本，提高人才配置效率。主要包括共同制定新的政策和改革完善原有政策两种形式。

区域人才开发合作依托于地缘、人文、经济、行政等基础条件，有赖于社会系统的整体改良与推进。推动区域人才开发合作升级和效率提升，需要从总体思路、组织机构、战略重点和主要载体等四个方面着手。

现行行政区划所导致的利益膨胀和行政分割已成为区域人才开发合作的主要阻碍。为解决这一问题，目前存在两种思路：一是整合现有行政区域，构建等级制的管理范式；二是维持现有行政模式，通过参与各方让渡部分权力的方式，构建合作式管理范式。笔者认为第一种思路更具可行性和操作性。后者需要从明确政府职责、提高合作层次和充实力量两个维度对现有合作组织进行改革。通过明确合作规则和各方职责来建立和完善沟通交流机制、利益共享机制、利益补偿机制、宣传动员机制、监督制约机制等基本制度，进一步提高合作组织的层次，突破部门限制。

四、人才发展与国家发展

人才是衡量一个国家综合国力的重要指标，也是衡量一个区域综合竞争力的重要指标。

国与国、区域与区域之间的竞争，归根到底就是人才资源的竞争。自然资源和物质资源终归是有限的，唯有人力资源，才是永不枯竭的战略资源；人才优势，是最需培育、最有潜力、最可依靠的优势。人才是衡量一个国家综合国力的重要指标。当前，以科技和人才为核心的综合国力竞争愈演愈烈，特别是面对后金融危机时代西方发达国家为谋取长期发展优势而发起的新一轮全球人才争夺战,必须抓紧研究制定面向世界的国家人才发展战略,更加积极主动地参与国际人才竞争,形成我国人才竞争的比较优势,不断增强我国的综合国力。

(一) 人才是国家发展第一资源

人才是科学发展的第一资源,是国家发展的战略资源,这是科学人才观的核心理念。世界发展的历史一再证明:人才兴则民族兴,人才强则国家强。在知识和技术成为经济社会发展的决定性因素的今天,人才资源已成为推动经济社会发展的主要力量和动力源泉。强调人才资源是第一资源的思想,把人才资源的开发利用作为推动科学发展的根本动力,符合我国人口多、资源少的基本国情,符合国际人才开发与管理的客观趋势,是资源理论的重大突破,是实施人才强国战略的理论基础,也是对马克思主义"以人为本"理论的重大创新。[1] 当今世界正处在新一轮科技革命的"拂晓",我国要抢占未来发展制高点,必须贯彻人才是科学发展第一资源的理念,把人才资源优势转化为科学发展优势。

(二) 建设人才强国必须有人才发展理论作支撑

全国人才工作会议和人才发展规划提出了到2020年确立国家人才竞争比较优势,进入世界人才强国行列的战略目标。把建设人才强国专作一条,和教育、科技并列作出部署,全面落实人才发展规划,为全面建设小康社会奠定坚实的人力资源基础,是今后一个时期我国人才发展的总目标、总方向、总任务。要实现这个目标和任务,还要进一步解放思想、解放人才、解放科技生产力。思想解放和人才理论创新对人才发展具有基础性、先导性、引领性作用。

---

[1] 葛玉刚,王久战,赵爱平. 第一资源论 [M]. 北京:高等教育出版社,2012.

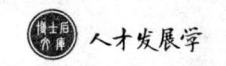

（三）人才发展与社会发展

人才具有开拓创新性、知识综合性和能动进取性的特征，在当今信息化社会将发挥出特殊重要作用，具有独特的地位。人才能够运用他们的内隐知识（如勇气、洞察力、创造力、分析力等）对外显知识进行策略性的运用；能够运用他们的智慧和思想透视力对具体情况进行具体分析，运用管理知识配合目标、发展方法、健全决策；能够通过人的主观努力，在实践中将外在于人的信息内化为管理者的学识，通过计划、组织、指挥、控制将信息转化为现实生产力。

人才提高自身的管理在信息化社会中具有特殊作用，科学管理人才是信息等资源合理配置的前提条件，也是信息化社会生产力发展的前提条件，人才管理理论和活动的普及，是信息化社会的显著标志。从世界经济发展的历史来看，许多国家的资源条件并不落后，经济发展却长期处于落后状态。这其中一个重要原因是人才发展问题。美国之所以能够在与日本等国的经济竞争中，先人一步，独领风骚，无疑得益于近几十年其管理科学的大发展，尤其是人才管理理论的大发展。

在实施信息化战略的过程中，我国会遇到缺资金、缺技术、缺人才等因素的制约。成思危提出："我国的科学技术水平确实落后，但我国的管理水平更落后。也许几年后，当我国的科技与经济大踏步追赶国际水平时，很可能因人才自身管理落后而阻碍这一进程。"为了避免出现这种状况，各级政府应提高对人才管理的作用、地位的认识，把大规模培养和加强人才自身的管理，当作实施信息化战略的重大任务来抓。

（四）人才发展是现代社会其他物质资源开发的决定因素

人类社会工业化生产造成能源危机、资源枯竭和环境污染，自然资源的有限性和稀缺性成了全人类共同面对的重要课题。一个地方人力资源的开发程度、人才发展的状况支配和决定了其他物质资源的开发和利用的程度。人才掌握的知识技能越先进、越丰富，改造客观世界的主观能动性就越强。一个社会只有人才发展了，各种生产资料和生产要素在生产的过程中才能转化为生产力，各种社会资源才能发挥出其应有的价值与作用。通过人才发展的活动，人们对自然和社会的认识不断深化，各民族的文化不断交融，价值观念不断提升，不仅将直接促进社会生产力的进步，而且将从根本上提高社会其他生产要素的利用与配置的效率，带动整个社会的文明与进步。

第四节　人才发展政策评估

当前，国际、国内各地之间的人才争夺愈演愈烈，人才竞争成为当今社会的主题之一。在人才竞争中，关键的环节之一就是研究制定各种人才政策，为吸引、培育、使用、人才提供政策保障。人才政策评估的程序，借鉴公共行政研究方法，分为八个步骤：①分析研究问题；②研究设计概念化；③构建资料收集工具；④选择样本；⑤研究计划；⑥收集数据；⑦处理数据；⑧撰写研究报告。[1]

一、人才发展政策模型

（一）访谈和文献

主要访谈专家学者、相关单位主要领导、人才代表等，通过对访谈记录的整理，同时对相关文献进行整理分析，我们可以发现人才发展政策需求主要体现在以下五个方面。

1. 创业和就业扶持政策

有研究结果表明，创业机会政策与创业技能政策对创业绩效有显著的正向影响，但创业意愿政策对创业绩效的影响不显著。

---

[1] 邹东升．公共行政学［M］．北京：北京大学出版社，2014：347．

有学者对创业政策满意度影响因素进行了实证研究，还有学者对创业政策类型进行了研究分析。这些对本研究都具有较大的参考价值。许多拥有外国国籍的"海归"回到祖国创业遇到了国籍带来的瓶颈问题。许多"海归"面临回国创业艰难的困境，政府应为海归人才的创业提供更好的支持，通过建立相应的机制，让民营企业创业更方便。

2. 社保、医疗、子女教育等配套政策

高端人才流动到另一地方工作，面临工作许可证、保险、医疗等政策不太明朗或者比较难办的困难，调动工作的薪水等待遇问题容易解决，手续却非常复杂，可能需要几个月甚至更长的时间。另外，国际性人才来中国创业，他们的子女来华也会面临一系列的问题。例如子女是外国籍，他们的上学和医疗等就面临诸多困难。因为子女是外国籍，父母不是外国籍，孩子回来上学的费用比父母是外国籍的高 3~4 倍。因此，应完善与国际人才引进相配套的创业就业政策、社会保障政策，完善医疗保障和服务。在教育方面，一是要为外籍子女提供就读公立学校的渠道，使他们和国内的孩子机会平等；二是加强国际双语学校的建设。特别还应在社保、医疗和教育等方面为国际人才建立绿色通道，解决他们的后顾之忧。此外，加强功能区吸引国际人才的软实力，将人文、科技、绿色贯彻到国际人才发展上。

3. 奖金等形式的激励政策

目前一些省份出台了激励计划，对于评选出的高端人才和单位给予一定的激励奖金。但是，奖金的数额对于一些顶尖人才缺乏吸引力，我们应加大力度，对那些我们真正需要的、稀缺的、具有领军意义的重要人才给出对他们来说真正具有激励效果的奖金，只有这样，我们才能吸引到更多、更优秀的人才。此外，对于奖金在用人单位和人才间的分配比例，应有所要求。激励奖金是给优秀人才还是给吸收他们的单位，需要仔细分析，要对双方都起到激励效果。

4.沟通协调机制建设资助政策

很多高端人才对当地的很多情况不太了解，在情感上也缺乏归属感。我们可以在目前已有的一些协会、学会、俱乐部等的基础上，进一步加大投入，发展这些机构来凝聚高端人才，给他们创造交流的平台，让他们可以在自己的工作单位之外，对所在区域的发展发挥更大的作用。同时，他们有了归属感，也更有利于我们留住人才。

5.国际标准服务配套政策

高端人才对服务标准要求比较高，但访谈中发现，许多人才认为当地的很多服务单位和机构有着很强的"地方特色"，使得很多人才难以适应。因此，应进一步提高服务质量，进一步完善服务体系，运用国际通用的服务模式，营造国际化的服务环境，加强对高端人才的社会服务。

(二) 问卷调查

1.探索性因子分析

人才发展政策评估如表1-1所示。

表1-1 人才发展政策评估表

序号	因 子
1	选派人才到国内外进修、考察政策
2	人才国际化培养资助政策
3	在职学位进修政策
4	人才培训补贴政策
5	人才岗位锻炼政策
6	激励性休假政策
7	给予荣誉、表彰等方式人才激励政策
8	优秀人才评选奖励政策
9	薪酬补贴政策

续表

序号	因子
10	给予人才相应的行政职务政策
11	住房政策
12	社会保险政策
13	人才子女入学入园政策
14	生活补贴政策
15	帮助解决人才配偶工作政策
16	个人所得税优惠政策
17	人才引进职称评审政策
18	引进人才落户政策
19	人才引进编制政策
20	引进人才薪酬待遇政策
21	人才创业启动资金政策
22	人才创业贷款/融资资助政策
23	创业税收优惠政策
24	人才创业办公场地资助政策
25	高新技术人才科技成果转化政策
26	人才发展基金政策
27	人才健康服务政策
28	人才流动服务政策
29	人才信息服务政策
30	人才咨询服务政策

人才发展政策模型可以分为六个因子,分别为:

因子1:将其命名为培育政策。

因子2:将其命名为激励政策。

因子3:将其命名为保障政策。

因子4:将其命名为引进政策。

因子5：将其命名为创业政策。

因子6：将其命名为服务政策。

综合上述分析，我们得出人才发展政策模型主要包括培育政策、激励政策、保障政策、引进政策、创业政策、服务政策6个方面，信度和效度良好。在各因子的权重系数方面，我们通过专家评价法对问卷调查结果进行了调整，分别为20%、20%、20%、15%、15%、10%。

可以看出，人才发展政策是一个多维度结构体系；人才发展政策正向影响人才发展绩效水平。人才发展政策越好，人才发展绩效越高。

二、人才发展评估方法

（一）培育政策评估结果

培育政策因子的评估结果如表1-2所示。

表1-2 培育政策描述统计分析

题 目	最小值	最大值	均值	标准偏差
选派人才到国内外进修、考察政策	1	7	5.53	1.423
人才国际化培养资助政策	1	7	4.90	1.211
在职学位进修政策	1	7	5.46	1.520
人才培训补贴政策	1	7	5.11	1.317
人才岗位锻炼政策	1	7	4.62	1.238

表1-2显示：对人才发展的培育政策处于有点满意以上，说明人们对人才培育政策的满意程度虽不算高，但是已经有很大改进。其中，选派人才到国内外进修、考察政策的得分最高，人才岗位锻炼政策的得分最低。

导致这种现象的主要原因：中国注重提升人才的国际化素质，因此，一些单位纷纷组织人才到国内外相关单位进修、考察、学习。

岗位锻炼是一种有效的人才培养方式,但是由于某些原因,国内对岗位锻炼方式的运用不够常见,并且由于缺乏系统的科学设计,即使有岗位锻炼,效果也不是很理想。

(二) 激励政策评估结果

激励政策因子的评估结果如表1-3所示。

表1-3 激励政策描述统计分析

题目	最小值	最大值	均值	标准偏差
激励性休假政策	1	7	5.53	1.423
给予荣誉、表彰等方式人才激励政策	1	7	5.32	1.411
优秀人才评选奖励政策	1	7	5.11	1.322
薪酬补贴政策	1	7	5.25	1.557
给予人才相应的行政职务政策	1	7	5.11	1.338

表1-3显示:对人才发展的激励政策处于有点满意以上,说明人们对人才激励政策的满意程度虽不算高,但是已经有很大改进。其中,激励性休假政策的得分最高,优秀人才评选奖励政策的得分最低。

导致这种现象的主要原因:由于现在工作压力越来越大,人才对自身身体素质的关注度也在逐渐提升,人才管理当中,也开始注重人才对闲暇时间的需求,因此许多单位开始组织人才进行带薪休假等,有效地满足了人才的需求。

目前,中国有些地区设计了优秀人才评选奖励政策,但是奖励标准是多年前制定的,至今未做调整,因此标准偏低,不能有效激励人才的积极性。

(三) 保障政策评估结果

保障政策因子的评估结果如表1-4所示。

表1-4 保障政策描述统计分析

题 目	最小值	最大值	均值	标准偏差
住房政策	1	7	4.90	1.83
社会保险政策	1	7	5.39	1.311
人才子女入学入园政策	1	7	4.97	1.282
生活补贴政策	1	7	5.11	1.215
帮助解决人才配偶工作政策	1	7	4.76	1.235

表1-4显示：对人才发展的保障政策处于有点满意以上，说明人们对人才保障政策的满意程度虽不算高，但是已经有很大改进。其中，社会保险政策的得分最高，帮助解决人才配偶工作政策的得分最低。

导致这种现象的主要原因：中国的社会保险体系已经有了很大改观，国家出台了社会保险法，社会保险覆盖面大幅扩大，人才基本享受了社会保险，这有利于提高他们的满意度。

由于人才流动性比较大，但是由于户籍等政策的限制，当一个人从一个省跨越到另外省份工作时，配偶的工作问题一般不太好解决，因此在该方面的满意度偏低。

(四) 引进政策评估结果

引进政策因子的评估结果如表1-5所示。

表1-5 引进政策描述统计分析

题 目	最小值	最大值	均值	标准偏差
个人所得税优惠政策	1	7	4.97	1.480
人才引进职称评审政策	1	7	4.90	1.501
引进人才落户政策	1	7	4.90	1.512
人才引进编制政策	1	7	4.90	1.212
引进人才薪酬待遇政策	1	7	4.69	1.337

表1-5显示：对人才发展的引进政策处于中等稍偏上水平，

说明人们对人才引进政策的满意程度不高，还需要进一步改进。其中，个人所得税优惠政策的得分最高，引进人才薪酬待遇政策的得分最低。

导致这种现象的主要原因：中国的工资水平整体不高，个人所得税不算很多，因此，大部分人才对此项的满意度稍高，但是得分也低于5分，说明在此方面也不容乐观。

在公共部门等性质的单位，薪酬制度是国家统一规定的，能力工资体现得不够充分，绩效工资所占比重也不高，薪酬决定权非常有限，因此，大家对引进人才薪酬待遇政策的满意度最低。

（五）创业政策评估结果

创业政策因子的评估结果如表1-6所示。

表1-6 创业政策描述统计分析

题 目	最小值	最大值	均值	标准偏差
人才创业启动资金政策	1	7	5.04	1.380
人才创业贷款/融资资助政策	1	7	4.83	1.315
创业税收优惠政策	1	7	4.83	1.362
人才创业办公场地资助政策	1	7	4.76	1.316
高新技术人才科技成果转化政策	1	7	4.97	1.330

表1-6显示：对人才发展的创业政策处于中等稍偏上水平，说明人们对人才创业政策的满意程度不高，还需要进一步改进。其中，人才创业启动资金政策的得分最高，人才创业办公场地资助政策的得分最低。

导致这种现象的主要原因：当前及今后一个时期，中国就业形势依然严峻，国家和各级政府正在制定政策重点指导和促进高校毕业生、失业人员和返乡农民工创业，复员转业人员、留学回国人员创业等,允许创业者将家庭住所、租借房、临时商业用房等作为创业经营场所,同时建立创业项目资源库,形成有效采集和定期发布制度,接受创业者的创业咨询和投诉,因此对人才创业启动资金政策的满意度稍高。

调研发现,创业政策中对办公场地资助方面的政策比较缺乏,特别在大中城市,相关的政策规定偏少,因此对这方面的满意度稍低。

(六) 服务政策评估结果

服务政策因子的评估结果如表1-7所示。

表1-7 服务政策描述统计分析

题 目	最小值	最大值	均值	标准偏差
人才发展基金政策	1	7	5.18	1.323
人才健康服务政策	1	7	4.90	1.329
人才流动服务政策	1	7	5.04	1.392
人才信息服务政策	1	7	4.76	1.307
人才咨询服务政策	1	7	4.69	1.256

表1-7显示:对人才发展的服务政策处于中等稍偏上水平,说明人们对人才服务政策的满意程度不高,还需要进一步改进。其中,人才发展基金政策的得分最高,人才咨询服务政策的得分最低。

导致这种现象的主要原因:为了支持人才开发工作,一些地方政府专门对人才开发工作给予了资金支持,有些单位还建立了人才发展基金,因此这方面的满意度稍高。

中国的人才咨询服务业还处于起步阶段,人才学专业建设比较晚,专业人才比较少,人才咨询服务业专业化水平还不够高,因此这方面的满意度偏低。

三、人才发展评估结论

(一)人才发展政策模型结论与建议

1. 人才发展政策模型

基于上述实证研究,最后所得出的人才发展政策模型信度和效度良好,如表1-8所示。

表1-8 人才发展政策模型

一级指标	权重(%)	二级指标
培育政策	20	选派人才到国内外进修、考察政策
		人才国际化培养资助政策
		在职学位进修政策
		人才岗位补贴政策
		人才岗位锻炼政策
激励政策	20	激励性休假政策
		给予荣誉、表彰等方式人才激励政策
		优秀人才评选奖励政策
		薪酬补贴政策
		给予人才相应的行政职务政策
保障政策	20	住房政策
		社会保险政策
		人才子女入学入园政策
		生活补贴政策
		帮助解决人才配偶工作政策
引进政策	15	个人所得税优惠政策
		人才引进职称评审政策
		引进人才落户政策
		人才引进编制政策
		引进人才薪酬待遇政策

续表

一级指标	权重（%）	二级指标
创业政策	15	人才创业启动资金政策
		人才创业贷款/融资资助政策
		创业税收优惠政策
		人才创业办公场地资助政策
		高新技术人才科技成果转化政策
服务政策	10	人才发展基金政策
		人才健康服务政策
		人才流动服务政策
		人才信息服务政策
		人才咨询服务政策

表1-8显示：人才发展政策中，培育政策、激励政策、保障政策三个因子对于人才发展绩效的影响最为显著，重要性程度都高达20%，然后依次为引进政策、创业政策、服务政策三方面，重要性程度分别为15%、15%、10%。

2. 对策建议

在人才发展政策发展目标方面，可以从培育政策、激励政策、保障政策、引进政策、创业政策、服务政策六个方面进行设计。在每个机制发展目标设计方面，根据上述六个因子的权重大小来进行重要性确定。其中，培育政策、激励政策、保障政策最重要，然后依次为引进政策、创业政策、服务政策。在对人才发展执行效果评估时，也可以将其作为重要参考依据，设计相关的评估指标体系。

（二）人才发展政策评估结论与建议

1. 人才发展政策评估结果

经过整理，人才发展政策评估结果可以总结如表1-9所示。

表 1-9 人才发展政策整体评估结果

一级指标	权重（%）	各项得分①	满意指数②	抱怨指数③	总分④
培育政策	20	73.2	66.5	14.0	72.0
激励政策	20	75.2	69.0	11.6	
保障政策	20	71.8	67.5	16.3	
引进政策	15	69.6	65.8	17.3	
创业政策	15	69.8	66.2	16.4	
服务政策	10	70.5	62.9	12.5	

注：① 各项得分是各项一级指标 7 分制得分均值换算成 100 分制之后的得分。

② 满意指数：7 分量表中，单题中打分为 7 分、6 分、5 分的问卷数量占有效问卷总数的百分比。

③ 抱怨指数：7 分量表中，单题中打分为 1 分、2 分、3 分的问卷数量占有效问卷总数的百分比。

④ 总分是各项得分与各自权重的乘积之后的总和。对于 7 点计分的问卷，43 分以下代表抱怨，45～72 代表中立（不含 72 分），72～100 代表满意（含 72 分）。

表 1-9 显示：总体来看，整体的人才发展政策得分为 72.0 分，不算高，也不是很低，属于中等水平，说明目前被调研区域或者单位的人才发展政策不够完善，还需要进一步优化。其中，引进政策因子得分最低，只有 69.6 分，并且满意指数不高，抱怨指数偏高。创业政策因子和服务政策因子得分也不高，分别只有 69.8 分和 70.5 分。保障政策因子很重要但是评估得分均值不高，说明保障政策也是需要重点改进的方面。

2. 对策建议

（1）优化人才社会保障政策。在人才社会保障方面，要健全现有的人才社会保障体系，扩大保障范围，优先将各领域的高端人才，尤其是海外高层次人才纳入社会保障体系；建立专门的系统或部门协助高端人才解决社会保障政策与实施方面的疑问和困难，提高社保的服务质量。养老保障方面，建设"社会保障服务大厅",为企业提供养老保险办理等业务;对优秀人才进行补充养老保险资助,提高养老保险筹资水平。医疗保障方面,为高端人才提供"绿色医疗通道"服务;为人才提供每年一次的体检服务,尽量保证人才的身体健康。子女教育方面,教育主管本部门与相关单位沟通合作,并争取到某些优惠政策,给人才提供良好的子女教育服务。交通保障服务方面,开设"人才绿色直通车"服务,人才可以免费享受交通服务;提供方便快捷的航空服务。同时,需要完善政府的社会保障政策问题发现机制、社会保障政策民主参与机制、社会保障政策执行机制、社会保障政策评估机制、社会保障政策决策者责任追究机制和社会保障政策调整机制等,提高政府的社会保障政策制定和执行能力。

(2)人才住房政策。针对人才的不同需求制定相应的人才住房政策:制定人才公寓政策,提供便捷廉价的人才公寓,以解决住宿问题;制定住房补贴政策,给予人才适当的住房补贴,在此基础上寻找适宜的住房;制定住房的绿色通道服务政策,提供便利的绿色通道服务,协助人才寻找交通和生活条件优良的住房。需要关注与房地产市场相关的财政、金融、行政法规等制度安排,特别要关注公共租赁房土地出让制度的政策设计,政府要建设性质类似于经济适用房但可市场化运作的具有完全产权的公共租赁房市场。

(3)人才激励政策。第一,以组织未来的发展前景与个人未来的发展空间激励人才,把组织的发展成长过程与人才的职业生涯规划有效地结合起来,建立畅通的高端人才晋升渠道,组织的发展壮大就是对人才最有效的激励手段。第二,立足精神奖励,针对不同的行业和领域,每年组织选拔对区域发展建设做出突出贡献的高端人才进行表彰和奖励,对于成功入选的高端人才予以荣誉感激励其更好地投身工作,对未能入选的高端人才也能起到表率与激励作用。第三,适当提高薪酬水平,建立绩效工资制,政府、用人单位与社会组织结合在一起,用物质奖励激励高端人才。第四,开展优秀单位、优秀团队、优秀人才评选表彰活动。每年对企业、人才进行评优,对优秀组织、优秀团队、优秀人才给予相应的奖励,并且进行宣传报道,扩大影响力。第五,帮助组织梳理规范各项规章制度,提高对人才的尊重感。外界对自我的尊重来源于地位、声望、荣誉或一种良好的相互尊重的人际氛围,企业应努力营造这种氛围。第六,政府可以帮助各类组织形成管理人员和员工之间的良好的合作关系。例如,可以开展"优秀尊重人才团队"评选表彰活动,帮助企业的经理人亲切对待人才,尊重和赞赏他们,关心他们,认真倾听他们的意见,真诚地帮助他们成长和发展。第七,帮助区域内的组织建立科学的绩效考核体系和合理确定人才的薪酬结构。树立现代薪酬管理理念,尽快从传统的工资管理转变到现代的薪酬管理,即从收入分配制度向人力资源投资理念转变。大企业集团要想建立科学的薪酬管理体系,领导者就必须学习掌握企业薪酬理论、薪酬设计、薪酬政策、薪酬体系的有关知识和国外优秀企业薪酬管理的先进经验及方法,发挥民主协商、专家咨询、个案谈判等薪酬设计模式的优点,制定符合本单位的薪酬制度。

(4)人才创业扶持政策。可以从创业融资、创业服务、创业集群、创业教育和创业文化等方面完善我国创业政策体系。首先,严格把关,根据经济社会发展现状,只要能够集聚人才队伍、形成产业链与要素市场、对经济社会带动作用大的企业类型允许落户。其次,资金扶持,创业型的高端人才最迫切的需求是资金上的扶持,可以制定不同的标准与等级,分层次地实行银行担保、贷款贴息与税收减免等政策,支持企业不断做大做强。最后,宽松环境,为高端人才提供工作便利与交通便捷的办公场所和创业环境。尤其是注重产业链与集聚效应等的营造,为创业型高端人才提供宽松的成长环境。鼓励团队化回国创业政策。采取财政扶持、政策优惠等措施，通过引进一个拔尖人才、领军人才，带来一个创业团队，带动一个产业的发展。成立园区创业园，搭建国际人才来园区创业的平台。完善对归国创业的留学人员孵化政策，对技术含量高、发展前景广、确需长期孵化的项目，通过专家认证评估后，应准其延长孵化时间并增加科技研发费用。

（5）人才培育政策。人才国际化培育政策：一方面，要加快本土人才国际化步伐，在沟通交流中培养，引导和鼓励高等院校、科研院所、企业跨国跨地区开展学术交流和项目共建，推动人才参与国际前沿科学和应用技术研究，促进各类人才融入国际竞争；另一方面，拓宽人才国际化平台，在竞争使用中培养，发挥当地经济优势，吸引跨国公司、国际组织总部落户，延伸和拓展人才参与国际竞争的渠道，培育具有品牌效应的国际人才中介服务机构，建成比较完善的国际人才市场。建立区域内组织人才"终身培训机制"，重视对人才的培训和教育，建立一套行之有效的培训机制，并投入大量的资金予以保证。尽快完善西部人才开发政策。

（6）人才落户政策。对于来本地工作的高端人才，首先可以以居住证政策暂时解决其落户问题，以考察其是否适合当地的工作环境，是否能够满足当地的发展需要，对于"留得住、用得好"的高端人才要积极解决其户口问题。高端人才子女落户政策可以分为两种类型，一种是来当地工作前就极具社会威望和丰富经验的高层次高端人才可制定一定的衡量标准，先解决子女落户问题；另一种是在当地工作多年并取得重大工作成果或做出了突出贡献的高端人才，可结合政策分批解决子女落户问题。

（7）人才信息服务政策。制定高端人才人际交往考核政策，动态跟踪与考核高端人才在学术、社会与工作上的交流交往活动，建立适当的考核评价标准，客观公正地给予评价，对于不良行为要适时制止,组织开展教育工作,对于正当的人际交往要制定配套的高端人才人际交往补贴政策,分领域、分层次建立不同的补贴标准,引导与鼓励高端人才更好地开展人际交往活动。构建政府与企业之间、企业与企业之间、人才与人才之间沟通交流的长效平台。例如,可以设立"亲睦团体俱乐部",人才、同学、同乡或具有相同兴趣爱好的人加入其中。为了避免机构庞大,该俱乐部还可按照各种条件分成更小的团体,这样可以使参加者更加随意"亲近地接触",以增加人才的归属感,培养团队意识,每个人都可以同时属于多个团体。为这种聚会,可提供集会大厅、会议室等设施,供自由使用。在这种团体中,领导人是互选的,且采取轮换制。这些团体都有一个共同的条件,那就是把这些团体作为会员相互之间沟通亲睦,自我启发,有效地利用业余时间和不同职务的会员相互交流的场所。这些团体都认识到"通过区域的繁荣",区内团体才有发展,人才进而有极强的归属感。帮助搭建人才国际沟通交流的长效平台。例如,可以资助区域人才进行国际交流,还可以成立国际人才联系站点、国际人才服务港等国际交流服务机构。要建立与海外专业人士团体、校友会、华侨华人社团的紧密联系机制。要建立与硅谷、国外知名大学、科研院所的紧密联系机制,一方面招徕人才,另一方面学习其人才管理模式、产业发展动向等。建设综合信息服务网络平台,拓宽人才拥有、获取必要信息的渠道。

(8)人才税收优惠政策。研究分析英国伦敦、美国纽约、我国香港、新加坡等地的税收政策,调研创新创业税收政策需求,积极探索国际化的税收政策体系。在给予一定税费优惠的基础上,精简审核程序,适当放宽相关条件,扩大享受税收优惠的范围。

(9)人才流动政策。加大政府职能转变力度,深化人事管理体制改革,提高政府人才服务工作的质量和效率,实现人才流转通道的畅通。创造高度开放与包容的社会环境，积极发挥当地在教育与科研体系、薪资待遇、工作及生活条件等方面的优势，为个人成才创造广阔的空间与机遇。建立人才供需信息发布制度；推进政府部门所属的人才服务机构体制改革，实现政事分开、管办分离；加快户籍、保险、档案等相关领域的改革，消除人才流动中各种体制性、机制性障碍；探索建立人才柔性流动机制；建立人才资源库，完善人才资源开发运行监测体系和人才统计指标体系，定期发布人才资源发展报告，加强信息共享。完善党政机关、企业、事业单位人才流动办法；建立区域紧缺专业高端人才交流合作机制；建立人才资源公共信息服务体系，形成社会化、开放式的人才市场信息和公共政策信息共享机制以及服务全社会的、动态的人才信息体系；鼓励、支持各类人才协会、学会的发展，成立区域人才协会；人才协会接受政府人事部门指导，定期组织有关专家对人才工作的重点、热点、难点问题进行战略性和前瞻性的研究；组织人才协会会员积极向有关部门举荐人才，促进人才脱颖而出。推进人才市场体系建设，建立以市场机制为主导，政府部门宏观调控、市场主体公平竞争、行业协会严格自律、中介组织提供服务的人才流动机制。整合各类人才市场和劳动力市场，建设统一的人力资源大市场，为人才自由、有序流动创造良好环境。加强政府对人才流动的政策引导，建立人才合理流动的调控机制，推动人才分布结构与经济发展方式和产业结构优化升级相适应，与区域发展和主体功能区开发相适应。建立并完善适应市场要求的人才流动机制，真正做到"用人主体通过市场自主择人，人才通过市场自主择业"，增进人岗匹配度，真正做到人尽其才、人尽其用。完善、增进人才流动的各项配套政策和措施，为人才流动机制形成依托，使各项人才工作真正落到实处。

（10）人才健康改善政策。在政府网上设立人才健康服务专栏，提供人才健康资讯服务；每年对人才健康状况进行调研，收集人才健康需求，编制人才健康改善计划，定期考评各单位人才健康改善工作情况；设立人才健康改善基金，为人才健康改善工作提供资金保障；成立体育健身俱乐部，每年组织丰富多彩的体育健身赛事；建立心理咨询服务机构，开设心理咨询服务热线，为人才提供心理咨询服务；开辟高端人才优诊医疗绿色通道，每年组织高端人才进行一次健康体检，为高端人才建立个人健康档案，积极开展个性化医疗咨询和跟踪服务；建立高端人才疗养制度，每年组织贡献突出的高端人才休假疗养，允许高端人才自主选择学术交流、培训进修、合作研究等形式进行学术休假；用人单位应主动关心高端人才的身心健康，为高端人才健身、疗养创造条件。❶

参考文献

[1] 马克思，恩格斯．马克思恩格斯全集［M］．第46卷．北京：人民出版社，1972：36．

[2] 马克思，恩格斯．马克思恩格斯全集［M］．第42卷．北京：人民出版社，1979：123．

[3] 马克思，恩格斯．马克思恩格斯全集［M］．第3卷．北京：人民出版社，1960：507．

[4] 马克思，恩格斯．马克思恩格斯全集［M］．第20卷．北京：人民出版社，1971：317．

[5] 马克思，恩格斯．马克思恩格斯全集［M］．第3卷．北京：人民出版社，1960：515．

[6] 马克思，恩格斯．马克思恩格斯选集［M］．第1卷．北京：人民出版社，1995：85．

[7] 马克思，恩格斯．马克思恩格斯选集［M］．第3卷．北京：人民出版

---

❶ 陈小平，赵国忠．人才发展：模型构建及对策实证研究［M］．北京：中国人事出版社，2012．

社，1960：286.
- [8] 马克思，恩格斯．马克思恩格斯选集［M］．第4卷．北京：人民出版社，1995：532.
- [9] 马克思，恩格斯．马克思恩格斯全集［M］．第46卷．北京：人民出版社，1972：485.
- [10] 马克思，恩格斯．马克思恩格斯全集［M］．第42卷．北京：人民出版社，1979：368.
- [11] 李中斌．区域人才资源开发研究［M］．北京：电子科技大学出版社，2014.
- [12] 陈志尚．论人的自由全面发展//中国人学学会．人学与现代化［M］．南宁：广西人民出版社，2005.
- [13] 崔新建．人的发展和社会发展互为前提和基础．人民日报，2001-09-08.
- [14] 王锐生．论人的二种全面发展//中国人学学会．人学与现代化［M］．南宁：广西人民出版社，2002：58.
- [15] 葛玉刚，王久战，赵爱平．第一资源论［M］．北京：高等教育出版社，2012.
- [16] 罗洪铁，周琪．人才学原理［M］．北京：人民出版社，2013.
- [17] 王建民．2013中国战略人才发展报告［M］．北京：北京师范大学出版社，2014.
- [18] 余仲华，林活力，毛瑞福．中国人才战略管理评论［M］．北京：社会科学文献出版社，2008.
- [19] 郑永廷等．人的现代化理论与实践［M］．北京：人民出版社，2006：406.
- [20] ［美］彼得·卡佩利．沃顿商学院最受欢迎的人才课［M］．北京：中信出版社，2012.
- [21] 徐颂陶．中国特色人才理论新探讨［M］．北京：中国人事科学出版社，2008.
- [22] 钟祖荣．新编人才学通论［M］．北京：党建读物出版社，2013.

第二章
人才发展的理论演进

人才发展的理论既是人才学理论研究的逻辑起点,也制约着人才培养、开发、使用、管理等一系列实践活动。本章研究人才发展理论的演进历程,对马克思主义人的全面发展理论的内容、背景、特点等进行详细分析,对中央领导集体的人才思想进行深入的阐述。

第一节 马克思主义人的全面发展理论

一、马克思主义人的全面发展理论的内容

（一）人的能力的全面发展

能力是一个非常复杂的体系，既包括体力，又包括智力；既包括从事物质生产的能力，又包括从事精神生产的能力；既包括社会适应能力，又包括开拓创新能力；既包括认识和觉悟的能力，又包括掌握科学知识和技能的能力。马克思认为："任何人的职责、使命和任务就是全面地发展自己的一切能力。"

（二）人的社会关系的全面发展

社会关系是一个全面的、综合的、外延广泛的概念，它首先表现为个人与其他人建立了普遍的关系，人与人之间通过交换建立的这种普遍联系使个人活动的空间得到了大大地扩展。马克思主义认为："人的本质不是单个人所固有的抽象物，在其现实性上，它是一切社会关系的总和。"

（三）人的需要的全面发展

需要是人自身的规定性，是人类一切活动的源泉和动力。人所从事的一切社会实践活动都是为了追求和满足某方面的需要而进行的。马克思把人的需求概括为生存需求、发展需求和享乐需求，认为它们共同构成一个开放的动态系统。马克思认为，人的需要的发展是"人的本质力量的新的证明和人的本质的新的充实"。

（四）人的个性的全面发展

所谓个性，是指个人独特的主体性，是人与人在特性方面的差异，如兴趣、爱好、性格、心理、气质、行为特点等。马克思认为，人才发展在一定意义上就是"有个性的个人"逐步代替

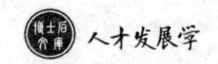

"偶然的个人"。❶

二、马克思主义人的全面发展理论的形成

人的全面发展理论,是马克思主义理论的重要组成部分。马克思主义认为,人的全面发展是以人的自由发展为前提的,只有当社会提供给人自由发展的环境与时机时,人的全面发展才有实现的可能性。马克思,恩格斯站在实践的基石上,扬弃文艺复兴、启蒙运动和空想社会主义等有关思想,创立了科学的人的全面发展理论。马克思主义人的全面发展理论与唯物史观和人的本质问题互相影响、互相促进。就其过程而言,它经历了唯物史观形成之前的孕育、伴随唯物史观确立的定型、唯物史观确立之后的发展和在唯物史观指导下的成熟四个阶段。

(一) 人的全面发展理论的孕育阶段

在唯物史观确立之前,马克思和恩格斯都经历了复杂的思想转变。在对人的全面发展理论的贡献方面,马克思的思想发展脉络更为清晰,可以分为三个时期:一是中学时代对人的发展问题的初步认识;二是马克思1841年的博士论文为人的全面发展理论奠定了思想准备;三是《1844年经济学哲学手稿》初步形成了人的全面发展理论。

(1) 青年时代的马克思在其中学时代初步认识到人的发展问题。在考虑如何选择职业时,他阐述了关于人的发展的最初认识:"在选择职业时,我们应该遵循的主要指针是人类的幸福和我们自身的完美。不应认为,这两种利益是敌对的、互相冲突的,一种利益必须消灭另一种的;人类的天性本来就是这样的:人们只有为同时代人的完美、为他们的幸福而工作,才能使自己

---

❶ 郝军. 马克思的人的全面发展理论及其当代诠释 [J]. 北京化工大学学报, 2009 (4).

也达到完美。"❶

（2）马克思1841年的博士论文奠定了人的全面发展理论的思想基础。马克思在1841年的博士论文中，批判了德谟克利特的机械决定论，肯定了伊壁鸠鲁关于原子偏斜运动的思想，认为原子的偏斜运动是原子独立精神自由本质的表现。马克思认为，这是"定在中的自由"，是同"他物""他者"的关系中的自由。但与一般的黑格尔主义者不同的是，马克思反对把自由绝对化和抽象化，他批评了伊壁鸠鲁的那种脱离世界的自由。这是马克思主义人学思想启蒙的标志，是马克思从哲学上探讨个人自由的开端，是已经包含每个人自由发展的思想萌芽。它为马克思人的全面发展理论奠定了必要的思想基础。

（3）《1844年经济学哲学手稿》初步形成人的全面发展理论。在《1844年经济学哲学手稿》中，马克思开始把人类解放和人的自由全面发展当作无产阶级的未来目标，并把人类解放与消灭私有制联系在一起。他从之前主要局限于政治哲学层面探讨人的发展，此时开始转向经济学哲学领域，深入到解剖资本主义的生产方式。

（二）人的全面发展理论的定型阶段

从《神圣家族》到《关于费尔巴哈的提纲》，再到《德意志意识形态》，是唯物史观的形成时期，也是马克思主义人的全面发展理论的定型时期。

（1）确立人的本质观，为人的全面发展提供帮助。在《神圣家族》中，马克思认为，人是由他所处的工业状况和经济状况决定的。这表明马克思开始从"抽象的人"转向"现实的人"，不再用"人本身"来说明人了。在《关于费尔巴哈的提纲》中，马

---

❶ 沈艳丽．试论马克思主义人的全面发展理论的历史轨迹［J］．经济研究导刊，2011（18）．

克思彻底清除了费尔巴哈类本质范式的影响,基本确立了新的人的本质观。他明确提出,"人的本质并不是单个人所固有的抽象物,实际上,他是一切社会关系的总和",同时指出实践在人的全面发展过程中起着决定性作用。马克思主义人的本质观与马克思主义人的发展理论是完全统一的,确立马克思主义人的本质观为构建人的全面发展理论提供了极大帮助。

(2)《德意志意识形态》标志着人的全面发展理论基本形成。在《德意志意识形态》一书中,马克思、恩格斯从唯物史观出发,对社会分工进行了历史的考察,并以此来研究人的全面发展问题,第一次把人的全面发展与生产力联系起来。在这一经典文本中,马克思和恩格斯全面确立了人的发展思想,多角度阐释了人的发展的基本内涵,系统论述了个人自由全面发展问题,并为人的全面发展设计了理想蓝图。

(三) 人的全面发展理论的发展阶段

唯物史观确立之后,马克思主义人的全面发展理论继续向前发展。马克思在《共产党宣言》中宣告:"代替那存在着阶级和阶级对立的资产阶级旧社会的,将是这样一个联合体,在那里,每个人的自由发展是一切人的自由发展的条件。"这一时期,马克思、恩格斯在论证共产主义代替资本主义的历史必然性的同时,他们意识到必须在资本主义生产关系下探讨人的发展问题,并提出了解决资本主义社会人的片面发展问题的实践方式。他们从发展生产力、消灭私有制和旧的分工、发展教育等方面阐述了人的全面发展的实现条件和途径。这些都为人的全面发展思想走向成熟奠定了坚实的基础。《共产党宣言》设计了一整套实现人的全面而自由发展的方案,它的发表标志着人的全面发展理论的初步发展。

(四) 人的全面发展理论的成熟阶段

马克思、恩格斯在后续的研究中继续完善人的全面发展理论。1859年，马克思在《政治经济学批判》一书中，将人的自由全面的发展与理想社会相结合。马克思描述了他理想中的共产主义社会，是一个人人平等、人人自由、生活富裕的自由社会，这个未来社会的本质特征是"建立在个人全面发展和他们共同的社会生产能力成为他们的社会财富这一基础上的自由个性"。这里不仅再现了先前的思想，而且提出了人的发展主要是现实中的个人个性的自由发展的思想。[1]

1867年在《资本论》中，马克思对于个人的全面发展作了更加完善与科学的论述。马克思认为，社会主义社会和共产主义社会是比资本主义社会更高级的、以每个人的全面而自由的发展为基本原则的社会形式。《资本论》标志着以剩余价值学说为基础的政治经济学的确立，也正是在这个基础上，马克思、恩格斯揭示了人的全面发展的科学内涵和历史必然性，论证了人的全面发展的途径和条件，确立了人的全面发展理论的科学体系，实现了人类关于人的全面发展认识从空想变成科学的重大飞跃。至此，马克思科学地确立了人的全面发展理论。[2]

三、马克思主义人的全面发展理论的创立背景

（一）资本主义大工业的发展客观上要求人的全面发展并为之提供了可能性和条件

人的全面发展是资本主义大工业发展的客观必然要求。资本主义大工业"通过机器、化学过程和其他方法，使工人的职能和劳动过程的社会结合不断地随着生产的技术基础发生变革。这样，它也同样不断地使社会内部的分工发生革命，不断地把大量

---

[1] 沈艳丽. 试论马克思主义人的全面发展理论的历史轨迹 [J]. 经济研究导刊, 2011 (18).

[2] 娜日斯, 温宁. 马克思主义的人的全面发展理论的形成与现实意义 [J]. 内蒙古农业大学学报, 2009 (4).

资本和大批工人从一个生产部门投到另一个生产部门。因此,大工业的本性决定了劳动的变换、职能的更动和工人的全面流动性"。

资本主义大工业的发展也为人的全面发展提供了可能性和条件。第一,资本主义大工业生产代表着一种新的生产力,它在整个生产过程中广泛地应用科学技术,极大地提高了劳动生产率,为人类创造出越来越充裕的物质财富,从而为人的全面发展提供了必要的物质前提。第二,科学技术的迅猛发展和劳动生产率的日益提高,在带来大量社会物质财富的同时,必然使社会必要劳动时间大大缩短,自由时间则相应大大增多,而自由时间实际上也是人的自由发展的空间。因而,生产力的快速发展客观上也为人的全面发展创造了大量自由时间和广阔的发展空间。第三,资本主义大工业到处扩张,到处建立联系,使整个世界日益成为一个统一的市场,使人们之间的交往更加广泛、更加丰富,而市场的扩大、交往的普遍性和联系的广泛建立则为人的全面发展提供了机遇,从而使"世界历史性的、真正普遍的个人"代替"狭隘地域性的个人"成为可能。

(二)资本主义不断加剧人的片面发展,成为阻碍人的全面发展实现的最大社会根源

资本主义加剧了工人的片面发展,工场手工业把工人变成畸形物,它压抑工人的多种多样的生产志趣和生产才能,人为地培养工人片面的技巧。而机器大工业通过机器的采用加剧了社会内部的分工,简化了作坊内部工人的职能,集结了资本,使人进一步被分割。工人被分割和片面发展的根本原因就在于资本主义的生产方式。资本主义生产方式的特点,恰恰在于它把各种不同的劳动,把脑力劳动和体力劳动,或者说,把以脑力劳动为主或者以体力劳动为主的各种劳动分离开来,分配给不同的人。由于劳动被分成了几个部分,人自己也就随着被分成了几个部分。为了

训练某种单一的活动，其他一切肉体的和精神的能力都成了牺牲品。因此，在资本主义体系内部，一切提高社会劳动生产力的方法都是靠牺牲工人个人来实现的；一切发展生产的手段都转变为统治和剥削生产者的手段，都使工人畸形发展，成为局部的人。总之，资本主义是加剧人的片面发展的最大社会根源。

（三）资本主义内在矛盾激化，无产阶级开始为争取人的全面发展的权利和条件而斗争

随着工业革命广泛而深入地进行，资本主义生产方式的内在矛盾，即资本主义社会化大生产与资本主义私人占有制之间的矛盾开始激化。经济危机正是这种内在矛盾激化的经济表现，阶级斗争则是这种内在矛盾激化的政治表现和最高表现。因而，资本主义社会化大生产愈发展，资本主义社会的内在矛盾就愈激化，经济危机和阶级斗争也就愈频繁、愈剧烈。

四、马克思主义人的全面发展理论的本质特点

关于人的本质，马克思只是在不同的场合针对不同的情况做出了不同的说明，换句话说，马克思其实没有给人的本质下明确的定义，只不过是出于实践的需要，分别根据不同情况对人的本质特征做出了说明。但是这些观点显然都是正确的，且这些观点结合在一起，呈现出关于人的本质特征之间的有机联系。学术界对此有不同的归纳和论述，见仁见智。

（一）从人的一般本质上升到具体本质

简单地说，"人的一般本质"，是指人与动物相比照而显现的本质，要回答的是"人的本质是什么"。马克思关于人的本质是"自由自觉的劳动"揭示的是人的一般本质。"人的具体本质"是指人与人相比照而显现的根本性质，要回答的是"张三的本质是什么"。马克思关于人的本质"在其现实性上，是一切社会关系的总和"揭示的是人的具体本质。也可以这样理解：人的一般本

质，是指人作为最一般的类存在物所具有的最一般的、最抽象的本质。

人的本质当然首先指的是人的一般本质，在这一点上马克思和旧哲学关于人之本质论可以说有共同之处，但是马克思与旧哲学的人之本质论存在本质区别。这种本质区别表现在以下两个方面：

其一，虽然都讲人的一般本质问题，但在规定人的一般本质时有着本质的差别。在关于人的本质问题上的对错，不在于是否承认人的一般本质，而在于规定人之本质时是否有科学的依据。旧哲学人之本质论的主要失误在于其人之本质的观点缺乏根据，常常只是从人自身出发来规定人的本质，如我国古代的性善性恶论，西方的感觉论、理性论，费尔巴哈的人本学观点等。而马克思对人的本质的确定则是立足于实践的基础之上，因而有着充分的现实根据。马克思首先把人放在与环境的矛盾关系中来考察，把人放在与动物的比照关系中来考察，得出人的本质是自由自觉的劳动的观点。

其二，马克思人之本质观与旧哲学人之本质论的又一不同在于，旧哲学仅仅停留于考察人的一般本质，而马克思则从抽象的人的一般本质研究深入到具体的人的本质研究之中，得出人的本质在"其现实性上，是一切社会关系的总和"的结论。这样实质上，马克思人之本质观就能合理地解释和说明在具体的社会历史条件下的人的本质特征，能说明不同时代人的本质、同时代不同阶级的人的本质、同阶级不同职业的人的本质之间存在的差异。

与动物相比，每个人，无论古人今人、东方人西方人、奴隶奴隶主都能进行社会性的自觉性的活动，因为人之为人都必然具有人的一般本质因而区别于动物的活动；但人与人相比，各自因所处的社会关系不同、所处经济地位不同，从而导致政治立场、文化修养、价值观念等的差异，其活动的社会性和自由自觉的程度各不相同,如古人和今人的活动、奴隶和奴隶主的活动,其活动的社会性和自由自觉的程度,显然不可同日而语、相提并论。

(二) 区分了人的理想本质和现实本质

马克思主义的方法论就是辩证法,"辩证法在对现存事物的肯定的理解中同时包含着对现存事物的否定的理解"❶。正是从对现存事物的肯定理解与否定理解的辩证统一中,形成了马克思主义观察事物的双重视野——事物的现实本质与理想本质。大致说来,现实本质是事物在现存状态下的本质,而理想本质是事物在未来状态下的本质;现实本质是事物相对的、可变的本质,而理想本质是事物绝对的、不变的本质;现实本质是表达事物"实然"的事实性本质,而理想本质是表达事物"应然"的价值本质。从动态上说,事物的现实本质在不断地向着理想本质趋近,然而又不能完全达到理想本质。

人的理想本质,表征人的"应是",指向未来,标志人的发展的总方向、总目标。人的现实本质,表征人的"现是",即现实的本质,指当下人的存在状态。马克思一方面从现实性上把人的本质理解为"社会关系的总和",另一方面又从理想性上把那种显然也是由人们的社会关系的总和所决定的受剥削受奴役的生活状况称作"非人"的(不符合人的本质的)生活,认为人的理想本质应是"自由自觉的活动"。

关于人的"应是"与人的"现是"问题,按照大卫·休谟的人性论,从"现是"推不出"应是"来,"事实"推不出"应该"。大正·休谟揭示了人性在事实层面上的利己性和在价值层面上的利他性。但在人类的存在的层次性,"应是"与"现是"之间有着必然联系,即从人的"现是"可以推出"应是"来,

---

❶ 马克思,恩格斯. 马克思恩格斯选集 [M]. 第 2 卷. 北京:人民出版社,1972:218.

"人实际是在社会关系中从事自由自觉的活动的存在物"可以推出"人应该是在社会关系中从事自由自觉活动的人",就好比"羊是食草的"可以推出"羊应该是食草的"。但在人的具体存在层次上,"现是"推不出"应是"。不能从"你是学生"推出"你应该是学生",不能从"你是当教师的"推出"你应该是当教师的",不能从"你自杀、自残"推出"你应该自杀、自残"。

马克思既对人类现实本质作了概括,又对人的理想本质作了规定,使人们从中既能了解人的本质究竟是什么,又可以明确人的本质究竟应该是什么。"自由自觉的活动"是人的理想本质,"社会关系的总和"是当下的眼前的感性的人的现实本质。马克思既注重对人的现实的具体的本质的分析,又注重用人的理想的本质对现实作无情的批判。既关注当下现实,又放眼于未来,不断地以人的解放这一最高理想去规范现实、批判现实,使现实革命化,超越当下现实。在马克思看来,人的本质是"自由自觉的活动",是"社会关系的总和"。从现实性上看,不论在何种社会条件下,人的实践活动与动物的本能活动相比,总是具有某种"自由自觉的活动"的性质。而从理想性上看,现实的社会关系却限制着人的实践活动,使之不能成为真正意义上的"自由自觉的活动"。"自由自觉的活动"在现实的人身上只是作为发展的可能性(理想境界)存在。只有"社会关系的总和"不再成为"自由自觉的活动"的障碍而真正成为它的前提时,人才能获得自己的真实本质,即理想本质。马克思主张从现实的人和现实的社会状况出发去追求和实现人的理想本质。马克思对资本主义制度不合理性的批判性就在于指出资本主义社会的异化劳动,导致人的"非人"本质。"非人"即不符合人的本质的人,亦即现实本质的非人性化,而这正是由资本主义现实的社会关系所决定的。

人的现实本质表明人是动性的存在物。受动性的存在物就是受限制的存在物。人既受自身生理基础条件的限制——他离不开大地，离不开阳光、空气和水，他摆脱不了自然生理规律的支配，又要受他所处的社会条件的限制——他的本质是由其所处的各种社会关系来确定，他离不开一定社会历史条件下的生产力和生产关系以及与之相适应的各种政治法律制度的制约；他的创造性活动也要符合外在的客观尺度，只有在尊重客观规律的前提下，他才能发挥出其主观能动性。

人的理想本质表明人又是能动性的存在物。人的本质虽然是由他所处的那个社会关系决定的，但社会关系又是人创造出来的，因而又可以通过人的实践活动来改变。人的实践是一切社会关系的基础。实践，首先是物质生产实践，是人以自身的活动调整和控制人与自然之间的物质交换的过程。在这个过程中，人们不仅同自然界发生联系，而且人与人之间也必然要结成一定的关系。人与自然的关系和人与人的关系相互制约，共生于物质生产实践中。实践结束时得到的结果，在这个过程开始时就已经在实践者头脑中作为目的以现实的形式存在，而这个目的又决定人们活动的方式和方法。可见，人与其意识的关系也可生成于实践活动中。实践内在地包含三重关系，即人与自然的关系、人与人的关系以及人与其意识的关系，而这些关系又构成基本的社会关系，即物质的社会关系和思想的社会关系。实践以浓缩的形式包含全部社会关系，成为社会关系的发源地。❶

人因其有现实性本质，决定了他必须关注现实，驻足现实世界；人因其具有理想性本质，因而又促发他不要在现实性上作永久的停留，不能满足于现实，要不断地扬弃既成的现实性。人总是不满足于现状、不满足于现实，人总是把未来看得比现实更重

---

❶ 马克思主义基本原理概论编写组. 马克思主义基本原理概论［M］. 北京：高等教育出版社，2010：39.

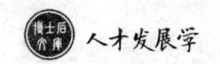

要。也正是这样，人不断地实现着自我的提升和社会的进步。

关于人的本质，还应该注意：严格地说，人的本质并非人生而具有的，就人类而言，人类的诞生与人的本质是同时产生的，但就个体而言并非如此。当一个人降生时，只是一个生物学意义的人，而非真正的"成人"，且在相当长的时间内不是"成人"。在这"准成人"时期，人的自然属性或本能性还占统治地位，社会性居次要地位，这阶段的人显然不完全具备人的本质特征。

人的本质是通过人的实践活动不断生成的，是一个在实践中不断完善和发展的过程。马克思认为"工业和实践是一本打开人的本质力量的书"。通过实践，人的本质力量对象化，人的本质力量不仅得到充分的展现，而且随着实践的发展，人的本质力量也在不断生成和发展之中。在实践过程中，一方面，自然界作为对象被人化，即客体主体化；另一方面，同时产生出另一相反的过程，即人的活动产物的对象化，它们不断进入作为客观实在的对象世界，成为人们再认识、再创造的新对象。"这样一来，实践活动就在总体上呈现出一个开放、前倾的主客体相互转化的循环态势。说它是'开放的'，是因为它不断吸收着新的内容；说它是'前倾的'，是因为它不断宣泄出新的开拓"。[1] 可见人的本质是一个不断实现、不断发展的过程。

人的理想本质即"自由自觉的活动"，只有到未来共产主义社会才能真正实现。共产主义社会实现了人的自由而全面的发展，实现了人类的解放，那时人类将最终从支配他们生活和命运的异己力量中解放出来，开始自觉地创造自己的历史。正如恩格斯所做的精彩阐述："一旦社会占有了生产资料，商品生产就将消除，而产品对生产者的统治也将随之消除。社会生产内部的无政府状态将为有计划的自觉的组织所代替。个体生存斗争停止

---

[1] 袁贵仁. 人的哲学 [M]. 北京：工人出版社，1988：84.

了。于是，人在一定意义上才最终地脱离了动物界，从动物的生存条件进入真正人的生存条件。人们周围的、至今统治着人们的生活条件，现在受人们的支配和控制，人们第一次成为自然界的自觉的和真正的主人，因为他们已经成为自身的社会结合的主人了。人们自己的社会行动的规律，这些一直作为异己的、支配着人们的自然规律而同人们相对立的规律，那时就将被人们熟练地运用，因而将听从人们的支配。人们自身的社会结合一直是作为自然界和历史强加于他们的东西而同他们相对立的，现在则变成他们自己的自由行动了。至今一直统治着历史的客观的异己的力量，现在处于人们自己的控制之下了。只是从这时起，人们才完全自觉地自己创造自己的历史；只是从这时起，由人们使之起作用的社会原因才大部分并且越来越多地达到他们所预期的结果。这是人类从必然王国进入自由王国的飞跃。"❶

五、马克思主义人的全面发展理论的核心观点

人的发展，是马克思、恩格斯著作中不断重现的重要思想。比如在《1844年经济学哲学手稿》中，马克思通过批判私有制造成人的片面性提出了人的全面发展观点："人以一种全面的方式，也就是说，作为一个完整的人，占有自己的全面的本质。"❷ 在《共产党宣言》中，马克思、恩格斯指出，"代替那存在着阶级和阶级对立的资产阶级旧社会的，将是这样一个联合体，在那里，每个人的自由发展是一切人的自由发展的条件"❸。在《资本论》中，马克思把代替资本主义社会的那种新的社会形式称为是"以

---

❶ 马克思，恩格斯. 马克思恩格斯选集［M］. 第3卷. 北京：人民出版社，1995：633-634.

❷ 马克思，恩格斯. 马克思恩格斯全集［M］. 第42卷. 北京：人民出版社，1979：123.

❸ 马克思，恩格斯. 马克思恩格斯选集［M］. 第3卷. 北京：人民出版社，1995：294.

每个人的全面而自由的发展为基本原则的社会形式"❶。

马克思从人类历史发展的角度将人的发展演进概括为三大阶段、三种形态。在1857~1858年经济学手稿中,马克思说:"人的依赖关系(起初完全是自然发生的)是最初的社会形态,在这种形态下,人的生产能力只是在狭窄的范围和孤立的地点上发展着。以物的依赖性为基础的人的独立性,是第二大形态。在这种形态下,才形成普遍的社会物质交换、全面的关系、多方面的需求以及全面的能力的体系。建立在个人全面发展和他们共同的社会生产能力成为他们的社会财富这一基础上的自由个性,是第三个阶段。第二个阶段为第三个阶段创造条件。"❷

（一）人的发展的第一阶段

人的发展的第一阶段,即以人的依赖性为基础的发展阶段,人的发展表现为"原始的丰富"。从生产关系的角度划分对应的是原始社会、奴隶社会和封建社会,是人的依赖性关系占统治地位的阶段。在此阶段,人类作为独立的主体开始面对自然和社会,但是,由于自然因素在当时人的活动中仍然居优势,个人必须直接依附于一定的共同体。人在自然界面前无能为力,受自然界的奴役,只有结成某种共同体形式才能生存下去,这种共同体最初表现为原始社会的以血缘为基础的氏族、部落,到奴隶社会和封建社会表现为地域共同体,如农村公社等。在这种共同体内,"人都是互相依赖的:农奴和领主,陪臣和诸侯,俗人和牧师。物质生产的社会关系以及建立在这种生产基础上的生活领域,都是以人身依附为特征的"。人们之间的社会联系只限于共同体内部,只是在孤立的领域和狭窄的范围内发生的地方性联

---

❶ 马克思,恩格斯. 马克思恩格斯全集 [M]. 第23卷. 北京:人民出版社,1975:649,94.

❷ 马克思,恩格斯. 马克思恩格斯全集 [M]. 第46卷. 北京:人民出版社,1979:104.

系，人们之间还没有形成普遍的联系和普遍的交往。在这种状况下，"无论个人还是社会，都不能想象会有社会自由而充分的发展"❶。原始社会中，人类主体处在为满足其生存需要而进行的近乎本能的生产活动时期，在这种全面依存于自然界的生存情境中是不可能产生生产活动，在这种全面依存于自然界的生存情境中是不可能自由发展的。在奴隶制和封建制社会形态的发展中，人类主体的认识和实践能力有了较大提高，但其生产劳动始终未超出对土地的依赖，人类被束缚在对血缘的、地域的共同体的依赖关系中，因而其发展是极其有限的。

（二）人的发展的第二阶段

人的发展的第二阶段，即以物的依赖性为基础的发展阶段，人的发展表现为"畸形发展"或"片面发展"。从生产关系角度划分对应的是资本主义社会，是以物的依赖性为基础的人的独立性阶段。在这一阶段，生产力获得了巨大发展，"资产阶级在它不到一百年的阶级统治中所创造的生产力，比过去一切世代创造的全部生产力还要多，还要大。"❷ 生产关系也发生了巨大变革，使个人交往受到限制的血缘关系、等级差别被彻底打破，资本主义社会形成的普遍的商品货币交换原则渗透到社会各个领域，使人对人的依赖关系被人对物的依赖关系所取代，人们获得了形式上的独立和自由，并确立了自由、平等、博爱等现代思想观念。总之，在这一阶段中，社会形成普遍的物质交换、全面的关系、多方面的要求以及整体的能力的体系。但是由于社会关系的发展，又受到社会关系的束缚与压抑。然而，它"在生产出个人同自己和别人的普遍异化的同时，也产生出个人关系和个人能力的

---

❶ 马克思，恩格斯. 马克思恩格斯全集［M］. 第46卷. 北京：人民出版社，1979：485.

❷ 马克思，恩格斯. 马克思恩格斯选集［M］. 第1卷. 北京：人民出版社，1995：277.

普遍性和全面性"❶，从而为更高历史阶段的到来创造条件。

马克思在《共产党宣言》中对资本主义阶段的社会状况有这样的描绘：资产阶级"无情斩断了人们束缚于天然尊长的形形色色的封建羁绊，它使人和人之间除了赤裸裸的利害关系，除了冷酷无情的'现金交易'，就再也没有任何别的联系了。它把宗教虔诚、骑士热忱、小市民伤感这些情感的神圣发作，淹没在利己主义打算的冰水之中。它把人的尊严变成了交换价值，用一种没有良心的贸易自由代替了无数特许的和自力挣得的自由"，"资产阶级抹去了一切向来受人尊崇和令人敬畏的职业的神圣光环。它把医生、律师、教士、诗人和学者变成了它出钱招雇的雇佣劳动者"，"资产阶级撕下了罩在家庭关系上的温情脉脉的面纱，把这种关系变成了纯粹的金钱关系"。资产阶级时代"一切固定的僵化的关系以及与之相适应的要素被尊崇的观念和见解都被消除了……一切神圣的东西都被亵渎了"❷。

总之，在资本主义生产方式中人的本质被物化了，人本身被异化为非人，人在生产劳动过程中"不是肯定自己，而是否定自己，不是感到幸福，而是感到不幸，不是自由地发挥自己的体力和智力，而是使自己的肉体受折磨、精神遭摧残"❸。

（三）人的发展的第三阶段

人的发展的第三个阶段是"建立在个人全面发展和他们共同的社会生产能力成为他们的社会财富这一基础上的自由个性"的阶段，人的发展表现为人的全面自由发展。

到了共产主义社会，由于生产的高度发展已经使所有人的物

---

❶ 马克思，恩格斯．马克思恩格斯全集［M］．第46卷．北京：人民出版社，1979：109.

❷ 马克思，恩格斯．马克思恩格斯选集［M］．第1卷．北京：人民出版社，1995：275.

❸ 马克思，恩格斯．马克思恩格斯全集［M］．第42卷．北京：人民出版社，1979：93.

质利益都得到了保障，由于分工不再具有经济利益划分的性质，由于全体社会成员根本利益的一致，社会已不再会因为经济利益的不同而划分为不同的社会集团并进行相互间的斗争了。于是，阶级消灭了，阶级剥削和压迫不复存在，阶级斗争也随之消失。同时，由于生产力的巨大发展，工业和农业的差别、城市和乡村的差别、脑力劳动和体力劳动的差别——"三大差别"必然归于消失，虽然工业活动和农业活动、城市生活和乡村生活、脑力劳动和体力劳动之间在活动方式和环节等方面的差异并不会完全消失，但这只是社会生活多样性的表现，而不再具有利益差别和利益划分的意义。不仅社会内部是和谐的，而且社会与自然之间也达成了和谐，人类将以合乎自然发展规律的方式来改造和利用自然。到共产主义社会，为生产而生产的利润动机不复存在，物质生产不再不顾人的实际需要而盲目扩张，人类文明与自然环境之间将达到动态平衡与和谐。总之，在这一阶段中，社会关系高度和谐，不再作为异己的力量支配人，而是置于人们的共同控制之下。

因此，共产主义社会人们将获得自由、全面的发展。首先，人的发展是自由的发展，是建立在个体高度自由自觉基础上的发展，而不是强迫的发展。人们摆脱了自然经济条件下对"人的依赖关系"，也摆脱了商品经济条件下对"物的依赖关系"，实现了人的"自由个性"的发展。其次，人的发展是全面的发展，不仅体力和智力得到发展，各方面的才能和工作能力得到发展，而且人的社会联系和社会交往也得到发展。共产主义社会中人的全面而自由的发展指的是全体社会成员的发展，或每一个人的发展，而不是只有一部分人的发展。社会发展与个人发展实现了真正的统一，社会发展不再以牺牲某些个人的发展为代价。[1]

马克思认为人的全面发展只有在社会生产能力成为社会财富的共产主义社会才会实现，社会个体才能完全彻底摆脱对人的依赖关系及对物的依赖关系。共产主义社会是以"每个人的全面自由的发展为基本原则的社会形式"，是"自由人联合体"。一方面，每个人既能获得和其他人一样的合乎社会各方面要求的人的全面发展；另一方面，每个人又能获得与个人自身脑力和体力相适应的、充分体现自己特长、深刻挖掘自己潜能的、完全符合自己心愿的、最丰富多彩的发展。

在未来的共产主义社会里，"任何人都没有特殊的活动范围，而是都可以在任何部门内发展，社会调节着整个生产，因而使我有可能随自己的兴趣今天干这事，明天干那事，上午打猎，下午捕鱼，傍晚从事畜牧，晚饭后从事批判，这样就不会使我老是一个猎人、渔夫、牧人或批判者"[2]。这里马克思生动地描述了全面自由发展的人的生活状态。关于人的全面发展的内涵，不同学者进行了不同的归纳。有的学者概括为五个方面：人的实践活动和创造生活的全面发展；人的需要的全面发展；人的社会关系的全面发展（能够广泛地参与社会交往，使得个人的社会关系极度丰富，可以随心所欲地参与各领域、各层次的社会活动）；人的能力的全面发展（体力、智力，物质生产能力、精神生产能力）；人的各种潜能得到充分发挥。[3] 也有的认为，人的全面发展主要表现为人的各种潜能的充分发掘、人的各种能力的不断发展、人的社会关系的不断丰富以及人的个性的全面发展。不管对其内涵

---

[1] 马克思主义基本原理概论编写组. 马克思主义基本原理概论 [M]. 北京：高等教育出版社，2010：260-261.

[2] 马克思，恩格斯. 马克思恩格斯选集 [M]. 第1卷. 北京：人民出版社，1995：85.

[3] 牛德林. 论人的本质、人的全面发展与人的可持续发展 [J]. 哈尔滨市委党校学报，2008（6）.

有什么不同的概括，有一点是必然的，那就是：人的全面发展是一个历史过程。

六、马克思主义人的全面发展理论的现实意义

中国共产党人从中国共产党成立之日起，就明确以马克思主义为指导思想，其根本宗旨就是要从自然和社会双重维度实现我国最广大人民群众的彻底解放。在推进马克思主义中国化、指导我国革命、建设和改革的过程中，创造性地运用和发展了马克思主义人的全面发展理论。中央领导集体以国情为依据，实践并发展了马克思主义人的全面发展理论。明确以人为本作为科学发展的核心，强调党的一切理论和工作都要把实现人民群众的愿望、满足人民的利益、促进人民群众的发展作为根本的出发点和落脚点。

建立社会主义市场经济体制是一场具有划时代意义的伟大变革，引起了社会、政治、经济、科技、文化等各个领域的深刻变化，给人们的生活方式、精神状态、价值观念等各方面带来重大影响，使人的发展在市场经济条件下的显现具有了新的特征。经济的发展和人的发展是统一的，伴随着经济的发展必然会带来人的发展，而人的发展反过来又促进了经济的发展。自从人的发展成为人的自觉目标以来，人类已经做出过三种选择：资本主义的市场经济、社会主义的计划经济、社会主义市场经济。前两种选择由于社会发展的片面化，不可避免地导致了人的发展的片面化。社会主义市场经济注重社会的全面发展，因此，它才有可能使人的发展走上正确道路。

社会主义市场经济能够把社会主义制度的优越性与市场经济的活力有机地结合起来，使人对物的依赖关系向积极的方向发展。因此，它既坚持了人对物的依赖，即人通过物来实现和确证自己，同时又把这种依赖朝积极方向发展，即自觉地把物变成实

现其内在本质力量的有效方式和有机条件,使人不再盲目地受物支配。在社会主义市场经济中,人依赖于物无非是为了使物更好地服务于人,使物与人的关系显示其意义。所以,人的发展成了社会主义市场经济发展的主导方向。

中国共产党提出要进一步完善社会主义市场经济体制,坚持以人为本,树立全面协调、可持续的发展观,促进经济社会和人的全面发展。说明建立社会主义市场经济不仅仅是以物为本,而是以人为本。建立社会主义市场经济的目的、归宿、落脚点是人,而不是物。以人为本是一种对人在社会历史发展中的主体作用与地位的肯定。它既强调人在社会历史发展中的主体地位和目的地位,又强调人在社会历史发展中的主体作用。它是一种价值取向,强调尊重人、解放人、依靠人、为了人和塑造人;它是一种思维方式,要求我们在分析、思考和解决一切问题时,要关注人的生活世界,要对人的生存和发展的命运确立起终极关怀。❶

第二节 中央领导集体的人才思想

中国共产党始终高度关注人才发展,始终把人民的利益放在首位,关注着人的生存与发展。历经革命、建设和改革,在不同历史时期,党的领导集体都创造性地提出了适应时代要求、体现时代特色的人才观,它们的核心内容和精神实质既一脉相承又与时俱进。凝聚一切人力和智力为实现最广大人民的根本利益服务,是贯穿其中的红线。党的几代领导人在不同时期都高度重视人才问题,他们善于集中群众智慧,创造性地提出并形成了各具时代特色的人才观。

---

❶ 庄江山. 马克思主义人的全面发展理论及其当代意义 [J]. 兰州学刊, 2005 (4).

一、毛泽东的人才思想

毛泽东思想博大精深，几乎在社会生活的各个领域都有其理论体系。在人才发展方面也不例外，即在毛泽东思想这一理论宝库中也包括丰富的人才思想。难能可贵的是，毛泽东在长期的革命生涯中，还身体力行，具体实践了自己的人才思想，积累了非常丰富而宝贵的经验。深入研究毛泽东的人才思想，总结和借鉴毛泽东选才、用才、育才的经验，对于在社会主义市场经济体制下更好地选拔人才、使用人才、培育人才具有重要的指导作用。

（一）德才兼备的标准

纵观古今中外，人才无一不是通过社会的选择与认可才由潜人才跃为显人才的。所谓选材，就是人才使用者按照一定的标准去衡量、识别人才的过程。而不同的阶级、不同的时代，又有不同的量才标准。毛泽东从无产阶级和广大人民群众的根本利益出发，从我国革命和建设的实际需要出发，提出了德才兼备、又红又专的量才标准。1937年5月，毛泽东第一次较全面地阐述了这一标准的内涵：懂得马克思主义；具有政治远见；忠于党和人民的事业，能够做到大公无私；善于密切联系群众；有独立解决问题的工作能力。第二年，他又强调，中国共产党"没有多数德才兼备的领导干部，是不能完成其历史任务的"。这以后，毛泽东对德才兼备、又红又专的标准加以引申和具体化，提出了政治与业务辩证统一的思想，他指出："政治和业务是对立的，政治是主要的，是第一位的，一定要反对不问政治的倾向。但是，专搞政治，不懂技术，不懂业务，也不行，我们各行各业的干部都要精通技术和业务，使自己成为内行，又红又专。"毛泽东提出的德才兼备、又红又专的量才标准，既坚持了人才的政治方面和思想品质这一根本前提，又突出了专业技术和业务能力的重要性，把德与才、红与专辩证地统一起来，可以说这是我们党对量才标准的全面、科学、正确的表达。

(二) 任人唯贤的路线

毛泽东在提出德才兼备、又红又专的量才标准的同时，又在总结我党贯彻干部政策情况、借鉴我国历史上人才使用理论与经验的基础上，提出了"任人唯贤"的用人路线。1938年10月，毛泽东在《中国共产党在民族战争中的地位》一文中指出："在使用干部的问题上，我们民族历史中从来就有两条对立的路线，一个是'任人唯贤'的路线，一个是'任人唯亲'的路线，前者是正派的路线，后者是不正派路线。党的干部政策，应是以能否坚决地执行党的路线，服从党的纪律，和群众有密切的联系，有独立的工作能力，积极肯干，不谋私利为标准，这就是'任人唯贤'的路线。"毛泽东认为，无产阶级大公无私的阶级本质，决定了共产党人的用人路线必然是任人唯贤。他身居党和国家的最高领导数十年，不仅一贯反对他人任人唯亲，拉拢私党、组织宗派、设立山头、谋取私利，而且身体力行，从己做起，成为贯彻我党任人唯贤路线最坚决、最彻底的典范。

(三) 不拘一格的方式

毛泽东在长期的革命生涯中形成了不拘一格选任人才的风格，概括起来主要有以下四个方面。

一是鼓励人才毛遂自荐。我国炮兵建设的奠基人朱瑞就是向毛泽东自荐而被任用的。1945年6月，中央决定任命朱瑞为军委副总参谋长。朱瑞闻讯后即找毛泽东，陈述自己在苏联炮兵学院深造过，希望能在炮兵建设方面做些工作，并请中央任命。毛泽东对朱瑞的意见十分赞赏，随即任命他为延安炮兵学校的代理校长。朱瑞领导的炮校为全军炮兵建设培养了大批骨干力量，为炮兵兵种的发展做出了不可磨灭的贡献。

二是不唯学历，唯才是举。毛泽东选任人才，注重真才实学，不仅对那些进过高等学校科班出身的人用其所长，委以重任，还能够重用那些没有什么学历但确有真才实学的人，充分发挥他们的聪明才智。1926年，毛泽东在广州主编《政治周报》、主办第六届农民运动讲习所时，就任客店跑堂出身、通过自学成才的萧楚女为主编助理和教员。毛泽东十分欣赏和信任的田家英，26岁就担任了毛泽东的秘书。这位年轻人，也没什么文凭和学历，他一生以"走遍天下路，读尽世上书"为座右铭，完全依靠自己的刻苦勤奋而成为一个不可多得的才子，他在毛泽东众多秘书中一枝独秀，倍受器重。

三是不讲资历，破格提拔。毛泽东在人才的选拔上，一向反对论资排辈，主张大胆提拔年轻的杰出人才。解放战争中毛泽东对粟裕的任用就是其中的一个范例。

四是既往不咎，唯才是用。人非圣贤，孰能无过！过而能改，善莫大焉。毛泽东选任人才的另一个特点是对犯过错误的人能既往不咎，只要是认真地改正了错误，仍然充分相信他们，重用他们。博古犯过严重的"左"倾错误，使我党遭受了很大的损失，但他逐步认识并改正了自己的错误，毛泽东委以中央机关报解放日报社社长、新华通讯社社长等要职，在党的"七大"选他为中央委员。延安整风时彭德怀受到过火的批判，他的思想包袱很重。党的"七大"期间，毛泽东实事求是地肯定了彭德怀在抗战时期的工作，使他得以卸下沉重的包袱，轻装上阵。

（四）独具特色的培养

重视培育人才，善于培育人才，是毛泽东人才思想的一个极其重要的方面。

1938年，毛泽东在党的六届六中全会上指出："十七年来，我们党已经培养了不少的领导人才。但是，现有的骨干还不足以支撑斗争的大厦，还必须广大地培养人才。"他强调，"有计划地培养大批的新干部就是我们的战斗任务"。那么采取什么途径和方法培育人才呢？毛泽东为我们指出了两条最根本的途径和方法。

（1）发展文化教育事业，大力培育人才。毛泽东指出："为着提高解放区人民大众首先是广大的工人、农民、士兵群众的觉悟程度和培养大批的工作干部，必须发展解放区的文化教育事业。"毛泽东带头把自己的思想付诸实践，在民主革命时期就领导建立了一系列学校。在土地革命时期，毛泽东在武汉、广州等地创办农民运动讲习所，亲自担任讲习所教员，为全国各地的农民运动培养了大批骨干。在中央苏区，毛泽东创办了红军学校。1936年6月1日，毛泽东又在瓦窑堡建立了中国抗日红军军政大学（1937年1月改名为中国人民抗日军政大学），毛泽东兼任抗大教育委员会主席，并亲自为学员讲授中国革命的战略问题。这些学校为我国革命事业培养了大批骨干力量，成为培育人才的摇篮。

（2）参加革命实践，在斗争中磨炼人才。毛泽东注重办学校培养人才，但更注重在革命实践中磨炼人才。毛泽东指出："马克思、恩格斯、列宁、斯大林之所以能够做出他们的理论，除了他们的天才条件之外，主要是他们亲自参加了当时的阶级斗争和科学实验的实践，没有这后一个条件，任何天才也是不能成功的。"毛泽东把参加社会实践作为成才的首要条件。他认为没有实践经验的人是最无知的，只有经过实际斗争生活的艰苦磨炼，才能培养出革命事业的栋梁之材。正因为这样，他在《实践论》《五四运动》等许多著作中反复强调一切革命者，特别是青年知识分子要亲自参加革命实践，走与工农相结合的道路，并把它作为革命的与不革命的知识分子的分水岭。

二、邓小平的人才思想

邓小平始终把人民群众放在心上，强调关心人民的生活，尊重人们的权利。早在1983年，邓小平在《视察江苏等地回北京后的谈话》中，就已谈到苏州市小康生活水平的六项指标：第一，人民的吃穿用问题解决了；第二，住房问题解决了；第三，就业问题解决了；第四，人口不再外流了，第五，中小学教育普及了；第六，人们的精神面貌变化了，犯罪行为大大减少。当然，其中的某些方面如人口外流问题在现在看来已经发生变化，但可以清楚地看出邓小平所说的小康社会是一个包括经济、文化、教育、社会、生活等多方面内容的目标，是一个促进人的全面发展和社会全面进步的目标。

如何达到这样的目标，邓小平更多的是与社会主义的本质联系在一起加以思考。邓小平曾指出，社会主义的本质是"解放生产力，发展生产力，消灭剥削，消除两极分化，最终达到共同富裕"。这个论断实际上界定并包含了人的全面发展的内容。其中，解放生产力、发展生产力是实现人的全面发展的物质基础；消灭剥削、消除两极分化是实现人的全面发展的社会条件和途径；最终达到共同富裕是实现人的全面发展的保障。这里的富裕，既包括物质生活的富裕，也包括精神生活的富裕。从这种意义上说，邓小平的社会主义本质论就是关于社会主义社会人的全面发展的总论。

邓小平强调指出："在社会主义国家，一个真正的马克思主义政党在执政以后，一定要致力于发展生产力，并在这个基础上逐步提高人民的生活水平。这就是建设物质文明。过去很长一段时间，我们忽视了发展生产力，所以现在我们要特别注意建设物质文明。与此同时，还要建设社会主义精神文明，最根本的是要使广大人民有共产主义的理想，有道德、有文化、守纪律。"邓小平还把建设物质文明、建设精神文明与提高人的素质紧密地联系起来。他说："我们要在建设高度物质文明的同时，提高全民族的科学文化水平，发展高尚的丰富多彩的文化生活，建设高度的社会主义精神文明。""所谓精神文明，不但是指教育、科学、文化（这是完全必要的），而且是指共产主义的思想、理想、信念、道德、纪律、革命的立场和原则,人与人的同志式关系等。"

邓小平坚持了毛泽东的"人是要有点精神的",强调拼搏精神、牺牲精神、压倒一切困难的精神、严格遵守纪律的精神、革命乐观主义精神等,指出:"搞社会主义建设,实现四个现代化,同样要在党中央的正确领导下,大大发扬这些精神。如果一个共产党员没有这些精神,就决不能算是一个合格的共产党员。不但如此,我们还要大声疾呼和以身作则地把这些精神推广到全体人民、全体青少年中间去,使之成为中华人民共和国的精神文明的主要支柱,为世界上一切要求革命、要求进步的人们所向往,也为世界上许多精神空虚、思想苦闷的人们所羡慕。"邓小平强调发展和繁荣科学、教育、文学艺术、新闻出版等各项文化事业,尤其突出强调科技和教育。他认为人的素质关系国家长治久安,指出:"我们国家国力的强弱,经济发展后劲的大小,越来越取决于劳动者的素质,取决于知识分子的数量和质量。一个十亿人口的大国,教育搞上去了,人才资源的巨大优势是任何国家比不了的。有了人才优势,再加上先进的社会主义制度,我们的目标就有把握达到。"

邓小平人才思想是邓小平理论的重要组成部分,是科学的、系统的、发展的人才思想体系,是新时期党和国家人才工作的重要指导思想。邓小平历来强调,在建设中国特色社会主义事业中,必须尊重知识,尊重人才。他指出,尊重知识,尊重人才是长远的根本大计,必须努力创造使优秀人才脱颖而出的环境和机制,同时要努力提高广大劳动者和全体人民的素质,促进人的自由而全面的发展。另外,邓小平还从实际出发,抓住经济、科技、人才、教育之间的紧密联系,就人才的培养、选拔和使用等问题提出了他的独到见解。

(一)尊重知识、尊重人才是邓小平人才思想的首要内容

早在1977年5月24日,邓小平就明确而坚定地指出,"一定

要在党内造成一种空气：尊重知识，尊重人才"。纵观邓小平多年来对知识分子、对人才的一系列论述，可以看出，尊重知识、尊重人才是邓小平人才思想的首要内容。

邓小平总结了世界新科技革命条件下社会生产力发展的新特点，首次明确提出"科学技术是第一生产力"的科学论断，深刻阐述了提高劳动者科学文化素质的极端重要性，揭示了作为科学技术载体的知识分子在发展生产力中的特殊作用。他站在历史的高度，指出了经济发展对我国人才问题的挑战。他说："现在我们国家面临的一个严重问题，不是四个现代化的路线、方针对不对，而是缺少一大批实现这个路线、方针的人才。道理很简单，任何事情都是人干的，没有大批的人才，我们的事业就不能成功。"进而他又指出："也只有有了成批杰出人才，才能带动我们整个中华民族科学文化水平的提高。"

邓小平从我国当代知识分子所肩负的历史使命方面，论述了人才问题的重要性。他多次强调："我们要实现现代化，关键是科学技术要能上去。"而科学技术的现代化，主要靠知识分子。首先，党的基本路线的贯彻执行，离不开一大批德才兼备的人才。其次，经济发展战略目标的实现，也靠的是人才。他说："人才不断涌现，我们的事业才有希望。这条路还没有开出来，各行各业，包括企业，都要解决这个问题。20年规划能否实现，关键在这里。"

（二）创造优秀人才脱颖而出的环境和机制是邓小平人才思想的核心和精髓

邓小平对人才的成长、发展、培养和使用问题尤为重视。他认为："我们现在不是人才多了，而是真正的人才没有很好地发现，发现了没有果断起用。"他提出："在人才的问题上，要特别强调一下，必须打破常规去发现、选拔和培养杰出的人才。""要创造一种环境，使拔尖人才能够脱颖而出。改革就是要创造这种环境。"为此，他提出了一系列重要的主张并采取了一系列重要的措施。

（1）要树立正确的人才评价标准。如何评价人才，这是发现、培养和使用人才的基础。没有正确的人才评价标准，真正的人才就会被埋没、压制乃至扼杀。邓小平要求破除求全责备的思想方法。毛泽东说过，要打破"金要足赤，人要完人"的形而上学思想。邓小平认为，这是马克思主义者的态度，是彻底的唯物主义者的态度。他强调说："人才是有的。不要因为他们不是全才，不是党员，没有学历，没有资历，就把人家埋没了。是人才的，即使有某些弱点缺点，也要放手用。"

（2）改革人事管理制度。邓小平在1980年指出："目前的问题是，现行的组织制度和为数不少的干部的思想方法，不利于选拔和使用四个现代化所急需的人才。希望各级党委和组织部门在这个问题上来个大转变，坚决解放思想，克服重重障碍，打破老框框，勇于改革不合时宜的组织制度、人事制度，大力培养、发现和破格使用优秀人才，坚决同一切压制和摧残人才的现象做斗争。"

（3）要重视青年人才的培养。针对人事工作中论资排辈的恶习，邓小平强调，要为青年人创造尽可能好一点的条件，尽快地使青年杰出人才脱颖而出。他提出："把年轻人提起来，放到重要岗位，管的业务宽了，见识就广了，就能更好地发挥作用。要重视二十几岁、三十几岁的年轻人。世界上的科学家，成名的很多是在三十岁左右。"

在邓小平人才思想影响下，经过多年的体制改革，使优秀人才脱颖而出的环境和机制日趋在我国成熟，人们在人才问题上的观念发生了很大的变化。

（三）促进人的全面发展是邓小平人才思想的理论基础和价值取向

邓小平的人才思想根植于马克思主义、毛泽东思想中关于人的全面发展学说，它奠定了邓小平人才思想的理论基础。因此，邓小平一方面强调人才问题，另一方面也把劳动者素质问题摆在非常重要的位置。他指出："我们国家，国力的强弱，经济发展后劲的大小越来越取决于劳动者的素质，取决于知识分子的数量和质量。"邓小平科学地指出了人才和广大人民群众素质二者之间的辩证关系。他说："我们工人阶级的杰出人才，是来自人民的，又是为人民服务的。只有在广泛的群众基础上，才能不断涌现杰出人才。也只有有了成批的杰出人才，才能带动我们整个中华民族科学文化水平的提高。"

邓小平的人才思想，在建设中国特色社会主义伟大事业中产生了深远的影响。

三、中央领导集体的人才思想

近年来，中央领导集体在领导我国社会主义现代化建设的伟大事业中，尤其重视培养和使用人才，丰富和发展了马克思主义人才思想，非常重视人力资源的开发和人才队伍的建设，并顺应时代发展立足改革开放以来的伟大实践，为开创中国特色社会主义事业新局面提供了强大的人才保障。

在邓小平社会主义本质论的基础上，中央领导集体把人的全面发展同全面建设小康社会的伟大实践紧密联系起来，并作为社会主义的本质要求和根本目的。

既着眼于人民现实的物质文化生活需要，又着眼于促进人民素质的提高，这就进一步说明了贫穷不是社会主义，必须发展和解放生产力；人的片面畸形发展也不是社会主义，必须努力促进人的全面发展。

在庆祝中国共产党成立 80 周年的讲话中，江泽民深刻阐述了社会协调发展与人的全面发展的内在关系，并将经济、文化发展的最终目的落实为人的全面发展。

中央在深刻认识和全面把握物质资源和人才资源在人类社会发展中的重要作用及其辩证关系的基础上,创造性地提出人才资源是第一资源的重要思想。中央认为,按照马克思主义的观点,物质资源的开发利用是人类社会发展的基础,而人类智慧和能力的发展则决定着对物质资源开发的深度和广度,经济发展和社会进步需要物质资源作基础,更需要人的智慧和能力作支撑,因此,相对于物质资源而言,人力资源特别是人才资源是最活跃、可再生的资源,尤其在信息社会的当下,人才资源对经济和社会发展的作用尤为显著。

中央认为,在人才培育中,要注意科学文化知识的教育,更要重视先进思想道德的灌输,变人才成长中的"单纯能力提高"为"整体素质的全面提升"。选拔任用党政人才要坚持德才兼备原则,具有坚定的政治立场和信念,具有真才实学和开拓精神。要努力提高全民族的思想道德素质,实现人们思想和精神生活的全面发展。告诫相关部门的领导干部要用崇高的理想、高尚的精神引导和激励各种人才为国家为人民建功立业。要以科学的理论武装人,更要以正确的舆论引导人,以高尚的精神塑造人,以优秀的作品鼓舞人,不断培养和造就一代又一代有理想、有道德、有文化、有纪律的社会主义新人,更好地以自己的知识和能力来为祖国做贡献,为人民谋福祉。

中央指出,必须尊重劳动、尊重知识、尊重人才、尊重创造,要形成与社会主义初级阶段基本经济制度相适应的思想观念和创业机制,营造鼓励人们干事业、支持人们干成事业的社会氛围,放手让一切劳动、知识、技术、管理和资本的活力竞相迸发,让一切创造社会财富的源泉充分涌流,以造福于人民。

要通过深化干部人事制度改革,建立能上能下、充满活力、促进优秀人才脱颖而出的用人机制,建立依靠群众积极参与和严格监督的选人机制,建立开放、灵活的人才市场配置机制,建立有利于人才合理有序的流动机制等,其目的就是要使人才资源这个生产力中最活跃的因素真正活跃起来。江泽民十分重视人才队伍的活力、效率、积极性问题。他在全面分析干部工作中存在的论资排辈、求全责备和干部能上不能下、能进不能出以及用人上任人唯亲、跑官要官、买官卖官等问题后指出,这些问题的存在,根本在于没有真正形成富有生机与活力的用人机制,缺乏严格的人事工作规则和强有力的监督制度。因此,提出要以建立健全选拔任用和监督管理机制为重点,以干部工作的科学化、民主化、制度化为目标,深化干部人事制度改革,建立和完善能上能下、充满活力、促进优秀人才脱颖而出的用人机制,努力形成公开、平等、竞争、择优的用人环境。江泽民强调,要探索更加灵活的工作思路,适应当今人才竞争具有国际化趋势的特点,借鉴国外人才资源开发的有益经验,拓宽工作渠道和手段,扩大工作覆盖面,形成更为灵活的人才管理体制。

中央领导集体在领导我国人民进行社会主义建设过程中,积累了十分丰富的人才发展思想。

(一) 强调人才的重要性

毛泽东总结了我国革命的实践经验,揭示人才在社会发展中的地位和作用。他说:"政治路线确定后,干部就是决定的因素。为着扫除民族压迫和封建压迫,为着建立新民主主义国家,需要大批的人民的教育家和教师,人民的科学家、工程师、技师、医生、新闻工作者、文学家、艺术家和文化工作者等一切知识分子,只要是在为人民服务的工作中著有成绩的,应受到尊重,把它们看作是社会的宝贵财富。"

邓小平立足于我国社会主义初级阶段的实际,指出:"选拔优秀人才,正确地选择接班人,这是一个庄严的职责。让比较年轻的同志走上第一线,老同志当好他们的参谋,支持他们的工作,这是保持党和政府正确领导的连续性、稳定性的重大战略措施。"

随着改革开放的深入,中央领导集体同样关注人才发展的极端重要性,认为人才是社会主义市场经济体制建立的关键,社会主义市场经济体制的建立和现代化的实现,最终取决于国民素质的提高和人才的培养。建设中国特色社会主义,实施科教兴国战略,从根本上说取决于提高劳动者的素质,必须加速培养各类优秀人才。

(二)强调实践培养人才

对于干部的培养,毛泽东重视文化基础知识的教育、专门知识的学习和科学头脑的武装,更注重的是实际工作的锻炼。他认为没有实践经验的人是最无知的,他要求青年知识分子必须注意理论联系实际,而不能成为纸上谈兵的空头理论家。他认为只有经过实际斗争生活的艰苦磨炼,才能培养出革命事业的栋梁之人才。邓小平坚持和发展了马克思主义实践出人才的唯物主义观点,他要求干部从实践中学习现代化建设所需要的知识,努力成才。邓小平实践出人才的思想主要是指深入群众、熟悉专业、积累经验和经受考验锻炼。具体来说,就是不畏艰难、勤学苦练、勇于探索;就是深入实际,调查研究;就是学习,有人传帮带。之后的中央领导集体同样强调实践的作用,强调深入实际,深入群众,坚持理论与实践相结合,特别是有志青年,要想成为有用之才,必须准备走艰苦锻炼之路。当代青年知识分子的自我锻炼必须和国家的、人民的需要结合起来。脱离了社会的需要,脱离了祖国和人民的需要而孤军奋斗,不会成为社会的有用之才。

(三)重视知识分子的作用

毛泽东人才观的一个重要原则就是共产党必须善于吸收知识分子,没有知识分子的参加,革命的胜利是不可能的。特别是毛泽东充分肯定知识分子在社会主义建设中的作用,他在1956年中共中央关于知识分子工作会议上指出,现在叫技术革命、文化革命,革愚蠢无知的命,没有知识分子是不行的。要有大批的高级知识分子，要有更多的普通知识分子。只有这样，我国才能接近世界先进水平。他还在一篇文章中这样表述，为了建设社会主义，工人阶级必须有自己的技术干部队伍，必须有自己的教授、教员、科学家、新闻记者、文学家、艺术家和马克思主义理论家的队伍，这是一个宏大的队伍，人少了是不成的。他指出，造就工人阶级知识分子的宏大队伍，这是历史向我们提出的伟大任务，在这个工人阶级知识分子的宏大队伍没有造成以前，工人阶级的革命事业是不会充分成功的。

邓小平在我国改革开放和现代化建设的进程中，始终把科技和教育放在突出的重要位置，同时，特别强调了知识分子的重要地位和特殊作用。之后的中央领导集体，无不强调知识分子的重要作用。强调我国的社会主义现代化建设，是一项宏伟的、艰巨的事业。要以经济建设为中心，坚持四项基本原则，坚持改革开放。要以当代科学文化为杠杆，推动社会生产力的发展和社会的全面进步。知识分子作为主要从事脑力劳动的一部分，在社会主义现代化建设中发挥着不可替代的作用，承担着重大的社会责任。

第三节　当代人才发展的新常态

改革开放以来，中国共产党在带领广大人民大力发展生产力的同时，非常重视人的素质的提高，始终不渝地推进人才发展的进程。

科学发展观的核心是以人为本，就是始终把实现人的全面发展作为目标，把人民的利益作为出发点和落脚点，不断满足人民群众日益增长的物质文化需要，让发展的成果惠及全体人民。在我国社会主义初级阶段，我们党作为执政党的根本任务就是发展生产力，发展是我们党执政兴国的第一要务。发展是以经济建设为中心、经济政治文化相协调的发展，是促进人与自然相和谐的可持续发展。中国共产党人要坚持以兴国为己任、以富民为目标，走适合中国国情的社会主义发展道路，经过长期的努力，不断使经济更加发展、民主更加健全、科教更加进步、文化更加繁荣、社会更加和谐、人民生活更加殷实，不断促进人的全面发展，不断向党的最终目标前进。在不断地实践与总结中，我国逐渐形成科学人才观，在科学人才观的指导下，我国的人才事业不断发展。科学人才观，是对什么是人才，人才在经济社会发展中所处的地位，如何育才聚才用才所必须坚持的，适应新形势、新任务要求，符合人才发展规律、充分发挥人才作用的科学观念和正确态度。牢固树立和认真落实科学人才观，既是重要理论问题，又是重大实践任务。

进入新世纪新阶段，面对世情、国情、党情的深刻变化，党中央把人才作为我国经济社会发展的第一资源，统筹谋划经济社会发展与人才发展，不断开拓我国特色人才理论新境界。一是实施人才强国战略。要完成全面建设小康社会的各项任务，必须把人才工作纳入国家经济社会发展的总体布局，大力开发人才资源，走人才强国之路。我国人才工作的根本任务就是抓好人才强国的实施。二是提出科学人才观。2003年全国人才工作会议首次提出科学人才观，强调要牢固树立人才资源是第一资源、人人都可以成才、以人为本的理念。三是确立党管人才原则。实施人才强国战略，关键在党，人才工作的极端重要性，决定了我们党必须把人才工作放在更加重要的战略位置，进一步加强和改进对人才工作的领导。这是我们党确立的党管人才原则的根本着眼点。四是建设宏大创新型人才队伍。中国特色社会主义现代化事业的不断发展和创新，归根结底有赖于各方面创新型人才的创造性思维和创造性劳动。中央强调要始终把培养造就高素质人才作为根本大计，努力建设宏大的创新型人才队伍。五是人才优先发展，建设人才强国。人才优先发展、人才发展以用为本、加快建设世界人才强国等一系列人才发展新思想、新理念,是我们党人才思想创新的最新成果。这些重要思想进一步明确了我国人才发展指导方针和战略目标,全国各类人才队伍不断壮大,为推动经济社会又好又快发展、实现全面建设小康社会的宏伟目标提供了有力的人才保障。

从"建设无产阶级知识分子的队伍"到"建设宏大的创新型人才队伍",从"两个尊重"到"四个尊重",从"人才资源是第一资源"到"建设人才强国",等等,党的人才思想一脉相承,不断丰富和完善,形成我国特色人才思想体系,引领我国当代人才发展。

习近平同志多次强调,要紧紧围绕建设人才强国这个战略目标,努力使人才工作各项措施真正落到实处;要迅速行动起来,科学制定当前和今后一个时期人才发展规划和具体措施,抓紧实施重大人才政策和重大人才工程,为人才成长和发挥作用创造良好环境。实现科学发展,关键在科技,根本在人才,培养创新人才与高层次人才,是顺应世界科技进步、参与国际人才竞争的必然要求,是壮大我国人才队伍、加快建设人才强国的必然要求,是提升我国自主创新能力、建设创新型国家的必然要求。

2014年,习近平主席在河南考察工作时论及经济形势,他说,"我国发展仍然处于重要战略机遇期,我们要增强信心,从当前我国经济发展的阶段性特征出发,适应新常态,保持战略上的平常心态。"7月29日,在中南海召开的党外人士座谈会上,习近平问计当前经济形势又一次提到新常态,"要正确认识我国经济发展的阶段性特征,进一步增强信心,适应新常态,共同推进经济持续健康发展"。11月10日,在APEC工商领导人峰会上,习近平集中阐述了我国经济发展新常态下速度变化、结构优化、动力转化三大特点,习近平说,"中国经济呈现出新常态",速度——"从高速增长转为中高速增长",结构——"经济结构不断优化升级",动力——"从要素驱动、投资驱动转向创新驱动"。新常态将给中国带来新的发展机遇。一是经济增速虽然放缓,实际增量依然可观。习近平说,即使是7%左右的增长,无论是速度还是体量,在全球也是名列前茅的。二是经济增长更趋平稳,增长动力更为多元。习近平说,以目前确定的战略和所拥有的政策储备,我们有信心、有能力应对各种可能出现的风险。我们正在协同推进新型工业化、信息化、城镇化、农业现代化,这有利于化解各种"成长的烦恼"。中国经济更多依赖国内消费需求拉动,避免依赖出口的外部风险。三是经济结构优化升级,发展前景更加稳定。习近平结合2014年前三季度消费对经济增长的贡献率超过投资、服务业增加值占比超过第二产业、高新技术产业和装备制造业增速高于工业平均增速、单位GDP能耗下降等数据指出,中国经济结构"质量更好,结构更优"。四是政府大力简政放权,市场活力进一步释放。习近平举例说,由于改革了企业登记制度,2014年前三季度新增企业数量较去年增长60%以上。习近平用"新常态"向世界描述了中国经济的一系列新表现,包括增速变化、结构升级、动力转变,特别阐述了新常态派生新机遇,指出新常态下中国经济增长更趋平稳,增长动力更为多元,发展前景更加稳定。

新常态的提出,意味着我国经济要摆脱"旧常态"。旧常态是指一段时期增长速度偏高、经济偏热、经济增长不可持续的因素累积,并带来环境污染加剧、社会矛盾增加以及国际压力变大的严峻挑战,也是"十八大"以前长期改革滞后形成的"体制病"和宏观失衡"综合征"。

国际经济危机带来的外部风险,使中国经济发展的旧有模式难以为继。中国领导人将这种挑战形容为"三期叠加":增长速度进入换挡期,结构调整面临阵痛期,前期刺激政策进入消化期。

2013年以来，我国领导人创新宏观经济管理的新理念、新举措引人注目，包括强调宏观政策要稳、微观政策要活；提出调控合理区间，将经济增长目标下调至"7.5%左右"等。同时，以全面深化改革一揽子计划为标志，强力推进经济、政治、社会、文化、生态等方面的改革。新常态以及对宏观政策要稳、要有定力的强调，表明我国领导人对形势有科学而清晰的判断，这有利于"稳"住宏观政策，避免了经济稍有动静就动辄大手刺激的做法。在坚持和发展中国特色社会主义、推动全面深化改革、促进经济持续健康发展、发展社会主义民主政治和依法治国、建设社会主义文化强国、改善民生和创新社会治理、大力推进生态文明建设、加强国防和军队建设、国际关系和中国外交战略，以及党要管党、从严治党等方面，我国领导人已经营造了"十个新常态"。新常态意味着中国经济的"浴火重生"，意味着对投资驱动和出口驱动增长方式的脱离，对质量、效益、创新、生态文明和可持续发展的追求，还意味着中国将由此迈向中华民族伟大复兴之路。❶

这就意味着，未来我国的经济发展，主要不是靠资源、靠资金、靠劳动力，而是靠知识、靠人才，人才发展将是新常态下我国经济社会发展的第一要素。我国将来的发展，将是人才发展，带动国家创新驱动进入新阶段、新境界，打破制约国家发展的各种约束，为加快发展转型提供强力的助推器。

新常态将成为我国人才发展新的春天。

一、当代人才发展理论的实践

（一）建立"人成其才"机制

1. 平衡投资结构

要使人才资源真正成为经济社会发展中的基础性、战略性、

---

❶ 李扬，张晓晶. 论新常态 [M]. 北京：人民出版社，2015.

决定性资源,关键是进行开发。首先,要提供一切可能的条件来提高个人素质,使我国庞大的人口资源逐步转化为人力资源,人力资源转化为人才资源;其次,要创造适宜人才成长的社会环境和激励机制,使"潜人才"资源逐步转化为"显人才"资源,充分发挥人才资源的张力效应和群力效应。

20世纪90年代以前,我国人才资本投资政策的特征是重视物质资本投资而忽视正规教育投资和职业教育投资,重视城市人力资本投资而忽视农村人力资本投资。近年来,这种趋势得到了抑制,教育的财政拨款逐年上升。但就物质资本投资与人才资本投资额度之比而言,我国目前的年度实际比例仍远远高于世界平均水平。如果物质资本投资的经济回报率高于人才资本投资或两种投资之间影响程度较低,这种失衡或许是合适的。但人力资本理论显示,人才资源的适应效应和张力效应可以提高整个社会资源的适应性及其分配的有效性,其投资收益率远远高于实物投资的收益率。同时,物质资本投资所带来的新技术最终需要由具有高级技能的人才来操作,资本与人才资源之间存在动态相长的关系。如果缺乏足够的能够有效运用引进新技术的高层次人才,人才资本投资与物质资本投资之间的这种失衡必将削弱物质资本投资的回报以及进一步的投资增长发展。同时,我国目前有限的人才资本投资中已经出现了另外一种投资结构失衡,即学历教育投资过度与专业技能教育投资不足并存。这种投资结构失衡后果的表现形式之一:一方面,大学毕业生人数急剧增长,大学生毕业即失业的人数上升;市场上出现了中专生能干的工作由本科生替代,本科生能干的工作由硕士或博士替代的现象。另一方面,职业技术院校模式不适应市场需求,大批职业学校毕业生待业;与此同时,人才市场上知识技能型、复合技能型以及操作技能型人才却呈现出供给短缺的态势。

因此,在宏观层次上,国家应加强人才资源能力建设,树立

"大教育""大培训""大学习"的观念,构建正规与非正规、正式与非正式、学历与非学历、学校与社区、教育与培训、各级各类学校之间相互衔接、完善的现代国民教育体系;注意实现人才资本与物质资本之间的结构均衡,以及不同教育类别、不同地区之间人才资本投资结构的均衡。对于不同地区之间物质资本投资水平的差异以及由于长期人才资本投资沉淀所形成的地区教育水平差异,应通过树立地域层次上的"大人才观",打破人才流动在户籍、档案、子女入学以及社会保障水平衔接等方面的制度障碍和政策限制,形成生产要素在地区间自由、双向流动的激励机制来逐步解决。

2. 建立动态、分层分类的人才培养机制

人才是一个相对社会需要而言的概念,人才的培养必须与社会的实际需要紧密结合,这是"人成其才"规律的一个重要方面。社会的实际需要是动态的,往往会随着经济和社会的发展而不断变更;同时,人才资本投资与收益之间又存在一定的时滞,即今天的人才投资是为了明天的人才使用。但在现实中,人们往往强调具体的社会岗位对于特定专业或某种技术人才的需要,把人才的培养简单等同于各种专业技能的掌握。这只能说是一种机械论的人才观。虽然在职业和分工越来越细的市场经济中,社会对人才的多样性需求在每个人身上仅被分解为某种单一的技能需求,但这实质上仍然只重视了人的"功能性"价值。而社会对人的技能需求是动态的,人对社会的需求也是多方面的,人的本质属性和"目的性"价值要求人要全面发展。因此,国家在建立动态的人才梯队规划的同时,必须考虑如何才能在人才的培养过程中真正做到"以人为本"、注重人的全面发展与进步。

此外,人才有层次和类别之分,既包括党政人才、管理人才和专业技术人才,也存在高层次人才、中层级人才以及大量的操作人才的划分。对于不同类型、不同层次的人才,"人成其才"

的机制也应该有所区别。例如，对于各类高层次人才不同的成才路径，要采取不同方法实施分类培养。对中高级党政领导人才，要以提高执政能力为核心，加强作风建设，着力解决领导人才价值观、政治信念等根本问题，努力提高他们科学决策、依法执政和总揽全局的能力。对于优秀企业家，要以开拓国际战略眼光和提高现代化经营管理水平为核心，注重在市场竞争的过程中提高企业家职业化水平，调动和保护企业家勇于竞争和持续创业的热情。对于高级专家，要以提高创新能力和弘扬科学精神为核心，通过提供良好条件和环境，依托重大科研项目培养人才等措施，加大领军人物特别是具有世界前沿水平的学科带头人的培养力度。

（二）营造"人尽其才"环境

通过合理的人才资本投资提高个人素质是"人尽其才"的基本条件之一，另一个条件就是要提供适宜人才成长、人才辈出的社会环境。在市场经济框架中，适宜的社会环境即为公平、通畅的人才市场机制。市场机制对于"人尽其才"有两个功能：一是市场机制发现人才价值并通过流动和合理配置提高人才价值；二是市场机制对人才进行评价、筛选和识别。通过以上功能，市场机制最终可以促进人才资源的合理配置。因此，要建立和引进人才市场机制，探索建立诸如以能力和业绩为导向的人才评价机制、职称评定机制、高层次专家选拔机制以及青年人才培养机制等一系列新的甄选与激励机制。要进行制度创新，激励高层次的"显人才"，发掘具有培养前途的"潜人才"，发挥高层次人才的"群力效应"，最终形成"人才辈出"的格局。

人才共享作为一种新型的人才资源配置方式，是建立"人尽其才"机制的核心内容之一。所谓人才共享，是指在不改变人才最终归属权的情况下，本着市场定位、政府引导、利益驱动、平等协商、有偿互利的原则，使同一人才可以通过正常途径同时为多个组织服务，从而实现对人才资源的共享。

（三）形成"人才辈出"格局

在关注人才的培养和配置的同时，处于微观层次的组织必须重视对各类人才的结构管理，实现人才管理者与人才之间、人才与人才之间以及人才管理者与人才管理者之间的和谐、互动，以最终形成"人才辈出"的局面。

任何一个组织所需要的人才都是多种多样的，各种人才之间就存在结构合理不合理、能否相互尊重、相互配合、彼此合作的问题。首先，要摒弃和克服"文人相轻"的倾向。如果单个人片面地强调自己的目的性价值和自我价值，则人才之间就会出现内耗，人才的"群力效应"就很难发挥作用。其次，在领导人才和被管理的人才之间，领导人才不能片面强调人才的"工具性"价值和社会价值。否则，就很难在尊重人的基础上尊重人才，甚至会把尊重人才与尊重人割裂开来。最终，在组织中可能形成"人才异化"的问题：担任重要职务的人才不尊重担任一般职务的人才；这方面的人才不尊重或瞧不起那方面的人才；自己有了点专长或出了点成绩，就以此作为资本看不起别的人才；自己成了人才，不愿别人也成才；门派观念强烈，只允许自己同一派系的人成才，派系之间则出现人才相轻、人才排斥、互相拆台等现象。这样，组织中人人都在"谋人"而非"谋事"，非但"人才辈出"无法实现，"人尽其才"以及"人成其才"也将成为一句空话。

总之，要进一步探索建立完善"人成其才""人尽其才""人才辈出"的人才机制、体制和环境，逐步将我国建立成为一个有利于人才成长、人才使用的学习型社会，努力造就数以亿计的高素质劳动者、数以千万计的专门人才和一大批拔尖创新人才，建成规模庞大、结构合理、素质较高的人才队伍，变人口大国为人才资源强国，最终全面实现人才强国战略。

二、当代人才发展的价值导向

在党和国家的高度重视下,在科学人才观的指引下,我国人才建设不断发展。以高层次人才和高技能人才为重点的各类人才队伍不断壮大,人才发展的政策体系逐步完善,市场配置人才资源的基础性作用初步发挥,人才效能明显改善,党管人才工作新格局基本形成。我国已从一个人才资源相对匮乏的国家发展为人才资源大国。

(一)各类人才队伍不断壮大

坚持以高层次人才和高技能人才队伍建设为重点,紧紧抓住人才培养、吸引、使用三个环节,采取积极有效的政策措施,统筹推进各类人才队伍建设的协调发展。党政人才、企业经营管理人才、专业技术人才、高技能人才、农村实用人才、社会工作人才队伍规模不断扩大,结构和素质进一步优化;创新型科技人才队伍建设摆到重要位置,培养、吸引力度不断加大;非公经济组织和社会组织人才队伍建设得到高度重视,队伍发展速度惊人。目前,我国党政人才、企业经营管理人才、专业技术人才、高技能人才和农村实用人才总量达到1亿多人,居世界第一位,为经济社会持续快速发展提供了强有力的人才支撑,具备了建设人才资源强国的基础。

(二)人才素质有了显著提高

我国实行教育优先的发展战略,成果显著。有关统计资料表明,目前全国15岁以上人口平均受教育年限到达9年以上;主要劳动年龄人口平均受教育年限为9.5年,其中受过高等教育的比例为9.9%;新增劳动力平均受教育年限达12.4年。特别是高层次人才队伍发展迅速。以两院院士、有突出贡献的中青年专家、享受政府特殊津贴专家等为主体的国家高层次人才队伍初具规模,我国已有两院院士1400多人,国家有突出贡献的中青年专家5200多人，享受政府特殊津贴专家16多万人，博士后流动站2000多个，博士后科研工作站2000多个，博士后研究人员8万多人。

（三）人才开发国际化步伐不断加快

以"千人计划"为品牌的引进海外高层次人才工作力度前所未有，引智规模不断扩大，交流渠道不断拓展，引智领域不断拓宽，引智地域日益宽广，引智主体进入多元化，引智管理职能不断创新。目前，我国出国留学人员总量达45.98多万，回国人员有36.48万人；"十一五"期间，引进外国专家163万人，平均每年30多万人；培养外国留学生169万人。特别是2009～2011年入选国家"千人计划"人选共有1653名。在这期间，这些专家为促进我国经济社会发展，为我国创新驱动、转型发展，做出了重大贡献。

（四）人才管理体制和机制改革逐步深化

我国人才管理体制改革的力度得到加大，党管人才工作进一步加强；中共中央组织部成立了人才工作局；全国31个省区市全部成立了人才工作领导协调机构，形成了党委统一领导、组织部门牵头抓总、有关部门各司其职、社会力量广泛参与的人才工作格局。在分类管理方面，通过深化改革，逐步改变了人才集中统一管理和用党政干部的单一模式管理所有人才的状况，根据不同类别人才的成长规律，形成各具特色的管理制度。如实行公务员制度、改革事业单位人事管理制度、建立与国有资产管理体制相适应的国有企业人事制度等。

三、"中国梦"与人才发展

一段时间以来，习近平同志关于"中国梦"的深情阐述，引起了中华儿女对自身光荣、责任、使命的热切关注，激发了中华儿女走向伟大复兴新的自觉。用实现中华民族伟大复兴的"中国梦"凝聚强大精神能量,是近代以来中国人民坎坷追梦历程的深刻启示,也是我们面向未来开拓前进时刻秉持的基本法则。梦想是激励人们发奋前行的精神动力。当一种梦想能够将整个民族的期盼与追求都凝聚起来的时候,这种梦想就有了共同愿景的深刻内涵,就有了动员全民族为之坚毅持守、慷慨趋赴的强大感召力。实现中华民族伟大复兴,是全体中华儿女的伟大梦想和共同愿望,也是中国近现代史的主题。

中国在人类社会发展史上曾经长期处于领先地位,但进入近代以后,逐渐落伍了。1840年以后,由于西方列强的入侵和清王朝的腐朽,中国一步步沦为半殖民地半封建社会。在绝境中猛醒、在苦难中奋起的中华民族,为民族大义所激奋,日益紧密地凝聚在民族复兴的伟大旗帜下,中华民族向前、向上的生命力日益强劲地迸发出来。为了改变国家和民族的命运,一批又一批仁人志士进行了艰辛努力和不懈探索。然而,从太平天国到洋务运动,从戊戌变法到辛亥革命,都没有完成救亡图存的历史使命。实践证明,不触动封建根基的自强运动、旧式的农民起义、资产阶级革命派领导的民主革命,都无法改变中国的命运。

正当中国人民不断失败又重新奋起之时,十月革命一声炮响,给中国送来了马克思列宁主义。1921年,中国共产党应运而生。中国共产党自诞生之日起,就自觉肩负起实现中华民族伟大复兴的神圣使命,团结带领全国各族人民完成了民族独立和人民解放的历史任务。新中国成立之后,中国共产党带领人民实现了从新民主主义到社会主义的过渡,开始了社会主义道路上实现中华民族伟大复兴的历史征程。"中国梦"和中国近现代史日益呈现出光明的色彩。

梦想连接道路,道路决定命运。没有正确的道路,就无法汇聚各方的力量,再美好的梦想也无法实现。90多年来,我们党紧紧依靠人民,把马克思主义基本原理同中国实际和时代特征结合起来，独立自主走自己的路，历经千辛万苦，付出各种代价，取得革命建设和改革的伟大胜利，开创和发展了中国特色社会主义，从根本上改变了中国人民和中华民族的前途命运。事实证明，中国特色社会主义是实现"中国梦"的唯一正确道路。

在中国特色社会主义道路上，近代以来中华民族的历史命运实现了两个"不可逆转"：不可逆转地结束了内忧外患、积贫积弱的悲惨命运；不可逆转地开启了不断发展壮大、走向复兴的历史进程。现在的中国，比历史上任何时期都更接近中华民族伟大复兴的目标，比历史上任何时期都更有信心、更有能力实现这个目标。在中国特色社会主义道路上，我们创造了同期世界上大国最快的经济增长速度、最快的对外贸易增长速度、最快的外汇储备增长速度、最快且人数最多的脱贫致富速度、最大规模的社会保障体系。今天的世界对"中国信息"充满饥渴、对"中国奇迹"充满惊叹、对中华文化充满兴趣。今天的中华民族越来越走向世界舞台的显著位置，赢得越来越多的民族荣耀与民族尊严。

随着改革开放的深入推进，我们正经历空前的社会巨变：经济体制深刻变革，社会结构深刻变动，利益格局深刻调整。人们的价值追求也越来越多元多样。中国特色社会主义描绘了人们美好生活的蓝图，展现了中华民族伟大复兴的光明前景和科学路径，把每个人的前途命运与国家、民族的前途命运紧密联系起来。

实现中华民族伟大复兴是一项光荣而艰巨的事业，需要一代又一代中华儿女共同为之努力。在前进道路上，我们还面临许多困难和挑战。继续"圆梦"，需要我们高举中国特色社会主义伟大旗帜，团结实干，开拓创新。

人才发展赋予"中国梦"丰富内涵。任何一个能够引领民族发展进步的梦想都是美好的，任何美好的梦想都必然伴随时代的节拍、顺应现实条件的变化而变化。中华民族的复兴梦同样如此。在民族独立的梦想已经在艰苦卓绝的奋斗中得以实现之后，我们又将建设、富强、民主、文明、和谐的社会主义现代化国家，推动社会更加自由、平等、公正、法治。

人才发展凝聚强大合力。邓小平说过："我们共产党人的最高理想是实现共产主义，在不同历史阶段又有代表那个阶段最广大人民利益的奋斗纲领。因此我们才能够团结和动员最广大的人民群众。叫作万众一心。"民族复兴的伟大目标只有转化为一个个相互关联、具体实在的建设要求，才能鼓舞人心、凝聚力量，才能在人们的具体实干中变为现实。

人才发展培育攻坚克难的斗志。精神能量的大小，不仅体现在其涵盖面和包容圈的大小，也体现在其韧性和强度的高低。没有梦想的民族是可悲的，对美好梦想没有坚定不移、矢志不渝精神状态的民族同样没有前途。中华民族富有以坚定的信念和坚韧的毅力追求梦想的精神基因。在推进民族复兴的新征程中，我们面临的发展机遇和风险挑战前所未有，我们需要面对多种长期的、复杂的、严峻的考验，需要准备进行具有许多新的历史特点的伟大斗争。面对风险挑战和危险考验，我们唯有不断增强道路自信、理论自信、制度自信，更加坚定坚毅，更加清醒自觉，进一步培育攻坚克难的顽强斗志，进一步深化改革开放，始终坚持和发展中国特色社会主义，才能迎来中华民族伟大复兴更加光辉灿烂的前景。

参考文献

[1] 郝军. 马克思的人的全面发展理论及其当代诠释 [J]. 北京化工大学学报, 2009 (4).

[2] 沈艳丽. 试论马克思主义人的全面发展理论的历史轨迹 [J]. 经济研究导刊, 2011 (18).

[3] 娜日斯, 温宁. 马克思主义的人的全面发展理论的形成与现实意义 [J].

内蒙古农业大学学报，2009（4）．

[4] 马克思，恩格斯．马克思恩格斯选集［M］．第2卷．北京：人民出版社，1972：218．

[5] 马克思主义基本原理概论编写组．马克思主义基本原理概论［M］．北京：高等教育出版社，2010：39．

[6] 袁贵仁．人的哲学［M］．北京：工人出版社，1988：84．

[7] 马克思，恩格斯．马克思恩格斯选集［M］．第3卷．北京：人民出版社，1995：633－634．

[8] 马克思，恩格斯．马克思恩格斯全集［M］．第42卷．北京：人民出版社，1979：123．

[9] 马克思，恩格斯．马克思恩格斯选集［M］．第3卷．北京：人民出版社，1995：294．

[10] 马克思，恩格斯．马克思恩格斯全集［M］．第23卷．北京：人民出版社，1975：649，94．

[11] 马克思，恩格斯．马克思恩格斯全集［M］．第46卷．北京：人民出版社，1979：104．

[12] 马克思，恩格斯．马克思恩格斯全集［M］．第46卷．北京：人民出版社，1979：485．

[13] 马克思，恩格斯．马克思恩格斯选集［M］．第1卷．北京：人民出版社，1995：277．

[14] 马克思，恩格斯．马克思恩格斯全集［M］．第46卷．北京：人民出版社，1979：109．

[15] 马克思，恩格斯．马克思恩格斯选集［M］．第1卷．北京：人民出版社，1995：275．

[16] 马克思，恩格斯．马克思恩格斯全集［M］．第42卷．北京：人民出版社，1979：93．

[17] 马克思主义基本原理概论编写组．马克思主义基本原理概论［M］．北京：高等教育出版社，2010：260－261．

[18] 马克思，恩格斯．马克思恩格斯选集［M］．第1卷．北京：人民出版社，1995：85．

[19] 牛德林．论人的本质、人的全面发展与人的可持续发展［J］．哈尔滨

市委党校学报,2008(6).

[20] 庄江山.马克思主义人的全面发展理论及其当代意义[J].兰州学刊,2005(4).

[21] 王学范.毛泽东的人才思想及实践[J].湖北广播电视大学学报,2006(6).

[22] 王文章.中国先进文化论[M].北京:文化艺术出版社,2004:197.

[23] 邓小平.邓小平文选[M].第3卷.北京:人民出版社,1993:28.

[24] 邓小平.邓小平文选[M].第2卷.第2版.北京:人民出版社,1994:208.

[25] 邓小平.邓小平文选[M].第2卷.第2版.北京:人民出版社,1994:367.

[26] 邓小平.邓小平文选[M].第3卷.北京:人民出版社,1993:144.

[27] 邓小平.邓小平文选[M].第3卷.北京:人民出版社,1993,120.

[28] 王水兴,颜廷海.邓小平人才思想与人的全面发展[J].前沿,2005(3).

[29] 马毓新,姚芳.江泽民的人才思想及现实启迪[J].经济与社会发展,2012(1).

[30] 江泽民.论"三个代表"[M].北京:中央文献出版社,2001:179.

[31] 江泽民.在庆祝中国共产党成立八十周年大会上的讲话[M].北京:人民出版社,2001:44.

[32] 肖建杰.中共领导集体人才观之比较[J].社科纵横,2006(5).

[33] 胡锦涛.在"三个代表"重要思想理论研讨会上的讲话[M].北京:人民出版社,2003:7-8.

[34] 张文全.浅析科学人才观的内涵与特征[J].山东省经济管理干部学院学报,2007(3).

[35] 陈全明,张广科.试论科学人才观[J].中南财经政法大学学报,2004(6).

[36] 沈荣华.科学人才观:对马克思主义人才思想的继承和发展[J].中国人才,2012(1).

第三章

人才发展的传统智慧

在我国历史上，许多思想家提出了治国安邦的观点。我国传统文化中的"治国安邦"伦理思想对中国共产党加强执政伦理建设具有重要理论意义和实践价值。我国古代人才思想源远流长，早在原始社会末期，就出现了尧、舜、禹的禅让制度以及"选贤与能"的传说，开辟了我国历史上选聘人才的先河。在我国传统智慧中，选材育人的思想精粹对人才发展有着重要的意义，为我国古代识人用人的制度提供了理论依据。选官制度是古代主要的识人用人制度，是国家或政权正常运行的重要支撑。为政之要，唯在得人。

我国古代人才辈出，在军事、文化、行政等方面都颇有建树。军事方面的人才，如孙子、廉颇、李牧、白起、卫青、霍去病等。他们的功绩影响到一个国家乃至一个朝代的盛衰兴亡。文化方面如孔子、孟子、老子等思想家，对中国产生了不可磨灭的影响。行政方面人才的影响也很大，李斯辅佐秦始皇确立了郡县制，中国以后的王朝发展大体沿用这一模式。王安石、张居正等人都是伟大的政治家。总结中国古代人才发展的成功经验与失败教训，至今仍有十分重要的现实意义。

第一节　治国安邦的核心理念

在我国历史上，许多思想家提出了治国安邦的观点，例如，春秋战国时期就有儒家、法家、墨家、道家等多个学派对此进行探讨。其中，儒家的管理哲学对治国安邦有着重要的意义。学术界对于治国安邦的核心理念进行了探讨。我国传统社会的治国安邦的理念以维护统治者统治秩序的稳定、长治久安为核心价值[1]。在这种价值的指导下，我国传统社会的治国安邦之道主要为中央集权、君权至上；强调对民生和民心的重视。在我国传统治国思想中，"以民为本"是根本，"廉政勤政"是关键，"为政以德"是主导，"选贤任能"是重要环节，"重典治贪"是主要防线[2]。历朝历代的先贤，基本上都是围绕儒家圣贤提出的为政在人、为政以德、正己正人这三个理念来对儒家管理哲学进行阐释和补充的。

一、为政在人：人为中心

儒家认为，造成天下治乱的根本原因在人。正由于人心不

---

[1] 徐莲梅，2009．
[2] 张振，2012．

古、人心不仁，故乱臣贼子纷起，整个社会陷入"君不君，臣不臣，父不父，子不子"的混乱中。既然"天下无道"的根本原因在人，那么要使整个社会回复"天下有道"，同样也离不开人的努力。因此，儒家十分重视人在政治管理活动中的地位与作用，把人视为全部管理活动的中心，围绕人这个中心来展开他们的管理思想和管理实践。儒家学说的开创者孔子首倡以"仁"为中心观念的管理思想，主张"仁者爱人"。《说文》中提到：仁，亲也，从人从二。由此可见，"仁"实际上是"二人"的复合字。这表明孔子将人以及人与人之间的关系作为自己管理思想的出发点。这里的"人"，既包括管理者即统治者，也包括被管理者。

关于管理者如何"爱人"，孔子提出"己欲立而立人，己欲达而达人，能近取譬"；"己所不欲，勿施于人"。这就是推己及人的"忠恕之道"。因此，"仁"的方法不过是以本人为尺度来调节本人与他人的关系，这里就包含了管理者与被管理者之间关系的基本准则。首先，孔子要求管理者把与自己相对而言的被管理者当作人来看待，主张关心人、爱护人，重视人的价值，反对"始作俑者"，反对"不教而杀"，认为这只是作为管理者的最起码的条件和要求。其次，孔子进一步主张管理者对被管理者要"富之"而后"教之"，要"修己以安人""修己以安百姓"，使"老者安之，朋友信之，少者怀之"。可以看出，孔子是将管理活动视作己立、己达进而立人、达人的活动过程来加以阐释的。

孔子这种"贵人"思想，率先确立了人在管理活动中的中心地位。此后儒家的管理哲学始终沿着这个方向，把人作为管理的主要对象，一切管理活动都是围绕着"安人"和"安百姓"来展开的。生活在战国后期的荀子，以天道自然为基础，把天道运行和人事区分开来，认为人处于与天、地并参的地位。"天有其时，地有其财，人有其治，夫是之谓能参"。人的职责是"制天命而用之"，利用天时地利来创造属于自己的文明和文化。人之所以

· 109 ·

能"自求多福",能与天地参,是因为"水火有气而无生,草木有生而无知,禽兽有知而无义,人有气有生有知亦且有义,故最为天下贵"。荀子认为人之贵,在于懂得利用道德制度建立各级管理组织,懂得分工协作把大家的活动协调起来,将单个人的力量加以放大,懂得用"礼"来规范人们的思想行为和调整人与人的关系,促进社会整体的和谐发展。

在儒家思想家中,对孔子"贵人"思想的发展做出最大贡献的是孟子。孟子的管理思想主要体现在他的"仁政"学说中,而"仁政"学说的基础是"贵民",即重视广大民众的力量对维护封建管理制度的作用。孟子一反西周时期一切政治经济制度都为贵族而设,贵族是管理中心的观点,大胆提出"民为贵,社稷次之,君为轻,是故得乎丘民为天子"的思想。这一民本思想可以说是孟子管理思想的出发点。他指出,人民才是最重要最根本的力量,要取得民众的拥护才有国家最高决策权,才有君位;而失去人民的拥护,就失去政权,失去君位。因此,对于维护整个国家最高决策权来说,人民的力量是首要的,政权是次要的,君主就更其次了。

孟子以"民本"思想为基础,发挥孔子的管理思想,在《孟子》中,提出了自己的"仁政"管理思想。首先,孟子对"仁政"何以能够推行作了论证。他以"性善论"为出发点,认为"仁政"并非难事,管理者只需要从自己固有的"不忍人之心"出发,推己及人,"老吾老以及人之老,幼吾幼以及人之幼",这就是"仁政"。其次,孟子对"仁政"的管理模式作了严密的设计。第一步,他抓住人民的生产生活这个国家管理的中心问题,站在"民"的立场对西周的井田制加以改造。在他看来,"民之为道也,有恒产者有信心,无恒产者无恒心"。民有恒产是整个社会稳定和发展的基本保证。孟子认为,管理者如能把这种蓝图变为现实,就是王道的开始,然而也仅仅是开始而已。因国家的管理制度，不但要使人民有恒产，生产生活有充分保障，还应重视教化民众，使其"明人伦"。所以，孟子接下来又对"仁政"管理模式作了第二步的设计：在"富之"的基础上还要进一步用道德理想来"教之"，使"父子有亲，君臣有义，夫妇有别，长幼有序，朋友有信"，"人伦明于上，小民亲于下"。这样，才能使全体民众都获得全面的健康的发展，造就一个和谐完满的社会，才算是王道的完成。

总之，"人"在儒家管理哲学中始终是一个中心话题，全部儒家管理思想都紧密围绕"安人""安百姓"来加以展开。故《礼记·中庸篇》曰："文武之政，布在方策。其人存，则其政举；其人亡，则其政息。"综合为一句话：为政在人。

二、为政以德：道德教化

作为我国两千多年封建社会治道的主流，儒家思想从它产生起就一直倡导"为政以德"，主张用道德教化来感化百姓，从而达到有效的治理。《论语》中，孔子明确提出"道之以政，齐之以刑，民免而无耻；道之以德，齐之以政，有耻且格"。在他看来，用道德教化来感动人心，要比一味地惩罚效果更好。"为政以德，譬如北辰居其所，而众星拱之"。孟子则更加明确地主张"贵王贱霸"，提倡以德服人的"王政"，反对以力服人的"霸政"。他说："以力服人者，非心服也。力不赡也。以德服人者，中心悦而诚服也，如七十子之服孔子也。"当齐宣王问及齐桓公、晋文公之事时，孟子毫不犹豫地回答："仲尼之徒，无道桓、文之事者，是以后世无传焉，臣未之闻也。"齐桓公、晋文公都是春秋霸主，孟子却声称"未之闻也"，其原因乃在于"仲尼之门，五尺童子羞称五霸，为其先诈力而后仁义也"。汉儒董仲舒也强调："教，政之本也；狱，政之末也。"

需要指出的是，儒家虽然强调"为政以德"，但并不一味排斥"礼治"和"法治"的作用。"礼"是西周时期用以调节"君子"（贵族）之间的关系的一种不成文的行为规范，其作用介乎于"德"和"法"之间。孔子就主张"道之以德，齐之以礼"，认为在实施道德教化的同时，也要用"礼"来规范人们的行为。荀况更是进一步主张德与礼、法、刑、赏并举。但是儒家始终强调"礼""法"的外在控制一定要与内在控制结合起来，并且以德治为主，辅之以礼治和法制，才能真正有效。礼与法必须通过道德教化最终"内化"为人们的自觉的信念和习惯，才有长久的稳定的效果。如果释德治而一味任法制，最终必定走向粗俗和野蛮，而粗俗和野蛮的管理是不会有长久的生命力的。

儒家所倡导的道德教化所以能行，是有一定的人性理论作为基础和出发点的。人是整个管理活动的中心，任何管理思想、理论都是以对人的本性的认识和理解作为前提的。在儒家那里，人性问题不仅是管理理论的必要前提，而且是整个管理活动的中心。儒家的思想家们在人性问题上都持"人性可塑"的主张。人性可塑，所以道德教化的效果能有所体现。孔子率先提出"性相近也，习相远也"的观点，认为人人所禀受的天性大体一致，没有很大的分别，但是经过后天的习染，人与人之间便渐渐地拉开了差距，不再相近了。孔子虽然没有言及人性的善与恶，但是肯定了人的本性是可以通过后天的环境和教养来加以改变和塑造的。以后的儒家，虽在人性的善恶问题上有较大的分歧，但是在人性可塑，相信人的本性经过塑染之后能达到善这一点上是完全一致的。孟子以为人性中有仁、义、礼、智这四种根本的善，是人性所固有的，是不学而能、不虑而知的良能良知，是人之所以为人、人之所以异于禽兽的基本特征。仁义礼智之所以叫作"端"，是因为仅处于萌芽阶段，论其数目不过是"几希"，有待于放大和扩充。因此，道德教化的主要任务就是"存其心""养其性"。在孟子看来，性犹水也，决诸东方则东流，决诸西方则西流。若能扩而充之，则为君子；若丧失之、遮蔽之，则沦为小人。如果人人皆能扩充此四端，则人人皆可以为尧舜。孟子的性善论在儒家中占有很大优势，后来李翱、王阳明、王夫之、戴震等人对人性的看法，与孟子十分相近。

在人性问题上另一有代表性的观点便是荀子的"性恶论"，荀子说："人之性，恶，其善者伪也。"性恶人性都是好利多欲、自私自利的，其中并无仁义的成分，所有的善都是经由后天的教化和训练获得的。人性虽本为恶，然而人有相当的聪明才智，可学而能，去恶返善，"化性起伪"。普通的人只要通过学习积累善的东西，达到"全之""尽之"的程度，也可以成为圣人。如果说孟子的观点代表了"性善可塑论"，那么荀子的观点可以说代表了"性恶可塑论"。

此外，在儒家的阵营里还有以告子为代表的"性无善无不善论"，以世硕为代表的"性有善有恶论"和以董仲舒为代表的"性未善论"等观点。无论这些观点之间的分歧有多大，它们都把理论的落脚点放在了如何塑造人性这个核心的问题上。在儒家看来，做出某种人性的判断固然重要，但更重要的在于如何改造和塑造人性——去恶扬善；管理活动不仅是对人性的顺应过程，而且是对人性的塑造过程。道德教化之所以能行，是因为人性是可塑的。

三、正己正人：修齐治平

儒家既然主张以道德教化为管理活动的首务，不以外在的强行控制为重点，就必定带来一个相应的问题，即管理者怎样才能营造出一种人人向上、个个向善的社会效果呢？人性可塑，所以后天既可导人向善，也可导人向恶，那么在管理即在人性的塑造过程中如何排除可能的恶（包括先天的恶和后天的恶）？儒家认为，解决这个问题的最有效的也是最好的途径莫过于"正己正人"。也就是说，管理者要管好他人，首先得管好自己；要引导他人为善，则自己首先应当成为道德上的楷模。在这里，"正己"是"正人"的前提条件，"正人"是"正己"的扩充和自然延伸。"正己"就是修己的内圣功夫，是己立、己达；"正人"就是安人的外王功业，是立人、达人。想要达成理想的功业，"正己"即修身的功夫是根本，儒家始终把管理者的修身功夫视作治国安邦的根本。

孔子认为，管理者只有重视自身的道德修养，能够以身作则，才能够感化、影响和带动被管理者，取得上行下效的效果。因为"君子之德风，小人之德草。草上之风，必偃"。管理者自身的品行和作风会对被管理者产生重要影响，是被管理者效法的榜样。正因为如此，孔子对管理者自身的德行修养作了非常多的阐述，如《论语》中提到的："子绝四：毋意，毋必，毋固，毋我""仁者不忧，知者不惑，勇者不惧"；君子有五行："恭、宽、信、敏、惠。恭则不悔；宽则得众；信则任人焉；敏则有功；惠则足以使人"。

孟子进一步发挥了孔子的这些思想，提出"君子之守，修其身而天下平"。荀子也同样重视修身的作用，以修身为治国之本。他说："请问为国？曰：闻修身，未尝闻为国也。君子仪也，民者景也，仪正而景正。君者盘也，民者水也，盘圆而水圆。"儒家经典《中庸》有曰："知斯三者（仁、智、勇），则知所以修身；知所以修身，则知所以治人；知所以治人，则知所以治天下国家矣。"

尤其可贵的是，作为"四书"之首的《大学》将上述思想做了进一步地深化和系统的总结，对修身与平治天下的关系以及修身的次第顺序都做出了严密的阐释和论证。《大学》之道成为经典的管理之道。《大学》之道的主要精神体现为"三纲领"和"八条目"。其中，"三纲领"指"明明德""亲民""止于至善"

是人生最高的理想追求;"八条目"即指"格物""致知""正心""诚意""修身""齐家""治国""平天下",体现了达到人生最高理想境界的顺序与步骤。在"八条目"中,格物、致知、正心、诚意、修身谈的是个人的身心修养,是内圣的功夫;而齐家、治国、平天下则是将修身的功夫应用、延伸到治国安邦的大业上,是外在的功业。《大学》把这些环节环环相扣,每个步骤步步推进,使其构成一个前后贯通的逻辑结构。

关于"格物而后致知",按朱熹的理解,作为管理者,必须在已知的管理理念的指导下通过具体的管理实践活动去探索和把握普遍性、一般性的规律,体会各种道德原则的意义和作用,认识道德修养与治国安邦的关系,从而提高修身与治国的自觉性。

关于"诚意",《大学》指出:"所谓诚其意者,毋自欺也,如恶恶臭,如好好色,此之谓自谦,故君子必慎其独也。"诚其意就是不要自己欺骗自己,以保持意志的纯洁专一。相反,"小人闲居为不善,无所不至,见君子而后厌然,掩其不善,而著其善"。小人的"善"是伪装出来的,只能徒增虚伪。所以,君子要做到表里如一,内不自欺,外不欺人,要特别注意"慎独"的功夫。因此,诚意就是要求管理者自觉把客观的道法准则内化为个人的自觉的道法行为,成为一种自然而然的习惯而不是徒有其表的作秀。

关于"正心",《大学》指出:"身有所忿懥,则不及其正;有所恐惧,则不及其正;有所好乐,则不及其正;有所忧患,则不及其正。"此言忿懥、恐惧、快乐、忧患,是人的四种情绪,如果任其放纵不加控制,就会使管理者失去判断是非善恶之能力,因为"心不在焉,视而不见,听而不闻,食而不知其味"。故"正心",就是要求管理者要稳定和克制自己的情绪,才不至于偏离正确道德原则和管理目标。

关于"修身",《大学》指出:"人之其所亲爱而辟焉,之其所贱恶而辟焉。之其所畏敬而辟焉，之其所哀矜而辟焉，之其所敖惰而辟焉。"这里的"辟"即"偏颇"之意。由于人们主观认识上的偏颇和主观情感上的好恶，在"修身"之中无法做到不偏不倚，就容易流于偏颇。因此，"修身"就是要求管理者要行为端正，真正以身作则，成为部属的表率。

关于"齐家"，《大学》指出："所谓治国必先齐家者，其家不可教而能教人者，无之。故君子不出家而成教于国；孝者，所以事君也；弟者，所以事长也；慈者，所以使众也"；"一家，一国兴仁；一家让，一国兴让；一人贪戾，一国作乱；其机如此"。此所谓"孝""弟""慈"乃立家之根本，能真正实践孝、弟（悌）、慈之道的人，才算真正懂得了"齐家"。而治国之道不过是齐家之道的延伸：事君需孝，事长需弟（悌），使众需慈，如此而已。

关于"治国平天下"，《大学》指出："所谓平天下在治其国者：上老老而民兴孝，上长长而民兴弟，上恤孤而民不倍，是以君子有絜矩之道也。"这实际上就是要求管理者发扬孔子一贯倡导的"忠恕之道"，自觉地接受伦理道德的约束，"民之所好好之，民之所恶恶之"，推己及人，以崇高的道德风范来影响、感召一般民众，最终达到治国平天下的目的。

四、治国安邦与人才发展

在大多数学者的研究中，治国安邦的核心理念都与仁政、重民的主张有着紧密的联系。而任用贤才是儒家治国安邦方略中的重要一环。儒家奉行人治主义的治国思想，因此必然把选贤、任贤放在决定国家治乱的关键之点上予以重视。这些观点在陈哲夫（1985）、钱国旗（1997）、黎红雷（1992）、李洁（2012）等学者的文章中均有体现。严格选拔人才标准能为治国提供保障。纵观历史，"文景之治""贞观之治""开元盛世""康乾盛世"与当时的统治者善于用才是分不开的。反之，一个朝代的灭亡无不与统治者身边缺贤才有关。

孔子提出了"举直错诸枉"的主张，他强调选任官吏要分清"直"（正直的贤人）与"枉"（奸佞的小人），要把正直的贤人选拔起来安置在奸佞的小人的上面。在儒家看来，选拔什么样的人当官，就好比是树立一面旗帜。如果是正直的人得到重用，则所有正直的人就会满怀希望地聚集到正直的旗帜下面，形成正直的风气，邪恶的人无所施展伎俩，并可以得到教育而改恶从善。相反，如果让奸邪的人占据了要职高位，那就等于是树立了一面邪恶的旗帜，其结果只能是小人得志，忠良受害，言路堵塞，国政不治。唐太宗李世民对孔子"举直错诸枉，能使枉者直"的思想深有体会，他曾对魏徵说：古人说过，统治者在任用官吏时务必谨慎选才，不可草率就用。我现在每做一件事，都是天下所能看到的；每说一句话，都是天下所能听到的。因此，如果任用的是正直的贤人，那么为善的人就都得到了劝勉；但若是误用了邪恶的小人，那么不善的人就都会竞相投机钻营。魏徵却认为，知人善任自古以来就不是件容易的事情，所以要建立考绩的制度，通过考核官吏的政绩来决定其升降，以察知官吏的善恶。现在若要求得贤才，必须认真地审察查访他们的德行，如确知其为善才，然后才能加以任用。这段君臣对话说明了任贤对治国安邦至关重要，唐太宗"贞观之治"的辉煌业绩与其选用贤才的政见和策略是分不开的。

儒家在人才思想上有一个著名命题，这就是"学而优则仕"，即要求人们在胜任学业而有余力时再去做官。在宗法制度下任人唯亲，贵族子弟即使不学无术，也可世袭爵位，代代为官。孔子是反对世卿世禄制度的，他认为，先学习礼乐而后做官的是未曾有过爵禄的在野之人。先有了官爵而后学习礼乐的是卿大夫的子弟。孔子主张选用先学习礼乐的人。"学而优则仕"正是孔子对世卿世禄制的有力挑战，这与儒家任贤的政治主张是相一致的。这种思想对后世科举取士的文官制度的形成产生了直接的影响。

儒家管理哲学在长期的封建政治管理实践中一直是居于主导地位的管理思想。儒家管理哲学一贯强调以人为全部管理活动的中心，以实施道德教化作为管理活动的首务，以"修、齐、治、平"为实现管理职能的基本途径。正是这些构成了儒家管理哲学有别于其他管理流派的核心理念。

第二节　选材育人的思想精粹

我国古代人才思想源远流长，早在原始社会末期，就出现了尧、舜、禹的禅让制度以及"选贤与能"的传说，开辟了我国历史上选聘人才的先河。夏代出现了世袭制，商代有了培养官吏的最初学校，西周除了培养贵族子弟的"官学"，还产生了世卿制和乡举里选。春秋时期是我国思想文化大发展、大繁荣时期，各诸侯国为了本国的生存和发展，特别注意网罗人才，为己所用。为了适应时代变革，解决当时的社会经济问题，众多学者著书立说，广收门徒，宣扬自己的理论，先后创立了多家学派，造就了我国历史上多位圣哲，其中最著名的当属道家学派的创始人老子以及儒家学派的创始人孔子。他们从各自的视角出发，提出了独到的人才思想，把我国古代人才思想史推向了一个崭新的发展阶段。到了战国时期，诸侯国之间的竞争日益加剧，富有远见卓识的国君都认识到"得士者昌，失士者亡"的重要性，争相养士用贤，招纳天下贤能之人；此外，思想领域的争鸣更加丰富多彩，出现了众多的学派和著名思想家，所有这些都极大地丰富了我国古代选人用人的思想。在我国传统智慧中，选材育人的思想精粹对人才发展有着重要的意义，为我国古代识人用人的制度提供了理论依据。

一、察言考行

古人不仅十分重视辨才的意义,而且有一套行之有效的方法。

首先,要听其言,观其行。孔子曾经说:"今吾于人也,听其言而观其行。"荀子认为:"口能言之,身能行之,国宝也。口不能言,身能行之,国器也。口能言之,身不能行,国用也。口言善,身行恶,国妖也。治国者敬其宝,爱其器,任其用,除其妖。"孔子与荀子主张的听言观行,是识别人才最基本也是最有效的方法。元朝大臣胡祗认为必须"心公识明","察言考行,识所以,观所由,察所安,不以言举人,不以人废言,取德以实行,取才以实效,详以理,悉以义,虽万态亿状,眩耀莫之或欺,为人之任亦重矣。"这说明,听言察行,即可去伪存真,达到选君子、弃小人的目的。

其次,举之以众,取之以公。孟子主张:"国君进贤,左右皆曰贤,未可也;诸大夫皆曰贤,未可也;国人皆曰贤,然后察之;见贤焉,然后用之。左右皆曰不可,勿听;诸大夫皆曰不可,勿听;国人皆曰不可,然后察之;见不可焉,然后去之。"孟子主张的公论面已经达到整个国人,其积极意义是不言而喻的。程颢、程颐也主张欲纳"四方之贤",必须靠"公论推荐"。康熙则认为"官之贤否,或操守清正,或贪污不肖,必难掩于百姓,必难逃于众论"。古人主张的取之以公,就是出以公心,公正地看人、选人、用人。离开这一条,从个人的亲疏好恶出发去观察人,很容易导致忠奸不辨,弃贤舍能,任人唯亲,后果不堪设想。

二、德才兼备

古人在主张德才兼备选人标准时,总是把德放在首位。司马光曾在《资治通鉴》中针对世人不辨才与德异,通为之贤,因而用人失当的教训,给德与才下了这样的定义:"夫聪察强毅之谓才,正直中和之谓德。"进而指出:"才者,德之资也;德者,才之帅也……才德全尽之谓'圣人',才德兼亡之谓'愚人';德胜才之谓'君子',才胜德之谓'小人'。""君子挟才以为善,小人挟才以为恶",所以"与其得小人,不若得愚人",可见,德是何等重要。司马光在《论选举状》中,将"德帅才资"的思想表述得更为明确,指出:"取才之道,当以德行为先,其次经术,其次政事,其次艺能。"朱元璋下诏求天下贤才,强调"有司察举贤才,必以德行为本,文艺次之"。康熙在《治国圣训》中,根据切身体会,深刻阐述了德的重要性。他对吏部官员说:"国家用人凡才优者固足任事,然秉资诚厚者亦于佐理有裨。朕听政有年,见人或自恃有才辄专资行事者,思之可畏。朕意必才德兼优为佳,若止才优于德,终无补于治理耳。"

三、知人善任

"知人善任"是古代人才思想中最本质的内容,是人才思想的精髓。"知人"是"善任"的前提,对人知得不准就很难做到"善任",而不善于用人,有了人才也会失去或不能发挥应有的作用,其结果既不知人,也不能用人。

古人强调,君主的主要任务是识别和选用人才。管子说:"明主之举事也,任圣人之虑,用众人之力,而不自与焉。"(《管子·形势解》)他认为,尚贤而不求贤,尊礼贤士而不任用,国家就会灭亡;贤士献智效力,国家才会昌盛。汉代刘向还强调,"治人者,主道也;知事者,臣道也。主道知人,臣道知事,天下大治"。他说,人才难知,善恶难分,君主要在论人、知人、用人上花费心思,了解士人的长短,广开进贤之路,做到知人善任。

一是识才得法。要"审好恶""观其交游""察其任下",这样就可"尽知其短长,知其所不能益,若任之以事"(《管子·君臣上》),以扬长避短。二是量才要准。古人认为,矜物之人无大士,论人而远古者无高士,既不知古而易其功者无智士,钓名之人无贤士。三是取才有道。要广开贤路,多渠道用人。通过举荐、察荐、自荐、科考等多种形式,选拔经世致用之才,同时强调用人要听其言,责其实,试其官。四是授职论能,用人要"三本""四慎"。"三本"即德当其位,功当其禄,能当其官;"四慎"即"一曰大德不至仁,不可以授国柄;二曰见贤不能让,不可与尊位;三曰罚避亲贵,不可使主;四曰不好本事,不务地利,而轻赋敛,不可与都邑"。古人认为,一个人都有其长处和短处,有所能有所不能。千里马"一日千里,然使之搏兔,不如豺狼"。因此,君子不责备于人,要用人所长。用人如求完人,就无人可用了。人不能无过,用人要看大节,看主流。不能因小的过错掩人之大善。"以人之小恶,忘人之大善,此人主所以失天下也"(《淮南子·道应训》)。因小过掩人之善,就会失人,天下就不会有圣王贤相了。

贞观六年(633年),唐太宗和魏徵有过一次对话,对"知人善任"作了精辟阐述。太宗谓魏徵曰:"古人云,王者须为官择人,不可造次即用。朕今行一事,则为天下所观;出一言,则为天下所听。用得正人,为善者皆劝;误用恶人,不善者竞进。赏当其劳,无功者自退;罚当其罪,恶者戒惧。故知赏罚不可轻行,用人弥须慎择。"徵对曰:"知人之事,自古为难,故考绩黜陟,察其善恶。今欲求人,必须审访其行,若知其善,然后用之。设令此人不能济事,只是才力不及,不为大害。误用恶人,假令强干,为害极多。但乱世唯求其才,不顾其行。太平之时,必须才行俱兼始可任用。"这里唐太宗强调在选人用人问题上必须慎择,而魏徵在答话中着重论述了选人必须坚持"才""行"兼具的正确标准,用人的目的在于治事,因此选人的标准应该以治事任务的变化而有所不同，战争年代，任务在于克敌制胜，选人应侧重才能；和平时期，治事任务要复杂得多，不但要理财通货，还要掌管教化，因此不仅要注意才能，而且要注意操行，必须"才行俱兼，始可任用"。

四、不拘一格

古人在用才问题上，很注重全面地看人才。在他们看来，人无完人，金无足赤，如"尺之木必有节目，寸之玉必有瑕"。就连古代尧、舜、禹、汤、文、武等这样的圣王、大贤，也并非无过。《吕氏春秋》在论及此事时指出："以全举人固难，物之情也。人伤尧以不慈之名，舜以卑父之号，禹以贪位之意，汤、武以弑人之谋，五伯以侵夺之事。由此观之，物岂可全哉？"明朝政治家刘基认为："人非大圣，鲜有全才"，主张在选用人才上眼光和胸怀要远大一些。古人的上述主张，可以概括为"举大节，弃其小瑕，随其所能，试之以事，用人之大纲也"，即舍短求长，不拘一格，唯才是举，才尽其用。春秋时期政治家晏子在答齐景公问时说："任人之长，不强其短，任人之工，不强其拙。此任人之大略也。"《左传》记述子产从政的要领，将其概括为"择能而使之"。宋朝富弼认为："善任人者，必适其所用。善御物者，不强其不能。"朱元璋则将用人之道归结为"在于随才任使"。古人广辟人才，主张打破论资排辈，择优选拔人才。宋朝孙洙在《论资格》中尖锐地指出："今贤才之伏于下者，资格阂之也；职业之废于官者，资格牵之也；士之寡廉鲜耻者，争于资格也；民之困于政虐暴吏者，资格之人众也；万事之所以玩弊，百官之所以废弛，法制之所以颓烂决溃而不之救者，皆资格之失也。"明朝丘浚在谈到资格之害时，也指出"今日用人必循资格，而人才需选者，往往老于选调，而不得及时；及用之，大半衰老矣"，"衰老之人，布满天下"，"乱亡之兆也"。丘浚的论述，确实令人警醒。康熙也对吏部官员说:"国家政务必委任贤能……今在京各部满汉官员俱资俸升转,虽系见行之例,但才能出众者常以较量资俸超擢无期,此后遇有紧要缺员,着不论资俸将才能之员选择补用。"这些主张,开始打破论资排辈之先河,给古代封建的用人之道注入了新的生机。

五、人法兼治

选才育人,古人有重德和重功之争。儒家主张士人修身以成名,君主以名选用;法家主张循名责实,课群臣之能。在以什么方法选人用人上,儒家主张任用修行事学的文士;法家则主张从战士和下层官吏中选拔人才。儒家主张礼贤下士,举用贤能;法家主张用功劳衡量才能,依据用人法令选用人才。两种主张在长期的用人实战和相互争论中得到丰富发展和完善,互相取长补短,逐渐融为儒法兼治、恩威并施的人才管理理论。许多古代思想家认为,择人论功不以法,就会使臣属对君主离心,而结党营私,士人就会将精力用在交际方面,而不去学习有用的知识和本领。因此,君主要"以法察其言而求其实,以官任其身而保其功,专任法而不自举焉"(《管子·明法解》)。只有按照法令制度举人,实行试职和考绩,才能确定是否是真正的贤能,是否确有功绩。古人都强调对官吏要进行全面而经常的考核,做到大者缓,小者急;贵者舒,而贱者促。"考试(核)之法,合其爵禄,并其秩,积其日,陈其实,计功量罚,以多除少,以名定实,先内第之"(《春秋繁露·考功名》)。根据官吏的爵、禄、秩、功、罪,决定高下等级和进退黜陟,进行任、免、升、降。通过考核和奖惩,做到恩威并施,鼓励先进,鞭策落后,以防止人事方面的阿谀逢迎和贿赂等不良风气。

纵观我国古代选材育人的思想,我们可以做如下概括:

夏朝,"天下为家",世族相袭,重用贤勇。

商代,"克用三宅三俊"(三宅指宅事、宅牧、宅准,即官职;三俊指具备刚、柔、正直三德的人),量才用人。

西周,强调"秉心宣犹,考慎其相",即知人知心,不能以貌取人。

春秋时期,提出了人才的德行素质标准,强调人才必须"言忠信,行笃敬"。

战国时期,提倡尚贤使能,主张把那些不遵守礼仪法度的士大夫子孙降为庶民百姓,遵守礼仪贤能的庶民百姓升为士大夫;强调知行统一,认为一个贤能之人,不仅要知,而且要行,用实际行动证明自己的德行和能力。

秦代,在用人思想上以法家为主,特别是在初期,存在严重的尊法反儒的倾向,焚书坑儒就是一个典型的例证。后期,基本上是儒法兼容。

汉代,"礼贤下士",论功行赏,举士进贤,确立察举制度,实行"征召",直接从各地选拔人才;注重公车上书,发现人才,破格任用,不求全责备。东汉政权解体后,曹操主张"不官无功之臣,不赏不战之士",用人必须强调"姿质""志节""材器""品行"和"忠能"。诸葛亮认为,"治国之道,务在举贤",主张用人必须坚持唯贤。

魏晋时期,著名的《人物志》对人才气质和心理素养的分析、对不同类型人才适合担任的适当职务、对考察鉴别人才的"八观""五视"法、对人才的知人善任及需避免的偏向,都提出了许多精辟的、独到的见解。

隋代,始创科举制度,诏举贤良。

唐代,是科举制度发展、完善、成熟时期。唐代的科举制度,旨在选拔"非常之才"。武则天时期,科举考试又扩大到武举科,由兵部主持,规定"得试之法,如举人之制。取其躯干雄伟,应对详明,有骁勇材艺及可为统帅者"。

宋代，科举制度更加完善、严密。在扩大应试者范围，增加录取人数，简化录取程序，增加考试的等级，限定主考官的权力及考试规则等方面，完全走上了规范化、制度化的成熟阶段。王安石担任宰相后，主张兴办学校，培养人才。他改革科举考试制度，另立明法科，考试律令、断案，培养和选拔经世致用人才。王安石还加强官员的管理，实行考绩，责以职事，纠正浮华不实之风，严加督责，奖优罚劣，改善吏治。

元代，沿袭宋制，实施"汉法"，基本没有多大建树。

明代，改革科举考试方式和内容，强调对应试者，要"察之言行以观其德，考之经术以观其业，试之书算骑射以观其能，策之经史时务以观其政事"，"但求实效，不尚盛文"。

清代，强调用人必须讲素质，包括德行、才能和学问。认为"做官之要莫过于公正清廉"。主张"天下兴亡，匹夫有责"，强调人人要"经世致用"。晚清时期，封建社会日益衰落，资本主义萌芽开始发展，八股取士的科举制度严重阻碍了人才的成长和选拔，遭到社会的普遍批评，萌生了民主的人才思想。率先提出"人才师夷"，主张"中学为体、西学为用"。1905年科举制度的废除，标志着封建官吏制度及其理论退出历史舞台。

各个朝代的思想家和政治家虽然都认识到人才的重要性，但不同阶层的思想家和政治家选材育人思想存在一定的差异。学者们从这一点出发，按照历史发展的顺序，找出了各个阶段的特点。

春秋战国时期的大思想家们充分认识到人才在兴国安邦方面的巨大作用，因而纷纷呼吁执政者要善于发现和使用人才[1]。但各学派关于人才的具体主张略有不同：孔子非常重视人才的教育培养；孟子站在统治者立场上提出要尊重人才、重用人才；墨子

---

[1] 刘丽，2010.

则站在下层民众的立场上，呼吁统治者要任人唯贤。汉唐时期，在人才选拔方面，把笼统的"贤"具体为"德""才"或"德才兼备"。在人才使用上，开始注重对人才的了解更全面，使用更为科学。宋代既继承了前人的思想，又有所创新，如王安石的人才使用和管理思想、司马光的德才关系论等。由此可见，不同历史时期，不同社会阶级的人才思想观是不同的，各自为本阶级服务，并且由于历史的局限性，在某些方面有失偏颇。

我们可以看出，中华五千年的文明史蕴涵着丰富的人才选拔思想，我们应该加以潜心研究、系统梳理，总结和归纳我国传统文化中关于人才的选拔、考察、使用诸多方面的丰富思想、方法和经验，发掘并整理其人才选拔与任用的思想和精华，在唯物史观的视角下加以借鉴和吸收，以提升、完善现代社会人才选拔制度。

第三节 人才发展的制度设计

选官制度是古代主要的识人用人制度，是国家或政权正常运行的重要支撑。为政之要，唯在得人。组织部门作为党委的重要工作部门，肩负着选人用人的重要职责。进一步提高知人善任能力，建立健全选任制度，充分发挥人才作用，其重要性不言而喻。作为我国最主要的识人用人制度，选官制度在历朝历代都扮演着重要的角色。通常学者们研究的历史时期是从西周到清朝，并把这些选官制度进行了较为系统的分类。

我国古代的选官制度，经历了一个从低级到高级不断完善的发展过程。不少学者非常重视对这一过程进行分期研究。通过邵介文（1989）、黄留珠（1988）等学者对于研究现状的述评，我们得出一种颇具代表性的观点，我国古代选官制度的发展分作三个时代九个阶段。世官制时代（约前21世纪~前221年）：第一阶段，世官制初期（夏、商）；第二阶段，世官制发展、鼎盛期

（西周）；第三阶段，世官制衰落期（春秋战国时期）。察举制时代（前221～581年）：第一阶段，察举制产生（秦、西汉前期）；第二阶段，察举制（西汉后期、东汉）；第三阶段，九品中正制时期（魏晋南北朝）。科举制时代（581～1904年）：第一阶段，科举制初创期（隋、唐、五代）；第二阶段，科举制发展期（两宋、元）；第三阶段，科举制成熟、衰亡期（明、清）。

除此之外，其他学者也按照不同标准对选官制度的发展阶段进行了分类。

我国古代人才选拔制度经历了"天下为公，选贤与能"时期、"家天下"和"察举取仕"时期、"科举取仕"时期这样三个各具特色又互相联系、前后相继的阶段❶，应当认真研究和总结古代人才选拔和使用方面的经验教训，这对于当今我国识人用人制度的发展具有重要的现实意义。

我国各阶段人才选拔制度和选官制度，可以这样分类：先秦时期的"选士、养士制"、两汉时期的"察举制"、魏晋南北朝时的"九品中正制"、隋唐和后期的"科举制"❷。

我们还可以从人才选拔制度与教育的关系入手，将我国的选官制度划分为荐举选才、科举选才和高考选才三大阶段❸。

我国历代识人用人制度还可以分为荐举选才阶段与科举选才阶段❹。

一、荐举选才制度

荐举选才，是一个国家在一定历史时期内实行的以推荐、察举为主要特征的人才选拔制度。西周时期的人才选拔、春秋战国

---

❶ 张国玲，1998.
❷ 薛林军、马晓霞，2009.
❸ 翟居怀，2008.
❹ 邓中平，2007.

时期的养士制度、汉代的察举制度、魏晋南北朝时期的九品中正制，均以学校教育为基础，把察良举士作为主要选拔形式，在此基础上，经过层层推荐，选拔官吏人才。

（一）原始社会时期的选举贤能制度

人才的选拔是为政之源。早在原始社会时期，人才的选拔就早已经存在。当时，推选氏族首领的条件就是贤与能。贤，即品德优良；能，即才能出众。《礼记·礼运》记载，上古大同社会"天下为公，选贤与能，讲信修睦。故人不独亲其亲，不独子其子"，人才的推荐与选拔标准是品德、才识、胆略、业绩。原始社会末期，被推举为联盟首领的人，除了才能出众，道德高尚也是被考虑的重要因素。如大禹"为人敏给克勤；其德不违，其仁可亲，其言可信"。这种带有原始民主色彩的人才选拔制度在氏族社会曾长期存在，与当时落后的社会生产力相适应。

原始社会用人重德重才，事实证明是正确的和必需的。因为只有这样的人才能胜任重要的社会管理工作，不负众望，才有"帝尧之世，天下大和，百姓无事"的景象。远古时选人用人虽无成文定则，但也是颇为严格认真的。据《史记·五帝本纪》载："舜年二十以孝闻。三十而帝问可用者，四岳咸荐虞舜，曰可。于是尧乃以二女妻舜以观其内，使九男与处以观其外。"经过反复考验，尧才让位于舜。舜亦用同样的方式推选并考验（治水），才以禹为继承人。禹继位后，又曾举皋陶为继承人，是为禅让。

原始社会民主推选氏族和部落首领，尧、舜、禹的禅让，都是与原始公有制相伴生的出于为公的动机，使有德能才识的人才得到重用，防止无才无德的人执掌"领导权"。民主推荐的意义不仅在于优秀人才的启用，而且有助于对氏族、部落首领的监督和约束。

而到了原始社会末期，势力、实力（武力）在首领更迭中的作用都表明公共权力与人民大众的分离，且管理集团内部臣服关系亦渐趋明朗化，终于导致下述结果："家天下"代替了"天下为公"，"世袭制"代替了"禅让制"。❶

（二）夏商周时期的世卿世禄制度

夏朝的建立，标志着国家的形成。从此，我国历史进入了阶级社会。夏商周时期，是我国奴隶社会从产生到繁荣的时期。此期间，官吏的选拔制度主要有兴办官学选官制、贡士制和世卿世禄制度等，但主要是世卿世禄制度。《礼记·礼运》指出：这一时期"天下为家，各亲其亲，各子其子"，这一时期官职主要是在家族内部世袭，实行世卿世禄的世袭制度。夏商两代，以父死子继和兄终弟及的方式进行人才选拔。西周时期，该制度与分封制紧密联系。通过层层分封，西周形成天子有天下、诸侯有国、大夫有邑的环形格局。无论王室还是各级贵族都是凭借宗法和血统世代继承高官厚禄，这种世代相袭的制度被认为是符合"礼"的，是天经地义的。这种通过血缘来选拔人才的制度，虽然在一定程度上维护了统治阶级的利益。但是，这种选官制度不可能得到真正的有用之才，也不利于社会的有效管理，因而颇受后人诟病，最终退出了历史的舞台。

西周的学校教育、人才选拔、官吏任用三个环节是紧密联系在一起的。西周时期的学校按教育对象的身份等级划分为国学和乡学。国学分为大学和小学阶段。人才选拔的前提条件是要取得大学入学资格。有资格进入国学中的大学学习的人有两类：一类是具有"世卿世禄"特权的贵族子弟，另一类是乡学中经过乡试荐举的俊秀之士。乡学实行定期考查和推荐俊秀人才的制度，由乡大夫根据其德行道艺的标准进行考查和推荐，被乡荐举的人升入国学中的大学学习。上述两类人进入大学后，期限达九年，分

---

❶ 张国玲. 我国古代人才选拔制度述评［J］. 济宁师专学报，1998（2）：94.

为小成和大成阶段。每隔一年进行考查，小成阶段（七年）学生能够达到"离经辨志""敬业乐群""博习亲师""论学取友"，然后进入大成阶段（二年），能够达到"知类通达，强立而不反"，才算学业有成。在此基础上，再由主管大学教学的大乐正主持新一轮的选士，入选的名单再向上报，经审核德行才能后，方确定提拔任用。可以看出，这种选才制度以推荐选拔为中介，以从政为官为直接目标，人才的选拔与学校的考查紧密结合。国家选拔了俊秀之才，一定程度上也促进了学校教育的发展。

（三）春秋战国时期的养士制度

公元前 770~221 年，是我国历史上的东周时期，也就是春秋战国时期。这是一个历史大变革的时代。这一时期，铁制工具开始大规模使用，社会生产力得以极大提高，生产关系亟须变革。经济基础的变动，导致旧的上层建筑开始崩溃，社会政治、思想、文化也呈多元化的变化趋势。是时，出现了"官学衰落，私学兴起"的局面。私学的兴起，冲破了"天子命之教，然后为学"的旧传统，使学校从王宫官府中解放出来，扩大了教育对象。随着官学的衰落和私学的兴起，养士之风盛行。士演化成为一个社会阶层，地位不断提高，影响日益扩大。部分雄心勃勃的诸侯国君为了壮大自己的势力在争霸战争中称雄，逐步认识到人才的重要性，于是广泛纳士，纷纷争相养士，公室和私门也为争士而斗争。养士为当时社会造就了一大批杰出人才，推动了私学教育的产生和发展，促进了学术思想的繁荣，为战国时期的百家争鸣创造了条件。然而，"随着学校教育与科举考试制度的日益联系，从表面上看似乎是学校教育得到了较大的发展，实质上则是学校教育日益沦为封建统治阶级的思想教化工具"❶。

---

❶ 薛林军．我国古代选官制度的变革及其对教育的影响［J］．山西高等学校社会科学学报，2009（7）：125．

各诸侯国主要通过礼贤礼士、养士、奖励军功等方式选拔人才。养士即豢养人才，当时著名的四君子赵国平原君、楚国春申君、齐国孟尝君和魏国信陵君仁义忠厚，礼贤下士，门客众多，养士蔚然成风。人才在这一时期颇受器重，进而出现了人才济济的局面。礼贤礼士方面最出色的当属秦国：秦孝公时，任用商鞅变法，使秦国一跃为虎狼之国，六国生畏；惠王时用张仪；昭王时用范雎；至秦王嬴政时广用天下人才，终于"六国毕，四海一"。春秋战国的历史因此而变得光丽多彩，涌现了一大批闪耀千古的政治家、思想家、教育家和军事家，呈现出前所未有的"百花齐放、百家争鸣"局面。春秋战国的历史生动地表明：经济发展促进社会变革，社会变革呼唤有用之才，有用之才推动社会变革的不断深化。

(四) 汉代的察举制度

两汉时期，官吏的选拔方式主要是察举制和征辟制。西汉初年，为恢复和发展生产，巩固统治，汉高祖刘邦首创察举制；至汉武帝时，察举制度基本上定型。察举制是指地方官吏经过考察，将能者、贤者举荐给朝廷，朝廷经过一定的方式考核任用或直接任用。

汉王朝建立后，在汉高祖十一年（前196年）开始实行选举取士制度。这种制度起初是一种补充官员的用人制度，包括皇帝征召、私人荐举等多种方式，但以制度化的形式延续下来的是察举制度。察举是由地方官以"孝悌""廉正"的标准察访并荐举。其大体上分为两类：一类是常科，即每年由州郡长官按规定的名额、标准向朝廷推荐人才。最主要的科目是孝廉科，各郡每年按人口比例荐举孝廉，孝廉的标准则是"为人立身以孝为本，任官从政以廉为基"。另一类为特科，是皇帝根据需要临时指定选士标准和名目。其科目开设随心所欲，最主要的、最制度化的科目是贤良方正，另外还有明经、阴阳灾异、武猛兵法等。察举制实施之初，能够体现选贤任能的原则，同时，极大地促进了讲习儒经的社会风气形成和教育的发展。察举的前提是主管官员的推荐，在推荐中却无客观的人才考量标准。要引起官员的注意，声望是很重要的，于是士人便沽名钓誉、攀附权贵、贿赂请托，士风日下，察举不实。自汉顺帝阳嘉元年（132 年）左雄改制起，增加了考试，儒生考儒家经典，文吏考奏章律令。自此，察举制由推荐发展为推荐与考试相结合，为选士制度的进一步完善探索了新路。在汉代，开始出现学校制度与选举制度并存的情况，学校成为选举官僚人才的辅助机构。

察举征辟制度作为两汉时期选拔官吏的主要制度，一定程度上选拔了大量有用之才，推动了两汉社会经济的发展，在某种程度上可以说是汉王朝得以维系四百多年的重要因素。察举征辟制度协调了统治阶级内部的权力划分，奠定了以后历代平民参政的基础，部分满足了中下层地主阶级分子参政议政的愿望，对于社会的稳定和政权的巩固，无疑具有较大的意义。正因为如此，两汉时期才有文景之治、汉武帝的强盛和光武中兴。因此，这种选拔制度，较之于奴隶社会的世卿世禄制度，具有巨大的进步意义。

（五）魏晋南北朝时期的九品中正制

魏晋南北朝时期是我国历史上的一个分裂时代，长达四百年时间。较之于大一统的两汉，期间南北对峙，政权林立，割据称雄。这一时期，选官制度主要是九品中正制度。

九品中正制源于东汉末年曹操"唯才是举"的思想。九品中正制度始于魏文帝皇初元年（220 年），其具体做法是由中央（吏部）直接派人到州或郡做大小中正官，实行四级推荐选拔、审核的办法选拔人才。州设大中正，郡设小中正，郡小中正把管辖区域内的知名人士，按其德行、才能分为九等，上报州大中正，大中正核实后，上报司徒审核，最后再上报给吏部，由吏部的尚书最后审查，审查后按品位高低作为委任大小官吏的备用人选。中正官品评主要内容包括家世、状和品三项。家世即指人的血统关系、父族辈的官位等；状就是指品评人物的道德和才能；品就是中正官根据家世和状给出的品级。

九品中正制在实施的初期起了一定的作用。这一制度重品德而不重家世，缓解了东汉后期以来地方豪门主宰人才选拔的局面，在一定程度上打击了浮华虚假之风。尤其是中央加强了对选举大权的控制，在朝廷吏部和各地之间形成一个相对独立的选举网络，使得选举工作步入专门化轨道。这一方面有利于增强品评工作的集中性和专业性，另一方面有利于避免他人对选举事务的干预。同时，由于中正官位高权重，使得品评具有较大的权威性，这样便在一定程度上扭转了东汉以来的那种"位成于私门，名定于横巷"的失控局面。由于建构了一套较为完备的选官制度，从而使封建国家能够得到一些有用之才，在较大程度上维护了社会的稳定，巩固了封建统治。然而，随着时间的推移，九品中正制的消极因素也在不断增长，流弊丛生，主要有以下几个方面。一是重家世，不论贤愚。魏晋之际，世家大族的势力日益膨胀，政治昏暗腐朽，中正官几乎全被朝廷的士族高官所垄断。由于制度设置的欠缺，担任考察职责的中正官吏大都来自于名门贵族，他们在确定等级时，缺乏相应的监督机制，把持选举，徇私枉法，往往"唯能知其阀阅，非复辨其贤愚"。所以，该制度后来日益沦为门阀阶层控制人才选拔，进而掌控官僚阶层的政治工具，最终形成"上品无寒门，下品无士族"的景象。清人赵翼对此激烈地批评："所谓上品无寒门，下品无士族，高门华阀，有世及之荣；庶姓寒人，无寸进之路，选举之弊，至此而极。"❶ 二是强调以德行为先，致使一些才华出众的人士因私德有瑕而终身

---

❶ 房列曙. 我国历史上的选官制度［M］. 北京：人民出版社，2005：119.

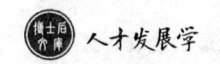

不用。如《三国志》作者陈寿，学富五车，因遭受贬议而废弃终身。

不难发现，九品中正制实质是大地主阶级内部分配政治权力的一种办法，是士族占统治势力社会条件下的产物，它反过来成了进一步巩固门阀士族势力的工具。因其选拔特别重视血统门第而忽略德才，从而造成学校教育的废弛。

总之，从魏末到西晋，九品中正制很快蜕变为一种既抛弃才学标准，又背离德行标准，而仅按门第高低选官的选官制度。这种制度成为门阀士族把持仕途的工具，使得寒门阶层和士族阶层对立，社会矛盾尖锐。此外，这一选拔制度使得"世家大族操纵地方政权，独霸一方，也不利于中央集权"。

二、科举选才制度

所谓科举，就是选才不经过推荐，而由中央政府或皇帝亲自进行（分科）考试、录取人才的选拔办法。到了唐代，正式完成从"九品中正制"到科举制的过渡，全面推行科举选才制度。

科举制度跨度上千年，是我国历史上最为重要的选官制度。这种选官制度发源于隋朝，充分发展于唐朝，完善于宋代，而于明清时期走向衰落，于1905年被废止。

1. 隋朝的科举制度

我国以考试为主的人才选拔制度，起源于隋炀帝大业三年（607年）。隋文帝统一全国后，废除了维护士族特权的"九品中正制"，开始实行科举制度，沉重打击了门阀势力，士族制度逐渐崩溃。

隋文帝为打击强大的地方士族势力，强化中央集权，巩固统治，于598年和603年两次面向社会分科选拔人才，意味着一种全新的选官制度，即科举制的萌芽。"隋炀帝于大业年间增设进士科目选官，标志着科举制度的正式形成"。❶隋朝科举取士的科目有秀才科、进士科、明经科、俊士科，其中以秀才科地位最高，隋朝二世秀才科仅十余人。由于隋朝历史较短，科举制度在隋朝还带有明显的察举制烙印，只是创建了一种新型选官制度的雏形，还不是很完善。但它开创了我国封建社会后半期的官吏选拔的主要方式，具有非常重要的历史意义。

2. 唐代的科举制度

唐代的科举制是一套比较完整的选官制度，包括常科和制科两大类。常科一般一年一次，分为解试和省试两种级别。参加科举的人员有两类，一是生徒，即从中央"六学""二馆"和地方上的州县学校，挑选成绩优秀者；二是"乡贡"，即地方上的知识分子经县考选和州复核合格者。科举考试分为三级，分别为乡试—省试—吏部试。通过乡试者和生徒被送到吏部，这种考试称为省试；通过考试，公开竞争，在省试中被录取的人，再参加吏部主持的考试，这种考试称为吏部试，也称铨选。吏部铨选考试包括"书、判、身、言"，四项合格者才被任命为官。解试是地方官吏或国子监官吏组织乡贡和生徒定期举行的人才选拔考试。省试则是全国的统一考试，最初由三省之一的尚书省主持举行，后又改为礼部。常科的科目有秀才、明经、进士、俊士、明法、明字、明算等五十多种。其中，明法、明算、明字等科，不为人重视；俊士等科不经常举行；秀才一科在唐初要求很高，后来渐废。所以，明经、进士两科便成为唐代常科的主要科目。进士科最初内容包括贴经、杂文、策文，考试难度大，但考中进士最为荣耀，有的人官至宰相，"不为进士出身，终不为美"。晚唐进士科目加入诗赋，且为第一考试内容，这在一定程度上推动了唐诗

---

❶ 郭智强. 我国古代选人用人制度的变迁和启示 [J]. 党建研究，2009 (6)：58.

的发展,丰富了中华传统文化。制科即皇帝亲任考官,选拔具有专才之人,为封建国家、为皇帝效力。唐代制科的科目见于记载的就有百种,如博学宏词科、文经邦国科、达于教化科、可以理人科等。参加制科的人不仅有白身,也包括有出身和官职的人。应试者可以由他人举荐,也可自荐。开元以后,全国参加制科的人"多则两千,少犹不减千人",所以"所收百才有一"。考试以策论为主,也考经史和诗赋。录取后"文策高者,特赐与美官,其次与出身"。制举以开元时期为最盛,唐文宗以后就很少举行了。武则天主政时,曾首创了由皇帝主持复核进士资格的殿试和取武将的武科举。但是,二者在唐代并未成为定例。

唐代的科举制度承前启后,具有巨大的历史意义。一方面,就中央与地方的关系而言,极大地打击了封建士族地主的政治势力,进一步削弱了地方豪强势力,从而使封建官吏的选拔和任用权收归中央,大大加强了中央集权,改变了自秦汉以来以荐举为主的官吏选拔制度,是历史的一个巨大进步。另一方面,通过科举考试制度,大唐王朝向整个地主阶层大开了仕途之门,这有利于笼络人才,缓和阶级矛盾,扩大了统治阶级的政治基础。此外,科举制度把读书、考试和做官紧密联系起来,从而提高了官吏的文化素质,推动了大唐时代教育和科技文化的大力发展。

3. 宋辽金元时期的科举制度

宋辽金元时期基本上沿用唐朝的办法,但也有各自的特点。选拔侧重点有所变化,但本质上没有脱离出科举选拔的范畴,只是在科举规模、考试科目、考试内容等方面不断改革。宋代的改革有以下几个方面:一是确定殿试制度,皇帝直接参与;二是定制考试周期,确定为三年一次;三是制定一系列的防范考试作弊措施,包括设置"别头试",限制考官权力。辽金时期对科举制度极不重视,只是为汉人所设,成为笼络汉族知识分子的一种手段。元代科举制度承袭宋代,其中改革新创的措施有:一是定制各类考试。明确规定乡试、省试都各考三场,每场之间相隔三日,确定乡试、省试的具体日期。二是明确考试范围。出题范围是《大学》《中庸》《论语》《孟子》,答题范围是朱熹的《四书章句集注》。

4. 明朝的科举制度

明清科举基本上沿袭唐宋旧制,比过去更为重视,考试制度和办法也更为完善和复杂。明朝初年,官吏选拔的主要方式是荐举制度。后来,"为强化中央集权制度,明太祖正式确立科举制度,与荐举制度一起并用选拔人才"[1]。到明成祖时期,专以科举制度一制选拔官吏。明代对科举制度的完善主要有以下几个方面:第一,确定"三年大比"制度。洪武十七年(1384年)正式规定"三年大比"制度,规定了定期考试的时间和类型,包括"秋闱"和"春闱"。第二,考试过程改为四个阶段。明代科举考试,在保留宋代乡试、会试、殿试三个步骤的基础上,又增加了童生试。所谓童生试,就是明清两代取得生员(秀才)资格的入学考试,简称童试,也称小考、小试。应考者无论年纪大小,均称童生,或称儒童、文童。童生试包括县试、府试和院试三阶段,其中院试是各省学政主持的考试,因为学政又称提督学院,故名院试。三年内举行两次考试,即岁考和科考。考上者就称为生员(秀才),送到省里去参加乡试。第三,确定八股取士的考试形式。明代规定考试的答卷必须用八股文体。每篇文章由"破题""承题""起讲""入手""起股""中股""后股""束股"八部分构成。

5. 清代的科举制度

清代的人才选拔方式主要是科举制度,它是由顺治皇帝正式

---

[1] 黄留珠. 我国古代选官制度纵横谈[J]. 西北大学学报(哲社版),1988(3):33.

确立的。清代，科举考试科目分为常科、制科和翻译科三种。常科取士，分文、武两类，以文为主。清代的科举制度承袭明代，有两点不同：一是考试科目上，增设了制科和翻译科。制科是为了笼络汉族知识分子和明末遗老而设，如"博学鸿词科""经济特科""孝廉方正科"等，这种考试没有一定的程序，也没有一定的日期。翻译科则是专门为满蒙子弟设的科目，是对满蒙子弟特殊照顾的一种考试制度。二是考试的手续更加严格，对作弊的防范措施更为严密和制度化。这也使得科举作为一种重要的人才选拔制度，更具有一定的客观标准。

三、选官制度借鉴

我国学者对学习借鉴古代选官制度提出了建议。胡树华、徐宏彬（2003）将研究重点主要放在了我国历代人才制度对于当今制度改革的启示。通过察举制、九品中正制和科举制等一系列制度的分析，总结了我国人才制度的形成过程。同时，还指出了我国当前识人用人制度上存在"少数人选人和少数人中选人""干部能上不能下""学而优则仕""听话方可信赖的人才观"等诸多弊端。最后提出建立民主、公开、竞争的识人用人制度迫在眉睫。王非凡、王勇（2010）在我国古代选官制度发展史的基础上，对现代选官制度的借鉴意义做了分析。他们认为，第一，选拔过程应该严格、透明；第二，确保考试的公平、公正。左建伟（2011）认为，古代识人用人制度对当今影响最大的就是公务员考试。就形式上来说公务员考试既是对科举制度的一种继承，也是对古代人才选拔制度的一种发展。并指出了公务员考试中存在的问题：录用缺乏明确、统一的标准；公务员选拔制度中明显存在双重标准；我国的人才选拔过程还远未公开化、透明化。同样，李玉娟（2006）就古代选官制度对公务员考录的启示做了分析，从考录规定、考试形式与内容的统一性和规范性、考试资格认定标准和获取权利三个层面来分析选官制度对公务员考试的借鉴意义。

选官制度不仅影响社会、政治的稳定，政府的行政效率，而且与人民的政治生活权利息息相关。当前我国的选官制度还需要进一步完善，针对此现象，学术界均借鉴古代历代的选官制度，认为古为今用，创建一种合理的选官制度是利国利民之举。

从古代识人用人制度的历史变迁得出对当今人才发展的启示：

（一）重视公开考试、平等竞争、择优录取官员

从世袭制到科举制这一变迁历程，包含了公开考试、平等竞争、择优录取这一官员考录制度的探索过程，目的是通过考试选拔优秀人才以确保官员的素质能适应复杂的工作。古代科举制度，有人70岁考上的，也有像苏轼当年年龄不大就考上的，但是绝对没有人质疑考取功名者的年龄。这一点特别值得如今普遍质疑年轻干部的年龄现象思考。

（二）实行任官回避和任期制等制度

作为回避制度的开端，汉代规定：官员不得在原籍做官，有姻亲关系者不得互相监临，兄弟子侄和姻亲关系者不得在同一部门或地区任职。此后，回避制度不但回避原籍、亲属，而且回避师生、同乡、寄籍等。宋代有避亲法、避嫌法、避籍法，并对回避的范围和内容作了比较细致而严格的规定。清代规定：官员不得在原籍五百里以内任官，有血缘关系和亲缘关系者不得在同一部门或者有直接隶属关系的部门、互为监察的部门任职等。在汉代以前，官员基本是"常任制"。而魏晋南北朝实行九品中正制选官带来了官员任期制的产生，因为官员三年评一次等级，随着等级的变更，官职也随之发生改变。此后，虽然官员的任期不同，但任期制和相应的考绩制遂成定制。

（三）注重任官见习（试职）制度的探索

明代是科举制的鼎盛时期，其中最为重要的就是观政进士制

度和庶吉士制度。观政进士制度是科举殿试后，除一甲三名进士分别授予翰林院官职外，二甲、三甲没有经过世事磨炼、不谙政体的新科进士先到各衙门锻炼、熟悉政务，之后根据表现再分别授以实职。庶吉士制度，即二甲、三甲进士参加翰林院"馆选"考试被选中者称为"庶吉士"，庶吉士须在馆学习三年，散馆后就是翰林，成绩优异者留在翰林院做编修、检讨，次一等者派出为御史等官职。这在很大程度上弥补了科举选官的不足。明代还创设了监生历事制度，其核心是从中央官学国子监中选取生员到政府各个部门实习（历事），经过考核，确实具备从政能力者直接委以官职。监生历事的时间长短不等，有三月、一年、三年。

（四）严格官员功绩考核及晋升

在我国传统文官制度中，考绩也被称为考课。西周时代的官员考绩主要通过"国君巡行""上计"（地方官吏于岁末年终将一年的政绩汇报给国君或上级官员）、"使者察访"三种形式来完成，并以此结果作为奖惩官员的依据。从战国到隋唐，"上计"成为考课奖惩官员的主要依据。唐代吏部专设考功司，并制定了"四善二十七最"的考核标准，包括官员的德行、清廉、公平、恪勤职守以及不同岗位职责的履职情况等。明代的考绩分为"考满"和"考察"两种，前者对官员任职以来的情况分称职、平常、不称职三等给予全面考查，后者又称"大计"，考核内容包括贪、酷、浮躁、不及、老、病、罢、不谨等项目。清代考核京官为"京察"，考核外官为"大计"，并有与考核结果相对应的奖惩措施及细则。

我国古代的选人用人制度还规定了比较严格的监察和廉政制度、薪酬制度、升任制度等，从而在一定程度上保证了文官制度的正常运行。这对当代人才发展有着很好的借鉴意义。

参考文献

[1] 张国玲. 我国古代人才选拔制度述评 [J]. 济宁师专学报, 1998 (2): 94.

[2] 薛林军. 我国古代选官制度的变革及其对教育的影响 [J]. 山西高等学校社会科学学报, 2009 (7): 125.

[3] 房列曙. 我国历史上的选官制度 [M]. 北京: 人民出版社, 2005: 119.

[4] 郭智强. 我国古代选人用人制度的变迁和启示 [J]. 党建研究, 2009 (6): 58.

[5] 黄留珠. 我国古代选官制度纵横谈 [J]. 西北大学学报 (哲社版), 1988 (3): 33.

第四章
人才发展的西方理论

古代中华文明领先于世，工业革命却在西方发生，致使近代西方后来居上，这是为什么？在国内人才发展理论研究的基础上，西方发达国家的人才发展理论对我国人才发展具有重要的借鉴价值。西方现代的企业家理论、人力资源管理理论、人力资本理论、创新理论第一系列人才发展理论，结合我国人才发展战略和党中央的要求，可以在人才的培养选拔、竞聘任职、激励保护和监督约束等方面对人才发展给予理论指导。

人才是中国特有的专业术语，由中国首创。中国强调"人才"概念，是由强调中央权威的全能政府管理模式决定的。由于国家负有对全体国民的更多管理和开发责任，为了社会发展需要，国家也需要对全体国民中的优秀人才进行统一开发和资源调配，以更好地为社会发展服务。与中国人才思想不同，西方的人才主要指天才和与众不同的能人。美国"数字化之父"尼古拉斯·尼葛洛庞蒂认为，"人才不是那些学多少知识的人，而是那些能承担风险，能不循规蹈矩地做事情的人"。因此，学习和借鉴西方关于人才发展研究的最新成果，对我国人才发展方面，甚至提高整个民族的综合素质具有重要意义。

第一节 企业家理论

一、企业家理论的发展脉络

企业家理论是西方人才发展理论重要组成部分，对我国人才发展有着重要的借鉴价值。

18世纪中叶，法国经济学家理查德·坎梯龙（Richard Cantillon，1775）首先把"企业家"用语引入经济学理论。19世纪初，法国经济学家萨伊（Say，1803）在《政治经济学问答录》中指出企业家概念包括"企业家职能"和"企业家精神"两项内涵。"企业家职能"是将劳动、资本及土地等生产要素组合起来进行生产；"企业家精神"则是指一个企业家应具有判断能力，坚韧不拔的意志，掌握监督、指挥和管理的技巧以及丰富的工商业和社会知识。[1] 由此，我们可以看到"企业家"俨然已经成为人才发展的一个样本和最终目标。

（一）马歇尔的企业家理论

19世纪末，英国经济学家马歇尔（Marshall，1890）用"Un-

---

[1] 高良谋，郑萍. 企业家理论的困惑 [J]. 学习与探索，1997（4）：18.

dertaker"（项目承办人）一词来指称承担一定风险的企业家，强调企业家的管理和监督职能剩余其创新职能。他认为企业家的作用就是在潜在的生产要素和潜在的消费者之间架设桥梁。无论是谁，只有通过承担风险，才能懂得努力创新和提升自我能力，从而开拓空间获得发展。同时，他也认识到企业家作用的发挥需要企业的组织化，只有从企业的组织结构中才能真正理解企业家作用的本质。正因如此，拥有敏锐的洞察力，并放眼整个经济社会生活搜寻可融入的资源背景，说服和劝诱资本提供者同自己合作，这些也就成为普通人踏入"人才"领域首要的和最基本的才能。

（二）熊彼特的企业家理论

在广阔的人才市场中如何脱颖而出，熊彼特给了我们最好的答案。熊彼特认为，经济发展是经济体系内部力量作用的结果，这种力量就是企业家的创新行为。人为了追求利益目标实现新组合，从而打破了均衡状态，随着众多追随者和模仿者接踵而来，互相竞争的结果是使获得利润的机会逐渐丧失，从而再度恢复到均衡状态。❶ 这样，实现新组合的人作为打破均衡的创造性破坏者，也就成了超然于人才市场之上而存在了。用他的话说，这是一个"创造性破坏"的过程。所以，造就人才发展的因素不是推动经济市场的发展，而是打破经济市场的均衡，其间的活性因子就是创新思维。

（三）奈特的企业家理论

奈特在研究企业家理论时已经明确说明一个人可以通过三种途径成为企业家：①他拥有可以保证支付各种生产要素的合同收入的能力，这就是业主式企业家；②他不具有充分的保证能力，需要说服他人与自己共同保证支付合同收入的能力，这就是合伙

---

❶ ［美］熊彼特. 经济发展理论［M］. 何畏等译. 北京：商务印书馆，1990.

式企业家；③发起人在组织中发现了他的才能，把他置于企业家的位置，这就是公司式企业家。假定每个人都能对自己的能力做出判断，但对他人的能力无法做出判断。在这种情况下，只要得不到确实的支付保证，就难以把自己拥有的生产要素授予他人分配。也就是说，如果一个人不能保证支付各种生产要素的合同收入，那么他就不可能成为企业家。这对人才发展途径的形成同样具有借鉴意义，拥有足够支出的资源、良好的人际交往与合作能力，当然更为重要的是是否幸运地遇到一位"伯乐"懂得知人善任。

（四）柯兹纳的企业家理论

柯兹纳认为企业家的作用在于发现对交易双方都有利的交易机会，并作为中间人参与其间，发挥推动市场过程的作用。市场过程具有竞争性，在不均衡状态下竞争与市场过程是不可分的，市场过程本来就是竞争过程。而人只有在具有竞争性的市场过程中，其潜能才能明显地表现出来。当然，信息不完全也会造成参与市场活动的行为主体之间交易条件不协调，同时也可能将有关供给与需求的真实信息逐渐显示出来，结果导致资源配置不完善无法真正发挥人才的作用。所以，及时发现在投入与产出的相对关系中潜在的更有价值的机会，并充分利用这一机会将成为人具有突破性发展的不可忽视的刺激因素。

（五）卡森的企业家理论

卡森借鉴心理学、社会学等社会学科对企业行为进行分析，认为企业家在搜寻信息方面比较有优势，表现在两个方面：一是问题的识别方面；二是企业家能从较多的来源中获得较准的信息，从而做出较好的决策，表现出比较高的绩效。根据卡森的理论，应意识到对当代人才更为严格的要求——成为专门就稀缺资源的协调做出判断性决策的人。所谓判断性决策，是指在不确定条件下，依据所掌握的公开信息，按照既定的决策规则和程序所做出的决策,这种决策职能在具体环境中体现出来,它能够改善在不确定环境中做出决策的质量。❶ 作为发展性人才不仅要做出长期决策,还要考虑利益相关者在这种不确定环境中的反应。卡森将企业家的功能重新界定为创新功能、套利功能和制造市场功能。创新和套利功能指企业家在两个对立的资源所有者之间发现获利机会并且采取行动获取利息。❷ 制造市场功能是指企业家凭其个人积极性使得市场保持灵活性。那么,根据卡森的理论,一个人如果在创造和套利活动中保持乐观态度,对自己的决策充满信心,也就能更容易造成一种主观的进入壁垒,获得一种垄断机会,从而通过自我积极进取等自我内化的态度改变市场制度安排,或者削弱经济社会压力,促进自我长远发展。

(六)哈佛大学的企业家理论

哈佛大学商学院专门对企业人才进行研究,提出企业界所渴求的人才,应该具备素质的建议:

(1)反应能力。思路敏捷是处理事情成功必备的要素,一个能将事务处理成功的人必须反应敏捷。一件事情的处理往往需要洞察先机,在时机的掌握上必须快人一步,如此才能促使事情成功,因为时机一过就无法挽回。

(2)谈吐应对。谈吐应对可以反映出一个人的学识和修养。好的知识和修养,需要经过长时间的磨炼和不间断的自我充实,才能获得水到渠成的功效。

(3)身体状况。身体健康的人做起事情来精神焕发、活力充沛,对前途乐观进取,并能负担起较重的责任,而不致因体力不济而功败垂成。我们经常可以看到这样的情况,在一件事情的处

---

❶ Casson M. The Entrepreneur: An Economic Theory [M]. Oxford: Martin Roberson, 1982.

❷ Casson M. Entrepreneurship and Business Culture [J]. Edward Elgar. U.K., 1995.

理过程中,越是能坚持到最后一刻的人,才越是有机会成功的人才。

(4) 团队精神。要想做好一件事情,决不能一意孤行,更不能以个人利益为前提,而必须经过不断地协调、沟通、商议、集合众人的力量,以整体利益为出发点才能做出为大众所接受并进一步支持的决定。

(5) 领导才能。企业需要各种不同的人才为其工作,但在选择干部人才时,必须要求其具备领导组织能力。某些技术方面的专才,虽然能够在其技术领域内充分发挥,但并不一定完全适合担任主管干部的职位,所以企业对人才的选用必须从基层开始培养干部,经过各种磨炼,逐步由中阶层迈向高阶层,使其适得其位,一展其才。

(6) 敬业乐群。一个有抱负的人必定具有高度敬业乐群的精神,对工作的意愿是乐观开朗、积极进取,并愿意花费较多时间在工作上,具有百折不挠的毅力和恒心。一般而言,人与人的智慧相差无几,其差别取决于对事情的负责态度和勇于将事情做好的精神,尤其是遇到挫折时能不屈不挠继续奋斗,不到成功绝不罢休的决心。

(7) 创新观念。企业的成长和发展主要在于不断地创新。科技的进步是日新月异的,商场的竞争更是瞬息万变,停留现状就是落伍。一切事物的推动必以人为主体,人的新颖观念才是制胜之道,而只有接受新观念和新思潮才能促成进一步的发展。

(8) 求知欲望。为学之道不进则退,企业的成员需要不断地充实自己,力求突破,了解更新、更现代化的知识,而不能自满,墨守成规,不再作进一步开展,因而阻碍企业成长的脚步。

(9) 对人的态度。一件事情成功的关键,主要取决于办事者待人处事的态度。对人态度必须诚恳、和蔼可亲,运用谆谆善诱的高度说服能力,以赢得别人的共鸣,才较容易促使事情成功。

（10）操守把持。一个人再有学识，再有能力，倘若在品行操守上不能把持住分寸，则极有可能会对企业造成莫大的损害。所以，企业在选择人才时必须格外谨慎，避免任用那些利用个人权利营私贪污者，以免假公济私的贪赃枉法者危害企业的成长，甚至造成无法弥补的损失。

（11）生活习惯。从一个人的生活习惯，可以初步了解其个人未来的发展，因为生活习惯正常而有规律，才是一个有原则、有抱负、脚踏实地、实事求是的人。所以，一个人生活习惯的点点滴滴，可以观察到他未来的发展。

（12）适应环境。企业在选择人才时，必须注重人员适应环境的能力，避免选用个性极端的人，因为这种个性的人较难与人和睦相处，往往还会扰乱工作场所的气氛。一个人初到一个企业，开始时必然感到陌生。懂得如何能在最短时间内了解企业的工作环境，并能愉快地与大家相处在一起的人，才是企业期望的人员。反之，处处与人格格不入，或坚持自我本位的人，都可能扰乱整体前进的脚步，造成个人有志难伸、企业前途难展的困境。

二、企业家理论的主要内容

根据相关学者的论述，可以明确看到具有综合能力是企业家的必备条件，能力的培养和发展也成为人才充分发展的必要条件。本部分将对企业家理论中人才能力发展的具体内容进行具体阐述。

（一）人才发展所应具备的能力分析

人才能力大致分为以下几个方面：一是从素质的角度考虑，即认为只要具备某些素质（特征）的那一种人或群体，就可以称为人才；二是从过程的角度考虑，即只要是在企业中担当主要领导岗位的人或群体；三是从结果的角度考虑，即只有从事经营活动并做出优异成绩且受到社会认可的人或群体。从上述三个方面理解企业家的概念可以说都有一定的道理。但本书试图从能力的角度去思考如何成就人的发展，即认为人才的发展是能力要素的集合。通过对现代西方企业家理论的评述分析，我们不难看出一个人的能力对于其成才和发展有极其重要的作用，如创新精神，应付不确定性的能力，提高经济组织运行效率的能力，把握获利机会并使获利机会成为现实的能力，以独特的方式和途径获取信息并做出独特决策的能力，对各种变化做出有效反应的能力，良好的个人意志品质，为获利而实施冒险性经济活动的胆略等。

（二）人才能力发展的数据模型分析

我们把这些能力组合也相应看作为成就人才的必备能力组合。首先，我们从单个能力的分析入手，推出供求曲线的大致形状，然后再对供求曲线的影响因素进行归纳。以下将围绕能力，看看一名普通经营者如何成为一名企业家。

为了分析的方便，以创新能力为例，它的供求曲线有以下意义。

如果增加（购买）一点能力的付出是越来越少的，那么对于能力的拥有量也就越来越多。用边际效用来进行分析和解释，也就是能力越高，对于再提高能力的愿望并不会很强烈，即边际效用是下降的。因此，可以认为需求曲线是一条具有负斜率的曲线。用图形表示，以横轴表示能力，左低右高；以纵轴表示单位付出或者边际效用，如图 4-1 所示。

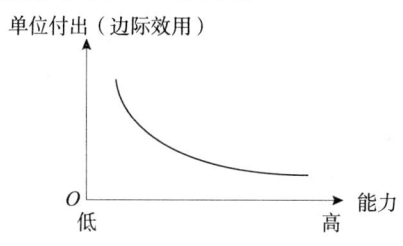

图 4-1 供给曲线

如果增加（提供）一点能力所带来的收入是越来越高的，那么对于能力的拥有量也就会越来越多。用边际成本进行分析和解释，也就是能力越高，对于再增加一点能力的成本也是高昂的，边际成本上升。因此，可以认为供给曲线是一条具有正斜率的曲线。同样以横轴表示能力，而纵轴表示单位收入或者边际成本，如图4-2所示。

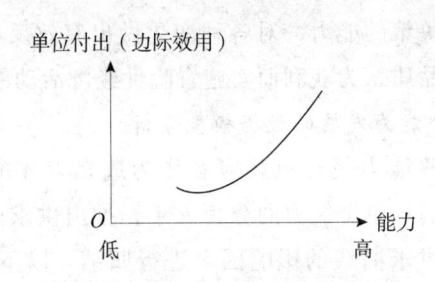

图4-2 供给曲线

图4-2的前提是：能力是可比的，更为严格的要求是能力可以测量的。在实际生活中，能力的测量却是非常难的一件事。[1] 因为并不能说当甲有许多创新而乙有较少的创新甚至没有创新时，甲的创新能力就一定比乙高。我们认为，单纯用产出结果来描述能力高低是不合适的。在一个人身上，在不同时间段进行能力的区分却是可行的。可以认为一个人十年前的创新能力与现在的创新能力有差异。如果他其他方面知识增加，实践机会增加，加上勇于探索和不怕困难，那么他后来的创新能力一定会提高。还有，通过供求曲线的分析说明，我们发现单个能力的供求有一个特点：能力的生产者与消费者是同一个人。想要成为一个成功的人，必须要有能力上的需求，能力这种商品虽然也可购买（通过雇佣关系可弥补其能力的不足），但主要是靠自己去生产，这

---

[1] 盛立军．风险投资：操作、机制与策略［M］．上海：上海远东出版社，1999．

就是该模型比较有价值的地方。

(三) 影响人才能力供求的因素

本部分运用边际分析法来分析一下影响能力供求的因素。

1. 与需求相关的因素分析

能力越高,对于再提高能力的边际效用是下降的,所以对于再提高能力的愿望也就不强烈。影响边际效用的因素有很多:金钱、名誉、地位以及自我实现的满足感都是一个人要获得发展所要考虑的效用范围。在这里,把多种因素综合起来评价效用是一件困难的事,但是可以根据个人对以上几项内容的权重,结合对各个细项的定量分析来衡量效用值是多少。效用是与整个能力的集合有关系的,其他能力不变,单个能力提高,并且假设所有外部环境、内部机制对于整个分析来说是既定的,这样就会带来个人在金钱、名誉、地位和满足感上的提高。但并非每件好事都会同时发生,因此,这些事情的发生都有一定的概率。最后用一个公式总结如下:为了提高一点能力,所引起的效用增量为

$\Delta U = \text{WM} \cdot M \cdot \text{PM} + \text{WR} \cdot R \cdot \text{PR} + \text{WS} \cdot S \cdot \text{PS} + \text{WA} \cdot A \cdot \text{PA}$,

式中,M 为金钱的增加值;R 为名誉增多的货币衡量;S 为地位上升的货币衡量;A 为自我实现满足感提高的货币衡量;W_i 为各要素权重($i = M, R, S, A$);P_i 为各要素实现的概率($i = M, R, S, A$)。在此,我们先笼统地认为上述变量受到环境(E)和能力(C)的影响。E 为环境的集合,包括个人内部环境(EP)、企业内部环境(EO)、市场外部环境(EM)和政府政策环境(EG)。C 为能力集合,即每个人都是十种能力的一种组合。环境和能力影响着 i, W_i, P_i($i = M, R, S, A$)的取值。环境变化产生曲线的变化,曲线的变化会影响能力的变化,单个能力变化导致十种能力组合的变化,从而改变其他能力的曲线形状,这就是环境与能力的内在作用机制。

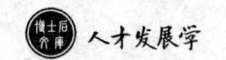

2. 与供给（培养）相关的因素分析

能力越高，对于再提高能力的边际成本是上升的。影响边际成本的因素也同样有很多，但最终都要归结为时间和金钱的耗费。考虑到与效用的可比性成本也要用金钱作为最终衡量的单位。因此，边际成本可以用简单的公式来计算，为了提高能力所产生的成本为

$$\Delta C = K \cdot T + M$$

式中，T 为培养能力预计要花的时间；M 为培养能力所花费的金钱；K 为每单位时间对于个人来说值多少钱。同样，K、T、M 也是 E 和 C 的函数。

（四）人才能力的综合分析

对于人才特定能力的分析，其结果是该人此项能力水平是否达到要求的判断。与此相关还有一个内容要提到，即法律的规定，如图 4-3 所示。

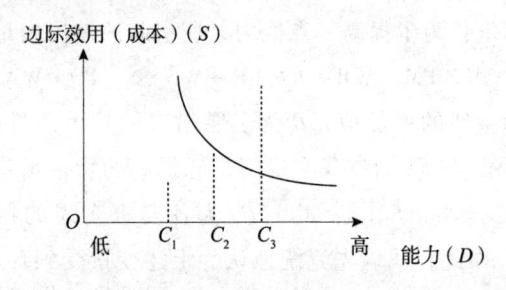

图 4-3 供给曲线

图 4-3 表明，供求关系确定了一个内生的能力均衡 C_1，如无法律上的硬性规定，低于 C_1 的人都可以把能力提高到 C_1，从而自我发展。但是现在，法律上有规定，该项能力必须达到某种外部衡量所规定的条件。对于此人来说，至少要有 C_2 水平的能力才可以达到外部衡量所规定的条件。但是因为要达到 C_2 水平并没有使个人的效用最大化，所以低于 C_2 水平的人是不会努力

提高能力的。如果要达到外部衡量所规定的条件，只要 C_3 的能力水平就够了，这样，这个规定对于此人来说没有什么约束。他的最佳状态是将能力提高到 C_1。因此，在这样的情况下，能力是可以达标的。我们把能力提高到 C_3 称为能力达标，这个"标"也就是环境的限制与约束所产生的最低能力水平。不仅法律的硬性规定可以产生这个"标"，市场情况及企业家之间的竞争也可以产生这个"标"。

三、企业家理论与人才发展

企业家理论对我国人才发展具有重要的借鉴价值。结合我国人才发展战略和党中央的要求，可以从培养选拔机制、竞聘任职机制、激励保护机制和监督约束机制四个方面予以完善：

（一）培养选拔机制

借鉴西方发达国家的企业家理论与实践，结合我国的实际，将企业家资源开发纳入改革日程，制定企业家素质标准，选拔具有企业家天赋素质的人才进行培养，使之成为企业家。作为经济社会可用性人才必须具备四种基本素质：一是创新进取精神，二是知识素养，三是驾驭市场能力，四是组织管理才能。在人才培养方式上，要充分发挥我国高等院校培养高级人才的作用，以高等院校培养教育为主，辅以实岗锻炼等形式。建立培训基地，对在职的后备人才定期培训。在培训内容上，要紧密联系社会竞争与发展的实际，在提高他们职能性技能的同时，注重提高他们解决问题的实际能力。并且结合时代发展的新趋势，开设一些多学科相互交叉的综合性课程，形成一种在职培训与后备培养有机结合的人才成长机制。

（二）竞聘任职机制

转变聘用任职形式，切实引入竞争机制，优胜劣汰。注重人才发展的职业化、市场化，建立人才市场，让拥有才能的人找到用武之地,通过市场竞争的作用优化配置资源。为此,要建立科学合理的人才评价机构和评价指标体系,评价机构对个人发展的评价要做到公开、公正、准确、可靠。各类企业在招聘人员时,要按照规范化指标考评和选聘具有企业家素质的人才。同时,要改善体制环境,加快健全现代企业制度,加快国有企业股份制改造的步伐,为人的成长创造良好的外部环境条件,使每个人在公平竞争的宏观经济环境里生成和发展。

(三) 激励保护机制

借鉴西方企业家理论,企业家的报酬是对企业家才能这种生产要素的报偿,高技能人才的劳动是一种创造性的高级复杂劳动,且风险性极大,理应取得较高报酬。以美国为例,按 1990 年普通工厂工人工资折算,一位工人需要 85 年时间才能挣到高层管理人员一年的收入。因此,必须改革我国企业高级管理人员的分配机制,将高级管理人员的报酬与职工脱钩,采用国外企业普遍实行的年薪制,年薪主要由其业绩来决定,通过年薪的激励作用,鼓励每个人积极、富有创造性地履行责任。同时,政府要制定相应的法律法规,保护个人的合法权益,落实物质利益政策。要在社会舆论导向上对社会人才的劳动和贡献及地位给予承认和关注,营造一种理解、尊重的良好氛围。通过表彰评比这种精神激励的作用,激发有能力的人创业、敬业精神。

(四) 监督约束机制

对人才发展的监督约束与对人才发展的放权是相辅相成、不可缺少的两个方面,没有制约的权利最容易滋生腐败。因此,建立有效的监督约束机制是规范个人行为、促使其忠实履行义务的强有力的保证。对人才的监督有企业内部和企业外部两个方面。其中,来自企业内部对个人的监督约束主要是股东会、董事会和监事会的监督。来自企业外部对企业家的监督约束,一是社会中介机构,最重要的是监督部门不能形同虚设,监督不能流于形式，要使监督逐步制度化和法制化；二是市场的监督约束。此外，法律制度、新闻媒体、公众舆论、社会道德等也构成来自企业外部的监督约束机制。

企业家的兴起是市场经济发展的产物，企业家的活动更是一种创新性经济活动。市场经济的动力之源是企业家的创新思维、创新战略和创新实践，企业家才能已经同资本、劳动力、土地一起成为支持世界经济发展的四大要素之一。从世界经济发展的经验看，现代企业家的兴起及其作用的充分发挥，是一个国家能够富裕，并且很快实现工业化、走向现代化的重要因素。

改革开放多年来，我国经济与社会发展取得了举世瞩目的伟大成就，综合国力、综合竞争力和国际竞争力明显提高。当前，无论国有企业还是民营企业，都需要大批高素质的现代企业家。随着企业家社会地位的日益提高以及对社会发展各方面所做的贡献，企业家理论将会得到更多的发展和深化，它与人力资本理论、企业理论及其他更多理论的交叉、融合，必将使其发展的价值得到最大发挥，最终形成一套成熟完整的体系。

第二节　人力资源管理理论

随着经济全球化的深入发展和全球竞争的加剧，人才资源与经济发展的关系日益成为当代经济发展的核心问题，目前在我国，人才问题已成为关系党和国家事业发展的关键问题。因此，加强对人力资源管理理论和实践研究的重要性也日益凸显出来。

一、人力资源管理的基本内容

（一）关于人才的人性假设理论

美国著名行为科学家道格拉斯·麦格雷戈在《企业的人性方面》一书中提出了有关人性的两种截然相反的观点：一种是代表消极观点的 X 理论（Theory X）。X 理论对人性假设的内容是：多数人天生是懒惰的,他们都尽可能逃避工作;多数人都没有雄心大志,不愿负任何责任,而是心甘情愿受别人的指导;多数人的个人目标都是与组织目标相矛盾的,必须用强制、惩罚的办法,才能使他们为达到组织的目标而工作;多数人干工作都是为了满足基本的生理需要和安全需要,因此,只有金钱和地位才能鼓励他们努力工作。❶ 另一种是代表积极观点的 Y 理论(Theory Y)。Y 理论对人的本性做如下假设:人生来并不一定厌恶工作,要求工作是人的本能,在适当的条件下,人们能够承担责任,并有创造才能和主动精神;人追求的需要和组织的需要并不矛盾,只要管理适当,是能够把个人的目标和组织的目标统一起来的;外力的控制和处罚的威胁都不是促使人们为组织目标做出努力的唯一手段,人们对于自己所参与的工作目标,能够实现自我管理和自我指挥。摩尔斯(Morse)和洛斯奇(Lorsch)于 1970 年在分别对 X 理论和 Y 理论的真实性进行实验研究后提出了超 Y 理论。他们认为,X 理论并非一无用处,Y 理论也不是普遍适用,应该针对不同的情况,选择或交替使用 X、Y 理论,这就是超 Y 理论。其假设是:人们带着各种需求来到工作单位,但主要的需求是取得胜任感;取得胜任感的动机尽管人人都有,但不同的人可以用不同的方式来实现,这取决于这种需要同一个人的其他需求之间的相互作用;如果任务和组织相适应,胜任感的动机极可能得到实现;即使胜任感达到了目的,它仍继续起激励作用,达到一个目标后,一个新的、更高的目标就会被树立起来。

(二)需要层次学说理论

美国行为科学家亚伯拉罕·马斯洛于 20 世纪 50 年代首次从人的需要角度研究人的激励问题,他认为,人的内在需要是驱使其所有行为的真正动力。需要层次学说把人的需求按照其重要性

---

❶ 郑晓明. 人力资源管理导论 [M]. 北京:机械工业出版社,2006.

和发生的先后次序，分为五个层次：一是生理需要；二是安全需要；三是社交需要；四是尊重需要；五是自我实现需要。前两个层次的需要为基本需要，后三个层次需要为高层次需要。这五个层次的顺序，对每个人都是相同的。虽然每个人都具有这五个方面的需要，但在某一时刻只有一种需要是引发动机和行为的主导需要。只有当较低层次的需要得到基本满足后，下一个较高层次的需要才能成为主导需要。当一个人到达了自我实现的最高层次时，对于行为就具有无限的激励。在马斯洛看来，任何人都不可能完全地自我实现。所以，寻求更高的发展就成了自我实现的途径和目的。

（三）双因素理论

美国行为科学家弗雷德里克·赫茨伯格在1959年提出了保健因素和激励因素（简称"双因素理论"）。[1] 他通过大量调查分析发现，人们不满意于工作时，大都同他们所处的工作环境有关，而满意工作环境时则满意于工作本身。因此，他提出激发人的动机有两种因素：一种是保健因素，另一种是激励因素。保健因素又称非本质因素或情境因素，是指除工作本身之外的影响员工的因素，包括组织中的政策、管理、监督、与上下级和同事的关系、工作条件、薪酬、地位和安全保障等。这类因素与不满意相联系，如果缺少了这些因素，员工就会感到不满。激励因素又称本质因素或内容因素，是指工作本身的各个方面，包括成就、认可、工作的挑战性、责任、进步和成长等。这类因素的存在能够使员工感到满意，并能激励员工的行为。赫茨伯格认为，保健因素和激励因素都会影响人的行为动机，但其作用不同、效果也不一样。如果保健因素处理不当，满足不了人们对这些因素的需

---

[1] 赵曼，陈全明. 公共部门人力资源管理［M］. 北京：清华大学出版社，2005.

要，就会严重挫伤人的积极性，使大家产生不满情绪甚至消极怠工。如果这类因素处理得当，使人们的需要得到满足，就能消除他们的不满，但不能使职工变得非常满意，仍不能调动人们的积极性，这如同保健只能防病而不能治病一样。激励因素处理得当，才会使人产生满足感，有助于充分、有效、持久地调动人们的积极性，有很大的激励作用。需要指出的是，马斯洛的需要层次理论是就需要和动机而言，赫茨伯格的双因素理论是就满足需要的目标（诱因）而言的。

（四）期望理论

美国行为科学家维克托·弗鲁姆1964年在《工作与激励》一书中提出了期望理论，他认为人们从事某项工作并达到组织目标，是因为他们相信组织和工作本身会帮助他们达到自己的目标，如加薪、晋升、奖励等。因此，激励力量取决于期望值和效价的乘积，用公式表示为：激励力＝效价×期望值。式中，激励力是指一个人受到激励的强度；效价是指这个人对某种成果的偏好程度；期望值则是指通过特定的活动导致成果的概率，也是个人的主观估计。这说明，当人们有需要又有达到目标的可能时，其积极性才会高；作为激励的某种目标如果实现的可能性很大，而实现后对本人的效价又很高，那么其激励力量就大，人的积极性就高。当某人对某一目标漠不关心时，激励力为零，而当他认为实现目标对自己不利时，激励力为负值，毫无激励可言，这就是说，期望值与效价二者之中任何一项为零，其激励作用就不存在。例如，在人才选拔过程中，有的领导常用"干好了就可以重用、提拔"来激励部下，如果被激励者虽然有受重用、被提拔的欲望，但凭经验判断自己不可能受到重用、得到提拔，那么重用、提拔对他来说就没有激励作用；如果某个人虽然有被提拔的期望值，但他认为，提拔对他来说是一种负担，他根本就不愿受到重用、得到提拔，那么提拔对他也没有激励作用。只有那种既有得到提拔的期望值，又有想得到提拔欲望的人，重用、提拔才会对他产生很大的激励作用。

（五）公平理论

公平理论是美国管理心理学家亚当斯提出来的，该理论研究的是报酬和收入分配对人的工作积极性的影响，它反映了"每一个人都应公平得到报酬"这一原则❶。公平理论认为，激励中的一个重要因素是个人对报酬结构是否觉得公平，也就是个人主观地将自己的投入（包括努力、经济、教育等因素）同他人的投入相比来评价自己是否得到公平或公正的报酬。一个人的工作动机不仅受到自己的获得和付出的绝对额的影响，而且授与别人比较的相对报酬量影响。同时，公平理论指出，每个人既会自觉或不自觉地把自己付出的投入和所获得的报酬的收支比率同他人在这方面的收支比率作上述社会比较，又会自觉或不自觉地把自己付出的投入和所获得的报酬的收支比率同自己过去在这方面的收支比率作历史比较。因此，公平理论揭示了这样一个重要问题，即在现实生活中，人与人之间客观上存在相互间的社会比较和历史比较，由此，必然会在人们的心理上产生公平或者不公平的问题，这是不能否认的事实，必须在人才开发时高度重视，以便更好地调动人才的积极性。若当事人认为自己的收入与付出的比率与他人相同，则感到公平；若当事人认为自己的收入与付出的比率高于他人则感到占了便宜；若当事人认为自己的收入与付出的比率低于他人，则会感到不公平。在前两种情况下的当事人一般会感到心安理得或产生内疚，从而保持现有的工作热情或更加努力工作；第三种情况下的当事人则会感到不公平，减少自己的投入，或消极怠工，另谋高就。

---

❶ 潘良云. 人力资源管理与测评 [M]. 北京：中共中央党校出版社，2004.

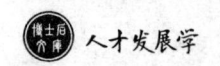

二、人力资源管理与人才发展

（一）哈佛模式

1981年，哈佛商学院的五位学者首次开创了人力资源管理课程，他们是迈克尔·比尔、伯特·斯佩克特、保罗·劳伦斯、奎因·米尔斯和理查德·沃尔顿。他们于1984年合作出版了《人本管理》，目的是指导企业的总经理们在管理数量庞大的雇员时，如何去解决面临的棘手的战略性问题。在书中，他们首先提出了"哈佛模式"。这一模式是对人力资源管理政策的决定要素和结果进行分析，对后人研究人力资源管理有很大的影响。

（二）德万纳模式

德万纳等人于1984年发表的"战略性人力资源管理构架"（"A Framework For Strategic Human resource Management"）构建了另外一个人力资源管理模式，又被称为人力资源管理圈。这一模式强调人力资源管理的相互关系和一致性。该模式包括筛选、绩效评估、开发和奖励四个关键部分。这四项人力资源管理活动均服务于提供个人的绩效。德万纳模式是从长期的人力资源管理习惯中抽象出来，并集中了四项关键的人力资源管理活动的管理模式。该模式的优点在于它显示了人力资源管理内部政策的一致性：人力资源管理圈不是一个简单的模型，该模式可以被看成一种了解人力资源管理活动的性质及其意义的框架，也可以帮助人们看清楚组成人力资源管理的复杂领域的因素是如何相互作用的。但是，该模式的弱点在于忽视了不同主体的利益，忽视了情境因素，也忽视了管理的战略选择。

（三）哥斯特模式

哥斯特模式是由哥斯特在1987年发表于《管理研究》杂志上的一篇论文"人力资源管理与企业关系"（"Human Resource

Management and Industrial Relations") 中提出的。哥斯特模式主要强调的是人力资源管理与传统的人事管理的差异性。多年的企业管理实践，也证明了人力资源管理与传统的人事管理是两种截然不同的管理模式：人力资源管理首先将人力资源整合到了企业战略管理之中，它强调的是雇员对组织目标的忠诚度。当然，也并不是所有类型的组织都适合人力资源管理模式，只有在那些具备了系统性结构、强调积极并充分利用人力资源的组织中，才能得到充分的应用。

哥斯特模式比哈佛模式更注重描述性，而且将人力资源管理定义为追求战略整合、忠诚、灵活性和品质的管理活动。因此，哥斯特模式比哈佛模式表达得更清楚，在理论的构建上也更仔细。哥斯特模式与哈佛模式一样带有明显的一元化色彩，也一样强调人力资源管理整合到组织的战略之中，同时也将雇员的忠诚看成是一个关键性的结果，关注通过将雇员与组织捆绑在一起获得忠诚，从而获得高绩效。这一模式也有许多缺点：它的现实性比较差，只是给企业提供了一个理想的发展方向和目标，而在实际人力资源管理的过程中，许多假设条件并不成立。事实上，哥斯特模式是对传统人事管理的一种改进，突出了雇员的重要性，隐含着价值观是雇员行动的导向，强调公司和个人的长期成长。歌斯特强调管理者应该将研究者替他们构建的学术框架运用到实际管理工作中。而事实上，无论是非人力资源管理者还是人力资源管理者都不可能在实践中将这样的理论模式放在心中，理论与实际还是存在较大的距离。

（四）斯托瑞模式

斯托瑞在 1992 年发表的论文"人力资源管理发展"（"Development in the Management of Human Resources"）中提出了该模式，阐述了理想的人力资源管理范式应该是什么样子。与哥斯特模式一样，该模式也是通过对比人力资源管理与人事管理

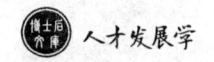

来构建的。

斯托瑞模式的优点在于，它比较注重实践，是直接从人事管理与人力资源管理的差异性推导出来的。这一模式后来被广泛运用，也验证了它在这方面的优点。通过这一模式，斯托瑞开发出25个关键性的人力资源管理变量，这些变量可以帮助我们衡量一个企业从传统的人事管理向人力资源管理转变的程度。斯托瑞模式表明，人力资源管理是一种更具有机整体性的管理方式，以及作为一种特殊的管理雇佣关系的风格。理论研究表明，人力资源管理是管理劳动力的另外一种战略，通过这种战略，企业可以获得更大的竞争优势。如当人力资源管理的活动更多地涉及组织的全球化、外部化和战略工作时，它的主要目标也就发生了变化，从吸引、留住和激励员工向提高组织竞争力、生存能力和劳动力的灵活性等方面转化。当然，这一理论在实践中的效果和适用性是值得进一步探讨的。

（五）诊断性人力资源管理模式

诊断性人力资源管理模型是发达国家20世纪80年代开发的一个比较成功的模式。该模式受到医生看病的启发。我们知道医生的最终目标是要维持或者改善病人的健康状况。以此为目标，医生会尽可能地收集各种各样的资料，研究病人的病史，进行观察和各种各样的检查及化验，再根据自己的知识和经验来对病人的具体病症进行诊断并确定治疗方案。在病人照方治疗后，医生还需要对疗效进行评估。如果失败了，医生会根据情况对治疗方案进行重新调整，制定新的治疗方案。诊断性人力资源管理模式的运作也是基于这一原理，只是它的对象是企业而不是病人。管理者首先要收集关于公司的财政目标和市场战略等方面的资料，分析雇员的行为和工作的质量、公司经营的外部环境等影响因素。有了这些信息后，管理者就要设立人力资源目标，接着"开出"实现这些目标的"处方"——人力资源管理活动。在设计这些活动时，管理者要像医生一样，根据所收集的信息，凭借自己的专业知识和经验进行判断。当第一次的"诊断"没有发挥作用时，他也要像医生那样重新进行分析、诊断、调整这些"处方"，直到产生预期的效果为止。当然，管理者应该有充足的时间召集专家对一些疑难杂症进行"会诊"。但有时，对于意外事故，管理者也必须采取一些"应急措施"。此外，管理者除了要对出现的问题进行诊断外，还必须能够预测并防止问题的发生。这正像医生并不仅是一个治疗疾病的医生，还应该是一个防止疾病发生的生活指导者和保健者。

三、人力资源理论与人才发展

（一）美国人力资源配置模式

美国在人力资源配置上主要依赖外部人才市场。美国具有组织上的开放性特点，人才市场机制在人力资源配置中发挥着基础作用。政府和企业需要的各种人才都可以从市场上获取，通过双向选择流动，实现社会范围内个人和工作岗位的优化匹配。作为人力资源的需求方，企业几乎任何时候所需的任何人才，都可以在市场上通过规范的程序招聘或通过有目标的市场竞争获取。作为供给方的人力资本拥有者，求职者会根据自身条件选择职业，即使从业后对自己潜能有了新的认识或者有了更理想的岗位，也会从容流动，并且在流动中实现自身价值的增值。

（二）美国人力资源使用模式

美国在人力资源使用上，重视竞争，重能力而不重资历。美国企业重能力，不重资历，对外具有亲和性和非歧视性。人才晋升的依据主要是工作绩效考核而不是工作年限。员工如果有能力，有良好的工作绩效，就可能很快得到提升和重用。这种用人原则，拓宽了人才选择面，增加了对外部人员的吸引力，强化了竞争机制，创造了能脱颖而出的机会。

(三) 美国人力资源激励模式

美国在人力资源激励上以物质刺激为主。美国是一个多种族、多民族组成的移民国家，民族文化较多地偏重于以个人为中心，强调个人的价值，主要以个人为激励对象，极为强调物质刺激的作用，认为员工工作的动机就是为了获取物质报酬。在美国，管理者可以不向员工说明某项工作的意义，但必须说明此项工作的操作规程；员工可以不理解工作本身的价值，但必须把工作完成好才能获取相应的报酬。

(四) 美国人力资源开发模式

美国在人力资源开发上以职业培训为主。组织对员工培训工作极为重视，尤其是在专业方面的培训不遗余力。为了适应高科技发展的趋势，美国开展了形式多样的职工在职培训和继续教育。第一，将职业培训法制化。近几十年来，美国制定了许多关于职业教育和培训的法规，以法律形式动员全国的力量加强职业培训，要求全社会重视并支持职业培训，为加强职工的继续教育提供了法律保障，使职业培训有法可依。第二，用先进技术培训职工。第三，培训的形式多样化。美国的职业培训包括在职培训、脱产培训、强化培训和升级培训等。第四，企业和高等院校联合培训职工。美国的高等院校有较先进的教学仪器和设备，有丰富的教学经验，为职业培训提供必要的条件。企业可根据自己的实际情况提出培训要求，与高校联合，培训出适合高技术要求的高素质职工。

四、人力资源管理与人才发展

美国人力资源管理理论经过了长期的实践检验，已趋于系统化、理论化、科学化，有许多值得我国人才发展的借鉴之处。根据理论分析以及人力资源管理要适应人才发展的要求，本部分坚持以人为本的原则，将其对我国人才培养和人才发展两方面的启示进行细致具体的阐述。

(一) 美国人力资源管理理论对我国人才培养的启示

1. 树立以人为本的管理理念

大力倡导人才的跨地区利用,实行人才的所有权和使用权相分离的原则,探索人才租赁制度,最大限度地发挥人才的作用。要加强管理者与被管理者的沟通,做到上下沟通,重视情感的交流,形成和谐和团结的人际关系和群体意识。

2. 建立完善有效的激励机制

建立宽松、有序的合理人才流动机制。物质鼓励要坚持激励适度的原则:企业员工作为"经济人",对其不断进行激励的效果存在一个逐渐递减的规律,这与西方经济学中的边际效益递减规律是同样的道理,要想激励措施收到预期的效果,就要保持适度的激励制度。此外要打破条条框框,企业要按所需选用人才,避免发生大材小用现象。要改变传统和不切实际的文凭热,真正建立人力资源管理体系,把人力资源和企业运营机制结合在一起,以战略管理人力资源观念特有的视角,向有关各方提供企业人力资源创造价值的机制。设立企业科技进步奖励基金。建立、完善严格的用人机制、考核机制和激励机制。最后还要正确运用情感激励,有效培养科技人员的忠诚和信任。最有效的情感激励是对他们的尊重与肯定、理解与支持、信任与宽容、关心与体贴。

3. 对传统的人力资源管理体系进行再造

(1) 对人力资源的管理流程进行再造。改变过去人管人的管理模式,由人去自由选择自己喜爱或适合的工作。简单地说,就是你适合什么工作,能担任什么领导职务,完全由你本人来选择;用科学的制度管理人,而不是用人管理人。

(2) 建立对关键人才给予特别保护的制度。保留关键人才是企业发展的根本,对管理者意义重大。80%的企业经理人认为,现在企业中"人"的因素更为重要，67%的企业经理人相信保留合适的人才比吸纳新鲜年轻的新力军更为重要。目前许多单位"一方面人满为患，一方面人才流失"，"有事没人干，有人没干事"，普遍缺乏科学的人力资源测评标准。因此，要建立人力资源的资产与资本评估、审核制度，以便有效地控制人力资本的发展、使用、补充或追加投资；建立并逐步完善人力资本保障机制与组织机构，在适当比例上，将物质资本的投资转向人力资本的投资。合理的报酬激励体系能吸收所需的人才，要科学设计绩效考核与报酬激励体系，开发员工的潜能，创造和谐的环境，提高劳动生产率。

（3）大力推行人才租赁制度。整合各地的人力资源，使人才发挥更大的效用，大力利用"外脑"。据有关资料显示，我国东部地区科技人才经济效益指数为1.29，即一个人发挥着1.29个人的作用，西部地区科技人才资源经济效益为0.68，即一个人发挥着0.68个人的作用。近年来，江苏苏南地区从西北招聘了大量的人才，这些人不必脱离原来的单位，但可以实现异地兼职，造就大量人才"孔雀东南飞"的特有现象。

4. 培育并强化组织文化

企业的凝聚力，归根结底不是取决于外在的物质条件，而是取决于内在的共同价值观。而培育共同价值观正是组织文化建设的核心内容。

（二）人力资源管理理论对人才发展的启示

1. 追求较高的物质收入水平是科技创新人才的最基本需求

无论是马斯洛的"需求层次理论"，还是赫茨伯格的"双因素理论"，实际都表明，人的需要是普遍存在的，也是不可回避的，人才管理者只有充分了解人的需要，才能考虑满足人才的需要。人才往往接受了多年的教育，具有较高的学历，付出了高昂的成本，对工作所带来的收入回报寄予更高的期望，因此，较高的物质报酬是科技创新人才的基本需求。

2. 人才更渴望成就和自我价值的实现

评判一名科技人才优秀与否最直接的标准就是看他的科技贡献率，包括获得的成果、发明专利、科技论文、人才培养等产出，这些产出是科技人才获得认可和尊重的最重要的媒介，也是获得满意感的最重要的手段。这一心理需要实际上就是马斯洛提出的尊重需要和自我实现的需要。

3. 外在激励和内在激励兼顾

双因素理论表明，管理者实施人才开发时，首先，要抓好保健因素这个基础。保健因素是外在的、有形的，很容易被感觉到。例如，住房条件是否良好，工作环境是否舒适，福利待遇是否令人满意，同事间是否团结等。如果保健因素抓好了，调动人才的积极性、实现组织发展目标就有了良好的基础。其次，要用好激励因素这个关键。激励因素是内在的，人才开发者要根据每个人的实际情况，用好激励因素。例如，给某人培训机会，使其业务得到成长与发展；当某人做出成绩时，要及时给予表扬。在应用双因素理论时，要注意处理好保健因素与激励因素之间的关系。

4. 明确而适度的目标是激发人才活力的动力

根据期望值理论，要想有效激发人才的潜能，就应该针对人才的需求和期望值制定明确的激励目标（包括物质的激励目标和非物质的激励目标），有了这样明确的预期目标，人才才会产生为目标而努力的动力，从而使人才管理产生最大化的激励效果。目标是人们活动所追求的预期结果，恰当的目标会给人以期望，使人产生心理动力，激发人们努力工作的热情。管理者在确定目标时，要注意把握四点：一是目标必须与人们的物质需要和精神需要相联系，使他们能从组织的目标中看到自己的利益，这样效价就大。二是目标的设置必须先进合理，切合实际，同时，应具

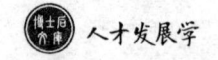

有一定的挑战性，但切不可把目标定得过高。如果激励目标高于人才所具备的能力，不但实现目标的概率微乎其微，还挫伤人才的积极性。三是确定目标必须考虑组织目标与个人目标的一致性与差异性。组织目标要能够包含更多个人的共同需要，使个人能在组织目标中看到自己的切身利益，从而把实现组织目标看成是与自己休戚相关的事情。四是确定的目标不能一成不变，应该在执行过程中随着主观、客观条件的变化而不断地加以调整。

5. 公平公正是人才开发的最基本原则

公平理论主要用来指导工资报酬分配及培训晋升机会的分配，要求组织中每个成员得到的报酬与他们的贡献程度相匹配。因此，在实际操作过程中，应注意以下几点：一是在制定分配政策时，不仅要注意奖酬的绝对值，更要注意奖酬的相对值，力求使每个人感到所获与所劳相当，避免产生"干多干少一个样，干与不干一个样"的恶性循环。同时，还应考虑机构整体的收入报酬与整个行业及行业间的标准的差异化。二是要使奖酬分配制度体现民主性和公开性，让大家参与到政策的制定和管理中来，并规范操作，使每个人的奖酬都有理有据，经得起检验。三是要为各类人才提供机会均等和公平竞争的条件，引导各类人才把注意力从结果均等转移到机会均等上。

6. 科学合理的绩效考核是人才管理的重要手段

科学合理的绩效考核机制是实现对农业科技创新人才有效激励的重要手段。绩效考核机制要做到科学合理，必须协调好效率与公平之间的关系，遵循"效率优先、兼顾公平"的激励准则，让每个人在组织内都有归属感，都能找到自己的目标并产生为目标而奋斗的动力，同时，要营造公平竞争、协调配合的内部环境，做到人尽所能，达到激励的最终目标。

第三节 人力资本理论

20世纪60年代中期以来,越来越多的发展经济学家注意到人力资本对经济发展的战略意义,甚至有人把它看作人才发展的决定因素。

一、人力资本理论的发展状况

人力资本是一种能增加劳动者价值的资本,是体现在劳动者身上的、以劳动者的数量和质量表示的资本,是劳动者掌握的知识、技能和其他一些对经济社会发展有用的才能。把人力资本作为经济发展中的重要因素的研究已经有漫长的历史。"土地是财富之母,劳动是财富之父"可以说是对人力资本描述的早期雏形。亚当·斯密、马歇尔等早期的经济学家对人力资本理论作了较为系统地论述;以舒尔茨和贝克尔为代表的经济学家创立的人力资本理论,开辟了关于人类的生产能力研究的新思路;而以罗默和卢卡斯等为代表的新经济增长理论家将人力资本理论研究推向新的高峰。

（一）人力资本理论的起源

人力资本思想起源于对人的经济价值的研究。最早的人力资本思想可以追溯到古希腊思想家柏拉图,他在《理想国》中论述了教育和训练的经济价值。英国古典政治经济学创始人之一的威廉·配第在其代表作《政治算术》中提出了"土地是财富之母,劳动是财富之父"的著名论断,他已经认识到人在财富创造中的重要作用。

古典政治经济学鼻祖亚当·斯密则首先较为系统地论述了人力资本思想,他在名著《关于国民财富的原因与性质研究》中指出"学习是一种才能,须受教育,须进学校,须做徒弟,所费不少。这样费去的资本,好多已经实现并固定在学习者的身上。这些才能，对于他个人自然是财富的一部分，对于他所属的社会，也是财富的一部分"。这段话包含了三层关于人力资本的主要思想：①他认为人力资本是一种固定成本，人一旦掌握了某种知识或技能，将终身受益；②论述了人力资本获得的主要途径是接受正规教育和非正规的经验传授；③论述了人力资本的私有性和社会性。他的这些思想后来成为人力资本理论形成的直接源泉。新古典经济学派的主要代表人物马歇尔明确指出，对人本身的投资所形成的资本是所有资本中最有价值的。

庸俗经济学派的代表人物，法国的让·萨伊、德国的弗里德里希·李斯特和英国的约翰·穆勒，他们在各自的著作中都阐述过有关人力资本的一些重要思想。萨伊认为既然技能是通过一定成本获得的，并能够提高劳动者的生产率，应该被视作一种资本，他创造了"劳动、土地、资本"三位一体公式。他还认为公共教育费用有助于财富的增长和社会幸福的增进，因此国家应该大力发展学术机构和高等学府，以提高全社会劳动者的知识水平。李斯特在他的《政治经济学的国民体系》一书中将资本分为物质资本和精神资本两类，其中精神资本指的是"个人所有的或个人从社会环境和政治环境中得来的精神力量和体力"，这个概念非常类似于人力资本概念。其他对人力资本理论做出过贡献的经济学家还有边际效用学派创始人之一法国的莱昂·瓦尔拉斯和美国近代经济学家欧文·费雪。后者在1906年出版的《资本的性质和收入》一书中率先明确提出了人力资本概念。

在这些研究中，马歇尔对人力资本的论述较为经典，并为现代人力资本理论的形成提供了有力的理论依据，他认为"人是生产的主要要素和唯一目标""一切资本中最有价值的莫过于投在人身上面的资本"。此外，他还对人力资本的基本特性及其与工业组织问题、企业家人力资本等问题进行了论述。可惜的是，马歇尔虽然已经清楚地认识到人力资本的重要性，但是他又认为在经济分析中把人当作资本与市场的实际情况不一致,因此马歇尔最终没有将人力资本概念引入经济学分析。

(二)人力资本理论的形成阶段

1960年,美国经济学家西奥多·W.舒尔茨在就任美国经济学会主席时,发表了题为"人力资本投资"的演说。人力资本概念才被正式纳入主流经济学,同时标志着人力资本理论的正式形成。舒尔茨指出:"人们获得了有用的技能和知识,这些技能和知识是一种资本形态,这种资本在很大程度上是慎重投资的结果,在西方社会这种资本的增长远比传统资本(物质资本)要快得多。"舒尔茨系统地研究了人力资本形成的方式和途径,并对教育投资的收益率以及教育对经济增长的贡献做了定量研究。由于他的杰出贡献,被誉为"人力资本之父"并荣获1997年诺贝尔经济学奖。

美国经济学家雅各布·明塞尔则从收入分配领域进行同样的研究工作。他在博士论文《个人收入分配研究》中指出美国个人收入差别缩小的变化趋势,认为其中原因是人们受教育水平的普遍提高,即人力资本投资的结果。明塞尔继博士论文完成后,又发表了《人力资本投资与个人收入分配》《在职培训:成本,收益及意义》《劳动收入分配:特别关于人力资本研究的一次调研》等文章。在这些文章中系统地论述了人力资本及人力资本投资与个人收入及其变化之间的关系,提出了人力资本投资收益模型。

1962年,美国经济学家肯尼斯·阿罗提出了"干中学"(learning-by-doing)模型,把从事生产的人获得知识的过程内生于模型。他从普通的Cobb-Douglas生产函数推导出一个规模收益递增的生产函数,并把其归结为学习过程和知识的外部效应。1964年,美国经济学家加里·S.贝克尔在其著作《人力资本》中较为明确地阐述了人力资本概念,他认为"对于人力的投资是多方面的,其中主要是教育支出、保健支出、劳动力国内流动的支出或用于移民入境的支出等形成的人力资本"。贝克尔从家庭生产和个人资源，特别是时间分配角度系统论述了人力资本和人力资本投资问题。特别指出的是，贝克尔对人力资本与个人收入分配的研究表明：人力资本投资水平或人力资本存量水平与个人收入水平为正相关的关系。贝克尔的研究为人力资本理论提供了微观研究基础，从而使人力资本研究更具科学性和可行性。由于在人力资本理论方面的突出贡献，他于1992年获得诺贝尔经济学奖。

（三）人力资本理论的发展阶段

在舒尔茨、明塞尔和贝克尔等人完成了现代人力资本理论的创建工作以后，人力资本理论转入了进一步深化阶段。1986年，保罗·M. 罗默尔建立了一个基本与实际情况相符的经济增长理论框架——知识推进模型，除考虑资本和劳动因素，还加进了第三大因素——知识，对经济增长的解释趋向合理。罗默尔于1990年又构造了第二个经济模型，其中假设有四种投入：资本、劳动、人力资本和技术。他认为，特殊的知识和专业化的人力资本不仅能自身形成递增收益，而且能使资本和劳动等投入因素也产生递增收益，从而整个经济规模收益是递增的，并保持经济的长期增长。

用人力资本解释持续经济增长的另一个著名尝试者是罗伯特·卢卡斯。1988年，他在《论经济发展的机制》一文中将人力资本作为独立的因素纳入经济增长模型，运用更加微观的分析技术将舒尔茨的人力资本和索罗的技术进步概念结合起来，形成一个新的概念：专业化的人力资本，并且认为这是经济增长的原动力。

进入20世纪90年代，理论界对人力资本在宏观经济中的作用已经有了较为充分的认识。人们开始研究人力资本如何在企业中发挥作用的问题，因为人力资本是通过与企业物质资本的结合而发挥作用的。由于人力资本是一种主动性的资本，调动人力资本的积极性对企业价值的创造至关重要，因此对人力资本进行激励成为人力资本理论研究的一个主要方向。对人力资本进行激励，除了短期的现金报酬激励以外，长期的股权激励显得越来越重要。加尔布雷思、埃德文森、沙利文、斯图尔特等认为：如果人力资本产权遭到破坏，其价值将立即贬值或荡然无存。

我国学者对人力资本产权问题的研究十分重视，因为在计划经济体制下，所有的人是社会人或公共人，人力资本都是由国家投资形成的，因此人力资本产权当然也由国家所有。个人无须也无法追求自己的物质利益，因为一切得被动听从国家的安排，人力资本的动机只是在政治思想工作的感召下追求对社会的贡献，并由此获得个人荣誉和精神享受。在这种人力资本产权缺损的情况下，造成人力资本的极大浪费，最终严重影响了经济的发展。改革开放以后，我国逐步打破了人力资本统一由国家负责投资的模式，呈现人力资本多元投资的格局并逐渐向以个人投资为主的方向发展，尤其是高层次的人力资本投资。在这种情况下，人力资本产权必须重新定位，人力资本产权研究自然也成为一个热点，学者们通过深入研究提出了各种观点。石金涛等认为按照"谁投资，谁收益"的原则，人力资本产权为其投资者所有。鉴于现实中人力资本是多元投资而成，因此人力资本投资收益权为多个投资者所有，人力资本承载者是其投资者之一，也是收益者之一；周其仁则认为人力资本产权天然归人力资本承载者所有，只有确保人力资本产权与其载体的统一，才能充分调动人力资本的积极性；冯子标和焦斌龙对人力资本产权与其收益回报进行了具体研究。

随着人力资本理论以及产权理论的发展，重视企业人力资本产权是大势所趋。其中，企业家人力资本是企业中最具有能动性的人力资本，在企业经营活动中发挥着最关键的作用，因此必须尽快采取相应的制度安排,对企业家这种稀缺的人力资本进行激励,以充分调动其积极性。

二、人力资本理论的数学模型

20世纪80年代,新增长理论建立了以人力资本为核心的经济增长模型,用以阐述人力资本理论。其代表人物是罗默尔和卢卡斯。以罗默尔的《收益递增和长期增长》及卢卡斯的《论经济发展的机制》的论文为标志,经济增长理论研究发生了深层变化,即"内生经济增长理论"的出现,学术界称其为"新增长理论"。新增长理论的核心在于修改古典模型中的生产函数,在新古典的生产函数中加入人力资本的投入,给人力资本理论增添了新的内容。

(一)罗默尔模型

罗默尔在1986年发表的《收益递增经济增长模型》一文中提出了罗默尔模型。他把知识作为一个变量直接引入模型,同时也强调了知识积累的两个特征:第一,专业生产知识的积累随着资本积累增加而增加,生产规模的扩大,分工的不断细化,工人能在实践中学到更多的专业化知识;第二,知识具有"溢出效应",随着资本积累增加,生产规模扩大,知识也在不断流通,每个企业都从别的企业那里获得了知识方面的好处,从而导致整个社会知识总量的增加。在这一思想的指导下,罗默尔建立了生产函数:

$$F_i = F(K_i, K, X_i)$$

式中,F_i为i厂商的产出水平;K_i为i厂商生产某产品的专业化知识;X_i为i厂商其他各生产要素的向量,表示整个社会的知识水平总和。

罗默尔模型的意义在于,它将知识作为一个独立的因素纳入增长模式,并且认为知识积累是促进现代经济增长的重要因素。

它把知识分解为一般知识和专业知识,一般知识可以产生规模经济效益,专业化知识可以产生要素的递增收益。两种效应的结合不仅使知识、技术和人力资本本身产生递增的收益,促进个人发展,而且使资本和劳动等其他投入要素的收益递增。

(二)卢卡斯模型

1988年,卢卡斯发表了著名论文《论经济发展的机制》,提出了经济增长模型。他把舒尔茨的人力资本理论和索罗的技术决定论的增长模型结合起来并加以发展,形成人力资本积累增长模型。其模型为

$$h'(t) = h(t) \delta [1-u(t)]$$

式中,$h(t)$ 表示表现劳动技能的人力资本;$h'(t)$ 表示人力资本的增量;δ 表示人力资本的产出弹性;u 表示全部生产时间;$[1-u(t)]$ 表示脱离生产的在校学习时间。

卢卡斯模型表明:如果 $u=1$,则 $h'(t)=0$,即无人力资本积累;如果 $u(t)=0$,则 $h(t)$ 按 δ 的速度增长,即 $h'(t)$ 达到最大值。

新经济增长理论在人力资本理论研究方面的主要贡献表现在将人力资本纳入了增长模型。新的经济增长模型阐述了人力资本理论,将对一般的技术进步和人力资源的强调变成了对特殊的知识即生产所需要的"专业化的人力资本"的强调,从而使人力资本的研究更加具体化和数量化,极大地发展了人力资本理论,也使人们在实践中正确认识经济增长中人力资本的作用。

三、人力资本投资理论的应用

人力资本理论不仅给出了人们愿意不愿意进行人力投资的经济学原则,而且进一步给出了计算每一投资者的投资量究竟是多少的匡算公式。贝克尔指出:"唯一决定人力资本投资量的最重

要因素可能是这种投资的有利性或收益率。"❶ 人力资本投资时间比较长,所以难于根据已知的"投资时期"来确定投资和收入量。为了简化起见,贝克尔把投资限于一个时期,而把收益扩展为所有其他时期,借以谈论这种投资的收益率。以正规教育为例来说明教育投资的收益率。其公式为

$$C + X_0 = \sum_{i=1}^{n} \frac{Y_i - X_i}{(1+r)^i}$$

式中,C 表示第 10 年的教育的直接成本;X_0 表示受过第 10 年教育而放弃的收入;X_i 表示受过第 9 年教育的人的收入;Y_i 表示受过第 10 年教育的人的收入;n 表示受过 10 年教育之后可以赚得收入的总数;r 表示第 10 年教育的收益率;i 表示所考察的年份。这一理论分析了人们要不要进行人力投资和投资多少的决定性因素是这种投资的收益率。以教育为例,用收益率公式计算出来的教育收益率,有助于个人做出是否上学的决定。目前,在某些高校退学之风不容忽视,其中有一个原因是客观的,就是知识分子的经济待遇严重偏低。一个大学生,在 4~5 年的本科学习中,学费、书籍费及其他费用支出等直接成本就达几千元,加上因为他们上大学不能就业而放弃的收入数千元,上大学的总成本就达到了可观的程度。如果再读 2~3 年硕士生,或更长的博士生,那么"总成本"更为惊人。但毕业后,他们往往不能得到应该与他们付出的总成本相适应的投资收益率。事实证明,人能获得更好的发展,获得更好的收益不仅靠教育规律,还得遵循经济规律。将教育规律和经济规律结合运用,我们在培养人才的道路上才会充满向上的活力和发展的动力。

舒尔茨不仅论述了人力资本及其投资对人才发展的重要性,而且阐明了人力资本投资与人才发展的关系。他就投资的具体方

---

❶ [美]贝克尔. 人力资本 [M]. 梁小民译. 北京:北京大学出版社,1987.

面也做了阐述，主要有以下五个方面。

（1）正规教育投资，即对初等、中等和高等教育的投资。舒尔茨认为教育作为"一种质量投资"，是广泛提高国民素质和劳动者能力的重要途径。学校教育，包括初等教育、中等教育和高等教育。教育成本是指学生直接用于教育的费用和学生上学期间所放弃的收入。

（2）职业培训投资，即对在岗劳动者而进行的成人教育，旨在提高劳动技能，适应新技术，推广新经验等，在这方面，农业技术的校外学习培训尤为见效。在职人员训练，包括企业的旧式学徒制。在职人员训练支出是相当可观的，由此产生一个重要的问题：由谁来负担这笔费用？贝克尔曾就此提出过一个观点，竞争的市场上，受雇者自己支付全部训练费用，最初可能使其净收入减少，随后则会使之大幅度增加。

（3）健康投资，即为提高人口身体素质所进行的投资，包括花在医疗保健、母婴健康、营养、休息等有关身体健康方面的费用支出。健康投资有助于"健康资本存量"的增加。舒尔茨认为过去二三十年，健康资本存量的增长印象尤深。由于健康改善，不同年龄的人口的平均寿命提高了30%。医疗和保健，包括影响一个人的寿命、力量、耐力、精力等方面的所有费用，保健活动既有数量要求又有质量要求，其结果必然是提高人力资源的质量。

（4）迁移投资，指个人和家庭为谋求更好的生活或更大的效益，通过迁移以适应不断变化的就业机会的投资。

（5）科研投资。舒尔茨把科研界定为一种需要特殊技能和设施来发现和开发特殊形式的新信息的专门活动，并认为这类新信息既适当又具有一定的经济价值，强调了科研投资的重要性。

四、人力资本理论与人才发展

西方人力资本理论对于经济学理论有着十分重要的贡献：第

一,不仅揭示了现代社会中经济增长的主要源泉,在于高素质人才及其所拥有的科学知识、劳动技能、健康状况以及有效地发挥和创造性地运用人力。第二,解决了劳动者投资生产劳动力智力的经济动因,即"人力资本"投资的决定性因素是收益等于投资成本。第三,提出了人力资本投资及收益计量模型,为进一步研究和探讨人力资本投资决策及收益模型提供了可以参考的线索。更重要的是,西方人力资本理论对于我们理解人力资本的意义,发挥人力资本的作用,提高国家竞争力,是极具现实意义的。要使这一理论能在我国发挥积极作用,应该注意如下问题:

我国2012年的教育投入只有国内生产总值的4.28%,而澳大利亚、日本、美国、英国等发达国家的公共教育支出占国内生产总值的均值在2001年就已达到4.8%。投入不足,导致人口虽众,但文化水平、科技水平偏低,难以满足现代社会对劳动者的要求,致使产业难以上档次,在国际竞争中难以占优势。既然发展中国家的人力投资率比较高,而且教育投资收益是小学高于中学,中学高于大学,我们应该改突出经营教育为突出普及教育。在国家的公共教育投入不足的情况下,必须鼓励社会办学,特别是鼓励办各种形式的小学、中学,不能允许少年儿童失学的现象出现。尽管国家坚持普及九年制义务教育多年但笔者采访调查过到城市打工的农民,其子女不能进小学者比比皆是。有一个思路很值得质疑,当政府号召人们捐资在贫困地区兴办"希望小学"的同时,却强令取缔民间为进城农民子女在城市兴办的低收入流动人口子女的小学、中学,而迫使其父母向城市小学缴纳变相的捐助费,以此换取没有城市户口的孩子的入学资格。城市化与工业化相伴而行,城市吸纳劳动力高于农村,在人口密集的地方办学成本会降低,这是经济规律。我们却人为地用"户口"的藩篱,阻挡住适龄儿童入学的通路,这种计划经济的宠物,现在还被不断"克隆",实在有违人道理想和经济规律。在我国居民储蓄额高达数万亿元、投资渠道不畅的情况下,改革教育投资体制,吸引民间资金向教育投入,应该是大力提倡的。

我国是礼仪之邦,自古就有"学而优则仕"的传统。说我们的政府和人民不重视教育,似乎不是事实,但是我们的教育似乎从古至今就有极强的政治性,古时读书是为"入仕",也就是为封建政治服务。新中国成立后,"教育为无产阶级政治服务",这体现在课程设置、学生择业、学校教职人员安排、学校管理等许多方面。如何将教育视为对人进行投资,使之成为有用的高效的人力资本,似乎不是一个完全解决了的问题。学位教育、学历教育偏重,而职业教育、技能教育偏轻;甚至最实用、最基础的加工技术、服务技术教育生源不足,高等学校毕业的学生实际工作能力差的现象严重。这种风气的存在,使得那些有幸受到较高教育的人,也在追求学历、学位、职称、职务的"现代八股"的道路上,皓首穷经,一事无成,社会和个人的投入变成无效的非经济意义的资本,而非实在的经济意义上的资本,形成不了现实的社会生产力,对社会和个人都是人力资本的一种浪费。为减轻高层次人才在国家机关、企事业单位中人浮于事的情况,不但应鼓励他们自己创业,还应开放一些能吸引他们的行业,如教育、医疗、新闻、出版、金融等,成为民办产业,降低准入条件,使其能在有效、有益的社会经济活动中实现其作为人力资本的价值。由于发展中国家行业准入的门槛比发达国家低,这样做,不仅可以使国内的人才安心创业,心有所依,还有可能吸引海外留学的人才甚至外国人才来我国创业,将人力资本投在我国。

人力资本是依附于人的身体的,不论人的知识、技能有多大的潜在价值,毕竟要通过人与人之间的活动才能实现其经济价值。而作为人,它不仅是"经济人",还必然是"社会人",他还同时具备社会属性,受社会环境的制约。西方经济学偏重于分析的方法,喜欢根据假设提出一个又一个理论,并构成数学模型,这有其精确的一面，但是要想综合地把握一个国家的人力资源问题，恐怕还要考虑许多影响因素，而非仅仅是教育投资问题，如人力资本所处的人文环境，也是影响人力资本成本与收益的重要方面。俄罗斯公民受教育程度公认是较高的，但苏联解体前，国家的产业结构较畸形，苏联解体后，俄罗斯人民又承受着改革带来的痛苦，重新学习在市场环境下如何生存与发展。我国采取渐进式的改革，保持了社会的稳定，但也面临许多深层次的社会问题。在这种情况下，要使人力资本获得较高的成本收益，就必须研究社会人文环境对人力资本投资的各种影响，在必要时，为完善人文环境进行投资。这种人文环境，可以是所有制关系，可以是产业政策、生育政策、干部人事政策，可以是企业文化、政府文化，也可以是习俗、习惯或社会的价值观。为完善人文环境的投资，可以作为对人力资本的追加投资，也可以作为独立的一个领域来研究。事实上，也有人把它列为经济文化研究的内容，如受教育程度相近的华人，为什么在不同国家取得的成就相差很多。无论把人文环境对人力资本成本收益率的影响放在哪个角度提出，它对人力资本的影响都是不可忽视的。

第四节 创新理论

一、创新理论建立与延展

（一）早期的创新理论

随着科技的进步，科学技术在经济发展中所起的作用越来越大，熊彼特的"创新理论"也越来越受到西方学者的重视，在创新理论基础上所产生的"技术创新经济学"和"制度创新经济学"已成为西方经济学的重要学派。

创新理论是由熊彼特（1883~1950）首先提出来的。他在1912年出版的《经济发展理论》一书中第一次提出了创新理论，并因此闻名于整个经济学界。在熊彼特看来，企业家的职能是创新，是将生产要素引入生产过程中，所以创新是指企业家对生产要素的新组合。从人才发展角度看，熊彼特认为，人必须有敏锐的洞察力，能预见潜在的市场需求和潜在经济利益，并有胆略、有能力进行创新，去获取利益。

（二）技术创新理论的发展

美国的一些经济学家，如曼斯菲尔德、卡曼、施瓦茨、戴维、列文、格里列希斯等循着熊彼特的创新思想进行了研究与发展，提出了新技术创新理论。其中，卡曼和施瓦茨对刺激人才创新的因素进行了深入探究，他们认为竞争会促使人不断创新，以便击败竞争对手，获得更多的利润。所以，竞争越激烈，创新的动力越大，也就越能激发人的自我潜能，不断超越自我获得自我发展。

二、创新理论与人才发展

（一）创新能力理论

创新能力又称创新力或创造力，是人区别于动物的最根本的特征和标志。当今世界，经济、科技及综合国力的竞争愈来愈激烈，各国都把培养优秀的创造型的高素质人才作为教育改革的方向和突破口，未来社会缺乏的人才将不是掌握了一大堆知识的博士、硕士、学士，而是具有创新能力的人才。

创新能力又称创新力或创造力，是人区别于动物的最根本的特征和标志。在心理学上，创新能力是一个非常复杂、颇有争议的概念，在众多研究者中有人强调主观创新，有人强调创造的目的性，有人侧重创造过程，有人侧重创造结果。有些学者把创新能力定义为"根据一定的目的，运用一切已知信息，产生出某种新颖、独特、具有社会或个人价值的产品的能力"；创新能力是一种智力特征，更是一种人格特征、精神状态和综合素质，是智力因素和非智力因素的有机统一。创新能力是一种综合能力,在状态层次上可分为潜在的和显现的两种状态;在内容层次上可分为创新意识、坚实基础、综合能力、创造能力。创新意识是一种科学精神,是一个人是否有创造力的前提,属潜在状态;坚实基础就是要求一个现代的人既要有高尚的人文精神,又要有良好的科学素养,这是一个人是否有创造力的根基;综合能力是人的创造力的核心,主要包括自学能力、选择能力、思维能力、研究能力和表达能力;创造能力是创造力的集中表现,属显现状态,必须亲身参加创造实践才能获得。许多学者指出:在激烈竞争的现代社会里,不创造就意味着死亡。实施素质教育,就是培养学生学会做人、学会求知、学会健身、学会创新,因此,能不能有效地培养学生的创新能力,才是应试教育与素质教育的本质区别,创新能力的培养才是素质教育的关键。我国学者甘子恒提出:"创新能力是主体在创造活动中表现出来的、发展起来的各种能力的总和。"其具有以下属性:

(1) 自然性。创新能力并不是一些人专有的特殊能力,而是每个正常人都应该具有的。从远古人的"钻木取火,以去腥臊"到四大发明的出现,乃至 DNA 图谱的诞生,人类每时每刻都在获取并利用着创新成果及技术,推动着人类自身的繁衍发展。创新能力是人类生存的必备能力。它时时刻刻地存在于我们的这个世界,存在于我们自身。它是与知识、智力相伴而生的,只不过智力高低及不同的知识结构影响着创新能力的大小。创新能力的自然性决定着人的创新能力是随着人的生长必然产生的一种能力,与学习能力、思维能力、劳动能力、自然能力等并存于人的自身。

(2) 社会性。从婴儿第一个意识的出现、第一个音节的发出,社会性已经浸入其大脑。在以后的岁月里,创新能力在群体创新或在个体创新中都充分体现着社会性。群体创新涉及许多创新能力的组合、融合，因此创新成果也是集体职能的结晶。个体的创新能力奉献于社会，同时也来源于社会，社会为个人创新能力形成必不可少的物质条件，如工具材料等皆由社会提供。同时，知识、技术经验等也来源于社会。因此，创新能力最重要的属性就是社会性。

（3）延展性。创新能力的延展性体现为两个方面：①生物方面，许多生物学家承认，人脑并没有完全被开发与利用。人的思维、智力、意识等都能够得到很大的发展，因而人的创新能力也将随之发展。②社会方面，随着社会的发展，外部环境的变更，创新能力将随之增加内容，扩展范围。同时，创新能力的发展代表着社会的发展，也代表着人脑的开发程度。譬如，三国时期的诸葛亮能够造出水车，却不可能画出水电站的图纸。也就是说，创新不可能超越社会、知识、智力等时代因素成长与发展。因此，创新能力的延展性依存于社会性与自然性，但延展性又能作为一种独立的特殊性来体现创新能力。

跨进新千年，放眼世界，一个以信息技术、网络技术为先导，以创新为动力的经济全球化大潮正滚滚而来，而知识经济业已初见端倪，有识之士都清醒地认识到迎接全球化的机遇和挑战，说到底是人才、科技的竞争。谁拥有人才，谁就拥有财富，谁就拥有无与伦比的竞争力。江泽民同志说得好，一个没有创新能力的民族，难以屹立于世界先进民族之林。创新是一个民族进步的灵魂，是一个国家兴旺发达的不竭动力，而创新的关键是科技创新，科技创新的关键是具有创新能力的人才。时代呼唤的人才，首要的是多类型、多层次、多规模的高素质创新人才。培养和造就这些人才，是兴国运、壮国威、福万民、泽后代之根本。对创新人才的基本素质或创新素质的要求则是一个值得认真深入研讨的问题。创新人才必备的创新能力包括以下几个方面。

（1）必须具有不畏风险的创新精神。这是实现创新的基础动力。创新,首先是一种精神。种种研究表明,技术创新是创新的结果,思想与方法创新是创新的手段,适宜于创新的制度是创新的条件。但是所有这些的产生都不是偶然的,在背后支撑它们的是创新精神。没有创新精神,就很难有适宜于创新的制度产生,就难以导致大量创新思想和方法的涌现,创新技术层出不穷的局面也就很难形成。随着知识经济时代的来临,掌握知识的人对技术创新起着决定性作用。但是掌握知识的人与适宜创新的制度的结合,并不能必然导致技术创新的结果,更重要、更根本的是掌握知识的人本身要具有成为一流人才的强烈愿望,这样在制度的激励下他才能得到充分发展。显然,成才愿望是一个前提,我们必须认识创新精神具有的基础性作用。

(2) 必须树立强烈的创新意识和创新观念。创新的核心在于新。创新意识就是创造的愿望与激情。没有愿望、没有激情,即使有创新的机会,也会失之交臂。所以,应养成推崇创新、追求创新和以创新为荣的意识,应该善于发现并提出问题,具有强烈的问题意识。假如你没有强烈的创新意识和创新观念,就不能只争朝夕捷足先登,就不能抓住良机开拓进取,更不可能实现有所发现、有所发明、有所创造、有所前进。

(3) 必须具有很强的创新勇气和创新动力。创新的关键在于创。要敢于想、敢于闯、敢于干,有创新勇气,才能开辟新领域,创出新天地。如果畏首畏尾,裹足不前,是不可能实现创新的。但是创新的勇气来源于创新的动力,而这一动力又来源于献身科学、献身人类这一高度的事业心和责任感。

(4) 必须具有创新思维能力。这是实现创新的前提。研究能力是创新的必备素质,而各种创造力都以创新思维为前提,没有较强的创新思维能力,要创新是不可能的,应该学会创造性思维,具有敏锐的洞察力和丰富的想象力,从而使思维具有一种超前性。

(5) 必须掌握深厚的创新本领和创新方法。这是实现创新的基本要求。知识是形成创造力的前提，一个人不具备丰富的知识，头脑必然僵化，就不可能提出问题，不可能形成新的概念和思想，也就很难有创新意识，但知识丰富的人又未必都是创新人才，这就是知识结构的作用。创新人才必须具备合理的知识结构，包括科学文化知识、专业知识和相关知识（包括人文科学知识），这也是创新人才的基本素质。所以，要跟上知识经济时代的步伐，适应创新的需要，只有树立终身学习观念，只有具备广博而扎实的基础知识、宽广的视野以及善于综合开拓新领域的能力，掌握创造新知识的方法论，才能具有创造力，永保持续发展的后劲。

(6) 必须具有良好的创新素养和健全的创新品格。人品和科学业绩是密切相关的。要想创新就必须具有爱岗敬业、无私、奉献的精神，取长补短、团结协作的精神，自力更生、艰苦奋斗的精神，百折不挠、勇往直前的精神，一丝不苟、严肃认真的精神，谦虚谨慎、戒骄戒躁的精神，甚至富有追根究底的求索精神。除此，创新人才要充满探索欲、求知欲、进取欲，敢于独立思考，勇向权威挑战，有着永不停息的求新求变勇气，具有锲而不舍、不畏艰险的意志和毅力。以上这些都已为无数古今中外在科学领域中做出巨大贡献的科学家所证实。

(7) 必须具备现代化协调能力。适应时代需求的创新人才必定是协调型人才，如果不具备这种协调能力，纵然有再多的知识、再新的创意，也不会完成实践过程，更不会带来经济效益。协调型人才善于协调、搞好人际关系，具有兼容并蓄的胸怀和团队拼搏的精神，他们善于在传统与现实、历史与未来、科学与人文、理论与经验、思想与实践、精神与效益、个人与社会等关系之间，不断地协调关系，化解矛盾，防止内耗，戮力同心地应对各种严峻的挑战。这样，就有可能赢得机遇，竭尽潜力，不断创

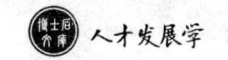

新，不断前进。

综合以上七点就构成了创新人才的创新基本素质，它也是人才最主要的素质，是人的各项素质的核心。我们常说要全面推进素质教育，素质教育的核心应该是培养创造力，唯有抓住了这个问题，素质教育才抓住了根本。

（二）创造创新型人才的基本素质

1. 创新性人才的特点

具有创新性的人才是社会创新的主体，他们可以将实现新的生产方法组合作为自己的职能，并实际履行生产手段新的组合。例如，企业家的素质、才能、文化素养、预见性、首创精神、冒险本性等品格对企业发展和社会进步具有推动作用。由于创新给企业带来获利机会的同时，也造就了其成才之路。创新人才具有以下特点。

（1）富有创造性和远见性。培养创新性人才要明确其不同于普通人才培养，而创新性人才不墨守成规，他们常常创造性地变更其行为轨道，总是将实现生产要素的第一次组合作为自己的职能，因为只有要素第一次组合时，才是一种特殊的行动。创新性人才也不同于技术专家，技术专家是从事发明创造的人，而创新性人才则是将技术上的发明用于经济生活，并敢于尝试他人没有运用过的新方法的人。

（2）善于发现并及时地利用机遇。创新性人才具有在不确定性中及时发现和抓住机会的能力，具有促使生产手段进入新的渠道的才能，他们从不感情用事，不采用政治领导的方式，而是通过购买生产手段或它们的服务，然后按照他认为合适的方式去利用它们，同时吸引其他生产者跟随他进入他的生产部门。

（3）具有丰富的专业知识，超强的克服困难的意志力。创新性人才从事生产前，必须对"组合"进行价值评定，只有当新产品的价值大于正常循环流程中以同样的生产手段生产出来的产品的价值时,他才会进行创新,而这就需要其具有丰富的专业知识。同时,熊彼特认为,仅有特殊才能还不能保证成功。由于"新组合"伴随着高风险,在实施"新组合"时常常会遇到一系列的困难,诸如新环境的挑战,心理的、个人的障碍和社会的障碍等,这就要求这些具有创新性的人具有超强的克服困难的意志力,以克服创新过程中所遇到的各种障碍,最终实现创新。

培养创新型人才,首先要研究创新型人才所应具备的基本素质。综观中外创造创新型人才所具备的基本特征,将创造创新型人才应具有基本素质概括为以下几点:

(1) 多元化的人生价值观。创造创新是促进社会进步、增长社会财富的源泉,创造创新型人才必须把创造潜能的开发、创新能力的提高以及由此推动社会的发展与进步,作为人生的最高价值目标,把创新精神、创新能力作为自身素质的核心,并以此发展人生价值的新境界、新追求,在创新与社会进步这一崭新的层面上实现人生的意义。这是知识经济时代创造创新人才所具有的健康人生价值取向的最本质的内涵。由这样的人生价值取向所决定,创造创新型人才应具有多元的价值观,也就是说创造创新型人才在其发明创造的过程中,所追求的不是单一的价值目标,不是以个人利益和需要的满足为人生理想的价值,而是把个人的追求与社会发展、人类进步的需求有机结合。他们在把自己所有聪明才智、无限的创造潜能奉献于社会、奉献于民族、奉献于人类的文明时,他们不仅注重自我实现的人生价值,也注重由于创造创新所带来的经济价值和社会价值,即所追求的是一种多元化的人生价值观。具有这种人生价值观,才能敢于创新、善于创新,才能自觉地提高创造创新能力并规范创造创新行为。他们的创造创新不仅是一种高度的社会责任感的体现,而且是一种崇高的献身精神。这种多元化的人生价值观是创造创新型人才素质中最为重要的特征。因此,在对创造创新人才的培养中要注重对创新价值观、创新伦理观、创新道德观以及献身精神的培养，这是创造创新型人才培养的首要任务。

（2）多维的创造性思维方式和丰富的创造性想象力。创造性思维与创造性想象力对创造创新型人才来说是非常重要的。这正如法国思想家狄德罗所说，精神的浩瀚、想象的活跃、心灵的勤奋，这就是天才。一切创造和创新活动都离不开人的思维和想象，特别是创造性思维与创造性想象。创造性思维是创造与创新的源泉，没有创造性思维就没有创造和创新活动。人类发明创造史的大量事实证明，缺乏创造性思维和想象力的人，是很难在科学事业上做出贡献的。创造性思维应是多维的思维方式的综合。人类有五种科学思维形式：抽象思维、形象思维、灵感思维、社会思维、特异思维。创造性思维是综合运用各种思维形式。例如，牛顿能把苹果与月球联系起来并揭示苹果和星球之间的统一性，这绝不是单纯的形象思维或灵感思维的一维思维方式而能得出的结论，而是各种思维的综合运用。所谓综合运用各种思维形式，是说人的每一种对象性思维活动，都不会是单纯的一种思维形式起作用。譬如创造者的科学思维过程不是单纯运用抽象（逻辑）思维，或单纯运用社会（集体）思维，总要有点形象（直感）思维和灵感（顿悟）思维相配合，不然就无法创造了。与创造性思维紧密相连的是创造性想象。没有创造性想象的参与，创造性思维就不能顺利进行。创造性想象的过程和结果也是创造性思维的过程和结果的延续。它是世界一切创造性活动的必要组成因素。创造创新离不开丰富的创造性想象。创造性想象是一种不依据现成的描述或图示，而根据一定的目标、任务，在头脑里独立地创造出新形象的心理过程。爱因斯坦曾经说过：想象力比知识更重要，因为知识是有限的，而想象力概括着世界上的一切，这个十分强烈促进人类发展的伟大天赋，这时候已经开始了不是用文字来记载的神话、传奇和传说的文字，并给予人类以强大的影响。因此,具有创造性思维和创新型想象力是创造创新人才素质的本质特征之一。在创造创新人才的培养中,就要十分重视创造性思维和创造性想象力的培养。努力提高和开发创造性思维和创造性想象力是创造创新人才素质教育中的一个很重要方面。

(3) 多样化的个性品质。对创新型人才素质的培养,必须充分重视个性品质的形成。美国心理学家对800名男性进行30多年的跟踪研究表明:成就最大与最小之间,最明显的差异不在于智力水平,而在于是否有自信、进取心、坚持性、不屈不挠、不自卑等个性品质。从古今中外的创造发明家中,无论是离经叛道的哥白尼,还是在逆境中奋斗的开普勒;无论是兴趣广泛的达尔文,还是胸怀大志的李四光,都可以发现他们具有某些突出的个性品质,而且这些个性品质对发明创造的成功起到了积极的推动作用。在一定意义上讲,没有个性的人才不是真正创造创新型人才,没有个性的张扬也就没有创造创新型能力的提高。从上述几位创造发明家的事实就可以证明这一道理。因此,创造创新不仅取决于人的智力因素,而且非智力因素也是创造创新中重要的内在因素。在一定的知识基础及思维状态下,创造创新人才的素质高低、创造创新能力的大小、创造创新活动的有效程度等,往往取决于人的信念、志趣、爱好、情操、人格等非智力因素影响的程度及独特的心理品质。但人的个性品质形成各有不同,我们必须创造各种环境和条件,使良好的个性品质得到张扬,使个性品质多样化。因此,在创造创新人才的培养中,不仅要注重人的智力因素的培养,还要注重人的非智力因素的培养。多样化的个性品质的培养是实施素质教育、培养创造创新人才的重要途径,采取科学教育与艺术教育相结合也是一条有效的措施。

(4) 多学科的知识综合化结构。知识的综合性是科学技术和社会发展到一定程度的必然趋势,也是知识经济时代对创造创新型人才的必然要求。联合国教科文组织对高技术产业的研究者、决策者和管理者的个人基本要求为：高等数学（基本概念、微分方程），计算机基础知识（如关于算法语言的基本概念），在研究与开发（R&D）某一领域的实践（至少 5 年），现代管理方法（如应用系统分析、矩阵管理法），社会科学的基础知识（特别是法律、经济、本国历史和经济史）。由此可见，知识经济时代的多元化的经济活动与社会活动要求创造创新型人才对知识的掌握应是多学科的综合性的知识结构。只有综合运用自然科学、技术科学、社会科学、人文科学等多门学科的知识，才能获得创造创新活动中预想的效果。同时，只有多学科的交叉、渗透、融合、撞击，才能迸发新的思维火花，形成新的观点，产生新的结论，从而提供创造创新所需要的新视角、新思路、新途径、新方法。因此，合理的综合性知识结构是形成创造创新能力的基础，是创造创新型人才所具有的重要素质之一。在创造创新人才的培养中，要根据创造创新人才的成长规律，研究建立具有完整性和有序性的综合知识结构，即使其所学的各类知识具有足够的覆盖面，并各种学科之间具有互相交流的信息。努力提高多学科综合化的知识结构是创造创新人才素质培养中的一项重要的内容。未来学家预言：21 世纪是以创造为特征的世纪，是一个充满未知的时代，也是揭开众多的科学奥秘的时代。因此，培养创造创新型人才是时代的需要，是历史赋予的神圣使命。在培养创造创新型人才中，要把人的素质教育放在首位，只有这样才能满足时代的需要，才能完成历史赋予的神圣使命。

（三）创新精神

当前，培养创新人才及高素质人才已成为中央到地方的共识，近几年，我国各地高校扩招速度惊人，没有数量就谈不上质量，但这并不意味着解决了 21 世纪我国发展对人才的需求问题。我们培养出来的人才与发达国家相比，各自的优劣在哪里呢？

1. 何为创新精神

创新精神是人的创新本质的精神表现，是人在创新活动中反映出来的精神素质，是人在处理与外部世界（包括自身）的关系中，不甘守成与重复，不怕风险与失败，不尚空谈与陈规，勇于开拓新的世界，敢于走前人没走过的路，勤于发现、发明与创造，善于把新的思想变为新的事物，表现出永不自满、不受束缚、不断探索、奋发有为的精神。创新精神是一种人类精神。创新是人特有的能力，创新精神是人特有的精神。动物只能被动适应环境的变化，而人则从不满足于大自然的赐予，要改造世界、创造出新的环境来满足自己的需要。人类发展史就是一部人类创新史，创新精神就是在这种创新的历史中，内化为人的精神素质，积淀为人类的文化遗传。创新精神也是一种主体精神。当人还处于被外部世界所奴役的状态，只能消极地顺从自然与社会的命运安排时，他还不能成为完全意义上的主体，也就不具备成熟的创新精神。只有当人不仅在理论的意义上，而且在实践的意义上把握与改变对象世界，人运用自身的主体力量，形成对客体的主体势能，才成为真正的主体，才能显示出典型的创新精神。创新是主体的功能，创新精神是主体精神的显著。创新精神还是一种实践精神。创新是实践的事情，思想的创新也要转化为实践的创新。实践的本性在于创新，创新体现了实践的精髓。创新精神存在于实践之中，实践真实地显示和实现了创新精神。创新精神表明了主体活动的价值取向是求实务实、讲求实效，并且追求创造性的成就，创造新的价值。如今创新精神已上升为一种时代精神。社会经济形态经历了不同的历史时代，创新精神也表现出不同的性质、水平与能量。在自然经济的生产方式中，创新精神是受到工具性因素与制度性因素压制的，创新精神还不能成为时代精神。只有当社会的经济关系、政治关系完成了现代化转型，创新精神成为生产力的内在要求，成为人的普遍行为趋向时，创新精神才上升为历史的象征与时代的精神。

创新精神是在人的实践活动中产生的,这种精神一旦形成,又会影响、作用、改变人才的活动。创新精神可以作为一种精神力量,激励人们打破束缚、推陈出新、勇于创新,从而创造出更高的活动效率、更好的生产能力。创新精神激发出人的潜能,可以转化为物质,转化为财富,转化为各个领域的进步。创新精神是创新实践的精神动力,是创新实践的先导。缺乏创新精神,人们可能得过且过,满足现状,不思进取,即使在生存环境改变时也麻木不仁,采取消极认命的人生态度。有了创新精神,并且使创新成为一种迫切需要时,人们就可能立即对新情况做出反应,迅速组织动员积极创新以适应环境变化。即使在相对稳定的环境中,也能够居安思危,无近忧却有远虑,主动创新,通过前瞻性的决策,积极地调整,以适应未来形势的变化与需要,始终保持着竞争中的优势。人们生存环境中产生的忧患意识、危机意识,可以上升为创新意识,进而转化为积极的创新实践。创新精神使人在实践活动中总是处于思维的搜索状态,发现现实生活中的问题,寻找需要改进的领域、环节或因素,思索如何满足新的需求,如何以新的方式满足现有的需求,如何创造出新的需求。一旦目标选定,就果断把创新思维付诸实践。

创新精神是社会进步的精神之魂。创新是一个民族进步的灵魂,创新精神也就是民族精神的灵魂;创新是国家兴旺发达的不竭动力,创新精神也就是社会进步的精神源泉。精神的世界,无论是个人精神,还是民族精神,一旦形成,就具有相对独立性。创新精神如果已经生成,就会是一种精神财富,参与并融入社会进步的过程中。江泽民同志指出:历史上,原先落后的民族,经过自强不息、奋起直追而实现后来居上的例子很多;反过来,原先先进的民族,由于故步自封、失去创新精神而落伍的例子也不少。创新精神上升为社会的导向,鼓励人们开拓新道路、开辟新境界。创新成为社会的导向,自然就会使创新到处涌现,层出不穷。当创新精神成为一个社会的主流时,这个社会必定会以更快的速度向前发展。当创新精神成为人的普遍精神时,社会进步的不竭动力才能获得广泛的民众基础。如同精神不直接地是外部世界的产物一样,精神也不能直接地改变外部世界。创新精神有着重大的实践功能与价值,但创新精神还只是一种精神的存在,它要转化为改变世界的力量,是通过改变人的实践活动来实现的。创新精神给人的活动注入了新的能量、新的向往、新的规范,从而改变了人的活动方式,增强了人的活动能力,最终表现为对象世界的创造。创新精神的塑造与人的改造是同一个过程。因此,发挥创新精神的实践功能,必须与培养人的社会工程结合起来。创新精神是一种巨大的精神力量,但精神的力量还不能单独地改变世界,还要和物质的力量、制度的力量结合起来,共同完成现实世界的创新。创新精神是创新的一种重要资源,但创新精神不能替代创新所需要的其他资源。创新精神需要培养,技术资源、资本资源、组织资源、制度资源同样需要积累。因此,弘扬创新精神,同时也要积极地准备创新的物质条件,开发创新的其他各项资源。

2. 创新精神与素质教育

素质教育在我国已经开展多年,并且取得了很大的成绩,但关于素质教育的许多基本问题都仍然存在争论。譬如什么是素质教育、素质教育的内容、素质教育的方式等,都莫衷一是,这在一定程度上影响了素质教育的深入开展。

党的十六届五中全会明确提出把自主创新作为我国未来科学技术发展的指导方针,这一方针对于深入开展素质教育也很有启示。笔者认为,素质教育的核心应该是创新教育。所谓创新教育就是要对青少年学生进行创新精神、创新能力和创新人格的培养和教育。创新精神教育,就是培养学生具有创新意识,不满足现状或现成的答案,不墨守成规,敢于提出问题和探索新的问题,这是创新素质的灵魂,是创新素质的理性引导方面。创新能力则是指具有创新的基本本领,它是创新素质的基础支撑方面。创新能力包括较扎实的基础知识和基本技能、较宽的知识面、较强的实践能力和丰富的实践经验,还包括在大量信息中选择、辨别知识的能力,具有关于创造的知识、技能。创新人格,就是培养和发展有利于创新或富有创造性的人格特质。创新教育的实质是一种文化教育,通过一种观念意识变化和相应的社会文化氛围的营造,对人格产生持久而全面的渗透和塑造作用,进而促进学生创新素质的提高。

传统的教育以应试教育为主要类型,强调基础知识的牢固,这是有它的优越性的,但凡事有一利必有一弊,由于过于强调基础知识的传授,过于强调应付考试,就必然造成学生思想僵化,思路狭窄,思维保守,怕犯错误,缺乏创新精神。在这种情况下,将创新作为素质教育的核心,是十分必要的。

怎么样进行创新教育呢?一是要紧密结合基础教育,把创新精神渗透到基础教学中去。在教学过程中,尽量避免传统的填鸭式的灌输,不要轻易要求学生接受整齐划一的"标准答案",要鼓励学生举一反三,奖励学生的探索精神,不要把分数看得那么神圣,允许学生犯错误,等等。二是艺术教育。把艺术教育作为创新教育的重要途径,是有很多不同意见的。很多家长搞不懂吹拉弹唱与创新有什么关系。其实二者的关系是十分密切的。20世纪50年代,美国、苏联正在进行空间技术的竞赛,它们都想率先把卫星送上太空。特别是美国人,觉得他们的科技教育是世界第一的,因此率先把卫星送上太空是理所当然的。事情发展却出乎人的意料,1957年11月苏联率先把人造地球卫星送上了太空。这一下震惊了整个美国,美国人觉得他们在空间技术领域落后于苏联,是奇耻大辱,是无法接受的,于是开始找原因。经过十年的调查研究，美国人得出的结论是：美国的科技教育的确是世界第一的，但艺术教育则落后于苏联，正是美苏两国科技人员不同的艺术素养导致了美国空间技术的落后。艺术教育提高了苏联科技人员的创造力，使他们能够在尖端科技的发展中取得领先地位。为什么艺术教育能够促进科技的发展呢？这就是艺术教育对人的创新思维的促进作用。艺术是需要想象的，正是这种对想象力的锲而不舍的培养，造就了创新能力的提升。三是校园文化建设。校园文化是一所学校的校园人文环境、教育体制、教育内容、师生状况、学习和生活方式、教风学风等因素的综合表现。人是环境的动物，尤其是青少年，周围环境的影响之深常常超出成年人的想象。如果通过校园文化建设，让创新精神从校园文化的各个方面溢射出来，让创造性从积极向上、宽松自然的校园氛围中生长出来，这样的潜移默化的育人环境，显然是最符合创新人格素质发展和培养的要求的。

（四）创新思维

法国思想家狄德罗说过：精神的浩瀚、想象的活跃、心灵的勤奋，就是天才。恩格斯说，人类思维是"地球上最美丽的花朵"，而创新思维是其中最璀璨的一枝。从钻木取火到蒸汽机的发明，从烽火台的狼烟到现代互联网技术，一部人类文明史，就是一部人类自我超越、不断创新的历史。

1. 创新思维的作用

（1）创新思维是创新实践和创造力的前提和基础。创新思维以发散思维、聚合思维、知觉思维、想象思维为基本思维方式，以超人的胆魄和出奇的想象，在常人以为"不可能"的境地中另辟蹊径，使人们的智慧和能力在超越惯常思维的探索进取中得到整合和"裂变"，为人们的创新实践和创造力的发挥扫清道路，指示方向。在青年认识世界和改造世界的一切活动中，创造性活动对于推动人类社会的发展与进步起着首要的决定作用，而创新思维则是人们从事创造性活动必不可少的心理机制，是一种弥足珍贵的思维品质，是人们从事科学发明、发现、革新、写作、设计、绘画、雕塑、谱曲等，以及从事各种独特高效的组织管理活动的主观前提。正如列宁所指出的那样，创新思维在一切领域都是极其可贵的。有人认为，只有诗人才需要幻想，这是没有理由的，这是愚蠢的偏见！甚至在数学上也是需要幻想的，甚至没有它就不可能发明微积分。

（2）创新思维是从事创新实践以及走向成功和成才的动力和源泉。创新思维走出了线性思维、惯常思维、模式思维和惰性思维的误区，使人们在探索未知世界和创造美好未来的孜孜以求中，始终充满着必胜的信心和奔涌的激情，充满着对未来和未知世界的浓厚兴趣与高度敏锐的探索精神，充满着用之不竭的勇气和力量。如果不是创新思维的灵光点燃了世代相传的人们心中不懈追求的烈焰，就不可能有古今中外给人类带来无尽福祉的科坛泰斗及其科学的发明和发现，不可能有灿若群星的文艺巨匠及其艺术品的创作和塑造，不可能有人类文明的不断发展与进步。中国科学院和工程院院士、北京大学教授王选，为了拿下"汉字激光照排"项目，十八年如一日，废寝忘食，夜以继日，苦苦求索。他说："科学研究本身就是一种享受。"其实，这里所说的享受，是在科学研究的苦苦求索中得到的幸福、愉快和乐趣，是人们从事创新思维和创新实践过程中得到的情感回报，也是激励和推动人们进一步从事创新思维和创新实践的动力和源泉。

（3）创新思维是在竞争中不懈进取的武器和法宝。创新思维将逻辑思维和非逻辑思维最优地结合起来，用求异思维、多向思维、逆向思维和跳跃思维的触角，为自己在前进的道路上逢山开路，遇水搭桥，越过了一个又一个"山重水复疑无路"，迎来了一个又一个"柳暗花明又一村"。人们在读书学习中总结摸索出的适合自身特点的独特高效的求学方法，科学研究和试验中敢于挑战权威的标新立异和苦苦求索，文学艺术创作中作品独特性和典型性艺术形象的塑造，军事斗争中"灵活应变，出奇制胜"的战略战术，企业经营管理中独特的经营理念、运营机制和品牌战略，市场竞争中"人无我有，人有我优，人优我变，人变我转"的经营方略等，都是创新思维在现实生活中的典型表现。

目前，在发达国家，以创新思维的推动为主要特征的传播、开发、设计、咨询等行业，在竞争中越来越占据有利地位。日本企业家经常挂在嘴边的一句话是：我们不担心资源缺乏，只怕缺乏智慧和创造性。日本的松下、日立、索尼等大企业不断发展壮大的秘诀之一，就是从企业创立之日起，就一直把"全员创造发明运动"作为推动企业发展的重要杠杆，把开发职工的创新思维作为常年轮训的主要内容，从而有力地推动了企业的技术革新、市场营销和新产品研发的蓬勃开展，为企业的发展带来了勃勃生机。

这些是值得我们借鉴和深思的，尤其是对于年轻人。

2. 开展创新教育，培养创新思维

要着重培养发散思维能力、辩证批判思维能力、隐喻联想思维能力和有助于创新思维的人格因素。

（1）培养发散思维的能力。培养创新能力，首先从破除对事物认识上的各种功能固执和思想惰性入手。这种惰性突出表现为沿袭固有的处事惯例、权威意识和无批判意识等现象。激发创新意识可采用潜科学教学法和社会探究法。其中潜科学教学法指教师在课堂上向学生展示自己讨论的疑难问题或尚未定论的问题，使学生看到教师创新思维和想象活动的过程。社会探究法指教师提出社会中存在的某个问题，由学生展开调查，提出假设，搜集证据，最后教师引导学生分析、概括得出结论。为强化发散思维的作用，在教学中还可采用内容不完全教学法、发展问题教学法和多角度教学法。内容不完全教学法指教师在课堂上将所讲授的内容制造一定的空白地带,让学生自己去推测可能的结果。发展问题教学法指教师在学生解答了某一问题后,要求学生对所解出的问题适当加以变化和发展,并编出发展题,然后师生共同解答。多角度教学法指教师在指导学生解决问题时,启发学生尽量从不同角度来认识同一问题的性质和解决方法。凡此种种,都旨在唤醒学生的问题意识、批判意识,使他们从种种聚合思维的束缚下挣脱出来,去大胆地追求发散思维给人带来的种种创新意念。

(2) 培养辩证批判思维能力。辩证批判思维能力泛指个人能够辩证地评估、判断某一事物和现象好坏、利弊的能力。辩证判断是反映客观现实的辩证性质和关系的心理过程,辩证思维是按对立统一的矛盾运动形式来反映客观事物的思维活动,是在形式逻辑思维基础上产生的,是人类思维发展的最高形式。就创新思维而言,辩证思维可包括积极进取、欣赏困境及和谐冲突等方法。批判思维是个人对某一事物和现象长短、利弊的评判,激发念头可谓批判思维的关键。激发念头并不一定要寻求正确的结果,而是要激发自己对同一事务(现象)采取不同的认识。就创新思维而言,批判思维是破除学生思想认识中功能固着和思维惯性的关键。培养辩证批判思维,对于突破聚合思维对创新思维发展的束缚,开发现代创新人才的发散思维能力,具有十分重要的推动作用。

(3) 培养隐喻联想思维能力。隐喻联想思维,指个人可以将截然不同的事物有机地接合起来。这种联想通常是隐喻的、直觉的、跳跃的、模棱两可的。美国创造学专家戈尔顿对隐喻联想思维提出一个形象的口号:将生疏的事物看得熟悉,将熟悉的事物看得生疏。隐喻联想通常有直接联想、个人联想、象征性联想和幻觉联想等方式,它们均可促使学生在日常的分析问题、解决问题过程中更具创意。隐喻联想是创新思维最可贵的成分之一。没有隐喻联想，就没有人类对世间万物的种种联想和梦幻。科学上的许多重大突破，都是隐喻联想的结果，它把看上去毫不相干的东西联系在一起。因此，看到别人看不到的特殊关联，是创新思维的一个突出体现。美国心理学家瑞普提出，直觉的隐喻联想可帮助人们在更广泛、更特别的情景下看待同一件事物的不同功能和作用，从而实现思维中的一次次飞跃。就创新思维来说，知识的分割与疏离是极为有害的，它不但会导致人们机械、片面地认识各科知识的结构，还会使学生对自己专业以外的知识持消极、淡漠的态度，对跨专业的理论设想嗤之以鼻。所以，强化隐喻联想可突破知识专业化对个人知识结构的束缚，学会在不同领域的知识中寻找专业发展的灵感和突破点。

（4）培养有助于创新思维的非智力因素。非智力因素可以对智力和创新能力的开发起促进作用。瑞普指出，创新能力是个十分个体化的特征，在此当中既包括一般智力和知识的作用，也包括动机、兴趣和态度的作用。研究表明，高成就的创新人才，具有高敏感性和高控制性的人格特征，其在稳定性、自信性、敢为性、自律性等创造人格因素上表现突出。因此，激发创造性思维，培养独立思考和积极想象的能力，非智力因素的培养至关重要。提高人才创新能力的心理素质，应重点培养其下列人格品质：①敏锐的洞察力，对事物永远抱有一种兴趣和疑问；②积极的心态和较强的心理承受能力，在挫折面前可以很快调整自我的心态；③自尊、自信，在任何不利环境下都不动摇对自我的信念；④坚忍不拔的性格，不因一时的困难挫折而放弃个人的想法和讨论的方式，还要通过各种生活实践和社会实践的观察和体验来展开。它要求学生对周围的人和事物不断形成独立的见解。

3. 创新思维重在实践

创新离不开充满生机与活力的创新思维，如果说创新是时代发展进步的灵魂，那么创新思维就是创新的基本前提和必要条件。假如我们在思维方式上墨守成规，既不敢突破前人，又不能超越自我，当然谈不上任何创新，我们要努力用创新的思维进行理论创新和实践创新。

我们不能把创新思维当作动听的口号挂在嘴上、写在纸上、贴在墙上，而应该真正落实到行动上。"创新"，并非是随意出几个与众不同的"新点子"，随便提几个花哨的新提法，真正的创新源于深厚的理论积淀和丰富的实践积累。

"创新思维"的最终目的在于指导实践，真正的创新思维及其由此产生的理论也能够正确而有效地指导实践。

（1）把创新思维建立在系统调查研究的基础上。创新思维来自实践，我们之所以要大力创新，既不是为了时髦，也不是为了"作秀"，而是因为千变万化的社会实践为我们提出了创新的迫切要求，只有适应这种要求，才能适应社会实践的发展，那么，实践到底为创新提出了哪些要求？要准确把握实践的要求，靠空想不行，靠空谈也不行，关键是深入实践，否则，空谈所谓的创新思维，必定是无源之水，雾里看花，系统的调查研究必须是宏观和微观情况相结合，既要有整体的、历史和现实的、真实可靠数据保证，又要有间接的研究成果做参考。

（2）善于把创新思维与创新实践紧密结合起来，实现二者的良性循环。创新思维来自实践，又用于实践，如果只有思维，没有实践，那么再好的思维也是空中楼阁，也会黯然失色。创新思维作为一种思维，从根本上说，还停留在认识的层面，认识的目的在于指导实践。毛泽东同志说过："辩证唯物论的认识运动，如果只到理性认识为止，那么他还只说到问题的一半，马克思主义的哲学认为十分重要的问题，不在于懂得了客观世界的规律性，因而能够解释世界，而在于拿了这种对于客观规律性的认识去能动地改造世界。"由此看来，有了创新思维固然可贵，更重要的是把可贵的创新思维用于活生生的创新实践。在当今的创新时代，我们迫在眉睫的一项工作，就是让创新思维不仅仅是一种理论口号，而要使之真正化为创新的实践，化为先进生产力，化为人们的积极性、主动性、创造性，化为改革开放和社会主义现代化建设的崭新局面。

（五）儿童创新能力的培养

20世纪初，心理学家从产品、进程、人格等角度对创造性进行了大量的研究。美国心理学家吉尔福特提出的发散思维学说，在创造性研究的历史上树起了一块里程碑。许多人便把发散思维当作创造性的秘密，这一错误认识，使得许多教育者认为培养了发散思维也就发展了创造能力。

首先，把发散思维当成创造的根源在逻辑上是本末倒置，"创造性思维能力有它自己的特征，包括流畅性、灵活性和修饰性能力，因而可用发散性思维能力来称呼这类因素"。吉尔福特的这句话使人们对发散思维的本意产生了误解，吉尔福特是把发散思维作为一种创造力的测量指标提出来的，它从结果上描述了创造性，但没有从过程上揭示创造性。也就是说，凡是创造性行为，都表现出思维的流畅灵活独特，但思维何以会流畅灵活独特，则不是发散思维所能解答的，发散思维注重的只是思维的形式，而没有充分照顾到思维过程中的社会态度、价值取向等因素。社会心理学研究表明，社会态度、价值取向是思维的广度、深度和思维方向的决定性因素，是创造过程中不可缺少的重要条件，很显然，发散思维并不是创造的根源，仅仅以发散思维训练来代替创造性培养，无论在理论上还是在实践上都是错误的。

下面我们来认识创造性、自由、纪律的关系。

在任何创造过程中，宽松自由的氛围都是不可缺少的，在严格的不合理的约束中，在外在的规则和纪律的限制下，儿童是无法发展其创造能力的。

儿童，尤其是幼小儿童的思维正处在直观动作思维向具体形象思维的发展过程中，他们在思考问题时往往还需要凭借一定的动作，甚至需要把自己的思路讲出来，这是他们思维发展水平决定的，如果幼儿自身发展水平都不能得到自由表现，其创造性是无法得到发展的。

然而自由是有社会性的，任何一个人的自由都不应妨碍其他人的自由，所以，自由要通过社会契约才可能真正达到。也就是说，儿童要达到自由必须以一定的规则或纪律为前提，而只有建立在儿童身心特点和教育规律正确认识基础之上的，符合其特点的规则或纪律才能使孩子达到自由，并在这种规则和纪律的保证下获得自由。当然，规则或纪律的限制不应是外在的而应是主体自觉的认识，我们应培养儿童把遵守适当的规则或纪律当作一种习惯，而不是限制，使自由与规则达到有机的统一，这样，儿童的创造性才能得到自由发展。

儿童具有丰富的创造性才能，在儿童创造性培养过程中，我们反对把一些传授创造技能当作发展创造性的万能公式，但并不反对适量地让儿童掌握一定的创造技能。培养儿童的创造性，不仅要靠教育者有组织计划地直接影响，更重要的是儿童自发的探究活动；不仅要独立地开展一些旨在培养幼儿创造性的活动，还要把创造性培养贯穿于科学教育和各类活动中；不仅要重视在教育过程中培养儿童的创造性，还要把鼓励创造性的环境作为幼儿的生活背景，使他们在创造性思维，养成创造性个性萌芽。

从创造意识到创新能力，表现为一个发展过程，在这个过程中，孩子自身的探究行为是两者之间的媒介与纽带。孩子的探究行为，主要是指他们自身对客观环境的参与，或是对客观环境所作出的主观能动的反映行为或者反映活动，孩子正是通过这种探究行为在与环境交互作用的过程中，形成一种与其自身特点相吻合的求奇、求新、求变的精神状态和思维方式、独立观念和自主习惯，并在此基础上发展为各种创新能力。

儿童的创造性活动主要来自他们的好奇心和求知欲，这种探究行为在儿童早期就已经显现。新生儿的探究反射在一定意义上可视为好奇心的最初表现，对于婴儿，我们常常发现，他们一旦发现新奇事物，就会用手去触摸或用舌头去舔，幼儿期的好奇心更加明显和强烈，这一时期，幼儿的问题特别多，只要他们不懂的，他们就会去问。从了解表面现象到追根究底，他们的好奇心不仅表现在身体的探究活动上，当个体原有的认知结构与来自外界的积极性上。认知心理学认为，当个体原有的认知结构与来自外界环境中的新奇对象之间有适度的不一致时，个体就会出现惊讶、疑问、迷惑和矛盾，从而激发个体去探究、去尝试做以前从未做过的事情，并从中表现出他们的创造性。

从爱因斯坦儿时的探究行为到他后来的科学发现，对世界的执着的好奇心，探究的热望与冲动，可能导致儿童将来走向科学之路并成为有所建树的科学家，因此，我们的教育并不是要将现成的知识和科学结论告诉儿童，而是要使儿童成为渴求了解世界的探索者和发现者，要以科学的方法和科学的精神引导儿童，使其萌发创新意识培养他们的创新精神和创新能力，为他们一生的发展奠定基础。

1. 儿童应在游戏中学会创新（科学精神的启蒙教育）

（1）游戏体验是儿童创新的原动力。在一定意义上，游戏是非理性的活动，情绪及体验是儿童积极性的内在源泉，游戏的精华是游戏主体的内在体验，包括认知体验及其伴随的情感体验，游戏体验实质是一种主体性体验，主要包括：第一，行动的自由主体性体验。游戏具有自由想象与创造的精神，它可以提供一种激励创造性思维的适宜氛围，在这种氛围里儿童可以"想我所想""抒我所怀"。研究表明，在人的颅腔内，当思想的火花自由自在地闪现时，人就会有所创造；反之，就难以有所发明或有所创造。在人的一生中，童年是最富创造性的时期，因为儿童的心灵是自由的，他们往往不会去理会清规戒律，也不受客观清理的束缚，因而经常会"标新立异"。第二，对活动内容和方式的兴趣体验。兴趣是儿童创新的积极因素，兴趣感体验作为一种为外界刺激物所捕捉和占据的体验，是一种情不自禁地被卷入、被吸引的心理状态，游戏使人愉快，使人情趣盎然。一是游戏过程充满轻松自在，儿童能真正在游戏中获得愉悦的情感体验；二是游戏的内容充满怪异与诙谐，甚至令人捧腹，其方式是自娱自乐、自主控制，因而使人感到其乐融融，儿童在游戏中的愉快体验使得他们乐于游戏，乐于尝试，乐于探索，乐于创新；三是对事物、行为以及他们之间相互关系的支配感、胜任感体验，游戏中儿童自己支配着游戏的主题、情节、角色、规则，体验着支配及胜任感的喜悦和自豪，体验着由此而来的专注与执着，这种体验是创新能力培养不可缺的条件。

（2）游戏方法是幼儿创新的"资本"。首先，游戏中实物操作有利于调动孩子的主动性。通过象征游戏，儿童可以在"以物代物"的过程中打破物体的固有功能，在反复的变通与转化中开拓新的途径，改变看待事物的方法，发展创新思维能力。特别是建构游戏，儿童可以在结果并不确定的条件下自由地畅想、操作，从而发展了三维思考能力，提高了操作的独特性与复杂性，有助于挖掘儿童的创造性潜能。其次，游戏规则制约游戏的玩法，外化为游戏方法。儿童对规则的把握有一个从"他律"到"自律"的过程，在"自律"的水平上，儿童能适当地变通游戏规则，以便能顺利进行游戏，儿童正式运用已有的知识、技能及经验适当综合、简化、改编进行着有趣的游戏，而规则的变通就是儿童一定创造性的体现。

2. 儿童应在操作中学会创新（科学方法的启蒙教育）

儿童的操作行为，一般是指借助某种物品、材料进行的探索活动，在操作中学习是对传统教育方式的变革，其核心是让儿童充分体验探究和发现的过程。儿童在具体的操作行为中，可以运用各种感观，积极地观察、实践、思考各种疑惑和问题，并对探索的结果进行推理得出结论，发展其重组思维和创造性行为。它所蕴涵的教育价值主要表现在以下几点。

（1）培养观察能力，增强探究欲望。观察是通往创造之门的第一步，是发现问题的重要途径。儿童在操作学习中通过观察对产生许多大胆的想象，萌发创新意识，因此，引导儿童在操作中积极观察是十分关键的，教育者在引导儿童观察时不应局限于一般的观察，既要观察研究对象本身，进行记录，又要引导儿童在观察时发现更多的问题，要注意研究对象与周围的关系，并维持一定时间的兴趣，不要限制孩子们的观察范围，应该让他们走进大自然开阔眼界，以增强好奇心和探究的热望。

（2）发现事物间关系，体验探究乐趣。自然界的物体在相互作用时会表现出一些基本特点和相互关系，这比材料自身的基本特征更加复杂和隐蔽，如浮力、摩擦力、重力等各种自然力、光、热、电、磁等能量及其形式，都是儿童在日常生活和操作学习中可能接触到的事物间的基本关系，这些关系会使儿童感到自然界奇妙无穷，从而体验自然界奇妙和探索发现的乐趣。

（3）尝试使用工具，发展创造能力。儿童从小就对操作和使用工具表现出浓厚的兴趣，尝试使用工具的经验将对儿童终身学习生活和工作有益。因此，在儿童使用工具和材料进行探究的过程中，教育者要引导儿童体验工具的作用和价值，理解数量关系；要挖掘和赋予儿童的制作以新的价值，引导他们在自己喜欢的制作活动中，经历从确定目标、设计方案、准备适宜的材料、制作并解决相关的技术问题到相互交流与评价这种技术设计的主要过程，发展他们对技术设计的兴趣、能力和创造力。

总之，培养儿童的创新能力要以孩子的探究行为为起点，了解儿童创造性特点，保护与支持儿童的"异想天开"与探究精神，静心呵护和培养儿童对周围事物和现象的兴趣与好奇心，使儿童永远保持探究和学习的热情，获得终身积极主动学习的动力机制。

(六) 大学生创新能力的培养

1. 当前大学生创新能力方面存在的问题及原因

当前大学生创新能力方面存在的问题表现在以下几个方面。

(1) 学习求知欲不强。创新能力是建立在丰富的知识基础上的，但大学生对于学习的效率、知识的积累和提炼非常盲目，学习兴趣偏颇，不能正确认识不同学科对于知识结构的重要性，不少大学生听课效率不高，课后不进行复习，考试临时抱佛脚，这些成为大学生培养创新能力的障碍。

(2) 动手能力低下。大学生的动手能力一方面指实际操作能力，譬如实践、制作、设计等；另一方面是在社会实践中学习和运用知识的能力。大学生在这两方面都显欠缺。很多大学生连基本的生活自理能力都很差，遇到实践操作更显得力不从心，同时，现在的大学生只重视书本知识的学习，忽略在实际生活中汲取知识的倾向，遇到问题时，只会套用理论，缺乏实际动手能力。

(3) 创新能力缺乏。大学生创新能力缺乏，而且他们未充分意识到创新能力对他们今后成才的重要意义，因此，需要加强这方面的训练，把培养大学生知识积累和创新意识相结合，知识结构和素质培养相结合，使他们成为具有创新能力的全面发展的人才。

造成上述现象除了大学生自身的原因外，更重要的是传统的教育模式和应试教育体制。教师重视传授知识，把学生的大脑看作是储存知识的仓库，在教学过程中过分重视书本上的知识传授，忽视理论联系实际，不重视社会实践的参与和体验，缺乏对动手能力的培养；考试中以已知知识的记忆为主，评分以教师制定的标准答案为标准,不重视学生的发挥和创新;升学以一次定命运的高考为衡量标准,不重视学生的特长和综合素质,这种循规蹈矩的教学方式,难以激发学生的创新意识。

学生踏入大学校门后,局限于按照专业设置的课程,学习记忆教师讲过的、书本上现成的知识和答案,不注意学习掌握课程以外的知识和技能,由于许多专业的课程设置狭窄,不少理工科毕业生的人文社会科学知识相对薄弱,对历史、国情了解甚少,缺乏经济、法律、写作等方面的知识和实践操作能力。文科学生与社会接触、实践能力、洞察能力、社交能力以及运用知识分析和解决问题的能力薄弱,特别是随着大学生中独生子女的增多,大学生的依赖性更加突出,最终导致他们踏入社会后的"社会适应期"的延长,限制了他们的发展。

2. 加强大学生创新能力培养

随着经济全球化、信息化时代的到来,综合国力的竞争日益激烈,各国都把培养具有创新能力的人才作为教育部门的历史重任,这就需要我们更新教育观念,切实转变教育思想,采取各种切实有效的措施,提高大学生的创新能力。应从以下方面加强大学生创新能力培养:

(1) 培养创新型教师。从某种意义上来说,学生的创新能力在很大程度上依赖于教师有目的、有意识地培养,其根本和关键在教师。这就要求教师爱岗敬业,对学科的前沿理论和与本专业相关的交叉学科的最新理论有强烈的求知欲望,并善于将最新的教育科研成果运用到教学当中,以此拓宽学生的知识面,强化学生的创新意识;同时,教师要尊重学生的个性,承认学生兴趣和性格的多样化,在此基础上,开展创造性教学活动。

(2) 采用灵活多样的教学方法,大胆对教学进行改革。课堂教学是培养创新能力的主渠道,课堂实施以培养学生创新为核心目标的创新型教学对提高学生创新能力意义重大,教师在教学中可以推行案例式、讨论式、游戏式等教学方法，提高大学生的自学能力、动手能力、分析解决问题的能力，特别要培养大学生的创新能力和实践能力。

① 案例式教学。案例式教学就是通过对具体事例的讨论分析来提高学习成效的方法。通常的做法是给大家一个案例，然后分组讨论，每个小组各抒己见。其实我们也可以采用情景模拟的方式，让学生分别扮演案例中的角色，自演自导，直到问题解决。通过让学生扮演其中的特定角色不仅极大地吸引了学生的学习兴趣，也大大开发了他们的想象力和问题解决能力。

② 讨论式教学。这是一种常用的教学方法，即针对某一具体话题展开深入讨论。讨论式教学用好了同样能够激发学生的创新热情，譬如，可以采用"头脑风暴法"，大家就某一问题不受任何拘束，畅所欲言，这种讨论可以打破学生的思维定式，能够提出许多有趣新颖的观点，有利于提高学生的创新意识与热情。

③ 游戏教学法。把一些课程设计成游戏的形式，学生通过做游戏来完成教学。例如，通过竞赛和抢答的教学方式来考查学生的知识水平、应变能力和发散思维，竞赛内容涉及面广、形式新颖，问题的答案也可以没有对错之分，重在想象力丰富和语言幽默诙谐。游戏教学法不仅能调动学生的学习热情，还让学生有童心回归的体验，这也是创新教育的一个重要目标。

（3）改革考试方法。考试是人才培养过程中的一个重要环节，对引导学生学习起着指挥棒的作用。传统的死记硬背的考试方式与培养创新人才已相悖，这就要求对考试方法进行改革，树立起培养创新精神的理念，把知识、能力、素质作为衡量标准的新型人才观。考试的内容不应该以死记知识为主，考试成绩不再是高分低能的旧概念，而是掌握知识的程度、应用知识的能力大小的体现，是综合素质高低的反映。要改变过去那种期末考试一卷定乾坤的做法，考试的形式可以由闭卷考试一种形式变为多种多样，以求把培养学生的创新能力落到实处。

（4）设置课外活动中的创新教育环节，开展大面积的实践活动。课外研究活动是创新教育的重要组成部分，精心设计大学生课外研究活动，可以激发学生的学习兴趣，培养其创新意识与能力。应给大学生尽可能多的自由发挥的空间，以提高大学生运用知识解决问题的能力。一方面，加强学生获取知识和信息的能力，特别是掌握计算机知识和本领，同时还应重视实践的作用，有条件的学校可以采取"产学研"一条龙方式，融教学与科研为一体，主动与产业界和科研单位合作，或者学校自建科技企业，或者接受企业在学校建立研究机构等，努力为学生实践活动创造条件。另一方面，还可通过开展社会调查，进行创业、营销等策划活动，锻炼培养学生的创新能力和实践能力。

（5）教给学生基本的创新方法、途径和技巧，培养学生初步的创新能力。一个好的教师，不是把知识告诉学生，而是教给他自己获取知识的方法，因此，在课堂教学中，教师要教给学生最基本的科研与创新方法，这样学生才能在以后的工作岗位上不断研究解决各种各样的新问题。在这方面，主要是有重点地教给学生一些最基本的科研和创新方法，诸如如何选题，如何搜集、分析、整理资料，如何提炼论点（观点）、如何谋篇布局、安排论文结构，如何论证阐述，如何修改文稿，了解论文的书写格式和规范等。同时，还可以布置一些论文题目，也可以由学生自拟题目，对学生进行科研创新的基本训练，教师再加以必要的指导和辅导，使学生初步掌握科研创新的方法和途经。另外，通过举办"大学生科技论文大赛""大学生素质形象大赛""优秀毕业生报告会"等活动，激发学生科研创新的热情。

三、创新理论与人才发展

（一）创新的动力机制

1. 利润

熊彼特认为，所谓利润，就是一种超过成本的余额，即一个企业的收入与支出之间的差额。所谓收入，是指企业家从事创新的全部收益。所谓支出，是指企业家在生产中的直接支付和间接支付，它包括企业家花费的劳动所应得的适当工资、企业家自己拥有的土地租金和风险的额外酬金。熊彼特认为利润是企业家创新的产物，没有创新就没有利润。创新之所以能够产生利润，主要是因为通过创新企业家能够以更低的成本生产出与其竞争者相同的产品，从而使得创新的企业家能够从成本差中获得利润。

2. 企业家精神

熊彼特认为，随着物质的不断充裕，利润动机对创新的影响力会逐渐减弱，而"企业家精神"会逐渐成为企业家实现创新的主要推动力。在熊彼特看来，企业家进行创新的动机或动力来源于：一是由于他看到创新可以给他本人及其企业带来获利的机会；二是实现一个私人商业王国的愿望；三是征服困难并表明自己出类拔萃的意志力；四是创造并发挥自己才能所带来的欢愉。在这几种力量的联合推动下，企业家时刻有"战斗的冲动"，存在着非物质的力量的鼓励，这就是企业家精神。这种精神主要是指企业家希望通过创新来凸显自己的才能，证明自己的优越性，从而获取别人的承认及社会的尊重。

（二）人才生成机制

熊彼特在创新理论中提到，"企业家的生成不仅是均衡经济发展的产物，也是经济系统内部若干关键要素相互作用的结果；这些要素既有来自企业家自身的，也有来自于企业家外部的"。由此，我们根据创新理论不难发现正是动机、能力、契约与竞争等的相互作用下造就了人才发展机制。其相互间的关系如图4-4所示。

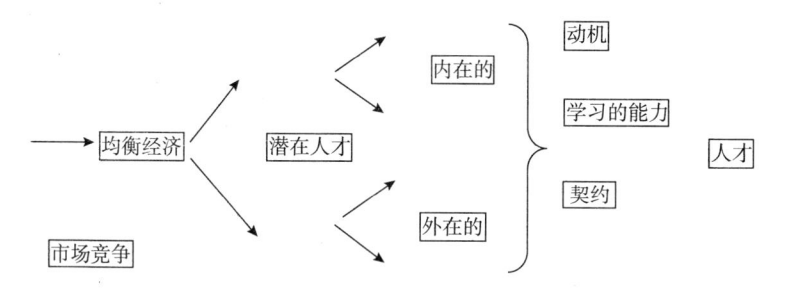

图4-4 人才发展机制的一般框架

（1）个体的内在的心理动机。"在循环流转的范围内，每个人是他自己适应于它的环境，以便尽可能的更好地满足给定的需要——他自己或别人的需要。在一切的场合，经济行为的意义在于满足需要，意指如果没有需要，也就不会有经济行动。就循环流转而言，我们也可以把需要的满足看成是正常的动机"❶。

（2）持续的学习能力，并形成核心能力❷，这对于人才的发展是至关重要的。就如同熊彼特所说，企业家是一种特殊的类型，其特殊性的先决条件就是企业家的才能（能力）。以唱歌能力为例：在健康人群中，唱歌能力本是正态分布的；但即使是超出平均水平的四分之一人群，也只有通过一系列连续不断地增加自我的唱歌能力和淘汰竞争对手，才可能最终使得这种才能成为个人性特点。可见，先天能力只是能成为天才整体能力的一部分。再如，个人能力的提升，是一种自我选择的过程和结果：比较聪明的制造商持续化经营正是得益于其主动学习而获得的再购买原料的技巧而不可被替代，说明经营者此刻已初步具备了核心能力。从此，这些人走到了超乎正常才智和意志的那种类型的人

---

❶ 熊彼特. 经济发展理论［M］. 何畏等译. 北京：商务印书馆，1990.
❷ 伊克比亚，纳珀. 微软的崛起：比尔·盖茨和他的软件王国［M］. 北京：新华出版社，1996.

中间。可见，学习对于人才发展的重要性。但更为重要的是，他也许是自觉理性化地去寻求这一时机。在这个超越旧传统的过程中，每行一步都是很困难的，会受到来自环境、自我以及社会等各个方面的考验和抵制。因此，应时刻保持良好的状态以应对外界干扰，抓住契机投入学习，以免被筛选出局。

第一，为创新提供强大的精神动力。科学侧重求真，人文侧重求善，求真求善解决好，既懂得客观事物发展的规律，又有终极关怀的情怀，必然具有正确人生观。而正确的人生观是创新持久的精神动力。

第二，为创新提供合理的知识结构。任何一项科技创新都有人文精神参与其中，从科研项目的确定、指导思想的提出和总体设计的制定，直至成果的产出和市场的实现，没有哪一个环节、哪一件事情没有人文知识的作用。如果既有关于客观世界规律方面的知识，又有关于主观精神世界方面的知识，知识结构的完整性就会有力地促使知识功能的发挥。

第三，有利于创新思维能力的提高。人类思维大体有四种类型：逻辑思维、形象思维、直觉思维、灵感思维（包括顿悟思维）。四种类型思维是创新思维不可或缺的。科学知识是逻辑思维，它保证了思维的正确性；人文知识所具有的形象思维、直觉思维、灵感思维的特点，则是创造性突破最需要的思维。二者结合即使思维正确，又使思维善于创造。这样就十分有利于创新思维能力的提高。

第四，有利于在创新中处理个人和外界的关系。科技承认外界，人文关怀外界，既承认又关怀必然能够同外界和谐相处，能够和他人、和集体、和社会、和自然和谐相处，同荣共茂。创新中，人文文化左右着每一个创新者审时度势、理想抱负、道德情操、心态情绪、处事待人等诸多方面。有不少创新者由于看不清时代和形势发展的新特点和新趋势、不谙市场经济发展的规律和机制、不善于处理复杂的人际关系等人文方面的原因,使创新实践困难重重。

参考文献

[1] 高良谋,郑萍. 企业家理论的困惑 [J]. 学习与探索,1997 (4):18.
[2] 熊彼特. 经济发展理论 [M]. 何畏等译. 北京:商务印书馆,1990.
[3] Casson M. The Entrepreneur: An Economic Theory [M]. Oxford: Martin Roberson, 1982.
[4] Casson M. Entrepreneurship and Business Culture [J]. Edward Elgar. U. K., 1995.
[5] 盛立军. 风险投资:操作、机制与策略 [M]. 上海:上海远东出版社,1999.
[6] 郑晓明. 人力资源管理导论 [M]. 北京:机械工业出版社,2006.
[7] 赵曼,陈全明. 公共部门人力资源管理 [M]. 北京:清华大学出版社,2005.
[8] 潘良云. 人力资源管理与测评 [M]. 北京:中共中央党校出版社,2004.
[9] 贝克尔. 人力资本 [M]. 梁小民译. 北京:北京大学出版社,1987.

第五章
人才发展与经济发展

　　人才不仅是科学技术发展的引领者，也是经济社会发展的重要推动因素，还是先进生产力中起着主导作用的组成部分。本章从人才是经济社会发展的第一资源、人才是最先进的生产力、人才是创新的主体这三个方面对人才发展与经济社会发展的联系进行了分析研究。指出人才资源是第一资源，其内涵是把人才资源放在经济社会发展各种资源的首要位置，坚持以人为本，促进人的全面发展，把人才资源的开发利用作为推动科学发展的根本动力，确立人才资源开发相对于物质资源、环境资源、资金资源以及其他资源开发的优先地位。人才是先进生产力的开拓者和推动者。人力资源是生产力，人才资源是先进生产力，人才在推动经济建设、政治建设、文化建设、社会建设中起着特别重要的作用，甚至是决定性作用。对如何培养造就高层次创新型科技人才提出了指导性建议，加速人才发展进一步推动经济社会的发展。

当前中国正处在经济转型、体制转轨、发展方式转变的重要历史时期。转型、转轨、转变的第一动力是什么？是最富进取活力的人才。人才作为经济社会发展的第一资源在当今激烈的市场竞争中作用更加突出。参与全球高端竞争，前提是要有一大批具有世界水平的人才。人才不仅是科学技术发展的引领者，也是经济社会发展的重要推动因素，还是先进生产力中起着主导作用的组成部分。在愈益依靠知识的创造、获取和应用推动的现代经济增长中，资本等传统要素的贡献正在逐步降低，知识和劳动力素质的提高则发挥了日益重要的作用。

第一节 人才是经济社会发展的第一资源

从20世纪下半叶开始，人类已经步入知识经济时代，现代生产要素正以智力资源为核心集结成新的主导力量，以加速的技术创新态势引领着经济社会的发展方向。以知识为基础的产业正逐步上升为主导产业，技术密集型和智力密集型产业的就业比重显著上升，人才资源的质量和数量成为推动经济增长和社会发展的关键因素。在这样的国际大趋势下，人才资源开发和经济发展同样成了我国现阶段面临的两个重大问题，而人才资源的开发仍然是解决问题的重中之重。

一、人类社会变革的主要标志

人类社会发展生产力离不开三种资源：一是自然资源和其他物质资源；二是已经获得的科学技术成果；三是能够开发、利用和创造前两种资源的科学技术人才和管理人才，即人才资源。在传统的农业社会和工业社会，人类发展生产力主要依赖自然资源和其他物质资源。科技革命的发展，使人类社会发生了深刻的变革，人类开始进入以科学技术为主体、以发展高新技术产业为主要特征的信息社会。工业社会到信息社会的变革，科学技术在社会各个领域空前广泛的应用,不仅推动社会生产力产生了巨大飞跃,而且引起了世界格局的深刻变化。世界各国的经济学家普遍认为,最终决定一个国家和地区经济与社会发展速度的不是物质资本和物质资源,而是拥有较高文化和技术素质的人才资源;经济的发展也不再是主要依赖于廉价的劳动力,而主要依赖于具有创新精神和创造能力的人才资源。正像诺贝尔经济学奖获得者舒尔茨所说的,在信息社会中,"空间、能源和耕地并不能决定人类的前途,人类的前途将由人类的才智的进化来决定"。也就是说,信息社会的到来,使人类社会发展所依赖的战略资源重点,由自然资源和其他物质资源转向人才资源。

二、经济社会发展的真正动力

第二次世界大战后,世界经济发展的实践证明,提高国民素质,开发人才资源,是一些国家和地区经济迅速崛起的重要原因。战败国日本和联德、德国在经济上的迅速崛起,英国、法国等遭受战争严重破坏的西欧国家很快恢复了元气并实现了经济的腾飞,新加坡、韩国以及我国台湾省等一些国家和地区经济的飞速发展,都不在于其自然资源和物质资源的丰饶,而主要是他们极其重视人才资源的开发和利用,并拥有雄厚的人才资源。日本作为自然资源比较贫乏的国家,在经济实力上能够仅次于世界经济强国之首的美国,其奥秘就在于它是世界上最重视教育和人才资源开发的国家之一,并拥有更多的受过良好教育的劳动力,拥有雄厚的掌握知识、新技术的人才资源。据相关资料统计,经济增长中的科技贡献率,美国为70%,日本为65%,我国不足30%。世界各国的发展状况表明,人才富足且能够充分发挥作用,国家的科学技术发展很快,经济增长中科技含量就高,社会生产力就能够迅速发展,即使是自然资源贫乏的国家,也能够成为世界上的经济大国;相反,如果人才资源匮乏且不能充分发挥人才的作用，那么，无论自然资源多么丰富，生产力的发展也不会很快，而且时时处处受到经济强国的控制。

三、世界各国国力竞争的焦点

（一）当代世界各国的竞争，是以经济实力为核心的综合国力的竞争

综合国力强弱的关键是科学技术，科学技术的载体是科技人才。大量的历史事实表明，一个人力资源素质差、人力资源匮乏的国家在国际上是没有竞争力的。因此，开发人才资源，拥有充足的人才，也就成为世界各国竞争的焦点。

为了在激烈的国际竞争中立于不败之地，世界各国纷纷采取对策，把人才资源开发作为一项基本国策和战略措施来抓。许多国家把人才资本的积累和结构的优化同社会经济发展战略联系起来，努力解决人均人才资本存量少或人才资本积累速度慢的问题，以期增强国家经济的竞争实力和企业生产的发展动力，摆脱经济停滞的窘境，实现经济持续增长。一些发达国家为了在国际竞争中保持领先地位，不仅大幅度增加教育投资，积极培养年轻的科技人才和管理人才，凭借雄厚的经济实力和优越的科技环境，千方百计地吸引和争夺外国的优秀人才[1]。

21世纪的全球竞争越来越成为人才的竞争，"智缘政治"将在很大程度上取代"地缘政治"。为摆脱高失业率等经济困境，美国在全球范围内发起了一场争夺人才的新攻势。

美国国土安全部部长纳波利塔诺表示："美国必须继续吸引世界各地最优秀的人才，以使他们的天赋、技能和创意投资于美国经济增长，为美国创造就业机会。"美国公民身份和移民局局

---

[1] 李小岩．人才资源是人类经济和社会发展的核心资源［J］．人力资源，2006 (6)．

长梅奥卡斯说:"美国有着长期欢迎有创造性的企业家和熟练工人来美国的丰富历史,这些人通过创造新的就业机会、推动新的技术进步为美国经济带来动力。新的优惠政策旨在使得高技能人才更容易在美国创办公司,为美国增加就业。"

美国自奥巴马总统执政以来,对来自海外移民的闸门呈现"一紧一松"的态势。对于大量来自拉美国家的非法移民,不但大门紧闭,还加紧驱逐。对于"世界各地最优秀的人才",美国则放低门槛,极力引进。根据最新公布的优惠政策,外国企业家和在艺术、科学和商业等方面拥有杰出能力的外国人在申请EB-2移民签证时无须提供美国公司聘书和劳工部证明,只要申请人证明其获得该签证将有利于"美国国家利益",能为美国创造就业机会即可。美国移民局还将改进向外国企业家、特殊人才颁发H-1B非移民工作签证的工作,以吸引更多有创业意向或已在美开办公司的外国人在美居留和创业。如果一个外国人已在美开办了自己的公司,凭此就可以申请获得H-1B签证。美国移民局还将提高吸引外国投资移民的EB-5签证审批速度和效率。

纳波利塔诺的"美国必须'继续'吸引全球人才"一语,点出此举并非始于今日。在美国发展的各个历史阶段,来自世界各地的移民都为其发展提供了源源不绝的人力与智力资源。美国通过"吸引"全球人才,节省了偌大的教育成本,却赚取了难以计数的丰厚利益。在"吸引"的举措中,移民机制的适时调整成为美国争夺全球人才的利器。20世纪末,当计算机等类专门人才和技术人员在全球范围成为争夺对象时,美国国会于1998年9月决定增加每年发放来美工作的H-1B签证数,由原来的每年4万份增加65万份,至2000年每年增至10万份。此次,美国在颁发H-IB等签证问题上"继续"延续"吸引"之举,旨在新的一轮全球人才争夺战中掌握主动权。

在新的争夺全球人才的攻势中,美国政府实用性更强,政治意味也更为浓重。在奥巴马竞选连任的道路上,最大的难题是经济。在复合型的经济难题中,高达9.2%的失业率成为痼疾之一。对此,奥巴马提出"创业美国"倡议,要求政府部门采取各种措施努力消除创业障碍,鼓励创业和创新以创造更多就业机会。揽全球人才助美国经济,是奥巴马政府这场新的人才攻势目标所在。

(二)全球化改变了中国发展的外部环境,中国与世界的联系更加紧密

世界各国之间以经济为基础、以科技为先导的综合国力的竞争,对中国的国际竞争力构成了严峻的挑战。正是在这种国际竞争的驱使下,产生了中国出国留学的高潮,也使吸引留学人才回国工作成为关系经济社会发展和中国国际竞争力的重要课题。

经济全球化即使中国产生了输送人才到国外学习的迫切要求,也对中国留学人才管理工作提出了挑战。在西方国家加强人才争夺的情况下,这种挑战变得更加严峻。

1. 全球化激发了中国人才出国留学的需求

随着世界科技革命的发展、经济全球化进程的加快、中国改革的深化和进一步对外开放,中国现代化建设对人才的能力要求迅速提升,使中国产生了学习国外先进科学技术、先进文化和先进管理方式的强烈要求。正是在这种大背景下,形成了中国出国留学的热潮。从1978年到2013年底,我国各类出国留学人员总数达305.86万人(2001年为8.4万人,2003年为11.73万人,2006年为13.4万人[1],2010年为28.47万人,2013年为41.39万人),分布在100多个国家和地区,攻读的专业几乎涵盖了全部现有的学科门类,留学规模和数量在中国历史上前所未有。

---

[1] 数据来源:教育部. 教育部公布2006年度各类留学人员情况统计结果 [OL] http://www.gov.cn/fwxx/wy/2007-03/06/content.543442.htm [2007-3-6];中国人事科学研究院. 2005中国人才报告 [M]. 北京:人民日报出版社,2005:21.

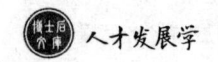

2. 人才滞留国外对中国提出了严峻的挑战

人才出国深造和回国服务，都是人才流动的形式。人才是人力资源中物化了大量人力资本的人群，人才流动实质上就是人力资本的流动，人力资本除了具有人的主观能动性之外，也具有追求利益最大化的基本特性和寻求与物力资本实现最佳结合的重要特性。正因为如此，在全球化进程中，由于世界经济发展不平衡，人才由经济弱国向经济强国流动的总体趋势也不会有根本改变。在人才流动规律的作用下，加之国际人才的激烈争夺和我国人才环境还存在一些不尽如人意的地方，导致中国留学人才滞留国外的情况十分严重。截至 2012 年年底，我国累计回国的留学人才为 109 万人❶（2001 年为 1.2 万人，2003 年为 2.01 万人，2006 年为 4.2 万人❷，2012 年为 27.29 万人），虽然回国人员的比例越来越高，但留在国外的比例仍然很大，而且大多是高科技人才。

3. 形势迫使中国做出加强管理的正确选择

激烈的综合国力竞争和严峻的人才流动状况，促使中国政府正视中国的人力资本投资是在世界人才争夺的情况下进行的这一基本事实。认识到只有正视全球人才争夺的严峻挑战，充分利用中国经济发展和社会主义制度能够集中财力办大事的优势，积极应对挑战，加强对出国留学人员的管理，建设吸引和汇聚人才的良好政策制度环境，实施重点投资战略，在整体的劣势中寻求局部优势，促进人才回流，才能改变人力资本投资大量流失的被动局面，在全球化竞争中提升国家核心竞争力和综合国力，为全面

---

❶ 数据来源：教育部. 教育部公布 2006 年度各类留学人员情况统计结果 [OL]. http://www.gov.cn/fwxx/wy/2007-03/06/content_543442.htm [2007-3-6]；人事部. 留学人员回国工作"十一五"规划 [OL]. http://www.gov.cn/gzdt/2007-01/05/content_488097.htm [2007-1-5].

❷ 数据来源：教育部. 教育部公布 2006 年度各类留学人员情况统计结果 [OL]. http://www.gov.cn/fwxx/wy/2007-03/06/content_543442.htm [2007-3-6]；中国人事科学研究院. 2005 中国人才报告 [M]. 北京：人民日报出版社，2005：21.

建设小康社会和实现中华民族伟大复兴提供人才保证。

为了解决经济社会发展中面临的人才问题,2000年,中央经济工作会议首次明确提出"要制定和实施人才战略"。2002年,我国制定了第一个全国人才队伍建设规划纲要,明确提出了实施人才强国战略的目标和任务。把大力吸引留学人才回国工作或为国服务作为实施人才强国战略的重要内容。2006年11月,为全面实施科教兴国和人才强国战略,加大留学人才资源开发力度,人事部制定下发了《留学人员回国工作"十一五"规划》。改革开放以来,从全球人才流动的规律和我国的实际出发,着眼特点,着眼发展,我国初步形成了较为全面的吸引留学人才政策服务体系。包括支持广大学子出国留学,鼓励所有在海外学习的人员回国发展,给予留学回国人员工作生活和出国择业的自由,这就给留学人员创造了一个宽松的环境和开放的发展空间。

(1)鼓励以多种形式为国服务。人事部、科技部、公安部、财政部联合下发了《关于鼓励海外留学人员以多种形式为国服务的若干意见》等一系列文件,根据这些文件,海外留学人员可以采取兼职、合作研究、委托研究、创办企业、人才培养、从事中介服务等多种方式为祖国服务,已经加入外籍的留学人员中的高科技人才可以得到出入境和在我国居留的各种方便。这些文件的出台,奠定了留学人员回国工作与为国服务并举的政策基础。

(2)实施重点投资战略。国家实施重点投资战略,在北京、上海、广州、南京等地的国家重点院校和科研机构进行重点投资,建立人才高地。同时出台《关于鼓励海外高层留学人才回国工作的意见》,对高层次留学人才任职条件、工资津贴、科研经费资助等方面,作出了有利于吸引的规定,解决了吸引海外高层次人才工作遇到的关键问题,以具有国际竞争力的待遇,吸引一流学者参与学术创新活动,为高级专家回国工作创造了有利条件。

（3）提供创业及发展平台。为了满足留学人员以自由或引进知识、技术专利等创办企业，实现其高科技转化的要求，为他们的发展提供更广阔的发展平台，政府各有关部门积极协作，在全国大力建设留学人员创业园。入园留学人员开办企业除享受经济技术开发区的优惠政策外，还可享受园区提供的多项优惠服务。目前全国已建立留学人员创业园逾百家，对回国创业的海外留学人员产生了深刻影响。组织人事部门还从优秀留学人员中招聘、选拔公务员，一些大型国有企业也在吸引高级留学管理人才，这都为留学人员回国创业和发展提供了广阔的平台。

（4）改革公派留学制度。1996年，教育部进行国家公派留学改革，实行"个人申请，专家评审，平等竞争，择优录取，签约派出，违约赔偿"，公派回归率逐年上升。1996～2001年教育部留学基金委共向美国等69个国家和地区公派留学人员9551人，按期回国的9109人，占派出人数的96%。

（5）做好各项工作及生活保障。为了给留学回国人员提供良好的工作生活环境，人事部、教育部、科技部、财政部、外交部、国家计委、国家经贸委、公安部、外经贸部、中国人民银行、中国科学院和国家外国专家局联合制定了《留学人员回国服务工作部际联席会议制度》；人事部开通了"中国留学人才信息网"，在全国20多个省区市人事部门成立了留学人员联谊会等组织；国家有关部门陆续出台了一系列政策措施，对回国留学人员子女入学、户口安置、回国携带物品等切身利益都做了照顾性安排，很大程度上解决了留学人员回国后的后顾之忧。

目前国内已初步形成了包括各地留学人员服务中心、留学人员创业园、留学人员工作站在内的较为全面的服务体系，为留学人员回国工作、为国服务提供政策咨询、信息沟通，协助办理各类手续，申报科研或项目启动经费，组织为国服务专项活动，开展留学人员科技交流示范活动等多方面的服务，并编辑出版了

《留学人员回国指南》。据统计，2006年，中国当年出国留学人员由2000年的3.9万人增加到13.4万人，学成回国人员从2000年的0.9万人增加到4.2万人❶。近年来，留学回国人数呈现出良好的增长态势。2004年11月，全国青联海外学人工作部与《青年参考》对海外留学人员进行了为期1个月的大规模全球性在线调查。参与此次网上调查的实名注册人员共3097人，分布在全球49个国家，主要分布在欧洲、北美、澳大利亚和日本这四大留学地。此次调查的一个引人注目的结果是，身在海外的留学人员中，近90%的留学人员有回国发展意愿。

4. 留学人员为国服务贡献突出

留学人员回国工作或为国服务，给中国的科研教学工作和经济社会发展带来了深刻的变化，为我国现代化建设事业做出了突出的贡献。

（1）造就了新的学术骨干和学科带头人队伍。通过落实长江学者奖励计划、百人计划，一批高层次留学人才进入高等院校和科研院所，成为学术骨干和学科带头人。目前，81%的中国科学院院士、54%的中国工程院院士、72%的"九五"期间国家"863"计划首席科学家是留学回国人员❷。以上海为例，到2005年11月底，提前9个月完成了预计用3年的时间引进海外留学人才1万名的目标。其中博士占23%，硕士占63%。所学专业大多为上海市紧缺急需专业。上海产业发展急需的管理类、经济类、电气信息类、新材料专业占到60%以上。上海的"两院"院士中有留学经历的99人，占上海市"两院"院士一半以上；上海国

---

❶ 教育部. 教育部公布2006年度各类留学人员情况统计结果 [OL]. http：//www.gov.cn/fwxx/wy/2007-03/06/content.543442.htm [2007-3-6].

❷ 数据来源：中国人事科学研究院. 2005中国人才报告 [M]. 北京：人民日报出版社，2005：174.

家"973"项目首席科学家全部为留学回国人员❶。

(2) 增加了发展高新技术产业的生力军。通过完善鼓励留学人员创办企业的政策措施，激发了留学人员发展高新技术产业的热情。目前，全国53个国家级高新技术产业开发区从业人员中，留学回国人员有1.6万人，其中硕士以上学历的人员达1.2万人，占77.4%。留学人员创业园取得了丰硕成果。到2005年年底，全国已建立留学人员创业园110个，入园企业超过6000家，吸引了留学人员约15000人，技工贸收入327亿元。以上海、北京为例，到目前为止，到上海创业的海外留学人员已达6万余人，留学人员回国创办企业3250多家，注册资本超过4.5亿美元❷。仅北京中关村平均每天就有2家留学人员创办的企业落户❸。留学人才创办的企业已经成为各地高科技企业成长的亮点。

(3) 促进了中外科技交流与合作。为国服务不仅使海外留学人才开始成为中国科技力量和经济发展力量的重要组成部分，也使他们成为中外交流与合作的重要桥梁和纽带。留学人才经过中西双重教育背景获得的高学历、高学位，以及他们在中西社会的双重阅历，决定了他们有更广泛的就业选择和社会联系。这些特点，使他们在为国服务的同时，也为中外发展经贸、科技、文化的交流与合作开辟了一条新的渠道。

(4) 促进了教育和科研体制的改革创新。高层次留学人才从国外带回了先进的科研管理理念和先进的教学理念，他们回国后，积极投身重大科研项目的攻关和重点工程项目建设，积极参加国家尖端技术和关系国计民生重大课题的研究，在高新技术的

---

❶ 数据来源：黄谓茂. 上海海外归国人才愈聚愈多 [N]. 人民日报海外版，2006 - 7 - 28.

❷ 数据来源：同上注.

❸ 数据来源：中国人事科学研究院. 2005中国人才报告 [M]. 北京：人民日报出版社，2005：175.

产业化和理论创新、制度创新、科技创新、文化创新以及其他领域创新等方面充分施展聪明才智。据有关部门统计，教育部直属高校 45 岁以上的博士生导师 58% 是留学回国人员，直属高校的领导 50% 是留学回国人员，中国科学院课题组以上的负责人 94% 是留学回国人员❶。随着这些人走上科研和教学的领导岗位，直接推动了中国的教育和科研体制的改革创新，成为创新团队建设和创新人才培养的重要力量。

（5）为外资企业进入中国提供了人才支持。随着中国经济社会的健康发展，一些大型海外企业陆续进入中国，大量增加在中国的投资，从而衍生出对优秀经营管理人才的大量需求，吸引了大批金融、法律、贸易等领域具有留学甚至海外工作经历、熟悉国际惯例、具有国际运作能力的高级经营管理人才，为外资企业进入中国，扎根中国，促进中国的经济社会发展，实现互利双赢提供了人才支持。

（三）对中国出国留学人员管理的评价

对中国出国留学人才管理的情况进行分析，可以得出以下几点基本结论：

1. 中国留学人才管理是互利双赢的成功实践

长期以来，中国对出国留学人才管理，顺应经济全球化的发展趋势，顺应中国经济社会的发展要求，不为一时的得失所左右，着眼长远、着眼发展，坚定不移地贯彻"支持留学、鼓励回国、来去自由"的方针。同时，积极应对全球化带来的人才争夺的挑战，依托国内经济社会的快速发展，通过政策创新和制度创新，加强对出国留学人才的管理，为海外留学人才回国工作和为国服务创造了良好的工作环境、和谐融洽的人际环境、民主活泼

---

❶ 数据来源：中国人事科学研究院.2005 中国人才报告［M］.北京：人民日报出版社，2005：174.

的学术环境和尊重理解的社会环境，提供了广阔的发展空间和发展领域，初步实现了人才个人发展和国家发展的互利双赢。随着中国经济的持续发展，人力资本与物质资本实现最佳结合的条件逐步得到满足，中国必将迎来留学人才回国的高峰期。

2. 中国的经验为发展中国家在全球化进程中捍卫自身利益提供了借鉴

为增强本国的国际竞争地位，很多国家一方面采取措施，吸引本国人才；另一方面通过实施选择性移民政策，以高科技、高技能人才为目标，积极吸引国外人才，引发了全球性的人才争夺。世界银行的一个报告预言，超国界的移民，以及发展中国家向工业国的人才外流，将是形成21世纪发展格局的力量之一。作为经济和科技基础相对落后的发展中国家，在国际人才竞争中处于十分不利的地位。只有实行积极的人才政策，加强对出国留学人才的管理，在加强国际人才交流的同时，致力于留住本国优秀人才，才能在全球化进程中捍卫自身利益，不断缩小与工业国也已存在的发展差距。

3. 更多的国家采取积极的人才管理措施是人才全球良性流动的必要条件

目前，世界人才资源呈现从发展中国家向发达国家流动的趋势。由于美国、日本、法国、德国等国采取了高薪聘请和提高科研经费等办法，加剧了发展中国家的科技人才资源向发达国家流动的趋势。在这种情况下，适应市场规则，由政府出面，积极对人才资源的跨国流动进行管理，不仅对于发展中国家的经济社会发展至关重要，对于全球经济的可持续发展也是十分重要的。没有发展中国家经济的健康发展，就没有世界经济的健康发展。人才向发达国家的单边流动，不是造福全人类的人才良性流动。发展中国家应该在出国留学人才管理中有更大的作为。许多发展中国家、新兴工业化国家和地区，已经采取了制度供给、经济激励、精神奖励、道德规范、民族精神感召等措施，减少人才流动，争取人才回流。更多国家的政府采取积极的人才管理措施，就有可能弥补市场配置人才资源存在的不足，为人才全球良性流动创造条件，推动全球经济更好、更快发展。

第二节 人才是最先进的生产力

人类社会最早出现的是以石器为标志的生产力，以后出现了以铁器（铁制手工工具）为标志的生产力，以后又出现了以机器为标志的生产力。20世纪中叶开始，出现了以高科技为标志的生产力。可以说，人类社会生产力的发展就是先进生产力不断取代和淘汰落后生产力的过程。在这一过程中，作为生产力要素最活跃的人才发挥了决定性作用。进入21世纪，科学技术成为经济社会发展最活跃的生产力，而人则成了最先进的生产力。人才是人力资源中的先进部分，是科技创新的主要承担者，人才对经济社会发展的创造性贡献，决定了人才是最活跃、最先进的生产力。人类社会生产力的发展就是先进生产力不断取代和淘汰落后生产力的过程。在这一过程中，作为生产力要素最活跃的人才发挥了决定性作用。创新人才是提高国际竞争力的主导力量。人才的创新活动已经成为推动未来经济发展最重要的资源。谁拥有这种创造力，谁就能在竞争中处于领先地位。

一、生产力理论的理论解释

生产力主要有三个要素：劳动者、劳动工具和劳动对象。显然，高层次的劳动者即人才，极大地提高了人们认识自然、改造自然和保护自然的能力，提高了生产劳动能力。科学技术物化为劳动工具和劳动对象，就成为物质的生产力，管理也是生产力。现代科学为生产管理提供了崭新的科学理论、方法和手段，使生产力诸要素更有效地组成一个整体，从而使其最大限度地发挥作用。

另外，人才是现代生产力发展和经济增长的第一要素。过去，生产力发展和经济增长主要靠劳动力、资本和自然资源的投入，现代社会随着知识经济时代的到来，科学技术、智力资源日益成为生产力发展和经济增长的决定性要素，生产力发展和经济增长主要靠的是科学的力量、技术的力量，而这些是以人才为载体的。

二、人力资源理论演进过程

第一，体力型向知识型（智力型）转换。古代体力型—近代智体结合型—现代知识型，这是人力资源的三种历史形态，也是其演化的根本特征。其他特征都由此而决定并是其表现形式。每一个阶段中，三种形态交叉存在，其中一种处于主导和决定地位。

第二，数量型向质量型转换。古代生产由于技术落后，依靠体力，不得不靠增加人口的数量来增加生产力的总量。否则，就不能维持人类生存，不能提供社会发展所必需的物质基础。近代机器生产和科学技术的产业化，一方面启动了人类的工业化进程，促进了人的智力的提高；另一方面，产业链的扩展促进了人口积聚和数量的扩张。现代信息化生产则对人力资源的素质提出了更高的要求。

第三，依赖型向自主型转换。古代人力完全受制于自然力，近代机器技术的发展促进了人力的智慧化，人力开始了征服自然的历程，现代人力的高技术和信息化使人力在自然力面前获得了极大的自由。

第四，封闭性向开放型转换。古代小生产的狭隘性和科技的低级性限制了生产要素的区域流动，人力资源属于封闭型。近现代科学技术特别是交通通信技术的发展以及人类生产、生活方式的进化，极大地促进了人力资源在不同区域、国家之间的流动。

当代信息化和全球化使人力资源的开发和使用呈现出国际化趋势。

从人力资源四个演化特征看，人力资源、科技资源、自然资源等生产力资源要素不断的结合和相互渗透，其实质是科技化的过程，没有科技化，就没有体力型向智力型的转变，就没有数量型向质量型以及其他各种类型的转变。人力资源演化的历史实质就是劳动生产力（人力资源）与科技生产力相互融合的历史，就是科技、知识的人力资源化的历史。人力资源只有科技化、知识化才具有创造性和自主性；科技、知识只有人力资源化才能成为现实的生产力并显示出巨大的力量。科学技术演化为第一生产力意味着人力资源也演化为第一生产力，即人力资源与科学技术共同演化为第一生产力。作为第一生产力的人才是具有现代科技知识先进文化素质以及创新精神的知识型人力资源，是最重要的生产力[1]。

三、人才主体生产力的需求

发展人才主体生产力是生产力自身发展的历史必然，是国内外发展历史经验的总结，也是我国实现全面建设小康社会和社会主义现代化建设目标的需要。

首先，发展人才主体生产力是生产力自身发展的必然趋势。在马克思主义生产力理论看来，构成生产力系统的基本要素有客体生产力与主体生产力，它们在生产发展中都是不可或缺的，而主体生产力又可归结为体力与智力两部分，这两部分在不同的历史时期，其地位和作用是大不相同的。如果说在农业经济社会，主体生产力支出的主要是体力，是"体能型"竞争，在工业经济社会，主体生产力支出的主要是体力与智力结合的技能，是"技

---

[1] 李晓元. 论人力资源的第一生产力作用 [J]. 社会科学辑刊, 2003 (1).

能型"竞争的话，那么，当今的知识经济社会，主体生产力支出的主要是智力，是"智能型"竞争。

其次，发展人才主体生产力是国内外发展经验的科学总结。从国外发展的历史经验看，世界上发达国家与落后国家的差距归根结底是发展人才主体生产力的差距，即联合国指出的"创造力开发上的差距"。在人类经济发展和文明进步从依赖物质资源为主转向依赖智力、人才资源为主的今天，人才主体生产力发展程度决定着工作效率、经济效率和社会效益。

再次，发展人才主体生产力是实现我国发展目标的内在要求。我国国情的特点是人口资源丰富、自然资源相对匮乏，而人才资源并不丰富。这一客观现实就决定了我们必须走人才强国之路。"以人为本"全面协调可持续的科学发展观，就是要把促进人才健康成长和充分发挥人才作用放在首要位置。因此，从着眼于解放生产力和发展生产力的高度来认识开发人才资源的重要性，那么发展人才主体生产力是"以人为本"科学发展观的题中要义，它既是全面建设小康社会的重要内容，又是全面建设小康社会的重要保证。

四、人才发展的经济学分析

（一）人才经济系数分析

人才经济价值的分析主要是通过人才的一些经济效益指标进行的，这里的经济效益指标主要有人才经济系数、人才经济弹性、人才边际产值等。赵永乐将人才经济系数定义为一定范围经济的人口密度（如GDP的人口密度）与相应的人才人口密度的比值。这个系数反映的是人才投入的经济产出水平，也就是配置效益的度量。我们将专业技术人才经济系数定义为GDP人口密度与相应的人才人口密度的比值。

（二）人才边际产值分析

人才边际产值是指一定时期，社会单位数量人才的增加所带来的经济增长率，可用每增加1万个人所带来的GDP增加数额来表示。

专业技术人才边际产值远高于一般人才边际产值，而高层次人才边际产值又远高于专业技术人才边际产值。

（三）人才经济弹性分析

人才经济弹性是指一定时期，社会人才每增长一定的比例所带来的经济增长比例。可用每增加1%的人才所带来的GDP增长比例来表示。需要说明的是，这3个变量是相互关联的。

人才经济弹性反映了人才增长幅度与经济增长幅度之间的关系，是说明人才与经济之间关系的一个重要指标。人才与经济弹性、人才经济系数之间是负相关的，当某个地区人才产值一定时，两者是反比例函数关系，即人才经济系数越小，人才经济弹性越大；人才经济系数越大，人才经济弹性越小。人才经济弹性越小，表明相同比例的GDP增长率所需的该类人才越多，该类人才对GDP的贡献越大；相反，人才经济弹性越大，表明相同比例的GDP增长率所需的该类人才越少，该类人才对GDP的贡献越小。

（四）人力资本贡献率及人才贡献率

人力资本贡献率是指人力资本作为经济运行中的投入要素，通过其自身形成的递增收益，从而对经济增长所作出的贡献份额。人才贡献率，实际上是人才资本贡献率，是指人才资本投资对经济增长的贡献率，是人才资本作为经济运行中的核心投入要素，通过其自身形成的递增收益和产生的外部溢出效应，对经济增长所作出的贡献份额。人才贡献率包含在人力资本贡献率之中。《国家中长期人才发展规划纲要（2010~2020）》把人力资本贡献率及人才贡献率作为衡量人才发展水平的核心指标，是我国人才理论的重大突破和创新。理解人力资本贡献率及人才贡献率要把握好以下几点：

（1）人力资本贡献率及人才贡献率的理论基础是人力资本理论。1960年，美国经济学家、诺贝尔经济学奖获得者舒尔茨首次提出人力资本概念，认为人力资本是以劳动者的质量或其拥有的技术、知识、工作能力所表现出来的资本；人力资本与物力资本共同构成国民财富；人力资本存量对劳动生产率的提高和经济增长起着越来越重的作用。由于国外没有人才概念，一般将接受了中等职业教育以上的劳动者视为获得了专业化人力资本。而我国人才概念最早界定也是指具有中专（高中）以上文化水平的人。人才资本就是体现在人才本身和社会经济效益上，以人才的数量、质量和知识水平、创新能力特别是创造性劳动成果及对人类较大贡献所表现出来的价值。

（2）人力资本贡献率及人才贡献率是与经济增长紧密相关的可测算指标。人力资本及人才对经济产出的贡献率是人才工作与国家经济社会发展关联紧密的一组可测度的指标，也是可以根据经济社会发展指标进行预测的有效指标。人才资本对经济增长贡献率的测算，是与人力资本对经济增长贡献率测算同时进行的。首先，采用受教育年限法来测度人力资本存量。其次，将人力资本分解为基础人力资本和专业人力资本和专业人力资本（即人才资本）两个部分，运用柯布－道格拉斯生产函数的人力资本分类模型，就可以测算、分离出人才资本对经济增长的贡献率。1978~2008年，我国人才资本增长对经济增长的年均贡献率为18.93%，基础人力资本增长对经济增长的年均贡献率为7.91%，两项相加为人力资本贡献率26.84%。

（3）人力资本贡献率及人才贡献率是衡量国家和地区人才发展水平的综合指标。总体上讲，人力资本贡献率及人才贡献率及人才贡献率是人才培养、吸引、流动、使用、激励、投入等机制和政策综合作用的结果，反映了人才开发过程中创造的经济价值和社会价值，也是人才成长环境的综合体现。对包括中国在内的世界上55个国家和地区在1980~2007年人力资本增长对经济增长的贡献率进行国际比较研究的结果表明,西方发达国家人力资本对经济增长的贡献率大部分在40%~60%,其中贡献率水平在50%~60%的有美国、法国、德国、英国等经济强国;中国人力资本贡献率水平居第34位,处于发展中国家前列。

人力资本贡献率及人才贡献率是监测和评估国家和地区人才发展水平的综合指标,运用好这个指标可以有效评估一个国家或地区对人才的重视程度、投入力度和开发效能,对人才开发状况进行横向比较和纵向分析,是推动人才工作的有效工具。

五、国内外发展的历史轨迹

世界历史上曾发生过对奴隶、土地、市场、劳动力和能源资源的大规模争夺,争夺能源资源的竞争至今仍方兴未艾。下一轮全球竞争争夺的是什么?看得见的是国际人才争夺战。这一轮竞争正在展开,究竟会是什么格局,还要深入观察和研究。但有一点可以确信:谁掌握了先进人才,谁就掌握了世界未来。

马克思主义唯物史观认为,科学技术是经济社会发展最活跃的生产力,人是生产力中最活跃的因素。人才是人力资源中的先进部分,是科技创新的主要承担者,人才对经济社会发展的创造性贡献,决定了人才是最活跃的先进生产力。

从两次工业革命中我们可以领会到人才在推动生产力发展中的创造性贡献。18世纪,工业革命为什么会发生?英国为什么能成为世界上第一个工业化国家乃至引领世界发展100多年?恰恰是因为三个人:牛顿、瓦特和博尔顿。牛顿用数学方法证明了万有引力定律和三大运动定律,这四大定律被认为是"人类智慧史上最伟大的一个成就"。他告诉世人:自然界存在着规律,而且规律是能够被认识的。这为18、19世纪乃至我们当今诸多科学领域的研究铺平了道路。瓦特对旧式蒸汽机进行脱胎换骨的改造思维方式也是来源于此。1773年,在瓦特试制新式蒸汽机的时候,公司合伙人破产了,37岁的他穷困潦倒,欲离开故乡英国到俄国去发展。这时,一个名叫马修·博尔顿的"工厂主"挽留住了他,他在写给瓦特的信中说:"我将为发动机的竣工创造一切必要的条件,我们将向全世界提供各种规格的发动机。您需要一位'助产士'来减轻负担,并且把您的产儿介绍给全世界。"这相当于博尔顿为瓦特的发明提供了"孵化器"。最后瓦特留在了英国,并开始了他和博尔顿之间长达25年的成功合作。正是这个合作,使瓦特的万能蒸汽机真正实现生产,为工业部门普遍应用。后来人们把解决了工业化核心问题的瓦特蒸汽机作为工业革命的标志。瓦特也被称为"工业革命之父"。这是一个人的创造力转化为生产力最好的例子。

19世纪70年代末,电力取代蒸汽动力,成为经济发展的新能源,给美国的经济发展带来了强劲的动力。由电力使用引发的一系列技术革命,就是第二次工业革命。爱迪是第二次工业革命的重要发明家,对世界产生了重大深远影响。据1922年美国国会统计,爱迪生使美国政府在50年内的税收增加了15亿美元。而1928年的一项调查则显示,全世界的资本用在与爱迪生发明有关的事业上的数目达到157.25亿美元。爱迪生一生中共有两千多项发明专利,几乎都用在了生产力上。而爱迪生本人只是当时美国众多发明家中的一员,仅1865~1900年,被正式批准登记的发明专利就达到了64万多项。依靠爱迪生等一批人才,依靠强大的科技实力,美国很快在第二次工业革命中独占鳌头,从一个照搬欧洲技术的国家变成自主创新能力强、经济领先的国家。

因此,从两次工业革命可以看出,人才在生产力发展中具有决定作用。没有瓦特、爱迪生为代表的科技人才,就没有两次工业革命。人才的作用最终能利用到发展先进生产力上去,这才是人才最终价值的体现。

世界银行 2010 年的报告指出，当前世界工厂、土地、工具以及机械所凝聚的财富日益缩水，而人才资本对于一国的竞争力正变得日渐重要。在以知识经济为主的美国，人才资本与实物资本相比，重要性要高出三倍多。影响劳动生产率增长的因素，一般指三个方面：资本深化、劳动技能的提高和全要素生产率的提高。全要素生产（TFP）的增长率主要指科技进步贡献率。20 世纪 50～70 年代，美国的年均劳动生产率增长为 2.6%；70～90 年代，下降到 1.4%；1995 年以来，劳动生产率保持较快增长，尤其是 2000 年以来，年均增长率高达 3.1%。美国 1995 年以来劳动生产率增长主要是资本深化（贡献率为 0.3%～0.4%）和全要素生产率提高（贡献率为 0.5%～0.6%）带来的，劳动技能的影响不大（贡献率只有 0.1%）。而 2000～2005 年与 1995～2000 年相比，资本深化的速度基本没有变化，而劳动生产率增长速度提高了 0.7 个百分点，其中全要素生产率提高了 0.6 个百分点，这表明美国 2000 年以来劳动生产率增长的进一步加速，几乎完全归因于全要素生产率的提高。

从我们国家的数据也可以看出，改革开放 30 多年的发展也主要依靠全要素生产率。2010 年，我国的人均 GDP 是 1978 年的 14.71 倍，增长了近 1400%。一个统计数据显示，1979～1988 年 TFP 贡献了年均经济增长（10.06%）中的 2.66% 的增长，约为 1/4；1989～1998 年间贡献了 3.74% 的经济增长，约占 40%；1999～2007 年 TFP 增长贡献了 3.63% 的经济增长。

科技进步贡献实质是人才的创造性贡献，而不是一般的劳动贡献。这些数据也表明，经济的增长将更多地依靠人才的创造性贡献。谁将来有这种创造力，谁才能在国际竞争上领先。从上面的数据中也可以看到，美国科技贡献率在稳定上升，而我国的科技贡献率几为停滞。这成为摆在我们面前的一个严峻的创新人才培养问题❶。

第三节 人才是创新的主体

一、为什么人才是创新的主体

培养、造就、吸纳和激活一大批掌握现代知识、具有创新能力的人才，实现计划经济人才管理体制向社会主义市场经济人才管理体制的转变，实现个体性人才管理向整体性人才资源开发的转变，做出鼓励人才创新的制度安排，激发创新主体发挥丰富的创造力，是我们各项创新工作成败的关键。

熊彼特认为，创新（Innovation）是指企业家把一种从来没有过的生产要素和生产条件的新组合引入生产体系之中，建立一种新的生产函数，其目的是为了获取潜在的利润。按照熊彼特的定义，明确地将经济发展与创新视同一物，称经济发展可以定义为执行新的组合。这种新的组合包括：一是生产新的产品，即产品创新；二是采用一种新的生产方法，即工艺创新或生产技术创新；三是开辟一个新的市场，即市场创新；四是获得一种原料或半成品的新供给来源，即材料创新；五是实行一种新的企业组织形式，即组织管理创新。熊彼特的创新概念主要属于技术创新范畴，也涉及管理创新、组织创新等，但他强调的是把技术等要素引入经济，使技术与经济相结合，因此他所说的创新是一个经济学的概念。他认为，只有当新的技术发明被应用于经济活动时，才能成为"创新"。

创新主体是自始至终参与管理创新全过程，即有自己的创意并成功地将其付诸实施的人。创新主体是具有创新能力并实际从

---

❶ 吴江．人才是最活跃的先进生产力［N］．中国组织人事报，2012－6－1 (16)．

事创新活动的人或组织。创新是人类独有的活动,是人类所进行的能动的创造性活动,是人之所以为万物之灵的一大基本特征。动物是没有创新的,蜜蜂把它们的蜂房建造的再精密、再完美也不是创新,而只是其一种本能性活动。

熊彼特在创立其创新理论时,创新主体主要是指企业家,范围显然过于狭窄。实际上,创新领域是广阔的,创新主体是多元的,人们可以用不同的标准对创新主体进行分类。

如果按照创新主体在进行创新活动时所采取的形式分类,可以分为个体主体、群体主体和国家主体;如果按照创新主体所完成的创新内容来分类,可以分为理论创新主体、技术创新主体、制度创新主体、文化创新主体等。不同的创新主体应该具备不同的创新素质,而创新素质的高低又往往直接决定其创新能力的强弱。因此,研究创新主体的问题,努力提高各类创新主体的素质,成为提高自主创新能力的关键性因素。在创新领域中,创新主体应满足以下几个方面的特征:具有对创新活动自主的决策权;具有进行创新活动所要求的能力;承担创新活动的责任与风险;获取创新活动的收益。

知识经济是以现代科学技术为主导的。现代科学技术迅猛发展,科学技术成果转化为生产力的周期和产品、商品的生命周期都有日益缩短的总趋势,使创新成为人类最重要的活动,成为生存和发展的基本能力。创新优势可以弥补资源、资本上的劣势,加快创新就可以在市场的竞争中掌握主动。

与工业经济社会、农业经济社会相比较,在知识经济社会里创新的特点是:由一次性创新向持续创新转变;由个别创新向系列创新转变;由专家创新向全员创新转变。微软的成功就是持续创新、系列创新、全员创新的典型。比尔·盖茨说:"我们的成功取决于创新。"微软交战的守则:"淘汰自己的产品。"微软招聘员工的标准:"能够适应软件技术与行业内差不多每月一次的革命。"

美国进步政策研究所于 1999 年发表的研究报告《新经济指数：了解美国经济的变革》，具体生动地反映了创新在知识经济社会里的巨大威力。这个报告把知识经济称为"新经济"，并给它下了个定义："新经济是以知识和思想为基础的经济，在这一经济中，创造就业和提高生活水平的关系是体现在服务和制造业产品中的创新思想和技术。在这一经济中，风险、不确定和持续的变革是法制，不是例外。"与经合组织对知识经济的定义相比较，这个定义更加明确和突出地强调了创新。报告用一些具体指标说明了"新经济"的巨大变革，从这些巨大变革中，我们可以更深刻地理解创新是知识经济的本质：①在办公室工作和提供服务的人员增加了。目前，美国的80%的就业人员从事的不是生产物品的工作，而是运输物品、处理和制造信息或者为人们提供服务的工作。②高工资、高技能工作岗位增加了。美国经济中以知识为基础的就业岗位（受过中等以上职业教育或高等教育的人）在总就业人数中所占比重不断增加。③贸易在美国经济中所占比重上升，而且越来越专门提供复杂的高附加值商品和服务。④富有创业精神，快速发展的新公司大量涌现。迅速发展的新公司在经济中占的比重是经济创新能力的重要标志。⑤企业间的竞争更加激烈，竞争对手间的合作增加。⑥公司和就业岗位新陈代谢的速度加快。消费者的选择急剧增加。⑦产品周期缩短。激烈的竞争和以创新及技术为基础的产品和服务的新浪潮结合在一起，使得产品和服务进入市场与被更好的产品和服务取代的时间大为缩短。创新和更快地将产品与服务推入市场的能力，越来越成为获得竞争优势的决定性因素，而要实现创新就必须依赖于人才。

熊彼特认为，在没有创新的情况下，经济只能处于一种他所称谓的"循环流转"的均衡状态，经济增长只是数量的变化，这种数量关系无论如何积累，本身并不能创造出具有质的飞跃的经济发展。在例行事务的边界以外，每行一步都有困难，都包含一个新的要素。正是这个要素构成领导这一现象。这里的领导，就是率先创新的企业家。只有企业家实现创新，创造性地破坏经济循环的惯行轨道，推动经济结构从内部进行革命性的破坏，才有经济发展。

熊彼特还认为，创新引起模仿，模仿打破垄断，刺激了大规模的投资，引起经济繁荣，当创新扩展到相当多的企业之后，盈利机会趋于消失，经济开始衰退，期待新的创新行为出现。整个经济体系将在繁荣、衰退、萧条和复苏四个阶段构成的周期性运动过程中前进。他首先用"纯模式"来解释经济周期的两个主要阶段——繁荣和衰退——的交替：创新—（为创新者）带来超额利润—引起其他企业仿效—第一次创新浪潮—对银行信用和资本品的需求上升—经济步入繁荣；创新的普及—超额利润消失—对银行信用和资本品的需下降—经济收缩，由繁荣步入衰退。

对经济周期的四阶段——繁荣、衰退、萧条、复苏，熊彼特用创新引起的"第二次浪潮"来解释。第一次创新浪潮—对银行信用和资本品的需求上升—生产资本品的部门扩张—生产消费品的部门扩张—第二次浪潮—物价上升，投资机会上升，投机现象出现。随着创新的普及，超额利润消失，经济进入衰退期。第二次浪潮与第一次浪潮有重大的差别。第二次浪潮中许多投资机会与本部门的创新无关。这样，第二次浪潮中不仅包含了纯模式不存在的失误和过度投资行为，而且它不具有自行调整走向新均衡的能力。因此，在纯模式中，新的创新引起经济自动地从衰退走向繁荣，而现在由于第二次浪潮作用，经济从衰退走向萧条。萧条发生后，第二次浪潮的反应逐渐消除，经济转向复苏。要使经济从复苏进入繁荣，则必须再次出现创新。

对企业家从事"创新性的破坏"工作的动机，固然是以挖掘潜在利润为直接目的，但不一定出自个人发财致富的欲望。

（1）建立私人王国。企业家经常"存在有一种梦想和意志，要去找到一个私人王国，常常也是一个王朝"。对于没有其他机会获得社会名望的人来说，它的引诱力是特别强烈的。

（2）对胜利的热情。企业家存在有征服的意志，战斗的冲动，证明自己比别人优越的冲动，他求得成功不仅是为了成功的果实，而是为了成功本身。利润和金钱是次要的考虑，而是作为成功的指标和胜利的象征才受到重视。

（3）创造的喜悦。企业家存在有创造的欢乐，把事情做成的欢乐，或者只是施展个人能力和智谋的欢乐。这类似于一个无所不在的动机，企业家寻找困难，为改革而改革，以冒险为乐事。企业家是典型的反享乐主义者。

（4）坚强的意志。企业家在自己熟悉的循环流转中是顺着潮流游泳，如果他想要改变这种循环流转的渠道，他就是逆潮流游泳。从前的助力现在变成了阻力，过去熟悉的数据现在变成了未知数。需要有新的和另一种意志上的努力，他们去为设想和拟订新的组合而搏斗，并设法使自己把它看作是一种真正的可能性，而不只是一场白日梦。

（5）必须具备一定的能力。这些能力包括：

① 预测能力。企业家应具有尽管在当时不能肯定而以后则证明为正确的方式去观察事情的能力，以及尽管不能说明这样做所根据的原则，而却能掌握主要的事实、抛弃非主要的事实的能力，能抓住眼前机会，挖掘市场中存在的潜在利润。

② 组织能力。企业家不仅在于找到或创造新的事物，而在于用它给社会集团留下深刻的印象，从而带动社会集团跟在它后面走。善于动员和组织社会资源进行并实现生产要素新组合。

③ 说服能力。企业家善于说服人们，使他们相信执行他的计划的可能性；注重取得信任，以说服银行家提供资本，实现生产

方式新组合❶。

二、人才怎样成为创新的主体

(一) 英特尔公司的案例

英特尔几经跌宕,阅尽兴衰。其能够始终站在半导体产业的顶峰,靠的就是创新的企业核心精神。创新立企、创新兴企,这决定了创新的主体——人才,成为英特尔发展过程中推动企业进步的核心力量。英特尔技术领先的背后是拥有能不断开创领先技术的人才。英特尔重视人才,人才的价值是英特尔最看重的价值之一,而且植根于英特尔40年不变的核心价值观中。

作为一个日新月异的新兴产业,半导体产业已经深刻融入人类的生活中,这决定了半导体产业在继续保持尖端高科技形象的同时,还要不断追求应用上的创造性,适应人们的需求变化。这向过去一般的"创新人才"提出了新的要求。英特尔自身要求的精英人才也与一般的"创新人才"不同。"英特尔是一个不断创新的企业,是一个不断挑战技术极限和人类想象力极限的公司,我们的团队相信自己是在创造未来。在这条道路上,我们绝不允许疲倦和懈怠,更不能躺在过去的成绩上睡大觉。否则,我们就不再是能够引领技术潮流的领袖型公司。"英特尔的一位高管这样评价道。

因此,英特尔对于人才的要求是要拥有不断创新的精神,不要想着一劳永逸;要拥有不懈探寻的精神,不能满足于现状。永远没有最好的技术,我们要创造更好的技术。拥有40年持续创新历史的英特尔,是一架永远不会停步的"战车",按照摩尔定律永不停息地前进。

---

❶ 吴永忠. 科学、技术与经济之间关系的再认识: 基于创新理论发展的哲学思考 [J]. 北方论丛, 1999 (4).

英特尔公司认为，一个人只有具备了这两种精神，才能适合半导体产业和英特尔发展的节奏，才能愿意去学习从而开发自己的潜力，才能热心于研究技术进步和消费者需求，才能接受英特尔的价值观，和英特尔一起实现"技术改变生活"的最终理想。在英特尔，也只有善于思考和富有创新精神的员工才能得到长足的发展。英特尔坚持不变的两年一度的产品结构创新和制造工艺突破，一年推出数种新产品，就是人的才华、激情、责任心促使英特尔在技术上不断取得的突破。

英特尔看重的是人才的创新激情和研究精神，是人才的发展潜力，所以英特尔用人不拘一格，应聘者的实际能力比其所获得的证书更有说服力。英特尔内部从管理体制到文化，为人才建立了一个提升和实现价值的渠道，培养人才为公司实现持续的技术创新奠定了坚实的基础。40年来，英特尔的人力资源管理体系已经把英特尔建立成一所独特的"大学"，实现人尽其才，是英特尔在半导体业界拥有人才优势的基础。

英特尔认为，企业应当为人才提供条件，让其充分实现自己的价值。理想的工作环境是英特尔六项核心价值观中的重要一项。英特尔相信人才无定式，所以非常重视员工培训工作，让员工挖掘自身的潜力，在企业中实现成长。英特尔为每一位员工都提供了一个舞台，心有多大，舞台就有多大，只要你有激情和创造力，你就可以在英特尔这个舞台创造改变世界的奇迹。

英特尔帮助员工做最好的自己，这一点从英特尔几代领导人的成长历程中不难看出。现任的英特尔总裁贝瑞特和总裁兼首席执行官欧德宁，他们都是在英特尔这所"大学"里成长和成熟起来的。管理人才如此，技术人才同样如此。现任英特尔首席技术官帕特·基辛格博士，刚刚进入英特尔的时候还仅仅是一个大学专科毕业生，而他正是在英特尔工作期间，利用英特尔提供的学习条件和资助，攻读了博士学位，成为英特尔的新"掌门人"。

第五章　人才发展与经济发展

在英特尔工作 20 多年的英特尔公司全球副总裁、英特尔中国大区总经理杨叙说："英特尔将员工视为最大财富，并承诺为员工构筑可淋漓尽致释放其潜力的成长空间，向员工提供具有竞争力的薪资福利与健康安全的工作场所。在英特尔，员工们有机会释放个人和团队的能量，这种能量推动了英特尔几十年的持续创新与发展。"

每年英特尔都要为人才培养投入数亿美元。在英特尔"大学"，平均每个中国员工每年都要接受 6 种不同的课程培训。在线学习系统为所有员工提供了 7000 多门课程，内容涵盖技术、管理、法律等多个领域，并为员工提供了近 2000 场授课培训。英特尔鼓励员工追随兴趣，尝试新的事物甚至新职位，员工可申请调换工作岗位以保持工作激情。此外，英特尔还设立了专门的资助费用，支持员工参加 MBA（工商管理硕士）或者 EMBA（高层管理人员工商管理硕士）深造，或将员工外派至其他国家或地区进行轮岗锻炼。2006 年，英特尔就投资了 3.8 亿美元用于员工培训。

在管理制度上，公司创建了功能强大的人力资源在线咨询系统，建立了开放的平台鼓励员工和公司各级管理层沟通，良好的企业环境和负责任的雇主态度使英特尔成为员工们"理想的工作场所"。

英特尔还有完善的人才激励机制。如果员工的创意或创新的成果推动了商业的发展或商业计划的实现，公司会给予员工特殊的奖励。英特尔建立了完备且引进竞争机制的员工薪酬福利体系，并设计了多项为行业优秀人才提供长期的、具有吸引力的奖励计划，还积极鼓励员工向人力资源部门推荐合格的候选人，并特设"员工推荐奖"。

对于人才，英特尔还有更深层次的认识：重视员工发展是英特尔在中国履行企业公民责任的重要组成部分。不管是为自己培养人才，还是为产业合作伙伴提供生力军，英特尔都甘之如饴。

我国半导体产业正处于一个转折点，面临从制造业代工基地向集成电路设计创新、IT（信息技术）产业配套的精尖制造基地的转型。我国政府现在已经把半导体产业列入自主创新的高科技发展计划中，力图成为继美、日、韩之后的又一个世界半导体制造业中心。要达到这一目标，市场和人才是重要因素。

作为跨国公司，英特尔在中国投资的过程，同时也是生产经营逐步本地化的过程，公司必须获得本土化的人力资源支持。人才成为英特尔与中国IT产业共同成长的基石，所以英特尔将人才本土化作为发展战略的重要部分，力促中国半导体人才的培养。

在成都和上海，英特尔培育了相当多的本土化人才。在上海建立第一个封装测试厂的时候，员工们都要送到海外去培训，如今，上海工厂的员工已基本实现本地化。在成都建立第二个封装厂的时候，英特尔70%的员工都是刚毕业的大学生（这个比例在其他企业通常只有30%），对他们的培训是从零开始的，为此，英特尔在成都建立了一个培训中心。作为一家高科技创新公司，英特尔多年来和我国各地的大学紧密合作，进行联合研发和教学课程创新、培训教师、设立奖学金、举办竞赛活动、开展实习项目、建设软件学院等，提升高校教学水平。

正是英特尔公司秉持着人才是企业创新的主体，所以在人才培育制度上始终高度重视，才使企业立于不败之地[1]。

（二）海尔公司的案例

企业核心竞争力的形成，根据要素能力获取的来源，在理论上有三种基本选择：一是完全的内部积累，即企业完全通过内部积累培养要素能力，并进行整合后形成核心竞争力；二是内部积

---

[1] 英特尔（中国）有限公司．人才是企业创新主体［N］．中国电子报，2008 - 7 - 22（4）．

累与外部获得相结合,即内部积累的要素能力与通过并购、战略联盟等方式从外部获取的要素整合形成核心竞争力;三是完全的外部获取,即完全通过并购。战略联盟从外部获取要素能力及进一步的内部整合形成核心竞争力。海尔的成功则更多依赖于第一种核心竞争力,即海尔的创新与创新性人才。

仅 2007 年,海尔申请专利 875 项(其中发明专利 502 项),平均每个工作日申请 2 项发明专利。在自主知识产权的基础上,海尔已参与 9 项国际标准的制定,其中 3 项国际标准发布实施,这表明海尔自主创新技术在国际标准领域得到了认可。目前海尔已在全球 30 多个国家建立本土化的设计中心、制造基地和贸易公司,全球员工总数超过 5 万人,已发展成为大规模的跨国企业集团。

海尔的创新来源于人才。1998 年 1 月,海尔集团在我国开创了以资本为纽带的全新的科企联手方式——控股经营国家级科研机构工程塑料国家工程研究中心。海尔此举大大增强了在工程塑料方面基础与超前技术的研究能力。

1998 年 4 月,海尔再次以控股方式与国家广电总局广播科学研究院合资成立海尔广科数字技术有限公司;6 月,海尔集团又与北京航空航天大学、美国 C-MOLD 公司合资组建北航海尔软件公司,海尔集团成为中国家电行业中第一个以企业、院校、国外大公司三方联手模式进军软件产业的企业。海尔还先后与复旦大学、上海交通大学、浙江大学建立了五个博士后工作站。在化学及材料、数字技术、软件技术、生物工程、海外本土设计等方面开展博士课题研究。正是海尔深知人才是创新的主体,培育人才,重视人才发展,才有海尔的科技创新与企业发展的春天。

(三)航天人才创新领航

从古老的"嫦娥奔月"传说到美丽的敦煌莫高窟"神女飞天"壁画,从战国时代诗人屈原发出"天问"到明代幻想家万户绑着自制火箭"飞天",中国人的千年"飞天"梦想终于在历史的车轮进入21世纪由"神舟"飞船实现了。我国载人航天器研制事业取得如此辉煌的成就,离不开以戚发轫、张柏楠等为代表的一批领军人才的引领和带动。

戚发轫,中国工程院院士,北京航空学院飞机系毕业。1992年年初,年近花甲的戚发轫被任命为中国载人航天工程载人飞船系统总设计师。曾担当中国第一颗卫星——东方红一号的技术负责人,主持过东方红二号、风云二号、东方三号等六种卫星的研制,还亲自组织了十余次卫星发射任务。背负着祖国的荣誉和民族的希望,戚发轫将自己和中国载人航天事业牢牢捆绑在一起。在常人安享晚年的时候,他对待事业却像年轻人一样精力充沛,精神换发。国家使命的感召成就戚总,也深深地感染着团队里每一位成员。在他的主持下,神舟一号到神舟五号获得了圆满成功,与此同时,一大批载人航天器研制人才如雨后春笋般茁壮成长,优秀的科研人员脱颖而出,成长为载人航天领域新一代领军人物。戚发轫说,一个团队,一个团队中的每个人,第一位的仍然是人格精神和文化,这既要传承,又要发扬。同时,要成为专家、骨干,既要有成功,也允许有失,失败往往更刻骨铭心。张柏楠,国防科技大学固体力学本科毕业时,选择了航天。从载人飞船工程立项开始,张柏楠就参加了全部载人航天器的论证和研制工作,一次次临危受命,攻坚克难。张柏楠带领科研人员以"壮士断臂"的决心挑战攻关,度过了一个个不眠之夜,经过多次流场试验,为航天员营造了良好、舒适的温度环境,并解决了呼吸困难的问题。突破载人飞船和空间飞行器的交会对接技术,发射一个空间实验室,解决有一定规划的、短期有人照料的空间应用问题。张柏楠带领设计团队埋头苦干、默默耕耘,突破了出舱活动和空间交会对接等多项重大关键技术,使我国成为世界上第三个自主掌握空间交会对接技术的国家。

如何培养将才？载人航天器研制团队的制胜法宝就是实践锻炼、技优选材。何宇，2012年被任命为载人飞船系统总指挥，他的成长经历就是一部通过团队培养、"由士兵到将军"的成长历史。在团队有意识的安排下，他依次经过了技改项目实施、飞船仿真系统研制、飞船工程师、目标飞行器方案设计、二期任务论证等多个岗位的锻炼，在精通本专业的同时能深而广地掌握载人航天工程的相关专业领域，成长为合格的航天将才。在清华大学读了十年固体力学的王翔远赴德国马普金属研究所进行博士后研究，2003年，学成归国的他加入了载人航天器研发团队。因为表现优异，组织决定给他压压担子，先后安排他负责交会对接专题设计、神舟七号出舱活动飞船飞行方案制订和实施、神舟八号的研制和验证工作等。经过多岗位锻炼，王翔不仅出色地完成了工作任务，而且极大提高了自身的各方面能力。载人航天器研发团队敢于打破人才选用常规，对于发展潜力大的人才委以重任，提供充分施展才华的机会，通过多岗锻炼，促使将才不断挑战自我、追求进步。为了提高团队的整体能力，团队历来十分重视青年人才的培养，如何吸引优秀人才加入？团队认准用事业凝聚人才，以重点工程为牵引，为年轻人提供施展才华的舞台，入职后为每位新员工配备技术过硬的督导师，保证青年人快速成长。"谁拥有了青年，谁就拥有了未来"，重视青年人才的培养，通过体制和机制创新，使青年人才能力得到提升，是我国载人航天事业得以持续进步的重要保证。

三、如何培养造就创新型人才

国外对人才培养的理解比我国要宽泛一些，他们大都是在强调人的个性全面发展的同时突出创新意识、创新能力的培养。这从国外有关大学教育培养目标的阐释中可以清晰地看出来。应该注意的是，世界主要发达国家对人才的创新意识、创新精神、创新思维、创新能力的重视已有很长的历史,只不过近年来更加突出而已。

在英国,培养绅士型的领袖和学者是大学教育的培养目标。什么是绅士型的领袖和学者?按照英国19世纪教育家纽曼的话来说,就是"学会思考、推理、比较、辨别和分析,情趣高雅,判断力强,视野开阔的人"。牛津大学校长鲁卡斯要求大学培养的人才要有很高的技术,非常宽的知识基础,有很强的个人责任感、革新能力和灵活性。个人能够不断地获取新的技术以适应其需要。德国大学的人才培养深受洪堡大学理念的影响。至20世纪,德国教育家雅斯贝尔斯提出大学应该培养"全人"的理念,追求"全人"前提下的创新。

美国大学教育有着自由教育的传统。早在20世纪初叶,弗莱克斯纳就提出大学教育应培养社会的精英。至20世纪中叶,美国教育家赫钦斯批评美国大学教育在人才培养上的专业化和非智力化倾向,强调教育的目的在于培养完人,使人成为有作为人的人、自由的人,而不是片面发展的工具。大学教育的目的与教育目的是一致的,就是要发展人的理性,养成智性美德,实现最高的智慧(睿智)及最高的善,从而培养出完人。美国有许多大学其实都在追求培养创新型人才。截至1998年,仅哈佛大学一所学校,就已有35名教师、38名毕业生获得诺贝尔奖,可以说是培养创新人才最成功的大学之一。该校以追求真理为办学宗旨,在人才培养上以全面发展的人、有教养的人为目标,强调培养的人才应该是在情感、智力方面全面发展的人,应该是受过广泛而深刻的教育的人,是独立思考能力、分析能力、批评能力和解决问题的能力高度发展的人才。麻省理工学院也很重视创新人才的培养,该校规定本科教育应扎根于广泛的学科领域,结合不同学科的力量来形成对价值和社会目标的看法。除了有广泛的自由学习机会之外,还应鼓励学生获得某一领域的基本知识和继续学习的兴趣,并成为创造性的智力探索者,能够独立追求学问,致力于给学生打下牢固的科学、技术和人文知识基础,培养创造性地发现问题和解决问题的能力。

(一) 创新型人才特性及组织开发特点

技术创新作为促进生产力发展的一种经济活动,从商业化角度对人才素质提出了更高的要求。与技术创新相适应的人才,是具有创新能力、创新人格、创新动机,并从事技术创新实践活动的人才。创新型人才从事的是创造性的工作,他们凭借自身拥有的专业知识和技能,运用智慧进行创造性思维,并不断形成新的创新成果。创新能力、创新人格和创新动机构成了创新型人才的基本要素。创新能力是智力因素,创新人格是非智力因素,创新动机则是整合前两者并付诸实践活动。创新活动是这三方面相互作用的综合结果。

创新型人才的一般特质有:

(1) 创新能力。较强的专业知识和技能是开展创新活动的基础,即能力。创新活动是以他人的开发成果为基础,收集知识信息并进行加工、整理,形成新思想、新产品的复杂活动。在这个复杂的活动中,如果没有综合创新能力,不仅难以吸收、理解他人的成果,更谈不上有效利用发明成果,形成新产品。因此,创新能力中又包含了三个方面:①思想能力,即科学研究的素质和创新思维,能发现问题和解决问题;②知识能力,即较高的知识水准,开阔的视野,对新思想、新知识、新技术具有良好的领悟能力和学习能力;③实践能力,即能把创新思想转化、运用到实践中,具备较强的实践能力、操作能力。

(2) 创新人格。良好的创新精神是选择进行创新活动的支撑,即活力。创新人格是与创新活动有关的非智力素质,体现出面对创新活动时的一种心理、精神、情感、品性等。创新是一种长期性的、开拓性的、困难重要的、成败难料的冒险活动。创新人格就是有较强的创新意识,能够充分认识和面对创新风险,并对创新潜在的收益有理性的预期。没有良好的创新品格作为支撑,创新活动不仅难以开展,更难以持续。大量的事实表明,有成就的创新者往往具有卓越的非智力因素。2002年清华大学对"两院"院士就创新能力所做的一项调查显示,创新型人才需具有四个方面的人格素质特征:①强烈的好奇心和探求事物本质的习性;②具有克服障碍的意志和恒心;③具有适度的质疑与冒险精神;④具有善于提出假想,勇于付诸实践的品性。

(3)创新动机。强烈的创新欲望是投身创新活动的驱动力,即动力。较强的创新能力、良好的创新人格,是开展创新活动的前提和准备,创新动机则是牵引人才切实开展创新实践的动力,是激发人的创新能力和创新人格在实践中落实的表现,这时的创新人才是显性的。有效的行为动机能催生创新实践的开展:①内生动机,是以自我对创新挑战、对创新任务感到满意而形成的动机;②外生动机,是在外界的要求、压力和诱导下产生的行为动机。要使外部激励有效,关键是采取一种将创新人才的能力和贡献与利益和前景紧紧绑在一起的分担风险和分享收益的机制。

创新型人才与一般人员相比最大的区别在于,一般人往往只是被动地适应组织和环境,而创新型人才是组织里最富有活力的要素。创新型人才在个人特质、心理需求、价值观念及工作方式等方面的诸多特殊性,也引发了组织对创新型人才进行开发、管理、激励需采用比较特殊的方式。

(1)高度自主性——需要提供开放、灵活、自主的环境。个性的自由发展是创新型人才成长与发展的前提。创新型人才进行创造性思维活动的特点,决定了其劳动过程可能发生在每时每刻和任何场所,固定的劳动规则会限制创新型人才的创造性活动。因此,创新型人才一般拥有较强的独立自主性,在组织中也往往表现出较高的自我管理能力,并且工作成果常常以某种思想、创意、技术发明、管理创新的形式出现。他们向往拥有一个灵活的组织和自主的工作环境，关注工作场所、工作时间的灵活性以及宽松的组织气氛，强调在工作中自我管理，愿意尝试各种可能性。因此，在组织中需要强调创新人才内在的自由，创造适合创新型人才充分发挥才能的宽松条件，营造自主、自由、轻松的创新环境，在环境中预留更多个人发挥的空间。转变对创新型人才岗位职责的硬性规定和量化的评价标准，探索多种激励手段，形成适合不同人才发展的各种激励途径。

（2）高度流动性——需要加强人才资本投资，减少人才流动限制。组织之间针对创新型人才的竞争，为人才的流动提供了宏观需求。创新型人才因为占有特殊生产要素，富于才智，精通专业，而且有能力接受新工作、新任务的挑战，拥有很大的职业选择权。创新型人才出于对自己职业感觉和发展前景的强烈追求，流动意愿强。一旦现有工作没有足够的吸引力，或缺乏充分的个人成长机会和发展空间，他们会很容易地转向其他组织，寻求新的职业机会，流向能更好发挥自身潜能、实现自身人生价值的地方。因此，一方面，组织要加强人力资本投资，加大人才培训和再教育投入，促进建立学习型企业组织结构，提高人才的凝聚力，提高双方的共同预期，增强组织稳定性。另一方面，一定的流动性也是加快创新型人才成长的重要方式。在区域创新网络中，创新型人才的流动性与学习交流的频繁性，激活了资源，提高了知识技术转化的效率以及技术市场化过程中成功的可能性。因此，要尽量减少对人才流动的限制，对人才的"跳槽"行为给予足够的鼓励与宽容。

（3）高度成就感——使人才获得事业感和成就感。创新型人才具有实现自我价值的强烈欲望，在一定的物质需求得到满足后，他们往往产生了更高层次的需求。与一般人员相比，他们更重视创新活动带来的满足感、成就感，在意并强烈期望得到社会的承认与尊重。因此，需要组织强化创新激励机制，设计一些挑战性的项目，使人才获得新的事业感、成就感，让事业激励成为人才的长期追求。提供人才成长和晋升的通道，建立和完善以"平等竞争、择优录用"为原则的任用和升迁制度，使人才获得发挥自己专业特长和成就自己事业的机会，以不断创新的组织战略和奋斗目标激励人才。

（二）培养造就高层次创新型科技人才

《国家中长期人才发展规划纲要（2010~2020）》提出："以高层次创新型科技人才为重点，努力造就一批世界水平的科学家、科技领军人才、工程师和高水平创新团队，注重培养一线创新人才和青年科技人才，建设宏大的创新型科技人才队伍。"培养造就高层次创新型科技人才是建设创新型国家的关键，也是今后十几年人才队伍建设的重中之重，因此要着重抓好以下几个方面工作：

1. 创新人才培养模式，为高层次创新型科技人才大量涌现打好基础

（1）加快建立学校教育和实践锻炼相结合、国内培养和国际交流合作衔接的开放式培养体系。在学校教育过程中，要改变单纯灌输式的教育方法，激发学生的探究精神，鼓励创新性思维。要加强实践培养，依托国家重大科研和重大工程项目、重点学科和重点科研基地、国际学术交流合作项目，加强人才—基地—项目一体化建设，培养一批中青年高级专家，形成一批年龄和知识结构合理、团结协作、能够卓有成效地完成重大任务的创新团队，建设一批高层次创新型科技人才创新创业基地。要加强国际科技交流与合作，培养具有国际视野的创新型科技人才。

中国工程院院士、车辆工程专家钟志华在谈到科技人才如何出大成果时说，一个人的能力再大，事业心再强，没有干事业的合适舞台也干不出大成果来。他在瑞典学习、工作12年，当时

有两个技术特长，一是汽车碰撞安全技术，二是车身冲压成型技术。回国后钟志华本想先推广碰撞安全技术，但当时国内主要拿国外产品来实现国产化生产，这项国际上热门的技术没有用武之地。另一方面，汽车制造国产化过程中遇到很多冲压成型工艺与应用方面，积极在国内推广先进的冲压 CAE（计算机辅助工程）技术和创新工艺，为上汽集团等企业解决了关键生产技术难题，形成了国际先进水平的冲压成型工艺开发能力，成果获得国家科技进步一等奖，产生上百亿元的经济效益，并以此作支撑创建和提升了多个高新技术企业。随着我国在 2000 年实施强制性碰撞安全法规日程的确定，钟志华的汽车碰撞安全技术有了用武之地，在与英国 MIRA 公司的竞争中胜出，得到上汽通用五菱的新产品设计开发任务。该车型的开发任务圆满完成，实现累积销售 100 万辆，使该企业成为全国同类车型的龙头企业。我国汽车整车自主创新能力不够强，很大程度上是因为以前过分依赖引进技术，没有形成自主创新能力。实际上，只要创造足够的条件，我国汽车高水平自主创新能力不仅可以形成，还可以与国际先进水平竞争。正因为看到了这一点。2007 年，财政部、教育部和湖南省设立"中国高水平汽车自主创新能力建设"项目，投资 3 亿元研发经费，集聚全国优势资源，重点突破中高档轿车整车开发技术，培养开发团队，建设开发基地。这一平台的构筑不仅可用两年的时间将开发水平的差距缩短 10 年以上，更重要的是树立国人的信心，建立自主创新的重要案例。

中国科学院院士、理论物理学家贺贤土认为培养学生科学思维能力非常重要。他说，目前整个中、小学教育围绕分数转，完全是为了考大学。大学以一次考试高分录取的方式，一考定终身。从小学开始，学生就为考分而学，学校就为学生考高分而教，而高录取率学校就成为名校，获得种种利益。于是大量课外作业和家教使孩子们终日忙于应付，上学前的好奇心和奔放的思想全被扼杀了。如果改革大学录取制度，除了分数以外还进行综合素质（特别是考生思维的能力）考试，就会引导中小学培养方式和目标发生根本性变化。现在大学教育着眼点是传授知识，缺乏引导学生运用科学思维方法分析事物能力的训练。高等教育是培养创新人才的基础，因此，安排知识基础丰厚且在科研中显示出有很好创新能力的教授给本科生讲课是十分重要的。在研究生培养方面，要提倡导师在指导博士生时培养学生分析复杂事物、抓本质的科学思维能力。实践表明，只有那些知识学得活、思维正确的学生在社会实践锻炼中才有可能成长为高水平科技创新人才，做出高水平的科技创新成果来。

中国科学院院士、国家最高科学技术奖获得者李振声指出，在实践中培养中青年科技领导人才至关重要。他说在院士队伍里，不乏将才和帅才，但是从整体上看，我国科技领军人才还不够多。培养造就科技创新人才，首先要抓紧培养造就科技领军人才，尤其是中青年科技领军人才。一是能带出高水平的创新型科技人才和团队，二是可以创造世界领先的重大科技成就，三是可以催生具有强大竞争力的企业和全新的产业。以此为标准，我们可以从过去的科技领军人才中找出一些范例，为今后中青年科技领军人才培养工作找到一些借鉴的经验。以获得国家最高科学技术奖的科学家为例。在25位科学家中，从事农业和植物科学的有三位，袁隆平（杂交水稻培育）、吴征镒（植物调查与分类）和李振声（小麦远缘杂交育种）。袁隆平和李振声的特点是，从我国农业生产的需求出发，发现新的科学规律，再用于指导实践；研究成果都是长期在科研与生产第一线拼搏中取得的。吴征镒从事植物调查与分类研究，为采集标本和观察植物踏遍了祖国的山山水水，记录书写了3万张卡片，发表和参与发表的植物新分类群1766个，结束了中国植物由外国人命名的历史，被誉为"植物电脑"。这些做法验证了一条真理："实践出真知。"通过

"百人计划""长江学者"等培养的都是在岗的课题组长以上的领导者,入选者实际上就是中青年领军人才的"后备军"。他们中有一部分是在国内培养的,有相当一部分是留学回国的。他们共同的优点是掌握了比较系统的理论知识和先进的试验技术,而不足之处是对生产实际和中国国情了解不够。从他们现在的工作状况看,又比较重视实验室的工作,深入生产实际不够。这是目前我们需要抓紧解决的关键问题。

(2)要健全有利于科技人才创新创业的评价、使用、激励制度,营造有利于创新型科技人才成长的良好环境。要改革传统的人才评价制度,推行以同行评议为主的多种形式的评价方法,以代表性学术成果评价人才当时的水平,改变评价周期过短和烦琐的评价办法,以聘期评价为主。改革完善现行的职称管理办法,逐步取消对科研机构和高等学校的统一职称评定,落实用人单位在人员聘任中的自主权,结合事业单位岗位设置与管理,在聘任、任职和晋升的各个环节体现用人单位的实际需求,实行评聘合一,由身份管理向岗位管理过渡。逐步取消科研事业单位和高等学校实际存在的行政级别,淡化学术机构的行政色彩,借鉴国外公共科研机构管理的经验,试行理事会制度,并形成科研机构内部决策、管理和监督的体制机制。

2. 加强产学研合作,推动创新型科技人才向企业集聚

企业是技术创新的主体,也是培养创新型科技人才的主体。鼓励创新型科技人才在创新创业实践中成才,将高等学校和科研机构产生的大量科研成果转化为现实生产力,在经济建设主战场上实现自身价值,为社会经济发展做出更大的贡献。支持大学、研究机构科技人员以转化科技成果为主要目的创办企业。继续实施科技人员服务企业技术创新行动,通过保留身份、项目支持、奖励等方式鼓励高层次创新型科技人才服务企业技术创新,并逐步向企业集聚。同时,注重培养一线创新人才。

3. 要加大海外高层次人才引进力度,解决高层次创新型科技人才严重短缺的问题

充分利用经济全球化和我国改革开放为创新型科技人才干事创业提供的大空间和大舞台,以时不我待、求贤若渴的精神广揽天下英才。完善引进海外高层次人才的政策环境,提供良好的事业平台和生活待遇,依托国家重点创新项目、重点学科和重点实验室、中央企业和国有商业金融机构、以高新技术产业开发区为主的各类园区等平台,继续推进中央层面的"千人计划",进一步完善并实施"长江学者奖励计划""百人计划"等人才引进计划。大力推动地方的创新人才引进计划,形成海外高层次人才引进工作体系。同时,通过合作研究、兼职、咨询、讲学等方式,柔性引进海外高端智力。

北京协和医学院教授蒋澄宇以自己的经历提出引进"纯老外",对树立中国科技界良好国际形象有帮助。如今在国际上,很多顶尖的外国科学家都想到中国工作。比如她的合作者,一位年轻有为的奥地利科学家,在《细胞》《自然》《科学》等杂志上发表了40多篇论文,论文引用指数也很高。2003年,奥地利政府花了1亿欧元请他回国建立一个新的生物技术研究所。他做所长的几年间,这个研究所非常出色,超过了奥地利科学院所有的研究所。最近一年,他多次向我表达想到中国全职工作的强烈愿望。她还有一个好朋友,现在美国麻省理工学院从事地球物理的勘探方面的研究,他想到中国来组建一个团队。他的系主任也说想把麻省理工学院的实验室关掉,跟着他到中国来。蒋澄宇认为外国顶尖科学家想来中国工作,已经逐渐成为一种趋势。如果能以现在的"千人计划"的力度,引进一些对中国友好的、愿意全职在中国工作的、年富力强的"纯老外",为我所用,他们在中国创造的知识产权对提升中国科技界的国际形象也有比较好的影响。她认为国内有些学术造假,是助手的无知造成的。数据是

这个教授自己的实验数据,但由于助手英文不好,写论文过程中大量复制别人的类似论文,结果被指抄袭,造成很坏的影响。古人讲"入国问禁"。我们应该要加强这方面的教育力度,包括在大学里面设立专门的课程,告诉每一个从事科研的学生,什么是造假,什么能做,什么不能做。

4. 发展创新文化,营造崇尚科学、鼓励创新的社会氛围

一是在全社会培育创新意识和科学精神,倡导追求真理、勇攀高峰、宽容失败、团结协作的创新精神,营造崇尚科学民主、学术自由、严谨求实、开放包容的创新文化氛围。二是树立一批锐意创新、坚守科研岗位的优秀人才和潜心学问、品行高尚的学术典范,加大宣传力度,让社会各界了解科技创新、知识创新对我国经济社会发展的重大推动作用,引导各类人才树立科学崇高、创新光荣的价值观,使钻研科学、勇于创新真正成为全社会尤其是科技人才的价值追求和人生目标。三是健全科研诚信制度,弘扬科研人员诚实守信、尊重创造的行为准则和职业操守,从严治理学禾不靖行为,遏制科学技术研究中的心气浮躁、急功近利、抄袭剽窃、弄虚作假等不良风气。

(三) 鼓励科技人员潜心研究和科技创新

北京航空航天大学教授周盛回忆说:这么多年过去了,钱学森先生的博士论文还一直被人们惦记着,而现在的很多博士论文,可以说是毫无原始创新。现在国内培养的博士生,最突出的差距就在原始创新能力水平低,是导致我国融化原始创新能力不足的重要根源之一。因此,国家发展的战略角度考虑,大力加强博士生的原始创新能力培养是重中之重。衡量博士论文是否属于原始创新型,标准有两个:一是原创性标准,二是论文的水平应该达到本学科领域、学术界公认的高水平,现在的博士论文根本达不到这两个标准。论文评审团常常睁一只眼闭一只眼,做"好好先生"。因此,建议有关部门组织不同学科领域的学术权威,

共同制定出该领域原始创新博士论文的标准并加以量化，使其具有可操作性，以提高博士的原始创新能力。以博士论文的选题和科研课题的立项为例，我们很多的立项思路一般都遵循一个"三段论"。第一段："美国近来在进行某项目，其应用前景明显。"第二段："我们也在从事同一领域研究，有一定基础。"第三段："但因与美国有差距，只能跟踪其中一部分，特提出如下申请。"不注重原始创新，不强调"超美"，习惯"拿来主义"，依葫芦画瓢，总跟人家后面跑，其后果只能是美国之间的差距越拉越大。

如今，很多博士生导师忙于应付各项教师考核指标，没有宁静的学术环境，导致没有足够的精力关注学术前沿，因而对博士的科研创新能力和论文的创新等方面的要求都很松。导师的要求稍一放松，就会对博士生的培养造成灾难性的伤害。因此，一支高水平的负责任的导师队伍很重要。建议改变现有的教师考核体系，让导师们有更多的精力对博士生培养过程中的各个关键环节（生源遴选、课程、开题、中期考核、答辩）进行更加严格的质量规范和管理。导师在把好博士论文文相关的同时，还应大力鼓励博士独立承担研究项目，把博士推到科研第一线，为他们营造自由宽松的环境。从凝练科学问题、开展科学研究、讲解进展报告、甚至是独立申请基金资助等，都给博士压担子。相信在这样的"重压"之下，一批具有较强原始创新能力的优秀博士生就会脱颖而出。

科技创新规律证明，潜心研究是科技人员能够取得重要创新成果的前提条件。目前，我国科研领域还存在心浮气躁、急功近利的问题，不少科技人员受各种因素的影响，难以静下心来做研究，个别科技人员甚至为所谓快出成果、多出成果采取捏造、篡改、剽窃等学术不端行为，不仅损害了科技人员形象，而且败坏了科研风气。解决这个问题，既需要科技人员自身强加科学道德修养，也需要国家在科技评价、经费支持等多个方面进行正确的引导，铲除滋生浮躁风气的土壤，营造真正有利于科技人员潜心研究和创新的环境。要消除"官本位"思想对科技人员的影响，鼓励和支持科技人员在创新实战中成就事业并享有相应的社会地位和经济待遇。要深化科技体制改革，着力建立现代科研院所管理制度，进一步明确科研院所的定位。要以实现其职能定位为目标，扩大科研机构在选人用人方面及科研经费管理和使用方面的自主权，切实改变当前研究所资源配置功能被过度削弱等问题。建立以学术和创新绩效为主导的资源配置和学术发展模式，健全科研机构内部决策、管理和监督的各项制度。要优化科技投入结构，适当加大研发（R&D）投入比重特别是基础研究经费占研发比重。要完善科技项目经费管理办法和国家科技计划管理办法，加大政府对从事基础研究、前沿技术研究、社会公益性技术研究科研机构的稳定支持力度。要根据科研机构的不同情况，提高人均事业经费标准，特别是对高水平创新团队给予长期稳定的支持，真正提高创新能力。要进一步改革收入分配制度，在保证公平的原则下，继续坚持绩效优先的原则，科技人员工资结构要反映绩效贡献。要按照国家统一部署，逐步实行科研事业单位绩效工资制。在资源配置上要注重向科研关键岗位和优秀拔尖人才倾斜，使资源配置与岗位重要程度、实际贡献相匹配。要切实改善青年科技人才的生活条件。青年科技人才处于事业的起步阶段，所能获得的科研支持和条件有限，工作和生活压力大。同时，根据科技人才成才的规律，青年人才正处于一生中最有创造力的黄金时期，最有可能取得重大成果。因此，要特别注重关注、关爱和关心青年科技人才，通过提供基本科研业务经费等，为青年人才创造良好的科研条件。

（四）通过产学研合作培养创新人才

产学研合作是指以企业为主体，联合大学、科研机构或其他组织，以共同的创新目标形成的联合开发、优势互补、利益共享、风险投资的技术创新形式。实施产学研合作培养创新人才，已经成为当代创新型科技人才培养的新模式。产学研战略联盟、科技创新平台、产学研合作研究等是改革开放以后在我国兴起并得到大力发展的新型研发模式，产学研合作联盟和科技创新平台最重要的功能就是突出人才培养的任务导向。国家项目支持有条件的联盟以企业为核心整合成员单位优势组建国家重点实验室，集成来自企业、大学、科研机构人才，在合作中完善知识结构和能力结构，吸引优秀人才加入联盟开展研究，培育创新领军人才和创新团队。对于应用型的学科专业，要建立学校教育和社会实战锻炼相结合、校内培养和产学研合作培养相衔接的开放式培养体系，积极推行以研究生接着单位导师为主导、产业界导师为辅助的产学研联合培养"双导师制"，并为产业界导师对研究生的指导创造条件。各类财政资助科技项目都要将人才队伍建设和青年科技人才的培养作为重要任务，鼓励科技人才以多种形式参与国际交流和培训，参加产学研合作研究，探索在科技项目中列支人员培养经费的做法和相关制度。产学研合作培养人才的根本是通过实战提高学生的创新精神和创新能力，培养适应经济社会发展需求的各类创造新型和应用型技术人才。企业是技术创新的主体，也是创新人才培养不可缺少的载体。要积极研究有关财税优惠政策和其他有效激励措施，支持企业等用人单位接纳高等学校、职业学校学生实习。给予那些切实参与人才培养工作并卓有成效的企业给予奖励、补助或税收优惠等政策支持，充分发挥企业在产学研合作培养创新人才中的重要作用。

（五）以国际通行机制集聚科技领军人才

近年来，中国科学院上海生命科学研究院实施人才引进培养系统工程，深化人事制度改革，创新人才管理机制，完善人才服务体系，聚集了一批科技领军人才，培养了大批青年科技人才，创新能力和综合实力显著提升，成为国内最大的生命科学综合性研究基地。2008年上海生命科学研究院成为中央首批"海外高层次人才创新创业基地",2010年被评为中科院人才工作先进集体。

着眼于引进具有国际视野和战略思维的科技领军人才,上海生命科学研究院率先探索实行面向全球公开选聘研究所所长机制,建立了从海内外专家初选、竞聘演说、职工代表民主测评、专家组面试质疑、组织审核,到工作生活条件商谈、契约管理等一套科学的选拔任用流程。从1999年聘请加州大学伯克利分校蒲慕明教授担任神经研究所所长,成为中科院第一位外籍所长,至今,已聘请美国新泽西医科大学终身教授时玉舫、美国芝加哥大学终身教授林安宁等14位海外高层次人才担任各研究所所长。蒲慕明教授现已当选为美国国家科学院院士,时玉舫、林安宁教授分别入选中央"千人计划"。

着眼于解决重大科学问题、满足国家需求,上海生命科学研究院从国家、中科院和本单位三个层面统筹规划、系统设计,以科技部"973"计划和重大科学研究计划、基金委创新群体、中科院海外创新团队和重大项目、生科院"首席科学家项目"等为抓手,以出标志性成果为目标,采取灵活的政策和合作方式,组建了覆盖人口健康、现代农业和生物质资源等主导领域的30多个创新团队,推进人才、项目、基地一体化建设,提升综合交叉集成能力。

着眼未来发展,上海生命科学研究院非常注重在创新实践中培养青年科技人才。2007年至今,共投入1928万元"35岁以下青年人才领域前沿专项资金",择优支持90位青年人才开展创新活动。每年投入300万元设立"博士后研究基金项目",择优支持20名博士后开展前沿探索,建立符合生命科学研究特色的博士后培训与培养、个人发展计划、博士后基金管理、联谊会、薪酬福利等培养机制。此外,通过与赛诺菲安万特制药集团合作,设立SA-SIBS优秀人才奖励基金,每年奖励15名40岁以下青年人才和18名35岁以下博士后在前沿领域独立开展原创性研究。

上海生命科学研究院对用人制度进行大胆改革创新,建立"按需设岗、按岗聘任、竞争上岗、契约管理"的新型用人机制。全面实行公开招聘和竞聘上岗制度,创新岗位面向院内外公开招聘,明确岗位责任和聘任要求,坚持以岗位绩效考核为基础,重视对能力、业绩和贡献的考察。大力推行"岗位聘用+项目聘用"的用人制度,对科技领军人才、学术技术带头人、高水平技术支撑和优秀管理人才,采取"岗位聘用"的方式,保持相对稳定。对于根据阶段性科技任务需求而聘用的青年人才、博士后、访问学者等,实行相对灵活的"项目聘用"。同时采取长期聘用合同和有限期聘用合同相结合的方式,保持人才适当的流动率,逐步建立起与国际接轨的科技人才使用机制。

针对学科特点、工作性质和岗位类型,上海生命科学研究院以绩效优先为原则,实行"基本工资+岗位津贴+绩效奖励"的三元结构工资制,形成了以三元结构工资制为主体、多种分配形式并存的新型分配体系。分配制度改革建立了以责任、业绩和贡献为导向的分配激励机制,破除了按职务职级分配的"大锅饭"模式,体现了科技人才的创新贡献和社会价值,调动了科技工作者的积极性。

上海生命科学研究院率先在国内推行与欧美等发达国家科研院所统一标准的学术评价制度,构建了研究组、研究所、生科院三级国际学术评估制度,坚持分类评价、质量重于数量、以专家评估为主的原则,注重评价研究工作的创新性、未来发展前景以及对科学发展的贡献和意义,为优秀人才发展营造公平竞争、宽松自由的学术环境。

2010年以来,上海生命科学研究院根据新一轮创新跨越发展的需要,进一步理顺关系,建立"一级法人、两级管理"人才工作服务体系,为高层次人才提供良好的工作生活环境。实施"五个提前"乐业工程,为高层次引进人才提前装修实验用房、提前订购和安装实验设备、提前拨付科研启动经费、提前落实研究生招生指标、提前设计团队配置计划等。

实施"一站式"服务安家工程,为高层次引进人才办理恢复户籍、身份证申报、居住证、专家证、居留许可证等提供优质服务,为人才安家落户上海提供楼盘资讯、购房垫资、陪同购房等,帮助解决子女入学、配偶就业等后顾之忧。

开辟华东疗养院健康检查和疗休养绿色通道,及时为"千人计划"入选者及其配偶、子女提供,健康服务。

良好的机制和环境,使上海生命科学研究院聚集了大批高层次创新人才。截至目前,该院引进培养中科院院士23位,中国工程院院士2位,美国国家科学院院士1位,中央"千人计划"入选者7位,973国家重大科学计划首席26位,基金委"创新群体"负责人8位,国家外国专家局—中科院海外创新团队3个,在岗"国家杰出青年科学基金"获得者54位,中科院"百人计划"入选者129位,享受政府特殊津贴专家235位,国家"百千万人才工程"入选者25位,国家突出贡献中青年专家9位,中国青年科技奖获得者5位,成为我国生命科学研究领域名副其实的旗舰团队。

(六)培养大学生创新能力

加强大学生的创新能力培养既是我国高校的历史使命,也是我国教育工作者密切关注的重大课题。国外高校十分重视大学生创新能力的培养,并将其纳入教学内容的重点,在高等教育的改革过程中,也都把培养创新能力和创新精神放在极其重要的位置。大学生创新能力培养,是与创新人才的标准、价值取向及所赋予的时代要求相适应的。构建创新型人才培养模式,必须坚持知识、能力、素质的辩证统一。知识是能力和素质的载体,包括科学文化知识、专业基础知识、相邻学科知识;能力主要包括获取知识的能力、运用知识的能力。创新能力,是在掌握了一定知识基础上经过培养和实践锻炼而形成的。就我国高校来说,创新能力的培养是一个薄弱环节。只有坚持知识、能力、素质的辩证统一,注重素质教育,重视创新能力的培养,才能适应经济社会发展对人才的需要。

大学生创新能力的培养,应根据"以学生为本"的原则,处理好培养目标、教育观念、培养体系、培养方法、师资力量和社团组织等之间的相互关系。它们相互影响,共同直接和间接渗透作用于创新能力培养的各个环节和过程。创新能力的培养是素质教育教学方法改革的重要方面。笔者通过总结归纳,认为大学生创新能力的培养及其模式应有以下几个方面:

(1) 创新意识的培养模式。目前,我国大学生普遍存在独立思考性不强、缺乏主动性以及自信心不足等制约创新能力提升的因素。高校的教学作为培养大学生创新能力的主渠道,对创新能力形成和发展影响巨大。"灌输式"教学是大学生创新能力发展的制约因素,而研究性教学打破传统的教师中心、课堂中心、教材中心的"灌输式"教学模式,是促进学生创新精神和创新能力发展的一个重要路径和必然选择。主体参与、自我构突破课堂和教材的束缚,教学组织开放和多样化培养学生的实践与创新能力,将科研引入教学,教学与科研互动,培养学生的科研与创新能力。高校教育改革首要的目的是培育大学生的创新意识,激发其主观能动性。一是要更新教育观念。实现教育从应试教育观向创新教育观的转变,改变唯分数论的片面观念,鼓励学生独立思考、独立判断。二是要实施民主化管理,强化学生创新的主体意识。教师要注重维护和加强大学生个人认识的独立性,给他们以表达思想的充分自由,以使其形成独立思考的能力和习惯。三是要培育大学生的创新人格。高校要为大学生营造积极讨论和交流的良好环境,通过引导大学生的兴趣来促进创新活动的开展。四是要完善好相应的激励措施尤其是在评先、入党等方面坚持好谁创新、谁优先的原则，鼓励其进行创新。

（2）创新动力的培养模式。创新离不开主体崇高的思想觉悟。创新最基本的态度是质疑，最基本的精神是批判。因循守旧、思想凝固就不可能有创新意识的产生，也不可能有创新行为的出现。崇高的理想和精神境界，能帮助大学生在学习科学文化知识的过程勇于揭示矛盾并大胆进行创新。大学生创新动力的培养应该注重培育这样几个品质。一是要有创新的品德。加强大学生价值观教育，增强其社会责任感，自觉地站在社会发展的高度来对待创新，将创新当作自己的神圣使命。二是要有创新的热情。热情是强有力、稳定而深刻的情绪状态，它是创新成功的最基本心理条件。要注重营造良好的环境，使大学生在实际工作中感受到创新的意义和价值，以激发大学生的创新热情。三是要有顽强的意志。引导大学生进行创新，就是探索前人未曾解决的难点和问题，提出与传统观念不一致的独到见解，在创新的过程中，就必须培养好大学生较强的抗压和排除各种干扰的能力，以增强其意志力。

（3）文化素养的培养模式。创新离不开知识，知识的积累对创新活动的开展和创新能力的提升并不存在绝对的因果关系，甚至在一定条件下还会对其创新能力的开发起阻碍作用。为此，提高大学生的文化素养并非对大学生进行简单的知识量的积累，而是让他们掌握创新所需要的知识，并在此基础上优化其原有知识结构，促进其知识迁移水平的提升。为此，高校的教学实践的关键环节并不是对大学生进行简单的知识传授，而是让他们在掌握知识的基本结构基础上，促进其迁移水平的提升。同时，高校在教学过程中还需要向大学生系统地讲解创造思维、创造工程、创造教育和创造能力开发等内容，以培训他们的灵活性思维、求异性思维、发散性思维和逆反性思维等能力，以此激发他们的创造潜能和创造的主动性,让大学生掌握创造思维的策略。

(4) 创新能力的实践平台。大学生创新能力的提升不仅是一个认知教育的过程,更是一个实际锻炼的过程。我国高校对大学生知识的传授比较重视,而对其实际操作能力却有所忽视,实践性教学十分缺乏,导致大学生出现片面追求分数,导致思维固化。学校人才的培养要重新定位教学与科研、社会与校园、课堂与实践、教师与学生的关系,强化实践性教学,培育大学生的动手操作能力,构建好大学生创新实践的平台。一是高校要提高教学的实践性,让学生有机会通过实际操作加深对知识的了解,使其个性化特征得以充分地发挥,逐步形成创新的潜能。还可以建立诸如"兴趣爱好小组""发明创新协作、社会调研小组"等,利用课余时间广泛开展创新教育活动和主题创意竞赛、创意设计,鼓励学生把课堂上学到的知识应用到实践中去。二是要鼓励大学生积极参加课外科技活动。三是要改革现行的考试方法。针对高校的考试偏重于知识的测试而忽视大学生能力考核的问题,高校必须进行考试方法的改革,考试应做到理论与实践相结合,努力提高大学生的创新意识和能力。

创新教育课程的设置是开展大学生创新教育的基本环节,可依托社团组织来整合和创建系统性强、实用性强的创新教育课程体系是一个不错的尝试。创新教育课程体系融思想政治教育、科学文化教育、职业技术教育等相互渗透的结构体系。在具体教学过程中,应注重学生间的团队互相学习,主要模块以开放式问题为主,采用创新案例教学,老师在课堂上不是单纯地灌输理论知识,而是采用头脑风暴法讨论成功者的创新方法、过程和规律,然后教师对各小组的意见或经验进行总结,重点为学生提供包括创意、策划、投资分析、管理模式分析和市场开拓等一系列训练的实践活动,达到团队学习的效果。

具有创新精神和良好创意的师资队伍是创新课程和实践得以

顺利开展的关键。一是高校应建设一支专业化的创新教育师资队伍。专业教师要成为主要的师资力量，辅导员可作为重要补充，但创新教育的特性决定了外聘教师是其重要组成部分。要发挥创新者协会的优势，组织各种竞赛活动、承办各种对外通联工作，为引入校外师资搭建交流平台，邀请成功企业家、校友成功人士来校交流，实现"学院派"师资和"实践派"师资相结合。二是高校要着重构建体验式教育师资培训平台，让教师在一定时期内亲临创新型企业来获得创新知识、积累创新案例和总结创新经验，以此带动学生进行创新。

为满足大学生创新实践的需要，高校的教学组织形式必须进行改革，为大学生的创新提供实践平台。特别要重视课堂教学的组织，选择适当的组织方法、运用先进的教学方法和手段，既照顾全体学生又发挥学生的积极性。同时，高校还应积极为大学生创新提供交流、学习和提升的空间，开辟"创新实验室"、配备会议室、报告厅和商务谈判专用教室等实践场所为社团开展活动提供有利的支撑。通过模拟创新演练，锻炼学生的创新思维，并通过制定创新计划、组建创新团队、进行创新实践管理的全过程模拟，让学生看到创新的成果。

高校必须时刻紧盯社会变化，切实转变教育理念，将高等教育的目标从培养"专业人才"转变为培养"全面型人才"，以学生的发展作为中心，围绕学生的发展设计人才培养模式及体系，营造好创新的良好氛围，为学生的实践能力培养提供必需的条件。同时，高校还应在校园活动和校园文化建设中渗透创新文化，引导学生形成一种"敢于争先、敢于尝试"的创新意识。学校应积极利用创新型社团开展形式多样的创新教育活动，如举办大学生职业规划生涯大赛，创新项目成果展等，还可以通过校园网、校报、广播台等媒介，科学合理地评价和宣传大学生创新活动。

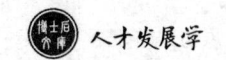

（七）大力培育创新文化

我国总体创新能力不足的原因之一在于创新文化的欠缺。这一问题体现在基层更为突出。应继承和借鉴一切有利于创新的文化基因，充分理解创新文化的内涵和价值标准，培育一大批"创新先锋"。要在党政"一把手"、企事业单位、高校院所中广泛宣传科学人才理念，使尊重知识、尊重人才成为社会风尚，使人人皆可成才、人人尽展其才成为人们信条。

中国科学院院士、中国工程院院士石元春深情地说，在1990年召开的全国基础科学工作会议上，宋健同志谈道，日本在美国大量购置资产，声言科技上也要超过美国，坐在身边的钱学森同志插话："在技术上日本永远也不会超过美国，因为日本没有美国那种科学精神和环境。"其实，相对论、DNA双螺旋结构、青霉素等许多重大科学发现并不都是在国家重大项目、高级实验室和雄厚资金支持下由学术权威完成的，至关重要的是有献身科学、自由探索、追求真理的科学精神和氛围。当然，有了高级实验室和雄厚经费会如虎添翼。其实，创新是一种精神，一种氛围和文化现象，一种崇尚科学、追求真理、宽容失败、鼓励争鸣、不唯权威、提倡求异的精神与氛围，就像孵化鸡蛋需要的温度和湿度一样。创新型人才是"果"而不是因，要"修成正果"就必须创造适宜的温度和湿度，要"鱼"则必须"放水养鱼"。无论是科学家、技术专家，还是工程专家，只有在科学精神的热土上才能展开他们智慧的翅膀。

我们需要积极进取和高速发展，需要更多的SCI/EI（科学引文索引/工程索引）文章和专利申请，需要加大国家科研经费的投入，需要提升科技竞争力的世界排位，我们已经这样做了，也取得了令人自豪和举世瞩目的进展。但科技领域也在滋长和弥漫着"浮躁"和"急功近利"之风；科技项目申请、评议和管理出现一些严重问题和不正之风；科技人员提职提级中的不良导向；

科技骨干的主要精力不在研究而消耗于"争取项目",接受检查、验收、鉴定和报奖;成果跟踪模仿多,自主创新少,原始性创新更少;评议中的"同行捧场"和媒体的"美化宣传",甚至少数科技人员的不端行为等,已经成了一种可怕的精神、风气和文化,像癌细胞一样侵蚀着我国科技的健康肢体。这种"温度"与"湿度"能孵化"鸡蛋"吗?

上海交通大学名誉教授刘佳炎讲,现在的大学教师经常到国外交流学习,但中小学教师这样的机会则不多。我们有大量的外汇储备,建议把一部分外汇用来培养从事基础教育的教师,把中小学、幼儿园的教师送一些到国外去学习,让他们看看国外是怎么回事。从事基础教育的教师有了世界眼光,他们的学生就能更早地适应全球化发展需要。我们不能只学一个美国。内地34个省级行政区,一部分学习美国的做法,一部分学习欧盟的做法,一部分学习新加坡、韩国的做法,一部分要总结我们几十年来的经验包括苏联的经验。这样,我们的人才资源开发思路就会宽广得多。美国人对未来有很好的预备教育,比如他们有1/5的电影讲的是未来,这种重视对未来教育的氛围,无疑是美国科技始终走在世界前列的重要因素。我们现在的电影电视,大多是古装戏,有一段时间清宫戏满天飞。这种氛围对人才培养是很不利的。未来世界的生态、气候、环境、能源、人口可能会产生一些突然的变化,对世界和我国会产生很大的影响。如果对这些新兴学科投入人力、物力,我们很快可以进入世界前沿。

(八)建立科学的识才选才机制

以培养学习能力、实践能力和创新能力为核心,充分利用和整合社会资源,探索市场化的人才培养开发模式。树立正确的人才价值理念,遵循人才成长规律,尊重用人单位的主体评价地位,把品德、能力和业绩作为发现评价人才的主要标准,实现人才评价由一元向多元标准转变、从重学历资历向重能力业绩转变、从重"官方"评价向社会评价为主转变。

　　海军信息化专家咨询委员会主任尹卓指出，2006年国家发布《国家中长期科学和技术发展规划纲要（2006～2020年）》，列出了16个重大科技专项。到目前为止，载人航天工程、探月工程和大型飞机三个项目进展良好，其余项目都没有实质性启动。这些重大科技专项之所以进展缓慢，除了研体制、政策层面的制约外，人才工作体制机制的不顺畅也是一个重要因素。从根本上改革国家的科研体制和人才工作体制机制，涉及面广，难度大，历时长，而启动与实施这些重大科技专项又时不我待，因此，建议以重大科技专项为突破口和试点，去改革创新人才工作体制机制，实施重大科技专项，要有利于调动科研人员的创新积极性，有利于创新成果的产生与市场化。建议利用开展重大科技专项的契机，彻底革除目前科研领域中存在的一些弊端，比如，科研全过程被政府行政管理的条块所分割，多头行政却无人真正负责，科研资源得不到最优配置、使用和流动，外行管理内行仍是主流，等等。要进一步提高科学家的地位和作用。重大科技专项的领导小组中，该领域的科学家必须占一定比例；专家委员会不能只是咨询机构，专家的意见要进入决策程序；专项要在党委的统一领导下，实行行政管理和技术管理相互配合、相互协调的两条线——指挥长制与总师制，总师负责专项技术路线图的制定与实施，与指挥长并列为专项负责人。这样，科学决策才能落到实处。长期以来，科研院所和高校搞科研，以获奖为导向成风，与科研成果产业化的目标相去甚远，这是我们科研上的一大弊端。目前，这种导向不可避免地逐步向重大科技专项渗透，必将影响专项的发展方向及其效益。国家设立重大科技专项，绝不是为了评奖，而主要是为了实现产、学、研相结合。因此，要着力解决产学研"同床异梦"现象，除个别基础研究项目外，其他专项都要以实现科研成果的产业化为基本目标。对于参与重大科技专项的科研人员,他们的待遇,应主要以其在专项攻关中的贡献及市场化的步伐为衡量标准。当前,院士候选人、首席科学家人才梯队等的选拔,基本上是以行政方式为主,过程不够透明,不仅耗费大量人力物力,而且扭曲科技人才生长的基本规律。一是在重大科技专项中率先建立院士、首席科学家的限额制和续任机制。重大科技专项的实施周期一般长达 15~20 年,实行续任机制,是保证科技人才群体创新活力的重要手段。少数做出过卓越贡献的功勋科学家,可保留资深院士资格。二是为专职科技人才制定自成体系的工资与生活待遇标准。除提供必需的科研条件,院士及首席科学家等头衔与个人生活待遇脱钩,特别是不要与行政干部级别画等号(如给予省军级待遇等),不要将高级科技人才的管理纳入到"官本位"体制当中。

著名作家、郑州大学文学院院长凌解放(二月河)说:关于自学成才,他的第一点体会,读书少了是不成的。读书不杂,纯粹的经院高才生很难创作如《康熙大帝》《雍正皇帝》《乾隆皇帝》这类著作。他所摄入的文化营养十分驳杂,形成了个人比较扎实的知识结构——以中国历史为基础,辅以文学和艺术的鉴赏评论能力。凌解放于 1968 年入伍。入伍后,他用尽各种途径搜集书籍,读完了二十四史、《资治通鉴》《中国通史简编》,先秦诸子的哲学著作也有涉猎。部队党委见他稿子写得不俗,命他担任党委常委的文化教员,于是他就有了更多的学习和读书机会。这期间凌解放也阅读了大量的中外文学名著,细读了一些马列主义经典著作。第二点体会,凌解放觉得自己的机遇不错,碰上了好时候。1978 年是决定性的一年。在此之前,像康熙这样的封建皇帝,是不可以歌颂的,虽然他从心里很佩服这样的人。1978 年真理标准的讨论开拓了凌解放的思维:凡是在历史上对国家的统一、民族的团结做出过贡献的;凡是在对当时生产力的发展、对人民生活的改善作过贡献的,凡是在科技文化教育诸方面对社会做出贡献的,这三者只要具备之一,他即予以肯定和歌颂,反之,则鞭挞。这一理念的形成就是那个时代赋予的。大气候如此,小气候也不错。南阳历史上是个比较重视人文的地方,历届市领导比较注重栽培文气。凌解放转业时,那里已经有一个可观的作家群。市里领导经常开创作生活会,鼓励保护创作人员。

在凌解放成长过程中,碰到了真正的老师冯其庸先生。冯其庸在《对人文社科人才培养的几点想法》中提到了凌解放的情况。冯其康到河南来看凌解放的稿子,是绕道来南阳的。凌解放当时纠结于两点:一是稿子到不到"发表水平"?他在出版界"外无应门五尺之童,内无期功强近之亲",一个熟人也没有。冯其庸说,稿子很好,不要发愁,出版社由他来联系。《康熙大帝》第一卷成书出版,是1986年初夏。这个时候正是计划经济向市场经济转型时期。出版社当时虽然以计划经济为主,但已开始关注市场效益。《康熙大帝·夺宫》一书一次征订了7万余册,社里领导上下都很高兴,用最快的速度发稿。力气+才气+机遇,成才大致上就靠这些,凌解放这样总结的。大环境小环境,如有一方起副作用,是不可能让人才脱颖而出的。

著名数学家、中国科学院院士杨乐讲,自然科学的每一领域都经过长期的发展与积累,形成了十分丰富的内涵。要很好地掌握这些知识,进一步发展与创新,就必须下一番苦功夫,学习前人积累的知识、理论、方法,深刻地分析、钻研、揣摩,领会精神实质,最后转化为自己的东西。有年轻人基础还没打好,就想有较大发明与创新,就想一鸣惊人获大奖,这是不现实的。这些年,我们国家经济一直持续快速发展,但杨乐认为物质化的倾向有过度之处,对青少年造成了不好影响。回想20世纪50年代,那时候大学生节衣缩食,生活简朴,节余下来一点钱几乎完全用来买专业书籍,从事科研工作严肃认真,一丝不苟,最后撰写论文多次修改,字斟句酌,从来没有想到考试时通过作弊达到拿高分的目的。现在学校里,在完成作业与学位论文时,常常可以看到抄袭现象。现在的大学生和研究生,不久的将来就是我国各条战线上的骨干与领军人物。他们对是非的评判、品德的高下,将在很大程度上影响整个社会的价值观念与走向,影响全民的思想与信念。因此,在当前情况下,我们必须好好研究如何在全体研究生与大学生中加强科学道德与学风的教育。

著名光电子学与激光技术专家、中国工程院院士周寿桓说,国家级奖励在科技人员中有很大影响,也起到了很大的激励作用,但评议过程越来越受到外界的干扰。他担任评委多年,深有感触。在评委会上如果说一句不应评某项目的话,立即就会传到当事人耳朵,然后就是没完没了的电话,没完没了的闲言碎语。评审会前的电话、托人情更是不断。虽然国家有关部门采取了要求评委签"诚信"协议、每年更换部分评委、评审会场与外界隔离等措施,但都不太有效,而且这种不正之风近年来愈演愈烈。

(九)营建拴心留人的环境

人才具有很强的环境选择性,城市吸引力怎么样,人才往往用脚投票。能不能发现和引进人才、用好人才,能不能使人才的才能得到最大的发挥,关键是要有一个能"拴心"的环境。要不断创新人才政策,发挥政策的洼地效应,帮助人才解决最直接、最关心、最迫切的实际问题。对做出贡献的优秀人才要舍得给待遇、给荣誉、给地位,用良好的机制让人才安心舒心。

著名经济学家厉以宁讲,高新区是各种优惠政策和人才的集聚地。对我国现有的高新区来说,财政、税收、金融、土地等方面都有一些优惠政策,政策的效应也体现得比较充分。而作为人才的集聚地,现有高新区人才方面的政策还是短板,人才对高新区发展的关键作用展示得不够充分,进而束缚了其他政策效应的发挥。建议由中共中央组织部牵头,在国家层面有效整合资源,率先在北京中关村科技园区和天津滨海新区,实行特殊的"人才政策",将两地联合在一起,打造成我国最大的"人才特区"。在特殊的人才政策中,最重要的一点是要打造国家级"人才银行",发挥"人才银行"储蓄人才和培养人才的作用,为"人才特区"今后的发展储备大量稳定可靠的人力资本和智力资源。打造国家级"人才银行",必须建立和完善相配套的人才服务体系。一是每年有序地组织优秀的大学毕业生集体落户,为"人才特区"的创新活动提供长期稳定的智力支持;二是从全国挑选一批青年才俊到"人才特区"挂职、任职,进行定向培养,使其成为中青年干部成长的集散平台;三是加强博士后流动站和企业博士后工作站建设,充分发挥博士后制度在培养、引进上拔尖人才方面的作用;四是制定专门的高层次人才引进计划,围绕我国经济社会发展的重大关键技术等战略重点,力争引进一批具有核心竞争力的科技领军人才。实现"人才特区"快速发展,首先就要清理阻碍人才流动的各个绊脚石,探索国际接轨的人才管理机制。建议率先在"人才特区"试点取消人才引进准入制、备案制;取消对硕士以上人才户口的限制,推行集体户口;引进的高层次人才,其子女接受义务教育,由居住地的教育行政部门就近安排入学,任何部门或学校不得收取国家或者本市规定以外的费用;留学人员已加入外国籍的,可以申办两年有效的外国人居留证和一年多次出入境签证;对于有重大贡献、急需的高级人才,可申办外国人永久居留证,等等。

"人才特区"是建设创新型国家的重要载体,发展的主要动力是创新驱动。为此,需要率先建立一套不同于其他地区的干部考核指标体系,改革完善干部考核、考查的制度和办法,减少GDP考核权重,突出创新和知识经济取向,将知识产权与人才培养纳入到干部政绩考评的重要指标中来。加大公共财政对人才开发的投入力度,以政府投入为导向,鼓励引导用人单位和社会个人投资人才开发,形成多元化的人才资本积累模式。建立人才+

资本的对接机制,支持风险投资行业发展,促进人才与资本的融合。

参考文献

[1] 李小岩. 人才资源是人类经济和社会发展的核心资源 [J]. 人力资源,2006 (6).

[2] 教育部网站. 教育部公布 2006 年度各类留学人员情况统计结果 [OL]. http://www.gov.cn/fwxx/wy/2007 – 03/06/Content – 543442. htm. [2007 – 3 – 6].

[3] 中国人事科学研究院. 2005 中国人才报告 [M]. 北京:人民日报出版社,2005:21.

[4] 人事部. 留学人员回国工作"十一五"规划 [OL]. http://www.gov.cn/gzdt/2007 – 01/5/content. 488097. htm [2007 – 1 – 5].

[5] 中国人事科学研究院. 2005 中国人才报告 [M]. 北京:人民日报出版社,2005:174.

[6] 黄谓茂. 上海海外归国人才愈聚愈多 [N]. 人民日报海外版,2006 – 7 – 28 (7).

[7] 中国人事科学研究院. 2005 中国人才报告 [M]. 北京:人民日报出版社,2005:175.

[8] 中国人事科学研究院 [J]. 2005 中国人才报告 [M]. 北京:人民日报出版社,2005:174.

[9] 李晓元. 论人力资源的第一生产力作用 [J]. 社会科学辑刊,2003 (1).

[10] 吴江. 人才是最活跃的先进生产力 [J]. 中国组织人事报,2012 – 6 – 1 (6).

[11] 吴永忠. 科学、技术与经济之间关系的再认识:基于创新理论发展的哲学思考 [J]. 北方论丛,1999 (4).

[12] 英特尔(中国)有限公司. 人才是企业创新主体 [N]. 中国电子报,2008 – 7 – 22 (4).

第六章
人才发展与国家发展

在国家社会发展进程中，人才是社会文明进步、人民富裕幸福、国家兴旺发达的重要推动力量。按人才规划提出的要求，以人才优先发展引领和带动经济社会发展，在经济社会整体发展中优先发展人才，这是国家未来人才建设中一个十分重大的课题。本章从科学发展提升了战略地位、现代化跨越发展提出了紧迫需求、全球化深入发展拓展了战略空间这三个方面论述了人才发展与国家发展。改革开放和现代化建设的伟大事业需要人才，呼唤人才，同时也为各类人才脱颖而出、施展才华提供了广阔的舞台。

第六章　人才发展与国家发展

第一节　国家发展提升人才战略

人才是科学发展的第一资源、第一要素、第一推动力，是转型之要、竞争之本、活力之源。天生万物，唯人为贵。人才作为知识的拥有者、传播者和创造者，已成为生产力发展的核心要素，其作用随着经济社会发展特别是科技进步日益突出。科学发展观越来越深刻地影响和引导着我国人才发展的大趋势，不断提升着人才发展问题在国家发展过程中的战略地位。

一、国家发展与人才发展

（一）人才兴则政党兴

人才兴则政党兴。对于政党来说，人才永远是关键问题。从某种意义上说，执政地位的得失，就是人才特别是一大批优秀领导人才的得失。提高党的执政能力，巩固党的执政地位，最根本的是加快培养造就一大批高素质的善于治国治军的党政人才和其他各方面人才。总结世界上一些政党的兴亡教训，我们可以得出一条结论：政党兴亡在人才。

1. 执政党长期保持执政地位的原因是重视人才建设、干部任用

成立于1954年的人民行动党执政以来，使新加坡一个弹丸小国创造了令世界瞩目的经济奇迹。这与人民行动党积极推行的"精英治国""人才立国"理念密不可分。在这种思想的指导下，人民行动党始终把政治人才的培养、选拔、使用放在非常突出的战略位置。李光耀曾经说："如果我们没有挑选最能干和最肯献身的人才，如果我们只让我们自己喜欢的人或随波逐流的人填满我们社会，我们一定失败。"新加坡前总理吴作栋则表示："吸引国际人才之事，关系到新加坡生死存亡。"因此，一直以来，人民行动党不仅在党内发现人才，还在世界范围内吸引精英，努力把最

优秀的人才接纳入党,从而保证了"精英治国",实现经济社会的快速发展。新加坡人民行动党在政治人才的培养选拔上注重四个方面:一是强调意志品德。具有君子之德和强人之刚是新加坡人民行动党选用政治人才的标准。按照李光耀的理解,政治人才的标准,就是要有坚强的意志,要有忠于人民、忠于理想的献身精神,要有冷静镇定、临危不乱的品质,要有超越本身部族的对国家的责任感。二是科学评估人才。在长期的探索中,人民行动党探索出一套严格系统的遴选候选政治人才的方式。该方法把科学识别和经验判断结合起来,形成一系列相互联系的挑选政治人才的方法。按照这种识别。发掘政治人才的方式挑选的政治人才,不少都成为学有专长、行动果断和务实能干的政治家。三是及早新老交替。从人民行动党第一代领导人向第二代领导人的权力移交过程可以窥见其自我更新的原则和特点:自我更新要及早并持续进行,自我更新要主动而坚决地进行,要从严选拔接班人,自我更新要"软着陆",自我更新要做好前代领导人的善后工作。四是善用高薪养贤。新加坡政治人才的待遇不少于国内六大高收入群体平均收入的60%,这在世界上是较高的。薪水虽高,但新加坡坚决杜绝"灰色收入",而且领导人的日常生活开支都由自己承担,从而保证了人民行动党在其民众中享有很高威望。北京奥运会结束后,李光耀在《行动报》发表了题为《人才、努力与决心,乃成功要素》的署名评论,谈了对北京奥运会成功举办的感想,他指出,中国依靠人才的力量,通过奥运会"已向世界展示了他们在21世纪晋升发达文明的潜能,足以媲美西方任何一个国家。""新加坡从早期就吸纳外来人才,在一个公平与唯才是用的社会中给予他们机会,让他们通过毅力与努力来发挥潜能,取得成功。但在环球的世界中,人才比以前更加抢手。所以我们必须确保我们有足够吸引力,来吸引外来人才。他们加强了新加坡团队的实力,激励我们自己的人民向前迈进。"

2. 人才衰则政党亡

苏联共产党成立于1917年，是世界上第一个社会主义国家的执政党，然而，这个拥有近2000万党员的大党老党，在74年之后竟然不但丢掉了政权，而且退出了历史舞台。特别不可思议的是，当宣布解散共产党时，没有一个党员和党组织站出来进行抗争。苏联共产党垮台的教训十分沉痛，确实值得深思。那么，究竟是什么导致了如此悲惨的结局呢？苏联共产党的教训能给我们哪些启迪呢？学术界和理论有许多研究成果，大体上包括执政党必须把坚持马克思主义和发展马克思主义有机结合，始终保持旺盛的探索创新能力；必须把握好改革的"度"，保证改革始终沿着正确方向前进；必须遵守政党的基本规律，探索科学的领导体制和执政方式；必须高度重视党群关系，从制度上夯实党执政的牢固社会根基❶。俄罗斯共产党中央主席久加诺夫在《忠诚》一书中归纳了苏联共产党垮台的多种原因。战后几十年来，苏联25%的GDP、60%的优秀科技人才都集中于军事部门，搞军备竞赛，影响了整个国民经济的正常发展。这种严重的资源与人才浪费，必然导致走向灭亡❷。

一些国家的执政党由于没有重视加强领导人才队伍建设，妥善处理好经济发展和社会公正问题，造成经济发展停滞、贫富差距严重，导致社会矛盾激化、社会动荡不安，最终失去了人民的支持。这样的教训还有很多。印度人民党1999年上台之后，忽视领导人才的能力建设，经济发展仅使少数特权阶层受益，而多数人沦为"发展的牺牲品"，造成两极分化、城乡差距严重，社会蕴藏严重的不稳定因素。在2004年5月举行的印度大选中，以人民党为首的全国民主联盟以失败而告终，沦为反对党，而国大

---

❶ 参见长江. 世界政党比较概论 [M]. 北京：中共中央党校出版社，2003：71-74.

❷ 参见胡雪梅. 树立和落实科学人才观的重大意义 [J]. 求实，2008 (10).

党东山再起,重掌政权。印度人民党下台,教训极为深刻,给我们的启示也很多,其中一个非常重要的原因,就是执政党必须时刻保持谦虚谨慎,始终把政治人才的能力建设放在突出位置。印度人民党的失败再次印证了"人才衰则政党亡"的道理。人民党执政的那些年,印度经济持续高速增长,进入了世界技术和信息较发达国家行列。在外交上,由于与巴基斯坦实现停火并开始和平对话,与中国、俄罗斯、美国等大国保持较好关系,国际地位有所提高。这一切,使人民党领导人有点忘乎所以,在公开场合多次宣称:"印度正大放光芒","印度具有很强的软实力","新的世纪将是印度的世纪"。这些言语,把人民党内的骄傲自满情绪表现得一览无余。骄傲情绪的蔓延,使他们不能保持冷静心态,没有不断重视和加强领导人才能力建设,以致认为大选已胜利在握,要考虑的是一党执政还是联合组阁的问题,而结果恰恰相反。事实证明,一个执政党如果不能保持谦虚谨慎,时刻加强各个层面领导人才队伍建设,那么它离失败的日子也就为期不远了❶。

以失败者为师,可以知得失;以成功者为师,可以明方向。只要坚持树立和落实科学的人才观,按照党管人才的要求,把各类优秀人才聚集在党的周围,我们的党就不仅是党员人数众多的党,更是各方面人才鼎力奋斗的党。唯其如此,才能团结带领全国各族人民,努力实现中华民族的伟大复兴。

历史反复表明,任何政党的兴衰存亡,归根结底取决于它能否充分凝聚和用好人才。政党兴衰的规律,直接表现为使用人才的周期律。中国共产党之所以能够从产生到发展壮大,实现从领导革命的党到领导建设和改革的党的历史转变,其中一条极为重

---

❶ 参见李回味. 从印度人民党的下台看加强执政党的建设 [J]. 思潮, 2004 (4).

要的经验就是倍加珍惜和重视优秀人才。推进人才兴党，履行好执政兴国的历史使命，必须树立和落实科学人才观，把各方面优秀人才集聚到党和国家各项事业中来，使我们党真正成为优秀人才密集的执政党。

（二）重视人才是我们党的优良传统

注重党员队伍建设，坚持党的工人阶级先锋队性质，是马克思主义建党思想的重要内容之一。在马克思，恩格斯创建世界上第一个工人阶级政党——共产主义者同盟时，就对盟员条件做出了严格规定。列宁在创建俄国工人阶级政党的过程中，十分重视党员队伍建设，尤其注重党员质量。他特别指出："徒有虚名的党员，就是白给，我们也不要。"珍爱人才、用好人才也是中国共产党的优良传统。我们党既高度重视吸纳优秀人才入党，又高度重视把党的成员培养成优秀人才。

中国共产党一贯高度重视党员队伍建设。特别是在执政以后，适应党的地位和任务的变化，多次提出执政条件要注意加强党员队伍建设。早在1951年党的第一次全国组织工作会议上，刘少奇做了题为《为更高的共产党员的条件而斗争》的总结报告。党员的条件是围绕"德"和"才"来规定的。例如，《中国共产党章程》关于申请入党的条件、党员的基本条件等规定，其基础就是"德"和"才"。对党员"德"的条件主要有：具有共产主义远大理想，忠于党和人民的利益，敢于开展批评与自我批评，密切联系群众等；对党员"才"的条件主要有：具有学习能力和为人民服务的体现，具有在各个方面发挥先锋模范作用的能力和实绩，具有积极参与党内活动的能力等。党员条件的核心是德才兼备，"德"主要表现为对党和人民的忠诚，"才"则主要表现为能力和实绩。

我们党明确提出党员应该是人才中的先进分子。在新的历史时期，对共产党员的模范作用应该有新的要求。党员应该成为坚决贯彻执行党的基本路线，献身改革开放和现代化事业，诚心诚意为人民谋利益，带领群众为经济发展和社会进步做出实绩的先进分子❶。"做出实绩的先进分子"，就明确指出了新时期的党员必须既是有实绩，又是具有共产主义远大理想的先进分子。《中共中央关于加强党的执政能力建设的决定》明确指出"坚持标准，保证质量，重点在工人、农民、知识分子、军人、干部中发展党员，同时做好在其他社会阶层先进分子中发展工作，不断增强党的阶级基础、扩大党的群众基础"。❷

我们党高度重视优秀知识分子入党。毛泽东曾经指出：没有革命知识分子，革命不能胜利。工农没有革命知识分子帮忙，不会提高自己。工作没有知识分子，不能治国、治党、治军。我们党不管是革命时期还是社会主义建设时期，都专门制定了关于积极发展优秀知识分子入党的文件。例如，《中央关于知识分子问题的指示》指出，知识分子的基本队伍已经成了劳动人民的一部分；在建设社会主义的事业中，已经形成了工人、农民、知识分子的联盟。《中共中央关于吸收知识分子的决定》提出，按照具体情况将具备入党条件的一部分知识分子吸收入党。对于不能入党或不愿入党的一部分知识分子，也应该同他们建立良好的共同关系，带领他们一起工作❸。党的七大召开前夕，毛泽东在谈到未来的中央委员会组成时说，不要求每位委员通晓各方面的知识，但必须要求每位委员都要通晓某一方面的知识，由此组成的中央委员会通晓各方面的知识。在1978年中央召开的科学大会上，邓小平提出了"科学技术是第一生产力""知识分子是工人阶级的一部分"等重要论断，解决长期以来知识分子入党难问

---

❶ 张静如. 继往开来：中国共产党第十四次全国代表大会. 北京：万卷出版公司，2008：5.

❷ 中共中央组织部. 中国共产党组织工作教程. 北京：党建读物出版社，2006：4.

❸ 靳文志. 为什么人才资源是第一资源［J］. 中国人才，2002（8）.

题，使一大批优秀知识分子加入到党的队伍❶。江泽民多次指出，如果有了一大批善于治党治军的党政人才，我们就可以"任凭风浪起，稳坐钓鱼船"。包括知识分子在内的工人阶级，始终是推动国家先进生产力发展和社会全面进步的根本力量，是不断发展人民群众根本利益的坚定力量，是维护社会安定团结的中坚力量。

从新民主主义革命时期开始，我们党就不仅重视吸纳优秀的人才入党，而且重视提高党的各方面素质，努力把每位党员培养成人才。毛泽东同志曾经强调："共产党在全国过去是几万个，现在有几十万，这几十万、几百万共产党员要领导几千万、几百万万人的革命，假使没有学问，是不成的，共产党人就应该懂得各种各样的事情。因此，要领导革命就必须学习，这是我们发起学习运动的原因之一。"❷ 在延安时期，毛泽东同志曾总结，延安这个地方集中全国的人才，所以我们的教育工作有全国性的意义。延安的干部教育好了，学习好了，现在可以对付黑暗，将来可以迎接光明，创造新世界，这个意义非常之大，这是全国性的❸。党的七大在选举中央委员会时就明确提出，中央委员会要善于通晓各方面的知识，要把有不同方面知识和才能的同志集中选出来。在这一原则指导下，党的第七届中央委员会成为一个由各个地方、各个岗位、各种经历的优秀人才汇集的、有威信的空前团结的领导机构❹。这一系列举措，为新民主主义革命的胜利和社会主义制度的建立提供了强有力的保证。

---

❶ 阳慧.把更多的优秀人才汇聚到党的各级组织中来［J］.首都师范大学学报（社会科学版），2006（2）.

❷ 毛泽东.毛泽东选集（第4卷）［M］北京：人民出版社，1993：32.

❸ 陶柏康.党要集聚更多的优秀人才：访中共上海市委宣传部副部长郝铁川［J］.党政论坛，2004（7）.

❹ 阳慧.把更多的优秀人才汇聚到党的各级组织中来［J］.首都师范大学学报（社会科学版），2006（2）.

在新的历史时期，邓小平把提高党员素质作为党的建设的一个十分重要的课题，对提高党员素质的重要性、党员应具备的素质，以及如何提高党员素质等都有重要的论述，为全面提高党员素质做出了重大的贡献。邓小平指出："政治路线确立了，要由人来具体地贯彻执行。由什么样的人来执行，是由赞成党的政治路线的人，还是由不赞成的人，或者是由持中间态度的人来执行，结果不一样。"新时期合格党员的标准是什么？应具备哪些素质？邓小平同志作了全面的论述。他认为，现代化建设必须有大批有知识、懂专业、会管理的人才能成功，指出："只靠坚持社会主义道路，没有真才实学，还是不能实现现代化。无论在什么岗位上，都要有一定的专业知识和专业能力。"❶ 共产党员应具备的素质概括地说，包含两个方面互有联系的内容：一个是我们党固有的党性，另一个是每个共产党员要做好本职工作，完成党的任务，力争为党和人民多做贡献。

江泽民从提高党的执政能力和执政水平的高度，重视加强党员特别是党员领导干部的能力素质建设。江泽民强调，我们党是执政党，党的领导要通过执政来体现。面对执政条件和社会环境的深刻变化，他要求各级党委和领导干部必须强化执政意识，不断提高科学判断形势的能力、驾驭市场经济的能力、应对复杂局面的能力、依法执政的能力、总揽全局的能力。为此，他提出要改革和完善党的领导方式和执政方式，这是一个对于推进社会主义民主政治建设具有全局性的重要观点。一方面，要求党要通过制定大政方针，提出立法建议，推荐重要干部，进行思想宣传，发挥党组织和党员的作用，坚持依法执政，实施党对国家和社会的领导；另一方面，要求党委要在同级各种组织中发挥领导核心作用，集中精力抓好大事，支持各方独立负责、步调一致地开展工作。

---

❶ 邓小平. 邓小平文选（第2卷）[M]. 北京：人民出版社，1994：262.

党的十六届四中全会通过了《中共中央关于加强党的执政能力建设的决定》。这份具有里程碑意义的决定，系统阐明了加强党的执政能力建设的一系列重大问题，是中国共产党历史上第一份关于加强党的执政能力建设的一系列重大问题，是新世纪、新阶段推进党的建设新的伟大工程、开创中国特色社会主义伟大事业新局面的行动指南，是历经波澜壮阔的革命、建设、改革实践考验中国共产党更加成熟、自信、坚强的重要标志。

（三）凝聚人才是党执政兴国的必然要求

聚集大批优秀人才并充分发挥其作用，是党增强执政能力、巩固执政地位的可靠保证；人才的流失与缺乏，则是执政党的最大危险。相对于漫长的人类历史进程来说，政党执政的历史还比较短，共产党执政的历史就更短了，中国共产党执政的历史只有70多年。因此，探索执政规律所取得的成果是有限的。对于共产党执政的规律，我们还要经历一个从知之不多到知之较多、从知之较浅到知之较深的过程。实践没有止境，新情况、新问题层出不穷，这就决定了我们在党的执政方面还将碰到许多新的课题，还有许多规律性的认识需要进一步探索。党只有一方面自觉遵循从自身实践中已经总结出的执政规律，另一方面继续深化对执政规律的研究，才能不断提高执政能力。党的十七届四中全会通过的《中共中央关于加强和改进新形势下党的建设若干重大问题的决定》提出，要"坚持以执政能力建设和先进性建设为主线，保证党始终走在时代前列。把执政能力建设和先进性建设作为执政党的根本任务……建设高素质干部队伍，凝聚各方面人才和力量，充分发挥党委领导核心作用、基层党组织战斗堡垒作用、共产党员先锋模范作用，使党始终代表中国先进生产力发展要求、中国先进文化前进方向、中国最广大人民根本利益"。《中共中央国务院关于进一步加强人才工作的决定》提出，要把更多的优秀人才集聚到党的组织中来，使党成为优秀人才高度密集的执政党。这一精神可以用四个字来概括：人才兴党。人才兴党是人才强国的根本保证，是党的建设新的伟大工程历史经验的总结，是提高党的执政能力、永葆党的先进性的现实需要，是履行好执政兴国使命的必然要求。

为政之道，要在得人。执政能力建设是党执政后的一项根本建设。新中国成立以来，我们党带领全国人民取得了令世人瞩目的成就，综合国力、人民生活水平以及国际地位都得到大幅度提升，这都得益于党的坚强领导和执政能力的不断提升。当前，我国正处于改革发展的关键时期，必须进一步大力加强党的执政能力建设，为我国深入推进社会主义现代化建设、全面建设小康社会、完成祖国统一等重大历史任务的完成提供保证，这是时代的要求，也是人民的要求。党的执政能力归根结底是由于干部队伍特别是各级领导干部的素质决定的，他们的政治素质、思想作风、道德品质、业务水平、工作能力如何，直接影响到党的执政能力和执政成效。❶ 因此，提高党的执政能力，巩固党的执政地位，最根本的是要建设一支规模宏大、结构合理、素质较高、能够担当重任、经得起风浪和考验的高素质干部队伍，培养造就一大批善于治党治军的优秀领导人才，把我们党打造成为精英政党。根据中共中央组织部发布的最新党内统计数据显示，截至2014年年底，中国共产党党员总数为8779.3万名，是新中国成立时的19倍。其中，绝大多数是中青年。为了使中国共产党几代奋斗、开创的社会主义事业后继有人，必须努力培养一大批政治上坚定、具有抵御各种风险的能力、善于驾驭复杂局面的优秀年轻干部，大力培养人才。面对执政条件和社会环境的深刻变化，各级党委和领导干部要不辱使命、不负重托，就要适应新形

---

❶ 参见宫敬. 人才强国战略若干问题研究 [D]. 长春：东北师范大学硕士学位论文，2006.

势、新任务的要求,在实践中掌握新知识,积累新经验,增长新本领,不断提高科学判断形势的能力、驾驭市场经济的能力、应对复杂局面的能力、依法行政的能力和总揽全局的能力。只有这样,我们党才能站在时代潮流的前头,团结和带领全国各族人民实现推进现代化建设、完成祖国统一、维护世界和平与促进共同发展这三大任务。因此,树立和落实科学人才观,实施人才强国战略,不仅对党和人民的事业发展具有重要意义,对党的兴旺发达也具有重大意义。

检验党的执政能力,相当程度上还取决于党能不能最大限度地调动全社会各类人才建设中国特色社会主义的积极性。在政治民主化趋势日益明显的今天,党的执政能力主要地不是体现在对社会的控制上,而是体现在提高社会对党的心理认同的能力上,特别是提高人才对党的心理认同的能力上,因为在某种程度上,从政治学的角度,一个政权的道义合法性,是由知识分子确定的。人才是推动经济社会发展的重要力量,是执政兴国的第一资源。党所领导的社会主义现代化事业需要广大人民群众的共同奋斗,更离不开各级各类人才的广泛参与。党在治国理政的实践中,既要通过人才去掌握国家政权、利用国家机器,也要通过人才去发展科学技术和文化教育事业,经营国有资产,巩固党执政的经济基础和文化基础。党凝聚一个人才,也就是凝聚了一片民心。相反,如果失去了一个人才,也就等于失去了一片民心,毁了一片民意。进入新世纪、新阶段,我国社会主义现代化建设面临着更加复杂的国内国际环境,党的执政能力面临新的考验。党要履行好执政兴国的历史使命,实现全面建设小康社会的宏伟目标,不仅要通过党的先进性建设和执政能力建设,提高现有党内人才的能力和水平,还要善于吸引和凝聚社会各阶层的精英分子,从而确保出类拔萃的人才建设国家。近年来,我们党把建设一支善于治国理政的党政人才队伍摆在重中之重的位置,通过深化干部人事制度改革，让优秀人才脱颖而出。2003~2006年，全国公开选拔党政领导干部1.5万余人，其中厅局级干部390余人，县处级干部3800余人；通过竞争上岗走上领导岗位的干部共20余万人，其中厅局级干部500多人，县处级干部2.8万人。2010年，中央正式颁布《2010~2020年深化干部人事制度改革规划纲要》，这是增强党政人才队伍活力、促进优秀人才脱颖而出的根本举措，是坚持党要管党、从严治党，推进党的执政能力建设和先进性建设的内在要求，随着规划纲要的整体推进和不断深化，必将进一步提高领导班子和领导干部的领导水平和执政能力。总之，党在实现执政兴国历史使命的进程中，必须树立和落实科学的人才观，大力实施人才强国战略，建设一支善于治国理政的高素质领导人才队伍，充分调动各类人才的积极性、主动性和创造性，才能把中国特色社会主义伟大事业不断推向前进。

（四）落实科学人才观，建设人才强国，是党实现历史使命必然选择

改革开放和现代化建设的伟大事业需要人才，呼唤人才，同时也为各类人才脱颖而出、施展才华提供了广阔的舞台。树立和落实科学人才观，加快建设人才强国，是我国适应经济全球化和国际人才竞争的客观需要，是全面建设小康社会、不断开创中国特色社会主义事业新局面的必然要求，也是增强党的执政能力、巩固党的执政地位、实现党的执政使命的战略选择。

中国共产党成立后，团结带领人民前赴后继、顽强奋斗，把贫穷落后的旧国家变成日益走向繁荣富强的新中国，中华民族伟大复兴展现出前所未有的光明前景。因此，国家只有走上科学发展的道路，才能够更好实现中华民族的伟大复兴。

最新人口普查显示，中国文盲率现在只有4.08%，远低于世界平均水平。另一项研究显示，2009年中国18.3%的25~34岁人口拥有大专以上文化程度，高于捷克（15.5%）、土耳其

· 288 ·

（13.6%）、巴西（10%）等诸多国家❶。

科学发展首先是以人为本的发展，就是要以实现人的全面发展为目标，从人民群众的根本利益出发谋发展、促发展，不断满足人民群众日益增长的物质文化需求，切实保障人民群众的经济、政治和文化权益，让发展的成果惠及全体人民；科学发展是全面的发展，就是要以经济建设为中心，全面推进经济、政治、文化和社会建设，实现社会主义物质文明、精神文明和政治文明共同进步和社会的和谐发展；科学发展是协调的发展观，就是要统筹城乡发展、统筹区域发展、统筹经济社会发展、统筹人与自然和谐发展、统筹国内发展和对外开放，推进生产力和生产关系、经济基础和上层建筑相协调，促进人与人、人与社会、人与自然的和谐；科学发展是可持续的发展观，坚持走生产发展、生活富裕、生态良好的文明发展道路，为我们的子孙后代营造更好的发展空间，保证他们一代一代地永续发展。

全面理解、准确把握科学发展的内涵和实质，必须正确认识和把握以下几个方面的关系：一是必须正确认识经济增长与人的全面发展的关系。坚持以人为本是科学发展的本质要求。经济增长是人的全面发展的物质基础，人的全面发展是经济增长的目的和根本动力。不顾条件、不计代价地片面追求增长速度，可能会有损于人的发展。二是必须正确认识经济增长与发展的关系。经济增长是发展的前提和基础，没有增长就没有发展，但发展是包括经济增长、结构改善、相互协调、社会和谐、人的全面进步、人与自然和谐在内的，内涵更广泛、更丰富的概念。三是必须正确认识人与自然的关系。自然是人类赖以生存和发展的基础，破坏自然、掠夺自然，就是破坏自己、掠夺自己，必须把坚持以人为本与珍爱自然、延续自然结合起来，统筹人与自然和谐发展，

---

❶ 刘瑜. 观念的水位 [M]. 杭州：浙江大学出版社，2013：3.

在推动经济增长的同时，不断改善人和子孙后代的生存空间。四是必须正确认识区域之间的协调。我国不同区域的发展条件差距很大，这决定了不同地区经济实力和规模的差距将是长期存在的。区域协调不是指各地的经济规模都要一样大，而是指全国的人口与经济分布在各个区域之间要协调，与各个地区的资源环境承载力相适应，在完善国家统筹和转移支付机制的基础上，使地区间人均GDP、居民生活水平和公共服务的相对差距逐步缩小。五是必须正确认识工业化的内涵。工业化不是简单地提高工业增加值占GDP比重的过程，也不是全国每个地区都把当地工业产值比重提高到相同的水平，更不是不顾各地的条件盲目上工业项目。工业化是一种经济社会结构和生产方式的变化，是运用传统生产方式的农业人口不断向拥有现代生产方式的工业和服务业转移的过程，是不断提高要素配置效率的过程。六是必须正确认识城镇化的内涵。推进城镇化是促进城乡协调发展的重要途径。但城镇化不是单纯地加强城镇建设、扩大城镇面积，更不是简单的"地改市""县改市""县改区""乡改镇"等行政区划调整，城镇化既是壮大城镇规模、增加城镇数量、繁荣城镇经济的过程，更是转移农村人口、从而改变其传统生产方式和生活方式的过程，是完善城镇形态、优化城镇体系布局、逐步消除城乡二元结构的过程。

为实现科学发展，有四个重点任务。

（1）切实转变经济增长方式。我国新一轮高速增长暴露的一些突出问题和宏观调控的现实告诉我们，必须转变增长方式，以提高质量和效益为中心，走出一条科技含量高、经济效益好、资源消耗低、环境污染少、人力资源优势得到充分发挥的新型工业化路子。要以"减量化、再使用、可循环"为原则，大力发展循环经济，努力建设"低投入、高产出，低消耗、少排放，能循环、可持续"的国民经济和节约型社会；以科技进步和自主创新为支撑,提高经济增长的科技含量和知识含量;以改革体制、转换机制、完善开放为动力,不断提高经济自主增长的能力,实现既快又好的发展。

(2) 大力调整经济结构。经济发展过程实际上也是经济结构不断调整、优化和升级的过程,建立在结构不断优化升级基础上的发展,才是符合科学发展要求的发展。我国目前经济结构存在的主要问题是农业不稳、工业不强、服务业发展滞后。稳定农业,必须切实巩固和加强农业的基础地位,保护和提高粮食综合生产能力,稳步推进农业结构调整,有序转移农村富余劳动力,千方百计增加农民收入,努力促进农村经济的全面繁荣。做强工业,必须加强自主开发和创新能力,加强对引进技术的消化吸收和改良,采用高新技术和先进适用技术改造传统产业和传统工艺,淘汰落后设备、工艺和技术,振兴装备制造业,加快高技术产业化步伐。同时,通过推进企业重组,完善产业和企业的组织结构,提高企业的规模效益和竞争力。提升服务业水平,就是要把服务业的发展放到更加突出的位置,创造有利于服务业发展的政策和体制环境,不断提高服务业的产值和就业比重。必须继续按照党中央、国务院的部署,加强和改善宏观调控,遏制某些地区、某些行业的盲目投资和低水平扩张。

(3) 完善统筹协调的机制。坚持"五个统筹",促进协调发展,必须完善体制和创新机制。要建立并完善区域、城乡、人与自然的协调发展机制,在政府投资、财政转移支付、人口转移、公共服务、生态环境补偿等方面,实行差别化的区域调控政策,使我国区域差距和城乡差距的缩小,建立在人口、经济、城镇分布与资源、生态、环境承载力相协调的基础上。要进一步改革分配体制,完善收入再分配机制,加强社会保障,加大对社会事业特别是农村地区社会事业的投入,改变经济与社会发展"一条腿长,一条腿短"的状况。要通过进一步完善对外开放体系,更好地利用国际国内两个市场、两种资源，协调好国内发展与对外开放，扩大我国的资源配置空间，在经济全球化过程中获得更加广泛的国家利益，同时也让世界分享我国快速发展带来的好处。

（4）加快体制创新。好的制度可以营造好的发展环境，引导好的发展行为。贯彻落实科学发展，需要强有力的体制和机制保障。要加快政府职能转变，全面履行经济调节、市场监管、社会管理和公共服务职责。要科学合理地确定并划分中央政府与各级地方政府的公共职责，在深化财税体制改革、完善国家公共财政体系和转移支付体系的基础上，加强各级政府依法履行公共职责的能力。要消除城乡分割和地区分割的体制性障碍，使全国统一市场框架下的要素自由流动，更好地发挥缩小城乡差距和地区差距的基础性作用。推进就业、收入分配体制改革，加快社会保障体制建设，为解决收入差距问题创造条件。完善自然资源有偿使用和价格形成机制，建立环境保护和生态恢复的经济补偿机制等。只有在体制机制上不断有新突破，科学发展的树立和落实才能有切实保障，经济社会的全面协调发展才能实现。这些任务的实现，依赖于人才事业的稳步推进，依赖于我国人才的蓬勃发展。

二、国家战略与人才战略

随着国家实行科学发展的战略思想，国家无论政治、经济还是国际地位方面都实现了很大的发展。中国共产党立足社会主义初级阶段基本国情，顺应国内外形势发展变化，紧紧抓住和用好国家发展的重要战略机遇期，坚持理论创新、实践创新、制度创新，继续解放思想，坚持改革开放，推动科学发展，促进社会和谐，党和国家各方面工作取得新的历史性成就和进步。综合国力得到大幅度的提升的同时也给我国社会经济发展带来了巨大的变化。

2011年，我国外贸发展呈前高后低态势。据海关统计，2011年全年进出口总值为36420.6亿美元，同比增长22.5%；其中出口18 986亿美元，增长20.3%；进口17 434.6亿美元，增长24.9%；进口增速高出出口增速4.6个百分点。贸易顺差1551.4亿美元，收窄14.5%，已连续3年下降，占国内生产总值的比重从上年的3.1%回落到2%左右，处于合理区间。第一个"好"，好在转变外贸发展方式取得明显进展。出口商品的质量、档次和附加值明显提升，价格明显提高。第二个"好"，好在调整外贸结构明显见成效。第三个"好"，好在我国进出口平衡的目标基本实现，全年的贸易顺差降到了1551亿美元，占GDP比重只有2%，占进出口总值不到4.3%，明显处在国际公认的贸易平衡标准的合理区间[1]。

国家在经济运行、区域发展、城乡发展等方面都实现了一定程度的发展和提升。经济运行上，加强和改善了宏观调控，控制固定资产投资规模，积极扩大了消费需求。区域发展上，实施了西部大开发，振兴东北地区等老工业基地，促进中部地区崛起，鼓励东部地区加快发展，构建符合各地特点、发挥比较优势、各有侧重又紧密联系的区域发展战略。城乡发展上，实行了工业反哺农业、城市支持农村的方针，提出了建设社会主义新农村的重大决策。能源资源方面，鼓励大力发展循环经济，大力倡导节约能源资源的生产方式和消费方式，在全社会形成节约之风，加快了建设节约型社会的步伐，显著提高了能源资源利用效率。

三、科学发展完善人才发展

人的存在及其发展，在本质上是一个人类实践的过程。离开了具体的现实的实践活动，人既不可能存在，也不可能获得任何

---

[1] 路甬祥. 科学发展[M]. 北京：高等教育出版社, 2006.

发展。因此，对于人的存在与发展而言，一定形式的感性的实践活动既是其存在的基本方式，也是其在现实的存在中获得发展的唯一途径。只有在具体的感性的实践活动中，人的存在的社会关系才能变成现实的规约人的本质生成的力量。并且这种力量，只有在人的具体的感性的实践活动过程中，才能和人自身的主体规约力量发生关联，从而凝聚成人才发展的现实推动力。也只有在现实的感性的实践活动中，规约人的主客观力量才能够实现彼此的互动而促使人生成新的内在品质，人才发展也才能够有可能转变为现实状态。人的存在及其发展与感性的实践活动之间具有的这一关系，决定了人的实践与活动关系是其存在及其发展的一切关系生成与建立的基础。

在人的存在与发展的感性的实践与活动中，由于人的实践与活动关系的集成，人的存在与发展的基本社会关系才能够得到有效的集合，并由此而形成推动人才发展的直接的现实驱动力。在人的感性的实践与活动对人的存在与发展的社会关系的现实集合中，一定形式的现实的实践与活动关系的形成，则成为社会关系促进人才发展机制生产的基础。只有在这一基础上，才有可能生成具体的社会关系与人才发展的互动机制系统，从而推动人的现实的发展。在基于一定形式的现实的实践与活动关系这一基础之上而形成的人才发展的社会关系促进机制中，理想与目标关系的生成，成为促进人才发展的机制导向机制；竞争与合作关系的生成，成为促进人才发展中的主要动力机制；信息与虚拟关系的形成，成为促进人才发展的选择机制；而道德与法纪的关系的生成，则成为规范人的存在与发展的主要保障机制。

（一）实践与活动关系：人才发展机制生成的基础

无论是作为一种自然的生命存在现象，还是作为一种社会文化性的存在现象，人的存在及其发展都必须建立在现实的感性的实践与活动关系的基础之上。一方面，人的生命的维系必须通过在一定形式的实践与活动关系下展开的具体的现实的实践与活动才能实现,没有一定的实践与活动对物质生活资料的生产与创造,人的自然的生命就不可能得到维系;另一方面,人的成长及其发展也必须通过在一定形式的实践与活动关系下展开的具体的现实的实践与活动才能够实现,只有在具体的现实的实践活动中,人的新的本质力量才能够生成并才能获得不断地进步与发展。因此,对于人的存在与发展而言,一定形式的实践与活动关系的建立及其发展,是其生命维系和社会文化性增长与发展的必然要求。

人的存在及其发展,之所以必须通过或者说只能在一定的感性的实践活动中才能够实现,乃是由实践活动的本质特征及其所具有的基本功能所决定的。人在感性的实践活动中所建立的关系即实践与活动关系,不仅是人的一切现实的社会关系的集合态,而且也是人的新的社会关系生成与发展的基础。作为人的存在的现实的社会关系的集合态,一定的实践与活动关系的建立,是人的主体力量的表达与人的存在的客观环境因素即作为隐性态存在的社会关系环境相统一的现实态的直接表征;而作为人的新的社会关系生成与发展的基础,一定的实践与活动关系的建立及其发展,既是人的新的本质力量生成与提升的重要表征,也是人的存在的现实关系发展的基本标志。由此可见,人的存在的实践与活动关系的结成及其发展,是决定人的现实社会关系的生成并由此而形成促进人才发展机制的基础。

(二) 理想与目标的关系,人才发展的导向机制

有意识有目的的存在,是人的存在区别于动物的重要社会文化性特征。理想与目标关系作为人的存在的意识性、目的性的反映,是人在自身感性的实践与交往活动中生成的重要社会关系。一定的理想与目标关系,是人才发展需要和价值追求的反映,因而在本质上是人的存在的一种价值关系。作为人的存在的价值关

系形式，一定的理想、信仰和人生发展目标的形成，不仅受到人自身发展的程度及其价值追求的制约与影响，而且也受到时代发展状况和个人所处社会生活环境的影响和制约。但是，无论如何，一定的理想与目标关系的建立，对于人自身现实的存在及其发展而言，都是非常重要的。它不仅对人的现实存在与具体的社会生活产生着重要的规约作用，而且对人才发展也产生着重要的导向作用。

（三）竞争与合作关系：人才发展的动力机制

竞争与合作关系是人类个体或者群体之间的竞争与合作行为而生成的一种社会文化性的关系。虽然人类竞争与合作行为的发生都有其生物性的基础，但是，在总体上而言，无论是竞争还是合作，都是人类有意识有目的的社会行为活动。人类的任何竞争或者合作行为，都是一种对象性的行为，因而也必然是一种关系性的行为。当然，竞争与合作行为所反映的人类关系的性质并不是相同的，而是相反的。竞争行为反映着人类个体或群体之间的矛盾性的关系，而合作行为则反映的是个体或群体之间的统一性的关系。竞争关系与合作关系之间所存在的这种差异性，必然决定了两种关系对人的存在与发展所具有的功能影响的差异性。

（四）信息与虚拟关系：人才发展的选择机制

信息与虚拟关系并不是现代社会人们存在及其发展所独有的一种社会关系。事实上，信息与虚拟关系作为人的存在与发展的一种特殊的社会文化关系，在人类生存与发展的历程中始终存在着并且发挥着非常重要的功能作用。如果没有这种关系的创造、存在及其发展，则人既不可能从动物的种属关系中提升出来而成为真正意义上的人，也不可能得到有效的发展。正是由于人类在自己现实的生存与劳动创造中创造并建构了一个有意义的虚拟世界，因而才使得人的存在与物的存在出现了根本的区别，并且也使人才发展有了广阔的空间和无限的可能。

所谓信息虚拟关系，指的是人与自己的文化创造而构建的有意义的虚拟世界之间所形成的一种特殊的社会文化关系，是人的社会文化性存在特征的集中体现与反映。与人的存在与发展的其他关系不同，信息虚拟关系并不是人与实体物质之间所建立的关系，而是与由信息技术支持的符号系统构建的有意义的虚拟世界之间所建立的一种关系。由于基于一定的信息技术支持的符号系统所构建的有意义的世界是一个虚拟世界，具有虚拟性，因而人与这一世界所建立的关系也就是一种虚拟关系，而非实体关系。虚拟世界的产生与虚拟关系的形成，既是人的文化创造的结果，同时也是人的存在的文化本质力量生成与发展的根源。

（五）道德与法纪的关系：人才发展的保障机制

在人的社会文化性的存在与发展中，一定的道德与法纪关系的建立，不仅是人的感性的实践活动有序展开的需要，而且也是人的健康发展获得有效保障的需要。作为一种社会文化的存在，人的存在及其发展是建立在有秩序的群体形式的感性的社会实践活动的基础之上的。没有一定的道德与法纪关系的规约，不仅人的现实的社会生产与社会生活实践活动无法得以有效展开，而且人的健康发展也得不到有效的保障。因此，所谓的道德与法纪关系，也就是为了规范人们的社会实践与交往行为、保证社会实践与交往的秩序性以及维护人们的共同利益而建立的一种规约性的社会文化关系。

如同人的存在的任何社会关系一样，人的存在及其发展的道德与法纪关系也是在人们感性的实践与交往活动中生成的，同时也是在人们感性的实践与交往活动中得到发展的。人的存在及其发展的道德与法纪关系生成的实践性特征，决定了它的发展性与历史性。不仅在不同的历史发展阶段人们有着不同内涵和特征的道德与法纪关系，而且在不同的社会和不同的人群，由于劳动与文化创造的差异，人们之间所结成的道德与法纪的关系也是不同

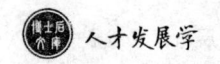

的。作为一种规约性的社会文化关系,道德与法纪关系对人的现实的存在及其发展有着重要的规约功能。道德关系的规约指向人的内在行为倾向,而法纪关系的规约则指向人的外显行为,二者的结合,构成了人的存在与发展的现实规约与保障的客观力量。

四、人才发展推动国家发展

当前我国已经进入了全面建设小康社会、加快推进社会主义现代化的关键阶段,原来的发展方式难以为继,必须加快转变经济发展方式,促进经济增长由主要依靠增加物质资源消耗向主要依靠科技进步、劳动者素质提高、管理创新转变。而人才是科技的主要载体,是最活跃的生产力,是科学发展的核心竞争力。要解决我国经济社会发展面临的能源资源、生态环境、人口健康、公共安全等深层次问题,实现经济发展方式从资源依赖型、投资驱动型向创新驱动型为主转变,科技创新和人才是最重要的支撑力量。

人才优先发展既推动了人才发展方式加快转变,进而又推动了经济发展方式加快转变。因此,在科学发展提升了战略地位的前提下,人才发展是必需的,只有利用好人才资源,优先发展人才,才能保证国家的科学发展。

人才是科学发展第一资源,是对人才在经济社会发展中的作用、特点和地位的深刻揭示,迄今为止,人类经历了自然经济形态、农业经济形态、工业经济形态,并且在此基础上迈向知识经济形态。不同形态下的生产力发展取决于不同的资源需求。纵观人类历史的发展轨迹,一个明显的特点就是从依赖物质资本向人力资本转变。人才资本优先积累是后发展国家实现经济追赶的共同规律。

(一) 世界经济的三次追赶

世界历史上有三次著名的经济追赶:一是美国对英国的追

赶，二是日本对美国的追赶，三是韩国对西欧国家的追赶。

1. 美国对英国的追赶

从19世纪开始直到1913年，英国的生产力水平都居于欧洲所有国家（乃至全世界所有国家）水平之上，而这一时期英国的人均受教育年限也高于其他国家。但到1913年，英国经济在世界上的领先地位则让位于美国。1871～1913年是美国迅速超过英国的重要时期。

根据麦迪森提供的数据，1820年，美国人均GDP相当于英国人均GDP的73.3%，1870年为75.3%。而后美国开始经济起飞，1870～1913年，美国GDP年均增长率为3.9%，同期英国为1.9%。1900年，美国人均GDP相当于英国人均GDP的89.2%；到1913年，美国人均GDP已超过英国5.5个百分点。

与此同时，1870～1913年也是美国人力资本对英国加速追赶的时期。美国在1820年人均受教育年限相当于英国的87.5%，1870年提高到88.3%，1913年则进一步提高到91.2%。

2. 日本对美国的追赶

1950年，日本人均GDP只相当于美国人均GDP的19.6%。而1953年日本GDP增长指数超过了"第二次世界大战"期间的最高水平，开始经济起飞。1953～1992年，日本GDP年平均增长率为6.5%，同期美国为3.0%。1992年，日本人均GDP相当于美国人均GDP的90.1%。因此，日本被视为世界上最成功的"追赶"国家，它制造了从1820～1992年人均GDP提高28倍的世界纪录（年均增长率为1.95%）。

与此同时，日本也成功地实现了人力资本积累上的追赶。为缩小与先进国家的差距，在1868年，日本改革了政治、社会和经济制度，花了几十年的时间，创造了庞大的物质资本和人力资本。1913年，日本人均受教育年限相当于美国的68.2%，1950年就达到美国的80.8%，随后大致保持着这一水平，1973年为

82.9%，1992年为82.4%。

3. 韩国对西欧国家的追赶

1965~1992年，韩国GDP年均增长率为8.8%。1973年，韩国人均GDP相当于西欧国家（12个国家）人均GDP的24.3%，1992年上升到57.5%。

韩国之所以能够在相当长的时间内保持经济增长，加速发展中等教育和高等教育起了非常重要的作用。1960年，韩国实现了普及全民小学教育，这为劳动者受到良好的教育提供了基础。随着工业化的推进，这些素质较高的劳动者直接促进了经济的增长。20世纪70年代，韩国在经济起飞后不久，开始大力发展高等教育，高等教育入学率迅速提高，大约每10年提高20个百分点：1975~1985年，高等教育入学率又从34%提高到52%。中等教育入学率从60%左右提高到90%，大约用了15年（1980~1995）的时间（世界银行，1998）。到了1995年，韩国教育总体上有很大提高，中等教育入学率达90%，大学入学率接近55%，达到了其他OECD（经济合作与发展组织）国家教育发展水平。这表明一个国家在经济起飞过程中，出现了中等教育和高等教育的加速发展[1]。

事实证明，一个经济相对落后的地区，如果能够根据自身的比较优势找到适当的突破口，将物质资源、资金资源和人力资源进行合理配置，并制定切实可行的发展战略，在较短时间内取得快速稳定的发展是可能的。其根源，从人才资源的作用来看，人才在经济社会发展中的作用经历了一个逐步放大、不断突显的过程。在自然经济形态中，人类完全依赖于自然条件而生存和发展；在农业经济形态中，生产力的发展依赖于劳动力和以土地为

---

[1] 陈至立等. 从人口大国迈向人力资源强国 [M]. 北京：高等教育出版社，2003：2.

中心的自然资源,人们最关心的生产要素是土地,谁占有土地资源,谁就能获得发展,土地成了第一资源;在工业经济形态中,第一资源主要是物质资本,生产力水平高低取决于人类利用机器体系单位时间内消耗的自然资源量。在向知识经济形态迈进的过程中,随着科学技术在生产力构成诸要素中的作用越来越大,人才对生产力的推动作用也越来越突出。从人才资源的特点来看,它具有增值性、可持续开发性,其优劣程度决定着其他资源使用效率的高低。没有人才资源的能动作用,各种物质资源就只能孤立、静止地存在,在经济社会发展中没有任何实际意义。只有人才资源发挥能动作用时,物质资源才能跟着发挥作用。人才资源已成为当今社会生产力发展的核心要素,直接统领和制约着其他资源的开发和利用,对生产力的发展起到基础性、战略性,甚至是决定性的推动作用。从人才资源的地位来看,人才通过创造性的劳动,探索了自然界、人类社会和人类思维的奥秘,揭示其发展变化的规律,为人们认识世界指明方向和道路,不断推动社会的发展和进步。由此可见,人才是科学发展第一资源,是对人才在经济社会发展中的作用、特点和地位的深刻揭示和科学概括。

(二)人才优先发展是中国的必然选择

我国正处在经济社会发展的关键时期,许多重要工农业产品产量已跃居世界首位,2010年国内生产总值达59266.12亿美元,首次超过日本,跃居世界第二位,成了世界经济发展的强力引擎。但从能源消耗来看,资源短缺的问题日益加剧。有关统计资料显示,我国的人均耕地面积仅为世界人均水平的43%,不及俄罗斯的1/8,美国的1/6,加拿大的1/15,甚至只有印度的1/2;人均森林和林地为世界人均水平的1/6,人均淡水资源仅为世界平均水平的1/4,被列为全世界13个人均贫水的国家之一;我国探明的矿产资源总量占世界的12%,但人均占有量仅为世界平均水平的58%,居世界53位。如果不加快转变经济发展方式,我国将迈向一条外向发展难以持续的"风险之路",核心竞争力难以提升的"低端之路",生态资源难以支撑的"负重之路",人民福利难以增长的"物本之路"。

人才优先发展是一个国家或是地区得以发展的必要条件。在涵盖多个方面的科学人才观中,"人才优先发展是科学发展的有效路径"是其中非常重要的一个方面。之所以说这一论断非常重要,就是因为人才是经济社会发展的创新性和效率性生产要素,人才优先发展对经济社会发展具有明显的引领作用。

我国在20世纪80年代"孔雀东南飞"的人才大潮,带来了珠三角的跨越性发展,促成了东部地区蓬蓬勃勃改革开放的大好形势。到90年代中期,上海提出建设"人才高地",江苏实施学术技术带头人培养"333工程",长三角人才开发一体化,不仅带来了长三角的快速发展,而且使东部地区成为我国乃至全世界经济社会发展的引擎。21世纪以来,东部发达地区人才工作不断攀登新台阶,上海、无锡、苏州、宁波、深圳等地不但加大人才投资力度,而且已经形成了各具特色的人才发展模式。在入选国家"千人计划"人数上,上海、江苏、浙江和广东四省排在前列,分别占19.75%、14.44%、8.24%和6.997%,合计占到半壁江山。不难看出,人才优先发展带动了东部发达地区经济社会的率先发展。2006年4月,无锡推出了旨在引进领军型海外留学归国创业人才的"530计划",即5年内引进30名领军型海外留学归国创业人才。"530计划"的目的很明确,就是以高端人才创业引领无锡的高技术产业发展,最终实现产业结构调整。到2011年上半年,无锡财政投入已达10多个亿,1495家企业借助"530计划"落户无锡,注册资本总额超过46亿元。"530计划"培养了一大批施正荣式的海外留学归国创业领军人才,从而造就了一大批产业化的"530"企业,尚德公司等企业已经成为全球战略性新兴产业的龙头企业❶。科学发展战略地位的提升加强了国家对人才发展的重视，同时也只有大力发展人才能够强力推动我国的科学发展。

第二节 跨越发展与人才发展

现代化跨越式发展是国家现代化发展过程中极其紧迫的任务，而人才发展同样是促进国家实现现代化跨越发展的一个重要因素。发展是当今世界的主旋律。我国是一个后发国家，早日实现现代化是我国人民百年来的夙愿。全球化时代的到来，我国的改革开放以及新科技革命的蓬勃发展使我国可以走一条非常规的、跨越式的发展道路。

一、跨越发展的现代化之路

要实现经济社会的跨越发展，就必须走一条不同于西方发达国家的发展之路。雷云飞（2003）提出，国际环境的变化、我国的社会主义性质以及先发实现现代化国家的经验教训使我们不能再走重视物不重视人、经济发展和社会全面进步与生态保护相脱节的老路，而必须走一条非常规的、跳跃式的发展道路，即跨越发展道路。

另外，还有学者提出我国实现跨越发展的前提条件已经基本具备，走跨越发展之路的时机已经成熟。高海涛（2003）提出，随着我国改革开放步伐的加快，以及加入WTO，大力发展生产力成为我们当前的主要任务。充分吸收资本主义国家创造的一切文明成果，为我所用，已成为我国社会的共识。这些都是我国现在实现跨越发展的条件和必要性。

---

❶ 赵永乐. 坚持人才优先发展，强力推动科学发展［J］. 第一资源，2012（1）.

当我国开始从农业社会向工业社会迈进的时候，英美等资本主义国家的工业化已经接近尾声。当我国的工业化进程还在进行之中的时候，西方发达资本主义国家已经开始向以信息化为标志的后工业社会迈进。我国和西方发达国家的差距越拉越大。为了尽快实现现代化，避免重蹈近代中国落后挨打的覆辙，我国政府制定了"三步走"的现代化发展目标。预计使我国在21世纪中叶基本实现现代化，达到中等发达国家水平。要实现这一目标，我国不仅要完成发达国家从18世纪起200年间完成的以大机器工业和电气化为标志的传统工业化任务，而且要完成自20世纪70年代以来以信息技术、新材料、新能源和生物工程等新科技革命为标志的后工业化任务。

全球化所带来的资金、技术、人才、信息的流动，是我国走跨越发展的最大优势。国外的资金、技术多多少少可以解决我国经济启动所面临的资金不足、技术落后的问题。西方国家的产业转移有助于我们进行产业结构调整，优化产业结构。以信息技术、新能源、新材料以及生物工程为标志的新科技革命的持续发展，是我国走跨越发展的又一优势。科学技术是第一生产力，日本、德国等后来居上的国家经济腾飞都与充分利用科技革命的成果有重要关系。新科技革命的蓬勃发展为我们实现技术更新换代，追赶国际先进水平提供了机遇。

纵观世界历史，后发国家通过跨越发展后来居上的现象不胜枚举。德国的工业化比英国晚了近200年。农奴制的废除、国内市场的统一以及第二次科技革命的机遇推动了德国经济的腾飞。1850~1913年，德国工业的平均增长率为3.8%，服务业为3.2%，农业为1.6%，整个经济的年均增长率为2.6%。到1914年，德国在主要经济指标方面先后赶上和超过了英国和法国。俄国也是跨越发展的典范，在历史上曾有几次大的跨越，其中最著名的是19世纪后期的跨越。19世纪的俄国仍是一个典型的农奴制国家，远远落后于西方的英、法等国。1861年的改革启动了俄国跨越发展的步伐，列宁在谈到这段历史时指出，1861年以后，俄国资本主义的发展是这样的迅速，只用数十年的工夫就完成了欧洲某些国家整整几个世纪才能完成的转变。由此可见，跨越发展不但可能，而且还是人类历史上很普遍的现象。

因为党和政府把教育摆在了优先发展的战略地位，教育事业实现跨越发展。义务教育实现了历史性跨越。经过全党全社会的不懈努力，到2011年，我国已经全面实现普及九年义务教育和扫除青壮年文盲的"两基"目标。这是我国教育发展史上的重要里程碑，也是中华民族伟大复兴道路上浓墨重彩的绚丽篇章。近10年来，我国高等教育大众化水平进一步提高，毛入学率从2002年的15%提高到2013年的34.5%。1998年印度大学生数量是我国的2倍，2007年我国大学生数量是印度的2倍。2010年，我国具有大学（大专以上）文化程度的人口为1.19亿人，每10万人中具有大学文化程度的由2000年的3611人上升为2010年的8930人，从业人员中有高等教育学历的人数已位居世界前列。

下面以信息通信服务业为例，说明新兴服务业跨越发展。随着互联网的进一步普及，以信息技术为关键发展要素的信息通信服务业对经济社会发展的影响逐步加深，成为世界各国竞相培育的战略性新兴产业。2010年，国务院审议通过《国务院关于加快培育和发展战略性新兴产业的决定》（以下称《决定》），提出重点加快培育和发展以重大技术突破、重大发展需求为基础的战略性新兴产业。《决定》明确了包括"节能环保、新一代信息技术、生物、高端装备制造、新能源、新材料和新能源汽车"七个战略性新兴产业发展的重点方向，其中"以新一代信息技术"为核心内涵的信息通信服务业格外引人注目，不仅因为金融危机以来各国政府在信息经济领域的超常规举措，刺激本国信息通信技术研发创新，促进信息通信服务业更快发展，更是因为信息通信服务业已在我国展现出巨大的发展潜力，不仅自身具备巨大的市场空间，而且能够创造新的服务功能、新的消费行为和新的商业模式，促进上下游产业发展，成为经济增长的"倍增器"、发展方式转变的"转换器"和产业升级的"助推器"。信息基础网络是信息通信服务业发展的基石，近年来我国信息网络建设力度不断加大，建成了全球最大 IP 软交换网，骨干传输网已建设成为高速可靠的网络；建成全球最大 IPv6 示范网络，形成研发产业化体系。我国行政村通电话比例达到 100%，20 户以上自然村通电话比重达到 94%，全国 100% 的乡镇通互联网，其中 98% 的乡镇通宽带。从上述数据可以看出，我国信息通信网络基础资源不断丰富，信息通信网络数据传输能力不断得到提升，为网上承载更为丰富、更为快捷、更加实时的新业务、新应用提供了坚实的物质保障。

自从哥本哈根会议提出低碳经济以来，以低碳冠名的一系列新名词频频出现在我们的经济生活中。我们需要对来自西方的低碳经济进行反思。现代工业文明面临能源与环境危机，不能简单归结为人和自然之间矛盾的危机，其实人与自然的矛盾危机根源于工业经济模式。在工业化初期，当自然的自净化力能够吸收和消化工业化造成的污染，当工业化消耗能源较少时，资源和环境是可以作为免费的物品来使用的。但是到了工业化中期，也就是到了 20 世纪 50 年代之后，工业经济发展的外化成本开始超出了生态自然的自净化力后，命题就不能成立了。如 1952 年英国伦敦烟雾事件在 4 天中死亡 4000 余人，在以后的两个月中，陆续又有近 8000 人死亡。这些事件严重地警告人类，环境不是人类免费使用的产品。在工业化后期，也就是到了 20 世纪 80 年代之后，随着世界向信息化与全球化的发展，西方发达国家对环境治理模式和思路发生了根本性的变化，就是利用全球分工体系，把高能耗、高污染的生产环节和产品，通过产业转移输送到新兴市场经济国家。我们不能错误地认为西方发达国家已经建立起了生态经济，已经成功地解决了成本外化的工业模式的弊端。目前在西方发达国家出现的能耗低、低污染的经济，是建立在污染与能耗输出的基础上。从这个角度看中国与欧美的贸易关系，不仅仅是一个贸易顺差的问题，还是一个污染与能耗输出的贸易。目前中国的对外贸易活动，用我们农民工最低的血汗工资，把污染留在中国，消耗中国的能源之后，以最低的价格把产品输送到美国和欧洲，人家还不买账，反过来它还要反贸易摩擦。目前中国自身也到了无法承受工业化污染的临界状态，下一步如果中国为了追求生活质量，在不改变成本外化的工业化模式下，中国环境改善的出路也只能按照西方发达国家的模式进行，即通过输出污染与能耗来满足中国未来的高消费与现代化。如果这样，不论是中国还是世界，则面临着一个无法解决的难题。GDP增长必然等于国民福利的增长吗？GDP是代表一国经济最终生产出来的财富，而国民福利是指生产出的GDP形态的财富最终进入消费领域后，给国民生活改善程度与幸福度提高程度。由于GDP生产会形成污染，所以我们必须拿出GDP的一部分消除经济增长过程中的因环境污染造成的负效应。我们在反思现代经济增长出现GDP财富增长与国民福利增长相背离的问题上，还应该反思另一个问题，这就是物质财富增长与幸福提升的关系。本来生产是为消费服务的，但在现代经济中，刺激消费、扩大消费是为生产服务，现代经济对消费者如此关心，是关心你的福利提高吗？说得严重一点，现代消费者已经被生产所捆绑了。我们是需要冷静思考这样一个问题的时候了，一方面，远超出生理与实际需求的高消费，导致了能耗、污染与碳排放的增加；另一方面，为了满足GDP的增长，又不断刺激消费和需求。整个世界的经济都陷入悖论中。本来精神的需求需要通过精神产品和文化来满足，但现在变成了以物质替代精神产品来满足。高度物化的消费与环境破坏，使我们人类本身与自然中的动物同时受到了物种延续的危机。来自美国的数据显示,美国人均 GDP 在过去的 50 年中增长了 3 倍,但是美国人未必更加幸福,在此期间美国的暴力犯罪增长了 3 倍,不宜教管的人数增加了 4 倍,1/4 的人感觉不幸福和抑郁。

科学技术进步,可以解决人类遇到的一切难题吗?最典型的例子,就是我们吃的西药,就是基于局部最优、短期有效模式制造出来的,局部治病会导致其他部分出现负效应,长期服药,短期有效,长期下去出现抗药性和其他副作用。为了解决局部带来的副作用,又开发另一种药,而这种药同样只能解决局部最优的问题,恶性循环。现代农业施化肥、农药就陷入这样一种恶性循环中。西方的科学家建议实施这样两类地球工程:第一类通过反射太阳光给地球降温的工程,第二类是在地下封存二氧化碳的工程。他们按照微观解释宏观认识范式,在人类面临的诸多困境与危机中,找到了"碳"这个节点来解释。然后再用还原解构、分解改造世界范式来降服"碳"。再就是对地球开膛破肚来封存碳,与太阳做对,把多余太阳光反射回去。这样一种恶性循环就像一条贪吃的蛇咬住自己的尾巴一样,如此下去的结果是,大自然终究会对人类进行秋后算总账。其实,碳对于气候会产生温室效应,但碳又是植物可以吸收的物质。我们可以通过植树造林形成碳汇模式,使碳的释放和碳的利用形成一个循环。

需要我们拓展思路的是,应该从更高的视野来认识新能源革命和低碳经济。对于新能源革命,我们的许多地方政府和企业首先把它看成是一轮投资机会,看成一个快速增加地方 GDP 的投资性产业来对待。其实新能源作为引领未来生态经济的先导产业,目前围绕新能源产业的竞争不是投资竞争,而是新能源产业核心技术突破的竞争。谁能够占领未来的新能源高地,不是取决于今天谁投资得多,而是谁能在新能源核心技术上最先突破。既然发展新能源需要新技术,那么新能源技术从哪里来?如果我们希望通过招商引资获得新能源的核心技术，至少常识上看是不可能的。因为关系到新能源的核心技术。这类核心技术，即使企业愿意卖，该企业所在国家也不会同意。不要说新能源技术，就是常规核心技术，在改革开放的30年中，我们买到多少？进入21世纪以来，我们也希望得到跨国公司的高端技术，朱镕基任总理时提出过以中国的市场换技术，我们换来了吗？没有。如果我们把发展新能源技术寄希望于通过招商引资的途径来获得，那么就要避免上当受骗。我们不要误认为创新就像在商店买东西一样，只要有钱就能创新，但有了钱不一定就能实现创新。

创新来自创新制度与创新文化的支持。1993年克林顿入主白宫，制定和实施建设"信息高速公路"计划。当年的日本像今天的中国一样，遭遇到与美国的贸易顺差，在美国的压力下，为了降低贸易顺差，做了两件事：一是日元贬值，刺激进口；二是扩大内需。刺激内需的结果是日本房地产业发展，因为房地产最符合当时日本内需的要求。一方面，房地产是物品需求，符合政府刺激需求的目标；另一方面，房地产是资产，可以增值，符合个人赚更多钱的需求。后来的结果是房地产泡沫形成。原因是在20世纪80年代之前形成的高速增长模式，在本质上与今天的中国增长模式是一样的，都属于缺乏自主原始创新支持的外源性增长模式。

今天我们非常清晰地认识到，我们需要转型，我们需要自主创新。我们怎么转？其实新能源革命就是一个最好的契机。现代的新能源利用模式最大的突破是什么？就是要从原先集中供给、生产与消费分离的模式向分散供给、生产消费一体化模式转型。新能源革命不仅仅是一个能源替代的革命，包含着现代人类生活方式的变革。全国建筑技术科学领域首位中国科学院院士吴硕贤指出：如果推行生态住宅设计，一栋节能建筑和不节能建筑相比，空调能耗差4~5倍。建筑若合理采用节能设计，可轻松获得50%~60%的节能效果。如果从现在开始严格推行生态住宅标准，预计20年后，在总建筑面积增加150亿平方米的情况下，与不搞生态住宅相比，可节约建筑用电3500亿千瓦时，相当于4座三峡电站的年发电量。只要换一种思路，我们向国际社会承诺减低40%的能耗目标完全可以实现。

在新能源利用的领域，中国具有独特优势，目前至少在两个领域已经走在世界前面。一个是电动自行车。目前中国城市拥有电动自行车1.2亿辆，超过世界其他国家的总量，而且这种技术具有自主知识产权。另一个新能源技术就是遍布中国的太阳能热水器。起源于中国广大农村的太阳能热水器、太阳能温室、太阳灶等系列产品，无论是掌握的核心技术，还是推广规模上都居世界第一。在能源与环境问题上，中国是世界矛盾的集中区，但也是推动创新动力最大的地方。这就是看我们以什么思路与战略来对待。

在新能源革命中包含着一系列的革命需要我们研究。对于"十二五"期间中国产业升级与转型，我们不要单纯地理解为技术创新推动的转型，中国产业转型与升级的目标，不仅是高端化、智慧化，还有文化化。文化创意主导的产业革命，最需要的资源是文化。而中国是世界上文化资源最丰富的国家。但是我们现在面临着另一个问题，就是按照目前国际上流行的知识产权规则，中国的文化资源面临着流失风险。现在《三国演义》《西游记》等古典名著的知识产权已经被外国公司所注册。我们搞动漫使用这个知识产权，还得向人家购买。现在国际上关于知识产权的规定，没有明确规定说这个文化资源在中国，外国人不能注册。这个问题正在提醒我们，不要认为只有制造业、土地值钱，我们老祖宗留下的文化也很值钱。在西双版纳等旅游区，有长期居住在那里的外国人。这些长期居住在少数民族地区的外国人，是在研究采集整理中国的少数民族文化资源。

最终成为一个国家具有竞争力的产业，往往与这个国家的文化禀赋密切相关。中国文化禀赋的优势适于在哪些领域发展，这是需要我们研究的问题。这里提出一个命题，即我们需要倡导以低碳、健康、幸福为目标的生活方式。对于什么是幸福，这是一个很难讲清的话题。从生态文明与生态经济看，幸福生活方式至少包括五个方面的内容：幸福生活的第一个内容是人和自然要和谐，过智慧而低碳的生活。什么叫智慧？人的智慧从哪里来的？人的智慧是来自于人与自然的对话与沟通，智慧来自人对自然的感悟，来自人与自然的和谐相处。佛教与中国的道教，所追求的大智慧、大快乐，也是来自对自然的感悟。现代高度物质化的生活，最大的弊端就是不仅破坏了社会环境，而且使我们离自然越来越远。幸福生活的第二个内容是物质和精神的和谐。幸福生活需要物质的支持，但过度的物质化不仅不会带来幸福，还会形成对精神的毒害，所以幸福生活来自物质与精神的均衡和谐。幸福生活的第三个内容，来自人与社会的和谐发展。人是社会动物，人的幸福感与社会和谐发展密切相关。什么样的社会给我们带来的幸福最大？应当是一个安全、公正、互助的社会。幸福生活的第四个内容是和谐的家族。这是人类期望的温馨而美满生活的主要来源。家就像鸟巢一样，是我们私人生活的归宿，是天伦之乐的来源。家族作为社会组织的细胞，也是幸福生活最基本的来源。幸福生活的最后一个内容是我们自己身心和谐与健康。健康是幸福的前提，这里所说的健康是生理与心理统一和谐的健康。而幸福生活的目标在一国经济上则表现为国民福利最大化。什么叫国民福利？就目前而言，一个国家的国民福利应该包括五个方面福利，即环境的福利、物质的福利、精神的福利、个人的福利和公共的福利。我们把实现国民福利最大化作为生态经济发展的目标，围绕国民福利最大化生态经济模式有四个内涵：人本化，即生态经济发展的终极目标；低碳化，即生态经济的能源支持；智能化，即生态经济的技术支撑；文化化，即生态经济的价值内涵。如果中国能够建设一个能耗最低、国民福利最大化的生态文明模式，中国能够实现一个人口大国的中国崛起，建设一种不会对世界造成压力的新文明模式，那么中国和平崛起就是文明模式创新的崛起。但是如果中国继续走西方式高能耗的工业化模式，中国的和平崛起就会遇到障碍。因为西方式高能耗、高消费的工业文明是只能容纳少数国家享受的文明。从这个意义上讲，如果中国能够建立一个中国发展不会影响其他民族发展的新文明模式，那么生态文明与生态经济模式创新不仅是中国发展的需要，也是中国对世界文明发展的贡献。

二、跨越发展拉动人才发展

所谓"跨越发展"，是指在特定的历史条件下，打破旧的思维约束，用新机制、新手段、新方法实现经济跨越式、非常规的发展方式，在较短的时间去完成较长时间阶段完成的目标和任务，实现经济的质和量的飞跃发展。跨越发展的一种速度较快的发展水平，要在遵循客观规律的前提下，努力用尽可能短的时间去达到目标；跨越发展是高水平的发展水平，在科学技术的推动下，尽快实现质量、技术、产业和效益的新发展；跨越发展也是一种追赶先进水平的发展，前提是提高综合竞争力，追赶先进地区，甚至超过先进地区；跨越发展既是超常规的发展也是非均衡的发展，也就是说跨越发展不一定是全面、平行的发展，有可能是在不同领域里有所侧重、有所区别的发展；跨越发展是一种持续的发展水平，必须使发展水平与人口、资源以及环境相协调，能够使社会经济始终充满活力和生机❶。跨越发展有以下特征：

（1）加速性。加速性是相对于社会发展的一般性进程而言

---

❶ 马绍壮．我国人才国际化的挑战与出路 [J]．N策划，2012 (6)．

的，在发展速度上与领先国家相比，后发国家缩短了某个或某些社会发展阶段的完成时间。也就是说，要实现相同的质变或达到相同的发展水平，后发展国家量变积累所需要的时间较短。它只注重后发国家在单位时间内获得的发展成果比先发国家多，并不区分不同社会形态之间的跨越发展与同一社会形态内部不同发展阶段之间的跨越发展。历史上，日本就是这种跨越发展的典型。日本作为后起的资本主义国家，19世纪中叶以前是个封闭、落后的封建国家，但是，经过明治维新，仅仅用三四十年的时间，日本就走上了资本主义工业化的道路并完成了早期工业化，而西方资本主义国家则用了近百年才走完这个阶段。

（2）跳跃性。就整个人类社会来讲，可以把社会发展的历史形态依次划分为原始社会、封建社会、资本主义社会、社会主义社会和共产主义社会五个阶段。以社会发展的一般顺序为参照系，可以看到有些国家、民族生产力发展曾经出现过大的跃迁。这就是说，跨越发展总是跳过常规发展要经历的若干阶段、若干过程甚至一步到位。在同一社会形态内，呈现出对社会发展过程中的某一个或几个发展阶段的跨越；在不同社会形态内，则呈现出对社会发展过程中的某一个或几个社会形态的跨越。这种对社会发展过程中的某一个或几个发展阶段的跨越，就是由一种稳定态向另一种稳定态的跃迁，其突出特点就是跳跃性。

（3）破坏性。一个民族、国家跨越发展的实现，对于其内部已有的与正在进行的发展而言总带有破坏性。这主要是指事物获得跨越发展的条件与其此前所具备的条件相对比，把此前具有的格局条件完全打破。这里所讲的格局是指事物的内外部联系及其构成的整体，即事物所在的系统。当然，事物所在系统、所具有的格局本身是不断运动变化发展的，而不是固定不变的，若这种格局、系统不被外力打破，其本身也会变化发展甚至自破，这就需要较长的时间才能完成。事物能实现跨越发展往往是在对原有的格局、条件破坏的基础上和较短的时间内实现的,并呈现出历史与现实的断裂。

(4)嫁接性。实现跨越发展,仅仅打破其原有的格局还不行,必须具备此前其格局没有过的优势,这些优势只有靠吸收才能得到,即吸收其他事物的合理的优势。这种把其他事物的优势吸收过来,往往借助外力的嫁接手段,因此,跨越发展总带有嫁接性。那么,尚处于原始形态的落后地区因现代社会文明的渗入而直接跨入到现代社会形态,就是因为"嫁接"现代社会文明发展已有取得的成果,特别是在一个国家和民族在其计划进行跨越发展的初期,均是直接从外部嫁接过来的,再从中吸取经验教训通过内化而实现跨越发展。

(5)融入性。跨越发展过程中,仅仅直接从外部嫁接别的国家和民族的先进发展成果,再从中吸取经验教训通过内化由外而内地实现跨越发展是很有限的。此外,还需由内而外地把自身积极主动地融入发达社会的发展系统和世界市场之中,使自己的发展成果成为其中的组成部分并融为一体。

香港也曾面临过大量的人才流失,1980~2000年,大约有85万香港人移民海外,其中移民加拿大50万人、澳大利亚16万人、美国15万人,只有不到三分之一的人后来选择了回归。这与当时特殊的过渡阶段有关。

在香港回归前夕,美国特意加强了对香港投资移民和高技术人才的引进。1985年《中英联合声明》生效后,美国把香港的移民配额从600人增加到5000人。1990年在移民法修正案中,美国又把香港移民配额从5000人提升到1万人。1994年,美国把香港移民增加到25620人,与中国内地、台湾地区的移民配额相等。到了1997年7月1日,美国反而取消了香港移民配额,与内地共同使用大约2万名的移民配额。从这些政策的变化可以看出,美国在特殊时期抢夺人才的图谋昭然若揭。

1997年回归祖国后，香港特别行政区政府于1999年12月出台了"输入优秀人才计划"。这项计划要求较高，申请人必须要在香港找到工作，有很高的学历，并在本行业有较高成就，基本上要有博士学位。这个计划至2003年终止，在此期间，获批的只有284人。

香港特别行政区政府于2001年又推出"输人内地专业人才计划"，主要面向金融、资讯科技类人才。因为当时特区政府已通过调查发现，这两个行业人才非常缺乏。只需要具备相关的学士学位或必要的技术资格证书，有香港雇主证明申请者"能配合公司的运作需要，以促进公司的竞争力"即可。2003年，香港开始用"输入内地人才计划"来代替前面两个人才引进计划。这项计划向内地人才全面开放香港就业大门，不设行业和名额限制。

香港在2006年6月28日开始推行《优秀人才入境计划》，每年1000个名额。与之前三次出台针对内地人才的计划不同的是，此次获得批准的优秀人才无须在来港定居前先获得本地雇主的聘任；一旦获得批准，就可以携带配偶、18岁以下未婚子女同时前来。一般获准来港的受聘人才在入境时会先获得1年签证时间，如果符合有关计划的资格准则，便可获准延长停留期限。如果受聘人连续在港居住满7年后，可申请香港居留权。

该计划分设"成就积分制"及"综合积分制"，前者以申请人是否取得国际杰出奖项、业界认同等作为评核基础，如奥运奖牌、诺贝尔奖等；后者则跟加拿大等技术移民评估一样，根据申请人的年龄、学历、家庭背景、工作经验及专业资格等因素计分，然后由输入优秀人才及专才咨询委员会来决定是否给予申请人配额。这个咨询委员会由香港特首任命，包括19名成员，主席是行政会议成员，其中3名是官方代表，其余15名是来自各个行业的精英。申请者可以选择以任何一种方式进行计分。

通过这一计划成为香港人的内地人，最广为人知的是钢琴明星郎朗、李云迪，体育明星李小双、刘璇，娱乐明星章子怡、汤唯，当然，还有很多科学家、工程师、企业家、作家等。

2003年10月，香港特别行政区政府还推出了投资移民计划——资本投资者入境计划。该计划适用于所有外国国民，中国内地人士须取得外国永久居留权方可申请：申请人在提出申请前，要持续两年拥有不少于1000万港元的个人净资产；在申请获入境处批准后的6个月内，把不少于650万港元投资在获许投资资产类别。香港特别行政区政府在2010年宣布将投资移民门槛从650万港元上调到1000万港元，而且还将房地产从投资移民计划的投资资产类别中剔除。这反映了世界各国在绿卡等相关政策上从招商引资向招才引智转型的大趋势。目前，60%的申请者是具有外国国籍或持有外国绿卡的华人。

此外，香港还默认双重国籍。按照《中华人民共和国香港特别行政区基本法》，香港居民无论在海外持有任何国籍证件，回到香港都可以申请中华人民共和国香港特区护照，接受香港法律的管辖。由于这一政策，香港拥有了最多、最密集的国际化人才，成了一个国际人才大港。

再拿两岸人才交流来说。2009年5月，国务院出台《关于支持福建省加快建设海峡西岸经济区的若干意见》；2010年3月，国务院颁布《海峡西岸经济区发展规划》。这两份规划带来了对台引智天时、地利、人和的良好氛围。两岸人才交流合作的多项"全国第一"由此诞生。据统计，2009~2011年，台胞来闽合计465万人次，其中约六分之一从事专业交流，占台胞来大陆总数的31.26%。两岸人才交流，已经呈现规模扩大、层次提高、领域拓宽、双向互动、互利双赢的良好态势。对象涉及台"中研院""工研院"等重要研究、研发机构和170所各类高校，形式从一般的学术研究、交流讲学拓展到合作办学、合作研究、共建基地、共同申报科研项目，全面促进了闽台产业、科技、教育、文化等方面的有效对接。2011年，福建省组织4批100名乡镇党委书记赴台办专题培训班，学习台湾农村建设、社会管理和创新等方面的先进经验。台湾农业注重基础设施建设，科技创新水平高，农民的市场意识强，每个乡、村都有独特的优势、知名品牌的农产品，目前有10万多名台湾经营管理、研发技术高端人才入闽。这批人才集聚恰恰成为区域经济快速发展的强大推力。据统计，福建经济总量在20世纪80年代是台湾的1/40，90年代是台湾的1/14，而现在是台湾的1/2，这其中，台湾英才功不可没。中华映管、冠捷电子、东南汽车、友达光电等大型台企积聚了一大批台湾研发和管理人才。厦门火炬科技园、福州软件园等科技产业园区与台湾新竹、台南、台中高科技园区实现对接合作。漳浦台湾农民创业园已经吸引300多位台商落户创业，南安吸引了18位台湾博士建立博士后流动工作站。为进一步发挥台籍高层次人才发挥作用，福建省设立闽台人才合作奖，省政府每三年评选表彰一批有突出贡献的"台湾"人才。台胞冯成丰毕业于美国西密歇根大学，从事镁合金触变成型专业，2011年福建青口科技有限公司引进了冯成丰团队，7名成员均是在镁合金应用领域有着10年以上经验的技术和管理人才。正是有了一大批这样的创新团队，初步呈现了"一个人带动一个团队，带来一批项目，带动一个产业"的整体辐射作用，推动了两岸产业对接。2011年11月，国务院批准实施《平潭综合实验区总体发展规划》，实行比特区更特殊、更优惠的全岛开放政策，着力把平潭建设成为两岸同胞合作建设、先行先试、科学发展的共同家园。平潭的开放开发上升为国家战略。恰在这个节点上，福建省委、省政府审时度势，把握时机，确立了建设平潭"人才特区"的战略布局，提出"四个一千"人才工程，计划用5年的时间，面向台湾引进1000名专才，面向海内外招聘1000名高层次人才，从省内选派1000名年轻干部到平潭工作，培养1000名实验区人才。目前，福建省已经按照"引进台湾专才待遇适当高于台湾水平,引进国外人才待遇大体与国外标准持平,引进国内高层次人才待遇适当高于厦门水准"的总体原则,先后制定了《关于进一步支持平潭实验区加强人才队伍建设的若干意见》,以及引进台湾专才、海外人才、国内人才、项目团队等四大类政策,初步形成覆盖全面、相互衔接、有效激励的政策体系。

三、人才发展推动跨越发展

要推动经济更好更快发展,实现我国经济社会的跨越发展,必须更多地依靠科技进步和开发利用人才资源。田潇波指出,经济发展、社会发展,归根结底是为了人的全面发展;硬实力、软实力,归根结底要靠人才的实力。对跨越式发展的国家而言,无论是在百舸争流的区域竞争中保持高速发展的态势,还是在更广领域、更深层面参与国际经济的竞争与合作,都需要一支规模宏大、素质优良的人才队伍来支撑。

丁玲辉认为,加强人才队伍建设是我国经济社会跨越发展的要求。人才资源是一个国家或地区能够作为生产要素投入到社会经济活动中,并为社会创造物质财富或精神财富的劳动人口,是衡量当地经济发展潜力的重要指标。实现跨越发展,迫切需要现代科技和教育的支持,而科技和教育的发展必须依靠人才尤其是青年人才队伍的建设。充分开发与利用青年人才队伍,使这一重要资源转变为人力资源库,使无形资源取代有形资本,这是我国经济社会跨越发展的重要途径。

目前我国的经济社会跨越发展需要很多种人才,但是现实状况却是许多行业在完成跨越发展的过程中紧缺人才。特别是在区域经济的跨越发展过程中,人才是决定因素,人才的数量和质量将直接决定区域经济发展的速率和成效。欠发达区域的经济社会要实现跨越发展,必须满足对紧缺人才的紧迫性需求。"现在人才缺乏已经成为制约新疆发展的瓶颈。"全国人大代表、新疆维吾尔自治区人力资源和社会保障厅党组书记田文说,"人才资源作为国家竞争力的核心要素,在经济社会发展中的基础性、战略性和决定性作用愈显突出。在新疆实现跨越发展和长治久安的新时期新阶段,我们要抓住难得的历史性机遇,加快把能源、资源、地缘等潜在优势转化为促进发展的现实优势,这就必须依靠大批优秀人才来支撑和引领。"

从某种意义上说,我们能否实现跨越发展,取决于党政人才的能力和水平。要站在培养接班人的高度,坚持以县处级领导干部为重点,着重选拔那些靠得住、有本事、肯实干、有业绩的干部,特别是优秀年轻干部。建设能够担当历史重任的党政人才队伍,确保这支队伍始终靠得住、过得硬、拉得出、打得赢、不变质。只有推动政绩突出、群众公认的党政人才的培养才能够满足跨越发展的需求。

在经济社会跨越发展的过程中,最具活力的市场经济主体是企业,只有培养和引进一大批优秀企业家,经济发展才会有持久活力。我们要以加快经济发展为目标,组织实施企业家培养计划,着力培育熟悉现代企业制度、能够引领企业在竞争中发展壮大的高素质的企业家队伍,同时要培育一大批与之相适应的实用技术人才。根据转变经济发展方式和走新型工业化道路的需要,着力引进和培养实用技术人才。

在传统农业向现代农业过渡的转型阶段,推进科学化生产、产业化经营、小城镇发展、新农村建设,迫切需要提高农民的素质,迫切需要农村实用人才发挥示范带动作用。因此,必须大力培养致富能力强、掌握多种实用技术、在农村和农业经济发展中起示范带动作用的实用人才来满足"三农"的跨越发展。

目前,我国要完成经济社会的跨越发展,满足民生需求,全面建成小康社会,需要有一大批职业化、专家型的社会工作人才。例如，中等职业学校需要"双师型"教师，高中重点学科教学需要名师，卫生发展需要名医和具有医师资格的乡村医生，城市发展需要城乡规划、建设和管理方面的人才，建设法治社会需要法官、检察官、律师，等等。要坚持引进与培养相结合，建设一支高素质的教育、医疗、卫生、文化、体育、防灾减灾、计生、政法及社会保障和社会福利等专门人才。

（一）企业家人才发展

企业经营管理人才是我国人才队伍的重要组成部分。加强企业经营管理人才队伍建设，培养造就一大批优秀企业家，对于提高企业经营管理水平和市场竞争力、推动产业结构优化升级、促进经济又好又快发展十分必要。

《国家中长期人才发展规划纲要（2010～2020年）》提出，到2020年我国企业经营管理人才队伍建设的发展目标是："适应产业结构优化和实施'走出去'战略的需要，以提高现代经营管理水平和企业国际竞争力为核心，以战略企业家和职业经理人为重点，加快推进企业经营管理人才职业化、市场化、专业化和国际化，培养一大批具有全球战略眼光、市场开拓精神、管理创新能力和社会责任感的优秀企业家和一支高水平的企业经营管理者人才。到2015年，企业经营管理人才总量达到3500万人。到2020年，企业经营管理人才总量达到4200万人，培养造就100名左右能够引领中国企业跻身世界500强的战略企业家；国有及国有控股企业国际化人才总量达到4万人左右；国有企业领导人员通过竞争性方式选聘比例达到50%。"这一目标，既保持了我国企业经营管理人才队伍建设目标的连续性，又根据新的情况和条件充实了新的内容，强化了目标的科学性和战略性。

坚持以战略企业家和职业经理人为培养重点

企业家是特殊的人才资本，是国家经济和社会发展的稀缺资源，是企业的灵魂，承担着聚集信息、资本、人才、技术等资源，并通过创新和有效组合，为社会提供产品和服务的重任。提高国家竞争力，必须培养一大批世界级的战略企业家，托起中国工业化的大业。所谓"战略企业家"，是基于这些企业家所带领的企业无论在国际市场竞争中，还是在国民经济发展中都有极其重要的战略地位而言，主要表现在三个方面：一是在国家综合实力竞争中，这些企业无论在经济总量上还是在管理创新、科技创新、企业文化创新等方面都能够体现和反映国家的综合实力，同时体现较高的国际水准；二是在全球行业利益分配和生产要素配置中，这些企业拥有较大的活动空间和话语权；三是在经济社会发展中，这些企业能够较好地发挥主导作用和带动作用。人才规划不仅指出企业经营管理人才队伍建设要以战略企业家为重点，而且还明确提出到2020年要培养造就100名左右能够引领中国企业跻身世界500强的战略企业家。一个国家拥有世界500强企业的数量，不仅反映了这个国家的综合竞争实力，而且对一个国家的经济带动、产业层次提升和产业结构调整都是具有特别重要的意义。

第一，坚持职业化、市场化、专业化、国际化的发展方向。职业化、市场化、专业化和国际化，是社会主义市场经济条件下我国企业经营管理人才队伍建设的发展方向，加快推进企事业经营管理人才队伍建设和观念创新、工作创新和制度创新，为企业经营管理人才的健康成长和充分发挥作用创造良好的条件。

第二，加大企业经营管理人才培养力度。提高现代经营管理水平和企业国际竞争力为核心，推动产业结构优化升级和实施"走出去"战略，是新时期我国经济发展的重大战略部署，对促进经济社会又好又快发展具有特别重要的意义。

第三，坚持改革和完善企业经营管理人才队伍建设机制。重点要形成四个机制：一是形成符合现代企业制度要求的人才选用机制；二是形成符合企业经营管理人才特点的开发式培养机制；三是形成体现科学发展观要求的人才综合评价机制；四是形成体现效率优先、与市场接轨的人才激励机制。

优秀企业家是市场经济条件下最宝贵、最稀缺的资源之一。以经济和科技实力为基础的综合国力的竞争日趋激烈，这种竞争说到底是民族素质的竞争和较量，首先是企业领导人才的素质、能力的竞争和较量。《国家中长期人才发展规划纲要（2010～2020年）》提出，"培养造就一大批具有全球战略眼光、市场开拓精神、管理创新能力和社会责任感的优秀企业家和一支高水平的企业经营管理人才队伍"，进一步丰富了我国企业家队伍建设的内涵，具有较强的现实针对性和指导性。第一，树立全球战略眼光，是大力实施"走出去"战略对我国企业家素质提出的新要求。据报道，2005年我国已有3万多家企业开展跨国经营，2008年境外直接投资企业已达1.2万家，从业人员达102.6万人。我国企业家在"走出去"过程中普遍经受了国际化的洗礼和锤炼，随着经济全球化的快速发展以及我国对外开放的不断扩大，国际股票市场、期货市场、房地产市场、外汇市场的任何一些细微变化，都可能对企业生产经营产生影响。真正优秀的企业家，必须学会用战略眼光去把握国际市场以及市场经济的脉搏，把企业经营活动建立在国际市场、资本、技术、资源甚至文化等条件之上，充分发挥和创造企业的竞争优势，在国际上创立知名品牌，树立企业形象，努力对世界经济发展产生积极影响。第二，增强企业家市场开拓意识，是提高企业市场竞争力的紧迫需要。改革开放30多年来，我国企业家的市场竞争和市场开拓意识明显增强，但与国外优秀企业家相比还有一定差距，从企业经济规模（营业收入）来看，位居我国企业第一位的中石化集团只有埃克森美孚公司的39.3%，我国家电业"龙头"——海尔集团，其经济规模只想当于德国西门子公司的12.8%，饮料业"龙头"——娃哈哈集团还不到美国可口可乐公司的10%，零售业"龙头"——百联集团只有美国沃尔玛的5.4%。由此可见，加快培养造就一支关于充分利用两个市场、两种资源的企业家队伍，已成为当前我国参与国际市场竞争、增强国家综合实力，特别是应对当前国际金融危机的一项十分重要而紧迫的任务。第三，提高企业家管理创新能力，是建设创新型国家、加快经济增长方式转变的内在要求。确立企业在技术创新中的主体地位是提高自主创新能力的根本途径。只有不断增强企业的创新能力，才能使建设创新型国家获得强大动力。目前，我国企业的创新水平总体还不高，多数企业家都还习惯于依靠传统的、简单的生产方式，在低端产业或产业低端跟踪模仿，不敢冲破旧观念、旧体制的束缚，不敢对旧的生产方式进行"创造性破坏"，企业消耗大，生产要素利用率不高，经济发展也常常是只有量的增长而没有质的变化，缺乏市场竞争力。据分析，1993~2004年，我国能源消耗强度的均值为2.41万吨当量煤/亿元，是同期欧盟国家的7.77倍。就高能耗行业（电力、钢铁、有色金属、建材、化工等）而言，我国主要工业产品单位能耗平均比国际平均水平高40%。企业是生产和创造社会财富的大户，但同时也是消耗自然资源、消耗社会财富的大户。如果企业家仅仅满足于管理好一个企业，而不是带领企业进行技术创新、产品创新、生产方式创新，必将严重影响我国企业的竞争力和经济发展方式的根本转变以及经济的长远发展。第四，强化企业家社会责任感，是构建社会主义和谐社会的必然要求。企业是社会经济主体，在社会主义和谐社会建设中承担着重要的社会责任。同时，企业的长期生存有赖于其对社会的责任，企业家承担社会责任的意识和表现，对企业自身成长也有着重要影响。广义的社会责任感，包括政治责任（勇担民族复兴和国家崛起的责任）和推动经济社会发展与进步的责任（创造社会财富，节约社会资源，保护环境，产品、技术、管理、商业模式创新等）。狭义的社会责任感，包括法律责任、道德责任和慈善责任等。无论是广义还是狭义，优秀企业家与唯利是图的商人最大区别，就在其积极履行社会责任，服务用户，造福社会。总体来看，我国大多数企业家都能够较好地履行企业社会责任。但是，毒奶粉及各种伪劣产品层出不穷、安全生产事故频发、环境污染和劣质工程屡禁不止，以及不照章纳税、不合法雇用员工、克扣职工工资、对弱势群体的冷漠等事件的发生，也反映出我国还有相当一部分企业负责人只注重追求短期的经济效益增长，而忽视企业应当承担的社会责任，企业家的诚信受到社会质疑。企业家树立正确的世界观和企业准则、经营理念，要坚持诚信为本、依法经营、关注社会服务和公益事业，树立良好形象，赢得社会各界尊重、关心和支持，最终达到经济效益、环境效益和社会效益的高度统一。

（二）高新技术人才发展

虽然我国的人才队伍建设工作取得了很大成绩，但我国高新技术产业由于起步较晚，人才战略还不完善，在高新技术人才队伍建设方面与发达国家、新兴工业化国家和地区相比存在较大差距，还不能很好地满足适应实施建设创新型国家的需要，从而面临着多种问题，主要有以下几方面。

1. 高新技术人才发展不均衡，人才竞争力较低。

这种不均衡主要是指人才结构不合理和发展区域不均衡。其中，结构不合理主要表现在两个方面：①高新技术人才年龄分布靠后，这主要是因为"文化大革命"严重影响了我国科技教育事业，直接导致了目前高科技人才两头大中间小的"断代"现象；②初级人才相对过剩和高级人才奇缺的现象并存。区域发展不均衡性主要表现为大城市和经济发达地区的企业人才过剩，中西部地区的人才短缺。

2. 高新技术人才流失现象严重。

高新技术产业是技术和知识密集型的行业，人才是其核心竞争力的载体，吸引、发展和凝聚高层次人才是其获得持续竞争优势的先决条件，但是，高技术人才的稳定性相对于传统行业的员工来说较差。同时，人才的跨国流失也很严重，很多高技术人才出国之后就选择留在国外，不再回国。由此可见，留不住人才、用不好人才、激不活人才，已成为我国高新技术企业普遍面临的难题。

3. 我国高新技术产业在人才战略制定实施方面也存在一些问题

一是缺乏人才培训的系统规则。对人才培养存在一定的盲目性与随意性。目前，大多数国内高新技术企业的人才培训计划缺乏长远的战略目光，而在计划制定前没有进行充分的需求分析，这使得培训计划内容空洞，效果较差，是直接构成培训投资失败的主要原因。另一方面，系统人才在培训计划是企业吸引人才的一块重要招牌，这一招牌的缺失将严重影响着企业在人才市场的竞争力，因而也构成了企业人才流失的一个重要内在因素。

二是缺乏合理公平的人才竞争平台。知识经济时代，竞争无处不在，企业内部的人才竞争无可避免，企业只有通过建立公正有效的人才竞争平台与合理的人才选拔制度，才能激发人才潜能，吸引并保持优秀人才。但目前大多高新技术企业的人才培训与反馈机制挂钩，忽视对人才科学合理的绩效考核和人才选拔，无法给优秀人才提供发挥潜能的平台，结果使真正具有创新意识、创新能力的人才感到失望，纷纷跳槽。

三是人才激励工作不够细致。人才激励可分为物质激励与文化激励，物质激励方面由于我国大多数高新技术企业还处于发展的初中阶段，资金相对匮乏，对优秀的高科技人才物质报酬的平均水平与跨国企业相比，还存在着显著的差距，如何在不影响企业发展的情况下，有效缩小这一差距已成为我国高新技术企业的一项重要课题。而文化激励是企业发展的动力源泉，是一种生产力，它使得企业能够形成强大的凝聚力、向心力，从而塑造出一个团结奋进的创业整体。只有企业文化已经成形的现代企业，其制度创新、管理创新和技术创新才会有忠实的参与者和拥护者，才能深入人心，形成良好的企业持续发展的氛围。目前国内的高新技术企业除了少数的大公司如华为、联想等公司外，都缺乏自己独特的企业文化氛围。

四是对人才的创新价值认识不够。创新是高新技术产业永远的主题，也是产业竞争力的一种体现。目前国内企业对创新人才的培养认识不够，对人才的培训重技能，轻知识与态度。技能培训可在短期内实现企业的利润目标，而知识、态度却要靠长期的不间断培养和教育，才能实现企业长远的战略目标；同时，技能培训过程中的急功近利行为，极大地制约了员工的想象力、判断力，从而抹杀了员工的创新精神、创新能力，抑制了员工主观能动性的发挥。

我国人才队伍建设目前所面临问题的原因可以归结为两大因素。

首先是外部环境因素。在科技迅速发展的今天，人才的合理流动变成了时代发展的一种需要，高层次人力资本的积累更是离不开人才的交流与合作。"跳槽"成为一种流行的行为和时尚，也成为员工增值和获得自我肯定的标志和手段。正是由于当今社会思潮对人才流动的过分肯定与鼓励，造成了高新技术企业中的高层次知识型员工频频跳槽。

更为重要的是内部环境因素。

第一，人才队伍配置和结构不合理。高新技术企业高层次的技术人才比重偏小。一是以高学历、高级技术职务人员为代表的高精尖技术人才短缺；二是高级技能型人才数量偏少，高级技师和技师分别占技能人才的比例小；三是缺乏既懂技术又懂管理的复合型人才。由于高级技术开发人才偏少，为了生产经营的需要，企业不得不以高薪从外部聘请专家，这使企业在知识产权的保护上始终处于被动地位。能力强的高级技术工人少，一般技术工人较多，直接影响了科技投入向经济效益转化的能力和效率。此外，高水平人才的严重匮乏导致企业的人才竞争激励机制得不到充分的体现，降低了拔尖人才的榜样作用和辐射效应，这对企业人才开发和培养会产生一定的消极影响。

第二，人才培养体系的建设有缺陷。虽然高新技术企业都意识到了人才培训的重要性，但是这些培训大多停留在使员工的知识、技能符合当前工作的需要上，而不是通过潜能的发掘和知识的更新为企业创造更大的价值。企业把培训工作的重点放在研发人才和管理人才上，对技能人才的培训资金投入较少，培训方法简单，普遍实行的是短期岗前培训，对技能人员培训不够是企业技能人才整体素质提升缓慢的主要原因之一。

第三，人才管理职能不健全。企业人才效应的发挥有赖于对人才开发和规划。目前，很多高新技术企业的人才规划工作流于形式，人才管理大多停留在对现有人才的使用上，忽视了人才的潜能和创造力的发挥。许多企业的人力资源部门虽然参与企业的决策，但是工作的重点还是只停留在满足各部门对人才的需求方面，人才管理在内容、方法和技术缺乏创新。如盲目引进高学历的人才，却不能够将人与岗、人与事进行很好的匹配，不考虑人的个性和岗位特性，不考虑各类人才的优势互补和功能集成，人才缺乏和人才浪费并存的矛盾在每个企业或多或少地存在。

第四，企业的绩效考核制度不合理或者不完善。企业不能提供合理的、有竞争力的薪酬。薪酬作为企业向所招聘人才支付的购买其人力资源的"对价"，不仅是人力资源所有者赖以生存和发展的经济基础，更是代表了企业对人才价值的评价。当员工感觉到企业支付的薪酬不能很好地代表其人力资源的价值时，或者是不能正确评估其对企业的贡献时，就会选择到能支付更有竞争力的薪酬的企业中去。

第五，很多员工感觉自我价值不能实现。高新技术企业员工总体上来具有较高的学历,因而需求的层次相对较高,公司对员工的吸引力很大程度上体现在对员工的开发上。如果工作岗位与自身的兴趣专长不符,就不能发挥员工的创造性。一旦外界有了符合自己兴趣的工作,员工往往会离开公司,寻找一种更能实现自我价值的工作。

第六,工作氛围及人际关系。员工希望工作环境轻松和谐,在这种动力的驱动下,他们喜欢和志同道合的同事共事。此外,在竞争激烈的现在,个人的力量是有限的,团队合作,依靠集体的智慧,共享信息,可提供持续的反馈,已经成为必然的趋势。很多企业在人才上持功利价值观,不是追求人才使用的绩效最大化,而是片面地追求人才使用的成本最小化,一味地在降低人才使用成本上下功夫。单纯地将人才看作一种资源,把人才视为管理和使用的对象,没有意识到人才自身的个人价值实现需求、发展需求和受重视受尊重的需求。企业在和人才的沟通上出了问题,不能真实地了解人才的内心意愿。企业家及高层管理人员和人才沟通上出了问题,不能真实地了解人才的内心意愿。企业家及高层管理人员和人才在经营风格、经营理念、价值观等方面的冲突,也是导致人才流失的因素。现实中的情况是,人才的层次越高,对薪酬的关注度反面越小,他们更为看重企业的发展前景、企业文化氛围和企业为人才设置的发展空间,看重有无和"东家"和谐相处和共同发展的可能性。如果双方在认知及理念上分歧严重,出局的只能是对企业没有控制权的职业经理人。

因此,要有相应的对策:

其一,建立部际协调机制,建设高新技术产业人才库和信息网络平台。制定科学规划,合理调整人才结构和布局,建立由人才培养、人才使用和人才管理相关部门组成的部际协调机制,统筹规划高新技术人才队伍建设,加快建立国家高新技术产业人才预测和预警机制,建设国家和省(区、市)两级高新技术人才库,构建高新技术产业相关专业人才信息网络平台,为全社会提供高新技术产业的人才信息服务。

其二,企业人才规划要从全局出发,它直接关系到人才管理工作的成效。因此,要把人才发展规划的研究和制定工作放在企业人才工作中的突出位置,进一步强化规划意识,加强规划的研究和部署,促进企业人才管理工作全面、协调发展。通过规划,合理利用企业现有资源,调整人才结构和布局。企业在最大限度地开发利用现有人力资本存量的同时,要通过实施人才引进战略,调整人力资本层次,优化人才队伍的年龄结构、知识结构和专业结构,运用边际效应原理追求人才群体效应最大化,充分发挥各层次人才的组合效应,以提高企业整体的竞争力。

其三,加强师资队伍建设,提升高新技术产业人才培养能力和水平。加大人才培养专项基金投入,用于支持依托高校与人才使用单位、管理部门联合建立若干个人培养基地;培养和吸引高水平的师资队伍,实施师资培训计划,继续探索和创新高新技术人才培养模式,加强实务技能培养环节,大规模培养各级各类专业人才,重点培养企业和研究机构急需的高新技术产业人才。

其四,建立互利双赢的人才引进机制。高度重视"送出去,引进来"工作,鼓励开展人才培养的国际合作,重视从海外引进高层次专业人才为国服务,鼓励有条件的高校与国外高新技术人才培养机构开展合作,或者聘任海外专家来华讲学。企业应拓展思路,改变过去那种在行业内部不同企业间相互"挖"人的做法,树立"不求所有,但求所用"的人才观念。搭建科技创新平台,是吸引人才的有效途径。这些科研平台成为企业引进、培养尖端技术人才的重要基地,企业应提高对企业以外的高新技术专业人才的认识,加强与他们在项目和产品开发、新技术应用方面的合作,走出企业内部人才断层的困境,增强研发能力,使企业成为高校和科研院所的成果孵化基地和产品生产基地,从而在更大范围内实现人才资源的共享，达到互利双赢的目的。

其五，企业应当构建科学合理的人才培训开发体系。高新技术企业员工看重的不仅是更高的待遇，更注重的是自身才能的发挥和价值的实现。完善的培训已成为我国高新技术企业的强大凝聚力和吸引力。正因为此，国外许多企业都舍得花大本钱进行培训，如目前约有1200多家美国公司拥有自己的管理学院。有许多公司还建有自己的大学，摩托罗拉公司每年在教育培训上投资高达1.2亿美元。在华的许多跨国公司也已经将技术引进和人才培训同步进行，如爱立信、西门子等公司均投资几百万美元在我国建立了各自的管理学院，与国内著名院校合作，致力于企业各级人才的培训。针对这一点，可以做如下工作。

一是构建专业人才终身学习体系。充分利用人才培养基地及高校的资源条件，面向高新技术专业人才，企业、事业单位管理人员、高校教师等开展专项培训，提高他们的专业水平和业务能力，根据各类专业人才的工作性质和特点，构建专业人才终身学习体系，轮流为他们更新知识，拓展视野，改善知识结构，使他们的知识技能始终与发展要求相一致。

二是企业的经营管理者要转变观念。不应将员工培训经费的投入作为人工成本支出，而应将其视为企业获取竞争优势的一项人力资本战略投资。企业应建立内部培训体系，由高水平和经验丰富的人员担任教员，针对员工的知识技能缺陷和学习特点，设计培训课程，企业可与区内外的大学或专业培训机构加强联系，接受先进的管理理念和技术知识，使人才的知识结构得到更新和优化；企业应重视培养复合型人才，鼓励技能型人才、管理型人才和研发人才在各自原有领域的基础上相互交叉和渗透，鼓励生产一线人员参与技术改革和创新，这样会大大降低人才培养成本。

三是提高人才管理者的素质，完善人才管理职能。人才管理是一项专业性、理论性、技术性、实践性很强的工作。很多企业严重缺乏专家型的管理人才，因此提高人才管理工作者的素质迫在眉睫。企业可采用"请进来"和"走出去"的方法，加强对人才管理者的引进和培育，使其熟悉、掌握科学的人才管理理论和先进的人才管理技术，创新管理观念，使人才管理由静态转为动态，由单一转为多项，由经验转为科学，通过提高人才管理的有效性来增强企业的竞争力。

四是构建富有吸引力的薪酬体系。高新技术企业是新经济、新文化、新理念的代表，高科技让你猜要求较高的报酬以证实自己的价值，希望公开、公正而又简明的考评制度，可以说有其独特的薪资观，所以高新技术企业应特别注意其分配方式要与自身的行业特点、企业文化相匹配。高新技术企业应基于员工的技能来设计薪资制度，把每个职能的薪资设计成一个区间，而不是一个点，同时结合个人的技能评估状况，适当地拉开薪资差别。把薪资与个人技能、绩效评估、企业的绩效相结合，可以在一定程度上把员工的贡献收益与企业的发展前景紧紧捆绑在一起，形成风险同担、利益共享。同时，使企业报酬制度更加公平和透明。

五是形成健康的企业文化。高绩效工作团队的一个突出特点，就是团队成员之间的相互高度信任。在这种相互信任的团队氛围中，管理人员和团队领导的影响至关重要。所以，高新技术企业要以对员工负责的精神来换取员工的忠诚，要在尊重员工的基础上，以相同的价值观念、共同的奋斗目标来吸引员工，唤起员工的归属感、忠诚心；要把企业利益与员工利益放在同等重要的位置，把两者紧密结合在一起，把企业和员工变成利益共同体。然后再以健全、合理的管理制度，激励并充分调动员工的积极性，发挥员工的才能，发掘员工的潜能。

（三）专业技术人才发展

专业技术人才是我国人才队伍的重要组成部分，在推动我国科技创新和各项事业发展中具有不可替代的战略性地位和作用。

回顾专业技术人才队伍的发展历程，总结取得的成绩与经验，思考新时期新阶段的发展思路，对于促进专业技术人才队伍持续健康发展具有重要的理论和现实意义。

改革开放至今，我国专业技术人才队伍建设从思想念到机制制度、从规模质量到整体效能都发生了深刻的历史性的变化，主要体现在以下几个方面。

第一，重新确立了专业技术人才的领导阶级地位和在国家发展中的战略地位。党和国家历来十分重视知识分子工作，但受"左"的思想的影响，在改革开放以前，在知识分子阶级属性及与之相关联的问题上，政策一直摇摆不定。按照宪法，中华人民共和国是工人阶级领导的、以工农联盟为基础的人民民主专政的社会主义国家。专业技术人才是知识分子的重要组成部分，因此，知识分子阶级属性的判定，决定了他们的社会地位和前途命运。直到"文化大革命"结束后，党在知识分子阶级属性问题上进行了拨乱反正，在1978年召开的全国科学大会上，邓小平郑重宣布知识分子的绝大多数已经是工人阶级的一部分，使党的知识分子政策重新回到了正确的轨道，知识分子和专业技术人才的社会地位得到重新确立。之后，中央相继提出了"科学技术是第一生产力""人才资源是第一资源"的科学论断，制定并实施了"科教兴国""人才强国"和"可持续发展"三大基本战略，专业技术人才从此从"臭老九"上升为"第一资源"，专业专业技术人才队伍在经济社会发展中的基础性、战略性、决定性地位和作用也进一步得到确立，"尊重劳动、尊重知识、尊重人才、尊重创造"的理念成为全社会共识。

第二，专业技术人才工作机制制度改革取得突破性进展。改革开放三十多年来，我国的专业技术人才工作，在人才评价、使用、流动、激励等机制方面进行大胆创新，取得了突破性进展。一是努力建立以能力和业绩为导向的人才评价机制。根据专业技术人才的特点，提出了专业技术人才评价重在社会和业内认可的评价标准。目前，我国已初步形成与社会主义市场经济体制相配套，以人才评价为基础，专业技术职务聘任制和职业资格证书制相并行，多种评价方式相结合的专业技术人才评价体系。二是以推选聘用制和岗位管理制度为重点的事业单位人事制度改革全面推进。截至2007年10月，全国已有75.6万家事业单位（占总数的60%）和2045万名工作人员（占总数的70%）实行了聘用制，事业单位初步实现从身份管理向岗位管理转变。三是不断消除专业技术人才流动中的体制性、政策性障碍，市场化的用人机制基本确立，公开招聘已成为专业技术人才配置的主要方式。四是以鼓励劳动和创造为根本目的，提出了各种生产要素按贡献参与分配，加大了对人才的有效激励。

第四，专业技术人才队伍不断发展壮大。全国专业技术人才总量达5550.4万人，过去五年新增专业技术人才860多万人[1]。过去五年，我国不断促进专业技术人才队伍扩大规模、提升素质、优化结构[2]。五年来，我国新增留学回国人员80多万人、博

---

[1] 数据来源：赵超. 中国专业技术人才总量超过5550万人[OL]. http://www.new.xiuhua net.com/2013-04/02/c-115250868.htm [2013-4-2].

[2] 数据来源：科技部有关资料。据全国人才资源统计：截至2006年年底，我国专业技术人才总量为5223.9万人，占社会劳动适龄人口的5.7%。其中，国有企事业单位专业技术人才与1978年相比，增长3.96倍。非公组织专业技术人才队伍从无到有，净增约2450万人。同时，专业技术人才队伍整体素质逐步提高。一是学历层次快速提升。2006年，在国有单位专业技术人才队伍中，大专以上学历人数占总数的72.8%，比1980年的38.3%增加34.5个百分点。二是能级结构显著改善。2006年，在国有单位专业技术人才队伍中，高级职称人员占总人数的9.1%，比1980年的0.5%增加8.6哥百分点；中级职称人员占36.2%，比1980年的8%增加28.2个百分点；能级结构由1980年的0.05:0.8:9.15稳步调整到2006年的0.91:3.62:5.47。三是以两院院士、有突出贡献中青年专家、享受政府特殊津贴专家等为主体的国家高层次专业技术人才队伍建设取得显著成就。截至2006年，我国已有两院院士1402人，有突出贡献中青年专家5206人，享受政府特殊津贴专家15.4万人；截至2007年，我国授予博士学位人数已逾20万人，跃居世界博士研究生大国之列。

士后5万多人，开展专业技术人员继续教育1.5亿人次，新增取得职业资格证书专业技术人员1288.4万人，高、中、初级专业技术人才比例达11:36:53。目前，全国"两院"院士近1500人，有突出贡献中青年专家5200多人，政府特殊津贴专家16.7万人，百千万人才工程国家级人选4100多人。专业技术人才主管部门已经搭建了以留学人员创业园，博士后科研流动站、工作站，专家服务基地、继续教育基地为主体的服务平台框架，构建了以"千人计划"服务窗口为龙头、以服务联盟为依托的留学人员回国服务体系，信息服务系统建设加快推进。目前，全国共有留学人员创业园260多家，入园企业1.7万多家；博士后科研流动站、工作站4832个，国家级专业技术人员继续教育基地40个。

第五，专业技术人才在科技进步和经济社会发展过程中的作用显著增强。改革开放以来，我国各类专业技术人才积极投身现代化建设，为国家的政治建设、经济建设、社会建设、文化建设做出了重大贡献。其中各类高层次专业技术人才充分发挥了骨干带头作用，在开展重大科研项目攻关和重点工程建设方面取得了显著的成绩，在国防尖端技术的开发和关系国计民生重大问题的应用研究方面做出了突出贡献，在推进高新技术产业化和理论创新、制度创新、科技创新、文化创新等方面发挥了重要作用，非线性光学晶体、量子信息通信、超强超短激光、高温超导等前沿技术研究居世界领先水平；涌现了载人航天、超级杂交水稻、高性能计算机、超大规模集成电路、第四代移动通信国际标准等一批自主创新重大成果。2014年，我国发明专利申请量居世界第一位。我国国际论文总数的世界排名已由1999年的第十五位上升到目前的第三位，在三大国际检索系统（SCI、EI、ISTP）论文总数中占 10%，进入世界第二方阵，与英国、德国、日本相当❶。以袁隆平、吴文俊、王选、黄昆等为代表的高级专家群体，成为我国科技进步和经济社会发展的栋梁。正是专业技术人才队伍的有力支撑，使得我国在人均国内生产总值约 2000 美元时，科技创新指标就达到了人均国内生产总值 5000~6000 美元国家的水平。

我们党在专业技术人才发展的实践经验主要有以下几个方面。

首先，坚持党管人才。坚持党管人才原则，是党适应全面建设小康社会的新任务，按照完善社会主义市场经济体制的新要求，根据党所处历史地位的新变化，做出的重大决策，是改革开放以来，人才队伍建设的经验总结，是人才工作沿着正确方向前进的根本保证。党管人才就是管宏观，管政策，管协调，管服务。《中共中央国务院关于进一步加强人才工作的决定》提出大力实施人才强国战略必须坚持党管人才原则之后，从中央到地方，各省（区、市）先后成立了人才工作领导或协调机构，并在党委组织部门普遍设立了人才工作机构。通过贯彻党管人才原则，落实搞好统筹规划，坚持分类指导，注重整合力量，积极提供服务，实行依法管理的工作要求，创新具体制度、程序和方法，一个党委统一领导，组织部门牵头抓总，有关部门各司其职、密切配合，社会力量广泛参与的人才工作领导体制和运行机制初步建立，为人才强国战略的实施提供了坚强的领导和组织保证，也为专业技术人才队伍建设提供了坚强的领导和组织保证。

其次，坚持以人为本。坚持以人为本，是马克思主义的最高命题和终极价值目标。以人为本与以物为本、权钱至上等相区

---

❶ 资料来源：韩娜. 中国论文数量世界第三，被国外引用比例严重不足 [OL]. http://world.people.com.cn/n/2014/0212/c157278-2433/045.htm [2014-2-12].

别,是科学发展观的核心。坚持以人为本,就要坚定不移地实施人才强国战略,坚持"四个尊重"的重大方针;就要把人作为现代化建设的出发点和落脚点,把促进人才健康成长和充分发挥人才作用放在首要位置,努力营造鼓励人才干事业、支持人才干成事业、帮助人才干好事业的社会环境;就要形成广纳群贤、人尽其才、能上能下、充满活力的用人机制,充分发挥人才的积极性、主动性、创造性;就要不断提高工人、农民、知识分子和其他劳动群众以及全体人民的思想道德素质和科学文化素质,不断提高他们的劳动技能和创造才能,努力造就数以亿计的高素质劳动者、数以千万计的专门人才和一大批拔尖创新的人才。改革开放三十多年,我们能够开创人才辈出的生动局面,专业技术人才队伍能够快速发展壮大,最根本的原因就在于我们始终坚持了以人为本的发展理念。

再次,坚持协调发展。坚持人才工作的协调发展,是充分发挥人才队伍功能的内在需要,是促进经济社会发展与人的全面发展相协调的客观要求。全力搞好科学统筹,推进人才工作的协调发展,就要努力搞好区域人才开发的协调,产业、行业间人才开发的协调,国际国内人才开发的协调。针对我国人才工作协调发展中的薄弱环节,要进一步做好西部、中部和民族地区人才工作,要重视非公有制经济、社会组织的人才工作,要加强高技能人才和农村实用人才队伍建设,要大力抓好青年人才队伍建设,要真正用好国际国内两种人才资源。正是由于自觉贯彻落实统筹协调的科学发展理念,坚持人才资源开发与经济社会发展相协调,坚持各类人才队伍建设相协调,推进人才资源整体开发,在改革开放的三十多年间,我们才实现了人才队伍,特别是专业技术人才队伍的又好又快发展。

最后,坚持制度创新。专业技术人才发展,都是在建立健全和完善社会主义市场经济体制的历史条件下实现的。正是因为坚持以改革创新为动力,根据完善社会主义市场经济体制的要求,把建立充满生机与活力的人才工作机制作为重要的战略要求和目标任务,积极探索人才工作的新思路新方法,我们才得以建立和完善人才流动机制,基本确立市场配置人才资源的基础性地位;才得以引入人才资本概念,探索专业技术作为生产要素按贡献参与分配;才得以引入职业资格证书制度和职业资格制度,使专业技术人才评价走向科学化、社会化和国际化;才能恢复和重建国家科学技术奖励制度、院士制度,建立政府特殊津贴、"百万人才工程"选拔、有突出贡献中青年专家选拔、博士后培养等有关高层次专业技术人才管理制度,才能为专业技术人才队伍建设乃至整个人队伍建设的可持续发展提供坚强的制度保证。

进入新世纪、新阶段,我国发展呈现一系列新的阶段性特征,也使我国专业技术人才队伍的发展面临新矛盾,迎战新难题。

一是解决生产力水平总体上不高,自主创新能力还不强的问题,需要破解如何进一步营造鼓励创新的人才环境,努力造就世界一流科学家和科技领军人才,培养一线创新人才,使全社会创新智慧竞相迸发、各方面创新人才大量涌现的发展难题。

二是根本改变长期形成的结构性矛盾和粗放型增长方式,加快转变经济发展方式,推动产业结构优化升级,需要破解如何提高劳动者素质,如何使第一、二、三产业专业技术人才协调发展,努力满足发展现代产业体系所需人才的发展难题。

三是解决影响发展的体制机制障碍,完善基本经济制度,健全现代市场体系,需要破解如何加快形成统一开放、竞争有序的人力资源市场,完善反映市场供求关系、资源稀缺程度的价格形成机制,规范市场中介,确保专业技术人才自由流动、高效配置的发展难题。

四是坚持对外开放的基本国策,把"引进来"和"走出去"

更好地结合起来,扩大开放领域,优化开放结构,提高开放质量,完善内外联动、互利共赢、安全高效的开放性经济体系,需要破解如何进一步开放引才,加快专业技术人才队伍构成国际化的发展难题。

五是推动社会主义文化大发展、大繁荣,提高国家文化软实力,在时代的高起点上推动文化内容形式、体制机制、传播手段创新,解放和发展文化生产力,需要破解如何培养造就一大批哲学社会科学优秀人才和规模宏大的文化艺术专业技术人才队伍的发展难题。

六是坚持科技强军,按照建设信息化军队、打赢信息化战争的战略目标,加快机械化和信息化复合发展,转变战斗力生成模式,需要破解如何建立和完善军民结合、寓军于民的军队人才培养体系,培养大批高素质军事专业技术人才的发展难题。

(四) 高技能人才发展

高技能人才是我国人才队伍的重要组成部分,是推进技术创新和实现科技成果转化不可缺少的中坚力量,在促进产业结构调整、提高我国自主创新能力中发挥着十分重要的作用。高技能人才队伍建设要"适应走新型工业化道路和产业结构优化升级的要求,以提升职业素质和职业技能为核心,以技师和高级技师为重点,形成一支门类齐全,技艺精湛的高技能人才队伍。到 2015年,高技能人才总量达到 3400 万人。到 2020 年,高技能人才总量达到 3900 万人,其中技师、高级技师 1000 万人左右"。从现状看,我国技能劳动者占从业人员总量的比重较低 (33%),与发达国家技能劳动者占从业人员总量的比重在 50% 以上的情况相比,有很大差距。同时,技能劳动者结构不合理,特别是高技能人才比例偏低 (21%),与发达国家高技能劳动者比例一般为 35% 的情况相比,也存在较大差距。当前,特别是在制造、加工、建筑、能源、环保等传统产业和电子信息、航空航天等高新技术产业以及现代服务业领域，高技能人严重短缺，已成为制约我国经济社会持续发展和产业竞争力提高的"瓶颈"。特别是一些具有高新技术含量和专业性较强的工种，工人中的高技能人才更是凤毛麟角，以至于一些企业的关键岗位、关键工序不得不高新聘请国外的专家来"操刀"。从等级、工种和类型结构看，初级工、中级工、高级工以上的比例为39.5∶37.9∶22.6，与发达国家30∶40∶30的等级结构存在较大差距。传统技术技能型人才知识、技能需要更新提升，复合技能型和知识技能型技能人才严重不足。截至2007年年底，全国技能和高级劳动者总量为9890万人，其中高技能人才2239万人，技师和高级技师只有429万人，占技能劳动者总量的4.3%，高技能人才特别是技师、高级技师缺口巨大，供给不足，且存在断档危险。1/2以上的技师和高级技师年龄在45岁以上，其中近3/4的高级技师在45岁以上。青年高技能人才严重短缺。因此，必须把技师、高级技师的培养开发作为高技能人才队伍建设的战略重点摆在突出位置切实抓好。

（五）农村实用人才发展

长期以来，农村人才工作基础薄弱，农村培养、稳定、集聚人才的能力不强，人才成长和发挥作用的环境相对欠缺。我国总体上已经进入以工促农、以城带乡的发展阶段，坚持把解决"三农"问题作为党和国家工作的重中之重，统筹城乡发展，加强农业基础地位，走中国特色农业现代化道路，形成城乡经济社会发展一体化新格局，为我国农业和农村发展提供了前所未有的机遇。抓住机遇，大力加强农村实用人才队伍建设和农村人力资源开发，是提高农村生产力水平、加快现代农业发展的重要举措，是缩小城乡差距、推动城乡协调发展的重要途径，是推动新农村建设、全面建设小康社会的客观要求，是巩固党在农村执政的组织基础，加强党的执政能力建设、先进性建设的必然选择。《国家中长期人才发展规划纲要（2010~2020年）》明确提出了2020

年农村实用人才队伍建设的发展目标:"到 2015 年,农村实用人才总量达到 1800 万人,平均受教育年限达到 10.2 年,每个行政村主要特色产业至少有 1~2 名示范带动能力强的带头人。"

(1) 农村实用人队伍建设是战略重点。"围绕社会主义新农村建设,以提高科技素质、职业技能和经营能力为核心,以农村实用人才带头人和农村生产经营型人才为重点,着力打造服务农村经济社会发展、数量充足的农村实用人才队伍"。一是在培养对象坚持以农村实用人才带头人和农村生产经营型人才为重点。抽样统计调查表明,农村实用人才主要集中于生产领域,经营型人才和技能型人才比例较小,在生产型人才中,传统种植与养殖方面的人才占 84.7%,而农产品加工方面的人才仅占 13.9%,中专以上学历仅占总量的 3.9%。各类带头人是农村实用人才队伍中的高端人才,必须作为农村实用人才队伍建设的重中之重。二是培养目标上要坚持以提高科技素质、职业技能和经营能力为核心。三是在培养措施上必须紧紧抓住培训、评价、激励等关键环节。要大规模开展农村实用人才队伍培训,建立健全农村实用人才评价制度,积极扶持农村实用人才创业兴业。要加大对农村实用人才的表彰激励和宣传力度,提高农村实用人才社会地位,积极促进农村人才工作格局不断完善,使农村实用人才队伍建设的管理与投入机制更加健全,配套措施更加完善,有利于农村实用人才成长和发挥作用的环境不断优化。

(2) 积极扶持农村实用人才创业兴业。第一,积极为农村实用人才创业给予资金和技术支持。加大指导和扶持力度,在土地流转、技术支持、项目立项、资金投入等方面实行倾斜政策,支持农村实用人才创业兴业。对符合产业政策、有科技创新意识、科技含量高、有利于扩大就业的农民合作经济组织给予税收优惠。加快完善农户联保、互保机制,稳步推进农业政策性积极引导各类金融机构为实用人才创业兴业提供金融服务。稳步推进和积极规范民间借贷，引导实用人才创办资金互助组织。第二，着力提高农村实用人才创业兴业的组织化程度。鼓励和支持农村实用人才牵头建立专业合作组织和专业技术协会，提高农民的组织化程度，努力促进农村实用人才在创业兴业中逐步实现产业化和规模化。鼓励和支持农村实用人才创办科技示范基础、优质农产品示范园，加快新技术、新品种的推广应用。鼓励和支持农村实用人才停办、创办从事农业产业化进程。鼓励和支持农村实用人才开办技术培训班、农业技术研发和技术中介服务机构，普及推广科技知识和实用技能。依法保护农村实用人才的知识产权和合法权益，支持他们开展技术引进、开发、推广和成果转化等创新活动。第三，加强农村实用人才公共服务体系建设。积极推进农村人力资源市场建设，逐步形成以市、县人才市场和劳动力市场为依托，以乡镇人才服务站和劳动力服务站为网点，辐射广大农村、贯通城乡的农村人力资源市场体系。面向广大农村实用人才开展交流、培训等服务，并为到农村服务中介组织，充分发挥这些组织在农村人才供求信息服务中的作用。各级政府要加大对农村人才市场的调控力度，有计划地开展农村实用人才交流活动，扎实推进地区间的人才开发和协作，促进人才有序流动。第四，建立健全面向农村实用人才的信息服务体系。发展农村科技成果转化服务信息平台，完善农村科技信息服务网络，通过开通农技服务热线、建立农业专家咨询系统等方式为农村实用人才提供技术支持。加强农村公共信息网络平台建设，进一步增强农民科技书屋、农业科技入户直通车、乡村文化活动室、科普活动站、科普宣传栏、农村党员干部和农村中小学现代远程教育系统、农业远程教育网络的信息服务功能，增加报刊、广播、电视、网络等媒体报道农业信息和技术培训活动的片面和时间，有条件的地方要开通专门的农业广播电视频道，及时发布有关信息。鼓励、引导农村实用人才按区域、行业和产业组建各种协会，加强信息沟通与合作。密切产业组织与农户的利益联结，强化产业组织在产前、产中、产后对农户的生产技术指导和技术咨询服务。

以农村人才开发实践创新为例。用新理念定位农村人才，把与"农"字沾边的人才纳入新型农村人才范畴，多样化引进人才、多元化培养人才、信息化助推人才、制度化激励人才，为新农村建设注入生机与活力。我们以山东省章丘市为案例说明。

"聚才、借智"并举。"章丘区位优势明显，发展潜力大，可以花很少的钱，拥有一个自己创业的小天地！"李绍清说的"小天地"，是她经营的占地200多亩、位于章丘大学生创业示范基地的绿涧生态养殖园。在那里，都是和李绍清一样拥有高学历、高素质的返乡创业大学生。章丘市原科技副市长、山东省农科院教授王育义，在辛寨镇创建"山东科达育苗场"，指导农民采用无土栽培技术，发展育苗产业，带动全乡30多个村3500多户农户走上科技致富之路，育苗卖苗成为当地农民发家致富的新兴产业。明水街道聘请山东省农科院姚方印、李广贤博士，组成科研团队，改良香稻种植技术，攻克明水香稻产量低、抗病能力差的难题，建成占地500多亩的明水香稻高效生态园，亩均增产150公斤，增收1200元。

章丘特别注意"走出去，请进来"，多元化培养人才。在参观了华西村工业园和农业生态园后，双山街道西沟头村支部书记谢传胜成立仙草根蔬菜专业合作社，用土地流转的方式，将村民手中有限的土地集中起来，搞特种种植。"走出去"培训，开阔了章丘农民的视野。现在，章丘以13所驻章高校为基地，由政府出资进行专业（工种）技能培训。启动实施的新型农民科技培训工程和新型农民创业培训工程，每年培训新型农民3.6万人，1000余户家庭成为全国农业科技示范户。同时"请进来"，让人才发挥作用。章丘与清华大学、山东大学、山东农业大学等高校建立长期合作关系，采取联合办学等方式，对农村经营管理、农业专业合作社和产业带头人、创业大学生领军人才进行订单式委托培养,为新农村建设培养了大批骨干。

"新平台、新网络",信息化助推人才。章丘市依托现代科技,围绕人才管理使用信息化建设,搭建了"三个平台"。依托农村党员干部现代远程教育网、互联网等现代传输手段,投入70万元,创新研发了人才信息网络平台;打破了时间、地域限制,能够随时掌握人才数量、结构及分布情况,随时统计人才需求情况,搭建起动态综合管理平台;在建立人才信息网络平台的同时,开通了尾号为"677"的中国移动短信群发业务,建立"专家人才手机信息库"和"重点服务对象手机信息库",架起了群众和专家间便捷、高效的沟通平台。依托市人力资源市场、乡镇劳保所、基层创业园与龙头企业,仅一年就为城乡群众提供就业岗位49829个,解决创业资金7000万元。

"高看一眼,厚爱一层",用制度激励人才。目前,章丘15%左右的新型农村人才已成长为村"两委"成员和各级党代表、人大代表等。另外,又从优秀村党组织书记和基层站所负责人中考录了一名乡镇副科级领导干部和一名公务员。在生活上,落实引进人才的各项待遇,帮助解决子女入学、配偶就业、创办企业等方面的实际问题。每年投入2500余万元用于村干部报酬和村级组织运转,在此基础上,每年列支200万元,对年满55周岁、连续任职满10年的村书记,给予每月260元的津贴。据不完全统计,目前章丘新型农村人才总量已达1.3万人,6人享受国务院特殊津贴,34人成为济南市优秀农村实用人才。新型农村人才队伍的不断壮大,有力带动了章丘百姓增收和新农村建设的跨越发展。

(六)社会工作人才发展

我国社会工作人才凭借其专业性、职业性和行业性的服务,以及更加宽广的工作平台,更多地受到了党和政府的高度重视,以及服务对象和社会公众的普遍认可。特别是 2003 年全国人才工作会议以来，社会工作人才在社会福利、社会救助、减灾救灾、扶危帮困、社区建设、社区矫治、医患关系调整、特殊人群服务等领域广泛开展了"助人自助"的专业服务，在解决社会问题、维护社会稳定、促进社会和谐、推动社会发展中扮演了越来越重要的角色。此外，社会工作人才在大型公益活动中也崭露头角，发挥其独特作用。无论是 2008 年北京奥运会，还是在 2010 年上海世博会以及 2010 年广州亚运会，社会工作人才都起到了重要的作用。特别是在四川汶川地震和青海玉树地震等重大灾害中，社会工作人才的积极参与对建立现代救灾体系和灾后重建工作起到了重要的推动作用。而在社会主义和谐社会建设中，社会工作人才队伍的作用更是日益突出，特别是医疗、教育、公共事业、社会服务等领域，专业化、职业化、行业化建设建设日趋明显。面对种种原因造成的政府社会管理和社会服务的缺位，社会工作人才凭借其专业知识和综合素质，在提高社会制度，特别是社会福利制度的合理性与全面性，促进政府职能的转变，弥补政府组织弹性的不足，增进社会公共福利，推动社会问题的顺利解决，以及及时、有效、妥善处理突发性社会事件等方面，社会工作人才发挥了不可比拟的作用。可以说，宏大的社会工作人才队伍已经成为解决社会问题，构建和谐社会的重要力量。《国家中长期人才发展规划纲要（2010～2020 年）》更进一步指出，要适应构建社会主义和谐社会的需要，以人才培养和岗位开发为基础，以中高级社会工作人才为重点，培养造就一支职业化、专业化的社会工作人才队伍；充分强调了对社会工作人才的重视，以及对培养高层次社会工作人才的支持。为了促进社会工作人才队伍的团队建设，民政部《关于促进民办社会工作机构发展的通知》提出，要力争通过 5～10 年的努力，逐步使民办社会工作机构数量、结构、规模、服务和管理水平适应社会需要，切实为推进社会工作及其人才队伍建设，促进社会主义和谐社会建设，提供有力支撑。

《社会工作专业人才队伍建设中长期规划（2011～2020年）》确定的人才队伍建设主要任务有：①大规模开发社会工作服务人才，即适应公共服务和以培养开发社区建设、社会救助、老年人服务、残疾人服务、青少年服务、妇女儿童服务、职工服务、流动人口服务、婚姻家族服务、教育辅导、卫生服务、矫治帮扶、群众文化等领域的基层社会工作服务人才为重点，以整合、提升、转化现有社会工作从业人员为基础，统筹推进各类社会工作服务人才队伍建设，培养造就一支数量足，结构优，能力强，素质高的社会工作服务人才队伍。②大力培养社会工作管理人才，即适应社会工作行政管理、行业组织建设、服务机构发展和专业实务推进的需要，培养造就一批政治立场坚定，具有宏观视野、战略思维与专业眼光，善于推动事业发展的社会工作行政和行业管理人才；培养造就一批具有社会使命感、懂运营、会管理、通晓社会服务专业知识的社会工作机构管理人才；培养造就一批熟练掌握专业督导方法与技术、具备丰富实务经验、善于解决复杂专业问题、能够带动社会工作服务人才成长、推动专业实务发展的社会工作督导人才。③加快培养社会工作教育与研究人才，即适应社会工作专业教育、理论、政策与实务发展需要，重点培养造就一批理论功底深、实务能力强、系统掌握国内外社会工作法规政策、能够推动本土社会工作理论和政策实务发展、具备开展国际交流合作能力的社会工作教育与研究人才。

与其他国家不同，我国现阶段必须根据创新城市社会管理体制，提高公共服务水平的要求，实施社会工作人才培养计划，大力开发社会工作人才。虽然我国的社会工作人才队伍建设取得了一定成就，但与创新社会管理，提升社会服务的需要相比，目前社会工作专业教育培育力量依然薄弱，特别是缺乏适应本土要求的社会工作专业师资队伍；社会工作从业人员总量严重不足，特别是专业社会工作者数量更少；社会工作专业机构更是注册困难，即使已注册成功，也面临严重的生存压力。从服务对象的角度分析，我国现有1.4亿老年人，6000万残疾人，5000万城乡贫困人口，仅这些群体就大约需要社会工作者300万人提供服务。但现有高等院校的招生和培训规模十分有限，每年仅有1万~2万社会工作专业毕业生。不仅如此，社会工作专业的毕业生中，又有90%左右的人改行从事其他工作。这与社会工作发展比较成熟的国家和地区存在较大差距，更无法满足我国巨大的现实需求。据民政部社会工作司社会工作一处处长黄胜伟2011年11月26日介绍，在美国、加拿大、日本等国家和地区，专业社会工作者的配置比例，能够达到总人口的2‰~5‰，如专业社会工作者占总人口的比例，美国为2‰~2.8‰，日本为5‰~6.26‰，加拿大为2.2‰；香港地区为5.7‰，其中注册的社会工作者就占总人口1.7‰；中国内地目前由于社会工作尚处于起步阶段，全部在职在岗的社会工作从业人员人数大约只有100万。社会工作专业人才更是严重缺乏，截至2010年，通过助理社会工作师考试的共32687人，通过社会工作师考试的共11082人，两类合计43769人，并且其中绝大多数都未接受过专业学习。此外，他们的工作手段和方法比较落后，难以提供个性化、多样化、系统化服务，缺乏行业自律、评估和督导，无法有效应对和解决新的、复杂的社会问题，根本不能满足社会的现实需求。因此，培养壮大社会工作人才队伍，发展专业社会工作机构的任务已经迫在眉睫，而且非常艰巨。

社会工作人才概念的界定和认识，经历了一个过程，现在还在继续发展和完善。2010年6月发布的《国家中长期人才发展规划纲要（2010~2020年）》明确把社会工作人才与党政人才、企业经营管理人才、专业技术人才、高技能人才、农村实用人才并列起来。之后,《关于加强社会工作专业人才队伍建设的意见》进一步界定社会工作专业人才为:具有一定社会工作专业知识和技能,在社会福利、社会救助、慈善事业、社区建设、婚姻家庭、精神卫生、残障康复、教育辅导、就业援助、职工帮扶、犯罪预防、禁毒戒毒、矫治帮教、人口计生、纠纷调解、应急处置等领域直接提供社会服务的专门人员,并要求各部门充分发挥社会工作人才在困难救助、矛盾调处、人文关怀、心理疏导、行为矫治、关系调适等个性化、多样化服务方面的专业优势,发挥他们解决社会问题,应对社会风险,促进社会和谐,推动社会发展中具有的重要基础性作用。《社会工作专业人才队伍建设中长期规划(2011~2020年)》提出,社会工作专业人才是具有一定社会工作专业知识和技能,在社会福利、社会救助、扶贫济困、慈善事业、社区建设、婚姻家庭、精神卫生、残障康复、教育辅导、就业援助、职工帮扶、犯罪预防、禁毒戒毒、矫治帮扶、人口计生、应急处置、群众文化等领域直接提供社会服务的专门人员,是构建社会主义和谐社会,加强和创新社会管理不可或缺的重要力量。这既反映了社会工作专业人才的本质要求,也赋予了社会工作专业人才以新的时代内涵。需要说明的是,政府、学术界和实务界对社会工作的理解不完全相同。例如,专业教育界往往认为社会工作人才只是受过社会工作学历教育的人才,而政府和实务界常常把所有从事社会工作的人都界定为社会工作人才,甚至把志愿者也界定为社会工作人才。中共中央组织部提出,社会工作人才是以"助人为宗旨,运用专业知识和方法,进行困难救助、矛盾调处、权益维护、心理辅导、行为矫治等社会服务工作的专门人才"。随后,《国家中长期人才发展规划纲要(2010~2020年)》提出,要"适应构建社会主义和谐社会的需要,以人才培养和岗位开发为基础,以中高级社会工作人才为重点,培养造就一支职业化、专业化的社会工作人才队伍"。

根据《社会工作专业人才队伍建设中长期规划（2011~2020年）》的主要建设任务，目前需要大力培养的社会工作人才有社会工作服务人才、社会工作管理人才、社会工作教育与研究人才。我国社会工作人才广泛分布于社会管理和社会服务的各个领域、各个层次、各个方面，具有跨部门、跨行业、跨所有制、高度分散的特点。社会工作是一个以价值为本的专业，价值观是社会工作专业的灵魂。但是我国的社会工作人才在认同社会工作价值观的同时，也必须遵纪守法，恪守职业道德，遵守社会工作职业守则，必须体现社会主义核心价值，立足国情，自觉接受并内化国家的主流文化，服务并服从于国家的意识形态和指导思想，积极投身国家的社会建设。

志愿者虽然不是社会工作人才队伍的组成部分，但作为社会工作人才的重要来源，是协助完成社会工作的重要力量，因此，《国家中长期人才发展规划纲要（2010~2020年）》在强调建设社会工作人才队伍时专门提出要"建立社会工作人才和志愿者队伍联动机制"，以充分发挥志愿者的积极作用。志愿者是一个没有国界的名称，英文为"volunteers"，来源于拉丁文"valo"或"velle"，意思是"希望""决心"或"渴望"。国外志愿服务起源于19世纪西方国家宗教性的慈善服务。在西方国家，志愿者被认为是在职业之外，不受私人利益，不为任何物质报酬或法律强制驱使，为改进社会，提供福利而付出努力的人们。志愿者服务泛指利用自己的时间、自己的技能、自己的资源、自己的善心，为邻居、社区、社会提供非营利、无偿、非职业化援助的行为，既包括地方和国家范围内的志愿者行为，也包括跨越国境的双边的和国际的志愿者项目，特别是在西方发达国家解决社会危机中促进社会和谐，以及发展中国家和地区通过发展经济解决贫困的过程中，志愿者服务为社会福利的提高与社会进步做出了重要贡献。

第六章 人才发展与国家发展

我国内地给志愿者下的定义是：不为物质报酬，基于良知、信念和责任，志愿为社会和他人提供服务和帮助的人。在不同的国家和地区志愿者有不同的称谓。例如，在我国香港、澳门地区称为"义工"，在我国台湾地区称为"志工"。在联合国志愿人员组织网页上，志愿精神被概括为："是一种在自愿的，不计报酬或收入的条件下，参与推动人类发展，促进社会进步和完善社区工作的精神。"可见，志愿者必须是志愿，不为报酬，并且利他，符合人类发展的方向和人类追求的目标，这与社会工作者的价值观有很大的相似之处。我国目前界定的志愿精神就是"奉献、友爱、互助、进步"。这种志愿精神，既传承了中华民族助人为乐、扶贫济困的传统美德，又体现了构建社会主义和谐社会的基本要求；既体现了中华民族的深厚人文底蕴，又有鲜明的时代特征。弘扬和实践志愿精神，不但在抗震救灾、扶危济困进程中，而且在推动社会良性运行，促进社会和谐发展的过程中，也能够发挥独特的作用。

我国广大居民群众的社区志愿服务意识不断增强，社区志愿者服务队伍不断壮大。截至 2010 年 12 月，我国社区志愿者组织已达 28.9 万个，社区志愿者人数达 2900 多万人，其中注册社区志愿者达 599.3 万人，参与社区志愿服务活动超过 5000 多万人次，服务小时数达 1500 万小时。社区志愿者是指服务于社区居民，在社区里组织起来的志愿人员。社区志愿者遵循的行动宗旨是通过志愿服务，推动社会主义精神文明建设，促进社会主义市场经济体制的建立与完善，提高社区的整体素质，为经济、社会的协调发展和全面进步做出贡献。根据我国相关的规定，社区志愿者需具备以下条件和素质：长期在中国境内居住；热心社会公益事业，具有奉献精神；具有从事社区志愿服务所要求的身体条件和服务能力；品行端正，遵纪守法；承认并遵守中国社区志愿者服务守则。同时，在实务层面上，社区志愿者还应有较强的责任心；能积极地看待和尊重别人；能耐心倾听别人的谈话；能自然大方地与服务对象交流；具有较好的语言表达能力，能客观清楚地说明和分析问题；对自己的能力有充分的认识，并对自己有所约束；对社会文化方面的差异有敏锐的洞察力；能遵守保密原则；有丰富的知识（如有关的医学知识以及哲学、心理学、会学、政策法律法规知识等），并了解本地区可以为病人或感染者及其家属提供帮助的有关社会资源（相关的服务、支持机构等）。在推进社会主义和谐社会建设进程中，社会工作人才须充分发挥志愿者的积极作用❶。

社会工作人才队伍建设的发展目标和战备重点：

第一，建设宏大的社会工作人才队伍是构建社会和谐社会的当务之急。专业化的社会工作人才队伍是经济社会发展的必然产物。当前，我国正处于构建社会主义和谐社会的关键时期，经济体制深刻变革，社会结构深刻变动，利益格局深刻调整，思想观念深刻进化，在充满巨大活动力的改革发展中，各种社会矛盾也集中凸显，社会问题大量涌现，迫切需要大量专业化的社会管理与服务。社会工作人才是这类公共服务的专业提供者、社会矛盾的有效化解者、社会政策的直接执行者、社会管理创新的有力推动者、社会公平的积极维护者，在落实社会政策、了解群众需求、改进社会服务、协调利益关系、化解社会矛盾、增进社会和谐、推动社会进步中发挥着不可替代的重要作用。

第二，职业化、专业化是社会工作人才发展目标的核心要求。《国家中长期人才发展规划纲要（2010～2020年）》提出，"到2015年，社会工作人才总量达到200万人。到2020年，社会工作人才总量达到300万人"。确立这一发展目标，既是客观需

---

❶ 袁光亮. 社区社会工作人才培养研究[M]. 北京：北京理工大学出版社，2012.

要，又具有可行性。根据未来对社会工作人才的结构需求，在层次方面，要形成初、中、高级人才梯次结构；在区域分布上，要逐步改变农村专业社会人才匮乏的状况，实现城乡协调发展；就领域和专业而言，要使社会工作服务尽可能覆盖到每一类有需求的人群，并根据每一类服务对象的特点，侧重发展一些有针对性的专业技能；在年龄人，要大力培养年轻社会工作者，改变从业人员年龄总体偏大的状况。今后十几年，社会工作人才队伍建设将更加注重专业素质提升，大力提高具有职业资质和专业水平的社会工作人才的比重。

第三，人才培养与岗位开发双措并举是社会工作人才队伍建设的战略重点。采取人才培养与岗位开发双管齐下的措施，大力培养造就中高级社会工作人才，是加快社会工作人才队伍建设的战略选择。重点任务是加快构建不同学历层次教育协调配套、专业培训和知识普及有机结合的社会工作人才培养体系，整合专业教育和职业教育资源，大规模培养专业社会工作人才，广泛开展在职社会工作者职业培训，大幅度提升专业素质。加快制定社会工作岗位开发与设置的政策措施。加快形成规范有序的社会工作人才资源有效开发和合理配置机制。

（七）哲学社会科学、新闻、出版、文艺人才发展

宣传思想工作文化工作是党和国家的重要组成部分，在中国特色社会主义事业全局中具有重要地位。实现全面建设小康社会的宏伟目标，宣传思想文化工作担负着统一思想、凝聚力量的重大任务，担负着推动社会主义文化大发展大繁荣、兴起社会主义文化建设的重大使命。

首先，加强哲学社会科学、新闻、出版、文艺等领域高层人才队伍建设，是推进社会主义的核心价值体系建设、巩固全党全国人民各族人民团结奋斗的共同思想基础的迫切需要。推进社会主义核心价值体系建设，需要全社会的广泛参与，也迫切需要培

养就一大批政治坚定、与党同心同德、具有广泛社会的影响的思想家、理论家、编辑、记者、评论员、主持人，深入宣传研究阐释党的理论路线方针政策，有针对性地回答干部群众关心的重大理论和现实问题，推进马克思主义中国化、时代化、大众化；进一步增强舆论引导能力，做大做强正面舆论，用中国特色社会主义理论体系武整全党教育人民，为中国特色社会主义伟大事业提供强大思想保证、舆论支持和精神动力。

其次，加强哲学社会科学、新闻、出版、文艺等领域高层次人才队伍建设，是繁荣发展社会主义先进主义文化、满足人民群众日益的精神文化需求的迫切需要。

再次，加强哲学社会科学、新闻、出版、文艺等领域高层次才队伍建设，是加快国际传播能力是国家软实力的迫切需要。国际传播能力是国家软实力的重要组成部分，关系到国家改革开放和社会主义现代建设大局。加强国标传播能力建设，关键在人才。加快传播人才培养和国际传播规律、具有开拓创新能力的传播人才队伍，积极主动地向国际社会传播介绍国家改革开放和现代化建设的巨大成就，介绍我国坚持和平发展道路、推进建设和谐世界的政策主张，努力展示中国民主进步、文明开放的国家形象，营造客观友善，于我有利的国际舆论环境。

文化发展中经济因素越来越突出，经营管理的重要作用日益凸显。数字、网络等新技术日益广泛地渗透到文化领域，文化发展对科技进步的依赖程度越来越大，科技与文化的融合日益紧密。这就要求造就一批熟悉意识形态工作、现代经营管理水平较高、开拓创新能力较强的高层次复合型人才，一批熟练掌握现代科学技术特别是现代信息技术、具有较强的技术研发能力和应用能力的高层次专门技术人才，善于运用先进技术传播先进文化，努力占领文化发展制高点，牢牢掌握信息化条件宣传思想工作主导权。

(八) 现代服务业人才发展

现代服务业发展水平均是衡量一个国家现代经济社会发达的重要标志。据世界银行《2009年世界发展指标》发布的数据，我国服务业增加值占GDP比重为40.1%，远低于世界平均水平。发展现代服务业，关系到产业结构调整和经济结构调整，关系到经济发展方式的转变。目前，我国现代服务业人才不足是制约产业结构调整升级的"瓶颈"。与传统产业相比，现代服务业主要以知识、技术、专业技能、管理经验等要素作为中间投入，属于知识型产业，人才特别是高层次人才对于发展现代服务业至关重要。现在服务业在我国还刚刚起步，但发展迅速，特别是现代物流业、金融服务业、信息服务业、商务服务业等生产性务业发展需求尤为旺盛，而目前人才发展状态还远不能满足现代服务业发展水平，服务能力和服务水平都较低。全世界市值最大的3家银行均为我国银行，但我国银行业的金融服务水平、金融创新能力与国标先进水平的差距还相当大。我国优质资产境外上市，不得不依靠外国公司进行咨询策划、审计评估和法律服务业；我国生产的产品行销全球，可大部分产品都需要借助国外公司，所有这些问题都可归结为人才尤其是高端人才不足。在全球150个国家中有超过6.9万人持有金融分析师证书，其中美国占有60%左右，而我国则不到1%，这也从一个侧面反映当前金融业的高端人才和国际化人才十分匮乏。对于网络服务、电子商务动漫产业等新兴领域，不仅是高端人才严重不足，人才队伍总量缺口也相当大。加大现代服务业人才培养开发力度，已成为我国发展现代服务业的一项十分重要而紧迫的战略任务。由于发达国家的产业结构以服务业为主，因此，在这些国家，服务业人才尤其是高端服务业人才的竞争更加激烈。面对越演越烈的现代服务业人才竞争，我们必须认清形势，积极应对，加大现代服务业人才培养开发力度。充分发挥高等院校的作用，培养一批能够适应我国现代服务业发展需要的急需紧缺的专门人才。抓紧实施专业技术人才知识更新工程，调整现有人才知识结构。通过"走出走""请进来"等方式，推进国际交流与合作，学习国际上的先进技术、组织形式和管理方式，培养锻炼一批熟悉国际规则的高端人才。

（九）急需紧缺专门人才发展

首先，大力开发经济社会发展重点领域急需紧缺专门人才，是建设创新型国家和实现经济发展方式转变的迫切需要。我国人才总量远不能满足重点领域创新的需要，突出表现在两个方面：一是产业领军人才、高层次技术专家和高技能人才严重匮乏。在电信行业，高层次人才占全行业专业技术人员比例仅有 0.14%；在海洋领域，我国在世界海洋专家数据库中登记的专家不到全球总量的 1%，仅有美国的 1/20；在电子信息产业中，技师、高级技师占技术人员比例为 3.2%，而发达国家一般为 20%～40%。二是研发力量相对薄弱。统计显示，在装备制造业的 30 多个行业大类中，我国已有半数以上行业的生产规模位列世界第一，并占这些行业世界总产量比重的 40%～50%，但高层次创新型人才严重短缺，研发人员占从业人员的比例只有 1.26%，而美国为 6.02%，日本为 4.95%，法国为 2.87%，德国为 2.86%，英国为 2.83%。目前我国科技成果转化率大约为 25%，真正实现产业化的不足 5%。高层次人才和研发力量的不足已经严重制约我国重点领域创新能力的提高。加强重点领域高层次人才开发，对于抢占科技创新制高点、加快形成优势产业集群和发展战略性新兴产业显得尤为紧迫。

其次，大力开发经济社会发展重点领域急需紧缺专门人才，是发展现代产业体系、加快产业结构调整的需要。我国人才队伍现状还不适应发展现代产业体系的需要，一是人才数量相对不足。其中，以新能源、节能环保、电动汽车、新材料、新医药、生物育种、信息产业为代表的战略性新兴产业和现代服务业最为明显，缺口与发达国家都在几十倍甚至百倍之多。在信息产业领域，我国现有软件高级人才15.3万人，预计到2020年需新增172万人。专家预测，到2020年我国从事动漫、游戏的优秀工程师将达到20万人左右，而目前仅几百人。我国现有金融分析、国际会计、保险精算、保险核赔、资产评估、证券投资及经纪、财务总监等高级金融分析专家只有1.1万人，预计到2020年新增28.9万人；在国际商务领域，现有国际商务营销高级人才4700人，预计到2020年新增3.5万人；其他如现代物流、工业设计等领域专门人才急需紧缺程度也相当严重。二是人才配置结构不适应产业升级的需要，产品延伸服务人才严重不足。在汽车业，发达国家从事汽车制造与汽车服务的人数比通常为1∶10，而我国目前的状况是1∶1.02，相差近10倍。

最后，大力开发国民经济和社会发展重点领域急需紧缺专门人才，是构建社会主义和谐社会的迫切需要。我国现有人才队伍还不能满足社会发展的需要，突出表现为：一方面，现有教育、医药卫生和社会工作等人才数量不能满足建设覆盖城乡居民基本公共服务体系的要求。另一方面，在宣传文化、防灾减灾、安全生产、维护国家安全和社会稳定等领域也急需大批高素质专门人才。未来十几年，是我国社会结构、社会组织形式、社会利益格局发生深刻变化的关键时期，加快推进以改善民生为重点的社会建设，改革社会体制，扩大公共服务，完善社会管理，促进社会公平正义，迫切需要培养造就一大批具有专业素养的社会管理人才、公共服务人才，为构建社会主义和谐社会提供人才保证。《国民经济和社会发展第十一个五年规划纲要》提出的经济社会发展和科技创新的战略重点，确立17个经济社会发展重点领域急需紧缺专门人才开发的重点、方向和目标：到2020年，在装备制造、信息、生物技术、新材料、航空航天、海洋、金融等国民经济重点领域培养开发急需紧缺专门人才500多万人；在教育、政法、宣传文化、医药卫生、防灾等社会发展重点领域培养开发急需紧缺专门人才 800 多万人。这些发展目标是相关部门在深入调研的基础上，根据现有规模和发展需求测算提出的，对于加强经济社会发展重点领域急需紧缺专门人才具有较强的针对性、指导性和可操作性。

第三节　全球化发展与人才发展

"全球化"问题是一个当今世界各国都必须面对的客观事实，它已经对人类社会的政治、经济、文化和社会发展产生重大影响。许宗友（2010）认为，全球化的产生和发展具有必然性，它是人类社会的生产、生活和交往的社会化发展的必然趋势，也是人类社会经过资本主义的全球化，进而过渡到社会主义社会、共产主义社会的必经阶段。近十年来不断高涨的全球化浪潮，是大多数国家经济对外开放和国际化的结果，同时也是经济体制市场化的结果，是生产力发展的必然要求。在经济全球化下的国际竞争，从根本上讲是人才的竞争，从某种意义上讲，也是培养、发现和使用人才机制和制度的竞争，亦即人才战略的竞争。随着全球化的深入发展，我国面临着巨大的竞争压力，为了提升我国在全球的竞争力，人才发展在顺应全球化发展过程中起着举足轻重的作用。本部分通过对全球化深入发展现状的研究、全球化的现状分析以及说明促进人才发展对全球化深入发展的必要性、全球化背景下的人才强国战略来论述全球化发展与人才发展的关系。

一、全球化发展大势

全球化是一个以经济全球化为核心，包含各国、各民族、各地区在政治、文化、科技、军事、安全、意识形态、生活方式等多层次、多领域的相互联系、影响、制约的多元概念。全球化可概括为科技、经济、政治、法治、管理、组织、文化、思想观念、人际交往、国际关系十个方面的全球化。

全球化既是一种进程,也是一种发展趋势。它主要是指人类不断跨越民族与国家的界限,超越制度、文化的障碍,在全球范围内实现充分的交流、对话、协调和沟通,在此基础上形成的一种全球性文化认同、价值认同、实践认同的发展趋势。尽管全球化主要是经济全球化,但正如马克思在《共产党宣言》中所分析的一样:"资产阶级的这种发展的每一阶段,都有相应的政治上的成就伴随着。"生产力的发展必定会引起生产关系的变革,经济上的任何变化都会从政治上表现出来,特别是通过政治文化率先表现出来[1]。

全球化时代是继现代工业文明文化模式之后的一个新时代,目前的全球化表现在经济全球化、政治全球化等方面,渗透到了各个国家的方方面面。经济全球化主要体现在生产国际化,生产国际化主要是指国际生产领域中分工合作及专业化生产的发展。现代生产分工已经不是在国家层次上的综合分工,而是深化到部门层次和企业层次的专业化分工。产品全球化,也就是生产总额中出口生产所占的比重大大提高,直接表现为现代国际贸易的迅速增加。世界上几乎所有的国家和地区以及众多的企业都以这种或那种方式卷入了国际商品交换。投资金融全球化,也就是生产和产品的国际化使得国际资金流动频繁,大大促进了投资金融的国际化。为适应于国际化的潮流,各国放宽了对投资金融的管制,甚至采取诸多措施鼓励本国对外投资的发展。技术开发与利用的全球化,从国际技术贸易的发展来看,由于技术对生产和经济的重要作用,生产国际化自然带动国际技术贸易的不断增长。政治全球化主要从两个方面体现出

---

[1] 张琪. 全球化条件下人才发展的战略思想[J]. 首都经济贸易大学学报,2002(4).

来：一是政治从一国走向全球，国内政治与国际政治紧密联系，国内政治有时得服从国际政治；二是政治走向全球化带来另一个对应的结果是政治多极化。

全球化是一把"双刃剑"，它带来机遇的同时也伴随着严峻的挑战。第一，不合理的国际政治经济秩序使我们面临着被边缘化，主权遭受侵蚀，丧失独立发展的危险。如何既能实现我国经济的跨越发展又能避免对西方资本主义国家的依附，是我们首先必须处理好的问题。第二，政府角色的重新定位问题。社会主义市场经济目标的确立，加入WTO，都对政府的职能提出了新的要求。政府再不能像计划经济条件下那样用行政命令干预经济运行，而必须把政府的职能转移到弥补市场缺陷和创造良好的市场环境上来。后发展国家跨越发展正反两方面的经验表明，跨越发展能否成功，关键是政府能否充当好恰当的角色。第三，传统文化的现代化问题。我国的传统文化实质上是一种农业文化，对其进行适应现代社会改造势在必行。另一方面，全球经济一体化的过程也伴随着西方文化的扩张，如何应对西方文化的挑战也是我们必须解决好的问题。

二、全球化发展与人才发展

随着经济全球化步伐的加快，国际的人才转移和智力流动将不断增强，国际性人才资源的争夺将日趋激烈，我国人才短缺现象和人才流失的局面将成为经济发展的主要制约因素（张琪，2002）。在全球化的进程中，国际化人才是最炙手可热的。郑海航（2005）提出，所谓全球化人才，既指来自全球的跨文化人才，更指具有全球化理念的人才。人才从没有像今天这样炙手可热，尤其在激烈竞争的商业世界里，几乎每个渴望走出国门的企业家和CEO都在渴求全球化人才。针对这一情况，我国的人才发展战略必须突出人才资源优先投入、优先提升的重点。

近年来，国际跨国公司都把人才资源全球化作为重要战略，积极推进国际经营人才本土化，人才引进、人才使用与培养全球化，在更大的范围内获取更多的人才资源。中国"入世"后，全球市场一体化，国内市场国际化发展更快。我们应当抓住人才资源竞争的核心，全面创新人才资源全球化竞争策略与管理，推进企业国际化经营的更快发展❶。

（一）人才全球化竞争

在上海 APEC 会议 CEO 论坛上，许多知名企业家都把人才资源开发与建设列为未来企业全球化发展的关键。美国公司已在我国悄悄展开了一场人才资源争夺战。思科公司中国区人力资源总监说："思科追寻的是人才与人力资源全球化开发与经营创新，每个员工的成功就是公司的成功。"思科系统网络技术中国公司吸收了众多的中国高科技人才。微软公司在中国聘用了 800 多名各类人才，微软中国研究院就有 60 名我国的出国留学人员和博士生研究人员。IBM 中国研究中心的 70 多名研究人员大都是我国培养的硕士生人才。由此可见，"入世"后国外跨国公司来华进行人才资源竞争力度会增强，我国企业面临着全球人才竞争的巨大压力与挑战。

（二）人才全球化发展

进入 21 世纪，世界各国特别是发达国家，都在加快经济结构调整，充分利用经济全球化和高科技带来的机遇，抢占全球经济发展的制高点，这就要求人才结构也要进行相应调整。为此，我们必须把优化人才结构摆上人才资源开发的重要日程。经济实力、科技实力、国防实力和民族凝聚力在内的综合国力的竞争，说到底是人才的竞争。世界各国都把人才资源开发放在突出位置，制定了各自的人才开发战略，在加强本国人才培养的同时，

---

❶ 王辉耀. 构建我国全球化人才战略高地［J］. 企业研究，2010（9）.

千方百计吸引国外优秀人才。例如，美国通过增加 H-1B 签证（许可外国专门人才在美工作的签证）等方式大批吸引海外优秀人才。德国出台"绿卡计划"，紧急招聘国外计算机人才。英国、芬兰、瑞典、丹麦、瑞士等国纷纷调整移民政策，吸引外国人才。日本计划近年内吸收数万名优秀外国专业人才。我国的优秀人才是发达国家争夺的重点之一，目前，美国、英国等发达国家通过加大托福、雅思等考试力度的方式，吸引中国人才。全球跨国公司 500 强中，已有 400 多家企业及其 100 多家研发中心在我国落地生根，他们实施人才"本土化"战略，吸引了我国大批优秀人才。由此可见，为了应对国际的发展潮流和能够利用优秀人才在全球化发展中处于优势地位，国家急需大力推进人才发展战略。

（三）美国重大移民政策调整

2013 年 1 月 21 日，美国总统奥巴马在国会上发表其第二任期的就职演讲，并在演讲中强调，伟大国家的塑造必须依赖每个国民的力量，包括广大外来移民的力量。他指出，美国政府需要不断改进移民制度，以迎接能为美国经济社会发展带来新动力的海外人才，并且强调要加大吸收海外人才，并且强调要加大吸收海外留学生和工程师的力度。

随后，奥巴马在内华达州的拉斯维加斯再次表示，美国将继续推进移民改革，建立灵活、高效的新型移民制度。他强调要鼓励国际留学生和高层次人才在美国开发新技术和创立新型产业、为非法移民的后代提供高等教育和参军的机会、为在美国境内的非法移民提供合法途径获得美国公民身份等。

同一天，美国共和党参议员 Orrin Hatch、Marco Rubio 和民主党参议院议员 Amy Klobuchar、Chris Coons 共同提交了移民创新法案 2013（The Immigration Innovation Act of 2013, I-Squared Act）。该法案将 H-1B 临时工作签证的配额上限从 65000 份大幅提升增

加到155000份，取消对科学、技术、工程和数学等领域人才移民签证的配额限制，取消职业移民的国家配额限制。该法案可能会成为奥巴马政府全面移民改革计划的一部分并可获准通过。

2月12日，奥巴马在国会发表的国情咨文中再次提及移民改革，移民改革的焦点除了为已在美国的1100万拉美裔为主体的非法移民提供入籍途径外，还特别明确了未来的移民政策将向理工科人才和在美投资创业者倾斜。此外，美国政府正在考虑设立新的"创业签证"，美高级官员还曾多次提到，"要在外国理工科和数学专业硕士毕业证的后面直接贴一张绿卡"。

可以看到，在放松专业人士和高学历留学生的签证配额限制、取消职业移民的国家配额限制等方面，一直矛盾不断的美国共和党和民主党在这个议题上罕见地形成了一致意见。

这也许跟刚刚结束的总统选举有一定的关联，但更重要的是，无论是共和党还是民主党，美国人已经逐渐认识到，高科技移民对美国经济发展推动作用巨大，正如美国学者维克·沃华曾指出的，1995～2005年，硅谷52%的创业公司是由移民创办的，谷歌、雅虎、eBay这些有影响的企业的创始人中都有移民。

可以预见，美国在未来的几年内势必将大刀阔斧地进行移民制度的改革，届时，全球人才竞争将更为激烈，而这对我国的人才政策将产生较大冲击。要知道，从2011年开始，我国已经连续三年成为美国最大的留学生来源地，如果这时候美国取消相关配额限制，我国将会有大批科学、技术、工程和数学领域的留学生滞留美国，这无疑将对我国吸引和留住人才构成巨大的挑战。如果我国不抓紧时间改革人才吸引政策以大力吸引科学家和工程师回国发展，那么未来几十年中国很可能面临严重的人才流失。

白热化的全球人才竞争和美国当下的举措应引起我们足够的重视。有学者呼吁，应拓宽绿卡发行范围、修订国籍法、设立专门的移民事务管理机构，并可尝试探索发放"海外公民证"和

"海外华裔卡"。当然如果短期内这些都无法做到的话，至少应先进一步简化签证程序，加大放宽绿卡和五年及十年多次往返签证的力度，继续提升人才持有工作证转化为持有移民签证。同时，赋予我国海外使领馆办理中国绿卡申请的功能，促进更多外籍人才来中国发展，给全世界展现一个真实的"中国梦"。

三、人才发展应对全球发展

大力实施人才强国战略，标志着我们党对共产党执政规律、社会主义建设规律和人类社会发展规律的认识有了新的深化的发展。

要使人口优势转化为人力资源优势，必须通过实施人才强国战略，调动各方面的积极性，通过各种途径，大力开发人才资源，加快从人口大国向人才资源强国转变的进程，不断提升我国人力资本水平，大力构建人才资源强国，努力造就一支规模宏大、素质优良、结构合理、活力旺盛，既能满足我国经济社会发展需要，又能参与国际竞争的人才大军，为实现21世纪我国经济社会发展的宏伟目标提供坚强有力的人才保证。

经济全球化进程加快，面临更加激烈的国际经济竞争，"走出去"正在成为未来我国参与国际竞争的重要战略；社会对环境的要求越来越高，生态文明建设成为上至中央、下至地方的共同要求，所以必须转变经济发展方式，调整产业结构，努力建设环境友好型社会和资源节约型社会。

现代科技激烈竞争，知识经济高速发展，自主创新能力已经成为国家竞争力的核心。世界科技发展的实践告诉我们：一个国家只有拥有强大的自主创新能力，才能在激烈的国际竞争中把握先机、赢得主动。因此，我们必须努力建立一支具有创新精神、创新能力的人才队伍，让国家的发展具有更强的内在动力，让科教兴国战略具有更加坚实的基础。

从大力推进我国现代化建设、全面建设小康社会的要求看，我国的人才工作还存在一些突出问题，人才的总量、结构和素质还不能适应经济社会发展的需要，特别是全面建设小康社会急需的高层次、高技能和复合型、创新型人才短缺，虽然有3500多万科技人才，但领军人才不多，关键人才尚少，市场配置人才资源的格局急需调整，人才环境尚待优化，人才价值有待彰显。只有大力实施人才强国战略，才能解决人才工作中存在的突出问题，推动经济社会不断前进发展。

（一）建设人才强国的战略目标

《国家中长期人才发展规划纲要（2010～2020年）》提出："到2020年，我国人才发展的总体目标是：培养和造就规模宏大、结构优化、布局合理、素质优良的人才队伍，确立国家人才竞争比较优势，进入世界人才强国行列，为在20世纪中叶基本实现社会主义现代化奠定人才基础。"其核心是提出了确立国家人才竞争比较优势、进入世界人才强国行列的战略目标。从必要性看，确立这一战略目标，是全面建设小康社会的需要。

实现全面小康的奋斗目标，人才要优先发展，人才队伍建设要适度超前。全面建设小康社会作为中国特色社会主义现代化建设的重要步骤，还有五年左右时间。这一时期从总体上讲，仍然是我们的战略机遇期，也是矛盾凸显期。完善社会主义市场经济体制，推动经济社会又好又快发展，要求我们深入贯彻落实科学发展观，加快转变经济发展方式，调整优化经济结构，推动经济走创新驱动、内生增长的发展路子；大力发展社会事业，进一步保障和改善民生，妥善应对和处理各种复杂矛盾，切实维护社会和谐稳定。所有这些，都需要以人才为基石，靠人才来推动。同时，《国家中长期科学和技术发展规划纲要（2006～2020年）》《国家中长期教育改革和发展规划纲要（2010～2020年）》分别提出到2020年进入创新型国家行列和进入人力资源强国行列的目标，人才发展的战略目标要与之相衔接。

从可能性看，衡量一个国家是不是人才强国，要综合考虑人才规模、素质、效能、综合实力和国际竞争力等多方面因素。一是从人才规模看，经过多年的发展和建设，我国已从一个人才资源相对匮乏的国家发展成为人才资源大国。到 2014 年年底，全国人才资源总量已达 1.57 亿人。预计到 2020 年，将达到 1.8 亿人，居世界首位。二是从人才素质看，2008 年，我国主要劳动人口中受过高等教育的比例达到 9.2%，到 2020 年将达到 20%，接近主要发达国家水平；2008 年，我国每万劳动力中研发人员为 24.8 人年/万人，到 2020 年，将达到 43.1 人年/万人，与中等发达国家目前水平相当。三是从人才效能看，1978~2008 年我国人才贡献率约为 18.9%，位居发展中国家前列。到 2020 年，人才贡献率将提升到 35%，接近发达国家约为 40%~60% 的水平。四是从人才综合实力看，有关专家论证结果表明，在世界主要发达国家（OECD，经济合作与发展组织）和主要发展中国家（"金砖四国"，即巴西、俄罗斯、印度、中国）中，2005 年我国人才综合实力列第 8 位，预测到 2020 年上升至第三或四位。五是从人才国际竞争力看，根据有关专家对全球 118 个国家和地区的人才核心竞争力的研究预测，我国人才国际竞争力将在 2017 年进入世界前 10 位，2020 年将达到世界第 8 位的水平。综合以上分析，到 2020 年，我国进入世界人才强国行列的目标，经过努力是可以实现的。

（二）建设党政人才管理体系

1. 建立健全党政人才管理的政策法规

在当今世界，公务人事改革一直是政府改革的核心，改革的主题就是要设计和建立一套科学、合理、公正的人事制度和机制，使政府的公共部门能够吸引、培养、维持、激励公职人员。构建党政人才管理的政策法规，必须引进国际上政府管理的智慧，从战略高度，建立现代化党政人才管理新体制。

2. 树立战略性人力资源管理的理念

20世纪80年代以来，在公共部门实施战略性人力资本管理，已经成为各个政府改革和人事改革的核心，应该从战略性人力资源管理的视角出发，建立健全党政人才管理政策法规。

（1）树立科学发展观、科学人才观和正确政绩观。建立健全党政人才管理的政策法规，要针对党政人才中违背科学发展观、科学人才观和正确政绩观的种种问题，紧密联系干部工作实际，形成科学发展观、科学人才观和正确的政绩观要求的用人导向，引导和促进广大干部经得起实践、群众和历史的检验。

（2）坚持对"上"负责和对"下"负责的一致性。"为谁执政，靠谁执政，怎样执政"，是我们党执政的理念和核心。"为谁执政"，就是要为人民执政，对人民负责，全心全意为人民谋利益。"靠谁执政"，就是要靠人民执政。工人、农民是发展社会主义事业的根本力量，新的社会阶层人员也是中国特色社会主义事业的建设者，这些根本力量和建设者都是党执政的依靠力量。"怎样执政"，就是在各项工作中，要从根本上有利于保证人民当家做主，把实现好、维护好、发展好最广大人民的根本利益作为出发点和落脚点。如果我们只对"上"（领导）负责，不对"下"（人民）负责，那么我们党就会失去生存的土壤，就会动摇我们党的执政之基。所以，党政人才必须树立对"上"负责和对"下"负责的一致性。

（3）树立"有限作为"的思想。在履行政府职能中，部分党政人才存在着"越位、缺位、错位"的问题。要解决这个问题，就是要根据政府职能转变的要求，树立"有限作为"的理念。党政人才手中的权力很大，可支配的资源很多，但在使用资源时要慎之又慎，严格把好"作为"的度。要少造声势、多做实事，少作秀、多出政绩。同时，党政人才在行政"作为"中，必须坚持

"权为民所用、情为民所系、利为民所谋"。要做市场做不了、中介做不了、企业做不了的事情,要多作为社会公共服务的事情。

(4) 树立依法执政意识。从当前实际情况来看,有些党政人才中依法执政的意识不强。这就要求党政人才增强依法执政意识,实行依法行政、依法办事,绝不能做有悖于法律法规的事情。要正确处理信访和司法关系,有些部门存在"信访大于司法"的"人治"现象,这种现象必须纠正。总之,党政人才必须做到依法执政、带头守法、保证执法,从法律制度上约束自己的行为。

3. 转变人力资源部门的职能和角色

公共部门人力资本观念的出现,要改变的不仅仅是公共部门的思想和观念,更重要的是它意味着承担国家人力资源管理职能的人力资源部门的职能和角色的转变。在新的时代背景下,人力资源部门最大、最重要的角色在于为人才的成长、为人力资本效益最大化的实现创造良好的环境。人力资源部门的新角色主要体现在以下几个方面。

(1) 人力资源战略规划者的角色。人力资源部门要改变传统的做法,必须做出前瞻性的人力资源规划。人力资源部门要根据国家和地方经济和社会发展的规划,制定国家和地区的人力资源发展的战略规划。各级、各部门的人事机关要制定本级、本部门和机关的人力资源战略,并把人力资源战略与本部门和组织的发展战略整合在一起,使之成为组织发展战略的一个有机组成部分,通过人力资源的有效管理,促进组织整体绩效的提升。

(2) 事业发展的伙伴角色。人力资源部门,其性质决定了它作为政府其他部门事业发展的伙伴角色的重要性。这意味着,人力资源部门必须通过自己职能的有效发挥和人力资源管理角色的出色演绎,帮助其他政府组织和部门实现其目标。这也意味着,人力资源部门要把自己的活动和其他职能部门的管理活动紧密地整合在一起，以保证其活动能够服务于职能部门长期的发展愿景和目标。

（3）干预和创新者的角色。人力资源部门应该积极介入政府的管理创新活动之中，成为组织改革的倡导者、推动者。要采取积极有效的策略，如教育和沟通、参与、协商、权威性的决定等，促进组织变革的实现。

（4）内部咨询者的角色。作为内部咨询者，人力资源部门的角色与外部管理咨询者的角色相似，要与其他职能部门和单位一起工作，分析并诊断组织和人力资源管理中存在的问题，进而提出解决问题的方案和办法。人力资源部门的相关工作人员必须成为专家，提高分析和诊断的技能。

（5）监督和制约者的角色。人力资源部门既是服务的提供者，也是监督者和制约者。作为监督和制约者，人力资源部门的主要职责在于保障组织和人事的法律、制度和政策能够在所有的公共部门得到切实有效的贯彻落实。特别是要进一步加强对各级领导班子和领导干部尤其是"一把手"的监督和制约，把权力运行置于有效的制约和监督之下。

4. 探索现代化的人力资源管理体制

全国人才工作会议召开后，人才工作走向了全面发展的新阶段。人力资源管理体制也开始实现新的转型。但是，在现行体制中，还有一些问题没有完全理顺：一是组织部门内部各个单位之间、组织部门和人力资源部门之间的关系没有完全理顺；二是人力资源部门与劳动和社会保障部门的关系没有完全理顺；三是组织部门与其他部门的关系没有完全理顺。由此造成有些地区、部门的行政资源分散、行政职能交叉、行政效率低下。所以，建立现代化的党政人才管理新体制是必然趋势。

（1）加强对公务员的统一管理。围绕提高行政效率，降低行政成本，整合行政资源，加强行政体制改革的总体要求，继续推进行政体制改革。通过公务员管理机构，加强对公务员的统一管理。

（2）对党政人才逐步过渡到综合管理类公务员实施管理。在管理实践中，不少地方提出，现行党政人才使用中问题较多。按现行的做法，中央和部委党组织主要管理副省（部）级以上干部任免；省委和部委党组主要管理地厅级和厅局级干部任免；市委主要管理县处级干部任免；县委主要管理科级以下干部任免。与此同时，各级人事部门相应承担党政人才中分级管理的下一个级别干部和录用"入口"。这种分级管理办法，加强了党委对主要领导的选拔、任用权，但是在操作过程中，分级任命管理的弊端较多，主要表现在重任免、轻考核；重年度考核，轻平时考核，甚至平时考核如同虚设。改革的设想是：首先，将省部级到地厅、县处级、科级领导干部纳入综合管理类公务员，凡是由同级权力机关负责任免的人员，应该逐级加大差额选举比例，把高级人才使用中的民主意识强化；增加候选人被选举的施政演说，加大人民群众的知情权。其次，根据公务员法对公务员的分类，把公务员管理从其他专业人才管理中剥离出来，淡化、取消"干部"身份管理。在这个过程中，逐步增加和强化各级人大对综合管理类领导的提名权、考核权、任免权、弹劾权、监督权。以此推动政治文明和民主进程，把党政机关综合管理类公务员的任免、使用逐步纳入法治、民主的轨道。

（3）建立健全党政人才培养的政策法规。改革开放以来，我们坚持把干部教育培训作为一项战略性、基础性工作来抓，不断加大力度，积极改革创新，干部教育培训工作走上经常化、规范化、制度化轨道，呈现出蓬勃发展的新局面。但是，目前在党政人才培养内容上"重理论、轻专业"的现象比较普遍，造成了不少党政人才"专业精神缺失"状况。在培养方法上，存在一种"三不分"的现象（不分对象"一锅煮"，不分层次"一般粗"，不分时期"一贯制")。所以，要培养高素质、专业化的党政人才队伍，必须在党政人才培养上注重"三抓"：

① 在培养对象上，注重抓"源头"培养，加强后备干部队伍建设。在党政人才培养对象上，必须会选面子、善于发现，注重抓"源头"培养。

第一，重视"摇篮"培养，推进"班长工程"建设。大学是人才聚集之地，也是政治家的摇篮。大学不仅奠定了人才的学识基础，而且提供了人才政治活动锻炼的舞台。各级组织人事部门应把目光聚焦大学，重视"摇篮"人才培养，推进"班长工程"建设。要挑选大学生中既有理想信念、又有一定威信、更能胜任学生干部工作的优秀大学生，尤其是研究生，作为重点培养的对象，重点加强世界观、人生观、价值观以及增强对党、对国家、对人民的忠诚理念教育；要收集"班长"人才的信息，把全国各地优秀大学生中担任班长的人才，纳入各省份、各地区组织人事后备人才信息库，为公务员队伍输送优秀人才。

第二，重视"梯队"培养，提高新录用公务员的质量。近几年新录用公务员中，"三门"干部（家门、学校门、机关门）的比例不断增长，这对公务员队伍建设十分不利。为提高新录用公务员的综合素质，增强他们的群众意识、服务意识和责任意识，在实践中提升能力，增长才干，适应市场经济需要，必须建立新录用公务员实践学校和示范实习基地，通过基层锻炼，了解情况、磨炼意志、提升能力，确保高素质公务员"梯队"。一是改革中央和省区市级新录用公务员的比例。二是凡是从应届毕业生中录用的公务员，必须到基层单位或艰苦岗位锻炼不少于一年。各省份、各地区、各录用单位可结合实际，分期分批地进行选派。三是选好公务员示范实习基地。实习基地原则上为各省份、各地区的乡镇、街道、居委会、村委会以及企业、事业单位等。实习岗位，主要是指从事信访、住房动迁、注册登记、执法检查、劳动生产、教学科研等一线工作岗位。四是实习单位要选派党性强、作风正、具有一定组织管理能力的人担任带教老师,对新录用人员在基层锻炼期间的思想、学习、工作、生活给予指导和帮助,并协助实习单位和录用机关对实习人员进行考核与管理。五是新录用人员未经基层实习锻炼的,不能办理公务员录用登记手续,基层实习锻炼考核不合格的取消公务员资格。

第三,重视后备干部培养,强调"隐性化"考察。进入21世纪,党政人才队伍进入了一个"代际转移"的关键时期,因此,后备干部培养应提上重要日程。必须强调"三严":一是严格程序。在广泛民主推荐的基础上,提出后备干部建议名单。对后备干部名单,改变现在通知本人的做法,强调"隐性化"考察培养,这样有利于考察、了解后备干部真正的德才情况。二是严格标准。既要看学历、职称,更要看品德和能力、业绩,在这些方面要严格把握。三是严格入围。对后备人员的筛选面要宽,要了解后备干部详细的情况,以及相关教育、训练、经历,并了解以前的雇主和老师,确实潜力大、素质好、能力强,要提供学习和实践机会,而不是给予特权和提升职务的条件。

② 在培养内容上,在抓好理论学习的同时,注重抓"专业精神"培养。在党政人才教育培养内容上,要把专业精神培养放到突出地位,以加强党政人才的执政能力建设。"专业精神"主要包括两方面:一是硬件,指职业工程;二是软件,指职业道德。

首先,加强职业工程培养。党政人才承担着执政兴国的任务和责任,面对和处理的是党务、行政、社会公共管理等各类涉及国计民生的事务,这就要求具备多方面的知识和专业储备。因此,一方面,要重视职业知识学习,必须系统地、循序渐进地和坚定不移地培养称职的党政机关干部。另一方面,要重视职业能力培养,如在思维能力培养方面,重视思维训练、观念更新、危机意识、感觉寻找等;在管理能力培养方面,重视课题研究、岗位管理演习、岗位管理判断决策力训练、商谈能力等；在管理技巧培养方面，重视如何当好省长、省委书记，市长、市委书记，县长、县委书记等。通过职业工程培养，不断提高党政人才的综合素质和综合能力，重点是六个方面的能力：激发社会创造的能力、管理社会事务的能力、协调利益关系的能力、处理人民内部矛盾的能力、开展群众工作的能力、维护社会稳定的能力。

其次，加强职业道德培养。党政人才不仅要注重职业工程培养，更要加强职业道德锻炼。在市场经济大潮冲击下，有些干部变得十分功利，有些人把职业变成了牟利的工具。例如，有些地方、有些部门，当官不执政为民，公检法不伸张正义，组织人事干部不公正选人，等等。因此，对党政人才必须加强职业道德培养。重点培养塑造职业品格、职业思想、职业行为的职业政治家形象，这样才能造就一批"善于治国理政"的高素质党政人才队伍。

③ 在培养方法上，注重抓分类培养。日本专家认为：每个人都是一颗种子，要根据不同的种类因材施教，助其成长。这是一种分类管理的"农业模式"。日本公务员就是以分类培养为基础，以人所具有的"潜在成长可能性"为根本，培养宗旨在于最大限度提高和活用每个人的能力。在党政人才培养上，我们可以借鉴日本的做法，在分类培养上有所突破。

第一，实行职位分类培养。要根据公务员法提出综合管理、专业技术和行政执法三大职位的不同要求，实行分类培养。综合管理职位主要负责研究国家和地区的发展战略，制定方针政策，强化系统理论和综合素质能力的培训；专业技术类方面的人才主要进行专业技术方面的知识和能力的培养；行政技术类方面的人才主要进行专业技术方面的知识和能力的培养；行政执法类方面的人才主要进行公共行政执法方面管理知识和能力的培养。在分类培养过程中，要引进国外公务员培训的经验做法，根据不同专业，制定具体的学科、学时、学分、考核及经费预算等科目，建立有效制度。

第二，实行多渠道分类培养。据研究，党政人才成长过程，一般包括知识准备期、素质磨砺期、成长发展期、优势发挥期四个时期。在每个时期，要根据不同情况，采取不同培养方式。一是注重党校培养。党校出人才，党校出干部。党校是党政人才培养的主渠道。在培养方式上可以多样性。例如，经常举办针对性强的专题培训班、理论研讨班、进修班，强化案例教学、研究式教学。还可以进行党内理论研讨，对理论研讨的难点、热点问题，可以是交流式的或是交锋式的，可以是开放式的或是封闭式的。培养模式可以具有开放性，如总结历史上黄埔军校、抗大等经验，借鉴国外哈佛大学、西点军校的培训方法和手段，不断加强与国内外著名高校的交流协作等，提高党校培养质量。二是注重实践锻炼。经常组织党政人才到困难地区、艰苦地方、发达地区和境外调查、学习、研究，提高理论研究、信念培养、能力锻炼、行为训练的水平。三是注重自我修养。要帮助党政人才加强自我学习，常修为政之德、常思贪欲之害、常怀律己之心，成为学习型人才的典范。只有通过多渠道的培养、锻炼、学习，才能提高执政的本领，增强执政使命的适应力。

(4) 建立健全党政人才选用政策法规。一个政党、一个国家，能不能选用优秀的党政人才，把他们集聚到党和国家的各项事业中来，在很大程度上决定着这个政党、这个国家的兴衰存亡。我们党要完成执政兴国的历史使命，就必须大力实施人才强国战略，坚持党管人才的原则，把各方面优秀人才选拔到党和国家各项事业中来，使我们的党真正成为优秀人才密集的执政党。

① 落实科学人才观，必须在选用观念上突破三大误区。

第一，突破"双高"误区。《中共中央国务院关于进一步加强人才工作的决定》提出科学人才观，特别强调"不唯学历、不唯职称、不唯资历、不唯身份"的要求,这在全社会产生了巨大的效应和意义。但是从实际运作看,不少组织人事部门还是在强化"高学历、高职称"。这就必须区分两种观念:一是高学历、高职称和领导人才是两个不同的概念。并不是所有的"双高"人才都具有组织领导才能,盲目追求"双高",既造成了人才资源的严重浪费,又使一批政治素质好、能力强,但学历相对低的优秀人才不能及时被组织部门纳入选拔考察视野,使一批优秀人才的潜质被埋没。二是既要有"高学历、高职称取向"概念,更要有"能力业绩取向"概念。博士里面有庸才,工人里面有人才,有学历、职称不一定是人才,没有学历、职称不见得不是人才。所以,在党政人才选任上,决不能偏废,要突破"双高"误区,只有这样,才能真正树立科学的人才观。

第二,突破"年龄杠杆"误区。这几年,根据干部队伍年轻化的要求,我国对干部的提拔任用以及后备干部选拔有年龄界限,这从年龄结构上保证了干部队伍年轻化的趋势。但是,这种"年龄杠杆"也为人才的发展设置了一道道障碍。一是年龄恐慌影响了人才队伍的稳定。由于年龄的硬性规定,在人才队伍中产生了年龄恐慌症。认为一个人在特定的年龄段,如果不能及时地选拔人才队伍的稳定。二是职务犯罪出现了低年龄化趋势。年龄界限使少数领导干部产生"晋升无望","有权不用,过期作废"的思想,其结果必然是无法拒绝权力、金钱和美色的诱惑,走上犯罪的道路。三是人才浪费对工作带来影响。有些党政人才能力很强,管理经验很丰富,工作业绩很大,但是"年龄杠杆"过限或偏大,就不再考虑提拔重用,造成了人才浪费。但是,德国、日本等发达国家认为,在专业管理岗位上 50~60 岁的管理人员,是判断未来政策、管理与知识能力发挥的有效时期,也是精神上成熟、毅力上坚忍不拔、能力上从容不迫的最佳时期。然而,我们恰恰在最佳时期,压制了一部分优秀人才。应该从实事求是的唯物主义立场出发，对这些人才少考虑一些年龄，多考虑一些实际能力。

第三，突破"职级准入"误区。根据现行的用人制度，每一职级的提升都有相应的职级准入线，即按照规定的职务等次或者级别等次逐级提拔。每一职级在岗位上的磨炼至少需要3~5年。这种"职级准入"制度，造成了很多人才产生熬年头的思想。现在，要是从一个普通科员发展到厅局级干部需要20~30年，诸多因素的束缚，势必影响优秀人才的成长，不拘一格选人才也成为空话。所以，党政人才选拔必须突破"职级准入"误区，这样才能体现不拘一格选人才。

（5）落实科学人才观，必须在选用制度上力求突破

第一，推进党政人才职位分类制度建设。公务员法要求国家公务员实行职务分类制度。美国早在20世纪20年代就完成，我国还没有完成科学的职位分类。要落实科学的人才观，必须推进党政人才职位分类制度建设。职位分类主要包括四方面：一是职位名称；二是工作职责；三是任职资格条件；四是工资待遇。职位分类是党政人才选用制度的基础，必须把人才的工作基础搞好，才能为人才成长、人才选拔提供明确的方向。

第二，建立党政人才职务执行能力标准。一些发达国家在人事制度改革中，以提高公务员能力素质为抓手，制定了"公务员职务执行标准体系"，并取得一定实效。我国在人才选拔使用中，也应当建立党政人才职务执行能力标准。在设计上可以考虑分为几个大类，每一个大类再分为若干个指标，每一项指标，再分为具体能力标准。这是提高党政人才行政管理能力的一项基础性工作，也为党政人才选拔任用提供了科学的依据。

第三，深化公务员聘任制和公务员专业技术任职资格制度改革。一是积极实行公务员聘任制。贯彻落实公务员法，在全国选择部分省份、地区试行公务员聘任制，其工资、保险和福利待遇

参照国家公务员标准执行,奖金、津贴依其工作表现和业绩考核情况上下浮动,灵活掌握。二是建立公务员专业技术任职资格制度。在总结专业技术职称改革经验的基础上,按照中央的统一部署和要求,有计划、分步骤地建立公务员(专业技术类、行政执法类)专业技术任职资格制度,为公务员分类管理提供经验或办法。三是实行党政领导干部职务任期制度。要从解决"终任制"问题,盘活领导干部和领导岗位两种资源的角度出发,实行党政领导干部职务任期制度:任职不到五年的党政干部,原则上不能轻易调任工作,这样既保持任期内工作的连续性,有保证任期目标的落实和完成,更有利于了解考核党政干部能力水平和业绩贡献;职务任期制要有一定的时间规定,在一个岗位上连任最高不得超过两届,任期届满必须进行交流。这样对于实现干部能上能下、形成正常的新老交替机制、保持选任干部届内稳定具有重要意义。

(6)落实科学人才观,在选用管理上"三管齐下"。

第一,拓展职业发展空间的通道。在现有职务管理基础上,探索建立职务与级别、职称管理相结合的制度。这有利于拓展党政人才职业发展空间,有利于打通三支队伍之间流动渠道。具体做法:党政机关在"专业类、执法类"公务员中,建立职务、职级、职称三种序列管理制度,三种序列的晋升独立进行,不需要一致;三种序列晋升的路径不同,职务晋升是通过选举、竞聘等途径实现,级别是以学历、资历、工作经历为基础,职称是走社会化评审的道路;在分配待遇上以级别为主要依据,职务和职称可以提供相应的补贴。拓展党政人才职业发展空间,至少有三方面好处,即对职务的留恋感减少,对不担任领导职务的干部积极性有所提高,在分流中能获得生存机会。

第二,减少"官本位"的利益吸引。有些地方、有些部门,"官本位"思想较为严重。这是导致一些领导干部不愿交流、不愿下来的根本原因。所以，必须采取有效措施，减少"官本位"的利益吸引力。要加强权力监督，杜绝权力的无限延伸，把"隐性收入"，如房子、车子、医疗等显性化；要调节过高收入，根据中国国情，国家要注意平衡党政部门与其他行业的收入差距，不要对党政机关调薪过高；要增加任职风险压力，通过媒体曝光、群众评比和市民投诉，以及政治、行政、法律、道德问责等手段，增加任职风险压力。

第三，疏通人员退出的通道。改革必须以人为根本，以稳定为前提。对退出人员作适度正常倾斜是减少阻力的通道。例如，尽量在单位内安排退出人员工作；又如，可以发放一次性补贴，"买断工龄"；再如，适当地利用政府资源为他们进入企业、寻找就业、提供创业机会、贷款等方面适度帮助，并给予政治上、生活上一些温暖、关怀等。这些政策倾斜，是处理改革、发展、稳定的重要举措，也是疏通退出人员阻力的有效通道。

（7）建立健全党政人才激励保障政策法规。当前，干部激励保障机制不够健全的问题比较突出，在一定程度上影响了干部的积极性和稳定性。因此，必须深化党政人才的分配制度改革，从制度上保证各类人才得到与他们劳动和贡献相适应的报酬。

第一，进一步完善公务员工资制度。

一是完善定期增资制度。借鉴国外经验，根据国民经济的发展和社会劳动生产率的提高，每年提高公务员的工资水平。同时，要随着公务员年薪的增加，增加公务员的级别工资。

二是坚持平衡比较原则。工资分配中要实行各地区、各行业、各部门之间公平合理性，要坚持平衡比较原则，要协调地区之间收入差距。在平衡比较、协调地区收入差距过程中抓好两头：一方面，要完善艰苦边远地区津贴制度，加大对艰苦地区、欠发达地区的政策扶持力度，帮助他们逐步提高收入；另一方面，要规范政策外津贴补助，实施地区附加津贴制度，防止部分地区工资收入水平增长过快。

三是完善物价补偿机制。根据物价指数的变动,适时调整公务员工资,使工资增长率高于或等于物价上涨率。公务员的工资是经过法定程序调整的,各行政机关不能根据物价上涨的情况自发地进行调整,在这种情况下,要保证公务员的实际工资水平不因物价上涨而下降,需要进一步完善物价补偿制度。

第二,探索建立公务员年金制。公务员年金制,即拟给每一位公务员设立"公积金账户"。"公积金账户"主要根据贡献和收入对等的原则,按不同的职务和级别,大幅度提高职务津贴,并把职务津贴计入个人公积金账户,作为公务员长期抵押金。公务员年金发放形式:一是退休和正常离职时一次性发放;二是公积金账户与工作业绩密切挂钩,如果在职期间贪污受贿、渎职失职或违法乱纪,轻则扣发,重则全部上缴国库。这样做的最大好处是减少干部的"寻租"行为,大大提高干部"寻租"的机会成本,从制度上最大限度地减少干部的"寻租"行为。

第三,健全公务员带薪休假制度。发达国家的公务员都有比较完善的休假制度、病产事假制度和津贴制度。我国的带薪休假制度还刚刚起步。为体现国家对公务员的关系和照顾,同时也是公务员身心调整的需要,从而能进一步提高公共行政的服务效率,建议尽快建立完善国家公务员带薪休假制度。一是每年规定的休假制度必须实行,并作为考核领导业绩的一项指标;二是每年要安排一次疗(休)养、体检制度,并给予一定的经费补贴;三是建立个人健康档案。

(8)丰富精神激励内涵,激励形式多样化。

第一,扩大精神激励的内涵。采取精神奖励、荣誉、政治待遇、培训相结合的方式,尤其要重视对公务员的培训激励。

第二,加大"负激励"力度。我们在干部"负激励"的措施上过于宽松。例如,职务只能上不能下,工资只能增不能减,年度考核只有优秀、称职，没有或极少数不称职。结果是考核流于形式，奖金成了变相补贴，干部不出大问题就可以"终身"任职。最终导致整个集体缺乏激情与活力，创造性和积极性不高。要打破这种局面，就需要强化"负激励"，包括"引咎辞职""弹劾制""调整不称职、不胜任干部的力度"等。通过"负激励"，充分调动党政人才的积极性和创造性。

（三）转变人才工作观念

观念是行动的先导。从县域基层的实际来看，中小企业是经济发展的主体，也是人才竞争的第一主体。但由于多数民营企业起点不高，人才观念滞后、积极性和能动性缺乏，导致人才问题成为其二次创业过程中面临的突出问题。要引导民营企业转变观念既是一个长期过程，更需要各级党委、政府高度重视、认真研究、深化认识。当前和今后一个时期，各级党委、政府仍然要花大力气、有针对性地引导全社会特别是中小企业树立科学的人才观。

"人才即资本"。人才是第一资源，更是发展资本。要引导企业走出"见物不见人，重财不重才"的误区，真正把人才作为转型升级的活力之本。

"人才即效益"。人才开发需要实实在在的投入。人才投入的产出具有滞后性，但其最终产生的效益是其他投资所不可比拟的。要引导企业在人才工作上克服急功近利的误区，加大战略性人才投资，优先储备积累人才资源。

"开放式用才"。如何面向全球整合配置人才资源，已成为各个国家和地区竞争发展的重要课题。要引导克服保守思想和惯性思维，树立开放的人才视野，倡导不求"所有"但求"所用"的人才理念，变"人才流动"为"知识流动"，实现人才资源共享，进而实现真正的人才集聚。

1. 树立人才第一理念

（1）处理好"商"与"才"的关系。招商引资是目前欠发达地区加快经济社会发展的重要抓手，对提升区域经济竞争力能够起到立竿见影的效果。欠发达地区往往在招商引资、项目推进上加大人力、物力、财力的投入，为了能让大项目迅速落地，甚至还有"一企一策"的奖励政策。但人才引进工作由于其长期性，不能在短期内迅速见效，有的需要三五年甚至更长时间才能体现出效应。相对于招商引资来说，欠发达地区招才引智的工作力度欠缺，经费投入不足，无法形成高层次技术人才、领军型人才引领区域转型跨越发展、高新产业形成集聚效应促进精英汇集的良性循环，还将在新一轮的区域综合实力竞争中落于劣势。因此，欠发达地区党委政府应有"功不在我期"的气魄和决心，真正树立"人才第一"的理念，使招才引智工作与招商引资工作齐头并进，在资金上投入，在政策上倾斜，在要素上保障，确保在人才资源的竞争中取得一席之地。

（2）处理好"远"与"近"的关系。人才工作因其长期性与战略性，必须统筹兼顾，既要立足当前，又要着眼长远。从中长期来看，要落实科学人才观，根据经济社会发展的实际需要，分类别制定切实可行的人才发展规划，健全人才工作组织体系，形成人才方略总体框架，落实党政一把手抓第一资源责任制，建立充满生机和活力的人才工作政策机制。从近期看，要克服"见物不见人"和"重使用，轻培养"的倾向，要围绕地区特色产业，重点抓好创业创新人才培养，大力培养经济发展重点领域急需、紧缺的专业人才，不断提高实用技术人才培养的数量和质量，创建专业科研阵地，增强自主研发能力，助推产业与技术的有效结合，形成一个产业一个创业群体支撑、一个企业一个技术团队引领的良好局面。

（3）处理好"政"与"企"的关系。政府要做好人才的引进、组织、服务等工作，工作要做到到位，但不能越位，更不能代行企业职能。政府激励政策必须以项目为载体，完善人才流动机制，探索柔性引才的新方法、新途径，建立健全产学研结合机制，以奖励成果为目标，调动企业引进高精尖人才的积极性。企业作为人才工作的主体，人才的招引、培养和使用直接由企业来承担。如果企业对人才工作的重视不够，投入不足，待遇过低，不能合理使用人才，必将挫伤人才干事创业的热情，削弱企业自身甚至是地区招才引智的吸引力，无论是对企业，还是对地区经济发展都是百害无一利。因此，政府要大力实施人才强区战略，积极探索和改进加强服务的方法和途径，努力营造有利于人才创业创新的良好环境。企业家熟悉了解人才政策，要与人才工作相关部门多联系、多沟通、多配合，真正做到集聚人才、吸引人才、留住人才，激发人才活力。

（4）处理好"薪"与"境"的关系。根据心理学家马斯洛的观点，人才更高层次的需求，是看自身的能力能否有所提升。对用人单位而言，必须充分保障人才的薪酬待遇，这就是所谓的"待遇留人"，但仅有优厚的薪酬待遇是远远不够的，还要打造适于人才留存和发展的"生态"环境。一些单位招不到、用不长、留不住人才，影响政府和企业的精力。企业要关心人才的生活，改善人才的工作条件和生活环境，加大研发资金的投入，加强与人才的沟通交流，在企业范围内营造有利于人才发挥才智、脱颖而出的舞台。政府应建立完善以能力和业绩为主导的人才评价机制，以竞争择优为主导的人才选拔任用机制，以市场配置为主导的人才流动机制和以一流业绩、一流回报为主导的人才激励，做好各类人才的管理与服务工作，让人才真正感觉有事业、有待遇、有感情，这样才能扎得住根，结得出果。

（5）处理好"内"与"外"的关系。人才的需求有不同层次，人才工作也应体现差别化。与发达地区相比较，欠发达地区在经济、教育、文化等方面有很大的差距，自身缺乏培养、吸引高端人才的条件，因此，要舍得花本钱、下大力气引进经济社会发展急需的高层次人才。虽说"外来的和尚会念经",但也要防止"引来女婿气走儿子",要同样重视本土人才的选拔和培养,对于一般的技术人才和技能人才的锻炼和提高,应以本土培育为主。因此,要充分挖掘和整合教育资源、培训机构、人力资源中介,拓宽和完善专业门类,引导社会力量转化为有竞争优势的技能人才资源,培养出一支技术精湛、创新创业欲望强烈的本土化高技能人才,为地方经济社会发展提供智力支撑。

2. 人才优先发展是科学发展的有效路径。

纵观世界各国发展历程和我国发达地区成功经验,谁优先集聚了人才、优先发展了人才、优先使用了人才,谁就拥有了发展的先机,就能实现率先发展和跨越发展。深入贯彻落实科学发展观,推进经济社会转型升级、科学发展,必须走"人才优先发展"的道路,把人才优先发展的理念落实到经济社会发展规划、重要政策和工作部署中,以人才优先发展引领和支撑经济社会科学发展。

(1)人才优先发展是科学发展观的题中之意。科学发展观的"第一要务"是发展,要不断解放和发展社会生产力,提高发展质量和效益,实现又好又快发展。人才作为先进生产力的代表者和科学技术的主要承载者,在推动经济发展和社会进步中,始终起着最关键、最直接、最根本的作用,是发展的"第一资源"。抓"第一要务"首先要抓"第一资源",通过确立人才优先发展战略布局,发挥人才的支撑和引领作用,以"第一资源"推进"第一要务",实现经济社会科学发展。

科学发展观的核心是以人为本,要实现好、维护好、发展好最广大人民的根本利益,促进人的全面发展。做到发展为了人民、发展依靠人民、发展成果由人民共享。人才优先发展,通过人才资源优先发展、人才结构优先调整、人才投资优先保证、人才制度优先创新,为实现人的全面发展、人人成才提供了坚实保障，充分彰显了科学发展的思想精髓。科学发展观的基本要求是全面协调可持续发展，促进现代化建设各个环节、各个方面相协调。人才优先发展正是通过发展了人这个最活跃的生产力要素，使人才充分发挥推动发展的基础性、引领性作用，从而更好地促进经济社会的全面协调可持续发展。

（2）人才优先发展是实现科学发展的必然选择。人才是科技的支撑，是创新的源泉，是发展的动力。转变发展方式、实现科学发展观必须依靠人才。人才优先发展是破解制约因素实现科学发展的必然选择。当前面对发展空间的制约、资源要素制约和环境承载力制约等难题，传统的粗放式、外延式的增长方式已难以为继，只有坚持人才优先，加大人才资源开发力度，大力引进、培养、用好经济社会发展急需紧缺人才，更加突出依靠人才和科技的力量破解发展的制约，才能掌握科学发展的主动权。人才优先发展是知识经济时代实现科学发展的必然选择。人才资源、人力资本是知识经济时代经济增长的第一要素，成为经济社会发展的重要支撑。一个国家和地区要提高竞争力，前提和关键就在于能否确立人才作为战略性资源的地位，能否确立人力资源优先发展的战略布局，能否拥有一支高素质的强大人才队伍，否则就会在竞争中处于劣势，失去实现转型升级和科学发展的历史机遇。

（3）人才优先发展要做到"四个优先"。一是优先开发人力资源，大力引进人才、培养人才、用好人才。确立人才资源开发相对于物质资源、环境资源、资金资源等其他各方面资源的优先地位。二是优先调整人才结构，以人才结构优化引领产业结构优化升级。加快推进人才结构战略性调整，确立国际化、高端化人才发展导向，加强国家级和省级海外高层次人才创新创业基地建设，加大企业、科技、文化创新团队建设，推进院士工作站、博士后科研工作站和专家工作室建设，创新产业人才集聚区建设，以谋划和实现人才专业素质结构、层次结构、分布结构的战略调整，引领产业结构优化升级。三是优先保证人才投入，走人力资本优先积累之路。牢固树立人才资本是高效资本、人才投入效益最大的理念。四是优先创新人才制度，构建有利于科学发展的人才发展体制机制。紧紧抓住对人才发展具有长远性、根本性、全局性的体制机制，以政策为突破，通过创业扶持、创新激励等人才发展重点领域和关键环节的政策创新，带动体制机制创新，不断总结创新经验，拓展创新成果运用，建立符合中国国情、国际惯例的引才用才政策制度和人才工作体制机制。

（四）招才引智成为中国实现转型的历史选择

中国区别于欧美模式、同时保证社会稳定和经济高速增长的发展经验，以及巨大经济成就，早已为世界所瞩目，并被许多研究者视为发展中国家可借鉴的"中国模式"。但是，在日新月异的发展过程中，中国也积累了许多问题，例如，高出口、高耗能、高污染、高投资基础建设与低内需、低附加价、低价劳动力付出、产业链低端位置等，国家、企业、劳动者从全球产业链中获得的利润非常微薄。当然，"中国模式"本身也意味着产业结构需要优化升级，还意味着大多数劳动者从收入到消费都处于低级状态。

中国一直是世界上吸引外资最多的国家，也是全球出口最多的国家。但是，中国的经济发展并没有因此而实现高质量、企业的高利润、劳动者的高收入、中国企业大量走出去以及国际化这些目标。

中国经济规模位居世界第二，但世界级企业寥寥无几。中国进入世界500强的企业主要是国有企业，依靠垄断资源以及国内这一全球最大市场来崛起，而不是依靠高质量的产品以及提高科技、知识、创意、品牌的含量来席卷世界。无论是高科技产业还是国家科技发展，都缺乏重要、核心领域的自主创新能力。"工厂"和"加工厂"的角色让中国具备一定的技术基础，能够轻易仿造高新技术产品,但无法拥有自主创新、创意的能力。

中国经济发展长期依赖政府的调控,依赖于基础投资,经常以"全民运动"的形式进行经济建设,导致了重投资、轻消费,重基础设施建设、轻社会软件建设,重制造业、轻知识服务业,以及重国有企业、轻民营中小企业等这些现象的产生。

在发达国家,服务业一般占GDP比重的60%~70%,而在美国,这一数字高达82%,印度服务业整体占比也超过50%。在美国,创业产业占GDP的7%,超过了房地产业在GDP中所占的比重成为支柱产业。2011年,中国服务业占GDP比重仅为43%,而房地产业占GDP的比重接近10%。

"中国模式"中低技术水平、粗放型的发展方式,导致企业的GDP能源消耗巨大,使得环境承受能力达到了极限。中国的GDP还不到美国的三分之二,但已是全球最大的温室气体排放国,同时也是世界水泥、钢铁和大多数原材料资源消耗最多的国家。

不仅全球的能源不足以支撑这一模式下的中国实现大国崛起,中国自身的"人口红利"也无法继续支撑下去。在平均预期寿命增加以及独生子女政策的双重作用下,中国社会正逐渐步入老龄化,未来10~30年,中国将彻底进入老龄化社会、"人口红利"将不复存在。如果不转型,未来"工厂"将会从中国东南沿海迁到中西部,接着迁到越南、墨西哥、印度、非洲、南美洲等更具廉价劳动力优势的国家和地区,中国的经济发展就会陷入停滞状态。"中国制造"已经登峰造极,要发展也只能向"中国创新""中国创意"等全球产业链的高端环节提升。

过去30年,中国依靠"人口红利"推动经济发展、参与全球化经济。"人口红利"是"中国制造"的核心竞争力。大量人口的城市化进程推动了房地产业的发展,满足了铁路、公路等基础设施建设的巨大需求,使手机、互联网、电子通信等成为全球最大消费市场的基础，进而推动了中国部分普及型知识产业和高新产业的发展。

未来30年，中国只有形成"人才红利"，才能在经济发展与维持国民高收入以及在全球相对高收入中获得平衡性发展。未来中国的发展，尤其是知识经济的发展，最重要的资源不是土地、能源，而是人才以及形成"人才红利"。无论是从"中国制造"向"中国创造"的转型，还是从资源密集型知识密集型的经济增长方式转型，或是加强社会建设，高质量的人才都是关键。

如今的中国，经济总量、外汇储备都已庞大无比，经济结构调整以及产业升级不缺乏资金和硬件，只缺乏人才。在未来中国众多的发展趋势中，如何培养、引进并发挥人才对转型发展的驱动力作用，将是一个关键因素。因此，就像中国经济的产业结构需要从"中国制造"向"中国创造"产业升级一样，中国对外开放的战略，也需要从招商引资走向招才引智。

"人才强国"战略的提出、"千人计划"的出台、《国家中长期人才发展规划纲要（2010～2020年）》的颁布，表明中国政府在全球竞争中通过加强人才竞争、推动经济转型发展的决心与魄力。新的人才战略与政策的及时性在于，中国经济和社会的发展已经到了遏制人才流失、主动吸引与争夺国际顶尖人才的阶段。同时，将中国经济转型和产业升级的关注焦点从技术和资本转移到掌握技术与资本的人才上。

中国最新的人才战略，不仅引起了整个世界的关注，还影响了各国的人才政策。美国总统奥巴马2011年在得克萨斯州演讲，谈到敦促加快移民改革，以挽留及吸引国际高科技和高技能人才时，就注意到了中国人才政策的积极变化，他对此公开表示忧虑："我不想看到下一个英特尔或谷歌诞生在中国或印度。"

过去强调"招商引资"和"引进技术"，而掌握、运用资本的是人，技术是靠人来掌握的。引进专利技术可能需要巨额的费用，但引进那些掌握并能创新这些技术的人才却是免费的。国家不只需要加大教育投入，出台更多政策吸引海归人才，还应该逐渐对外国人才采取更为开放的态度，包括建立技术移民机制。这将是影响、改变中国未来30年甚至更久的重大战略。

十年树木，百年树人。未来，中国如果从根本制度建设着手，继续完善人才培养、引进、选拔、使用、激励等机制以及相关配套政策，最终形成良好的发展平台、发展环境与土壤，必然会从"千人计划"等吸引的海外创新创业人才的工作当中收获具有国际影响力和领先地位的高新技术企业，诞生中国的微软、英特尔和谷歌。

（五）通过重大人才工程引领带动

《国家中长期人才发展规划纲要（2010～2020年）》涉及的12项重大人才工程，涵盖人才队伍建设的主要方面，并与已有人才项目对接，做到每个人工程目标明确、任务明确、效果明确，可操作、可检测、可评估。实施好这些工程能够引领整个人才队伍建设，推动国家人才竞争力在某些领域进入世界前列，从而对经济社会发展全局产生重大影响，有力地拉动和支撑科学发展。从国家层面组织12项重大人才工程，关键是要充分发挥重大人才工程对人才发展的引领带动作用。重点抓好以下几点工作：第一，要以实施重大人才工程为载体，更好地体现人才工作服务科学发展大局的战略定位。第二，要以实施重大人才工程为载体，在整合资源中形成人才工作合力。第三，要以实施重大人才工程为载体，贯通人才培养、引进、使用三环节，体现人才工作的整体效益。第四，要以实施重大人才工程为载体，打造示范工程，引领人才队伍建设载体上水平。第五，要以实施重大人才工程为载体，推进人才工作体制机制创新，营造良好的人才发展环境。

（六）改进海外高层次人才引进政策

依托"千人计划""百人计划""长江学者"等国家级引智

项目，借鉴发达国家经验，结合国家重大战略科技需求和传统产业转型、培育新兴技术产业的战略需要，尽快制定统一、系统、重点明确的海外引智战略。

扩大科技开放，开辟科研特区，优化外籍人士申请永久居留资格等证件的相关规定，吸引更多的外籍人才为我所用。中国科学院广州生物医药与健康研究院院长裴端卿说，海外引智要打破华人圈子的束缚，毕竟从全球范围看，高层次的华人才数量非常有限。

资金、政策等资源要向高层次、紧缺型和带回重大科研成果的人才、团队倾斜，要向正处于创造期的人才倾斜，调整引进人才"重硬件配套、轻工资待遇"的做法，进一步增强对海外高层次人才吸引力。

适当放宽高层次人才的科研年龄。对从美国等发达国家引进的正教授等高层次人才，在实行合同聘任、科研评估考核制度的前提下，参照院士标准放宽申请课题的年龄条件。例如，近年来深圳市在课题申报上已经取消年龄限制，而是注重项目本身的水平与价值。

创新举措，化解海外人才水土不服等问题。例如，为防止部分人才出现水土不服、创业失败的问题，江苏省鼓励"千人计划"创业人才到院校做兼职教授，学术能力比较强的还允许带研究生，从而充分发挥其才智，分散创业风险。

在实施"千人计划"的过程中，可以将海外高层次人才发展为"伯乐"，让他们去发现相对年轻的海外人才。海外引才思路要实现两个转变：一是从只吸引高层次人才到吸引多个层次的人才；二是吸引中年以上的海外人才拓展到吸引包括35岁以下的年轻人才。总之，引进海外人才，不能只吸引功成名就的知名学者，还应包括潜在的高端人才群体。

除了人才政策外，人才环境很重要。人才政策不能代替人才环境的建设，国内从中央到地方都要培育良好的人才环境，中央制定新的人才政策，地方应及时跟进落实，要让海归人才有家的感觉。只有做到温暖人心，海外人才的聪明才智才能得到充分发挥。

除了鼓励海外人才创新创业外，还应鼓励"海归"从政。"海归"从政既有优势，也有劣势。优势在于：第一，"海归"的眼光比较长远，眼界比较开阔，在文化领域能更好地融会贯通；第二，"海归"的海外经历开阔了他们的视野，使其在国际合作、招商引资、交流沟通等方面能施展所长；第三，"海归"在政治领域中能将中西方的行政模式相结合，取长补短，扬长避短；第四，在全球化时代，"海归"从政是一项推广中国形象的工程，他们能为执政党注入活力；第五，在网络时代，"海归"思想开放，善于利用网络塑造政府的良好形象。当然，"海归"从政的劣势也很明显，如要花一定时间来熟悉国情、地情。但"海归"从政总体上优势大于劣势。

深化认识，全面实施"千人计划"。中央实施"千人计划"的目标是引进并有重点地支持一批海外高层次人才回国（来华）创新创业，开展工作，重心应是发挥"千人计划"的感召力和影响力，通过多种途径寻访和引进海外高层次人才。因此，不能将工作重心放在申报、评比上。各地应深化对"千人计划"内涵的认识，充分发挥"千人计划"的引才作用，不仅要大力引进专业技术人才，还要加大对经营管理人才、创业创新人才、教育人才等各领域人才的引进力度，深入实施"千人计划"。

在引进海外高层次人才方面加强信息交流与合作，实现共同发展。目前，各地引进海外高层次人才的积极性很高，但各地在高层次人才信息和组织引进方面缺乏有效沟通，相互之间竞争多、合作少。建议政府在引进海外高层次人才方面加强全局性、总体性的统筹协调，引导各地方立足于自身的产业基础和比较优势引进海外高层次人才，加强各省（区、市）之间的交流与合作，杜绝恶性的同质化竞争。

创新机制，进一步完善相关制度。一是建立人才移民制度，改革国籍、绿卡和签证制度，完善移民"绿卡"制度，简化往返中国的签证手续等吸引顶尖人才入籍。二是完善海外高层次人才薪酬激励体系，国际人才竞争中的人才待遇标准通常不是由国内人才市场定价，而是由全球人才市场定价。对于国家紧缺人才应高于国际同行薪金水平，可以采取政府支持、民间基金参与等方式解决资金来源问题，来增强对海外人才和留学人员的吸引力。三是完善国际合作办学制度，采取倾斜政策，扩大招收外国留学生。四是建立与产业结构调整配套的国家风险基金与担保机构，通过与产业、项目、资金相结合的政策吸引和凝聚海外高端人才。五是建立留学人员创业导师库和留学人员回国创业榜样库等制度，为海外高层次人才创业提供培训和导向服务。

完善相关支持政策，解决海外高层次人才回国后面临的各种问题。目前，海外高层次人才在回国（来华）后，往往面临各种问题，如对其创新创业的支持力度不够，在子女入学和安居方面存在一些困难。建议如下：一是解决创业融资难问题。应建立政府海外人才和留学回国人员创业基金，推进创业担保机制。二是解决子女入学难问题。可在海外留学人员集中区域由政府资助一批学校开展双语教学，鼓励和支持知名学校开办国际部、外资及民营企业兴办国际学校。三是解决住房安居难问题。探索实施高端人才住房资助计划和公寓配售配租计划。四是解决建立服务平台问题，抓紧建立海外留学人员项目信息、创新实验、公共技术、成果展示和技术产权交易等资源共享平台。

与国内知名人才中介服务机构加强信息交流与业务合作，促进全球选才。目前，我国各地方引进海外高层次人才主要是通过海外联络或外事部门推荐、组团到海外招聘、以才引才、公开招聘等方式，政府部门或开发区、高新区发挥着主导作用。为进一步提高引才的效率，建议各地方与国内外知名人才中介服务机构加强信息交流与业务合作。借助中介服务机构的渠道和专业化服务，有针对性地引进海外高层次人才。具备条件的地方可开展高端人才引进项目外包服务。

（七）完善社会保障制度

我国的社会保障制度是从新中国成立初期开始建立的，经历了三个大的发展阶段：第一阶段可称为"劳动保险阶段"。1951年，政务院颁布《中华人民共和国劳动保险条例》，对国有企业职工的养老、医疗、工伤、生育待遇作出规定。1955年，国务院颁布了国家机关、事业单位工作人员退休养老办法。第二阶段可称为"社会保险探索阶段"。经过20多年的探索，我国初步建立了适应社会主义市场经济体制要求的基本养老、医疗、失业、工伤、生育等保险制度和政策体系框架。养老保险实行社会统筹和个人账户相结合的模式，实现了企业单一责任向国家、企业、个人三方共担责任的转变。第三阶段是保障制度进入统筹城乡、全面覆盖、综合配套、统一管理的新阶段。这一阶段的核心目标，是使全体人民老有所养、病有所医，就业者享有与职业相关的基本保障，保障水平随经济发展逐步提高。当前，必须以改革创新的精神，抓紧完善以养老保险和医疗保险为重点的社会保障制度。

第一，进一步完善养老保险制度。一是建立新型农村养老保险制度，研究建立城镇非就业老年人的普遍补贴制度，弥补制度缺失。二是在事业单位整体改革框架内，抓紧推进事业单位养老保险制度改革。三是提高养老保险统筹层次，在完善省级统筹的基础上，条件具备时推进基础养老金全国统筹，出台跨制度、跨统筹地区养老保险关系转移接续办法，解决流动性问题。四是逐步做实个人账户，拓展投资渠道，实现基金保值增值，确保养老保险制度长期可持续发展。

第二，健全多层次的医疗保障体系。一是通过完善城镇职工基本医疗保险，建立以大病统筹为主的城镇居民基本医疗保险，加快推进新型农村合作医疗，建立健全基本医疗保障体系，实现城乡居民人人都有基本医疗保障。二是通过不断扩大基本医疗保障覆盖面，加强城乡医疗救助制度建设，发挥商业保险在健全医疗保障体系中的作用，逐步形成层次清晰、结构合理、功能互补、管理衔接较为健全的多层次医疗保障，努力满足人民群众多元化的医疗保障需求。

第三，加快推进事业单位养老保险改革。由于现行事业单位的养老费用由财政或单位承担，单位负担或轻或重，养老保险关系不能及时转移接续，影响人员流动，制约了事业单位改革和发展，要遵循权利与义务相对应、公平与效率相结合、保障水平与经济发展水平及各方面的承受能力相适应的原则，逐步建立独立于事业单位之外、资金来源多渠道、保障方式多层次、管理服务社会化的养老保险体系。通过养老保险制度改革，使事业单位人员由"单位人"转变为"社会人"，维护他们的养老权益，解除人才流动的后顾之忧，充分发挥他们的积极性和创造性。

（八）营造与国际人才管理体系接轨的人才成长环境

人才的引进与保持，作为政府、企业、市场、制度等都有重要使命，各自都要通过营造人才环境、发挥人才主体作用，为人才的引进与保持提供重要支撑保障。人才工作最重要的是环境，如果环境好了，没有人才会有人才；如果环境不好，有了人才也会流失。人才引进与保持实际上讲的就是环境因素。

1. 政府要营造四个环境

（1）政策法制环境。要建立中国特色的人才法律法规体系，形成分系统、多层次的法律法规制度框架。近期，主要建立人才培养、引进、评价、使用、流动、激励、保障、安全和特殊人才九个方面的政策法规，尤其率先制定技术移民法、投资移民法。在制定政策法规中，必须注意三点：一是对人才的限制要少、要灵活，要打破年龄、学历、职称、地域的限制，只要是国家发展需要的就是人才。二是建立一套新的人才柔性流动政策法规，包括人才的择业自由、迁徙自由、出入国境自由，使中国变成人才流动自由度大、创造性发展机会多的国家。三是户口政策要开放。总之，我们不但要加快建设政策法规体系制度环境，更重要的是要加快建设公正、公平地执行政策法规的法制环境，从而促使人才工作的各项政策法规保持公开性、权威性和连续性。

（2）工作创业环境。最近，世界银行有一份报告，指出发达国家与发展中国家创办企业的难易程度不一样。这可以从三个方面指标来考查：一是创办企业需要通过几道关口。发达国家平均需要通过6道关口，发展中国家需要通过11道关口。二是创办企业需要消耗多少个工作日。发达国家需要消耗27个工作日，发展中国家需要消耗59个工作日。三是创办企业需要花费多少钱。发达国家需要花费人均年收入的8%，发展中国家包括中国，花费远远高于发达国家。

（3）生活学习环境。对于创造性活动的最大奖励是创造活动本身，但是这并不意味着优秀人才就不在乎物质奖励。国外有一句话，叫作体面的生活环境。要为优秀人才提供必要的物质待遇，以保证他们全力以赴地为国家发展和民族振兴贡献毕生精力。良好的人才生态环境是指良好的人才成长、就业、学习、居住等环境。它的优化，主要是人才生态环境各构成要素间的均衡发展。我们要改变原有依靠政府行政性补偿和保护措施来留住海外人才的"心"，而应为人才创造良好的生活学习环境和人才发展的社会环境。

（4）人际学术环境。今天，人才流动由个体吸引走向群体集聚，由群体聚集趋向整体融合，由粗放增值转向集约发展。人际学术环境的亲和、认可程度，决定着人才吸引、集聚、融合、发展的程度。因为，人需要亲和认同，"群"需要亲和认同，"家"需要亲和认同，民族需要亲和认同。亲和认同是资本，亲和认同是财富，它能经常创造奇迹。所以，人才的一个本质特征是具有创造性。鼓励人才成长和发展的人际学术环境，实际上就是鼓励创造的文化环境，鼓励探索、允许失败、相互信任、和睦相处的人文环境，鼓励人人都做贡献、人人都能成才的社会环境。

2. 技术创新的主体是企业，专业技术人才的主力应在企业

据统计，美国在企业从事研究与开发的科学家与工程师占其总量的80%，而我国在企业工作的各类专业技术人才还不到全国人才总数的40%。要使企业成为人才开发主体，除了要解决观念上"学而优则仕"顽症外，根据国外人力资源管理经验，必须实行"三大转变"。

（1）实行人事工作地位的转变，强调人事部门的战略地位。实行人事工作的地位转变，是战略性人力资源管理的必然要求。要结合现代企业制度改革，实行人事部门从一般业务部门向战略部门的转变，真正确立国家人事部门的战略地位。联想、海尔和上海家化等企业的人才工作之所以在全国领先，一个重要的原因，就是这些单位都把人事部门作为战略部门看待，而且人事部门直接参与公司最高层的决策，人才工作不仅摆上了公司党政重要议程，而且公司党政一把手亲自抓第一资源。

（2）实行人事工作观念的转变，强调人才的价值观念。分配激励机制是人才激励机制的重要内容。完善企业的分配激励机制，总体要求就是企业经营管理人才、专业技术人才和技能人才这三部分人才的价值都要实现。要按照社会主义市场经济条件下劳动力的供求关系，建立市场工资机制。主要思路有两条：首先，工资这一成本企业可以承受；其次，激励力度能够达到留住人才。这两点，使人才价值既能在企业充分实现，也能使企业成

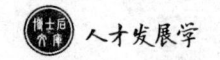

为优秀人才向往之地。

（3）实行人事工作方法的转变，强调人才资源的开发与管理。据调查，在现有国有企业中，传统的人事管理仍占主导地位。实行人事工作方法转变，就是要从传统的档案管理转向现代人力资源开发与管理。现代人力资源管理的核心是以人为本，目的是人的全面发展，方法包括人才规划、人员招聘、职位设置、薪酬福利、绩效考核、培训与发展、生涯设计等方面。

3. 设立国际化人才发展基金

国际化人才发展基金主要包括"四大基金"：提升本土人才国际化的奖励基金、培育未来国际化人才的种子基金、吸引海外人才外籍人才参与发展的启动基金与补助基金。基金专门用于促进国际化人才来华从事科研和教育工作，从事创业与创新经营活动。国际化人才发展基金的资金来源可以通过政府和社会募集。每年可以向政府财政申请补助资金，加上社会各界、海外侨胞和风险投资机构投入的资金从而为国际化人才提供创新、创业与发展基金。此外，还可以选择国际知名的跨国投资公司参与进来，加大基金的额度。

4. 给予个人所得税优惠

留学人才与外籍人才的收入是明码标价、公开透明的，因而应缴的个人所得税额是明确的。但是，国内的人才在收入之外，还有住房等其他不计入个人所得税征税范围的收入。在同等条件下，留学人才与外籍人才要缴纳更多的个人所得税，他们的实际收入不能与其业绩相匹配。国际化人才的流动性使之失去了许多隐性收入（如住房、福利及求职的交易成本等）。因此，可考虑在创业园等"特区"（特聘教授、特聘公务员、特聘"首席"等），根据目前可以享受的优惠政策，给予适当的税收优惠。

5. 平衡本土人才和海外人才的利益分配

为鼓励留学人员、外籍人才来华或在华工作，搭建的平台要

"适当",并不是越"高"越好。平台过高会"哄抬物价",国内外人才反差太大也不利于留学人才、外籍人才来华发展。过高的资助、过高的地位会起到反作用,应当避免出现"引来女婿,气走儿子"的现象。在资源分配、择优资助、评优表彰乃至住房分配等方面,均应一视同仁。应掌握好政策调控力度,不能在各类人才中造成不出国就不能得到重视的印象,而应根据其水平、才能和贡献给予平等对待。

6. 建立海外人才长留自由的保障机制

要推出并完善国家的技术移民政策与允许外籍人才在华长期居留制度,吸引全世界有杰出创造力的科学家到中国从事科研和教学,引进世界各国杰出的企业家到我国从事创业和经营。对于吸引外籍高级人才,可以考虑放宽发放居留证的条件。对在我国居住两年以上的外籍高级管理和科技人才、投资数额较大的外籍投资者等外国人实行"绿卡"制度,让现在广大出国留学、工作的人员合法保留中国的国籍。

凡是到国外定居、获得国外国籍的,只要愿意回来,都可以给予多年的多次往返签证。可以考虑给予华商海外人才 5 年或 10 年的多次往返签证和长期居留,这将会大大有利于其来华创业与发展。

7. 职业认证体系尽可能与国际证书接轨

大量的国际证书开始进入国内市场,带来了国际先进的管理经验和理念,甚至可以提升一个行业。"洋"证书的价值体现在那些国际企业和机构对它们的认可。国际证书很多是通过全球统一考试获得,无论考试的监管还是证书的发放都有严格的规章制度。国际证书的品牌质量与公信力均有较高的水平。

8. 建设人才市场环境

要实现利用全球人才的目标,必须有一个开放的有利于人才自由流动和公平竞争的人才市场环境。目前需要立法机构与政府有关部门协调,共同建立一套完善的监管制度和社会个人信用体系,形成并维护一个开放、公平和有效率的人才流动市场。

9. 倡导科学精神、独立意识和平等意识

科学精神包含的内容很多,但其核心在于实事求是的求真精神和勇于开拓的创新精神。一个国家、一个民族的创新能力强不强,关键是看其国民的创新精神、创新意识强不强,因此,要提高国家的创新能力,培养国民的创新精神,科学精神非常关键。而科学精神的培养,又和每个人的独立意识和平等意识关系密切。很难想象一个身心受到束缚、精神和思想受到压制的人能比一个自由、独立的人更容易形成科学精神和更具有创新能力。因此,在我们的社会生活中、学校教育甚至家庭教育中,一定要逐步摈弃传统文化中与现代社会生活价值观相违背的、不利于人的自由健康成长的方面,积极倡导科学精神、独立意识和平等意识的建立与发扬光大,尤其要注意保护青少年儿童少受或不受传统文化中负面因素的束缚和影响,保证国民创造力的不断形成和积累。另外,科学精神、独立意识和平等意识的培养与倡导,本身对官本位思想也有一定程度的自觉抵制作用。

10. 提倡科学研究中的探索精神、合作精神

探索精神和合作精神是科学精神在科研中的具体体现。在科学研究工作中,学术上的自由思想和自由探索是非常重要的。人需要书本,但不能迷信书本;需要尊重权威,但不能迷信权威。科学研究要敢于质疑,质疑是解决问题的出发点、技术创新的原动力和获得成功的先决条件,提出问题往往比解决问题更为重要。在学术机构、学校教育中都应倡导这种精神。同样,科学研究工作还应提倡合作精神,尤其在今后科研越来越强调跨领域、跨学科协作的情况下,研究范围越狭小,越难以获得有价值的成果。搞科研不能有门户之见,要能够充分听取各方不同意见,积极开展研究协作,充分发掘人力资源的才能和潜能。

11. 培养科研团队的探索精神和合作精神

当前科学研究工作越来越依靠团队的共同作用，我们在注重科研团队学术结构合理、学术积累丰富、具有特色和优势研究方向的同时，要特别注重培养科研团队的探索精神和合作精神。一个好的团队，不仅要有浓厚的科学民主、自由讨论的学术传统，还要有不畏艰险、齐心协力、克服困难、不断创新的进取精神，以及勤奋严谨、团结和谐的学风。在两种精神的指导下，还应注意科研团队本身的培养，我国航天工业成绩突出，与拥有一个大的航天工作团队是密不可分的。

12. 宽容失败，宽容缺陷

美国某公司一位高级主管，由于工作严重失误给公司造成了1000万美元的巨额损失。第二天，董事长把这位主管叫到办公室，通知他调任同等重要的新职。这位主管心里非常紧张，问："为什么没有把我开除、降职？"董事长回答说："若是那样做，岂不是在你身上白花1000万美元的学费？"出人意料的一句话，使这位高级主管从心里产生了巨大动力。董事长的出发点是："如果给他继续工作的机会，他的进取心和才智有可能超过未受过挫折的常人。"后来，这位高级主管果然以惊人的毅力和智慧，为该公司做出了显著的贡献。人才需要经历磨炼，假如有一次失误或者不满就放弃，那么天下再多的人才也不够换来换去的。

不允许失败，没有对失败最大限度的宽容，也就使人们丧失了创新的动力。袁隆平认为，搞科研不能怕失败，怕失败就不要搞科研。要克服急功近利的思想，党和政府要注重扶持创新研究，特别是对一些事关社会发展和国家安全的研究项目和单位，不能简单地将其推向社会、推向市场。同时，对有潜力的中青年学者不能求全责备，要容许他们有这样那样的小缺点，给他们更多的自由时间，容许他们几年不申请奖励、不申报荣誉称号、不发表论文等；给他们选择助手的自由，选择"伯乐"型指导老师的自由；给予他们必要的生活保证，但不必过分给予"暖房"式的关怀等。

国家自然科学基金委成立 22 年，创造了两个值得注意的办法：一个是国家杰出青年基金。只要一位科学家的科学态度、实践精神和技术路线表明有培养前途，就给予 200 万元的科研资助，不提什么 SCI 文章的要求，让他自由发展。另一个是优秀创新群体的培育机制。只要一个单位有两位杰出青年基金的获得者，有一个重点实验室支撑，有明确的研究方向，就在三年内给予 1100 万元的科研资助，不要求承诺发表文章，鼓励自由探索。实践证明，这个机制下培养出来的科学家，反而可以取得不错的成果。

13. 改变教育、科研过度管理的倾向

统筹协调政府职能部门，减少行政指令，确保学校、科研机构自主的法律地位。完善管理体制，提高教师与科研人员的地位，充分发挥他们的作用。

各大学可考虑成立党委和校长领导下的、以教授代表为主体的校务委员会，决定办校方针、制定升迁奖惩条例等重大问题，提高校务委员会的权威性，充分发扬民主，根据学校的现实情况及自身特点办出有特色的大学。给予大学充分的学科建设和专业设置组织权，积极引导学校面向市场、面向社会、面向国际改进学科建设和专业设置。鼓励基层教育制度创新，尝试高校招生制度改革，改变严进宽出的现状，引入开放式竞争机制、国际学术标准和国际同行评审制度等。

针对科研工作过度管理的状况，可考虑重新建立国家评价个人、单位科研成果的机制，要挤去现有的泡沫与水分，还科学朴实、真实的面目，要精简不必要的多项评估与检查，改变学者及单位领导疲于奔命争取评估优秀、排名靠前的不合理现象，节约大量的人力与财力。只有这样，才能让单位和人才沉下心来，认

认认真真、踏踏实实地做成几件事，做好几件事。

14. 加强科研和科研人才管理，促进科研成果转化

（1）创新科研管理。针对我国科研管理工作的种种问题，可针对性地采取一些创新和改进措施。提高基础和公益性科研人员的固定工资标准，使他们能比较体面地生活，规定其实际收入与项目经费脱钩，以便使其安心搞研究。对基础和公益性科研给予长期稳定的支持，并适当提高项目经费的额度，提高相关科研人员使用经费的自主权，简化审批手续，减少各类评审和评奖的频次及评价方法。例如，对科研人员可以考虑以五年为一个评价周期；参考诺贝尔奖的评奖方法，参与评奖的成果应是5年或10年之前的研究成果。

（2）鼓励科研工作者注重能力提高。在人才评价中，要更重视建立与学历序列平行的能力序列，作为考核教育培训和用人晋升的依据之一，鼓励学习者和工作者在学习知识的同时注重能力提高，为从"学历本位"引导到"能力本位"提供制度保证。

（3）大幅度增加基础研究投入。国家基础研究投入与发达工业化国家相比差距很大，在有些研究方面条件不足，不利于吸引优秀人才从事相关工作并取得成绩，更不利于相关人才培养。我们要提高自主创新能力、建设创新型国家，必须突出原始创新，加强基础研究。这就需要我们在现有基础上继续加大对基础研究的投入，创造适宜的研究条件。由于基础研究的长期性和不确定性，基础研究人才的培养尤其应该是少而精的精英式教育，对于确有兴趣、经过严格筛选的从事基础研究的人员，国家应给予长期、稳定的支持，切实解除他们工作和生活的后顾之忧。要进一步为科研人员创造条件，搭建接近世界水平的科研平台，为创新型人才提供施展才干的国际舞台。

（4）促进科技成果转化。改革人才培养与使用机制，优化人才结构。应重视并大力发展职业教育，改革职称结构，设法提高

工程技术人员待遇，提高工程技术人员在我国人才结构中的比重。

（5）加强企业的科研力量。企业如果有了自身较强的创新团队，就能够和科研院所及高校创新团队展开对话，成为双方互动的桥梁，并能在很大程度上把握科研方向，使科研成果更容易转化为生产力，避免浪费。

（6）破解中试难题。建议对技术型课题从源头立项开始就要求中试研究，凡是需要鉴定和评奖的成果，必须经过中试验证。要把中试应用研究作为科学研究必要的环节，既保证技术研究成果实用有效，也能使更多人愿意并必须开展中试工作。对具有重大应用价值的成果，要设立成果转化项目，从立项和经费上定向支持成果转化工作，使得科研机构愿意建立先进的重视平台和稳定的研究队伍。

（7）培养成果转化中介机构。国家可考虑出台操作性较强的政策法规，为成果转化中介服务机构的发展营造良好环境，促进它们进一步提高专业化服务水平，提升自身国际竞争力。还可以加大对重点中介服务机构的扶持力度，培育类似英国技术集团（BTG）的成果转化中介企业，以带动整个中介服务企业的发展。

15. 积极推进"人才特区"建设

创造有利于人才成长和使用、有利于杰出人才脱颖而出的大环境，要改革的内容涉及国家经济、社会生活以及已运行多年的相关制度、体制、机制的多个方面，尤其会涉及当事人的切身利益，彻底改革不可避免会遇到强大的阻力。我国设计了"人才特区"制度，希望在小范围内绕开改革难题，率先建立人才培养与使用的特殊试验环境，解决国家人才不足问题，特别是长期培养不出杰出人才的问题。

"人才特区"建设需要从国家战略层面考虑，既要有顶层设计，又要有实践积累。人才特区建设的目的要明确，任务要清楚。从国家角度，人才特区不是简单给点优惠政策、引进几个优秀人才的事情，而是要从根本上解决我国的人才环境问题，是全面实施人才强国战略的重要举措。按科学规律办事，从国际上学习他国经验，特别是向那些不断出大师的国家学习。特区的价值就在于摈弃旧的一套，建立新的一套，解放思想，回归本真，自由思考，少受干扰，让科研人员做自己喜欢做的事，在面上解决不了的难题可以放在特区解决。

（九）引导各类人才队伍保持合理流动

人才应该在流动中保持平衡，人才队伍在流动中得以整体升级和发展。目前，党政人才、企业经营管理人才、专业技术人才"三支队伍"之间流动难度大，党政人才流动到企事业单位相对容易，而企事业单位的各类人才流动到党政机关则比较困难。干部人事制度改革相对滞后，党政机关仍未形成灵活、高效的用人机制。受资格、专业等方面严格限制，对绝大多数企业经营管理人才和专业技术人才来说，进入党政机关的途径仍然狭窄。另外，社会管理体制上存在着人才流动的障碍。党政机关与企事业单位之间分配不平衡，甚至差距很大，在一定程度上制约了人才交流。

推进党政人才、企业经营管理人才、专业技术人才合理流动，必须坚持发挥市场在人才资源配置中的基础性作用。要尽快形成符合社会主义市场经济要求的人才供求机制、价格机制、竞争机制和激励保障机制，利用价值规律和市场机制来配置人才资源，把人才放到最能发挥作用的岗位上，发挥人才的最大效能。例如，要利用市场灵敏反应的价值信号，把握"三支队伍"供需结构的市场变化，及时为"三支队伍"的合理流动做好信息咨询；要利用市场双向或多向选择，为"三支队伍"的合理流动提供交流培训、选聘培训和管理指导等服务；要利用合同约束形式，规范"三支队伍"流动市场行为；要利用法律杠杆，实施法规监控,及时解决人才流动有关社会保障、人事争议等问题,为人才流动提供法律保护。

推进党政人才、企业经营管理人才、专业技术人才合理流动,要充分发挥党委、政府在人才流动中的宏观调控作用,完善党政人才、企业经营管理人才、专业技术人才交流和挂职锻炼制度,打破人才身份、单位、部门和所在地限制,营造开放的用人环境。

参考文献

[1] 长江. 世界政党比较概论 [M]. 北京:中共中央党校出版社,2003:71-74.

[2] 胡雪梅. 树立和落实科学人才观的重大意义 [J]. 求实,2008 (10).

[3] 李回味. 从印度人民党的下台看加强执政党的建设 [J]. 思潮,2004 (4).

[4] 张静如. 继往开来:中国共产党第十四次全国代表大会 [M]. 北京:万卷出版公司,2008:5.

[5] 中共中央组织部. 中国共产党组织工作教程 [M]. 北京:党建读物出版社,2006:4.

[6] 靳文志. 为什么人才资源是第一资源 [J]. 中国人才,2002 (8).

[7] 阳慧. 把更多的优秀人才汇聚到党的各级组织中来 [J]. 首都师范大学学报(社会科学版),2006 (2).

[8] 毛泽东. 毛泽东选集 [M]. 北京:人民出版社,1993:32.

[9] 陶柏康. 党要集聚更多的优秀人才:访中共上海市委宣传部副部长郝铁川 [J]. 党政论坛,2004 (7).

[10] 邓小平. 邓小平文选(第 2 卷) [M]. 北京:人民出版社,1994:262.

[11] 宫敬. 人才强国战略若干问题研究 [D]. 长春:东北师范大学硕士学位论文,2006.

[12] 刘瑜. 观念的水位 [M]. 北京:浙江大学出版社,2013:3.

[13] 路甬祥. 科学发展 [M]. 北京：高等教育出版社, 2006.
[14] 陈至立, 等. 从人口大国迈向人力资源强国 [M]. 北京：高等教育出版社, 2003：2.
[15] 赵永乐. 坚持人才优先发展, 强力推动科学发展 [J]. 第一资源, 2012 (1).
[16] 马绍壮. 我国人才国际化的挑战与出路 [J]. N策划, 2012 (6).
[17] 袁光亮. 社区社会工作人才培养研究 [M]. 北京：北京理工大学出版社, 2012.
[18] 张琪. 全球化条件下人才发展的战略思想 [J]. 首都经济贸易大学学报, 2002 (4).
[19] 王辉耀. 构建我国全球化人才战略高地 [J]. 企业研究, 2010 (9).

第七章
人才发展的比较优势

　　到 2020 年，我国将培养和造就规模宏大、结构优化、布局合理、素质优良的人才队伍，确立国家人才资源比较优势、人才竞争比较优势和党管人才体制优势，进入世界人才强国行列，为在 21 世纪中叶基本实现社会主义现代化奠定人才基础。本章从人才资源比较优势、人才竞争比较优势以及党管人才体制优势这三个方面对人才发展的比较优势进行分析。我国人才资源优势体现在：我国的人才基数大，可供选择的机会多，为社会提供大量人才；我国的人才资源门类齐全、各层次人才齐备，高层次人才是人才队伍的重点；我国人才工作在快速发展。指出了人才资源建设难题并相应提出了人才资源转化方略。促使人口红利向人才红利转变，人才资源向人才资本提升，人才生产力向现实生产力转化，打造产业集群，促进人才集聚。优化人才资源配置，提高人才效益，搭建创新平台，充分发挥人才作用，加强产学研用结合培养人才，从而推动人才资源优势转化为国家发展优势。

当今世界，人才和人的能力建设，在综合国力竞争中越来越具有决定性的意义。开发人力资源，加强人力资源能力建设，抓住机遇，实施人才强国战略，化人口大国为人才强国，是增强我国综合国力和国际竞争力的重大战略问题。人才资源是第一资源，其内涵是把人才资源放在经济社会发展各种资源的首要位置上，坚持以人为本，促进人的全面发展，把人才资源的开发利用作为推动科学发展的根本动力，确立人才资源开发相对于物质资源、环境资源、资金资源以及其他资源开发的优先地位。随着经济全球化和信息时代的到来，人力资源作为一种社会生产要素，在经济发展中的作用越来越重要。我国人才资源较早期已有了很大规模的增长，要想实现从人力资源大国向人才大国的新跨越，必须最大限度地把现有的人才资源有效地利用起来。

第一节　人才资源比较优势

一、人才资源优势分析

我国的人才资源优势主要体现在以下三个方面：

（一）我国的人才基数大，可供选择的机会多，为社会提供大量人才

2011年，我国参加专业技术人员资格考试达1810万人次，其中取得专业技术人员职业资格证书的有120万人。截至2013年年底，全国累计共有1791.9万人取得各类专业技术人员职业资格证书。截至2013年年底全国共有技工学校2892所，在校学生422.8万人。全年技工学校面向社会开展培训527万人次。全国共有就业训练中心3913所，民办培训机构18897所。全年共组织开展各类职业培训2049万人次，包括就业技能培训1196万人次，岗位技能提升培训546万人次，创业培训191万人次，其他培训116万人次。截至2011年年底，全国共有职业技能鉴定机构

10963个,职业技能鉴定考评人员21.34万人。全年共有1830.55万人参加了职业技能鉴定,比上年增长4.85%;1548.78万人取得不同等级职业资格证书,其中取得技师、高级技师职业资格的有46.71万人。

(二)我国的人才资源门类齐全、各层次人才齐备,高层次人才是人才队伍的重点

2014年年末,我国留学回国人员总数达144.5万人,其中2014年回国35.4万人,比上年增长29.5%。截至2014年年底,享受国务院政府特殊津贴专家累计评选出16.7万人,其中高技能人才1286人,累计选拔有突出贡献中青年专家5600多人,百千万人才工程国家级人选4500多人,"万人计划"百千万工程领军人才96人。我国博士后科研工作站总数达到2773个,博士后科研流动站总数达到2703个,2014年招收博士后研究人员1.4万人。2013年全国972.8万人参加专业技术人员资格考试,其中取得专业技术人员职业资格证书的有216.9万人。截至2014年年底,全国累计有1791.9万人取得各类专业技术人员资格证书。另外,到2014年年末,全国共有技工学校2882所,在校学生386.6万人❶。

新疆、西藏专业技术人才特殊培养工程共培养520名少数民族专业技术人才,青海三江源人才培养工程共培养专业技术人才6300多人次。"653"工程圆满结束。6年来,在现代农业、现代制造、信息技术、能源技术、现代管理五大领域,共培训300万名中高级专业技术人才。

(三)我国人才工作在快速发展

统计结果显示,在党中央正确领导和各地各部门共同努力

---

❶ 人力资源和社会保障部.2014年度人力资源和社会保障事业发展统计公报[OL]. http:politics.people.com.cn/n/2015/0528/c1001-27071609.htm/[2015-5-28].

下，人才工作服务科学发展更加有力，人才作为第一资源的作用进一步凸显，各类人才队伍建设取得显著成效，我国人才发展进入到一个整体推进、优先发展的新阶段。

（1）人才素质明显提升。每万劳动力中研发人员达到33.6人年，比2008年增长8.8人年；高技能人才占技能劳动者比例为25.6%，比2008年增长1.2个百分点；主要劳动年龄人口受过高等教育的比例为12.5%，比2008年增长3.3个百分点。

（2）人才效能进一步提高。人力资本投资占国内生产总值的比例达到12.0%，比2008年增长1.3个百分点；人才对经济增长的贡献率达到26.6%（据2008年不完全统计，1978～2008年的平均值为18.9%），人才对我国经济增长的促进作用进一步提升。

二、人才资源开发难题

我国在人力资源优势向人才资源优势转变的过程中，虽然取得了举世瞩目的成就，但在前进的道路上仍存在着一些不可忽视的问题，人才的发展仍然面临着严峻的挑战。

目前，我国人才资源较早期已有了很大规模的增长，但是，要想实现从人力资源大国向人才大国的新跨越，就必须要最大限度地把现有的人才资源有效地利用起来。也就是要人尽其能，使每个人都能有效地发挥自己的资源潜力。

（1）观念问题。我们过去对人才的看法更多的是受计划经济的制约，根据1982年出台的有关规定，只要是中专毕业或具备了初级专业技术职务就是人才，直到2003年年底，中央关于人才工作的决定，从根本上转变了关于人才的观念。新的人才观不唯学历、不唯职称，但有一点，就是一定要看你的实际能力，你能最大限度地贡献什么。新的人才观实际上是一种市场化的人才观。根据新的市场化的人才观，要实现从人力资源大国向人才大

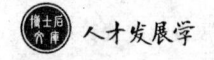

国的转变，就必须充分发挥市场在人力资源配置当中的基础性作用。

（2）供需矛盾。与发达国家相比，我国的大学生不是太多，而是太少，但为什么我国还面临着大学生就业难的问题呢？一个根本的原因就在于大学毕业生与人才市场的需求之间出现了脱节，大学生的供需之间存在着结构性矛盾。具体地说，就是大学培养出来的毕业生并不都是市场需要的，教育明显滞后市场的变化。而造成这种滞后的一个重要原因就在于在正规的教育体制和人才市场之间缺乏一个过渡或者说一座桥梁。如果在正规的学校教育和人才市场之间存在一个不断发育的培训市场，并让这一市场充分发挥作用，必将会大大推进人力资源开发的有效性。当然，要建立并维护这样一个市场，显然需要各个政府部门，如教育部门和人事部门的共同努力。

（3）机制不活，人才成长难，发挥作用更难。当前，人才选拔机制门槛高、条件多，不能很好地体现以品德、知识、能力和业绩为取向；人才流动机制活力不够，不同所有制单位之间人才流动的障碍还没有彻底拆除；人才评价机制不完善，唯职位论长短，唯学历论高低，为论文数量论英雄，评价手段单一；分配激励机制不健全，人才的贡献与其报酬不对等，人才的价值不能得到合理体现；市场机制运作能力不够强，供需主体不够成熟，市场配置效率不够高，人不尽其才，才不尽其用的现象较为普遍，同时，由于行政部门受利益驱使，各自为政，各行其道，多头管理，影响了各类人才创新创业的激情；高层次人才部门所有，条块分割，流动不畅，人才效率和对社会贡献的份额不够高；地区、部门、单位之间缺少沟通、协调机制，不能形成统一的人才保护政策。

三、人才资源转化方略

当今世界，人才和人的能力建设，在综合国力竞争中越来越具有决定性的意义。人类有着无限的智慧和创造力,这是文明进步不竭的动力源泉。开发人力资源,加强人力资源能力建设,已成为关系当今各国发展的重大问题。今后一二十年,是我国面临的一个重要战略机遇期。因此,抓住机遇,实施人才强国战略,化人口大国为人才强国,是增强我国综合国力和国际竞争力的重大战略问题。

(一)树立科学的人才标准

尊重劳动、尊重知识、尊重人才、尊重创造,其核心是尊重劳动,其本质是尊重人才。新的人才标准不仅应该包括"显现"的人才,还应该包括"潜在"的人才;不仅要涵盖有学历有职称的人才,也要涵盖没有学历、没有职称但有专门技能的人才。新的人才标准除了考虑学历职称外,更应强调"两个导向":第一,能力导向。虽然要考虑人才的学历和职称,但更突出其综合能力和专业水平,从而真正做到唯才是用。第二,业绩导向。在竞争环境中,业绩至关重要,因为只有业绩才能把一个人同其他竞争者区别开来。学历只是人才能力中的很小一部分,最多表明一个人的潜能。在进行人才评价时,不能仅看文凭及其毕业的大学,而要看他给社会做了哪些贡献,有何业绩。新的人才标准必须从学历职称本位转变到以能力业绩为本位上来,将人才置于经济社会进程中去考察,以为社会所创造的价值大小去衡量,从而形成"人人讲创造、人人比贡献"的社会氛围。

(二)创造和提供人成长成才的机会

首先,加快人才培养,既应坚持教育优先、扩大教育投入的方针,又应根据经济社会发展的需要合理调整教育结构。在各种教育中,义务教育是提高全民素质和造就亿万人才的基础,国家有必要像建立最低生活保障制度一样建立最低教育保障制度,确保所有未成年人无论家庭贫富都能享有完整的义务教育。同时,加速发展符合现代工业文明需要的职业技能教育,造就数以亿计的高素质劳动者；强化高校的资源动员能力，充分调动民间教育投资的积极性，促使高级专门人才的培养真正走向大众化；大力开展大规模的继续教育培训，促使各类劳动者在继续学习中成长为人才。其次，加快人才培养，既应摒弃人才培养依靠高等教育一条腿走路的传统做法，真正树立大教育观，又应摒弃将国民教育仅仅看成是国民福利的简单思维，真正树立现代人力资本投资理念。通过大教育与大培训，人口众多的包袱便可以转换为丰富的人力资源，而丰富的人力资源则可以进一步转换成相应的人力资本，国家也会因此而掌握走向强盛的最可宝贵的第一资源和最具竞争力的核心资本。

(三) 营造人人皆能成才的社会环境

第一，在观念上要有创新。"做好人才工作，首先要确立人才资源是第一资源的思想，克服'见物不见人'和'重使用，轻培养'的倾向。要树立全面的人才观，克服人才单位、部门所有的狭隘观念。"各地区、各单位、各部门要结合当前的主要问题，从更深层次上和更大范围内关注全社会人才资源的开发，高度重视高层次、高技能应用人才的建设，进一步树立"唯才是举""唯才是用""不拘一格"的选人用人观念。树立既要使用人才，也要培育人才的观念。做到既充分发挥现有人才的作用，又重视"潜人才"和"准人才"的开发。

第二，在机制上要有创新。各级政府部门要从自身实际出发，努力构建人才开发的新机制、新举措。一是建立以培育为主导的人才资本积累机制，从知识存量和增量两方面提升人才资源的素质和国际化程度，调整人力资本结构，提高劳动生产率。二是建立以发展为主导的人才资本吸引机制。着力盘活现有人才存量，做到吸引人才与留住人才、吸引国外专家和国内人才并重，探索专职人才和兼职人才相结合等有效开发人才资源的方式。三是建立以市场为主导的人才资源配置机制。各级政府应加强宏观调控与指导，推动人才资源的市场化配置，努力形成布局合理、种类齐全、服务规范、指导监督有力的人才市场体系。四是建立以改革为主导的人才资源激励机制。在人才激励机制上，应把按劳分配和按生产要素分配结合起来，坚持效率优先、兼顾公平，对有重大贡献的人员予以重奖。五是建立以法治为主导的人才资源管理机制。必须围绕依法行政的目标，不断加强人事管理服务内容、方式、方法和手段的创新，综合运用行政、法律、经济以及文化等手段积极有效地开展工作。

第三，在管理方式上要有创新。社会主义市场经济条件下，各级政府要努力从现行管理方式上逐步转变到加强公务员整体素质建设，改进服务手段，提高行政管理效率，增强宏观调控能力上来。同时，还应努力优化人才发展的环境，为人才资源开发和成长创造良好的法制环境、政策环境、市场环境、人文环境和生活环境等。

（四）构建人人能够成才、人人得到发展的人才培养开发机制

全球经济由工业经济时代向知识经济时代过渡，信息技术革命、产业结构变化、职业转换加速引发了劳动力素质、工作场所、工作性质以及生活方式等一系列变化，经济增长主要依靠知识创新和人才资源开发的总体水平，人才培养方式正在由单一的学校教育向多元的社会化教育转变。特别是互联网的出现为全球范围内教育资源的整合与共享提供了全新的可能性，基于互联网的现代远程教育是一种无限制教育资源共享的有效方式，它突破了传统教育对受教育者的时间、地点和身份等方面的种种限制，也克服了由此产生的对教育资源的竞争性利用和排他性利用的限制，教育资源的利用效率得到了极大的提高。教育资源全球化、教育方式多元化、教育组织社会化、教育内容个性化、教育过程即过时化的时代特点正在改变传统的人才培养模式。构建人人能够成才、人人得到发展的人才培养开发机制，要充分发挥教育在

人才培养中的基础性作用。要更新人才培养观念，树立全面发展观念、人人成才观念、多样化人才观念、终身学习观念和系统培养观念。以培养社会责任感、创新精神和实战能力为核心，全面实施素质教育，切实改变重知识轻能力、重升学轻发展、重因循轻创造、重书本轻实战的落后观念，注重公民意识、科学精神、人文素质和终身学习能力的综合培养。建设全民学习、终身学习的学习型社会，使全体人民学有所教，实现人人皆学、处处能学、时时可学的学习型社会，必须加快构建终身学习体系。努力构建终身学习的"立交桥"，实现各级各类教育"对接"，使人们通过各种学习取得的成果（知识、能力和技能）都能得到认可，并有通过多样化途径持续学习提高的机会，适应学习者的个性化需求，使不同的人能选择适合自己的成都途径。

四、西部地区人才发展

西部地区人力资源开发是实施西部大开发这一规模宏大的系统工程的重要组成部分。明确人力资源开发在西部大开发中的重要地位，总结西部地区人力资源开发的历史经验，加强西部地区人力资源开发的对策性研究，对于把西部地区生态建设和经济建设转移到依靠科技进步和提高劳动者素质轨道上来，具有十分重要的意义。

在现代社会，一个国家或地区经济结构是否优化不只取决于其自然资源的天赋，更取决于人力资源的结构是否优化。从这个意义上讲，西部地区物力资源优势的开发首先取决于人力资源的状况。但从现实情况来看，西部匮乏的人力资源与丰富的自然资源不成比例，据中国科学院可持续发展研究组的研究，我国西部地区的教育能力指数较东部地区明显偏低，全国教育能力指数最低的10个省（自治区、直辖市），有9个属于西部地区。教育能力指数是评估一个地区人力资源开发水平的重要指标，这说明西部地区人力资源开发的水平较低。这是西部经济发展水平低、资源利用率低的重要原因,也是社会经济长期演化的结果,又制约着未来经济的发展。

过去我国为缩小东西部地区差距也曾多次开发西部,但主要着眼于平衡地区分配资源,甚至不惜抽肥补瘦,动员东部地区的资金和人口支援西部。而一味依靠外力扶持甚至移植所发展起来的现代产业,很难在人口素质低的地区扎根并产生扩散效应。

当前西部许多地区尚属不能自主发展的地区,不可避免地要求依靠外援,但只靠物力投入带不动西部经济大发展,而加大人力资源投入、开发人力资源才是根本,是帮助西部走上经济自立发展的关键,也是缩小东西部地区差距的必由之路。在新一轮西部大开发中,我们所开发的内容和领域必须有新的转变。其中十分重要的一点是要走出传统观念的根区,由过去以开发物力资源为主转向既开发物,又开发人,尤其应注重资源开发的薄弱环节——人力资源开发和人们思想观念的转变。

(一) 西部地区人才发展的"PPE怪圈"

PPE怪圈是指"贫困(poverty)—人口(population)—环境(environment)"之间形成的一种互为因果的恶性循环。当随人口增长的人类需求超过了现有可利用环境资源的负载能力的时候,便会产生贫困。人口增长、人均资源减少和土地压力增大往往会引起人们的过度开垦、放牧和砍伐,加之化肥的大量使用,从而导致自然资源被破坏、生态环境退化、自然灾害增加、土地生产力下降,最终导致贫困;而贫困带来的生产资金短缺、疾病增加和死亡率升高、教育基础薄弱、劳动者素质和劳动生产率低下又迫使人们企图依靠增加劳动力数量来提高生产力,从而又导致人口的无限制增长。这种"贫困—人口增长—环境退化—贫困"的恶性循环是制约发展中国家,尤其是贫困地区经济、社会发展的瓶颈,我国西部地区的经济发展也在这一怪圈的制约之下。

无论从经济的角度还是从社会的角度看，把"环境退化的防治"这一环节作为突破口，在加强生态环境保护和建设的同时，加速区域性经济发展，是使西部地区尽快走出 PPE 怪圈的最佳选择。因为只有进行生态经济重建，才能在中短期内收到改善当地人民生存、生活条件，创造良好投资环境，吸引外部资金、人才、技术，推动地方经济建设，增强自身造血功能的成效，最终实现西部地区的可持续发展。而从解决人口问题入手，则不是中短期内可以奏效的。

但是我们也应看到，构成 PPE 怪圈的三因素之间存在着一种互为因果的互动关系。人口的过快增长和人口素质的低下仍是导致贫困的根本动因。人口问题不仅仅是个数量问题，同时还有质量问题。人类对自然资源和生态环境的破坏也不仅仅是因为人口压力过大这一个原因，文化水平的低下、生态环保意识的淡薄、科学知识的匮乏、耕作方式的原始粗放、不宜开发技术的使用、领导决策的失误等都是造成生态环境破坏的重要原因。此外，建立在小农自然经济基础之上的传统农业文化及其与之相适应的生活习惯、思想观念、思维方式、心理因素也无不起着潜移默化的作用。美国经济学家西奥多·W. 舒尔茨指出："土地本身并不是使人贫穷的主要因素，而人的能力和素质却是贫富的关键。"(《论人力资本投资》)从人本角度看，走出 PPE 怪圈，生态环境建设是从外部突破，而提高贫困地区的人口素质则是内部攻坚。外因通过内因起作用。因此，在坚持计划生育、严格控制人口增长、鼓励劳动力输出、减少贫困地区人口压力的同时，强化人力资源开发，努力提高当地劳动者素质，则是走出 PPE 怪圈的根本。

PPE 怪圈的三因素因果互动启示我们：实施西部大开发战略，必须牢固树立以生态环境建设为主体、以人力资源开发为根本的大开发观，即生态环境建设与地区经济建设并重，自然资源开发与人力资源开发并举。只有这样，才能避免重蹈过去那种只顾投资建厂、不顾生态平衡，只重项目引进、不重人才培养的单一经济开发的覆辙。

（二）西部地区人才发展对策

西部地区与东部地区在自然、经济、文化上的巨大差距，使得西部地区人力资源开发，尤其是人才资源开发处于两难境地：一方面，改变经济落后状况需要大批建设人才；另一方面，在市场经济条件下，恶劣的自然环境、有限的经济力量使之无力与经济发达地区竞争人才。如何使西部地区人力资源开发走出两难境地，是一个值得深入探讨的问题。

1. 充分发挥政府宏观调控的职能，调整人才布局结构，实现人才合理流动

建立政府调控与市场调节相结合的人才调节机制，是解决人才布局结构，实现人才合理流动。促使人才总体布局趋于合理、满足西部大开发人才需要的关键。但是，在当前西部经济尚未全面腾飞、西部人才市场尚未完全发育成熟的情况下，政府宏观调控仍起着举足轻重的作用。一是制定有利于西部地区吸引人才、留住人才、鼓励人才创业的政策，形成人才流动的正确导向；二是根据西部大开发的总体需要，运用多种手段和形式，对人才资源配置进行必要的调控，确保人才的合理流动。只有这样，才能保证人才的合理配置和合理分布，从而使人才资源得到充分合理的使用。

2. 加快西部地区人才人事制度改革步伐

建立与社会主义市场经济体制相适应的人事管理体制，创造尊重知识、尊重人才的良好的用人环境，充分挖掘本地人才潜能，最大限度调动现有人才的积极性，鼓励优秀人才脱颖而出，做到人尽其才，才尽其用。

3. 加强西部地区人力资本投资力度

积极发展西部地区的教育事业，大力培养本地人才，大幅度提高西部人民的教育文化水平和整体素质，不断增强西部地区的造血功能。要树立人力资本投资新观念，在加大政府教育投资的基础上，多渠道筹措教育经费，发展当地的教育事业。要从西部地区资源、经济、人口的实际出发，改革教育体制，调整教育结构，在扫除文盲、发展基础教育的同时，采用现代化教学手段，着重发展多层次、多规格、多形式的职业技术教育和岗位培训，培养更多的能够直接有效地为西部地区经济建设服务的各级各类实用型人才。要改革高校管理体制，注重发展西部地区高等教育，采用"引智育人""借地育人"等方式，培养大批西部地区土生土长的高层次人才。

4. 加速培育和发展西部地区规范化的人才市场和劳务市场

要抓住西部大开发有利时机，充分发挥西部地区的资源优势和发展优势，加快培育企业（工程）经营管理者人才市场、高新技术人才市场和农村人才市场，配合西部重点工程建设和产业结构调整，加大人才吸引力度，组织地方劳务输出，调整区域性人才布局，全面优化人才结构，推动西部地区整体性人力资源开发。

5. 加大西部地区人才发展的宣传力度

充分利用思想道德调节机制，提高人们为西部大开发献身的自觉性。要扭转西部地区人才外流、人才布局不合理的现状，除需建立政府调控与市场调节相结合的人才调节机制外，还需通过社会舆论、学校教育、家庭教育、榜样示范和个人学习修养等方式，建立一种激励人们自觉到艰苦地方工作、为祖国建设事业献身的思想道德调节机制。代表先进生产力的知识分子都有一种为事业献身的精神，对于他们来讲，事业远比待遇更具吸引力。实施西部大开发战略，加快西部地区发展，既然是一项关系我国经济发展、民族团结、社会稳定和最终实现现代化的宏伟大业，我们就应该旗帜鲜明地提出"到西部去，为西部大开发贡献力量"的口号，激发知识分子和青年人强烈的事业心和高度的责任感、使命感。我们应该深信，在社会主义市场经济条件下，只要有正确的政策引导、良好的用人环境和规范化的人才市场，各类人才一定会做出历史性的贡献。

第二节　人才竞争比较优势

人才竞争比较优势是国家与国家动态博弈的结果，其本质是创新和进化，所能带来的是高科技和高附加值，即高经济生产力。传统的初级要素比较优势则是暂时的，而且处于不断的衰退和老化中，很容易丧失和被取代。许多学者从国际人才竞争趋势，对世界主要国家激烈的人才竞争的优势进行了比较，并发表了各自的观点。

乌云其其格（2010）阐述了日趋激烈的国际人才竞争的态势，在此基础上，探讨我国面临的挑战，提出应对策略阐述。王辉耀（2009）主要论述了国际人才竞争的现状及其对我国人才竞争的挑战，并指出我国人才竞争的几点优势和机会，表明要打造"中国梦"。赵永乐（2010）表明当今国际上的竞争，实际上就是科技和人才的竞争。在知识创新、科技创新、产业创新不断加速的条件下，人才资源已经成为最重要的资源，综合国力竞争说到底就是人才竞争，谁拥有了人才优势，谁就拥有了竞争优势。确立人才竞争比较优势，是进入世界人才强国行列的现实路径。李仲生（2011）主要概述了"第二次世界大战"后美国的国际高端人才竞争策略，美国重视国外高端优秀人才的引进以及对人才的合理使用等人才资源开发，并实施了世界上最成功的国际人才竞争战略。常晓勇（2007）主要论述了经济全球化下的国际人才竞争战略，概括了全球范围内的人才争夺益激烈，形成的一场波及世界的人才争夺"战争"，同时分析了我国实施国际人才竞争战略的历史与现实条件与优势。

经过多年努力，我国各类人才正在改革开放和社会主义现代化建设中大显身手。

一、国际人才竞争态势

（一）竞争空间全球化，世界各国都面临高层次人才短缺问题

落后的发展中国家迫切需要大量人才来改变自身落后的局面；发展较快的发展中国家迫切需要补充大量的高层次人才，来完成工业化、现代化以及产业机构调整的进程；发达国家因为经济规模庞大，仅保持经济增长势头，就需要补充大量的人才。另外，加拿大、澳大利亚等人口短缺，欧洲国家和日本人口老龄化严重。这些国家只是保持现有的人才规模，都需要补充大量外国人才。因此，从某种程度上说，世界各国都急需人才，尤其是高端人才，这使国际人才竞争呈现激烈化的特征。

（二）竞争对象高端化，高新技术与高级管理人才成为争夺的热点

当今世界各国的政策日益有利于流动性强的生产要素，如资本与高技能人才，越来越不利于流动性低的要素，如低技能劳工。随着信息科技革命、全球化产业结构进行快速调整，世界各国在新形势下竞争最激烈的是高新技术、高级管理、高创意的人才以及其他学科的领军人才。事实上，高端人才任何一个国家都不会嫌多，只要提供良好的发展环境，这些人才总能创造出远远超过投入的价值。

人才流失给发展中国家带来的损失超出想象。对于大多数发展中国家来说，人才外流带来了企业外包、汇款投资等诸多收获，是发展中国家在外国直接投资（FDI）之后的第二大外部资

第七章 人才发展的比较优势

金来源[1]。例如，2005年世界汇款总额72%（约1670亿美元）流入了发展中国家。许多研究因此认为人才流失的理论已经落后且过时。但事实上，带来外包业务和汇款投资更多的是人才外流中的环流，人才环流意味着经济性回国或者将来要回国。如果人才外流演变为人才流失，即移民入籍归化所在国，那么人才不但可能不会汇款回祖籍国，还可能会把在祖籍国的财富转移到海外。何况就算把获得的汇款作为输出人才的补偿，也比不上人才流失带来的损失。国际劳工组织的研究报告指出："大多数发展中国家的政策制定者认为，任何人力资本的损失都要小于通过汇款和其他连锁效应带来的补偿。"情况是这样吗？结论是在接受汇款的前20位发展中国家当中，仅只有7个国家在过去25年人均收入年增长率达到了2%以上。

新崛起的国家或地区共同特征是拥有庞大的海外本族裔人才，促成人才回流是关键。全球化进程开始以来，除了早期的欧洲地区之外，后来的新兴国家或地区，无一例外都有庞大的海外本族裔人才资源。从早期的美国、澳大利亚、加拿大，到日本、韩国、新加坡、中国台湾、中国香港、以色列，再到现在的中国大陆、印度、巴西、墨西哥、俄罗斯，都有着庞大的海外族裔人才资源。与此同时，大多数中东国家虽有庞大外来人口，但主要属于外籍劳工，因此虽然通过石油出口成了"富国"，但并没有成为新兴大国。当然，拥有庞大海外族裔人才也并不能代表什么，国家还必须将这些人才资源转化为自己所有，善加使用。

获得大量人才流入的国家整体上都有获益，获益多少取决于具体情况。各国必然会从高层次人才流失当中受益，但并不是获得高层次人才流入就能获得巨大收益。从人才流入（包括人才回流）当中获益多少，取决于各国自身发展情况，这些人才是否得

---

[1] 世界银行，《全球发展融资2003年》.

到合理使用与发挥的空间，以及这些人才能否与本土人才资源形成互补效应。概括而言，回归或流入的人才从先进国家携带而来的技能、资金、理念，需要较好的社会环境、优质的经济基础土壤、有效的政府人才制度，才能发挥作用创造效益。

（三）竞争手段多样化，当今世界主要国家都为国际人才竞争不遗余力

传统的国际人才竞争手段是移民、留学、建立海外专家联络站、通过技术合作获得外援等。但在当前，各国为了争夺人才已经不遗余力，挖空心思，耗费重金，手段也逐渐多样化，如通过跨国公司把人才本土化，建立猎头公司猎取人才，甚至超前猎取人才苗子，实施人才孵化计划，等等。

（四）竞争格局多元化，存在人才共享与共赢的现象

全球市场分工的细化以及各国经济发展的差异性，导致各国人才需求在层次与类型上有很大的错位。基于这种错位，有了在人才竞争中共赢与合作的可能。例如，2002年诺贝尔化学奖，就由分属美国、日本、瑞典三国的专家所分享，他们共同攻克了"生物大分子"研究技术难题，成为国际人才合作的典范。人才的共享与跨国合作，能带动各国的文化、科技交流，也是未来全球人才市场的趋势之一。

（五）竞争方式日渐制度化

人才争夺远比物质资源争夺更为复杂，人才是多重复杂性的活资源。因此，人才资源的争夺不仅要依靠提供好的薪酬待遇、自身国力的强大，更要依靠创造能够适合人才长远发展的基础和环境，以及优化相关政策机制来吸引人才、留住人才。目前，各国日益重视建立对人才使用、评估、成长的开放性环境，从过去注重人才使用的短期政策，过渡到有利于人才长期发展的制度建设上来。

二、国际人才竞争新思维

(一) 松下公司的人才观

松下(松下电器产业株式会社)创建于1918年,创始人是被誉为"经营之神"的松下幸之助。松下幸之助23岁时靠100日元起家,创办了"松下电器制造所",到今天已经发展成为下辖130多家工厂、产品行销全球的跨国集团。松下之所以取得如此巨大的成功,除了它的多元化经营战略和特定的社会历史环境外,它的经营思想的精髓——人才思想也为其成功奠定了重要的基础。正如松下幸之助所说的"事业成败取决于人","没有人就没有企业","先做早就人才的公司,而后才是制造电器用品的公司"。诚然,创造一流的产品是企业赢得顾客的关键,而拥有一流的人才团队则是企业最终决胜于市场的根本,优秀的人才团队是松下强有力的国际竞争力之一[1]。因此,重视人力资源开发,选好人、用好人、配好人、开发人成为日本松下电器长盛不衰的奥秘所在。

对于人才的,标准松下认为,培育人才最重要的不在于方法和技巧,而是人与人之间健全人格的互相沟通和影响。松下幸之助提倡的人才观概括地讲大体包括四个方面:一是要认识人类是"伟大的王者"。"王者"虽拥有像钻石般光辉的本质,但唯有不断努力地雕琢它,"王者"的本质才能放出灿烂的辉煌。二是要承认并重视人的个性。任何人都有长处和短处,而且短处更加醒目,我们与其责备他们的短处,不如引导他的长处,使得他的才能得以尽情发挥。三是要有礼的精神。即企业于员工之间相互要有感恩的心,感恩的心情是企业于员工之间不可缺少的润滑剂。四是要善用众人的智慧。个人的智慧和力量是有限的,只有汇集

---

[1] 李延松. 松下电器的用才之道 [J]. 人力资源开发, 2007 (2).

众人的智慧和力量，企业才能进步发展，人才能过上富庶安乐的生活。

对培养人才重要性的认识，松下幸之助有三个代表性的言论：一是"有人才始有事业"。他认为要发展事业，首先要把心思放在人才的培育上，重视开发人力资源，否则，别梦想会有长远坚实的发展。松下员工都知道松下公司是制造人才的地方，兼而制造电气器具。二是"人才要活用，事业才会成功"。松下幸之助说："在企业经营上，企业制造、技术、销售、资金等固然重要，但人是主宰者。"三是"经营始于人也终于人"。他认为，一个公司的成功与否，完全是由员工的想法来决定的。因此，只有重视人的开发，通过加强教育培训，帮助每位员工健康成长，企业才能健康成长。

(二) 三星公司的人才理念

三星的人才理念如何？三星怎么培养核心人才？从1938年公司创立之日起，三星以"事业报国"，"人才第一，合理追求"的理念作为经营思想的基石。重视人才的理念是从创业伊始就明确提出来的，这在当时的韩国企业中独树一帜。前会长李秉喆就十分重视发挥人才的作用，他说："国家和企业的将来都由人来左右，这是准确无误的真理。不断实践这一真理的三星，若以强有力的组织继续致力于人才培养上，那么三星将永远不败。"❶ 正是基于他的这一观点，三星提出了"人才第一"的理念。

随着时代的变化、事业的发展，1993年，在公司"二次创业"五周年之际，三星重新确定了企业的经营理念。新的经营理念由三句话构成：以人才和技术为基础；创造最佳产品和服务；为人类社会做出贡献。这三句话之间的逻辑关系是：将通过充分发挥人才和技术这两个核心经营要素的作用来创造最佳的产品与

---

❶ [韩] 三星经济研究所. 湖岩的经营哲学. 首尔：中央日报出版社，1989.

服务，达到为人类社会做出贡献的目的。

不管是在创业初期还是今天的三星，从三星的创业哲学到今天的经营哲学都会看到"人才第一"这鲜明的口号，就是靠这一能够吸引人、激发人、培养人、留住人的淳朴哲学和价值观，三星充分挖掘员工的创造力、奉献精神，使员工与企业合二为一。截至2004年12月，三星拥有韩国最大的人才群，在全球拥有2400多名博士，300多名极富创造力的世界一流的设计师。三星在全球每年共录用1.1万名硕士或博士人才。如何管理好庞大的人才队伍，是三星人力资源管理部门的重要任务，也是对三星提出的挑战。有效地发挥三星的人才优势，运用科学的管理方法和措施，不仅能够为企业节约经营成本，更重要的是通过有效的人才管理和人力资源的充分开发，不断打造企业的核心竞争力，促使企业紧紧抓住市场脉搏，即使是在企业或行业的困难时期，也能确保企业渡过难关。

受儒家文化的影响，年功序列及仁和主义是韩国企业人力资源管理的一个特征，但也存在激励和晋升方面论资排辈的现象。三星内部组织结构严密、管理层次分明、管理行为比较严谨，公司内部的每个职位都有量化规定，管理人员的晋升也是逐级的，这具有较为典型的儒家文化背景的亚洲企业的共同特点。但是，三星也吸收了欧美企业先进的现代管理经验，如三星改变以严格按工龄划分工资级别的做法，把员工的待遇与其完成工作的情况挂钩。从2000年开始，三星全面引入年薪制，在公司内部倡导能力主义，努力打破论资排辈的传统。

对于特别优秀的人才，三星给予了特别的关注。三星认为核心人才应具备四个条件，即应具备精湛技艺或学识，具有专业知识，曾做出非凡业绩；具有牺牲精神，关心同事，具有包容心和团队精神，有人情味，品行端正，作风清廉；具有正确的判断及决策力，能有效发挥领导才能，最后完成目标；真正融合到三星企业文化当中并接受其价值观。三星不遗余力对"核心人才"进行培养，不仅不吝惜付出足够多的报酬给为公司创利的优秀人才，而且对确实有才能的核心人才，公司会着力培养，同时提供广阔的发展空间和施展良好才能的平台。

（三）猎头公司与人才交流

现代猎头是超出想象的市场经济宠儿，在欧美发达国家，特别是在资金全球化和人才全球化的华尔街，猎头因其职业特性——为自己的雇主在研发新产品、开创新市场而必须在全球进行的精英人才搜寻甄别雇佣的企业活动中起着"先头部队"的作用，备受瞩目。猎头，顾名思义，随时都得手执弓箭有的放矢，为自己雇主的战略眼光提供能够让这些战略实施和落地的领军人物，因而他们必须走在市场的最前端，拥有自己"术有专攻"的人才库，也只能这样才能占据属于自己的那份市场。因为是一种特殊的为 500 强企业或创新型企业提供最尖端的精英人才服务，美国猎头公司的总部规模都很小，分公司数量众多，与自己的客户比邻而居。例如，光辉国际在华尔街的办事处，只有三五个人，可是，他们每年都创造几百万美元的收入，和自己的客户人均产值不相上下。聚溪流成江河。著名的海德思哲、万宝盛华、巨兽、瀚威特等公司，年产值都超过 100 亿美元。

经历 80 多年的发展，现代猎头似乎重新回到了最初的起点，即越来越靠近政治权力中心，让人们感觉到"第二次世界大战"时期的阿尔索斯突击队仍然存在。我们注意到，美国政府核心智库正在形成"军事智库（兰德 Rand）+党派智库（BI/AEI）+总统猎头顾问"的新格局。

国际猎头市场似乎只有一个主顾，那就是美国。有学者曾经对美国猎头进行了长期艰苦的跟踪研究。按照科学逻辑和市场规律，预测他们将在行业链条、分拆上市、云服务、功能化面试、多语种互译等 6 个领域寻求突破并继续领先。如此，全球猎头公司的总裁们都会坐立不安、彻夜不眠。因为，美国与其他国家的落差将会越来越大。

早在20世纪90年代初期，美国猎头就着手研究"云计算"，当前基本实现"云服务"。任何一个办事处或者分公司，都能够通过中央处理器、系统集成和专业渠道，迅速动用全球资源。这好比凝聚了很多雾化雨点的一朵"云"，随时可以到世界任何地方的上空，下小雨、中雨，甚至是一场暴雨。

当前，国际猎头非常重视研发远程面试（超距视频对话）和人才测评系统。同时，也非常重视中小企业的非股权投资（PE）、商业购买与转让（BT）和直接风险投资（VC）。光辉国际的市场份额和业内名气，都是越来越大，与《华尔街日报》合作的"未来之步"网络招聘项目也很成功。美国、澳大利亚政府比较青睐猎头，猎头公司也很为政府卖力。高度发达的市场经济也有市场失灵的时候，政府必须干预一些关键行业。在吸纳海外高层次人才领域，猎头真是太重要了。华尔街精神：创新、创新、创新！

任何国家对于人才，特别是高层次人才的追求，永远是没有止境的。而人才自由流动、世界贸易组织、全球经济一体化等叠加因素，必然加剧世界各国对于国际人才的疯狂追逐。

欧美国家向来崇尚精英治国。比如全球拥有50多万家银行、7000多万雇员，真正的将才不到1万人，顶级银行家不到100人。在美国华尔街，有档次的银行家（董事、总经理们），24小时内都能够至少动用50亿美元的现金。可想而知，金融的竞争，就是顶级人才的竞争。目前，华尔街的资金如洪水一般，却找不到出路。原因很简单，大企业看不清前景因而不借贷、不发展、不雇人，小企业又没有很好的信用记录，银行怕钱出去了回不来，就不借贷。如此，钱用不出去，失业率就下不去。说到底，华尔街目前不缺钱，缺Idea（新思维）。假如每年能够有20%的投资回报，整个华尔街的银行家都会带着现金支票，主动找上门来。中国所需要的资金和人才,都会涌进中国。这是古典经济学的奠基石,也是永远的市场规律,那就是:资金总是流向有利可图的项目、区域、国家。所以,创新、创新、永远是创新!这才是华尔街的真正内涵,或者说美国精神。

追赶是学习和消化的过程,只有创新才能真正实现超越。大力吸纳海外的外籍外裔专家,已成共识。例如,王通讯的人才学、吴江的公务员测评、王辉耀的人才特区等观念和理论,日益受到政府重视。中国人有自己的智慧,那就是局部试验试点、再逐步推广的做法。例如,深圳、广州、重庆、无锡等城市努力探索的政府猎头区域模式,渐有起色。追赶,非常辛苦;超越,难上加难。然而,我们必须这么做,也只能这么做。

印度是发展中国家,在国际猎头市场,印度猎头却非常耀眼。无论是专业技能、运作手法,敏锐的判断力和强劲的执行力,还是猎头顾问的综合素质,都达到了世界一流的水平,作风彪悍、势头强劲。

印度籍顶级银行家留在华尔街为自己的国家和超级客户的利益说话。目前,全球五大银行,两家银行的主席都是印度人——德意志银行和花旗银行。印度政府积极动员回国的是那些金融界和IT界初生牛犊不怕虎的新锐,那些能追赶差距、工作经验丰富的国际化中青年银行家。这是非常厉害而务实的东方智慧,我们中国应该学习。真正优秀的,不是不让他们回来,而是要像下围棋一样,提前布局,把最厉害的棋子放在海外最关键、最重要的位置,在关键时刻为中国的利益说话。可以肯定,这是全球性的也是战略性的眼光。

中国政府和企业在持续的全球化进程中,也要"与时俱进",不断重估海外高层次人才的海外价值和战略定位,也就是说,必须要有"搜而不猎"的超级智慧,锁定人才,就像锁定种子选手、种子基金、种子项目一样,要有耐心恒心和决心。政府和民众要像保护自己的眼睛一样，关注和珍惜海外最优人才，想方设法地保护好他们，用好他们。

诺贝尔经济学奖得主劳伦斯教授用数字计算出在2025年中国和美国将"并驾齐驱"。他说："只要中国有200家由政府控制、掌管着国家绝对资源的大企业和世界500强并存，中国将有50年太平盛世。"北京大学国际法法学院院长、前康奈尔大学校长杰弗里.雷蒙教授所说："我来中国是我看到中国的崛起对世界的重新格局多么重要。中国需要既懂中国法又精于国际法的精英，北大对我的邀请和中国的机遇，让我的中国梦变为现实。"像杰弗里这样怀有"中国梦"的国际人才，海外大有人在。就看我们怎么去发现他们、定位他们、邀请他们，然后同行。这里，关键词是感情。除去个人可能发挥更大的影响力这个机会，杰弗里说：我的中国路就是一条感情路。4年前，北京大学前校长许智宏将雷蒙教授引荐给北大副校长、香港汇丰商学院院长海闻教授，半年里海校长"多次顾茅庐"，2007年3月雷蒙教授来到北大深圳建起中国第一个国际法学院——Transnational Law School。

真正的优秀人才和行业领军人物，是需要花力气花时间去搜寻去甄别的，是一个很专业的高难工作。有9~14个步骤，一个不能短缺。只有这样，一个人=10个人=同一条标准，我们的服务才能是优质的。才能目标为王，马到功成。

在海外招募领域，现有中国国际人才交流大会深圳论坛、中国留学人员广州科技交流会等，海外招聘活动时有举行。这个很有成效。近年来，政府推动实施的"千人计划"，效果远远超出了预期。一些很有远见的政府高层，开始重视猎头效能。现代猎头提供定点、定向、定时服务，效率高、动作快。京津地区、长三角、珠三角地带的猎头，风起云涌、发展迅猛。今后，东西方猎头对接是非常必需而迫切的。我们非常清醒地认识到：合作，则双赢；相斗，则双败。国际猎头需要中国的庞大市场，中国也

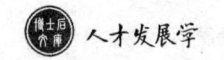

同样需要国际化的高层次人才。

根据海外形势,结合中国国情来看,本土猎头国际化的道路还很漫长,关键还是缺乏优秀的顾问群体。双方经常性的相互沟通和信任非常必要。很多国际猎头有着强烈的合作意愿,中国沉淀的众多人才和庞大的市场永远让他们跃跃欲试。但是也有着许多顾忌,如本土猎头公司的素质较低、政府引进海外人才政策的稳定性不够、大型国有企业的市场诚信、海外高层次人才入华的一站式配套服务尚不健全等。然而这些随着时间和市场的成长,都会规范下来。

日本猎头公司对内对外都宣称自己是"政府手中的一条枪",非常忠诚地为政府,当然也为国民服务,紧密团结,互不猜忌。仅日本富仕达、沃得博两家猎头公司,本土市场份额高达70%。如此一来,外资猎头公司反而成了日本政府的打工仔。

中国猎头整体水平落后美国10~15年。在当今中国,本土猎头多达4500多家,外资和跨国猎头公司不到30家。但是,本土猎头公司的市场份额还不到5%。按国际统计口径,2010年中国猎头市场150亿美元的巨额收入,绝大多数都落入国际猎头公司的口袋。这令人触目惊心。

中国猎头产业面临着黎明前的突破困境。正如同北方的寒冬一样,表面上的百花凋零,依然掩盖不了积雪下的春意盎然。历经20多年的风雨起落,方才接近欧美发达国家21世纪初的水准,实属不易。猎头市场与人才中介、人才派遣市场的相互混杂,在客观上导致了政策管制问题。近年来也涌现出一些较好的本土猎头品牌,如北京的科锐、泰来、猎聘和浩竹,天津的人行道,深圳的展动力,成都的大瀚,上海的申才等。虽然弱小,却始终在上进;虽然幼稚,却并不肤浅。很多猎头公司也在积极寻找市场突破口和制胜点。假以时日,中国猎头一定能够体现出东方民族的勤奋、睿智和远见。

紧紧依靠本土优势、企业需求和政府力量，从国家利益出发、为人民服务，从国际视野入手、搜寻国际化高层次人才，在追赶欧美发达国家的艰辛过程中捕捉一切可以超越乃至于跨越的时机，这是中国猎头的应有责任和光荣使命。在这个层面上，须得向日本、印度猎头认真学习。民族品牌保护、行业自律规范、国家政策规制等，也须引起各方面的高度重视。

真正优秀的猎头都是爱国、爱家的钢铁战士。年轻的中国猎头顾问们，最缺乏的是为国家、为社会、为人民坚定而执着的献身精神。没有精神，什么都不要谈。年轻不可怕，可怕的是无知、懒惰和自以为是。

中国的海外引智工作需要一大批优秀的本土猎头顾问。对于这些勤奋好学的年轻人，我只提醒并希望他们一定要记住：优秀的人，总是和优秀的人在一起；只有最优秀的顾问，才能找到最优秀的人才。

（四）重视人才培养和基础科学研究

芝加哥大学中国研究中心主任杨大利讲，芝加哥大学在美国教育发展史上，尤其在研究型大学发展史上起到相当大的作用，这个学校历史比较短，是1892年美国第一次举办世博会时候成立的。那个时候，东部一些大学往往是教会型学校，重视培养神职人员，不注重教育，当时有几所学校，包括芝加哥大学的成立就是为了把欧洲研究型学校引入美国。芝加哥大学为什么在美国高教史上起到了很大的作用呢？他带来一种理念，真正的大学要注重研究，要注重做学术研究以及实际性研究。它特别强调人才。同时在美国种族歧视非常强的情况下，女性往往不允许进大学的情况下，芝加哥大学很早就对妇女、华人开放，中国现代物理学的奠基人很是芝加哥大学毕业的，回来之后又教育了很多的学生。所以到杨振宁那一代的时候他们自然而然去了芝加哥大学。在美国大学生态里，相对年轻的学校可以坚持这个理念，能够为教师、为学生提供优秀的环境,让他们潜心做研究工作,这是特别重要的一点,而且这个过程当中(这个理念)能够不断循环,形成良性的循环。

南加州大学工程学院副院长秦泗钊讲:教育问题,以及和教育相关的创新问题。首先要看中国和美国的教育体制到底有什么不一样的地方,为什么两种教育制度有这样的差别,这样才可以考虑一下中国将来发展怎么去修正和改进。中国的教育制度有它非常好的地方,包括特别注学习其他体制里优秀的内容。此外,中国是培养工程师最大的国家。每年招三四百万的大学生,其中30%~40%的大学生是学工学的。中国的国家领导人中工程师出身的比较多,这也是比较有特色的。中国教育制度是独具特色的教育制度,这和中国传统历史文化、几千年传承的科举制度有关系。

南加州大学是全球化教育制度的产物,它的国际校友是美国各大学里最多的,其中优秀国际校友很多。南加州大学是一所私立大学,而美国大学体制里私立学院和公立学校融合得特别好。在当前的教育体制里,美国已经不太强调传统的学科划分,美国现在要把视线转移,转移到产生新学科和边缘领域。中国教育制度一致性很强,各个大学的安排、配置、管理都是非常类似的,能满足一个方面的需求,但是未来多元化的需求会越来越多。其实一元化也不是大问题,如果能够吸引人才来中国定居就能够解决。

克雷格·梅洛[1]谈到,基础研究不能马上得到应用,因此在美国乃至全球得到资金支持越来越困难。1998年,我们研究发现了人体内的一个"搜索引擎",就像谷歌搜索引擎。现在这项研

---

[1] 克雷格·梅洛,2006年诺贝尔医学奖获得者,2011年作为"基因沉默技术与治疗研发团队"带头人,入选广东省第二批创新科研团队,获得1.27亿元人民币的资金支持。

究成果已发展成几十亿美元的产业，对生物学研究有重大的影响，同时在农业和医药方面也有广泛应用。这就是他为什么来到广东省组建一支科学家队伍以发展这项成果的应用。

推动科学技术发展的是基础科学，中国有机会在这方面取得领先。强调这一点，是因为在全球范围内甚至包括美国，对基础研究的投资正在不断减少。中国在这方面的投资，未来 10~20 年内便可得到回报。过去 100 年间，超过 100 位马塞诸塞州人获得了诺贝尔奖，虽然其人口只有 1000 万。马萨诸塞州成功的原因是其科研系统一直坚持对基础科学研究进行投资。

如果投资一项技术，可以在短期内（两年或三年）获得回报，但如果投资基础科学，则是在为下一代发明新技术。中国已经有一批年轻的优秀人才进行基础科学研究，并对世界的基础科学做出贡献。希望中国在继续支持技术发展和引进技术的同时，能够坚持对基础研究的投资。

杰弗里·雷蒙说[1]，他从美国康奈尔大学来到北京大学，担任北京大学在深圳的国际法学院首任院长。他们把世界各地一流的法学教授聚集到了深圳，教授中国学生如何成为国际舞台上一名出色的律师。4 年间，他从工作中学习到了很多知识，特别是如何为来自不同文化背景的人才创造良好的环境，使他们能够共同合作发展。与来自相同背景的人才相比，来自不同文化背景的人才一起合作能够带来更大的价值。对于个人来说，多元的文化背景能够带来启迪。对于团队来说，来自不同背景的团队往往能够比来自单一背景的团队创造出更大的价值。因此，北大国际法学院努力营造良好的环境，希望能够促进多元文化的发展，同时解决多元文化带来的问题。

---

[1] 杰弗里·雷蒙，曾任美国密歇根大学法学院院长、美国康奈尔大学校长等职。2007 年创立北京大学国际法学院，并任院长。2011 年获中国政府"友谊奖"。

蒂姆·柯斯基说❶，他在中国地质大学组建了一支团队，成员包括教师、博士后和本科生，他们正在研究各大洲大陆的构成和解构过程（还有与之相关的矿产资源）。他的团队致力于在中国培养一批年轻的地质科学家。"千人计划"能够吸引"海归"回国发展，同时也能吸引像他一样的外国人到中国来。这显示出中国政府领导人的智慧和远见，政府应该不断推广类似的计划。同时，中国政府应该加大在全球的宣传力度，这样就会有更多高级科学家、工程师、商业领袖等来到中国。此外，如果"千人计划"能够为入选专家提供保险和退休福利，那么参加该计划的外国专家在来华工作几年之后就可能不会像"海归"一样回到自己的国家，而是选择在中国退休，继续培养中国的年轻一代。

三、我国人才竞争比较优势

随着国家社会经济快速发展对高素质劳动者的需求日趋强劲，人才队伍建设得到了社会广泛关注，相关政策环境逐步改善，人才队伍建设取得了丰硕的成果❷。

（一）人才队伍建设不断加强

我国人才队伍建设不断加强，以贯彻落实《国家中长期人才发展规划纲要（2010~2020年）》为主线，充分发挥政府人才工作综合管理的职能作用，不断加大人才工作力度。

我国根据国情按照高层次人才培养规划，采取切实措施，形成了各类高层次人才脱颖而出、健康成长、发挥才干的良好机制和环境。我国以大学为依托，建立起了一系列国家大学科技园，

---

❶ 蒂姆·柯斯基，"千人计划"国家特聘专家，现为中国地质大学（武汉）特聘教授、长江学者。曾任美国圣路易斯大学环境科学中心主任、美国国家地调局兼职科研地质学者。

❷ 崔喜斌. 我国人才资源现状和可持续发展战略研究 [D]. 天津：南开大学硕士学位论文，2004.

如北京大学国家大学科技园、清华大学国家大学科技园、北京航空航天大学国家大学科技园、南京理工大学国家大学科技园等，这些科技园无论对于我国科技研究还是科技人才的培养输送都起到了相当大的作用。同时，党管人才制度提高了中高级领导干部科学判断形势、驾驭市场经济、应对复杂局面、依法执政和总揽全局的能力，培养造就了一批善于治党治国治军的政治家。以提高战略开拓能力和现代化经营管理水平为核心，培养造就了一批熟悉国际国内市场、具有参与国际竞争能力和水平的优秀企业家。此外，公派留学人员项目开展顺利，且人数有扩大趋势，2012年计划选拔各类国家公派留学人员16000名。

我国经济快速平稳的发展，对人才发展提供了良好的环境，形成了强大的吸引力。截至2010年底，我国出国留学人员总数达190.54万人，留学回国人员总数已达63.22万人，"十一五"期间留学人员回国新增人数达到39.93万人。通过实施"海外高层次人才引进计划"（即"千人计划"）已引进1500余名海外高层次创新创业人才，建立海外高层次创新创业基地67个。建成各级、各类留学人员创业园150多家，入园企业8000多家，2万余名留学人员在园内创业，人力资源和社会保障部与地方人民政府共建留学人员创业园38家。广大留学人员在我国现代化建设中发挥了重要作用，做出了突出贡献。

（二）确立国家人才竞争比较优势

第一，确立国家人才竞争比较优势是建设人才强国的战略重点。《国家中长期人才发展规划纲要（2010～2020年）》提出了2020年进入世界人才强国的战略目标，实现这一目标，首先，必须形成独特的人才竞争优势。美国以其吸纳全球优秀人才的文化和制度优势笑傲群雄，德国以高素质的技能人才优势独占势头，日本、韩国以高质量的人才培养优势各领风骚，印度也以其宏大的信息技术人才队伍优势在世界上占一席之地。必须以世界人才强国为标杆，扬长避短，取长补短，形成具有国际竞争力的人才优势。只有拥有与世界人才强国不相上下的人才竞争优势，我国才能立于世界人才强国之林。

第二，确立国家人才竞争比较优势是应对激烈国际人才竞争的必然选择。当今世界正处在大发展、大变革、大调整时期，国际金融危机蔓延加剧了世界各国综合国力的竞争，人才竞争的国际化趋势愈加明显，人才"全球流动、全球配置、全球定位、全球争夺"愈演愈烈。目前，发达国家普遍把发展新兴产业作为化解国际金融危机、占领经济发展制高点的战略措施，纷纷采取增加投入、建立园区等措施，抢夺新兴产业各类人才，特别是对低碳新能源、生物医药、航天航空、海洋开发等新兴产业人才的争夺日趋激烈。金融危机爆发后，尽管发达国家失业率上升、面临日趋严重的就业压力，却放宽了技术移民的条件。美国总统奥巴马表示，要将未来10年基础研究的经费翻一番，设立180亿美元的教育资助计划，进行全面的移民改革，实行全面的移民改革，实行更宽松的绿卡政策和H-1B签证计划，吸引全球更多的优秀人才，以加强美国在科学、技术和创新领域的领导地位。2009年，韩国利用其世界级研究型大学计划，从海外招聘了284名顶尖学者，在未来5年中，将为他们提供8300亿韩元的研究资助。面对日趋激烈的国际人才竞争，不进则退，我们必须主动出击，以开阔的视野、开阔的思路、开阔的胸襟，寻求和打造我国人才竞争的比较优势，不断增强我国人才国际竞争实力，确保在未来激烈的国际人才竞争中立于不败之地。

第三，确立国家人才竞争比较优势具有坚实的现实基础。一是党的组织领导优势和社会主义制度优势是确立国家人才竞争比较优势的政治保证。党和国家历来十分重视人才工作，高度重视发挥人才在革命、建设和改革中的重要作用，在不同历史时期都提出了指导人才工作的一系列重要思想，制定一系列方针政策，为人才成长和施展才华创造了良好的社会环境。特别是进入新世纪的新阶段,党中央、国务院正确总结国内外发展经验,不断深化对社会主义现代化建设规律的认识,提出并实施人才强国战略,坚持党管人才原则,贯彻"四个尊重"方针,充分发挥社会主义"集中力量办大事"的制度优势,统筹推进各类人才队伍建设,形成了全党重视人才工作、全社会关注人才开发、各级党委政府齐心协力推进人才队伍建设的良好局面,在人才资源开发方面积累了丰富的经验。这是确立国家人才竞争比较优势的社会制度保障。二是人才资源规模大是我国参与国际人才竞争的最大比较优势。我国是一个拥有13亿人口的大国,蕴藏丰富的人才资源。近年来,我国人才总量稳定增长,2008年,有各类人才1.14亿,居世界第一;高等教育毛入学率达到23.3%,在校学生超过2900万,居世界第一;中等和高等职业教育在校生超过3000万人,形成了大规模培养技能型人才的能力。正如邓小平曾指出的:"一个十亿人口的大国,教育搞上去了,人才资源的巨大优势是任何国家比不了的,有了人才优势,再加上先进的社会主义制度,我们的目标就有把握达到。"三是经济发展方式转变和产业结构优化升级将推动新兴产业领域形成人才竞争优势。新中国成立以来特别是改革开放以来,我国涌现出一批具有世界领先水平的成果,无论是"两弹一星"、人工合成牛胰岛素、载人航天、探月工程、超级杂交水稻、高性能计算机、超大规模集成电路、核电技术、节能与新能源汽车等自主创新的科研成果,还是三峡工程、青藏铁路、西电东输、南水北调等重大工程项目,都表明在这些领域我们拥有高水平的人才队伍,是形成国家人才竞争优势的重要基础。我国经济的高速增长,必然加快推动产业结构优化升级,在一些战略性新兴产业形成具有优势的产业集群,从而在这些新兴产业集群中形成人才竞争优势。我国已经在装备制造、信息、航空航天、新能源、生物技术、新材料、农业科技、金融、文化等经济社会发展重点领域取得了巨大进步，集聚着一批领军人才。随着人才强国战略的实施和海外高层次人才引进计划的推进，必将涌现更多的高端人才群体，形成具有我国特色的人才竞争优势。

到 2020 年，我国人才发展的状态（即确立人才竞争比较优势）应涵盖人才的规模、素质因素和人才的投入、产出效能因素，达到《国家中长期人才发展规划纲要（2010~2020 年）》提出的六项核心指标：一是人才资源总量达到 18025 万人；二是每万劳动力中研发人员达到 43 人年；三是高技能人才占技能劳动者比例达到 28%；四是主要劳动年龄人口受过高等教育的比例达到 20%；五是人力资本投资占国内生产总值比例达到 15%；六是人才贡献率达到 35%。其中，第一项是规模指标，第二、三、四项是素质指标，第五项是投入指标，第六项是产出效能指标。

第四，确立人才竞争比较优势是进入世界人才强国行列的现实路径。我们要以重点领域为突破，带动整体优势的发挥。《国家中长期人才发展规划纲要（2010~2020 年）》提出的战略目标之一是"人才竞争比较优势明显增强，竞争力不断提升"，到 2020 年，在装备制造、信息、生物技术、新材料、航空航天、海洋、金融财会、生态环境保护、新能源、农业科技、宣传思想文化等经济社会发展重点领域，建成一批人才高地。此举将大幅度提升相关领域的人才竞争力，从而推动人才队伍整体开发，实现人才竞争比较优势的全面提高。

与人才规划提出的战略目标相比，我们现实的基础还比较薄弱。我国人才发展的总体水平不仅同世界先进国家相比存在较大差距，而且与我国经济社会发展需要相比也有许多不适应的地方。确立国家人才竞争比较优势，我们还有很多路要走。一是着眼于培养造就一批世界一流的领军人才。他们是"第一资源"中尤为宝贵的稀缺资源。我国当前要加快建设一支包括"世界队"

"国家队"和"地方队"在内的梯次领军人才队伍。二是实施好重大人才工程。"在我国具有相对优势的科研领域设立 100 个科学家工作室","在高水平研究型大学和科研院所的优势基础学科建设一批国家英才培养基地","每年培训 100 万名高层次、急需紧缺和骨干专业技术人才"……以点带面,助推人才工作全面开花。三是形成具有国际人才竞争力的人才生态环境,建设国际化的人才吸引、培养、开发机制。要使世界上优秀的人才到我国来都能够获得发展,我们出国留学的人都愿意回国创业、回国发展。

(三)人才资源优势转化为科学发展优势

人才是科学发展的第一资源,要促使人口红利向人才红利转变,人才资源向人才资本提升,人才生产力向现实生产力转化,从而推动人才资源优势转化为科学发展优势。

1. 人口红利转向人才红利

所谓人口红利,是指人口处在年龄结构"中间大、两头小"的阶段,能提供充足劳动力,并带来巨大经济效益。具体说,一个国家人口结构在一段时期中劳动年龄人口比例占较大比重,劳动力资源相对丰富且抚养负担轻,劳动人口不断增加并可以有更多储蓄转化为资本,人口经济学家称为"人口红利",又将这样的黄金时期称为"人口红利期",也称"人口机会窗口"。人口红利包括第一人口红利和第二人口红利,前者是劳动供给增加带来的,后者则是劳动者基于长远考虑而多储蓄,由于储蓄率高并转化为资本而带来的。

人口红利不是无限期存在的,红利期的结束被称为"刘易斯拐点"。经济学家刘易斯提出,当农村剩余劳动力向非农产业逐步转移直至枯竭的那一刻,就是劳动力过剩向短缺的转折点,即"刘易斯拐点"。这个拐点的出现,往往就是人口红利消失的前兆。中国的经济发展享受了人口红利。大量农村劳动力的转移,使劳动力市场供大于求,形成了廉价劳动力市场,使经济发展获得了低劳动力成本。有专家认为,我国改革开放以来,人口红利对中国经济增长的贡献率在 23.7% 或 30%。但当下我国的人口红利期即将结束,迎来一个"未富先老"、抚养比（15 岁以下及 65 岁以上依赖型人口与 16~64 岁劳动年龄人口的比率）提高的阶段。我国第六次人口普查显示,我国 60 岁以上人口占 13.26%,比 2000 年人口普查上升了 2.93%；65 岁以上人口占 8.87%,比 2000 年上升 1.91%。我国劳动年龄人口在 2009 年达到了 72.35% 的峰值,而后开始下降,预计 2030 年将下降到 67.42%。我国老龄化进程加快,预计抚养比持续下降的趋势到 2013 年停止并迅速提高,人口红利期结束。人口红利窗口关闭后,当务之急是按照转变发展方式的总思路,转向人才红利。人才红利可看作是一定历史时期国家或地区人才数量增长、人才结构优化、人才素质提高等形成的人才资源优势及其所带来的经济社会发展效益。人才数量的增长主要是通过国家重视教育发展、提高教育层次水平而实现的。我国在 1998 年实现高等教育扩大招生以来,高等教育毛入学率达到 24%,进入大众化高等教育阶段,使我国劳动力人口中大学生比例提高较快。人才结构优化是通过宏观调控和市场调节实现的。首先是行业与专业结构随着高等教育学科、专业结构的调整优化,人才结构将更加适应经济社会发展的需求结构,特别是高新技术产业人才、服务业人才的增加将产生更大的经济效益。人才素质提高主要是通过继续教育、终身教育、专业化培训来实现的。一方面表现为劳动力整体素质提升,通过大规模开展劳动力转移培训,大力发展职业教育,充分发挥企业培训主体作用,提升劳动者对产业结构、经济结构优化升级的适应性和匹配度；另一方面表现为高素质人才规模扩大,通过实施重点人才工程,引进海外高端人才,加快专业技术人才知识更新,构建网络化、自主性、开放式终身教育体系,促使高端人才和急需紧缺人才快速扩张,形成规模效应。此外,人才文化特性也是形成人才优势的重要因素,主要体现在人才的国民性和文化特质上,诸如美国人的实用主义和研究精神,德国人的理性精神,英国人的科学精神和实证主义的思维方式,使这些国家在科学技术领域、经营管理领域享受其人才优势带来的进步。中国人才同样有诸多文化特性,体现在勤劳拼搏精神、集体主义精神、整体系统思考、注重大智慧与仁爱精神、以和为贵的思想等方面,这些也能形成中国人才资源的比较优势,并将在建设和谐社会、生态文明、和谐世界的进程中发挥更大的作用。

获得人才红利,同样需要一定的条件,就像人口红利必须以充分就业为前提一样。首先,要发展教育事业,加强人才资源开发。扩大人才资源数量,优化人才资源结构,提高人才资源质量。其次,要加大人才投资。红利含有低投入、高产出的意思。人才红利不同于人口红利,在于其投入是比较高的,因为人才的培养和成长是外部条件投入与自身劳动投入的结果,无论是外部条件投入还是自身劳动投入都是较高的,正如俗话说的"一分耕耘一分收获"。最后,要提高人才产出效益,促进人才资源优化配置,充分发挥人才的作用,提高人才贡献率,使之产生最大经济社会效益。如果高投入不能带来高产出,则不能产生人才红利人才资源向人才资本提升。

人才资源是个数量概念,代表一定量的个体,而人才资本是个质量概念,指人才的能力、创造力等素质。人才资本是有潜力的,在使用的过程中存在一个不断积累、不断增值的过程,是需要提升也是可以提升的。

首先,人才资本需要不断提升。今天的世界科技飞速发展,社会日新月异,知识不断更新,一切都在变化,唯一不变的仍然是"变化"。罗马俱乐部早在20世纪70年代就提出:"不学习即死亡"。学习的速度赶不上变化的速度,无论是组织还是个人,就存在被淘汰的危险。"半部《论语》治天下""一次上学管终身"的时代早已成为历史。因此，必须建设学习型社会，从政党、政府到城市、社区，从组织、学校到家庭、个人，都要向"学习型"转变。人才资本是存在于人才身上的知识、智力、创造性。"不用则废，不进则退。"在经济社会高速发展的背景下，人才资本同样存在退化、贬值的危险，需要不断提升、增值。

其次，人才资本是可以提升的。人才具有较强的发展动机，有较强烈的自我实现、为社会做贡献的愿望，有较强烈的求知欲，学习往往成为他们的一种习惯，在继续教育和培训学习方面具有强烈动机。同时，由于人才具有比较扎实的专业知识和技能，具有较强的学习能力、理解能力和思考能力，所以他们在面对新的知识、新的技术、新的方法时，能够比较容易地吸纳和掌握。

那么，如何提升人才资本？

在国家层面，要完善继续教育的体系和制度。制定各行业人才的继续教育法律与规划，明确继续教育的周期、时间、目的、内容、方式和要求；建立健全各行业继续教育的培训机构，加强培训机构的基础设施、师资队伍、实践基地、网络平台及网络资源等方面建设，增强培训的服务能力；增加继续教育的经费投入，提高经费投入的使用效益。

在组织层面，要认真组织落实员工的继续教育，提高员工的工作能力和创造能力。要加强岗位培训，增加培训投入，完善培训机制。企业可以举办企业大学，机关可以组织党校或干部学院，对不同岗位、不同层次人才设计培训内容，分批定期举行培训。重视人才的职业生涯规划设计，根据组织发展战略，结合人才发展需要，设计培训内容，创新培训方式，提高培训的针对性和实效性。

在个人层面，要积极做好个人发展诊断与规划，有效提高适应性素质或胜任力，积累提升人才资本。借助组织和专门人力资源服务专家的帮助，通过心理测试、工作记录、作品分析等方式深入了解自我，特别是在心智模式、思维方式方面进行诊断，在此基础上制定个人发展规划。根据个人发展规划，利用多种途径提高自己，一方面积极选择和参与继续教育培训；另一方面针对更加个性化的需求，利用业余时间"充电"学习。

2. 人才生产力转化为现实生产力

推动科学发展，关键是要解放思想、解放人才、解放生产力，促使人才生产力转化为现实生产力。所谓人才生产力，就是作为生产力要素的人才运用知识和智慧进行创新创造的能力。具体而言，包括知创新力、科技创新力、制度创新力、组织创新力、产业创新力、企业创新力等。人才生产力是静态的，表现为一种存量，只是可能的生产力，而不是现实生产力。只有当人才资源恰当地配置到经济社会发展领域和岗位上，并在发展任务、激励政策、个人动机等方面的驱动下，把人才的聪明才智发挥出来，产生经济和社会效益，才能转化为现实生产力，人才作为最活跃的先进生产力才能真正体现出来。

目前，在人才生产力向现实生产力的转化方面还存在诸多障碍和问题，包括人才配置不合理，区域分布不均衡，缺乏发挥作用平台，缺乏政策和资金支持，缺乏有效人才激励机制等，需要政府、企业、研发机构和人才个体多方面共同努力加以解决。

第一，打造产业集群，促进人才集聚。产业集群是工业化过程中的普遍现象，在所有发达的经济体中，都可以明显看到各种产业集群。产业集群是在特定区域中，具有竞争与合作关系，且在地理上相对集中，有交互关联性的企业、专业化供应商、服务供应商、金融机构、相关产业的厂商及其他相关机构等组成的群体。产业集群能够发挥集聚产生的分工优势和规模效应，具有特殊的创新能力和技术扩散能力，能够吸引区域外资源流入，对城市或更小的经济区域的经济发展可以发挥决定性的作用。有学者研究了东亚和中国的产业集群与经济增长之间的关系，发现二者之间具有很强的双向促进关系。产业集群对人才具有极大的吸引力，从而带来人才集聚效应，使人才生产力及时且大规模地向现实生产力转化。产业集群可以说是搭建"大舞台"。反过来，人才集聚也有助于产业集群的形成。研究者认为，产业集聚和人才集聚高度相关，一个地区人才集聚程度提高1个百分点，在其他因素不变的情况下，产业集聚程度提高11.036个百分点。同样，产业集聚程度提高1个百分点，人才集聚程度提高0.788个百分点。所以，产业集聚可以带来人才集聚，人才集聚又促进了产业集聚，两者相互依存、相互促进，加速人才生产力"潜能"释放。

第二，优化人才资源配置，提高人才效益。人才资源配置可以说是人才生产力转化为现实生产力的"桥梁"，是促使人才生产力进入经济发展"主战场"的基本路径。人才资源配置可分个体配置和群体配置两个方面。就个体配置而言，要遵循用人所长、扬长避短、人岗匹配等原则。任何一个人放对地方就是人才，放错地方就是废材。同样数量的人才资源，如果不能配置到合适的岗位上，必将产生人才浪费和实际的隐性失业。因此，要加强对人才的测评与诊断，准确掌握人才的专长和优势，量才录用。就群体配置而言，结构互补、群体优化是最核心的原则。在宏观层面，优化人才资源配置，主要是健全统一的人才市场，通过发挥市场机制的作用促进人才资源合理配置。在微观层面，就是做好人才结构配置，在年龄、性别、专业、层次、个性上形成互补的人才结构，做到老中青"三结合"、男女搭配、专业组合、高端引领、个性多样，就能够最大程度发挥相互影响、相互激励、相互补充的作用，产生整体最大效益。

第三，搭建创新平台，充分发挥人才作用。促使人才生产力转化为现实生产力，关键是要有发挥人才创新创造作用的工作平台。目前，岗位设置不科学、工作任务不饱和、工作任务缺乏创新性是制约人才创新活力释放的重要原因。搭建更多具有创造性、引领性、挑战性、周期性的创新创业平台，明确创新创业目标任务，是进一步解放人才、解放科技生产力的有效途径。诸如博士后工作站、专家工作室、重大科研项目、重点实验室等，都是目前释放人才创新创造活力的有效平台。

第四，加强产学研用结合培养人才。科技成果向现实生产力转化，需要技术、资金、市场等条件，加强产学研用结合才能更好地实现。要着力强化企业技术创新主体地位，加快建立以企业为主体、市场为导向、产学研用紧密结合的技术创新体系。着力推动创新体系协调发展，统筹技术创新、知识创新、国防科技创新、区域创新、科技中介服务体系建设，研究制定国家创新体系建设规划，促进创新各主体和各环节良性互动，着力解决国家创新体系建设中，建立基础研究、应用研究、成果转化和产业化紧密结合、协调发展机制所面临的突出问题，大力推动科技成果、人才生产力向现实生产力转化。这些年，越来越多的科研院所主动走向国民经济主战场，把科技成果转化为现实的生产力。根据不完全统计，仅中科院 2011 年科技成果转移转化社会经济效益就达 2629 亿元，利税收入达 414 亿元。

第五，构建人才创新激励制度。人才创新创造能力发挥的程度，一方面取决于人才内在动力的强弱；另一方面取决于外部激励机制的有效性。完善与人才贡献相适应的分配制度，促使人才通过创新创造获得高报酬，是激发人才创新创造活力的关键举措。要进一步完善人才评价制度，克服人才评价考核简单化、数量化、形式主义化的倾向，以人才的创造性和实际贡献作为评价的核心指标，形成正确的人才创新评价导向；完善国家人才奖励制度，对真正有创新成果的人才进行奖励；完善产权激励制度，制定知识、技术、技能、管理等智力性生产要素参与分配的办法，保护知识产权及其权益，激发人才持续创新的热情。从一定意义上讲，创新激励制度是人才生产力向现实生产力转化的"催化剂"。

以清华大学为例，对推进人才工作改革创新，以高层次人才队伍带动学校科学发展作为说明。

首先，明确学校人才工作方针，健全党管人才的领导体制。在党委统一领导下，清华大学形成了切合实际的人才工作领导体制。成立了人才工作领导小组，实行党委书记、校长双组长制，协调解决高层次人才培养、引进和队伍建设的重要问题。确立人才强校战略为学校核心战略，完善培养、引进、激励和服务的制度和环境，显著提升高层次人才的数量和质量，到2020年争取使学校人才队伍接近或达到世界一流大学水平。"尊重人才、激励人才、服务人才"是学校人才工作指导思想。尊重人才，就是充分认识人才的极端重要性，切实把人才工作摆在核心地位，营造尊重人才的良好环境；激励人才，就是通过政策、制度和措施，搭建事业发展舞台，使人才的主观能动性充分发挥；服务人才，就是牢固树立服务意识，为人才发展和发挥作用提供全方位服务。

其次，大力推进改革创新，努力开创学校人才工作新局面。清华大学以改革创新精神，不断创新人才工作的思路和方法，在岗位聘任和人才引进时实行教授会议投票制度，强化学术标准。以教学科研系列教师队伍为重点，探索分系列管理。坚持培养和引进并举，为中青年领军人才提供舞台。在传帮带的同时，给中青年骨干压担子、促成长，培育出一大批学术领军人才，吸引了一批国际学术大师和国外名校教授全职来校任教。学校开展高水平学术团队青年人才引进及聘用试点，设立特别研究员、特别副研究员等岗位，打造学术和人才特区。定期开展教学技能大赛、教学效果评估，对 35 岁以下青年教师提供专项津贴。加强师德建设，强化立德树人、教书育人职责。改善保障条件，提供全方位优质服务。积极改善居住条件和子女入园、就学条件，进一步改善校园医疗、生活、文化、体育设施，帮助青年人才减轻后顾之忧。

"人才效应"显著，有力推动了世界一流大学建设。经过长期建设特别是近年的努力，清华大学教师队伍整体水平明显提高。目前，全校 3100 多名教师中，博士学位获得者比例从 2007 年的 69% 提高到 2011 年的 81%，有"两院"院士 73 人，国家教学名师获得者 15 人，"千人计划""青年千人计划" 100 人，长江学者 151 人，国家杰出青年科学基金获得者 149 人，涌现出一批创新团队。姚期智、丘成桐、朱邦芬、张希、施一公、郑泉水等学术大师和中青年领军人才分别担任信息、数、理、化、生、力学等实验班的首席教授，着力培养拔尖创新人才。学校增强科研能力，取得了一大批高水平创新成果。"十一五"以来，清华大学获国家科技奖励 99 项，其中一等奖 4 项，吴良镛院士获 2011 年度国家最高科技奖。思想观念更新，促进了学校和院系改革发展。施一公教授全职任教 5 年来，建立了世界一流的结构生物学中心，在《科学》《自然》《细胞》等国际顶尖期刊发表论文 20 篇，担任生命科学学院院长后锐意改革，积极构建"国际化、竞争性、高效率"的人事制度。

四、我国人才发展的创新点

（一）科学人才观理念正在形成

思想引领行动，思想决定行动，实现人才事业的大发展，首先需要科学人才观念的形成和发展。在 2011 年的人才工作实践中，人才发展的思想、理念有了新的突破，并取得了一系列重要研究成果。2011 年年底，李源潮同志在全国人才工作座谈会上，指出科学人才观是科学发展观在人才工作领域的具体体现,并提出了科学人才观需要宣传普及和贯彻落实的10个重要理念:人才是最活跃的先进生产力,人才是科学发展第一资源,人才工作要为经济社会发展中心任务服务,人才优先发展是科学发展的有效路径,树立人人皆可成才的社会理念,以用为本是人才发展的重要方针,人才投资是效益最大的投资,高端引领是人才队伍建设的战略重点,遵循系统培养的人才开发规律,坚持把改革创新作为人才发展的根本动力。这些重要理念,对于推动我国人才工作进一步发展,让各类人才都拥有广阔的创业平台、发展空间,使每个人都成为对祖国、对人民、对民族的有用之才,形成人才辈出、人尽其才、才尽其用的生动局面必将发挥重要作用。

(二)"一把手"抓"第一资源"走向常态

2010年,为深入推进《国家中长期人才发展规划(2010~2020年)》的贯彻落实,强化"一把手"抓"第一资源"的责任意识,中央人才工作协调小组办公室酝酿制定了推进人才工作目标责任制的实施办法。2011年,全国各地、各级党政机关结合当地经济社会发展的人才需要,开始正式建立和实施各具特色的人才工作目标责任制,完善"一把手"抓"第一资源"的责任机制,科学设置考评指标,完善考核方式方法,强化考核结果的运用。这些工作的推进,把人才工作由软任务、软指标变成了硬目标、硬要求,增强了人才工作的使命感、责任感和压力感,提高了党管人才的领导力、创新力和执行力。"一把手"抓"第一资源",逐步内化为各级党政领导的自觉意识和常态举措。

(三)全国人才规划体系建立

2011年,中央人才工作协调小组积极推进全国人才规划体系的建设。截至2011年年底,全国31个省(区、市)、15个副省级城市、83%的地级城市、58%的县(市、区)已经出台人才发展规划;党政人才、企业经营管理人才、专业技术人才、高技能人才、农村实用人才、社会工作专业人才等6支人才队伍建设的专项规划和装备制造、生物技术、金融财会、国际商务、防灾减灾等18个经济社会发展重点领域的人才规划编制工作，也已基本完成。这标志着我国的人才发展，自上而下都拥有了长远战略目标和前进的路线图。与此同时，以城市为单位的"人才强市战略"也在加紧制定和完成。

（四）一系列重大人才工程全面启动

重大人才工程对推动我国人才发展一直发挥着重要支撑和引领作用。如2008年实施的"千人计划"，到目前为止工作成效显著，截至2011年年底，"千人计划"已引进1653名海外高层次人才。2011年，在中央人才工作协调小组的指导督促下，各牵头部门分别制定印发了《国家中长期人才发展规划纲要（2010～2020年）》提出的12项重大人才工程实施方案，标志着12项重大人才工程的全面启动。与此同时，在国家重大人才工程的示范引领下，各地区、各部门也组织实施了各具特色的人才工程或项目。

（五）重大人才政策制定取得新进展

2011年，中央人才工作协调小组加强了对重大政策研究制定工作的指导，并取得了突破性进展。例如，2011年国家财政年初预算安排的教育、科学技术、医疗卫生、文化体育与传媒等支出，增长幅度均高于《国家中长期人才发展规划纲要（2010～2020年）》有关指标，同时制定了税收优惠政策，鼓励和引导社会、用人单位、个人进一步加大人才发展投入，支持企事业单位加大职工教育培训投入，提高职工培训经费提取比例。另外，还有中共中央组织部、人力资源和社会保障部等联合出台"从大学生村干部等基层服务项目人员中考试录用公务员"新政；国家外国专家局下发《进一步加强引进国外智力工作的意见》；有关部门放宽"绿卡申领门槛"、完善中国"绿卡"待遇、分类推进职

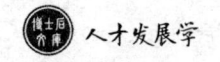

称制度改革等。

在中央部门的示范带动下,各地也相继出台了一系列有利于人才培养、开发与使用的人才政策。据统计,截至2011年年底,各省(区、市)及新疆生产建设兵团共计划制定人才政策909项。

(六)人才特区政策实施有了新突破

在众多人才政策创新中,有关"人才特区"的政策尤为突出。早在2001年,深圳市就在"经济特区"的基础上,率先提出并试点建设了我国第一个"人才特区"。第一个国家级人才特区的成立,则是在2010年《规划纲要》颁布实施之后。2011年3月,中共中央组织部、国家发改委及北京市政府联合印发《关于中关村国家自主创新示范区建设人才特区的若干意见》,提出采取"两步走"的方针,将中关村示范区率先建成国家级人才特区。第一步是2011~2012年,初步形成机制新、活力大、成果显著的人才特区政策体系,聚集包括"海归"人才在内的3万名左右高层次人才。第二步是2013~2015年,人才优先发展战略布局全面形成,国家级人才特区全面建成,成功探索出具有全国示范意义和推广价值的人才政策体系,初步形成具有全球影响力的人才战略高地,聚集包括"海归"人才在内的5万名左右高层次人才。同年5月,由中共中央组织部牵头,国家发改委、教育部、科技部等15个中央国家机关部委和北京市共同组成中关村人才特区建设指导委员会,旨在进一步加强对中关村人才特区建设工作的组织领导和统筹协调,以特殊政策、特殊机制、特事特办,打造世界一流的国际化人才特别集聚区。

(七)启动国家高技能人才振兴计划

为更好地实施人才强国战略,弥补我国高技能人才总量短缺、结构不合理的现状,适应走新型工业化道路、加快产业结构优化升级的需要,培养造就一大批具有精湛技艺的高技能人才,根据《国家中长期人才发展规划纲要（2010~2020年）》，国家高技能人才振兴计划于2011年开始实施。2011年11月，人力资源和社会保障部、财政部联合印发《国家高技能人才振兴计划实施方案》，内容主要包括技师培训、高技能人才培训基地建设和技能大师工作室建设3个工作项目。技师培训项目的目标是，2011~2020年，全国新培养350万名技师、100万名高级技师，使技师和高级技师总量达到1000万人。高技能人才培训基地建设项目的目标是，2011~2020年，建设1200个高技能人才培训基地，基本形成覆盖重点产业和中心城市的高技能人才培养网络。技能大师工作室建设项目的目标是，到2020年年底，国家重点支持建设1000个左右技能大师工作室，基本形成覆盖重点行业、特色行业的技能传承与推广网络。

为推进方案的顺利实施，在中央人才工作协调小组领导下，人力资源和社会保障部会同财政部、教育部、国资委等部门，成立了国家高技能人才振兴计划协调指导小组，负责计划的统筹协调、宏观指导和监督检查。同时，建立健全国家高技能人才振兴计划的经费保障机制，进一步加大各级政府投入，并充分发挥财政资金的引导性作用，带动行业、企业和社会等多方面加大投入，为实施计划提供充足的经费支持。对经济社会发展急需、紧缺行业（领域）高技能人才培训、高技能人才培训基地建设和技能大师工作室建设，各级财政给予适当支持。

（八）云南、海南改革考试评价制度

2011年，被称为"云海工程"的一套新的高考综合评价体系，在海南、云南两省试行。教育考试部门向每一位考生提供一张个性化的高考成绩分析报告单。报告单除了记录考生本人的单科成绩和总分或综合分外，还列有个人每个科目的成绩在全省同类考生中的百分等级、在各不同学科内容和能力结构上的得分以及升学指导测验结果等内容。这些综合评价信息将能够帮助考生更加全面地了解自己的学习状况，有利于指导考生正确填报高考志愿并规划自己未来的学业。

"云海工程"改革了传统的高考分数报告办法，是尝试建立全方位、多层次、发展性、个性化的综合评价体系，并且依托网络技术提供网络化成绩分析报告的一项试验工作。随着试验的推进，"云海工程"还将不断拓展高考评价的广度和深度，进一步分析考生的能力、兴趣和胜任力，把这些因素与高校开设的专业进行匹配，为考生提供多维度的评价信息和更为科学的专业选择做参考，最终整合现有的考试并尝试建立考试评价体系，实现对学生的综合评价和对其未来发展的引导。

第三节 党管人才体制优势

党管人才，是我党人才工作的新思路，是新的历史条件下党的人才工作的总的原则，是中国共产党干部队伍建设和人才工作的历史与新鲜经验的总结。党管人才原则的提出，深化了党对执政规律和社会主义建设规律的认识，明确了党不断扩大执政基础、提高执政能力，进而巩固执政地位的着力点，反映了党对自身历史方位变化和领导方式转变的深刻理解，以及对人才资源在当今世界的突出作用的清醒把握。

一、党管人才体制内容

（一）党管人才领导体制

党管人才领导体制是指党管人才领导体系和工作机制的总和，是党管人才领导体系的权力划分、职能配置、领导结构、运行机制等的关系模式。它主要包括以下四个要点：第一，党管人才领导体制的核心内容是领导权力的划分和领导职能的配置。党管人才领导权力的划分决定党管人才领导职能的配置。党管人才领导职能的配置又影响党管人才的领导结构和领导运行。第二，党管人才的领导结构是党管人才领导体制的表现形式。其中，党管人才领导机构是党管人才领导权力和领导职能的载体，若无党管人才领导机构，党管人才领导体制也就不存在了。第三，党管人才运行机制是党管人才导体制的动态灵魂。若无决策、执行、监督和反馈等连续不断的运行活动，党管人才领导体制则无法运转，变成空架子，毫无意义。第四，党管人才领导体制是党的整个领导体制的有机组成部分，并要受其制约❶。

党管人才领导体制是党管人才制度的关键，是党在人才工作中必须共同遵守的根本的行为准则和信条。它反映了我国政治、经济、文化和社会发展对人才工作的基本要求，因而具有相对稳定性。相对于党管人才制度而言，党管人才领导体制是党管人才制度外在的具体表现和实施形式，因而要受党管人才制度的制约，并具有不稳定性和可变性。并且，党管人才领导体制不仅受党管人才制度制约，而且还要受我国政治、经济、文化和社会发展影响，呈现出多种因素交错依存的状态，具有在整体过程中随遇而变的可能性。因此，我们不仅要根据人才工作的情况变化，而且要根据政治、经济、文化和社会发展对人才工作要求的变化，不断对党管人才领导体制进行适宜的改革和创新，以使党管人才工作始终充满活力和有效性。

党管人才领导体制是人才发展的组织保证。根据《中共中央国务院关于进一步加强人才工作的决定》精神，各级党委必须从战略高度充分认识人才工作的极端重要性，必须坚持党总揽全局、协调各方的原则，充分发挥党的思想政治优势、组织优势和密切联系群众的优势，发挥党委领导核心作用，努力形成党委统一领导，组织部门牵头抓总，有关部门各司其职、密切配合，社

---

❶ 马平轩. 党管人才领导体制和工作机制分析 [J]. 人力资源开发，2008 (9).

会力量广泛参与的人才工作新格局。具体包括以下几点：第一，各级党委要从总体上抓好人才工作，管宏观，管政策，管协调，管服务。第二，建立各级党委和政府的人才工作责任制，切实加强对人才工作的领导。这里的关键是：各级党政"一把手"必须把同级党委和政府的人才工作目标具体化为可操作的人才工作任务和责任，制定人才工作标准，建立完善的监督和激励制度与办法，党委和有关方面要定期考核。第三，建立各级人才工作协调小组，各级人才工作协调小组人事人才下设办公室，办公室设在同级组织部的相应机构。各级人才工作协调小组在同级党委领导下，特别是在同级党委"一把手"的直接领导下开展人才工作。党中央成立中央人才工作协调小组，中央人才工作协调小组下设办公室，中央人才工作协调小组办公室设在中央组织部人才工作局。各省、市、县级党委也要按中央要求成立人才工作协调小组及其办公室。第四，各级组织部要建立人才工作协调机构，这个机构也是人才工作协调小组办公室，所以，各级组织部的人才工作协调机构不仅要独立开展自己的本职工作，而且还要完成同级人才工作协调小组交办的有关事宜。第五，各级宣传、统战、人力资源和社会保障、科技、教育、财政、公安、安全、国资、农业、卫生、发展和改革等有关部门要作为同级人才工作协调小组的成员单位，成立相应的人才工作机构，并设联络员。这些成员单位的人才工作机构及其联络员，不仅要独立开展自己的本职工作，而且要接受同级人才工作协调小组的指导，还要接受其各自上级的领导。第六，要遵循人才市场规律，充分发挥行业协会和中介组织在人才管理和服务工作中的积极作用。在一定意义上讲，行业协会和中介组织正是党管人才领导体制在人才市场上的有效延伸。但是同时，我们要努力避免把行业协会和中介组织"党组织化"或"政府化"。

（二）党管人才工作机制

党管人才工作机制是指党管人才领导主体的权力分配及其运

作过程，是党管人才领导体制的动态灵魂。若无计划、组织、领导、控制等连续不断的管理职能，或者说若无决策、执行、监督和反馈等连续不断的运行活动，党管人才领导体制则无法运转，变成空架子，毫无意义。它主要包括以下三个要点：

1. 党管人才工作的领导主体

党管人才工作的领导主体是党的各级组织及其人才管理人员，也包括党执政条件下的国家政府各级组织及其人才管理人员。从党现行的党管人才领导体制和工作机制看，党管人才的领导主体包括纵横两个方面，这两个方面有机结合，构成了党的人才领导主体结构网络。纵向方面主要包括四级，即中央级人才工作机构及其工作人员、各省级人才工作机构及其工作人员、各市级人才工作机构及其工作人员、各县级人才工作机构及其工作人员；横向方面主要包括宣传、统战、人力资源和社会保障、科技、教育、财政、公安、安全、农业、卫生、发展和改革等有关部门的人才工作机构及其工作人员。可见，党管人才工作机制是纵横性工作机制。也就是说，党的人才工作必须从纵、横两个向度开展。这里我们应该注意：由于我们党坚持党管人才原则，执行民主集中制，所以在党的人才领导主体结构网络中，纵向人才领导主体结构是重点。也就是说，在党的纵横性人才工作机制中，纵向性工作机制是重点。

2. 党管人才工作的领导主体之间的权力配置

从纵向看，是指党的人才领导权力在四级领导主体之间如何科学合理地分配。由于我们党和国家的领导原则和组织原则是民主集中制，所以党管人才领导主体之间的权力配置模式是中央适度集权和其他三级适度分权相结合。这里我们必须注意三点：首先，中央适度集权和其他三级适度分权相结合的关键是：努力找准并确定中央集权和其他三级分权的适度分岭点。所谓中央适度集权，应以中央拥有的权力能够对全国人才工作和人才队伍建设进行宏观控制,能够保证中央人才工作政策在全党全国全社会统一行为基准。所谓其他三级适度分权,应以有利于发挥三级的积极性、主动性和创造性,有利于三级因地制宜地开展人才工作为基准。另外,要努力按照"四个服从"的纪律要求,做到逐级服从,最终必须坚持中央的统一领导。当然,从中央开始,也要努力做到逐级帮助、支持和照顾。这是一个问题的两个方面,必须兼顾,不可偏颇。第二,中央适度集权和其他三级适度分权的同时,人事人才必须把职责与之相统一。无权力的职责不可能落实,而无职责的权力则容易滥用、容易导致腐败。第三,中央适度集权和其他三级适度分权必须法制化、制度化、规范化,这是党管人才纵向工作机制四个层次运行协调顺畅的可靠制度保障。

从横向看,就是要按照"党委统一领导,组织部门牵头抓总"的要求,各级宣传、统战、人力资源和社会保障、科技、教育、财政、公安、安全、农业、卫生、发展和改革等有关部门的人才工作机构及其工作人员都要在同级党委和组织部门的统一领导和指挥下,各司其职,统一行动,相互配合,齐头并进。

3. 党管人才工作机制的运行过程

(1) 党管人才纵向工作机制四个层次的运行过程。第一个层次,即中央级人才工作机构及其工作人员的运行情况:中央级人才工作机构及其工作人员由中央政治局、分管人才工作的中央政治局常委、中央人才工作协调小组及其办公室三部分领导主体组成。三部分领导主体之间的运行过程是:中央政治局总揽党和国家的人才工作全局。中央政治局通过分管人才工作的中央政治局常委领导中央人才工作协调小组及其办公室。根据中央政治局的安排,分管人才工作的中央政治局常委要兼任中央人才工作协调小组组长,具体领导中央人才工作协调小组开展工作。中央组织部长要兼任中央人才工作协调小组办公室主任。由于党管人才工作的专业性比较强,所以,中央人才工作执行和落实的重任就落在了中央人才工作协调小组及其办公室。

中央政治局的人才工作职责主要是四个方面：管宏观、管政策、管协调、管服务。其主要任务有五个：一是搞好统筹规划，制定人才工作重大方针政策，明确发展目标，推进各类人才队伍建设协调发展；二是坚持分类指导，针对各类人才的不同特点和成长规律，创新人才工作理论、体制和方法，使人才各得其所、各尽其能；三是注重整合力量，建立统分结合、协调高效的工作机制，充分调动一切积极因素，形成人才工作合力；四是积极提供服务，通过政策支持、精神激励和环境保障，不断改善各类人才的工作与生活条件，以情感和人格的力量，提高对人才的吸引力和感召力；五是实行依法管理，加快推进人才工作法制化建设，增强工作的规范性和有效性。

中央人才工作协调小组的工作职责有七条：一是对全国人才工作和人才队伍建设进行宏观指导和综合协调；二是了解和掌握全国人才工作和人才队伍建设情况，根据经济社会发展对人才的需求，向中央提出人才工作的政策性建议；三是审议并协调落实全国人才队伍建设规划；四是协调、指导全国人才工作有关政策制度和法律法规的研究、制定与完善工作；五是对人才培养、吸引、使用，以及人才流动、人才激励和人才安全等有关工作进行协调指导；六是负责专项重点人才工作的落实；七是完成中央交办的其他工作任务。

中央人才工作协调小组的工作规则有十条：一是协调小组会议由组长召集，研究讨论需要由小组集体讨论的事项。受组长委托，也可由副组长召集会议。会议原则上每季度召开一次，根据需要可随时召开。二是协调小组会议议题由会议召集人确定，并提前通知小组成员。小组成员单位拟提交小组会议讨论的议题，需提前报送小组办公室。三是根据会议议题需要，经会议召集人同意，可邀请有关方面的负责同志和有关专家学者列席协调小组会议。四是协调小组会议后,编印会议纪要,报中央有关领导同志,并发各成员单位。五是有关部门提交协调小组会议讨论的政策、法规等重要文件,经小组会议讨论并提出修改或处理意见后,由有关部门按规定程序办理。六是对地方和部门提出的有关人才工作的问题和建议,协调小组研究后,商请有关部门办理。七是建立人才工作研究咨询制度。通过课题研究、理论研讨、方案论证和政策咨询等方式,就人才工作的重大问题听取有关专家的意见。八是以适当形式交流人才工作和人才队伍建设等方面的信息,实现人才信息资源共享。九是协调小组下设办公室,小组的日常工作由办公室承担。十是协调小组在各成员单位设联络员,负责信息的沟通及相关工作。协调小组办公室可根据工作需要,召开各成员单位联络员会议,具体落实协调小组会议议定的有关事项。

其他三个层次(省级、市级、县级)人才工作机构及其工作人员的运行情况:由于我们坚持党管人才原则和"四个服从"纪律,所以其他三个层次的运行情况大致和第一个层次相同。但是,其他三个层次的运行都要逐级接受其上级的领导和指导,最终统一接受中央的领导和指导。这里我们只需要强调一点:就是其他三个层次的运行要逐次降级并适度缩小工作范围。也就是说,层次越降,其职权越小,工作越趋向微观,工作目标和任务越具体,相应地,其执行和落实的工作比重就越加大。

(2)党管人才横向工作机制的各个方面及其运行过程。党管人才横向工作机制的各个方面主要包括中央、省、市、县四个层次的宣传、统战、人力资源和社会保障、科技、教育、财政、公安、安全、农业、卫生、发展和改革等有关部门的人才工作机构及其工作人员。这些人才工作机构都应该是同级人才工作协调小组的成员单位,都应该接受同级党委和政府的领导,同时接受各自"条块"上级的领导或指导,在同级人才工作协调小组的"牵头抓总"指导下，各司其职，密切配合，协调统一，积极工作，齐头并进。

随着我国社会主义市场经济体制的不断完善和民主政治建设的不断推进，有关社会力量必将越来越广泛地参与到党管人才工作中来，并产生深刻影响。对此，我们党必须时刻注意，高度重视，因势利导，善加组织，科学利用。其实，我们党应该深刻认识到：有关社会力量的广泛参与对党管人才工作的作用是正向的，是建设性的。因为，有关社会力量的广泛参与客观上延伸了我们党管理人才工作的"手臂"，增强了我们党管理人才工作的力量，扩大了我们党管理人才工作的覆盖面，提高了我们党管理人才工作的市场竞争力。因此，有关社会力量的广泛参与对我们的党管人才工作机制，是有益的、必要的社会补充，是我们党人才工作新格局的必然要求和有机组成部分❶。

二、党管人才体制特点

（一）党管人才体制的特点

党管人才的总体目标是实施人才强国战略；党管人才的核心任务是运用党的政策优势和决策地位，管宏观、管政策、管协调、管服务，确保人才优先发展和健康发展；党管人才的领导方式是牵头抓总，形成党、政、企、事、群各方面协同开发的工作新格局，充分发挥党的政治思想优势、组织优势和密切联系群众优势；党管人才的政治责任是动员全社会创造人人皆可成才的良好环境，依法保护人才合法权益。因此，可以说党管人才就是我们在国际人才竞争中所创造的最大的制度优势和体制优势。

（二）干部选拔坚持德才兼备、以德为先

《国家中长期人才发展规则纲要（2010~2020年）》在加强

---

❶ 中共中央办公厅. 关于进一步加强党管人才工作的意见［N］. 人民日报，2012-10-9.

党政人才队伍建设的主要举措中，提出要"坚持德才兼备、以德为先用人标准"。这是我们党对干部选拔任用工作历史经验的科学总结，是对党的组织路线和干部政策的丰富发展是新时期党的干部工作的重要指导方针。

1. 把干部的德放在首要位置，保持马克思主义政党先进性和纯洁性的根本要求和重要保证

用什么样的标准选人、选什么样的人，是否把干部的德放在首要位置，是判断一个政党先进性的重要标准，决定着一个政党的兴衰成败。干部是中国特色社会主义事业的骨干，是党的路线方针政策的贯彻执行者，是领导人民群众创造幸福生活的带头人。"官德正，则民风淳；官德毁，则民风降。"领导干部的思想品德不仅是个人行为，在党内和社会上往往具有重要的示范性、影响力和辐射力。领导干部只有思想品德过硬，才能赢得人民群众的真心信服与支持，才能团结和带领广大人民群众同心同德地为建设中国特色社会主义而奋斗。我们党在不同历史时期特别是改革开放以来，正确把握和执行党的干部路线，培养和造就了一批又一批、一代又一代德才兼备的骨干队伍。但要看到，在经济社会发生深刻变化的条件下，少数干部品德缺失现象时有发生。有的对党对国家缺乏忠诚，丧失信念，言行不一；有的把市场规则引入党内政治生活，跑官要官，买官卖官；有的放松品德修养，放弃个人操守，情趣低下。少数干部的无德之行，败坏了社会风气，损害了人民利益，也直接影响了党的形象。一些干部出问题，主要不是出在才上，而是出在德上。群众对干部有意见，也主要是对干部德的表现不满意。因此，必须从保持党的先进性和纯洁性的高度，从建设高素质领导班子和干部队伍的现实需要出发，把德放在干部选拔使用工作更加突出的位置，教育引导干部更加注重政治品德、职业道德和个人品行修养。

2. 正确把握德与才的辩证关系，坚持以德为先

德为才之帅，才为德之资。与才相比，德始终是第一位的。坚持德才兼备、以德为先用人标准，必须鲜明地突出德在干部标准中的优先地位和主导作用，把德作为选人用人的前提和先决条件。同样是能力强的干部，品德不过关的要坚决调整下来。当然，在强调以德为先的同时，也不能忽视才。有德无才，也难堪大任。因此，在选拔任用干部工作中，必须把德才兼备、以德为先用人标准作为一个整体来认识和把握，选拔干部既要看才，更要看德，既要把好政治关，又要把好才能关，真正把政治上靠得住、工作上有本事、作风上过得硬、人民群众信得过的优秀干部选拔到各级领导岗位上来。

3. 完善评价体系，科学界定干部德的考察标准

在干部选拔中贯彻落实德才兼备、以德为先的用人标准，必须进一步从政治品质和道德品行等方面完善干部德的评价标准。"忠于党、忠于国家、忠于人民"是政治标准，是衡量干部德的首要标准，也是共产党人的立德之基。确立正确的世界观、权力观、事业观，是衡量干部理想信念的主要内容，是领导干部的修德之本。真抓实干、敢于负责、锐意进取，是领导干部良好精神状态和职业道德素质的基本要求。作风正派、清正廉洁、情趣健康，是领导干部优良作风和为人的基本品质。

4. 按照科学发展观的要求，积极探索考察干部德的有效途径

从贯彻落实科学发展观的角度来考察干部德的实际表现，重点要把贯彻落实科学发展观的自觉性和坚定性作为考察干部德的重要内容，全方位、多渠道地考察干部的德。一是从履行岗位职责中考察干部的德。通过干部在履行岗位职责中的工作动机、工作态度、工作作风。工作成效以及工作中表现出的团结协作精神等，全面了解干部贯彻落实科学发展观的实际表现。二是从完成急难险重任务中考察干部的德。要重点看干部的胆识、意志品质

459

和对群众的感情，特别是在重大灾害和突发事件面前，要看干部能否冲在一线、沉着应对、坚忍不拔，始终站在党和人民的立场上，按照党的政策和国家法律法规做好工作。三是从关键时刻表现中考察干部的德。要重点看在大是大非问题面前，干部立场坚定、态度鲜明，还是见风使舵、盲目跟风；是坚持原则、勇于斗争，还是是非不分、退缩逃避；是服从组织、顾全大局，还是敷衍塞责、讨价还价，全面考察检验干部的政治品德。四是从对待个人名利的态度中考察干部的德。关键要看干部对待个人升迁的态度，是以勤奋的工作、良好的品格、平和的心态接受组织挑选，以大局为重服从组织安排，还是采取不正当手段，跑官要官、求情拉票。要看干部在利益诱惑面前，能不能保持清醒头脑，不为所动。还要看干部在荣誉面前，能否正确对待，真诚谦让、见贤思齐。

（三）人才发展要坚持以用为本

坚持以用为本，要把握好"用"的三层含义：首先是根据每个人的特点，把他们放到合适的岗位，让人才有发挥作用的舞台和空间；其次是给予人才关爱与支持，为其创造良好的环境，搭建干事创业平台，让人才自由创新创造；最后是根据人才的业绩和贡献，给予相应的报酬和待遇，做到"以价值体现价值，有财富回报财富"。

人才发展坚持"以用为本"，是解决当前我国人才工作突出问题的急迫需要。从我人才工作实际来看，"用"是当前最突出的问题。一是"不够用"，我国的人力资源居然总量很大，但高层次人才、重点产业和重点领域的专门人才、高技能人才严重缺乏。二是"不适用"，由于人才培养与经济社会发展需要相脱节，不少人才知识相对陈旧，专业不对口，特别是实践能力、创新能力不强，致使人才素质不适应经济社会发展要求，高校毕业生就业难与用人单位找不到所需要人才的问题并存。三是"不能充分使用"，由于人才的评价发现、选拔使用、流动配置等极不合理，存在用非所长、用非其时的问题，导致人才资源闲置浪费，许多人才缺乏充分施展才能的舞台和条件。根据中国社会科学院有关专家对 7000 份有效问卷调查分析，2005 年我国人才的能力发挥有效指数只有 74.2%，也就是说，扣除 10% 的正常损耗，有 15.8% 的能力被浪费掉了，即人才浪费指数是 5.8%。据此，测算出 2005 年，我国人才浪费总规模超过 2500 万人，导致的经济消耗和经济损失超过 9000 亿元。解决这些问题，必须树立以用为本的理念，把以用为本贯穿于人才培养、引进和使用的各个环节，努力使人才用当适任、用当其时、用当其才。

三、党管人才体制优势

党管人才是我们在国际人才竞争中，所创造的最大的制度优势和体制优势。有了这个制度和体制优势，才能形成人才竞争的比较优势和创新。从实践上看，自 2003 年《中共中央国务院关于进一步加强人才工作的决定》提出了党管人才的重大指导原则以来，各级党委和组织部门积极践行这一原则❶。学者们通过分析党管人才体制，以及与其他国家人才体制的比较体现出我国党管人才体制的优势。

党管人才体制是从我国实际出发而形成的具有我国特色的人力资源管理实践经验的高度概括，是对党管干部原则的继承和发展，是我们党在新世纪、新阶段新的人才战略观，既是人才强国战略总目标、总方向的重大原则性规定，又是中国共产党长期以来人才政策的集大成（张志刚，2009）。"党管人才"战略的提出对于我国实现从人口大国向人才资源强国转变，积聚社会人才资源，实现小康社会具有重要的意义（李福成，2008；马平轩，

---

❶ 吴江. 发挥党管人才的制度优势 [N]. 中国组织人事报，2012 – 12 – 29.

2008；马贵舫，2005）；对于实现从人口大国向人才资源强国转变，积聚社会人才资源，党管人才制度对实现小康社会具有重要的意义（叶国文，2005）。

党管人才的体制优势，主要体现在以下几个方面：

（1）发挥组织部门牵头抓总作用。各级党委组织部门在党委领导下，切实担负起人才工作牵头抓总的责任，当好参谋，创新实践，整合资源，示范引领。要坚持牵头不包办，抓总不包揽，统筹不代替，积极支持配合其他部门在职责范围内开展工作。中央和省级组织部门重点抓好战略思想研究、总体规划制定、重要政策统筹、创新工程策划、重点人才培养、重大典型宣传等工作。

（2）促进职能部门各司其职、密切配合。按照统一领导、分类管理的原则，根据部门职能，科学划分有关部门在人才工作和人才队伍建设中的职责。人力资源和社会保障部门在制定人才政策法规、构建人才服务体系、培育和发展人才资源市场等方面积极发挥作用。各党政职能部门和企事业单位要齐抓共管、通力合作，共同推动人才工作各项任务的落实。

（3）切实发挥用人单位主体作用。各用人单位认真贯彻执行党的人才工作方针政策，自觉做好本单位人才培养、引进和使用工作。不断深化干部选拔任用制度改革，扩大干部工作民主，拓宽选人用人渠道，促进优秀人才脱颖而出。深化国有企业和事业单位人事制度改革，创新管理体制，完善用人机制，尊重和落实单位用人自主权。鼓励和引导非公有制经济组织和新社会组织认真落实所在地方党委、政府人才发展规划，以灵活机制做好人才服务和管理工作。

（4）引导和支持工会、共青团、妇联、科协、文联、作协等人民团体和各民主党派、工商联、无党派人士等各方面力量积极参与人才工作。鼓励和支持各类人才培训机构、中介机构以及从事国际人才交流的民间机构创新服务方式和内容,为人才提供个性化和多样化服务。

(5)引导人才资源合理流动,统筹协调区域人才资源。在我国的经济版图上,已经形成东部、中部、西部和东北地区四大经济板块以及长三角、珠三角等若干个经济圈。经济开发决定人才开发,人才开发又对经济开发具有巨大推动作用,区域人才开发合作势必成为区域经济合作的重要推手。党管人才原则,有利于注重以区域经济项目为载体的人才开发合作方式,引导和推动各类人才服务机构围绕区域经济发展来培育、引进、聚合和使用人才❶。

四、党管人才与人才发展

(一)人才秩序与人才发展

通过改革和完善人事制度、科技教育制度、劳动用工制度及产权制度,开展再就业工程、支持社会培训、企业在职培训和继续教育项目,以及投资公共工程、调整产业产品结构,贯彻引导企业投资和教育科研发展方向等政策和措施,以提高就业率,充分开发和利用人力资源潜力,促进人力资源合理流动,不断提高人力资源的素质和人力资源的开发效益,是宏观人力资源开发的主要任务,而服务社会发展是宏观人力资源发展的根本出发点和落脚点。作为宏观人力资源开发的结果,不论是人才队伍建设的任务、人才政策和措施,还是人才工作成效都必须用社会整体发展的成果来检验❷。

(二)创业环境与人才发展

G20青年企业家联盟是一个由青年企业家和支持青年企业家

---

❶ 陈书洁,曹立锋.区域人才资源开发合作的主要方式研究:基于十六个区域人才开发的历史实践[J].中国人力资源开发,2011(4).

❷ 吴坚.宏观人才资源治理结构的实证分析[J].商业时代,2011(6).

的组织组成的全球性网络。2011年，第三届G20青年企业家峰会在法国尼斯举行，来自全球约400名18~45岁的企业家参会，形成了《企业家的宣言：呼吁20国集团政府采取行动》，对G20国家的创业环境进行了详细分析，并提供出可能改善的方向。现将对中国创业环境的方向报告摘编如下：

1. 来自G20国家的受访者无一例都认为中国仅次于美国拥有最好的创业环境

最近几年，在中国申请不同形式的贷款容易了许多。人们受教育程度越来越高，对研发的投资也在增加，这使得中国与科技相关的指标有了巨大增长。因此，中国将更有信心在某些领域达到技术领先地位，也更可能推动创业者的价值链升级。此外，20世纪70年代末开始实施的改革开放不仅改变了经济，还培养了一种创业的文化。

然而问题仍然存在。尽管取得了这样的进步，但是与G20整体及其快速增长市场相比，在受中等和高等教育的人群中，中国年轻人所占的比例仍然较小。此外，与G20各国平均水平相比，在中国创业负担较重。另外，中国正力图加强其国内市场，减少对出口的依赖，这一进程会创造许多机会，但同时也意味着新的挑战。

92%的受访者认为中国文化能够促进人民创业。90%的受访者称，通过创业促进就业的机会，对中国培养创业文化起着中度到高度的影响。据调查，在过去五年中改善中国创业观念的因素包括：在提供创新产品方面企业家们所树立的正面形象；创业中的企业社会责任带来的正面形象；媒体中企业家的正面形象。58%的受访企业家将生意失败看作是一次学习机会。这一比例比G20中其他任何一个国家都要高，这表明：中国是非常鼓励人们创业的。

与科学领域相关的不同指标的增长证明，中国与G20其他国家相比,在研发方面进步较大,在推动创业者价值链升级方面也持更加支持的态度。2007 年,中国将其 GDP 的 1.4% 用于研发,这一数字略低于 G20 各国的平均水平(1.5%)。然而,鉴于这三年中国的 GDP 都达到了两位数的快速增长,这一数字表明,中国在研发方面增加了相当多的投入。

受访的中国企业家对中国增加创业培训的投入表示赞扬。86% 的受访者认为近期大学和商学院的课程都有所改善,80% 的受访者谈到了在创业培训方面的进步。关于创业的会议、研讨会、学期课程以及大学和商学院的创业讲座对这种变化都有推动作用。78% 的受访者认为学生需要参加专门的培训才能创业。84% 的受访者认为,在鼓励学生将创业作为职业生涯选择方面,培训项目是一个关键的促进因素。这样的培训在中国是可以得到的,由国际劳工组织开发的创业教育项目(KAB)已经引进中国并实施。

2. 受访的中国企业家认为从 2005 年到 2010 年之间获得贷款的渠道有所改善

2005~2010 年,中国的中小企业股市的首次公开募股(IPOS)数量增加了 1130%,而与此同时,G20 的平均值却下降 33%。这一时期,中国的私募基金(PE)也相当活跃,增长达到 223%,而 G20 的平均水平下降了 22%。风险投资的影响力增加了 82%,从 2005 年到 2010 年,中小企业股市的上市公司数量从 50 家增长到了 684 家。由于近年来融资工具显著改进,越来越多的中国企业家不再仅仅依赖一种融资方式。许多人认为,各种资金获取方式对未来三年创业者数量的增长只有中等程度影响。但是,银行对中小企业的贷款例外,46% 的受访者认为有很大影响,还有 46% 的人认为有一定影响。

3. 中国创业者对他们所获得的支持水平非常满意

94% 的受访者认为政府机构的影响力对他们的长期增长非常

重要。70%受访者认为年轻的创业者能够从符合其所需的支持中受益,高于G20各国56%的平均水平。此外,97%的受访者认为这种支持得到了高效的分配(G20快速增长市场和G20整体的数值为76%)。

90%的受访中国企业家认为,为长期增长提供支持的政府、行业协会及教育系统等各方所提供的支持是相互协调的,G20中的发展中国家有51%的人持此看法,G20整体中,这一数值是46%。中国的企业家认为政府机构对青年企业家支持是最重要的,48%的人认为对长期增长的影响程度很大,46%的人认为影响程度较大。84%的受访者称这些机构所提供的支持与五年前相比质量更高。受访企业家称每一类组织都具有较大程度的影响——68%的人认为企业家俱乐部及行业协会具有这种影响,64%的人认为孵化器有此影响,而60%的人对商会持同样看法❶。

参考文献

[1] 世界银行. 全球发展融资2003年.
[2] 崔喜斌. 我国人才资源现状和可持续发展 [D]. 天津:南开大学硕士毕业论文,2004.
[3] 李延松. 松下电器的用才之道 [J]. 人力资源开发,2007 (2).
[4] [韩] 三星经济研究所. 湖岩的经营哲学 [M]. 首尔:中央日报出版社,1989.
[5] 吴坚. 宏观人才资源治理结构的实证分析 [J]. 商业时代,2011 (6).
[6] 马平轩. 党管人才领导体制和工作机制分析 [J]. 人力资源开发,2008 (9).
[7] 中共中央办公厅. 关于进一步加强党管人才工作的意见 [N]. 人民日

---

❶ 数据来源:瀛公益基金会YBC研究院.

报,2012-10-9(4).

[8] 吴江. 发挥党管人才的制度优势[N]. 中国组织人事报,2012-12-29(8).

[9] 陈书洁,曹立锋. 区域人才资源开发合作的主要方式研究:基于十六个区域人才开发的历史实践[J]. 中国人力资源开发,2011(4).

第八章

人才发展的未来趋势

在未来中国众多的发展趋势当中,把握人才发展的未来趋势是极为必要的。未来的发展,尤其是知识服务经济的发展,最重要的资源将不是土地、能源,而是人才。如何合理有效地控制全球化的人才流动,如何进行最优化的国际化人才培养,如何准确地进行网络化的人才使用,如何把握高端化的人才竞争,这些都紧紧围绕人才发展的未来趋势进行了深入分析,进而促进我国人才的发展。本章从人才流动全球化、人才培养国际化、人才使用网络化、人才竞争高端化这四个方面对人才的发展趋势进行了阐述。经济全球化为人才资源开发和使用提供了无限广阔的空间,使国际的人才流动和智力转移日益增强。人才培养国际化包括世贸组织与人才培养国际化、国际认证与人才培养国际化、网络技术与人才培养国际化、跨国公司与人才培养国际化、全球竞争与人才培养国际化。随着网络技术跨越式的发展,新形势下以网络经济为主导的现代企业之间的竞争越来越直接地反映为人才竞争,由此人才使用的网络化尤为突出。注重高层次人才的培养,提高区域高层次人才培养的质量和数量,实现引进人才的整合和提升。

第八章 人才发展的未来趋势

第一节 人才流动全球化

袁旭东（2009）在《我国引进海外人才的理论分析与实证研究》中提出：所谓人才流动全球化，亦称人力资本跨国流动或人力资本国际流动（the International Flow Human Capital），是指富含人力资本的个体在不同国家之间的转移，即受过一定教育和培训的、熟练劳动力和高素质专业技术人员（Professionals）的国际移动。宋海风、元爱农（2004）则进一步提出人才流动全球化表现为本土人才的国际化和跨国企业人才的本土化，并认为这是方向不同的人才运动，但同时也是一个过程的两种不同的结果。随着经济全球化的发展，人才流动全球化趋势将不可逆转，国际性人才竞争将更为激烈。

一、人才流动全球化的现状

经济全球化为人才资源开发和使用提供了无限广阔的空间，同时也使国际的人才流动和智力转移日益增强。为了适应新形势下经济和社会发展的需要，世界上许多国家纷纷重新调整人才发展策略，着力促进人才流动是其中一个共有的特点。

美国借助先进的教学条件、合理的课程设置、优厚的学习待遇，积极吸引外国留学生。美国由于在高科技领域网罗了大量的人才，从而获得了经济上的巨大利益。为适应不断发展的新经济的需要，美国还准备放宽移民政策，每年计划引进 20 万网络移民，以弥补科技人员的严重不足。

前两年，在德国高校学习的外国留学生总人数只有 11 万人，仅占德国高校学生总人数的 6%，与他们世界第三大经济强国的地位极不相称。面对这种情况，德国意识到，拓展面向世界的教育市场，实际上是一场抢夺世界精英的竞争。于是德国政府通过了一项法令，决定向数万名外国电脑专业人员发放特殊工作许可证，以解决信息领域专业人才短缺的燃眉之急。

法国虽然缺少与以美国为首的英语国家争夺世界人才精英的优势，但注重从自己独具特色的教育出发，增强对国际人才的吸引力。前几年，法国针对在本国的外国留学生下降的情况，政府通过放宽签证限制，简化各种手续，开设前期适应性课程，增加法语区奖学金名额等措施，加大了吸引外国留学生的力度。

欧盟国家对未来50年内移民前景进行政策性的思考之后，计划从现在起到2050年接纳7900万外国移民。虽然移民并不等于人才，但必须看到，这些移民中各方面的人才肯定不少，有的甚至是出类拔萃的佼佼者。因为从申请移民者来说，如果不具备一定的知识和技能，到科技发达的国家是很难生存下去的。从接纳移民国来说，对文化素质不高、没有一技之长的人，一般是不会对其发放当地合法居住签证的。由此可见，人才流动全球化已经成为人才发展的未来趋势之一。

随着综合国力的增强和经济国际化程度的加深，中国正在融入世界国际移民进程中。2010年，中国海外华人华侨数量超过4500万。2011年，中国对世界几个主要移民国家永久性移民数量超过15万人，其中在美国获得永久居留权的人数达87017人，在中国国际移民总数中排名第一；其次是加拿大、澳大利亚和新西兰。2011年，中国对各国的投资移民总数超过1万人；其中，对澳大利亚投资移民人数最多，其次是加拿大和美国。2011年，中国向澳大利亚投资移民的人数达到4769名中国公民申请了投资移民的EB-5签证，其中有943人获批准。在EB-5签证总申请人数中，中国人占75%。在技术移民方面，对世界主要几个移民国家的永久性技术移民超过4万人。国际外来人口的国内移入方面：截至2010年年底，在中国境内有短期和长期居留外籍人员已达1020145人；截至2011年年底，持有外国永久居留证的外国人已有4752人。移民给中国带来的负效应是资产和人才的流失,但不可否认,移民也有一定的正能量存在:一般认为,合理比例的技术移民在经济、政治、文化、科技等诸多方面是移入国与移出国之间沟通与交流的纽带,对于移入国与移出国来说,积极影响都是主流。同时,随着移出国经济和社会不断进步,将有大量人才和资金的回流,大大加快移出国的产业升级和科技研发进程。从长远来看,移民现象还可以促进族群间文化的沟通了解,进而影响人类政治文化格局。移民潮的背后,是人才在全世界范围的流动以及世界各国的人才争夺战。以中国为代表的发展中国家由于其相对落后的经济和科技实力,处于人才输出国的地位,每年面临大量的人才流失。应对人才流失现状,改变人才输出国的地位,成为中国在发展进程中不可回避的挑战。中国近年出台了"千人计划"等一系列人才工程来吸引海归人才回国创业,在人才回流方面取得了很好的成效。而在吸引国际人才方面,还需要不断完善人才绿卡和移民制度,通过政府和社会的共同努力,打造一个面向世界的"中国梦",让来自全球的人才内心认可中国,理性地认识中国,推动全球人才来中国流动,成就建设创新型国家的现实。中国已经成为全球最大的贸易国和最大的外汇储备国,正在成为全球最大的人才流动国。在知识经济时代,人才日益成为国家竞争力的核心,中国也应注重人才的软实力作用,制定积极的海外人才引进政策。

二、人才流动全球化的特征

对于人才流动全球化的特征,学者们也有不同观点。陈丽华(2002)在《经济全球化下的人才流动问题》中表明,人才流动的全球化有两个特征:一是向生活质量较高,经济较为发达的地区移民性流动,称为人才的"明流";二是仍在人才所在国工作,但却是为跨国公司或国际集团服务,称为人才的"潜流"。

梁伟年(2004)在其博士论文《我国人才流动问题及对策研

究》中，提到了国际人才流动的特点：从发展中国家向发达国家流动，从社会和政治不稳定的国家流向相对稳定的国家，人才流出国出现大规模的人才回归潮，对外争夺与对内激活的力度不断加大。共性点主要表现为流量都在增大，流速都在加快，流域都在扩展，且国际互流的势头越来越明显。不同之处在于我国是市场经济体制初步建立过程中的人才流动，无序的成分较大，合理性不够，流动的效用偏低；而西方国家是成熟的市场经济条件下的人才流动，秩序井然，顺应规律，流动的效用已经趋向最大化。李薇辉（2002）在《论人力资本全球化流动趋势及相应对策》中认为，当今人类资本流动存在以下特点：一是人力资本的"双向流动"，即在"高位势"和"低位势"国家之间来回流动；二是信息化时代，网络的出现和发展，为人力资本所有者选择自身的投向提供了可能性；三是专业化人力资本成为全球流动的主体。

（一）人才"双向"流动

经济全球化带来了人才流动全球化。眼下，几乎没有一个国家不存在人才的流动问题，既有"外流"又有"内流"，既有流入又有流出。人才的全球流向是：

（1）人才由"低位势"国家流向"高位势"国家。由于"人往高处走"的社会规律使然，发达国家各种"挡不住的诱惑"对各国的人才所有者有着极大的吸引力；由于在落后国家和地区，人才受经济发展水平的制约，难以形成自身经济发展与人才投入的良性循环；由于在落后国家和地区教育投资较少，使资本边际产出率低，这样必然使不发达地区的人才流向发达地区。

（2）人才由"高位势"国家流向"低位势"国家。由于各种对人才的政策和制度的差异，有些发展中国家具有诱人的优惠政策，而有些发达国家对人才流入设立"进入门槛"，其他国家和地区只有高端人才流得进去，使人"望而生畏"而转向发展中国家。特别是近年来亚太地区、我国等一些国家和地区的经济发展"风景这边独好",着实吸引发达国家的人才的流入。

应该指出的是,在人才全球"双向"流动中,人才的流向主要是由"低"到"高"的走势。这种状况是形成发达国家技术和生产力优势的重要原因,也会产生"极地效应"(Polar – Izedeffect),使"高位势"国家和"低位势"国家之间的经济发展水平的差距趋于扩大。对落后国家来说,大量专业化人才外流,会影响本国的经济增长和社会发展。同时也应该看到,人才的"双向"流动,也可以使一些国家的过剩人才向所需国家流动,可促进流出国人才的形成,增加流出国的外汇收入。

(二) 人才流动偏向以网络为媒介

信息化时代,网络的出现和发展,为人才所有者选择自身的投向提供了可能性。人才状况作为一种信号指标可以通过网络来反映。因特网的全球性、交互性和实时性的特点,已成为迄今为止最有效的广泛传播人才信息的途径。人才全球流动通过电子化提供种种便利。目前,世界上有两种方式正在采用,一种是中心资源库式,另一种是初级电子招聘式。前者是在网上发布有关信息,并通过电子邮件收集人才的选择意向;后者是在网上公布各种信息,鼓励人才所有者通过传统的渠道流入。电子化的引"资"方式极大地方便了供求双方的信息交流与沟通,对人才流动全球化起了相当大的推波助澜的作用。

(三) 人才流动的主体以专业化人才为主

在"知识就是力量"的时代,人才成为知识的载体和价值的源泉。人才既不是一般的资本,也不是一般的人力,而是专指技术和管理及在各个领域能创新的人力,是新经济中的主导资本。如前所述,人才可分为一般人才与专业化人才,由于专业化人才的稀缺性,专业化人才对经济增长的作用更大,所以世界各国总是急需引进专业化人才,因此专业化人才成为全球流动的主体。

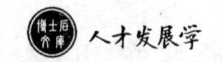

三、人才流动全球化的原因

关于人才流动全球化产生的原因,众说纷纭。戴长征和王海滨(2009)在《国际人才流动与人才安全问题》中指出,可以把国际人才流动的基本原因概述为以下七个方面:世界各国在个人收入与人才发展空间上的巨大差距;追求个人价值的实现;国家的经济迅速发展需要大量的国际资本、人才,从而为他国人才涌入提供更多的经济发展空间;技术革新需要人才;产业聚集化的影响;语言适应力、网络及社会文化吸引力;移民政策影响。

纯铭(2002)在《在人才流动中加强人才队伍建设》中谈到,首先,人才流动是知识经济的发展趋势决定的。其次,人才流动是市场机制的本质属性决定的。人是从事社会实践的主体,人才是推动经济活动健康发展的保证。再次,人才流动是事物发展的自然法则决定的。流水不腐,户枢不蠹。人才流动,折射出的也是这个哲理。此外,人才流动是个人成长的客观需要决定的。单个人能否健康成长,内因是最根本的,但外因也是十分重要的。夏雪(2012)在《人力资本全球流动与一般发展》中指出,发展中国家专业人才以每年十万人的速度外流到发达国家,一方面源自发达国家的"拉力",另一方面源自本国内部的"推力",包括过度教育,对归国人才与国内人才使用上的差异和不对称性,产权保护的缺失或不完善等。此外,本国的种族歧视、政治迫害、恶劣的工作环境、落后的基础设施和科研条件等都是造成发展中国家人才外流的"推"力。李薇辉(2002)在《论人力资本全球化流动趋势及相应对策》中认为,经济全球化、各国经济增长、知识经济、跨国经济及自身因素是人力资本全球化流动的重要原因。下面,将详细论述这五种原因。

(一)经济全球化带来人才流动全球化

经济全球化是 21 世纪的基本现实。经济全球化是指经济增长要素或各种生产要素在市场法则驱动下所出现的全球性流动和组合。经济全球化被界定为没有边界的经济活动；在全球范围内进行分工、专业化生产和协作；直接结果使超越国界的统一大市场形成，使资本、信息、技术、商品和服务全球流动。经济全球化把所有国家都卷入了竞争，竞争已由自然资源竞争转向"专业化人才"占有的竞争。由于人本身的生理因素和社会环境的限制，一般对人力最初投资的收益，需要20年左右才能收回。这就使得人才、特别是专业化人才成为21世纪最重要、最稀缺的资本。因此，各国之间的竞争，主要是人才的竞争，未来国与国之间的贫富差距，也是拥有专业化人才的差距。

经济全球化在一定意义上就是经济资源的全球配置。知识、技术作为知识经济时代的标志性资源，比以往任何时代更为突出地表现为在全球范围内共享。经济全球化使得要素流动的各种障碍减少，使之得到更有效的利用，既提高丰富要素的利用效率，又减轻稀缺要素的制约，进而提高全社会劳动生产率。经济全球化，人才竞争与流动国际化，人才流动的范围拓宽，选择空间加大，使人才的全球配置成为知识经济时代的基本特征。

在经济全球化背景下，人才流动全球化是必然的趋势。西方发达国家凭借雄厚的经济实力，放宽各种限制，在全球范围内广泛吸纳专业化人才，从而成为人才流动全球化的最大受益者。美国不仅有发达的教育体系，能够对人才进行积累和使用，而且运用种种优惠手段，从世界各国引入一流的专业化人才，从而奠定了其经济、科技始终处于世界领先地位的坚实基础。闻名遐迩的硅谷就有50%的外来人才为其付出"智力"。目前，约有1.3亿人在全球范围内流动。

（二）各国经济增长带来人才流动全球化

著名经济学家卢卡斯提出"专业化人才"是经济增长的发动机。卢卡斯区分了人力资本所产生的"内在效应"（通过教育形成）和"外在效应"（通过实践形成），并认为作为经济增长发动机的人才的能力是源于人才外部效应的收益递增决定的，这正是人才特定的知识和技术的积累。另一位著名经济学家罗默，则提出特殊知识和专业化的人才是经济增长的主要因素，受过专业教育和培训的具有更多知识与能力的人"会具有更高的生产力"，并认为知识"溢出效应"是经济持续增长的源泉。经济学家表达不同，但都强调了人才在经济增长中的重要性。确实，人才对各国经济增长做出了巨大贡献，从而成为主导21世纪各国经济增长和社会发展的决定性因素。

在和平为主旋律的知识经济时代，全球大多数国家和地区呈现经济增长趋势，经济迅猛发展给人才全球流动创造了前提。在亚太地区，经济增长一直处于领先地位，对人才的需求保持稳定增长的态势；在中东、石油产出国承包劳务合作也在发展，吸引了不少人才，在北美和欧洲，新经济气象使得外来人才"如鱼得水"。

改革开放以来，我国经济持续稳定地增长。加入WTO后，我国每年GDP提高了近3个百分点。而GDP每提高1个百分点，就可带来近400万个就业机会，一年可增加近1200万个就业机会。这样，我国除了需求大量国内人才，必须引进国内稀缺的国外人才，来弥补"专业化人才"的不足。在一个开放的经济系统中，各种资本都可通过要素的流动来得到。人才的需求无非是靠两条途径来解决，一是靠现有人才存量的积累，二是靠人才的流动。当本国的人才存量无法满足经济增长需求量时，人才的全球流动就是无法避免的了。

（三）知识经济带来人才流动全球化

知识经济是建立在知识和信息的基础上，把知识作为提高劳动生产率和实现经济增长的驱动器。知识经济的发展取决于人才的拥有和使用，专业化人才的选择和运用是知识经济的命脉。人才比货币资本的投入与积累更为重要,从当今发达国家来看,知识与技能作为比较优势的资源已凸现出来,掌握知识与技术的人才已成为新经济的核心资本。知识经济要求优化产业结构,而产业结构的优劣最终取决于社会所能提供的人才的层次和数量。一个国家产业结构失衡会阻碍人才总体能量的有效释放。产业结构优化需要资本结构的平衡。当本国不能使这种资本结构平衡的情况下,既需要引进外资或技术来填补国内的空缺,也需要引进急需的人才,特别是稀缺的专业化人才,使资本结构平衡和产业结构合理,从而使一国国民经济步入良性发展的轨道。

事实上,一个国家发展新兴产业或高科技产业,本国或本地区也不可能拥有自己所需要的各种人才存量,无论是美国的新经济,还是其他国家或地区的高科技产业,都是以吸纳高人才为经济发展注入活力和提供前提条件的。在一个高度事业化分工与协作的时代,人才势必在全球范围内流动,借以推动各国、各地区经济发展。

(四)跨国公司带来人才流动全球化

跨国公司在当代世界经济中担任重要角色,而跨国竞争必然存在人才跨国流动问题。跨国公司本身是一个高度灵活的组织,由于它成熟的运行机制和健全的劳动保障制度、合理的晋升机制,给人才流动提供了很大的空间。跨国公司在全球范围内吸引人才,选拔和培训具有不同国家背景的经理,以最大限度的低成本,运用高质量的人才,以实现其价值链上的区位优势最大化,极大地推动了人才的全球流动。

20世纪末期,跨国公司迅猛发展,更加速了人才的全球配置。跨国公司的子公司设在世界各地,公司的高层管理人员分别来自世界各国。特别是近年来跨国公司实行人才本地化战略,就地设立公司研究院,建立高级研究培训基地,加大了对人才的投资力度。同时,跨国公司精心挖掘世界各地优秀的专业化人才,并不考虑其所有者的国籍。21世纪,超级跨国公司之间的竞争,不仅仅是产品竞争、技术竞争,更为重要的是人才的竞争,是专业化人才拥有量的竞争。全球排名第五的微软公司,其资产总额为143.87亿美元,而其市场价值估计达1485.9亿美元。微软的优势在于它拥有一批世界超一流水准的高级专业化人才。这种高含量的人才极大提高了市场经济中的公司决策效率,从而直接或间接地促进产出的增长。难怪比尔·盖茨斩钉截铁地断言,人才将来对公司来说会比金融资本更加重要。人才的重要作用使跨国公司不断做大,而跨国公司及其跨国经营更加剧了人才全球流动的速率和效率。

（五）人才自身因素带来人才流动全球化

人才流动全球化的必然性还在于人才所有者自身的问题正在加剧这种趋势。人类自身生产和再生产规律告诉我们,在全球范围内,生育高峰期出生的一代已年过半百,他们中的大部分人将快退休,而人数较少的下一代无法填补空缺。达沃斯世界经济论坛专家小组预测,世界范围内人才短缺状况正在加剧,而且很可能在下一个10年变得更加严重。美国35~40岁的人口数量在未来15年内将减少15%。在欧洲,特别是西欧,面临严重的人口自然下降和人口老化问题,需要大量流入国外人才。

另外,人才全球流动与人才所有者自身的投资强度有关系。人才存量高积累者视野开阔,他们中有的不满足国内的狭小市场,想到国际人才市场上去见世面;有的人才所有者的观念更加灵活,适应性更强,被支配和使用的范围更广……这些都大大推动了人才流动全球化趋势。

第二节　人才培养国际化

人才培养的范围（视野范围、内容范围、师资范围、对象范围等）的大小与一个国家的对外开放程度、融入全球化的程度成正比，与一个企业的规模及开放程度成正比。如改革开放 20 多年来，我国累计派出培训人员超过 40 万人次，2000 年派出培训人员达 4 万多人次，是 10 年前的 12 倍。由此可见，人才培养已出现由国内培养转向国际化培养的趋势。由于经济全球化是一股不可逆转的潮流，人才培养国际化逐渐成为历史发展的必然。

一、国外人才培养国际化

黄蕾[1]（2002）认为，人才培养国际化包括世贸组织与人才培养国际化、国际认证与人才培养国际化、网络技术与人才培养国际化、跨国公司与人才培养国际化、全球竞争与人才培养国际化。

（一）世贸组织中的人才培养国际化

根据世贸组织统计和信息系统局 1995 年 7 月公布的标准，国际服务贸易包括十一大类：商业服务；通讯服务；建筑及有关工程服务；销售服务；教育服务；环境服务；金融服务；健康与社会服务；与旅游有关的服务；娱乐、文化与体育服务；运输服务。这十一大类服务又具体包括 142 个项目。由此观之，培养属于世贸组织所指的服务范畴，理应纳入多边贸易体制。故《服务贸易总协定》第 13 条规定：除由政府对彻底资助的教学活动以外（如军事院校），凡收取学费、带有商业性质的教学活动均属教育贸易服务范畴，涵盖初等教育、中等教育、高等教育、成人教育及其他培训，所有世贸组织成员均有权参与教育服务竞争。从国际上看，一些发展中国家比一些发达国家教育市场的开放度高。如墨西哥、莱索托、东南亚国家的教育市场开放程度较高，相对地，美国、英国、日本、法国等发达国家对开放教育市场的态度则十分谨慎，多数国家仅开放高等教育和成人教育市场，基

---

[1] 黄蕾. 论人才培养的国际化［J］. 成人教育，2002，184（1）.

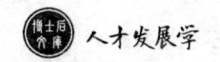

础教育仍视为"禁地"。

（二）国际认证中的人才培养国际化

在当今世界，企业通行全球应有自己的通行证，如企业的质量认证则需要拿到 ISO9000 认证系列；企业的环保认证则需要拿到 ISO14000 认证；我国产值 500 万元以上的食品企业 2 万余家，通过质量认证的企业也只占 1.7%。食品企业达不到环境管理标准意味着企业难以走出国门，在激烈的竞争中陷入被动局面。各类产品也有自己的国际通行证，如电器产品，不同的国家（地区）有不同的认证，拿不到别国的认证，就难进其国。

21 世纪的国际人才市场也会盛行"准入"制，许多职业有其国际认证。如我国目前的注册会计师得不到国际认可，许多重要场合不得不高价聘请得到国际认可的会计师、审计师。国际通行的执业、从业"PASS"需要人才接受国际性的教育培训。如英国伦敦工商总会考试局创办于 1887 年的 LCCIEB 考试，拿到此证就意味着获得国际性的"就业绿卡"；IT 业的权威认证是 HP 认证与 CCIE 认证；国际注册会计师认证有英国特许公认会计师 ACCA 和加拿大注册会计师 CGA 等。如今越来越多的职业需要国际通行证。国际人才、国际专才离不开培养的国际化。我们的教育培训如何培养通行世界的人才是一个值得深思的问题。在经济全球化的今天，我国人才得不到世界认同与承认，说明教育培训离国际化尚有距离。

（三）网络技术中的人才培养国际化

思科系统 CEO 约翰·钱伯斯先生在北京畅言：互联网和教育是 21 世纪推动社会进步的两个"车轮"。谁把握了互联网，谁就掌握了未来；谁开创了面向未来的培养体系，谁就会获得持续发展的动力。信息技术与计算机技术的飞速发展，使人类步入网络技术时代。以互联网为主的网络技术正在改变着或已经改变着人类社会传统的工作方式、生活方式、学习方式。虚拟公司的出现，使传统的企业失去围墙，失去厂房、车间、办公楼，网络教育使传统的学校失去校园、教室（课堂），开放式教育、远程教育已成为可能与现实，由此而引发出教育革命，教育已超越了时空界限，超越了学校办教育的构架，摆脱学生被动学的局面。由于教育主体的多元化、教学手段的多媒体化、学生学习的自主化，使人才培训国际化成为大势所趋。

网络教育国际化包括标准的国际化。如 1997 年北美第一个用于交换远程教育数据的标准被正式公布，包括 Sun、微软在内的公司都已加入这个已被大大扩充的现代远程教育标准。思科公司提供的互联网解决方案是世界各地成千上万公司、大学、企业、政府部门建立网间网的基础，用户遍及电信、金融、服务、零售等行业以及政府部门和教育机构等。业内资深分析人士认为，E-learning（网络教育）在国外已经是互联网上最大的产业之一。我国大学的网络教育已在中国人民大学等 31 所院校开通。我国的网络教育究竟开放到什么程度，这既涉及远程教育对象的定位，又涉及远程教育内容的开放程度。但由于远程教育使学生独自在家学习的技术条件产生，当技术形成强大的市场力量时，是没有人能阻挡它的。

网络教育与电视教育、广播教育一样，都是一种开放式教育，接受客体只要与媒体对接上，无论天涯海角都可以接受其培训，从未来看，它将使人才培养同国际化紧紧联系在一起。

（四）跨国公司中的人才培养国际化

世界上大凡优秀的企业几乎都有一部培训史，都热衷于人才投资。美国企业每年在培训上的花费约 300 亿美元，约占雇员平均工资的 5%。经济全球化的载体跨国公司使人才的流动、使用、培养国际化。跨国公司的东道国中的分支机构，其人才构成既国际化，又本土化，本土化人才对跨国公司母国（总部）而言仍是人才培养国际化。因此，跨国公司人才的培养既有"洋人才"，又有"土人才",跨国公司人才的培训机构既是跨国的,又是不跨国的,母国、东道国均有其培养机构。如摩托罗拉大学不仅在美国有,而且在我国也有,在世界其他地区(国家)也有;微软的研究机构在很多国家(地区)均有,它的一个内容涉及微软人才的培养与开发;我国的春兰公司,曾让欧洲4家春兰海外公司的28名欧洲本土人士和欧籍华人,从巴黎、米兰等地赶回江苏泰州,参加春兰海外集团在春兰学院举办的业务培训。我国的海外跨国公司往往把中国籍员工送到海外去学习、培训作为对员工的一种奖励。跨国公司本身员工的发展与企业的发展使人才培养国际化。

(五)全球竞争中的人才培养国际化

经济全球化使竞争全球化、白热化,提升国际竞争力很重要的一个方面是要有国际化的人才队伍。因为,人才始终是构筑企业核心竞争力的一个十分重要的方面,没有核心竞争力的企业只能成为市场竞争的"陪衬公司"。吸引全球性人才、人才培养国际化已是教育界、实业界及政府的一件大事。面对全球市场经济体制下的竞争,我国的企业一方面需要熟悉国内市场的人才培养国际化,另一方面需要熟悉海外市场的人才培养国际化。人才培养国际化队伍的建设离不开人才培养国际化,需要国际化的培训机构。大凡培养跨国公司人才、培养国家各级管理人才的院校,其师资结构都是国际性的,外籍人员一般不会低于15%,15%可以说是一个分界线。

二、我国人才培养国际化

(一)世贸组织中的人才培养国际化

我国"入世",成为世贸组织成员,遵守世贸组织的规则是我们的基本承诺。我们的成人教育市场已部分开放,或者说已有外资、外国公司介入。高等教育阵地里,海外高校通过各种形式也正在争得一杯羹。如 2000 年英国有 28 所高等院校到我国招揽生源，2001 年则增长至 50 余所。据英国驻华大使馆教育领事史狄文透露，英国诸多院校准备来华办学。国内一些高校通过"合作办学"成为海外高校的留学预科。

我国加入世贸组织必然需要大批懂得世贸组织规则的人才，可我们严重缺乏这方面的人才，如我国从事反倾销的官员仅 20 人，不及欧盟的 1/10，这样如何能满足我国企业反倾销的需要。而且，我们还缺少培养这方面人才的机构，这就需要通过各种途径采取国际合作的方式造就 WTO 的人才。"入世"势必对我国外向型经济人才培养的数量和质量提出更高的要求，需要大量适应外向型经济发展的复合型人才。这既需要改革和开拓我国教育结构，又需要走国际化人才培养道路。

张凝指出：在看到我国国际贸易发展大好形势的时候，别忘了我们今天想讲的内容是另外一个方面的问题，我们在贸易大发展的时候也遇到了越来越多的障碍，遇到了越来越多的贸易摩擦。特别是 2008 年以来，由于国际性的经济危机，贸易保护主义开始抬头，很多的国家开始提高关税，开始用出口补贴或者其他限额、限令等来保护自己的国内市场。这是中国贸易救济网的一个统计，从我国改革开放那一年开始，到 2008 年，国外对中国出口产品一共发动了 1157 起贸易救济调查。贸易救济调查都涉及什么？第一是反倾销调查，957 起，占 82.7%。第二是反补贴，占 2.1%。另外，还有保障措施，共 100 起，占比 8.6%。还有一个特别保障措施，占了 6.6%。同时还有反规避、反吸收调查，也是贸易救济措施的一部分。2009 年我国遭遇贸易救济调查案件是 116 起，涉案金额 127 亿美元，创了加入世贸组织以来的新高。我国 2009 年的出口总额超过 1 万亿美元，贸易调查涉案金额 100 多亿美元，占 1%。从这个数据上来说，确实不大。对于我国这么大的贸易国来说，100 多亿美元确实不是一个很大的数据。但是，我国出口占全球的 9.6%，但是我国遭受的反倾销措施占全球反倾销的 40%，反补贴措施占全球的 75%。2009 年美国对中国启动了特保调查，而且决定对从中国进口的轮胎征收特殊保障税。原来中国出口到美国的轮胎只有 4% 的关税，奥巴马亲自签署征税令，要对中国征收特保税三年，从 35%、30% 到 25% 逐年减少，对中国轮胎进入美国带来了很大的冲击。紧随美国，阿根廷、印度等 11 个国家也开始对中国轮胎实行贸易救济措施。

2009 年的 10 月、11 月我国的出口轮胎就明显减少。中国商务部长陈德铭，还有商务部的发言人都对此表明中国政府坚决反对的态度。不仅如此，中国开始进行反击了，中国在 9 月 27 日决定对美国进口的肉鸡启动反倾销和反补贴调查，现已结案，认定美国产品有倾销，也得到补贴，将对它征收反倾销和反补贴税。中国还把美国政府告到了世贸组织争端解决机构。我国现在已经成为国际反倾销的头号目标，而且不是一年，是连续 15 年。这是世贸组织的统计。从 1995 年 1 月 1 日世界贸易组织成立那天起，到 2009 年的 12 月 31 日，世贸组织成员所采取的反倾销调查和反倾销措施共 3670 件，中国排在第一位，中国遭遇的反倾销调查案件 761 件。排在第二的韩国是 264 件。中国被采取反倾销措施是 538 项，还排在第一位。1997 年中国建立自己的贸易救济体系，出台了反倾销、反补贴行政法规。从 1997 年到现在我国已经成为采用贸易救济措施最多的十个国家之一，已经采取了 130 项的反倾销措施。所以，我们也开始用这种武器来维护国内企业的合法权益。2010 年的贸易救济形势依然严峻。仅在上半年，我国就已经遭遇了 15 个国家对中国产品的贸易调查，另外还有美国对中国产品开展的"337 调查"。我国在 2010 年面临的形势，第一是人民币汇率问题，可能会加剧中美贸易的摩擦；反补贴调查也有蔓延之势。高科技产品，如我们出口的软件也被调查，涉及金额达41亿美元，这是我国遇到的最大反倾销案。欧盟是我国最大的贸易伙伴，2010年6月份欧盟对中国发动了反倾销、保障措施、反补贴三项调查，涉案金额也是最大的。这说明了对中国反倾销调查涉及的产品从低端的劳动密集型产品向高端的高科技产品发展。

有一个案例，世贸组织于1995年1月1日成立，当月委内瑞拉就把美国告到了世贸组织争端解决机构，为什么？因为美国对从国外进口汽油制定了较高标准，理由是为了环保的需要。这引发了委内瑞拉的不满，认为美国违反了国民待遇原则，对外国输美产品汽油出口美国设置了额外的障碍。开始磋商未达成协议，委内瑞拉要求成立专家小组。几个月后，专家小组发布报告，认为美国做法违反了世贸组织的原则。美国不服，提起上诉，上诉庭肯定了专家小组的意见，认定美国违法。美国用了一年的时间重新修改了法律。

从1995年1月到2010年10月，世贸组织争端解决机构共收到418件申诉。美国是最多使用世贸组织争端解决机构的，当原告和被告都是最多的。但是大家也别忘了，原告在世贸组织中，胜诉的概率是非常高的。因为你想，你的政策都出台摆在那了，谁对谁错已经非常明白了，我要去告你的时候，我应该非常有把握了。所以美国胜诉也是很多的。欧盟、加拿大、巴西、墨西哥、印度、阿根廷、日本、韩国、泰国排在原告的前10位，并不像人们想象的，只有发达国家求助于争端解决机制。

中国现在原告7次，其中告了美国5次，告了欧盟2次。被告当了20次，20次不是说20个案子，而是说不同的国家告中国20次：美国10次，欧盟4次，加拿大2次，墨西哥3次，危地马拉1次。中国第一次在世贸组织败诉，源于国家发改委的一个部门规章。2005年，国家发改委有一个构成整车特征的汽车零部件进口管理办法。国家进口整车的进口关税为28%，进口零部件的进口关税是14%。有些企业就进口大量零件，然后在中国组装成整车销售。国家发改委为了防止这种现象就出台了一个文件，规定如一部整车的零件60%以上都是进口的，就按整车的税率28%征税。

为此，美国和欧盟、加拿大把我国都告上了世贸组织，说这个文件是违法的，实际上是保护自己国内汽车产业的做法，违反世贸组织的国民待遇原则。世贸组织争端解决机构经审理后认为，中国的这项规定阻碍了国内汽车生产商采用进口零部件，这将减少美国、加拿大和欧盟国家汽车零部件生产企业提供就业的机会。这就是说，中国给别的国家带来损害了，而且是不公平的待遇。中国提出上诉，上诉机构也同时裁定中国的做法违法。现在，这份文件已被废止。

中国规定，国内行政诉讼不能针对抽象行政行为，如行政法规进行诉讼。但是世贸组织争端解决机构的申诉针对的就是某国的法律或政策。所以，我国在制定政策制定法律的时候，一定要想到哪些是符合我国加入这些国际公约和世贸组织法律规定的，哪些可能是违反有关国际法规则的。如果世贸组织判决中国违法，依法改正即可。因为诉讼程序比较耗时，所以我国还有一个缓冲的时间。

我们必须要学会运用法律的手段来维护自己的权利为维护国际经济秩序、维护我国国家利益、促进世界经济共同发展、我国亟须运用国际法解决贸易争端问题的专门人才。

（二）国际认证中的人才培养国际化

我国人才进入海外市场需要有执业资格，需要有人家认可的"证"。反观外国人才进入我国市场则太容易了，我国能否有一套标准，能否有人才市场的"准入证"已摆上议事日程，在执业资格面前人人平等。因此，建立我国的人才准入制度迫在眉睫，它既体现出与国际市场的惯例一致,又反映出我国人才市场的特点❶。

(三)跨国公司中的人才培养国际化

跨国公司由产品的国际化、生产的国际化转为更加重视人才的国际化。海尔集团董事长兼总裁张瑞敏认为:企业的国际化,关键在于人才的国际化。为此,海尔一方面整合全球人才,另一方面加快培养自己的内部人才。海外则尽量聘用当地人,人员的本土化是海尔国际化的一个重要举措。跨国公司争夺人才培养国际化不可避免地使人的培养国际化。如在华的"三资"企业及外国公司在我国高校设"奖学金",以此换取"优先用人权"。我国30 所一流的大学均设有外资企业奖学金,其中又有一半的奖学金受外资左右,如清华大学设有的 100 种奖学金中,外资占一半,北京大学 400 多万元奖学金,外资占 300 多万元。我国有 100 多万青年在"三资"企业工作。跨国公司无疑是人才培养国际化的最大受惠者。如每年 6~9 月,联合利华在我国知名高校开展招收员工活动,对象是未来的毕业生。同时,还为每一位应聘成员精心制定个性化的培训计划以及未来 3 年在联合利华的发展方向,同时对 20 余名最有前途的人员进行 3~6 个月的海外培训,使人才的教育与培训一条龙国际化。

(四)全球竞争中的人才培养国际化

英国著名的诺丁汉大学聘请我国教育家、中科院院士、复旦大学教授杨福家任校长。诺丁汉大学校务委员会之所以推荐杨福家教授担任这一职务,是因为他是一位杰出的院士,在其擅长的学科领域享有国际声誉。由高校聘请外籍教师到聘请外籍校长,足以说明教育"宝塔尖"的国际化,足以说明人才培养机构的国际化,足以说明全球性人才竞争涉及各个领域,全球性的人才争

---

❶ 黄蕾. 论人才培养的国际化 [J]. 成人教育, 2002 (1).

夺是 21 世纪的一大景观。我们的名牌高校在国际上很难占据应有的位子，或者说与国外名牌高校尚有一段距离，原因是多方面的，缺少国际知名的学者、大师显然是很重要的一个因素。

（五）人才培养国际化的实践与探索

高等教育国际化正成为各国政府、教育行政部门及高等学校关注的课题。对于政府和教育行政部门来说，高等教育国际化就是一个国家面向世界发展本国高等教育的基本理论、推动高等教育现代化进程以及与他国开展国际交流与合作的过程。对于我国的高等学校来说，高等教育国际化主要是指在立足本国的基础上，面向世界、面向未来，把跨国界和跨文化的大学教育理念和办学模式与自身的教学工作、科研工作和社会服务等结合起来的过程。我国高等学校应坚持"三个面向"的教育思想，积极探索人才培养国际化的有效策略。

首先，要坚持"三个面向"，推进中外合作办学，提高人才培养的国际化程度。邓小平早在 1983 年就提出"教育要面向现代化，面向世界，面向未来"，它深刻揭示了现代教育的本质特征和客观规律，对人才培养国际化的培养具有重要的指导意义。"教育要面向现代化"是"三个面向"的教育思想的核心和基础。它要求教育要主动适应世界经济发展与社会进步的需要，为我国现代化建设培养高质量的复合型人才。"教育要面向世界"主要是指我国的教育必须跟上世界科学技术和教育发展的步伐，努力学习和吸收国外先进的教育思想、教育制度、教育内容和教育技术手段，培养具有国际竞争力的高素质人才。"教育要面向未来"的实质就是要根据整个世界的发展趋势和社会发展的未来，构建教育发展的基本思路和框架，用长远的战略眼光来规划教育事业，为我国社会的发展做好人才和智力准备，从而实现人才的可持续发展。"三个面向"实质上就是要求我国教育应走国际化的道路，即加强国际教育的交流合作，并充分利用国际教育资源；

在教育内容、教育方法上适应国际交往和发展的需要；培养有国际意识、国际交往能力、国际竞争能力的人才。中外合作办学就是促进人才培养的有效途径之一。

《中华人民共和国中外合作办学条例》指出，中外合作办学是我国教育事业的组成部分。国家鼓励在高等教育、职业教育领域开展中外合作办学，鼓励国内高等教育机构与国外知名的高等教育机构合作办学。通过中外合作办学，学校能够迅速引进优质教育资源，如课程体系、教师、教学方法、教学手段等，在此基础上进行融合与创新，从而提高我国高等教育的国际竞争力。

改革开放以来，我国高等教育教学改革不断深化，在人才培养方面取得了巨大的成就，但是与高等教育发达国家相比，我国高等教育在教育理念、教学模式及管理体制等方面仍存在一定的差距。通过中外合作办学，国内高等学校能够引进国内急需、在国际上具有先进性的课程和教材，并结合我国的实际情况，吸收和借鉴国外教育机构的办学特色和成功的管理经验，提高国内师资和办学水平，更好地实现人才培养国际化的跨越式发展。

为国家和社会培养融会中外文化的国际化人才，是高等学校中外合作办学的基本目标。近年来，我国高校积极贯彻党和国家的相关政策，同世界教育发达国家的高校合作，在博士、硕士到本专科不同层次进行了国际合作教育，积极探索培养国际化人才的模式。例如"2+1""3+1""2+2"等合作模式，直接引进国外先进的教育模式、授课方式、师资力量和教材，优化了国内的教育课程，改进了国内的教学方法，提高了我国教育的整体水平。

其次，采用产学研合作办学模式，增强国际化人才培养效应。教育作为一种社会现象，是适应人类社会发展的需要而产生的，同时，也只有适应人类社会的发展，其自身才能得以生存和发展。"教育的社会价值并不通过自身得到证明，它只有通过满足社会的需求、推动社会的发展才能得到证实。因而，正确反映社会对教育的需要，按照社会的需要办教育，是促进教育发展的唯一正确的道路。"

大学的发展也必须与我国社会发展紧密结合，适应现代化建设的需要，在为现代化建设服务的过程中，实现自身的持续发展。采用产学研合作办学的模式培养人才是为了更好地满足社会的需要，从根本上解决学校教育与社会需求脱节的问题，缩小学校和社会对人才培养与需求之间的差距。

我国高校高度重视与企业界的联系，积极开展与国际公司的合作，通过争取企业的研发课题，不仅可以加强学校与企业的联系，激发学生创新能力，还可以为学生在读期间提供良好的实习机会，为他们今后的就业打下基础。更为重要的是通过与企业合作搞研发，学校可以了解到企业界对教育的需求，掌握市场需求的第一手资料，反过来调整充实教学内容，以使教学内容更切合实际。与跨国公司合作，不仅使学生得到了学习和锻炼的机会，开阔了眼界，将所学的新知识用于实践中，提高了本身的适应能力，促使自身人才培养国际化素质的形成，而且有利于学校参与国际竞争，与国际接轨。

国内许多高校与国外企业合作，共建实验教学平台和人才培养中心，积极探索人才培养国际化的培养模式。在与跨国公司的合作中，通过对方设立研究基金等方式，提供经费，让学生参与课题研究，既解决了企业所需又培养了学生，同时为学生毕业后到对方公司就业提供了机会。与跨国公司的合作不仅提高了学校的硬件设施水平，开阔了学生的学习和研究视野，而且拓宽了就业渠道，是人才培养国际化、开拓毕业生国际化就业渠道的新尝试。

要面向世界，发展留学生教育，提高学校国际化进程。高等教育国际化并不是单向、被动地融入世界，而是双向交流、主动走向世界。为了实现教育国际化，国内高校在积极寻求与国外高校合作办学的同时，应主动地走出国门，走向国际。大量吸收外国学生到本国学习，派遣本国的学生到国外留学，是教育国际化的主要表现形式，也是推进我国高等学校国际化进程的重要途径。

接收外国留学生，开展留学生教育是提升教育国际竞争力、促进教育现代化的一条重要途径。随着高等教育国际化的发展，留学生教育已成为衡量一所大学国际化办学水平的重要指标之一。国内高校要坚持教育面向世界，不断增强开放意识，多渠道多层次发展来华留学生教育，加强学生之间的国际交流，努力提高学校国际化的程度。

国内高校要不断改善办学条件，扩大招收外国留学生的规模。同时，为了方便中外学生相互交流、相互学习，学校应积极鼓励国内学生与外国留学生进行一对一或二对一的方式进行帮教或帮学，留学生帮助我国学生学习外语，我国学生帮助留学生学习汉语，同时在生活上互相帮助与关心。这将会大大促进中外学生的交流和友谊，也有利于国际的文化、教育交流。

为了推动人才培养国际化的培养，学校要更多地采用外文，尤其是英文授课，创造条件，实行中外学生混班上课，即我国的学生和国外的学生在同一个班上课，专业课程全部用外语，尤其是英语讲授，教材以国外原版教材为主。外国学生与国内学生朝夕相处，共同学习、交流，将对营造外语学习氛围、提高国内学生的外语水平起到积极的推动作用。

近年来，国内许多高校建立了以第一专业知识、第二专业知识、外语能力和计算机水平为内涵的"一体两翼"的课程体系，逐步构建了国际化人才培养体系，努力培养学生利用外语和专业进行跨国交流与服务的能力。

在外语教学中，学校要充分发挥现代教育技术尤其是网络和多媒体技术的优势,采用新的教学模式改进原来的以教师讲授为主的单一课堂教学模式,使外语,尤其是英语教学不受时间和地点的限制,朝着个性化学习、自主式学习方向发展。

总之,经济全球化是竞争全球化,提升国际竞争力的一个重要方面是要有国际化的人才队伍。培养适应时代发展和国际大环境的人才培养国际化是一个新课题,也是我们必须面对的课题。高等学校作为培养人才的摇篮,就要坚持"三个面向"的教育思想,广泛开展国际交流与合作,合理有效地引进和利用国外优质的教育资源、先进的办学理念、课程体系和教学方法,为我国经济建设和社会发展培养大批国际化人才。

三、发挥自身的条件优势

著名历史学家、教育家章开沅指出,根深才能叶茂,循序渐进才能真正实现跨越发展。华中师范大学物理系在解放初期,骨干教师相继调往中科院或其他名校,可是在20世纪60年代培养出了一批又一批功底扎实的人才,为什么?因为一些老师几十年如一日坚定不移地抓好本科教学,既重视基础理论,又重视动手能力,把优秀教师放在基础课教室与实验室。

当前从上到下都重视应用学科,而传统学科的基础理论研究受到冷落,但华中师范大学物理系没有改变初衷:1986年建立了物理研究所,1993年又不失时机地加入欧洲核子研究中心的大型离子对撞实验国际合作组。1999年以来坚持粒子物理研究(当时得不到理解,甚至还被讥讽为自不量力,好高骛远),2006年,学校夸克与轻子物理实验室终获准成为教育部立项的重点实验室,成为国家聚焦和培养优秀科学家开展国际学术交流的重要平台。现在,以3.48万亿电子伏特的能量在大型强子对撞机上运行的质子流对撞相继成功实现。蔡昌力老师讲:"我们等待这一天已经18年,而今后的实验工作还要做15年。"前后33年,可见人才培养与学科建设不可急于求成。

从本科抓起，从基础抓起，从培养青年学者抓起，也是华师物理系科技创新的成功经验。再举一列：刘连寿教师长期为基础班上课，经常在路上还与几个学生热烈探讨科研问题，他较早就培养出王思科、吴元芳等拔尖人才，而王思科、吴元芳又很快培养出张汉中、付菁华等青年英才。

改革开放使得我国高等教育由封闭、保守走向开放和创新，中外文化发生了大范围的交流、碰撞以及融合，"中西合璧"和"兼容并包"的自由学术氛围，促进了我国学术的繁荣和大学的国际化发展。随着改革开放向纵深发展，我国人才培养国际化有了更大的政策支持和发展空间。同时，改革开放带来了经济的飞速发展。截至2014年，我国GDP居世界第二位，进出口总额居世界第一位，外商直接投资居世界第一位，国家外汇储备居世界第一位。城镇居民人均可支配收入由343元提高到28844元，农村居民人均纯收入由134元提高到9892元。这些让世人震惊的巨大变化，大大提高了我国参与经济全球化的能力和水平，推动了我国人才资源的全球化流动和配置。实践表明，一国经济发展融合世界经济体系的能力越强，对世界经济的发展贡献就越大。

随着计算机网络的普及，信息技术作为现代教育手段，正广泛应用于高等教育各领域。信息技术的快速发展把世界连接成了一个整体，形成全球性信息一体化的趋势。它使得人类文化知识和信息的传播瞬间即成，并对人才培养目标、人才结构、科学研究、教学管理、教学手段等方面产生了革命性的影响，尤其是虚拟校园和远程教育的迅速发展，为实现优质高等教育资源的国际共享提供了便利条件。为此，在国家"教育信息化建设工程"的统一规划部署下，我国各研究型大学高度重视学校信息化建设，成立了类似于"信息化领导小组""信息化办公室"等职能部门，在人、财、物等方面进行了大量的投入，并制定了中长期发展规划,开展了以课程开发为突破口、以教学应用为目标的信息化建设,实现了信息化的教学机构、数字化的教学资源和网络化的学习环境,逐步实现了教师教学和科研、学校管理和服务、学生学习和成长的网络化和数字化,为我国人才培养的国际化提供了便捷的知识载体和高效的信息沟通工具。

通过"211工程"和"985工程"的建设,我国高校聚集了数量巨大的优质高等教育资源,无论是学校占地面积、教学用房、仪器设备、实验平台等硬件建设,还是校园环境、学术氛围等软件环境都取得了重大进展,尤其是研究型大学在全国更是处于领先地位,其强有力的师资队伍、浓厚的学术氛围、一流的科学研究、先进的实验设备、优质的生源构成以及较高的国际化水平为我国人才培养的国际化提供了坚实的硬件条件和必要的软件环境。另外,从大学自身发展来说,任何大学都是本土化和国际化的统一体,而且水平越高、实力越强,其国际化的特点也就越明显。所以,研究型大学本身就需要培养国际化的人才,并通过国际化的人才来促使大学自身的国际化,从而形成良性互动循环,确保大学的可持续发展。我国研究型大学要在不远的将来快速跨入世界一流大学的行列,必须走人才培养国际化的道路。这种发展国际化的诉求,也为我国研究型大学人才培养国际化提供了动力。

赵巍、古龙高在《国际化趋势下金融专业人才培养模式的思考》中提出了金融专业人才培养的国际化的趋势:近年来我国金融学专业人才的培养取得了长足的进步,为国家的经济发展做出了重要贡献,但在经济全球化和金融国际化的背景下也面临着严峻的挑战。为了应对新形势,我国的金融人才培养必须注重本土化与国际化的结合,把握全球化的业务规范和管理法规、顺应金融运行规律与发展趋势,只有立足在国际通用人才的培养模式下,加强金融学专业课程的国际化,进行金融课程体系的整合与更新，促进金融学与其他相关学科的交叉融合，建设高水平的师资队伍，才能增强我国金融国际化人才的竞争实力。他们提出我们培养的高层次、国际化金融人才必须具备国际化的视野。为此，在金融课程设置上应该加大国际化方面的课程。具体来说，这方面的课程应该包括基本的国际金融理论和业务知识，也就是已有的国际金融、外汇业务、对外结算等课程；国际规则方面的知识，如国际经济法、国际惯例、主要国家的金融法律、国际性金融贸易组织运作规则等；国际交流方面的知识，如主要国家金融业传统、文化传统、经济外交政策、国际交往礼仪、国际谈判学等。

陈小英（2008）则从国际会计外包业务的发展中讨论了会计人才培养的国际化。她认为，高校的会计专业教育的国际化经历了四个阶段：第一阶段，开设西方财务会计、国际会计等专业课程，引进国西方财务会计的理论；第二阶段，改革课程设置，应用外国原版教材，尝试双语教学。第三阶段，与国外知名会计组织合作，引进优质教育资源。第四阶段，在学校中外合作办学思想的指导下，开展会计专业国际化办学。

航空领域研究专家朱民田、邓杨晨（2011）则从航空领域对人才培养国际化进行了探讨，提出了两种通用航空人才国际化联合培养模式的构想，将联合培养分为国内和国外两个连续阶段。此外，两位专家还进行了风险评估，并提出了预防措施：首先，构建出两种既高效又具有可操作性的通飞航空人才国际化联合培养的新模式；其次，经过国内半年和国外3~6个月的联合培训，学员们可以集中并系统地学习飞机设计专业的标准硕士课程和团队设计项目；最后，在学习专业基础课程的同时，学员们借此机会可以了解和一定程度上理解西方文化及理念等一些深层次的东西。

不论从哪个角度来说明人才培养国际化的重要性，我们都可以看出人才培养国际化的的确确成了人才发展的未来趋势之一。

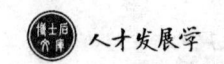

第三节 人才使用网络化

随着网络技术的跨越式发展,新形势下以网络经济为主导的现代企业之间的竞争越来越直接地反映为人才竞争。"新经济"形态在生产方式上的一个重大变革是生产组织的分散化和网络化,这一变革要求实行以工作团队为基本单元的现代网络化企业组织结构。在这样的背景下,企业管理的转型,尤其是人才管理的转型就逐渐变得重要。企业人才管理必须顺应生产方式的这种变革,必须有利于企业提高工作效率、优化业务流程、改善服务质量、提供合理决策等。基于人才已经成为企业最重要的资本和"新经济"要求企业实行人才网络化管理的现实,"人才网络化管理"已经成为企业管理领域十分重要的研究课题。

一、人才使用网络化的形势

周伟安、陈小平(2001)在《人力资源管理网络化趋势》中提到:随着网络技术的飞速发展和生产的日益专业化、社会化,人类社会逐步进入了信息经济时代。在信息经济时代,人们的生产、生活发生了巨大变化,企业在生产、流通及管理等方面也相应地发生了一系列变化,其中对高科技企业的人力资源管理的影响极其巨大。高科技企业应该充分利用自身网络技术的优势,进行人力资源管理体系的创新,让人力资源管理者从繁重的事务性工作中解放出来,以便有更多的时间去考虑如何进行创新,如何改进自己的工作,以适应时代的要求。

戴秋霞(2004)分别从"新经济"、企业网络化、企业发展的角度分析了人才使用网络化的必要性。首先,她提出知识经济时代的新特征对人力资源的管理提出了更高的目标和要求,相应地,人力资源的管理也必将发生重大的变化。知识经济时代最根本的特征就是知识的生产和传播速度加快了。信息化、网络化、数字化使人们可以更容易地获取知识，加大信息交流，也为人力资源开发与管理提供了创新的基础。人力资源将成为知识经济时代最重要的资源，也是衡量一个国家综合国力的重要指标之一。其次，她指出企业的网络化改造，会使决策更为科学、准确，使企业对市场的反应更为敏捷、有力，使企业在激烈的竞争中处于有利地位。企业网络化的项目主要包括 ERP（企业资源计划）、HRMS（人力资源管理系统）、SRM（供应商关系管理）、PLM（产品生命周期管理）、FI（财务会计）、SD（销售和分销）、PP（生产计划）、CRM（客户关系管理）、VMI（供应商管理库存）、EOS（网络订单管理）等。因此，在全球信息化、网络化的大趋势中，企业网络化已成为一个必然的选择，而人力资源管理网络化更是其中要求高速发展的一项。再次，她又强调网络化人力资源管理会推动企业的新发展，基于网络的人力资源管理战略，将使企业在愈加激烈的人才竞争中更为主动，更能有效地降低企业运营成本、遏制官僚现象，并且能将员工从繁杂琐碎的事务中解脱出来，带给企业人力资源的零距离服务，并降低人力资源管理成本，而且可以利用内部网络对员工进行培训，并同时可以建立新的人力资源管理机制。

二、人才使用网络化的优势

人才使用网络化具有几个其他方式所不能及的优势。

（1）信息量大，时效性强。求职人才往往对招聘职位数量和岗位的实时需求很敏感。而在人才招聘网站，可以随时查询数万条信息，而且信息更新速度较为迅速，每天更新的职位繁多，关注招聘网站，就能在第一时间获得适合自己的岗位。

（2）具有人性化服务。招聘网络的搜索引擎五花八门，通过网站就可轻松地全方位智能查询所需的工作类别、地区和需求岗位等，快速、准确、便利地找到所需求的包括行业、岗位、工作地点、工资等信息，方便各类各层次的求职人才。

（3）可做到无地域。限制网络空间可以延伸到世界各地，这种无地域限制为求职人才创造了更多的就业机会，特别是对异地求职者，不需要往返奔劳，不需亲临现场，就可以获得与当地其他求职者同等竞争的机会。

（4）经济实惠。如果通过传统的求职方式，求职与招聘者要花去广告刊登、摊位租用、简历印刷、通信交通等大量费用，而现在，用人单位只要进行一次将供需信息发布到自己的招聘网站或多家网络招聘者，对于用人单位的人力资源部门来讲，可以凭借网站强大的人才资源库，快捷、省时、省力，很快就能搜索到自己所需要的人才。

（5）求职成功率高。除了上述技术手段的优势外，真正使得网络招聘方式生存与发展的关键因素还是求职成功率。通过网络求职成功的比率在近一二年已迅速提高，调查结果表明近五成的网络求职者具有网络求职成功的经验，或认为这一方式比较容易成功。

三、人才使用网络化的技术

（一）人才招聘网络化

人才招聘网络化是网络技术在人力资源管理中应用最快的领域。网上招聘可分为高级和初级两种形式。高级网上招聘实质是招聘者在网站上发布招聘信息，并通过电子邮件或简历库收集应聘信息，利用软件测试考察应聘者。初级网上招聘是指招聘者在网上发布招聘信息，但鼓励应聘者通过传统渠道应聘。和其他招聘方式相比，网络招聘的优势，主要表现在下列方面：

（1）网络招聘可以极大地拓展求职者的来源。求职者不受地域限制，在全球范围内都可以通过网络渠道获得招聘信息和发出求职申请。

（2）网络招聘能节省经费。传统招聘活动的费用包括招聘信息发布费用、招募费用、选拔费用、安置费、招聘人员差旅费、交通费、招待费等。网络招聘可以节省和减少不必要的开支。如节省了招聘人员差旅费、交通费和招待费，降低信息发布和招募的费用，实现了网络招聘的经济性。例如，在北京一个为期两天的招聘会上租用一个摊位约花费500美元，而购买中华英才网的服务，一年当中随时进入拥有30万份简历的数据库搜寻合格的候选人也只需同样的花费。

（3）网络招聘简化了招聘管理的流程，具有快捷性。在采用网络技术后，工作职位发布、简历传送和初选等变得更加简单方便，同时网络技术应用提高了反馈、处理和录用的速度。

（4）网上招聘过程具有隐蔽性。网上人力资源争夺战是一场没有硝烟的战争，因其隐蔽而具有更大的杀伤力，招聘者可以收集到成千上万份应聘者的个人简历，作为公司的人力资源储备。

（5）网上招聘具有灵活性。招聘者不受工作日和时间的限制，可以每天24小时不间断发布招聘信息，应聘者也可以随时随地与招聘者联络，双方的交流与沟通不会因时间和空间的阻隔而受影响。

（二）人才培训网络化

首先，人才培训网络化促进了人才学习体系的构建。人才学习体系要求各级各类教育打破隔离、分割状态，互相衔接沟通、扩展延伸，适应人才学习的需要。网络化的发展正在使得各级各类教育的功能不断扩大，有了互相衔接沟通。扩展延伸的途径，打破了各类教育相互隔离的状况，以逐步做到相互沟通，使建立人才培养体系的目标能够成为现实。

其次，人才培训网络化推进了学习的个别化和个性化。"因材施教"的教育主张提出已有两千余年，这一直是教育工作者为之努力的目标。现在联合国教科文组织将每个人的潜能得到充分的发展作为人的基本权利。从古到今,这些观念反映到教学和学习上是学习者学习的个别化和个性化。实现了学习的个别化和个性化才能真正体现终身学习的要义。人才培训网络化因其教育目的、内容、方法的极大丰富和多重组合,学习手段的多元选择、学习辅助的日趋完善,大大推进了人才学习的个别化和个性化。

最后,人才培训网络化的应用实现了教育和学习资源的共享。信息技术的进步使信息在瞬间可以流遍全球,凭借信息技术,教育和信息资源可以全球共享。我国人口众多,地区之间的差异比较大,教育和学习资源分布不均衡,人才培训网络化能让经济、教育落后地区的人们,也能和发达地区的人们一样享有最好的教育和学习资源,得到最好的学习支持服务。

(三) 薪酬福利管理网络化

薪酬福利管理中数据处理工作量在不断增长,计算机在该领域的应用范围也随之日益扩大,应用水平也随之日益提高。从薪酬福利管理网络化应用的水平来看,基本上有以下几个方面:

(1) 数据处理。数据处理也就是信息处理,即用计算机对大量薪酬福利管理数据进行加工处理,它包括对薪酬福利管理的数据进行收集、输入、存储、转换、分类、排序、计算、传输,并以多种形式(屏幕、表格、图像)进行输出;还包括对已存储的数据进行检索和更新,迅速得到全面的薪酬福利管理信息。如在薪酬福利发放管理中,计算机达到了提高效率,把薪酬福利原始数据变成对人们有用的决策信息,把劳资工作者从复杂烦琐的事务性劳动中解放出来的目的。

(2) 管理分析。利用薪酬福利管理中薪酬统计系统、统计分析软件包等,可以对获得的薪酬福利信息进行统计处理,即对那些统计数据不仅要积累,而且要对有关数据进行必要的分析,查找原因,以保证薪酬福利管理计划与任务的完成。如在对工种和薪酬福利等级进行统计时,统计数据包括计件工人和计时工人的薪酬，生产工人和辅助工人的薪酬，按熟练程度支付的薪酬同按劳动条件支付的薪酬的实际比例，管理部门和车间工作人员的薪酬，得到奖金和未得到奖金的工人的薪酬，以及经常使用的在薪酬福利管理统计表中没被列入的一系列其他数据。所有这些统计数据，对于将一些工种和职务的薪酬按薪酬形式和薪酬制度深入分析是十分必要的。同时通过分析，可以确定进一步完善薪酬福利管理网络化体制的方案。

（3）决策优化。决策优化主要包括各种数学模型和预测方案。"第二次世界大战"以后，运筹学等教学方法被用于薪酬福利管理工作中，它把薪酬福利管理上的问题先用数学进行抽象和处理，使其变成一定的薪酬福利管理数学模型。然后，对这些模型进行计算，把取得优化后的各种解，提供给领导者作为决策用。其中，薪酬福利管理数学模型的求解，需要运用现代数学的多种复杂运算，如果仅凭手工计算，在准确性和速度方面无法满足要求。先进的科学管理方法必须用先进的管理工具和手段去实现，利用计算机进行各种模型的优化计算，为在薪酬福利管理中利用各种高效方法创造必要条件。

把网络和经济数学方法应用于薪酬福利管理工作，是一个复杂而长期的过程。我国的计算机薪酬福利管理网络化工作所处的层次相对较低，大多数单位还处在数据处理阶段。目前，计算机工作者和薪酬福利管理工作者都在不断开发、研制，努力提高我国薪酬福利管理网络化水平。

（四）人才考核网络化

目前人才考察和测评工作中，由于需要集中较多人才进行投票，对正常工作影响较大，且测评、分析效率较低。另外，年度考核工作量过大，难以按统一安排进行和方便地进行考核结果存储、使用，组织部门通常难以全面参与人才的年度考核工作，将结果上报备案。因而不利于加强对人才的经常性管理和建设。

人才考核网络化系统主要从两个方面着手,一是指标体系,二是技术方法。指标体系是"指挥棒",在构建考核评价工作系统的过程中要积极引导"做什么""如何做",实现考评工作"怎么考"与执政行为"怎么做"的统一。技术方法即系统的开发和设计,可解决传统的人才考核所受的空间、时间限制问题,以及解决目前人才考核实现全面网络化的问题。

(五)人才沟通网络化

在网络化时代,网络与人才沟通已经构成一种想抓难抓住、想甩甩不开的黏滞状态。如何在发挥网络传播媒体优势的同时,有效地减少网络传播给沟通带来的负面效应,是一个急需解决的问题。到目前为止,还没有哪一个国家能够行之有效地克服网络传播给沟通带来的负面影响。在沟通过程中,只要网络媒体不能消除这些负面因素,人们对传统媒体的依赖就不会消失。如何在充分利用网络媒体带给人类进步的同时,又能够有效防止那些损害国家、社会及公众利益的媒体信息和媒体行为,应该成为我们关注的焦点。为此,我们应在以下几个方面努力:

(1)加快政府管理的网络化进程,构建适应网络化人才沟通要求的组织机构和信息传输机制,加速实施政府及公共机构上网工程,努力实现政府管理网络化。

(2)拓宽人才沟通渠道,实行人才沟通方式的现代化、网络化,实现从单通道信息传递体制到多渠道信息传送体制的转变。一个社会的开放程度越高,公众对社会生活的参与性就越强,人才沟通网络化就越重要。

(3)建立网络化人才沟通的制度环境,培养道德自律,规范网上行为。利用传统媒体进行人才沟通,在悠久的历史过程中已形成了丰富的管理制度,然而网络传播媒体具有无国界、无政府的特点,在运作过程中出现了很多新的法律问题,法律法规的滞后性使这些新的问题未得到有效解决,已有的规则面临新问题的挑战而丧失了或者是减弱了应有的约束力。在网络化时代，给国家安全带来的威胁不仅来自有形的世界，更大的危险来自无形的虚拟的超时空的电子世界。政府必须采取强有力措施保障国家网络和重要的人才信息的安全。有必要加强对网络环境下人才沟通的法理学基础研究，尽快建立有关网络化人才沟通的法规性制度，规范人们网上沟通的行为，以维护网络秩序，保证网络化人才沟通立法的前瞻性。

（六）人才招聘网络化

网络招聘，即为电子招聘，是人才引进部门通过信息技术手段，来完成人力资源管理工作中的人才招聘这一环节，也就是用人单位通过自己的网站或专门招聘网站等机构，使用简历数据库或搜索引擎等工具来完成人才招聘的过程。

1. 人才招聘网站

要使网站走到国际化的良性循环轨道，必须实用、便捷。招聘网站可以让求职人才一目了然、轻松自如、便利快捷地找到所需岗位的信息，同时，网站管理人员也能够很快进行网站收取应聘者的简历及网站内容更新、维护管理等工作。

各类人才的需求信息有一定的即时性，很多网站没有后台管理，有时半年或者更长时间不更新，感觉就像一潭死水，而若要经营一个带有"即时"性质的网站，除了注意内容外，还要具备网站的后台管理，使信息资料及时更新，时时保持站内信息的新鲜度。

对于求职的专业人才，人才招聘网站就是一个折射出招聘者风貌的窗口，让应聘者从这里了解到招聘者的相关情况，这就要求网站运用生动新颖的特色，来介绍其优势，彰显招聘者对人才的渴求之情。例如，设计比较明快的脚本语言、滚动图片，以及个性化的 logo 设计等。

2. 人才招聘网站信息管理系统

计算机网络已经成为人才引进工作的得力助手。运用信息科技来协助整合资源的概念已经逐步落实到我国各行各业,用计算机辅助生产、营销、财务、研发等方面的管理运作已有多年,只有人才管理的电子化近几年才刚刚开始。根据国内外实践,主要形式有电子化招聘、电子化培训、电子化学习、电子化沟通和电子化考评等,其中尤以电子化招聘发展最为迅速,应用也最为广泛。如何通过网络来网罗人才,充分利用网络技术来及时引进所需人才,增强整体竞争能力,这应为值得关注的新课题。

网络招聘方式已经成为求职人才及用人单位的重要手段。其规模和成功率已直逼传统招聘会,有的甚至超过了传统招聘会。通过网络,求职人才和招聘者可以突破时间和空间的限制而实现获得工作岗位和获得人才的效果。网络招聘方式的盛行已对传统人才招聘流通体系产生了强烈的冲击,与传统招聘方式相比具有招聘范围广、信息量大、可挑选余地大、应聘人员素质高、招聘效果好及费用低廉等优势,同时它还有着经营成本低、虚拟库存、用户检索方便、地域限制少等特点,人才管理部门通过一个简化的人才招聘网站信息管理系统,即可使人才引进,并使人才求职信息管理工作系统化、规范化、自动化。

除了上述提到的人才使用网络化的优势,谢慧(2009)在《推进人才市场网络化建设的对策分析》中提到了我国目前人才市场网络化建设的问题。第一,人才网络服务体系还没完全建立,服务方式落后、内容单一,对信息化建设工作重视不够,没有配备足够的管理和技术人员从事信息系统运行和维护。第二,监督管理不到位,没有建立统一的标准和规范行为,存在无法可依的问题,特别是网络人才服务活动,执法主体不明确,内容不规范,力度不够大,监管体系还没有形成。第三,人才网站普遍存在基础性建设投入不足的情况,基础设施较为落后、亟待更新。以上这些问题的存在,原因是多方面的,主要是职能定位不明确,运行机制未形成,财力投入不足,激励机制不完备,加之我们对网络化、信息化建设认识不到位等。同时，经过研究，谢慧还提出了相应解决对策：一是加强宏观调控职能完善人才市场网络体系；二是加强人才信息库建设充分利用网络的时空优势；三是充分利用网络技术注意有形市场和无形市场结合；四是建设专业化人才队伍推进网络管理职业化。

第四节　人才竞争高端化

李仲生在《美国国际人才竞争策略与诺贝尔奖》《基于全球视角的人力资源理论与实践问题研究——国际人力资源开发研究会第六届亚洲年会论文集（中文部分）》中研究"第二次世界大战"后以来美国的国际高端人才竞争策略，并通过1946~2006年获得诺贝尔物理学奖、化学奖、生理学或医学奖、经济学奖的外国裔美国科学家的资料，得出美国的国际人才竞争策略与诺贝尔奖密切相关的结论，它是推动美国科学技术迅速发展的重要因素。美国作为世界上科技最发达的国家，独步天下，一个重要的因素是它吸引了全世界的高端优秀人才。美国长期以来由于重视国外高端优秀人才的引进以及对人才的合理使用等人才资源开发，并实施了世界上最成功的国际人才竞争战略，加速了美国科学技术发展的进程，是世界各国的高端科技人才造就了美国科学技术发展的奇迹。由此可见，人才竞争的高端化无疑是人才发展未来趋势之一。

孙丽丽、陈学中（2006）在《高层次人才集聚模式与对策》中提出了人才竞争高端化的模式，他们认为，存在着收益优势依傍形竞争模式、产业集聚推动型竞争模式、"领头羊"效应竞争模式和政府牵引型竞争模式。同时，他们还在文章中提出了竞争高端化人才的对策：首先，树立高层次人才的重要性、做好高层次人才工作的重要性和紧迫性、组织发展"关键在人才"的观念；其次，注重高层次人才的培养，提高区域高层次人才培养的质量和数量，实现引进人才的整合和提升；再次，塑造吸引人才的"软""硬"环境。优化硬环境就是要求有高标准的科研和工作环境、广阔的发展空间等，为高层次人才施展才华提供舞台，还要改善薪酬待遇、住房条件，为高层次人才排忧解难。优化"软"环境就是要求必须树立人才资源是第一资源的管理理念，营造一种宽松氛围，优化政治环境、社会环境、用人环境、知识环境、创新环境、政策环境等，吸引高层次人才；还要注重人才集聚的稳定性，他们认为人才集聚的稳定性与集聚地的发展呈正比的关系，即稳定性越高，发展越快；最后，还要迎接国际挑战，减少人才流失，对于海外留学人员，应根据党中央、国务院支持留学、鼓励回国、来去自由的政策，一方面支持国内有关人员出国留学、进修，另一方面尽可能制定宽松的优惠政策，吸引和引导高层次的海外留学人员回国效力。其次，对于国外优秀人才，应根据需要，有针对性地加大引进规模。

一、高端化人才的特点

我国加入世贸组织以来，越来越多的跨国公司涌入，国内市场与国际市场逐渐接轨，竞争越来越激烈，对高端化人才的需求愈加强烈。虽然我国拥有人力资源数量上的优势，但高端化人才的比例严重不足。据统计，在全国29个专业技术系列中，具有高级职称以上的高端化人才共157.3万人，只占专业技术人员总数的5.15%，全国具有本科及以上学历的专业技术人员仅占全部专业技术人员的17.5%，复合型高端化人才更为短缺。不仅我国如此，而且高端化人才的稀缺性已经成为世界各个国家和地区所面临的重要问题，因此，人才的国际争夺战也愈演愈烈。

高端化人才比一般性人才具有更高的知识层次，更广阔的视野，但他们的成长也需要高额的资金投入、较长的教育周期和丰富的实践经验，而且高端化人才的知识积累和知识更新是一个永无止境的过程。总之，高端化人才成长所要求的条件非常高，不仅要有自己的努力，还要有组织、社会等各方面的支持和肯定。对高端化人才的投入越大，回报也越大。高端化人才作为一种高附加值的能动性资本，能产生比自身价值更高的价值，带来巨大的效益。事实证明，人才，特别是高端化人才，对一个国家、一个民族、一个地区、一个企业的发展起着关键的作用，甚至是兴盛之根本。

这是高端化人才一大突出特征。高端化人才具有较高的知识层次，往往对自己学科的前沿知识了如指掌，对新知识、新思想、新成果有敏锐的洞察力，在科学研究和实践中，依靠自己驾驭知识的能力、创新的热情和自己的禀赋，在理论上突破，在实践中创新，把所掌握的知识、技能在经济建设和社会发展的各个方面创造性的应用，促进技术创新、理论创新、知识创新和制度创新，推动整个经济和社会的快速发展。

这里的流动是指在市场经济条件下，高端化人才资源的流动，即由于受某些因素影响，从各个不同的区域（或企业）流向另外一些区域（或企业）的过程。这是人才为实现自身价值增值而进行的市场投资和运作，从而实现人才自身价值的最大化。高端化人才的稀缺性与需求的缺口形成强烈对比，这在很大程度上加大了流动性。组织行为学的研究结果表明，高端化人才对所从事专业的归属感较强，对组织的归属感则相对较弱，这可能是其高流动性的一个内在原因。全国已经出台许多有关人才流动与人才市场管理的政策、法规，增加了几百家各类人才服务机构帮助人才实现流动。随着知识经济的到来，可以说高端化人才流动的自由度将会越来越大。

二、高端化人才的竞争模式

（一）收益优势依傍型竞争模式

高端化人才所拥有的知识、技能与能力，不以实物形式存在，而是存在于高端化人才的头脑之中，外力无法强制拥有和控制。因此，高端化人才的流动空间比一般人大得多。假设人才供求市场是完全信息市场，人才流动可能性大小可以来看它的净收益（MP）：净收益（MP）=人才流动后收益-人才流动前收益-人才流动成本当MP>0时，人才会考虑流动，且MP越大，流动的可能性和愿望越大，MP越小，人才流动的可能性越小，MP<0，则一般不流动。

如果一个地区、企业或部门能为高端化人才提供满意的净收益，在这些地方就比较容易形成人才竞争。这里的收益不仅指收入这样一个单一指标，还包括工作的条件与环境、发展的前景、生活环境的舒适、甚至空气质量等。据调查，北京、上海、深圳这些经济发展较快的地区依然是全国吸引人才最多的城市。目前，北京、上海两个城市集中了全国17.79%的科学家和工程师，16.4%的研究与开发人员，两项指标分别是甘肃、青海、宁夏、新疆四省区总和的7.4倍和6.78倍。从地区分布来看，高端化人才竞争的第一梯级是沿海、沿江地区，如长三角地区、珠三角地区、北京都是吸引人才的磁场。这在很长时间里不会有太大变化，这种磁力的产生很大程度上来自于可以为高端化人才提供满意的净收益。

(二) 产业竞争推动型人才竞争模式

产业竞争，是指关联度相对较高的产业在一定的经济区域的集中和汇聚，或相关产业围绕某一主导产业，基于专业化分工与合作的柔性竞争体。产业竞争对人才具有更强的吸引力，容易形成专业人才竞争。竞争范围内也会有人才的流动，但这样的流动有正面的作用：一方面，通过人才的流动使相互之间的经验得以交流也会提高自身素质；另一方面，适度的竞争有利于培养一种危机感。

产业竞争有利于形成人才竞争，但对于现代产业竞争而言，人才资源特别是高端化人才资源，也是推动它们发展的一股重要力量，在高新技术产业竞争中更是越来越重要。研究发现，知识和技术密集型的产业竞争区往往靠近大学、科研机构，这是互惠互利的举措。一方面，高新科技产业竞争基本上是脑力驱动或知识密集型的，可以从大学、科研机构得到满足该产业所需的管理、技术创新成果等，占据人才资源的优势，减少研发的时间和费用；另一方面，大学和科研机构不仅可以得到一定的科研经费，也找到了一个很好的实践基地，促进了人才的培养和学校的发展。美国的硅谷、北京的中关村都是很有说服力的例子。前者在斯坦福大学附近，后者成长于著名的高校区海淀区内。

（三）领头羊效应竞争模式

国内外有许多学者研究"羊群行为"理论，并把它与许多领域结合起来，这一理论对于研究高端化人才竞争同样具有非常重要的意义。所谓羊群行为是一种特殊的非理性行为，它是指投资者在信息环境不确定的情况下，行为受到其他投资者的影响，模仿他人决策，或过度依赖于舆论。高端化人才的竞争，也可以看成是人才的一种投资行为。但高端化人才市场有时信息是不完全、不对称的，这就有可能导致"领头羊效应"，即一部分高端化人才会受"领头羊"影响做出流动的选择或选择流向地。领头羊吸引群羊，形成人才竞争。如果领头羊效应被合理地利用，则有利于高端化人才的优化与配置。

（四）政府牵引型竞争模式

高端化人才的流动与竞争日益走向市场化，基本上受市场的优化与配置，政府牵引所占的比例越来越小，自由度越来越大，但它对人才的竞争起着不可忽视的作用，如国防产业和西部大开发战略等。政府通过调整人才管理体系、改革人才管理制度、完善相关法律法规、出台人才激励政策等手段，使人才的成长、流动与经济发展战略相适应，以充分发挥人才作用，促进经济的发展。政府实施西部大开发战略,就是中央政府高瞻远瞩面向 21 世纪做出的重大决策。西部大开发首先要对人才开发,由于历史和现实的原因,尤其是受市场经济条件下利益驱动的影响,西部地区的人才外流比较多,人才匮乏的问题比较突出,严重制约经济和社会的发展。西部大开发急需大量高端化人才。为营造"孔雀西北飞"的氛围,政府提出要做到政策留人、感情留人、事业留人,从中央到地方出台了一系列优惠政策,鼓励人才合理流动,吸引大批高端人才西进,最终形成人才竞争。

三、高端化人才竞争的规律

(一)正反馈效应

人才竞争可以使竞争地优先得到发展。上海、北京、深圳、青岛这些东部地区的城市,凭借吸引高层次人才的区位优势和雄厚实力,再加上一些招揽人才的灵活政策,吸引了许多高端人才,形成了高端人才的竞争,因而得以高速度和高质量地发展。在知识经济社会,可以说哪里最先得到优秀人才,哪里最先得到发展。而且人才竞争形成与竞争地的发展可以形成一个增强回路,更加速了竞争地的发展。一个区域构建或拥有了吸引高端化人才的环境与条件,就会引来一部分人才。人才竞争的形成会使竞争地优先得到发展,而竞争地发展了,各方面的实力都会提高,吸引高端化人才的环境与条件就会更加优越。

(二)引力场效应

根据牛顿的万有引力定律,整个宇宙间的任意两个物体之间都有引力存在着。这一定律不仅适用于解释自然现象,而且同样适用于解释人类社会的某些现象,所不同的是人类之间的引力是主动的、有选择的。竞争达到一定规模的高端化人才和他们所创造的物质财富和精神文明一起在竞争地形成一个引力中心,吸引更多的人才加入到这个中心来,创造出更多的物质财富和精神文明,这就是人才竞争的引力场效应。

(三)群体效应

在自然界中,有一种物理现象,即当两个或两个以上的原子聚合在一起,便会释放出一种新的能量,这种新产生的能量比原来大许多倍。借用这一现象来看人才竞争,发现人才的竞争产生的能量,比单个人能量的简单相加要大得多,即产生群体效应,也就是 1+1>2 的效果。单个人是无法充分发挥其作用的,把高端化人才竞争,通过群体内部的有效机制,可以实现知识和技能的互补、替代,集思广益,激发创造力和积极性,开发出新的技术和成果。

(四)联动效应

竞争使人才始终有危机感,会不断激发人才的不断学习、终身学习的欲望和增强创新意识,通过有效的组织和引导,进而使竞争地高端化人才的水平都得到进一步提高,真正实现高端化人才的高价值,产生联动效应。另外,当今是科技更加发展的信息知识经济时代,面对知识经济的挑战和经济全球化的发展,高端化人才在面临机遇的同时也面临巨大的挑战,适度的危机感会促使高端化人才知识更新加速,提高适应性和应变性。

四、高端化人才竞争的问题

(一)我国人才资源总量多高端少

我国人才资源的总量较多,高等教育得到较快发展。2012年,全国共有普通高等学校和成人高等学校2541所。其中,普通高等学校2138所,成人高等学校403所。高等教育招生数和在校生规模持续增加。教育部在其官方网站发布《2011年全国教育事业发展统计公报》,公报指出,2011年全国各类高等教育总规模达到3167万人,高等教育毛入学率达到26.9%。2011年,全国共有普通高等学校和成人高等学校2762所,比上年增加39所。

其中，普通高等学校 2409 所（含独立学院 309 所），比上年增加 51 所；成人高等学校 353 所，比上年减少 12 所。普通高校中本科院校 1129 所，比上年增加 17 所；高职（专科）院校 1280 所，比上年增加 34 所。全国共有培养研究生单位 755 个，其中高等学校 481 个，科研机构 274 个。公报称，全国招收研究生 56.02 万人，比上年增加 2.2 万人，增长 4.09%。其中，招收博士生 6.56 万人，招收硕士生 49.46 万人；在学研究生 164.58 万人，比上年增加 10.74 万人，增长 6.98%。其中，在学博士生 27.13 万人，在学硕士生 137.46 万人；毕业研究生 43.00 万人，比上年增加 4.64 万人，增长 12.09%。其中，毕业博士生 5.03 万人，毕业硕士生 37.97 万人。

（二）我国高端人才资源能力不强

中国科学院可持续发展战略组根据 1995 年联合国开发计划署《1995 人类发展报告》中提出的人才资源能力建设基本定则，进一步提出了一个人资源能力建设方程，即

人才资源能力系数 =（文盲人数×1 + 第二产业人数×10 + 科学家工程师×100）/全社会总人口

这一系数取值范围为 1~100，并且有如表 8-1 所示的基本分类。

表 8-1 人才资源能力系数图

人才资源能力系数	国家或地区的人才资源能力水平	人才资源能力系数	国家或地区的人才资源能力水平
<5	很弱	15~20	较强
5~10	较弱	20~30	很强
10~15	中等	>30	极强

依据上述公式，中国科学院可持续发展战略组对 1990~1999 年我国的人才资源能力概况进行了计算，我国人才资源能力系数介于 6~7，处于较弱地位。我国人才总量尽管居于世界前列，但

整体创新能力不强,目前我国真正做出原始性创新成果的科学家不多,能够跻身世界科学前沿参与国际竞争的人才很少,从而导致我国在国际竞争力评价、高水平研究成果的数量和质量等方面存在较大差距,由于高端人才资源能力不强,我国科技实力仍处于世界中下游水平。

(三)我国高端人才资源结构和分布不合理

除人才资源总量相对不足、整体素质较弱,由于受传统的计划经济体制的影响,我国高端人才资源结构分布不合理现象比较严重,主要表现在以下几个方面。

一是人才行业、产业布局不够合理。农业、信息通信、金融、保险等行业专门人才不足。

二是所有制和区域间人才分布不够合理。全国专门人才总量的74%集中在国有单位,高端人才的85%集中于中东部地区。

三是专业结构不够合理。教育、卫生、经济、会计等四类专业技术人员,占全国专业技术人员总数的70%,而新技术、新能源、生物技术、现代医药、环保等工程技术类专业人员远远不能满足需要,特别是高新技术和复合型的创新人才整体短缺。

四是产学研脱节严重。我国每万人中研究与开发人才不足3人,而日本是49人,德国是35人,加拿大和英国是25人。

五是素质结构不合理。创新型、复合型、外向型人才较为短缺,专业技术人员中具有本科及以上学历的仅占17.5%。

六是人才的年龄结构不合理。有的企业高层次技术人才年龄结构偏高。在未来5~15年中将存在大批骨干人才相继退休,出现"青黄不接"的局面。截至2010年年底,我国人才金字塔的顶端,两院院士的平均年龄超过了65岁,和美国同类人才相比,高出了15岁之多。一旦高端人才断档,我国人才队伍建设压力将会增大,人才安全更加难以保证。

除上述这些问题外,人才闲置浪费现象严重,成为人才安全问题的隐患。企事业单位领导干部的选拔任用目前仍以委任制为主，而且用人决策权过分集中，人事评估信息渠道不畅，人才上不去，庸才下不来，造成人才闲置浪费和人才"逆淘汰"现象；同时，我国高端人才大部分集中在国有事业单位，而急需高端人才的企业单位却面临人才匮乏的窘态；即使有些企业使出浑身解数引进了高端人才，但却难以提供可供其发展的机遇和空间，使其无用武之地，出现人才进一步浪费的状况，为人才安全问题埋下隐患。

（四）我国高端人才资源投入不足

人力资本的投资和积累水准是衡量国家竞争力高低的重要指标。我国是人力资源大国，但人力资本存量却有待提高，人力资本投资与回报制度尚不完善。据统计，2012年我国GDP为519322亿元，国家财政性教育经费占我国GDP比例的4%，目前我国国家财政性教育经费统计口径尚不能完全反映我国政府安排教育经费的总量。2012年全国教育经费执行情况监测结果表明，政府教育投入总量继续上升，国家财政性教育经费占GDP的比例比上年有所增加，但预算内教育经费占财政支出比例比上年有所下降，有一些省、自治区、直辖市没有达到《教育法》规定的教育投入增长要求。

当前我国高端人才资源投入不足主要表现在以下几个方面。

（1）人力资本投资不足，投资渠道单一，主要依靠政府投资，而政府投资又十分有限。国家对人才资源开发的投入少，企事业单位教育投入不足，培训经费严重短缺。国家、社会、单位、个人多元化的人力资本良性投入机制尚未形成，而且许多地方和单位对高端人才资源开发的目标不明确。

（2）人力资本投资方向与经济需求经常发生偏差，高端人才行政化现象严重，学非所用、用非所学现象严重，造成有限的人力资本投资严重浪费。

（3）人力资本投资的回报率较低，影响了社会人力资本投资的积极性。我国各级政府在学校教育上的投资约占 GDP 的 2.82%，而同期在物质资本上的投资约占 GDP 的 30%，是世界上国内投资率最高的国家。在美国这个数字分别是 5.4% 和 17%。我国从事研究与开发的高端人才与美国、日本等国家尚有差距，在研究和开发经费特别是人均科研经费方面却差距较大。

五、高端化人才竞争的策略

所谓人才竞争高端化，是指高端人才在世界范围内竞争。换句话说就是争夺高层次人才、高层次创新型人才、具有世界一流水平的科学家和科技领军人才。由于我国特别缺乏这些高端人才，所以导致我国自主创新能力和人才国际竞争力还不强。采取我国人才竞争高端化的应对之策，对于找准解决问题的有效方法、确立人才工作的战略重点、更好地实施人才强国战略十分必要。

（一）在引进海外高层次创新、创业人才方面要付出前所未有的努力

近年来我国已经通过"百人计划""长江学者鼓励计划"以及"千人计划"等吸引了一批海外人才回国服务，同时这些计划也充分显示了我国引进高层次人才的决心和力度。尽管如此，高层次创新、创业人才的回归状况并不乐观。大量留学人才获得博士学位后滞留海外的现状说明，高层次人才的引进仍具有很大空间，此外，在吸引非华裔高层次人才方面也应做出积极的努力。我国可以总结北京生命科学研究所的经验、借鉴日本"世界顶级研究基地形成促进计划"的做法，建立几个能够与国际接轨的集聚高层次人才的平台，从而吸引一批国际学者和博士后在我国从事科研工作。此外，我国还可以逐步对外开放国家科技计划，吸引外国人才承担项目，以实现对外籍高层次人才的灵活利用。

（二）加强人才制度和科学文化建设，留住并用好人才

人才要想请得来、留得住、用得好，就要按照国际规则和先

进的科学文化，建设具有吸引力的人才制度和研究环境。从国际上来看，创造优良的科研环境，建立公正、公平的人才制度也是近年来各国人才竞争的一项重要手段。我国目前科学文化仍很落后，政治文化替代科学文化的情况仍然时有发生。有了学术地位就去搞行政，拿到行政地位后反过来搞学术的情况较为普遍。由此导致的资金分配制度、项目管理制度和科研评价制度中的不公平、不公正，甚至腐败现象，极大地伤害了科学家的创造热情和创造力的形成。因此，今后我国必须在健全、完善人才发展体制机制，改善人才成长的土壤和环境制度，建立优良的科学文化方面下功夫，致力于我国人才发展动力体系的形成，构建充满活力的人才制度和富于吸引力的科学文化。

现在把很多科学家拿去当教育家当校长，但要知道，他能搞好科研不一定能当好校长。当校长的应该是教育家。另外，使用人才更重要的一点，是政府要组织人才投入到重要的项目中来。

（三）培养与引进结合，构建一流科学技术传统，实现一流人才的本土化培养

在创新型国家的发展过程中，人才的本土化培养和引进同等重要。在全球化时代，没有哪一个国家能够仅依靠本土的人才培养来解决人才短缺问题；更没有哪一个国家能够仅仅依靠人才引进来解决本国的经济、社会发展问题。当前我国引进一流人才，除了要通过他们来解决一些国家急需的关键技术问题，更需要通过他们移植和构建一流的科学技术传统。因为，只有让一流的科学技术传统在中华大地生根，我国才能实现一批又一批、一代又一代杰出科技人才的本土化培养，我国才能成为真正的科技强国。近代科学产生于欧洲，美国、日本等后发达国家都曾成功地移植了发端并成长于欧洲的科学传统。特别是日本，从明治维新开始，一方面派遣大量青年才俊赴欧美学习最先进的科学技术，另一方面聘用欧美科技人才帮助日本建立科研体制，成功地移植

了一流的科学传统,很快便实现了一流人才的本土化培养。近年来,日本科学家不断获得诺贝尔奖即是最好的证明。当然,在1901年到2008年的108年间,全世界共有530多位科学家获得诺贝尔奖,而我国本土只有一位获得文学奖,这也应该激发我国努力实现高端人才的本土化培养。

(四)设立留学派遣贷款制度,加大硕士、博士的海外派遣

据教育部的公报,2014年度我国出国留学人员总数为45.98万人,其中,国家公派2.13万人、单位公派1.55万人、自费留学42.3万人。2014年度各类留学回国人员总数为36.48万人,其中,国家公派1.61万人、单位公派1.26万人、自费留学33.61万人。况且,从历年公费留学人员回归情况来看是比较理想的。因此,今后我国应加大硕士、博士的海外派遣力度。一方面可以加大公费派遣的数量;另一方面也可以设立留学贷款制度,对于学成归国的博士、博士后等予以免除贷款,对于不归者实行严格的贷款赔付制度。海归人员将能够从很大程度上提升我国科技人才队伍以及社会科学学术队伍的质量和实力。

(五)加强国际科技交流与合作,在合作与竞争中占据主动

当前,全球面临许多重大挑战,包括气候变化、环境问题、粮食安全、传染病等重大问题,这些问题单凭一国的资源和力量是无法解决的,需要全球的共同努力。一方面,积极参与国际科技合作,在合作中占据主导地位,可以让我国充分利用国际上的优秀人才,提高高端人才投资的效率;另一方面,通过参与合作能够拓展本国人才的国际视野,促进我国高端人才发展。

参考文献

[1] 黄蕾. 论人才培养的国际化 [J]. 成人教育,2002,184 (1).
[2] 罗洪铁,周琪. 人才学原理 [M]. 北京:人民出版社,2013.

［3］王建民.2013中国战略人才发展报告［M］.北京：北京师范大学出版社，2014.

［4］余仲华，林活力，毛瑞福.中国人才战略管理评论［M］.北京：社会科学文献出版社，2008.

［5］郑永廷等.人的现代化理论与实践［M］.北京：人民出版社，2006：406.

［6］［美］彼得·卡佩利.沃顿商学院最受欢迎的人才课管理课［M］.北京：中信出版社，2012.

［7］徐颂陶.中国特色人才理论新探讨［M］.北京：中国人事科学出版社，2008.

［8］钟祖荣.新编人才学通论［M］.北京：党建读物出版社，2013.

［9］赵光辉.人才结构与产业结构互动机理及相关政策研究［M］.武汉：湖北人民出版社，2007.

第九章
人才发展的国际视野

　　国际竞争越来越激烈,国家间的联系越来越多,各国都在对外开放,人才获得空前发展。本章从人才发展的国际经验,人才发展与新一轮科技、产业革命,世界主要国家人才策略这三个方面对人才发展的国际视野进行了研究。全球化进程不断加快,科技创新与知识经济发展迅速,人才优先发展已经逐渐成为各国发展的普遍共识,高端人才成为各国人才竞争的焦点,加强培养和加快引进高端人才成为各国人才战略的实施重点。本章论述了新一轮科技、产业革命现状与趋势,新一轮科技、产业革命与人才需求,新一轮科技、产业革命与人才发展以及新一轮科技、产业革命的人才行动。美国、日本、德国等世界主要国家在人才的培养、吸引、使用及人才市场的运作等方面具有成功的经验,值得我们学习借鉴。

在经济全球化的大背景下，国际化人才是多么难得。事实证明，哪个地区和企业重视人才的国际化，哪个地区和企业就能赢得发展的先机。习近平同志指出，从全球范围看，科学技术越来越成为推动经济社会发展的主要力量，创新驱动是大势所趋。新一轮科技革命和产业变革正在孕育兴起，一些重要科学问题和关键核心技术已经呈现出革命性突破的先兆，带动了关键技术交叉融合、群体跃进，变革突破的能量正在不断积累。即将出现的新一轮科技革命和产业变革与我国加快转变经济发展方式形成历史性交汇，为我们实施创新驱动发展战略提供了难得的重大机遇。因此，人才发展的国际化尤为必要。

第一节 人才发展的国际经验

全球化进程不断加快，科技创新与知识经济发展迅速，人才优先发展已经逐渐成为各国发展的普遍共识，高端人才成为各国人才竞争的焦点，加强培养和加快引进高端人才成为各国人才战略的实施重点。关于人才发展的国际经验，不同的学者从不同的角度出发，阐释了各自的观点。

刘汉松通过各国人才发展竞争的分析以及数据整合，指出人才优先成为各国发展的普遍共识，全球化攻势成为各国人才竞争的重要策略，高端人才成为各国人才竞争的焦点，加强培养和加快引进成为各国人才战略的实施重点。同时，他总结了国际人才竞争的主要手段：政府主导、事业吸引、重金延揽、市场配置、环境凝聚。

沈荣华通过分析世界人才争夺战，指出经济全球化趋势下，人才短缺是一种世界现象，表明人才资源的重要性；他还举例说明了国际人才发展战略的主要举措，以及由此对我国人才发展产生的影响。

刘畅立足我国人才市场的需求，表明我国人才发展主要是培养学生,要注重教育民族性和国际性相融、以国际视野培养全面发展的国际型人才。

我国正在实施科教兴国战略、人才强国战略,建设创新型国家,因而深入研究借鉴其他国家和地区在人才发展方面的国际经验,对于破解人才难题,从战略角度明晰人才获得政策,无疑具有重要的现实意义。

一、新兴国家人才发展的措施

(一) 新加坡的"人才立国"思想

新加坡政府自建国初期就崇奉"人才立国"的政治思想,把人才作为国家发展的重要资源,强化"没有资源靠人才"的共同价值观。

1. 首要国策:招揽海外高智力人才

近年来,新加坡把吸引人才的重点集中在留学美国和欧洲的亚裔学生身上,以优厚的待遇吸引他们到新加坡工作。同时,新加坡特别注意吸引更多中国大陆的高科技人才,并实施了优惠政策,即提供丰厚的薪金、先进的技术设备和舒适的文化环境,与其他外籍人员相比,新加坡对中国人缩短了申请办理永久居民手续的周期。目前,新加坡约有6万名专业人才来自中国大陆,是除马来西亚籍人以外的外籍技术人员中最大的群体。

20世纪90年代末,新加坡政府加大引进国外专业人才的力度。用新加坡资政李光耀的话来说,新加坡必须到国外去招揽顶尖人才,以保持国家的竞争力。否则,将会在与其他城市的竞争中被淘汰出局。新加坡政府一再强调,如果新加坡要在全球经济体系竞争中取胜,就必须吸引有国际水准的外来人才。1999年,新加坡政府发表的《21世纪人力报告》中提出:准备投资2亿新元提高工人技能,并打算用退税等措施来吸引外国人才。从1999年9月1日起,放宽外籍科研人才居留与工作的限制。新加坡经济发展委员会经常协助需要人才的厂商到澳大利亚、美国、印度、英国、日本、俄罗斯等举办海外人才招聘活动，共征得有三年工作经验的特需专业人才近千名到新加坡任要职。

（二）创一流大学，防止人才外流

与所有发展中国家一样，早年的新加坡人才外流严重。在新加坡开始富起来之后，有远大追求的青年们因为西方名牌大学无可抵挡的吸引力仍大量远走他乡。为扭转这种局面，新加坡政府斥巨资、定高目标、购置最先进设施、聘请本国和外国著名学者教授，在本土办了两所大学：新加坡国立大学和南洋理工大学。前者一切向美国哈佛大学看齐，目标是培养世界一流的基础性科研人才；后者则是新加坡的麻省理工学院，目标是培养有创造力的开发技术人才。这两所大学在国家计划资金的大力支持下，成功地达到了开办目标，使大量青年不再愿意到国外接受教育，而在本国就把自己造就成了科学家和工程师。现在这两所大学都按国家人才规划招生，每年向全国输送大批知识结构符合国情需要的人才。

（三）设立专门计划，吸引海外人才回归

针对新加坡自己培养的人才中约有 1/3 流向海外，吸引在海外发展的新加坡人才回国服务是新加坡招揽和引进人才的又一途径。为吸引海外人才回归，新加坡政府于 1978 年设立科技部，先后资助并组织实施了"长期回国计划""临时回国计划"和"外国学者访问计划"，充分发挥科研机构、科学城和高校吸引海外人才的重要基地作用。不仅如此，新加坡政府从 20 世纪 80 年代开始，就已经有计划、有组织地实施吸引海外科技专业人才的政策和措施。新加坡政府先后制订"国际技术合作五年计划""特别工业技术研究财政计划""产业技术开发计划""促进中小企业十年长期计划"等科技发展规划，通过集中科研和资金的优势，来支持政府研究机构、大学和私营企业等开展合作，促进科研成果向企业转移，以此拓宽吸引海外人才为国服务的渠道，提供优惠条件和就业机会，达到吸引、集聚人才的目的。

（四）广泛联系，建立国际人才网络

1990年，新加坡的人均GNP已进入发达国家行列，国内人才开发效果显著。但新加坡政府仍然重视本国人口少、人才绝对数量仍不能满足知识经济时代科技发展需要的事实，对于使国际人才为新加坡所用制定了更多的政策法规。1990年，通过国际互联网络系统，新加坡政府设计开通了一个"新加坡就业机会网站"，使全球人才都可以便捷地获得新加坡招募人才的资讯。该网站提供的信息包括新加坡本国企业和跨国企业提供的各种就业机构、企业背景材料，产品发展前景分析，招募人才的详细说明等。此网络已成功地为新加坡招募了科学家、研究学者、机械或具有其他专业技能的工作人员7500名。

新加坡政府还提供政策优惠及多项方便条件，吸引外国人入境及在新加坡定居。例如，规定外国专家可以免交社会公积金、来去自由等。这些政策对于有东方文化背景的亚裔外国专家最具吸引力。这些专家即使最终回国，也变成了新加坡的好朋友，会帮助新加坡在该国业务的发展。

（五）韩国的"人才回归计划"

韩国在20世纪50～70年代是典型的人才外流国，90%左右的留学生学成不归，而进入80年代，其外流的人才纷纷回国，特别是90年代以来，其人才回归迅速增多，回归率达到60%。今天，韩国一跃成为现代化国家，它的发展与争夺人才、吸引人才回国是分不开的。从20世纪60年代，韩国就开始拟订了"人才回归计划"，在美国、日本和欧洲相继建立了"韩国科学家工程师协会"，吸引了大量人才。其特点是：

（1）严格标准，少而精地吸引回归人才。韩国科学与工程基金会对吸引人才的标准做了明确的规定：具有韩国血统的科学技术人员；在取得学位（主要指博士学位）后至少有两年的工作经验；过去五年内至少在专业杂志上发表过五篇研究论文。按此三条标准回归的人才都是精英。

（2）法律保护，创造吸引人才回归的社会环境。韩国通过一系列立法确保研究机构及科研人员学术活动的自主权。还相继制订了《科技成绩法》《技术开发促进法》《工程技术人员晋升法》等一系列法律条例。这些法规的出台和实施，为科技人才创造了适宜的国内环境，也为吸引海外人才回国创造了条件。

（3）贯彻研究人员优先的原则。在回国人员的使用上，突破了韩国官员优先的传统。如韩国的科技研究所实行研究人员优先的原则，行政人员的职能仅限于为研究人员和技术人员提供服务。这种做法为形成科技立国、人才兴国风尚开了先河。

（4）向回国人员提供优厚的物质待遇。提高回国人员的工资收入，回国科技人员的工资相当于同类人员的 3～4 倍，高于某些国会议员和政府部长的收入。有些私企为回国人才更高的报酬，除基本工资，还设立博士津贴、硕士津贴、搬家费、提供免费住房、子女教育津贴等。

（5）吸引方式灵活多样。在回国方式上，韩国的政策比较灵活，回国人员在国内工作的时间可长可短，允许永久定居，也可暂时回来，也允许回国后仍保留外国国籍，对暂时不愿回国的学者，则动员其回国做短期科研项目，开展各种学术合作，为韩国提供各方面的信息。

（六）印度的 IT 人才战略

印度立足国情，实行尖子人才教育国策。印度人口多土地少，经济发展水平低，普及全民教育需要漫长过程。所以，20 世纪 60 年代以后，印度从中央到地方政府都认为，即使小学教育都不能普及，国家也必须集中资金，先行培养少数达到国际先进水平的尖子人才，科学技术才有可能发展，国家前途才有希望。

因此，精英教育政策得到了国会肯定。从20世纪50年代起，印度就仿照美国麻省理工学院模式，在全国先后建立了6所理工学院，按照最先进的现代教育标准来办这些大学。当年全国用于教育的开支占GDP的4%，而其中有1/3用于高等教育。事实证明上述人才开发战略设计符合印度国情。目前印度已拥有约占人口总数2%的科技人才储备，其中电脑软件人才国内有40万人，而在美国硅谷及世界其他国家的比40万还多。印度目前已占全球软件开发市场16.7%的份额，有28个国家完全靠印度软件支撑他们的信息产业，美国硅谷有40%新创业的软件公司由印度老板开办。与所有发展中国家一样，人才外流曾是、现在也还是印度教育投资的巨大损失。由于国内IT业每年约需增加220万名软件工程师才能满足要求，留住本土人才及吸引外流人才回国仍是印度举国上下关注的大事。多年来，他们采取的对策有：

（1）增加科研经费。印度近年来实施了一项新的国家科技政策，主要是将研究和开发费用翻一番。这项政策的目标是增强科学技术部门的力量，确保科研部门和机构有足够的科研经费，从而吸引出国的科学家和技术人员回国服务。

（2）补偿教育损失。在每个学生接受高等教育时，由国家给予一笔贷款或助学金，如果学生要出国留学就必须返还贷款。另外签证一下来，要对出国人员征收"流出税"，给印度教育一些补偿。

（3）优化生活环境。如兴建高度现代化的大学校园，为工程技术人员提供良好的工作环境、体育设施、家庭别墅，以及设施完美的幼儿园、商店、旅行社、食堂等。

（4）提高福利待遇。如高工资、高奖金，公司的优先认股权，购车免息、降低住房贷款利息，给予特殊购物补贴、医疗和教育补贴等。有报、评论说："印度先富起来的不是工人、农民，也不是商人、企业家，而是衣着光鲜、手提电脑的高科技人才"；

"这些高科技人才中,估计约有 1600 个百万卢比富翁,200 个百万美元富翁"。

(5) 创造发展条件。所有大型信息技术公司都设有自己的现代化研究中心,为工程师们提供试验研究条件。印度信息系统技术有限公司每年要拿出营业额的 3% 支持科研,使有发展前途的高级人才能感受到与发达国家相似的研究条件。有条件的公司还定期为员工提供出国学习、考察机会,或派员工到印度海外公司工作,拓宽视野。

(6) 对知识产权给予严格的法律保护。IT 人才对自己的知识产权保护环境极其重视。印度政府为此专门立法。1994 年《版权法》明确界定了未经版权持有人授权复制的计算机软件,无论是出售还是出租皆属违法。一经认定,犯罪者将被处以 7 天至 3 年监禁,5 万~20 万卢比(合 1 万~4 万人民币)罚款,重者二罚并用。2000 年《信息技术法》对以下行为定为违法,并制定了罚则:非法进入计算机网络和数据库;传播计算机病毒;干扰服务;复制软件;篡改原文件;伪造电子签名。此外,该法还成为认可电子合同、电子文书和数字签字的法律依据,也使印度成为世界上第十二个拥有此类法律的国家。印度官方认为印度的版权法是世界上最严格的法律之一,执行结果也相当有效。

二、新兴国家人才发展的经验

(一) 根据国情确定引进人才的重点领域

一般新兴国家和发展中国家都会根据本国科技经济发展的需要制定引进海外人才的规划和计划,确定引进人才的重点领域。如前面分析的韩国推行"21 世纪精英工程"和"人才回归计划",新加坡实行"21 世纪人力资源前景计划",印度把工作重点集中在 IT 人才上,其他国家如马来西亚实施"知识经济大蓝图计划"。

（二）重点吸引本国留学人员回国服务

新兴国家和发展中国家都有大量的留学人员在国外学习，其中很多高水平人才滞留不归，由于经济社会发展程度和发达国家存在差距，新兴国家和发展中国家从现实出发，在吸引人才方面不约而同地把重点放在吸引本国的留学人员上，前面分析的韩国、新加坡、印度都有吸引本国留学生的相应措施，其中韩国引进的海外人才绝大部分都是本国的留学人才。

（三）在海外设立人才招聘站

如新加坡在发达国家设立了8个"接触新加坡"中心，韩国在海外设立具有招聘功能的"韩国科学家工程师协会"，印度则设立了旅居国外印度人俱乐部等。

（四）政府出资为引进人才创造相对优厚的条件

为增加对海外人才的吸引力，新兴国家和发展中国家的政府大都运用行政职能或动用国家财政，采取一些超国民待遇。

（1）设立引进海外人才专项基金。如泰国实施了"智囊回流计划"，10年内投入22亿泰铢（约合5000万美元）用于聘请海外泰国专家回国服务，新加坡设立"新加坡国际基金"等。

（2）提供特殊优惠政策。为海外人才提供长期居留及出入境便利，提供经济资助及补贴，减免税收，提供股票、期权等。

（3）提高引进人才的待遇，给予高薪水、宽住房、配专车、特殊津贴等优厚待遇，吸引杰出人才。

（4）以事业吸引人才，如以重要部门、重要职位吸引海外人才。

（五）吸引人才的方式灵活多样

为吸引人才，新兴国家和发展中国家不拘一格，尽量为人才提供方便。例如，出高薪聘请外国高级专门人才，利用周末或节假日到本国从事研究、讲学等活动；或通过双边合作，利用他国人才和智力为己所用等。

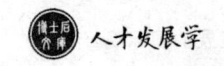

三、我国人才发展的五点启示

随着国际人才竞争的日趋激烈,人才发展手段也日益多样化。各国在通过移民、留学、加强技术合作等传统手段广揽人才的同时,更加注重加强人才发展的制度和环境建设来吸引人才、留住人才。

(一) 政府主导

在人才开发过程中,各国政府积极扮演主导者的角色,通过制定规划、完善政策、强化法律保障等措施,加强调控和引导。美国政府增加技术工作签证数额,甚至主动帮助优秀人才办理"绿卡"或"入籍"手续;加大对科技教育的投入,提高奖学金数额,扩大留学生数量;增加国家奖励,留住精英人才。韩国出台了《科技研究所援助法》《科技成就法》等系列法律条例,保护和促进科技、人才发展。英国对有突出贡献的人才实行倾斜政策,国家拨出专款大幅提高待遇。很多国家还通过设立政府项目、减免或退补税等方法对人才加以资助。

(二) 事业吸引

真正的人才追求的是事业的最大发展和自我价值的最大实现。打造好人才创新创业事业平台是吸引人才的重要手段。美国著名的贝尔实验室自1925年创立以来,先后产生7位诺贝尔奖得主,成为世界科学家的向往之地。美国许多大企业都设有研发机构,成为吸引国外人才的重要基地,硅谷高科技人才达41万多人。印度利用软件大国的优势,先后建成18个软件技术园,吸引世界大批信息技术人才。韩国大德工业园集聚来自世界各国博士人才5000多名。

(三) 重金延揽

国际人才全球定价,是各国参与人才竞争的通行做法。很多国家对杰出人才往往不惜重金加以引进。美国曼哈顿一家信贷银行曾以3亿美元的高价与40位专家签订了3年的工作合约。在美国，一般中等科研人员年收入达5万美元左右，在硅谷地区可达7.8万美元，待遇是印度的10倍。美国用人单位还以奖金、奖学金、股权、医疗保险、合约等方式，对人才予以激励。法国政府启动"博士后回归"计划，对入选对象提供60万~70万欧元科研资助。德国联邦教研部设置了沃尔夫冈·保罗奖，对有突出贡献的人才奖金超过450万德国马克，是诺贝尔奖奖金的一倍多。

（四）市场配置

市场配置是促进人才流动、激发人才活力、实现人才要素与其他要素最佳组合的有效途径。美国是全球人才市场最发达的国家，集中了世界最有实力的人才中介公司及猎头公司近80%，人才资源配置完全通过市场来调节，各类人才向自身贡献最大值的方向流动。企业是市场的主体，也是人才开发的主体。很多国家打通大学、科研机构、企业人才流动渠道，促进一流人才到企业工作。发达国家企业拥有的人才量一般占到人才总量的70%左右，如美国从事科研开发的科学家、工程师有80.8%在企业，英国61.4%在企业。

（五）环境凝聚

人才竞争的背后，实际上是人才发展环境的竞争。好的环境对人才而言，能发挥助推成长的"催化剂"作用。美国尊重个人价值、崇尚个人自由的价值理念，鼓励冒尖、张扬个性的文化氛围，机会均等、公平竞争的政策环境，服务周到、方便快捷的创业条件，有效激发了人才的创新精神和创造热情，成为世界无数精英的圆梦之地。英国宽松的科研环境与良好的创业氛围，吸引了很多人才回归，许多曾从牛津大学到美国哈佛、耶鲁等大学任教的教授，虽然报酬提高了一倍以上，但往往留念牛津大学特殊的学术氛围与严谨学风，几年后又回到牛津工作[1]。

第二节 人才发展与新一轮科技、产业革命

随着新一轮科技、产业革命的迅猛发展，其与人才发展的关系越来越密切，基于知识经济时代的到来和新一轮科技、产业革命和人才发展的现状，学者们针对其与人才发展的相互关系展开了各自的论述。

新一轮科技、产业革命给人们的生产、生活、学习乃至思维方式等带来深刻影响，也对人才发展提出新的要求和挑战。人才发展是国家竞争的核心力量，是新一轮科技、产业革命的灵魂（刘萍、李先保，2010）。知识经济生产力与生产关系的变革对人才形成和人才结构的影响，以及知识经济是以人才为核心的经济，高素质的人才是知识经济社会中最重要的人力资源（许春元，2005）。科学技术是第一生产力，而且是先进生产力的集中体现和主要标志。人作为生产力中最具决定性的力量，其发展与科学技术进步具有过程性特点，二者的互动共同推动人类社会向前发展。现代科学技术革命是科学技术进步重要阶段，它将有力地推进人的全面发展（成长春、朱志梅，2003）。现代科学技术革命与人才发展是一个相互促进、相辅相成、和谐统一的历史过程。现代科学技术革命促进了生产力的巨大飞跃，丰富了人的精神生活，提高了人的活动的自主程度和交往范围，丰富和发展了人的社会关系，最大限度地解放了人的体力和脑力，缩短了社会必要劳动时间，增加了人全面发展的自由时间，还促进人与自然的和谐相处，为人才发展创造了无比优越的条件，是促进人才发展的最强有力的杠杆（梅珍生、郭广，2007）。

全国科技创新大会提出，要牢牢把握新的科技革命和产业变

---

[1] 刘松汉. 国际视野下的人才战略［J］. 群众, 2010 (11).

革的机遇，到 2020 年，科技支撑引领经济社会发展能力大幅提升，进入创新型国家行列。新一轮科技、产业革命的迅猛发展，使人类社会的生产方式、生活方式、思维方式、管理模式、文化传播方式及教育形式等都正在发生着重大而深刻的历史性变革。经济全球化深入发展，科技进步日新月异，知识经济方兴未艾，加快人才发展是在激烈的国际竞争中赢得主动的重大战略选择❶。国家统计局的数据显示，2011 年全年研究与试验发展经费达到 8610 亿元，增幅为 21.9%，占 GDP 的 1.83%，居世界第三位，其中，近 70% 的研发经费来自企业。企业虽然成为研发经费的投入主体，但并没有真正成为技术创新的主体，中国经济增长的科技含量不高，创新能力难以支撑经济大国的持续健康发展，汽车、医药、IT 等领域的核心技术仍为国外厂商控制❷。

一、新一轮科技、产业革命与人才需求

新一轮科技进步、产业结构的升级或者经济结构调整，本质上是人才资源的升级，传统产业的更新改造和现代产业的创新发展归根结底要由人来实现。正是以人为本的发展战略，实现全社会人才资源的升级，才能为产业结构的更新换代输入了丰富的新鲜血液。

（一）产业结构升级与人才需求

世界的竞争已成为以经济为基础，以科技特别是高科技为先导的综合国力的竞争。随着知识经济时代的来临，人才资源的形成与运用日益成为经济增长与经济发展的决定性因素。人类由工业经济时代向知识经济时代过渡这一趋势的主要特点，一是以信

---

❶ 刘萍，李先保. 论现代科学技术革命与人才发展［J］. 中国商界，2012（12）.

❷ 安止喧. 学者称科研体制行政化官僚化严重致创新动力不足［OL］. http：//www.dinanew.com/gn/2012/07－16/4036101.shtml［2012－7－16］.

息技术为主要标志的高新技术革命来势迅猛,高科技向现实生产力的转化越来越快,高新技术产业在整个经济中的比重不断增加;二是经济与科技的结合日益紧密,国际科技、经济的交流与合作不断扩大,产业技术升级加快,国际经济结构加速重组,科技、经济越来越趋于全球化;三是科技革命创造了新的技术经济体系,产生了新的生产管理和组织形式,推动了世界经济的增长。

(1) 发达国家国民经济的增长源泉越来越多地来自知识与科技的贡献。人才资源已经成为社会生产力的重要组成部分,而且是驱动生产力发展的决定性因素。

(2) 人才资源变革了生产工具。工业经济时代生产工具的特征是实物资本,特别是机器等实物资本形态的出现,极大地节约和代替了以往的手工劳动。在工业经济时代向知识经济时代转化的过程中,物质生产领域的生产工具尽管还是机器生产,但不是人力操作机器,而是用机器控制机器。机器系统除了以往的发动机、传动机、工作机三部分之外,又增加了居于主导作用的控制器。近十年来的高新技术革命将进一步推动创造型的脑力劳动,使生产自动化达到新的水平。自动化的机器体系已不仅仅是人的体力的延伸,更主要是人的脑力的延伸。

(3) 人才资源改善了生产力要素结构。以前的生产力要素中主要重视的是实物资本和劳动、土地等有形资本要素。新的生产力要素需要在原有的生产力要素中增加知识、科技、管理等因素,知识、科技和管理等资源已构成生产力要素中的重要因素。不仅如此,其他实物要素的改进与革新需要的知识作为推动力,知识逐步占据新生产力要素的主导地位。生产力结构正在由传统的实物要素主导型转向人才要素主导型。

(4) 管理成为现代生产力的主导要素。在现代复杂的经济结构中,各生产力要素的协同运作越来越依赖管理。尤其在信息化、数字化条件下，生产组织趋于虚拟化和网络化，这就更需要将生产力置于控制中心下运行、管理和协调，及时根据外界环境的变化，通过管理对组织的资源进行有效整合，以实现组织的既定目标。

（5）劳动力结构改变是产业结构升级的推动力量。一定的产业结构对应着一定的劳动力结构，劳动力结构的改变推动着产业结构的调整，大量的劳动力由生产领域转向服务领域。在发达国家，服务领域的劳务成本已占到总成本的80%，"白领"工人的数量大大增加，"蓝领"工人则只占到职工总数的10%。有较高文化素质和较高技能的知识工人上升到绝大多数，知识工人将是未来社会的重心。这种劳动力结构带动服务业的比重逐年上升，产业结构不断优化升级。

（二）产业结构调整与人才需求

以人才资源和知识创新为核心的新生产力系统已经在逐步形成，正在从根本上改造国民经济结构，引起产业结构的大调整。与我国产业结构调整直接相关的人才资源基本现状是：整体国民素质偏低，中高层次人才严重缺乏，产业、行业人才资源结构性矛盾突出，劳动力整体文化素质不能适应产业高度化发展和劳动生产率持续提升的要求。有报告显示，我国劳动力第一产业比重过高，第三产业就业比重同增加值一样偏低，属于农业劳动力转移缓慢的就业结构。而第一产业从业人员以小学和初中文化为主，第二产业从业人员以初中文化程度为主，第三产业从业人员整体文化程度相对较高，但仍然不适应现代产业。产业结构调整对人才资源提出巨大需求。

改革开放以来，尽管我国第一产业就业比重持续下降20多个百分点，至2001年我国三次产业就业结构比重为50.0∶27.7，无论是与发达国家、新兴工业化国家或是发展中国家相比，我国第一产业从业人员的比重明显偏高，而第三产业从业人员比重又相对偏低。发达国家和新兴工业化国家第三产业从业人员比重一般达到60~75%，1997年三次产业从业人员比重韩国为11∶31∶58，新加坡为0.3∶29.7∶70，日本为5∶33∶62，美国3∶24∶73；巴西、埃及、印度、巴基斯坦等发展中国家的第三产业从业人员比重分别为54.3%、44.1%、39.8%、34.6%，也明显高于中国。与人均GDP还低于中国的人口众多的发展中农业国家相比，如印度、巴基斯坦和埃及，我国第一产业就业比重也明显偏高。

以制造业和建筑业为主的我国第二产业，从业人员平均受教育年限为9.44年，相当于初中毕业水平。与日本的同行业相比，人均受教育年限相差3年左右。我国大专及以上教育水平的从业人员比例与日本差距更大，在制造业和建筑业这一指标分别相差5倍左右。第二产业劳动力的整体文化素质难以支撑我国制造业技术进步和劳动生产率的持续提高。

第三产业从业人员整体文化程度不适应现在产业、行业结构升级的要求。2000年，我国金融、保险从业人员人均受教育年限达13.19年，是第三产业中受教育水平较高的行业。但与日本相比，我国这些行业从业人员平均受教育年限仍旧与日本相差0.8年。2000年房地产行业从业人员人均受教育年限为11.75年，接近于高中毕业受教育水平，房地产从业人员以具有初中和高中受教育水平的劳动者为主体，其比例占2/3左右。交通运输、邮电通信业大专以上受教育水平仅占6.85%，小学和初中受教育水平从业人员比例达到了65%左右；批发和零售贸易、餐饮大专及以上受教育水平的仅占5.17%，具有初中教育水平的人员比例接近50%；社会服务业中具有大专及以上受教育水平的人员仅占8.70%，而小学和初中受教育水平人员比例超过了60%❶。

---

❶ 中华人民共和国教育部.中国教育与人力资源报告问题[N].中国青年报，2003-2-14（1）.

管理人员与专业技术人员队伍的整体素质与发达国家存在较大差距。2000年我国党政企事业单位负责人平均受教育年限达到了12.24年，初中及以下、高中、大专及以上受教育水平的人员比例各占1/3左右，从与日本管理人员整体受教育水平的比较看，人均受教育年限落后1年多，同时高层管理人员比例差距较大，具有本科及以上学历的管理人员比例中国仅为11.4%，而日本则占40.3%，差距将近3倍。这样的管理者队伍素质，与中国迈入经济全球化与政府职能进一步转变的时代要求差距甚远。

2000年我国商业服务人员和产业工人、生产运输设备操作人员及有关人员的人均受教育年限分别为9.25年和9.08年，与1990年相比分别提高了0.96年和0.50年，是六大类职业人员平均受教育年限提高幅度相对较缓慢的两支队伍，商业服务人员和产业工人仍以具有初中教育水平人员为主体，大专及以上受教育水平的人员比重为2%~4%。这样的人员队伍素质，将难以满足我国产业结构升级和不断提升制造业劳动生产力的需要。

（三）新兴工业化与人才需求

长期以来，我国经济的高速增长主要依赖资源的高投入和高消耗，这种建立在传统工业化道路基础上的经济增长，使我们付出了沉重的资源代价。在未来20年里，如果没有基于科技进步和人才资源的大力开发，我国的能源和资源将难以支撑实现国内生产总值翻两番的目标。总之，传统的粗放型经济增长方式已经走到尽头，我国未来必须走新兴工业化道路。

走新兴工业化道路，以信息化带动工业化，以工业化促进信息化，一要依靠科技进步，二要开发我国最大的潜在资源——人才资源。新兴工业化需要大量各类技能型人才和管理人才。但是，我国技能型人才出现严重短缺，例如在数控技术应用领域，全国每年需要新增几十万操作人员、编程人员和维修人员；在推进国民经济信息化中，全国每年需要新增上百万计算机操作人员；随着汽车保有量的大幅度增加，全国汽车维修行业每年需要新增加近 30 万从业人员；在医疗服务领域，社会对各层次护士特别是高级护理人员的需求日益旺盛；现代服务业也需要大量通信、金融、保险、物流、批发、采购、农业支撑服务、中介和专业咨询服务等技能型人才。因此，培养数以亿计的高素质劳动者和数以千万计的高技能专门人才，是我国走新兴工业化道路和加快城镇化进程的客观需要。

提高劳动者素质，提高产业竞争力，推动新兴工业化进程，必须以人才资源为基础。一个国家产业竞争力的高低，不仅取决于是否拥有先进的技术装备，还取决于是否拥有能够熟练操作和使用先进技术装备的高素质劳动者。目前我国高级技工、技师仅占技术工人总量的 3.5% 左右，而发达国家通常占 20%~40%。为了增强产业竞争力，我们可以引进境外技术和资金，但大批从业人员的素质是不能引进的。我们可以在一段时期集中优势力量，培养和引进高层次的科研开发和管理人才，但是，大量技能型人才短缺的问题，只能依靠本土化来解决。高技能人才的短缺，已明显制约先进工艺设备的广泛有效应用，直接影响了我国产业竞争力提高和新兴工业化进程推进。

人才是科技创新的基础。科技人才是科学技术的主要载体。知识经济的来临意味着继土地、资本之后，知识成为一种最重要的生产要素，一种经济资源。科技创新首先需要人才创新。人才创新要求做到引进、培养高层次人才，不断吸纳新知识，使得科技创新和知识经济的发展有后劲、有长劲。

二、新一轮科技、产业革命现状与趋势

新一轮科技、产业革命是以现代物理学、分子生物学、系统科学为重点的全面科学革命，以及以微电子信息技术、空间技术新能源技术为主干的新兴技术革命。它的主要特征包括：第一，

科技发展加速化；第二，科技知识综合化；第三，科技人文交融化；第四，科技社会互动化；第五，社会活动信息化。新一轮科技、产业革命对人才提出以下要求。

首先，新一轮科技、产业革命要求人才具有扎实的专业基础知识。科学和技术的发展要求人才要具有扎实的专业基础知识。从知识和能力的关系看，知识是能力的基础；从基础知识和专业知识的关系看，基础知识是专业知识的根基。从另一个侧面看，现代科技专业知识的陈旧周期在明显加快，需要人才拥有一个坚实的基础知识作保障，以不断接纳、同化新的专业知识，因为"万变不离其宗"，基础知识是人类知识中较稳定和不易老化的部分。

其次，新一轮科技、产业革命要求人才具有知识的综合运用能力。当今的时代，科学、技术发展异常迅速，既高度分化，又高度综合，出现了科学、技术、经济、社会一体化的趋势。科学和技术的发展对科技人才提出了更高的要求，即科技人才应是具有某些专业知识而又知识面广博、基础扎实的"通才"。也就是说，科学和技术的发展状况要求从事研究的人要博学多才，需要专业技术人才对不同学科的知识和技术有很强的综合运用能力，通而又专。在21世纪知识经济条件下，需要掌握了现代科学知识和技术的人才，这种具有综合能力的通才是时代对人才的客观要求。

再次，新一轮科技、产业革命要求人才具有技术敏感的创新能力。在新一轮科技、产业革命中，自然科学和社会科学之间过去那种分明的界限和"互不侵犯"局面已被打破，形成相互交叉、相互渗透的趋势，这就要求科技人才不仅要掌握本学科的专业知识的主要内容，而且在广博的知识基础上具有深钻的研究能力和创新能力。知识创新将成为未来社会文化的基础和核心，培养和造就大批具有创新意识和创新能力的高素质科技人才，对提高国家知识创新和技术创新能力至关重要,也是科学技术新发展的迫切需要。

三、新一轮科技、产业革命与人才发展

(一) 前资本主义社会人才的发展

人才的发展是一个历史过程,是伴随着社会生产力运动和经济关系的发展而发展的,因而始终受到各种条件特别是物质生产条件的制约。

综观人类社会早起阶段,可以看出,个人依附于一定的共同体,人们的社会关系是以自然血缘和宗法关系为纽带的地方性联系,表现为人才的依赖关系。"我们越往前追溯历史,个人,从而也是进行生产的个人,就越表现为不独立,从属于一个较大的整体:最初还是十分自然地在家庭和扩大成为氏族的家庭中;后来是在由氏族间的冲突和融合而产生的各种形式的公社中。"❶ 自然血缘关系、政治上的统治和服从关系是人们之间关系的主要特征❷。这种血缘关系、统治和服从的关系,不管是自然发生的还是政治性的,其性质不论是家长制的、古代的或是封建的,根本上都是人才的依赖关系,表现为人才的限制即个人受他人才限制的那种规定性。人们的这种关系表现为狭隘性。"虽然个人之间的关系表现为较明显的人才的关系,但他们只是作为具有某种[社会] 规定性的个人而相互交往,如封建主和臣仆、地主和农奴等等,或作为种姓成员等,或属于某个等级等。"❸ 与人才的活动及社会关系发展的局限性、狭隘性相联系,人才的个性表现为

---

❶ 马克思,恩格斯. 马克思恩格斯全集 [M]. 第46卷 (上). 北京:人民出版社,1979:21.

❷ 吴向东. 论马克思人的全面发展理论 [J]. 马克思主义研究,2005 (1) 35.

❸ 马克思,恩格斯. 马克思恩格斯全集 [M]. 第46卷 (上). 北京:人民出版社,1979:110.

缺失或者说贫乏的状态❶。作为生命过程主体的不是个人，而是集体。群体的主体性压倒了个体的主体性：一方面，个人缺乏独立的自我意识，有的只是群体意识；另一方面，个体的人才无论在自然面前，还是在社会之中都缺乏必要的能动性、自主性，没有独立自主的意义和价值。因而，个人与个人之间缺乏差异性、独特性。马克思把那些无差异性、无独特性、无个性个体的结合比喻为一袋马铃薯。

因此，可以说在前资本主义社会即人才的依赖关系这一最初的社会形态中，个人的生存状态是低下的，人才的发展主要表现为："原始丰富性"的活动和能力、人才的依赖关系和缺失的个性❷。

（二）资本主义市场经济条件下人才的发展进入了重要的历史阶段

马克思和恩格斯认为："人们用以生产自己的生活资料的方式，首先取决于他们已有的和需要再生产的生活资料本身的特性。这种生产方式不应当只从他/她个人肉体存在的再生产这方面加以考察。它在更大程度上是这些个人的一定的活动方式，是他们表现自己生活的一定方式、他们的一定的生活方式。个人怎样表现自己的生活，他们自己就是怎样。因此，他们是什么样的，这同他们的生产是一致的——既和他们生产什么一致，又和他们怎样生产一致。因而，个人是什么样的，这取决于他们进行生产的物质条件。"❸

---

❶ 吴向东. 论马克思人的全面发展理论 [J]. 马克思主义研究，2005（1）：35.

❷ 袁贵仁，韩庆祥. 论人的全面发展 [M]. 南宁：广西人民出版社，2003：140.

❸ 马克思，恩格斯. 马克思恩格斯选集 [M]. 第1卷. 北京：人民出版社，1995：67-68.

(三) 资本主义市场经济为人才的发展提供了强大的物质基础

资本主义社会,是人类社会历史发展中的一个重要的必然阶段和社会形态,是在封建社会中逐渐发生、发展并成熟起来的,作为一种新的生产关系而出现,是社会生产力和商品经济发展进而促进生产关系不断发生变化的必然结果。资本主义生产方式是一种特殊的、具有独特历史规定性的、商品经济的生产方式,体现的是一种特殊的经济关系（资本关系）,表现的是资本家与雇佣工人的关系以及决定这一关系是的生产力发展水平。随着资本主义生产关系的确立,生产的社会化程度得到了极大提高,商品经济得到了充分的发展。产品商品化程度、商品生产和交换的范围从物质生产领域扩展到服务领域,以致达到一切社会财富都要通过交换过程来实现,一切资源都要通过市场来配置,不仅一切劳动产品成为商品,而且连劳动力也变成了商品,商品经济成为居于统治地位的经济形式❶。可以说,资本主义制度,就是商品生产和市场经济制度。

资本主义在打破封建制度中解放了生产力,并使生产力获得了巨大发展,正如马克思和恩格斯所看到的,资本主义在它不到一百年的阶级统治中所创造的生产力,比过去一切世代所创造的全部生产力还要多、还要大。

可以说,这一时期的巨大发展速度,是历史上空前的。"自然力的征服,机器的采用,化学工业和农业的应用,轮船的行驶,仿佛用法术从地下呼唤出来的大量人口——过去哪一个世纪料想到在社会劳动里蕴藏着这样的生产力呢?"❷ 近半个多世纪以来,资本主义所创造的生产力又大大超过了它以前所创造的生产

---

❶ 参见刘长龙,赵莉. 市场经济思想史. 北京:首都师范大学出版社,1999:130.

❷ 马克思,恩格斯. 马克思恩格斯选集 [M]. 第1卷. 北京:人民出版社,1995:277.

力的总和。这对人类历史和当今世界带来的巨大影响和强大的推进作用是不可估量的。

（四）资本主义市场经济条件下人才不再屈从于自然

生产力是人才改造自然的活动能力，是人才的本质力量的对象化。资本主义市场经济使生产力获得了巨大发展，这是人才的活动能力不断增强的直接体现。科学与技术日新月异的发展和在生产领域的广泛应用，不但空前地提升了人类的认识能力和实践能力，创造出巨大的物质财富，而且，在改造、征服自然的过程中，人类第一次摆脱了对自然的奴隶性的依附地位，极度地彰显了人才的本质力量。随着社会生产力的迅猛发展，人们彻底打破了对自然的敬畏心理，通过科学技术的不断进步和创新而把自然作为自己征服的对象，把外部自然按照人才的生存与发展的需要进行改造，这样，人类就摆脱了对自然的直接依赖，不再依附、屈从于自然，个体本质表现不断走向辉煌，个体精神也得到张扬，并在自然界中确立起自己的独立地位，成为自然的征服者、统治者。

（五）资本主义市场经济摆脱了人才的依附关系

资本主义市场经济使劳动者摆脱了对统治阶级的人身依附，实现了自然经济瓦解后人类社会历史上形式上的平等和人身自由，人才从人身依附与等级从属的关系中解放了出来。

个人的解放程度与生产力的发展程度是一致的。马克思说："社会关系和生产力密切相关。随着新生产力的获得，人们改变自己的生产方式，随着生产方式即谋生的方式的改变，人们也就会改变自己的一切社会关系。手推磨产生的是封建主的社会，蒸汽磨产生的是工业资本家的社会。"❶

---

❶ 马克思，恩格斯．马克思恩格斯选集［M］．第 1 卷．北京：人民出版社，1995：141－142．

马克思认为，人才的自由实质上是商品交换内容的一种需要。在市场经济中，商品生产者依本身的要求和天然的特性来生产，这种生产通过交换"采取一种社会特性的形态"，从而使生产者的"个性"成为"人类整个发展中的一环，同时又使个人能够以自己的特殊活动为媒介而享受一般的生产，参与全面的社会享受，——从简单流通的观点出发而提出的这种看法，是对个人自由的肯定"❶。在马克思看来，平等和自由不仅在以交换价值为基础的交换中受到尊重，而且交换价值的交换是一切平等和自由的生产的、现实的基础。

资本主义市场经济使人才的发展个性化和多样化。社会化大生产中的分工打破了自然经济条件下人才的同质性，使人才的需要呈现出多样性、利益独立化、职能专业化、能力差别化等异质性，人才的发展表现为个性化和多样化。

（六）新一轮科技、产业革命为人才发展提供了发展机遇与挑战

新一轮科技、产业革命为人才发展提供了发展机遇。科技创新活动为人才发展提供了良好的平台。全球的信息化、经济一体化和新一轮的技术革命为人才发展提供了更加广阔的天地，源源不断的新知识和新的科学技术给人才发展带来了科技创新的活力。未来我国经济社会发展面临的最严峻的挑战是教育的落后和各类人才的严重匮乏。虽然，我国也拥有大量的科技人才员，但同世界发达国家相比，从国际竞争的态势和我国未来发展的要求看，使我们充分认识到了我国科技人才的数量和整体水平还有很大的差距。现在，我国还面临国际人才竞争的巨大压力和优秀人才外流的严峻现实。所以，培养和造就一大批跨世纪的各类科技人才和经营管理人才，已成为我国面临的一项紧迫的战略任务。

---

❶ 马克思，恩格斯. 马克思恩格斯全集 [M]. 北京：第 46 卷（下）. 北京：人民出版社，1980：472.

第九章 人才发展的国际视野

人才发展为新一轮科技、产业革命提供了强大的智力支持。经济的竞争，归根到底是人才的竞争，进入 21 世纪以来，我国大力推进人才强国战略，通过创新机制，创设载体，搭建平台，强化服务，各种类型的人才为新一轮科技、产业革命的发展提供了强有力的智力支撑。克服经济困难，实现更长时间、更高水平、更好质量的发展，从根本上讲取决于科学技术的力量，取决于人才优势的发挥。我们要坚持把科技创新作为经济工作的生命线，把加快人才发展作为重大而紧迫的战略任务，大力实施科教兴国和人才强国战略，为保增长、渡难关、上水平，推动科学发展提供强大支撑。

（七）新一轮科技、产业革命对人才的发展的影响过程

以电子计算机、原子能和空间技术等为标志的第三次科学技术革命，首先兴起于发达资本主义国家。同以蒸汽机为标志的第一次技术革命和以电能开发与应用为标志的第二次技术革命相比，现代科学技术革命无论从广度、深度或从速度看，都有了质的变化，是一次规模大，速度快，全球性，科学、技术和生产相结合，以控制论、系统论和信息论为主要内容的智力革命。新科技革命在现代条件下人类社会的发展产生了巨大的影响。

现代科技革命为人才的全面发展创造了有利的客观条件。现代科技革命促进了经济的发展和繁荣，为人类带来了极大丰富的物质产品，使人们的物质需求不断地得到满足，生活质量得到进一步的改善和提高，从而也就为人才的全面发展奠定了物质基础。

现代科技革命为人才的全面发展创造了良好的主观条件，大大提高了人才的主体意识和主体能力。科学技术革命使生活主体发生变革。从人才的需要来说，在科技落后、生产力低下的年代里，人们整日辛苦劳动，不过是为了举家的衣食之用，朝思暮想的不过是如何避免饥寒之苦，人们所需要的也不过是生存和繁

衍，即使在那个时代的富有者，他们的生活也受当时科技水平限制。科学技术的发展，推动了人们需要层次的不断提高，从火的使用到电的发现，再到电子技术的发展、人工智能的应用，都在一定程度上改变了生活主体的需要层次。科学技术已帮助人们普遍满足了低层次的基本需要，生物科学、卫生科学又使人的生存繁衍方式走向越来越高的文明阶段。由于生活主体需要层次的跃迁，必然引起生活主体能力的发展，从人本身来说，人的体力变化并不显著，主要的表现是脑力得到了发展，而脑力的发展使人的总体能力大大提升，人们凭借科学技术突破了人的生理所固有的限制，再繁重的活，再复杂的技术问题，也能通过先进的技术比较容易地加以解决。

现代科学技术革命的进程及其作用对人类社会生活所产生的影响是全维度的。它不仅表现在人类社会的物质生活领域，也体现在人们的精神生活之中，引发人们传统的社会心理、价值观念的一系列深刻变革。

四、新一轮科技、产业革命的人才行动

在这场人才培养大战中，谁的教育改革好，上的快，高质量人才齐备，谁就能在新一轮科技、产业革命中取胜。我国已经拥有一支规模宏大、数量名列世界前茅的科技人才队伍。科技后备人才队伍规模发展也较快，但与发达国家相比，存在学科领域不健全、教育培训体系不发达、吸引高端人才的设施和制度环境不完善等问题。因此，虽然我国人力资源储备丰富，但是依靠传统教育培训方式和人才供给渠道难以满足新一轮科技、产业革命的要求。

（一）完善人才流动和使用机制

制定吸引国内高校和科研机构学者、专家向企业流动的优惠政策，完善人才业绩考核等评价制度。着力吸引全球优秀人才来

华创新创业。采取团队引进、核心人才引进、项目引进、政策引进等方式吸引海外优秀人才。鼓励产业集聚区和地方政府结合自身需求，采取特殊方式，加大力度吸引海外人才到本地就业。培养壮大符合产业发展的人才队伍。培养一批熟悉国内外产业情况、具有创新创业精神、掌握专业知识、具备熟练技能的中青年科学、工程、技术、管理人才，形成一批优秀创新人才和科研团队。进一步发展职业教育，鼓励企业开展在职培训和在高校、职业院校建立实习、实训基地。加大基础科学研发与投入。基础研究是创新的源泉，是保持国家长远竞争力的关键，而前沿研究对于把握科学发展趋势、掌握未来科学竞争主动权具有重要意义❶。

（二）培养造就创新型科技人才。

应对新一轮科技、产业革命，创新型科技人才是国家核心竞争力的重要标志，对于提升一个国家的经济科技发展水平和国际竞争力发挥着关键性的作用。

（1）转变经济发展方式关键要培养造就一大批创新型科技人才。改革开放以来，我国经济快速增长，目前已成为世界第三大经济体。但我国经济发展方式总体上还是一种以物力资本投入为主、以资源的过度消耗和环境污染为代价的高成本发展模式。近年来，随着国际能源和资源紧缺状况的加剧、环境压力的加大以及发达国家对知识产权保护力度的加强，这种发展模式已难以为继。未来十几年将是经济全球化深入发展以及全球经济分工格局发生根本性变化的关键时期，科技创新和产业升级孕育着新的突破，这对我国经济发展方式的转变既是巨大的压力，也是强大的

---

❶ 美国之所以在近百年中一直保持世界超级科技强国的地位，与其重视基础研究的部署有很大关系。为恢复美国基础研究的国际领先地位，奥巴马政府计划对基础研究的资助在未来10年间翻一番，研发投资要占到GDP的3%，成倍地增加美国国家科学基金会、美国国家卫生研究所、能源部科学办公室等三家国家主要科研机构的经费，研发税收减免要永久化。

动力。加快转变经济发展方式、推动产业结构优化升级，是关系国民经济全局紧迫而重大的战略任务。我们必须抓住当今世界经济大调整、大变革的有利时机，运用科技和知识的力量来转变发展方式，促进经济增长主要依靠物质资源消耗向主要依靠科技进步、劳动力素质提高和管理创新转变。实现这种转变，关键是要培养造就一大批具有国际一流创新水平、善于把科技成果转化为现实生产力的创新科技人才，以促使人才优势转化为知识、技术和品牌优势，大力发展战略性新兴产业，加快推进经济结构调整，形成国家竞争新优势，在新一轮国际竞争中赢得更加主动的地位。

（2）提高自主创新能力、建设创新型国家迫切需要造就宏大的创新型科技人才队伍。到2020年实现全面建设小康社会奋斗目标，自主创新能力显著提高，科技进步对经济增长的贡献率大幅上升，进入创新型国家行列。建设创新型国家，关键靠创新型人才，尤其是创新型科技人才。进入21世纪以来，我国创新型科技人才队伍建设取得了明显成效，但仍然存在很多问题，面临着严峻挑战，突出表现为：科技人力资源总量居世界前列，但国际一流人才严重匮乏；企业研究开发人员比重高，但高层次创新人才少，高层次人才创业少；高等教育规模快速增长，但人才整体培养水平不高；留学回国人员数量大幅度上升，但高层次创新型科技人才回国少。解决这些突出问题，必须根据建设创新型国家对人才的需求，把培养造就创新型科技人才作为人才队伍建设的重中之重，采取多种措施，加大培养、吸引、使用力度，充分发挥其示范带动作用，努力形成一支在数量、水平和结构上满足国家创新发展需求的创新型科技人才队伍。

（3）创新型科技人才已经成为国际人才竞争的焦点。无论是发达国家、新兴工业化国家，还是发展中国家，各国人才资源在数量、知识和能力等方面都难以适应经济社会可持续发展的需要，全球性的创新型科技人才短缺正在成为阻碍各国经济发展的主要原因之一。为此，很多国家都把科技人才资源视为战略性资源，围绕拥有更多的创新型科技人才展开激烈竞争。美国在2007年出台了《美国竞争法》。日本在《第三期科学技术基本计划（2006~2010年）》更加突出了人才战略，确定每年制定"科学技术人才培养综合计划"。韩国把科技人才看作是建设"科学技术强国"的最重要资源。欧盟委员会于2009年5月通过"蓝卡"计划，拟在未来20年从亚非拉地区吸引2000万高级专业技术人才。新加坡在2010年出台的新经济战略中提出，努力把新加坡打造成一个独特的环球都市，以吸引来自世界各地的顶尖人才，同时，继续加大投资，以争取为新加坡人才发挥作用提高最好的机会。面对日趋激烈的国际人才竞争，我国必须把培养造就创新型科技人才作为人才队伍建设的战略重点摆在突出位置，作为抢占未来经济、科技发展制高点的战略举措切实抓好落实。

（三）鼓励科技人员潜心研究和科技创新。

《国家中长期人才发展规划纲要（2010~2020年）》提出，"实施有利于科技人员潜心研究和创新政策"。目前，我国科研领域存在心浮气躁、急功近利的问题，个别科技人员为快出成果、多出成果采取捏造、篡改、剽窃等学术不端行为，不仅损害科技人员的形象，而且败坏科研风气。解决这个问题，既需要科技人员自身加强科学道德修养，也需要国家在科技评价、经费支持等多个方面进行正确引导，铲除滋生浮躁风气的土壤，营造真正有利于科技人员潜心研究和创新的环境。为此，提出了在制度建设和政策设计方面的改进措施。

1. 建立体现科技人员和管理人员不同特点的职业发展路径

根据科技人员、管理人员工作性质及职业发展的差异，在科研机构、高等学校、企业建立体现科技人才和管理人员不同特点的职业发展路径，使之分别有明确的职业发展预期和发展通道。

要消除"官本位"思想对科技人员的影响，鼓励和支持人员在创新实践中成就事业并享有相应的社会地位和经济待遇。继续深化事业单位人事制度改革，全面实行聘用制度和岗位管理制度，建立符合事业单位科技人员和管理人员不同成长规律的人事管理制度。

2. 完善科研管理制度，扩大科研机构自主权

要深化科技体制改革，着力建立现代科研院所管理制度，进一步明确科研院所的定位。要以实现其职能定位为目标，扩大科研机构在选人用人方面的自主权，以有利于科研机构吸引人才、培养人才和使用人才。扩大科研经费管理和使用方面的自主权，切实改变研究所资源配置功能被过度削弱等问题。进一步完善科研管理制度，完善科研院所所长负责制，建立科学技术委员会和职工代表大会制度等，建立以学术和创新绩效为主导的资源配置和学术发展模式，推进决策民主化、科学化，增加科技人员的知情权、参与权、选择权和监督权，健全科研机构内部决策、管理和监督的各项制度。

3. 改进科技评价和奖励方式

评价和奖励对科技活动和科技人员发挥着"指挥棒"的作用。目前，我国在科技评价方面还存在过分强调科学引文索引（SCI）、重数量轻质量、评价分类不够明确、用统一标准评价不同类型的科学技术活动、评价次数过于频繁、评价结果使用不当等问题，在一定程度上助长了急功近利、浮躁浮夸等不良风气和短期行为。要切实改变评价过于频繁、过度量化的倾向，完善以质量和创新为导向的科研评价制度。要针对不同的科技活动特点，建立与之相对应的评价机制、评价指标和评价方法。要进一步优化科技奖励结构，减少奖励数量，改进推荐、评审办法。

4. 加大政府稳定支持力度

要完善科技项目经费管理办法和国家科技计划管理办法，加

大政府对从事基础研究、前沿技术研究、社会公益性技术研究科研机构的稳定支持力度。要根据科研机构的不同情况提高人均事业经费标准，支持需要长期积累的学科建设、基础性工作和队伍建设，特别是对高水平创新团队给予长期稳定支持，真正提高创新能力。要建立对以财政性资金设立的科研机构创新绩效综合评价制度，从职责定位、创新业绩、服务能力和管理水平等多个方面对科研院所进行综合评价，评价结果作为领导人考核和确定对其稳定支持力度的重要依据。

5. 健全分配激励机制

要进一步改革收入分配制度，在保证公平的原则下，继续坚持绩效优先的原则，科技人员工资结构要反映绩效贡献。要按照国家统一部署，逐步实现科研事业单位绩效工作制。在资源配置上注重向科研关键岗位和优秀拔尖人才倾斜，使资源配置与岗位重要程度、实际贡献率相匹配。鼓励优秀人才多做贡献，提高科技资源的使用效益。

6. 切实改善青年科技人才的生活条件

青年科技人才处于事业的起步阶段，所能获得的科研支持和条件有限，工作和生活压力大。同时，根据科技人才成才的规律，青年人才正处于一生中最有创造力的黄金时期，最有可能取得重大成果。因此，要特别注重关注、关爱和关心青年科技人才，通过提供基本科研业务经费等，为青年人才创造良好的科研条件。要切实改善青年科技人才的生活条件，有条件的城市要在国家保障性住房建设中优先解决住房问题，消除其后顾之忧，使之潜心做学问、搞科研。

（四）培养造就高层次科技人才

以高层次创新型科技人才为重点，努力造就一批世界水平的科学家、科技领军人才、工程师和高水平创新团队，培养一线创新人才和青年科技人才，建设宏大的创新型科技人才队伍，是今后十几年人才队伍建设的重中之重。

1. 创新人才培养模式,为高层次创新型科技人才大量涌现打好基础

(1) 加快建立学校教育和实践锻炼相结合、国内培养和国际交流合作相衔接的开放式培养体系。在学校教育过程中,要改变单纯灌输式的教育方法,激发学生的探索精神,鼓励创造性思维。要加强实践培养,依托国家重大科研和重大工程项目、重点学科和重点科研基地、国际学术交流合作项目,加强人才—基地—项目一体化建设,培养一批中青年高级专家,形成一批年龄和知识结构合理、团结协作、能够卓有成效地完成重大任务的创新团队,建设一批高层次创新型科技人才创新创业基地。要加强国际科技交流与合作,培养具有国际视野的创新型科技人才。

(2) 健全有利于科技人才创新创业的评价、使用、激励制度,营造有利于创新型科技人才成长的良好环境。要改革传统的人才评价制度,推行以同行评议为主的多种形式的评价方法,以代表性学术成果评价人才当时的水平,改变评价周期过短和烦琐的评价方法,以聘期评价为主。改革完善现行的职称管理办法,逐步取消对科研机构和高等学校的统一职称评定,落实用人单位在人员聘任中的自主权,结合事业单位岗位设置与管理,在聘任、任职和晋升的各个环节体现用人单位的实际需要,实行评聘合一,由身份管理向岗位管理过渡。逐步取消科研事业单位和高等学校实际存在的行政级别,淡化学术机构的行政色彩,借鉴国外公共科研机构管理的经验,试行理事会制度,并形成科研机构内部决策、管理和监督的体制机制。

2. 加强产学研合作,推动创新型科技人才向企业集聚

企业是技术创新的主体,也是培养创新型科技人才的主体。鼓励创新型科技人才在创新创业实践中成才,将高等学校和科研机构产生的大量科研成果转化为现实生产力,在经济建设主战场

上实现自身价值，为社会经济发展做出更大的贡献。支持大学、研究机构科技人员以转化科技成果为主要目的创办企业。继续实施科技人员服务企业技术创新行动，通过保留身份、项目支持、奖励等方式鼓励高层次创新型人才服务企业技术创新，并逐步向企业集聚。同时，注重培养一线创新人才。

3. 加大海外高层次人才引进力度，解决高层次创新型科技人才严重短缺的问题

充分利用经济全球化和我国改革开放为创新型科技人才干事创业提供的大空间和大舞台，以时不我待、求贤若渴的精神广揽天下英才。完善引进海外高层次人才的政策环境，提供良好的事业平台和生活待遇，依托国家重点创新项目、重点学科和重点实验室、中央企业和国有商业金融机构、以高新技术产业开发区为主的各类园区等平台，继续推进中央层面的"千人计划"，进一步完善并实施"长江学者奖励计划""百人计划"等人才引进计划。大力推动地方的创新人才引进计划，形成海外高层次人才引进工作体系。同时，通过合作研究、兼职、咨询、讲学等方式，柔性引进海外高端智力。

4. 发展创新文化，营造崇高科学、鼓励创新的社会氛围

要在全社会培育创新意识和科学精神，倡导追求真理、勇攀高峰、宽容失败、团结协作的创新精神，营造崇尚科学民主、学术自由、严谨求实、开放包容的创新文化氛围。要树立一批锐意创新、坚守科研岗位的优秀人才和潜心学问、品行高尚的学术典范，加大宣传力度，让社会各界了解科技创新、知识创新对我国经济社会发展的重大推动作用，引导各类人才树立科学崇高、创新光荣的价值观，使钻研科学、勇于创新真正成为全社会尤其是科技人才的价值追求和人生目标。同时，要健全科研诚信制度，弘扬科研人员诚实守信、尊重创造的行为准则和职业操守，从严治理学术不端行为，遏制科学技术研究中的心气浮躁、急功近

利、抄袭剽窃、弄虚作假等不良风气。

未来30年，中国需要实现从现在的经济大国向一个真正意义上的超级大国转型，尽管我们人均收入水平还比较低，但中国在经济上超过美国指日可待。国家主题功能区规划，实际上是构建绿色家园。日本已经基本实现现代化、工业化、基础设施现代化的时候，留下了66%的森林覆盖率，学者称为绿色现代化，就是说将来能不能使用科学技术让我们的经济实现增长，但是碳开始下降甚至脱钩，这就是绿色革命。绿色的技术、绿色的能源、绿色的家园、绿色的城市、绿色的乡村，这是一个很大的梦想。中国第一次和发达国家以及发展中国家在同一个起跑线下开始构建这个设想。中国的经济复兴必然伴随着中国的文化复兴。在唐代的时候，中国就是世界上最开放的国家，也是世界上最发达的国家。今天我们又迎来了大发展的时代、大开放的时代、大繁荣的时代。这"三大"当中最重要的可能是开放。这种开放使得我们有条件有能力吸收世界人类最好的文化，吸收多样的文化来创新我们自己的文化。未来，仍然是中华民族复兴的时代，也是我们更多地对世界做出贡献的时代。所以，中国期待着世界，世界更期待着中国。

第三节　世界主要国家人才策略

经济全球化深入发展，科技进步日新月异，知识经济方兴未艾，各国人才发展也显得尤为重要，美国、日本、德国等世界主要国家一直重视人才战略，这无疑对我国人才发展战略具有重要的借鉴意义。这三个国家在人才的培养、吸引、使用及人才市场的运作等方面具有成功的经验，其人才的数量、质量都居于世界顶尖水平，我们应认真总结和学习。

一、美国人才策略

美国的煤炭、石油、天然气、铁矿石和硫黄等矿物储量均居世界前列；耕地和森林资源丰富，在世界上占有举足轻重的地位。农业用地约为4.3亿公顷，占地球全部农业用地的10%左右。全国森林面积205万平方公里。总的来说，美国拥有得天独厚的地理位置和自然资源。

仅有200多年历史的美国，今天已发展成为世界上军事实力、经济实力、科技实力最为强大的国家。它拥有近百万研究开发人员，居世界首位；其研究和开发总投资约占国民生产总值3%，是当今世界的最高水平；从科技成果看，其高科技成果占世界总量的37%；美国的专利申请数量也处于世界领先地位❶。美国是诺贝尔奖获得者人数最多的国家，拥有博士学位授予机构最多，是每年授予博士学位最多的国家。它还是拥有高等学校和科研机构数量最多，各类高层次人才储备最丰富的国家，所有这一切均得益于美国政府对教育和培训的重视和鼓励人才脱颖而出的人才政策❷。

第一，高度重视教育和培训。美国自20世纪50年代末开始就视教育为国家发展的基础和人才培养的关键，相继通过和出台了《国防教育法》《美国2000年教育战略》《为21世纪而教育美国人》《美国为21世纪而准备教师》等法案和报告，极力呼吁为未来准备高素质的人才资源。

大幅度增加教育和研究开发投资，保持世界科技教育强国地位。美国的繁荣与发展，得益于教育的普及。美国自建国以来，一直强调教育机会均等，明确规定普及义务教育是国家的义务，

---

❶ 冯之浚. 战略研究与中国发展［M］. 北京：中央党校出版社，2002：465.
❷ 秦剑军. 知识经济时代人才强国战略研究［D］. 武汉：华中师范大学，博士学位论文，2008.

在各级政府共同努力下较早实现了普及12年义务教育的目标。早在1850年美国就公布了《义务教育法》，1865年南北战争结束后，许多州开始成立公立初中与高中。1999年美国教育投入增加到创纪录的6350亿美元，占GDP的7.7%。美国是世界上教育经费支出最高的国家，从而为其成为教育强国和人才强国奠定了雄厚的物质基础。美国重视教育的传统集中体现在州一级，各州40%的经费都用于教育，地方政府的财产税主要用于教育。高额的教育经费投入支持了教育部门的发展，从而也支持了国民受教育机会的扩大。长期以来，美国中、高等教育的入学率一直稳居世界第一位。

第二，采取多种手段争夺人才。可以毫不夸张地说，美国海绵一样的人才政策，磁石一样的人才制度，威力强大到像可以吞噬宇宙的"黑洞"一样的人才机制，使美国成为无与伦比的政治、经济、军事力量的巨无霸。美国以其仅占世界人口1/20，却以10万亿美元创造了2002年世界财富（GDP）的30%。

美国之所以雄踞世界经济领头羊位置长达半个多世纪，至今仍未有衰退的迹象，与美国政府长期以来实施人才强国战略，实行灵活多样的移民政策、教育政策、人才政策等密切相关。移民是美国吸引人才战略的重要措施之一。美国是典型的移民国家，而近50年来美国的移民是以挑选的方式进行的。据美国人口统计局统计，1990～1998年，美国共引进了1850万合法移民，其中30%的移民持有学士以上学位，大部分是22～40岁的中青年。在1965年颁布的移民法中，规定每年专门留出29000个移民名额给来自任何国家的高级专门人才。该法律还规定，凡著名学者、高级人才和有某种专长的科技人员，不考虑国籍、资历和年龄，一律允许优先入境。20世纪90年代，布什总统又签署新的移民法，重点向投资移民和技术移民倾斜，鼓励各种专业人才移居美国，使原来的人才优先体制更趋于完善。美国移民制度改革委会1995年的报告指出:"由于技术移民能够造福国家,因此这种引进有利于社会并有助于企业在全球市场的竞争。"❶ 2000年,美国国会通过法案将H-1B签证(准许外国专业人才来美工作签证)数目增加到20万,以解决美国科技人才短缺的问题。2001年美国出台《加强21世纪美国竞争办法》,其核心就是要吸纳世界各国的优秀人才。美国还以其优厚的人才待遇、一流的实验室和丰富的文献资料为有才华、有抱负的外籍青年学者提供进修、做访问学者以及从事研究工作的各种方便,从而使在美国的留学生人数迅速增加。在美国的留学生大约占全球留学生总数的1/3,这些人中有相当一部分毕业后就留在美国工作,特别是来自发展中国家的留学生,回归率更低。大量吸引国外高素质的人才,对美国保持经济和科技的优势起了重要作用,同时也为美国创造了巨额的财富。

制定和实施"绿卡"政策,为外籍人才入境提供方便。美国吸引人才的一项重要政策就是授予非美籍专业人才在美永久居留权,俗称"绿卡"。得到绿卡的外国人不仅本人得到永久居留的待遇,而且可以将全家人带入一起生活。其中,"杰出人才"是在美申请绿卡、获取合法居留身份的普遍方式。"杰出人才"绿卡不需要经过烦琐的劳工证申请程序,若是符合条件,通常半年至一年左右的时间就可以申请下来。根据美国移民法,杰出人才的范围包括科学、艺术、教育、商业和体育五大类,涵盖科学家、研究员、高级工程师、发明家、电脑专家、医师等;画家、书法家、舞蹈家、音乐家、歌星、影星、模特、主持、导演等;特级教师、教育理论家等;杰出企业家、工商人才、广告策划专家等;著名运动员、教练员等。

---

❶ [英]约翰.尔特,詹姆斯.克拉克,黄仕琦.UNECE地区的国际移民:模式、趋势与政策[J].国际社会科学杂志(中文版),2001,3(3).

实施人才本土化战略。随着经济全球化的迅猛发展,美国众多跨国公司普遍重视本土人才资源的开发。一是设立研究机构吸引大批优秀人才。微软中国研究院约有60名研究人员,其中大部分是中国著名高校毕业的博士。1B的公司中国研究中心拥有的60多名研究人员全部具有硕士及博士学位。二是设立"管理学院"或"培训中心",加快人才本土化进程。摩托罗拉大学每年都吸收一批中国年轻学员进行培训,向他们灌输企业文化和其他业务知识,该大学训练出许多部门主管代替美籍人员。IBM公司则与我国20多所大学合作,共同建立培训中心,他们的目标是直接利用我国人才从制造本地化转向研究开发本地化。三是不仅重视挖掘"现有人才",而且发展到寻找人才苗子。摩托罗拉公司在中国设立"希望之星奖学金",将单纯的人员资助转变为人才的培养,英特尔公司与中国科协达成正式协议,由英特尔公司资助中国中学生代表队赴美参加被称为"小诺贝尔奖"的英特尔科学天才选拔赛,奖金总额达到120万美元。

第三,建立完善的人才市场调节机制。美国的人才市场非常发达,人才市场的竞争极为激烈。在美国的人才市场上,除本国公民外,其他国家的留学人员、访问学者等,只要不是非法移民,凡是取得美国移民局的认可,都可获得被聘用的机会。为了保障人才市场机制有效地发挥作用,一方面,美国政府部门提供全方位的人才信息服务,由美国人事署下属的联邦政府工作信息中心及散布在全国各地的150多个子中心免费向社会提供招聘信息。人事署相关部门每天把需求信息及求职信息输入全国联网的计算机,为寻找工作的人提供参考。在一些公共娱乐场所、商店、学校等地也设有可供查询的电脑。另一方面,由个人和企业上缴法定税金,政府建立了完善的社会保障体系,雇员伤残或被解雇时的保障由政府承担。美国政府还支持高级专门人才在企业、高校、政府、科研机构之间进行自由流动,并通过强化医疗、住房和保险等社会化服务而便利人才的流动，实现才尽其用。美国的各类人才在高校、科研机构、企业财团或其他部门间经常不断地流动，这使各类人才比较容易发现自己的价值，找到适合自己的位置。美国还以借聘形式聘用外国人才为自己服务，然后以利相诱，争取把人才夺过来，如果实在留不住人，也要将其研究成果留住或买到。美国还借助于宣扬"自由、民主、人权"及"科学家无祖国"等美国式思维方式及生活方式为其争夺世界科技人才助力。

第四，打造优越的发展环境留住人才。吸引人才和留住人才是同等重要的，甚至留住人才会更难。那么，美国又是凭借什么长久地留住人才的呢？首先，让"高薪"充当最具诱惑力的诱饵。据统计，2000年西雅图高科技人员的年均收入高达13万美元，圣何塞地区8.5万美元，旧金山地区7.8万美元，他们的工资是发展中国家科技人员的几十倍。其次，为科研活动提供充足的经费。近几年，美国科研经费不断增长，约占国民生产总值的2.52%。美国有良好的科研环境，同时其社会环境也有助于吸引外国优秀人才赴美发展。美国拥有十分完善的社会福利制度、退休金制度、医疗保险制度，再加上比较成熟的住房市场，可确保移民美国者生活无忧。目前美国很多高技术公司除了给高薪外，还视高技术人才工作的重要程度额外配给股票期权。由于高科技产品附加值看涨，许多公司的股票成倍甚至几十倍地上涨，每天都有专家、工程师成为百万富翁。这种生活水平的差距加上工作机会的差距，成为众多外国优秀人才移居美国的主要因素。

第五，以国际合作为平台利用外国人才资源。开展国际科技项目合作与交流是现代社会的一大特点。它既可整合实力开展技术攻关，又可充分利用国外的廉价科技人员。据统计，目前美国已与70多个国家和地区签署了800多个科技合作协议，其中有相当一批协议在硅谷执行。随着经济全球化的发展，美国政府积极鼓励一些大的跨国公司纷纷到劳动力成本较低的地区,尤其是到发展中国家办企业或设立研究机构,以高薪招聘专业人才。有的还运用美国内的报酬方式,如股票期权等,与所在国展开人才争夺战。据美国媒体报道,硅谷著名的高科技明星企业甲骨文设在印度班加罗尔和海得拉巴的两个开发中心的职员人数已经达6000人规模。目前Oracle India的职员人数在3100人以上,其中的80%在上述两个开发中心中工作。顾客企业数约为6200家,从事支持印度的主要13种语言的产品的工作❶。尽管这些高技术人才虽未流出国门,但已主要为美国所用。应该说,美国吸引国外人才的这些手段,对美国高科技的发展以及硅谷发展成为世界著名的高科技园区,都起到了强心剂的作用。

二、日本人才策略

日本矿产资源贫乏,除煤、锌有一定储量外,绝大部分依赖进口。森林面积2526万公顷,占国土总面积的66.6%,但木材55.1%依赖进口,是世界上进口木材最多的国家。水力资源丰富,水力发电量约占总发电量的12%左右。地热和渔业资源丰富。日本是一个国土狭小、资源匮乏的国家,依靠发展教育、重视科技成为世界经济大国,其发展轨迹是值得我们探寻的。从历史上看,日本历来就是一个非常重视教育的国家。明治维新前,全日本的3000多万人口中,就有45%的男子、15%的妇女识字,这个水平与当时最先进的西方国家相差无几。在推翻腐朽的幕府统治后,明治天皇决意改革维新,推行近代化。但摆在他们面前的困难重重,特别是强大的欧美资本主义列强构成了对落后的日本的严重威胁。严峻的世界格局告诉日本国民:要么自甘落后,任列强宰割;要么奋发图强,在逆境中崛起,争取跻身世界先进

---

❶ 王志章. 美国人才引进的政策机制分析 [J]. 中国培训, 2007 (7).

国家行列。他们选择了后者。为了使国家尽快强大起来,日本的有识之士确立了明治维新的三大方针:"文明开化""殖产兴业""富国强兵"。其中,"文明开化"是指改造社会、培养人才、发展科技,为经济和社会的现代化奠定基础,在三大方针中居于首要地位。而"文明开化"的重任,要靠教育来实现。

日本的"科教兴国"和"人才强国"战略是成功的,重视人才是日本成为世界经济大国的根本所在。它曾使日本经济两次腾飞:第一次是明治维新时期初等教育的普及提高了劳动力素质,加速了西方现代科技的传播;第二次是"第二次世界大战"以后大量引进外国先进技术,促进了产业发展、出口扩张和产业结构升级。因此,当20世纪末日本经济陷入停滞时,日本政府再次把目光转向教育和科技。日本政府认为,人才是实现科技立国的关键,市场竞争归根结底是人才的竞争。为了使日本经济在21世纪能够继续保持增长活力,日本政府出台了多项措施,将科研政策的目标由追赶世界领先水平提升到站在世界科学技术前沿,加快培育新的经济增长点,而培育人才则成为科技和经济发展的关键。

第一,推行"240万科技人才开发综合推进计划"。日本政府决定,从2002年6月开始实施大量培养科技人才的国家战略。实施时间为5年。主要包括大量培养实战技术人才计划、240万人终身教育计划和人才培养机构评价推进计划。目标是培养精通信息技术、环境、生物、纳米材料等学科的尖端科技人才240万名,确保企业需求的具有实战能力的技术人才,从根本上改变大学现有教育体制。其中,实战技术人才培养以大学生、研究生和科研人员为对象,要使这类人才具有立即投入科研开发,并能很快把技术转化为产品的能力。按照计划,将定期派遣大学生、研究生和科研人员到佳能、索尼等国内大型企业研修,通过在企业的实际锻炼提高他们的能力。

第二，推进"21世纪卓越研究基地计划"。从2002年开始，日本文部科学省每年选择资助50所大学的100多项重点科研项目，对每项科研项目的资助时间为5年，资助金额每年1亿~5亿日元不等。这一计划使日本大学的科研更具战略性，同时有助于快出人才。日本有一个宏伟目标，就是要在21世纪头50年里培养30个诺贝尔奖获得者。21世纪卓越研究基地计划的目的就是要建立一流的人才培养基地，在取得重大国际领先科研成果的同时，让一批世界顶尖级人才脱颖而出。

第三，实施"科学技术人才培养综合计划"。这一计划由文部科学省制定，共有四个目标：培养世界顶尖级富有创造性的研究人员；培养社会产业所需人才；创造吸引各种人才、可使他们充分发挥才能的环境；建设有利于科技人才培养的社会。具体做法是，在2004~2008年，建设具有国际竞争力的研究基地，对被选中的基地重点资助，集中优势人才、扩充设备，多出成果以后，研究者更具有知名度，形成良性循环。同时，为使优秀的学生专心致志搞研究，还对有潜力的博士生实行生活费补助制度。到2008年获生活补助费的博士研究生达到4500人；为了给青年科学家以动力，长期派他们到海外一流研究机构研究，派出时间从2年延长到3年，派遣人数每年500人左右。所有的人才培养计划都有一个标准，就是要多培养综合型人才。日本文部科学省2002年7月就人才培养问题作出决议，为了多出成果，要大力培养知识面宽同时专业特长突出的"T"（横线代表知识面，纵线代表专长）型人才。综合型人才可从事科学管理，组织大型多学科项目攻关，深受产业界欢迎。

第四，吸引国外优秀人才。日本国土狭小，人口众多，加上一贯排外的倾向，在是否接受外国单纯劳动力上，国内各界至今仍未取得共识。但在通过移民法大量网罗各界精英方面，认识却是惊人的一致。为吸引国外优秀的科技人才，日本政府实施了关于科技人员资格的国际相互认证制度、国际的养老金相互补充制度、改善外国人子女的教育环境以及创造外国科技人员家属在日本安心工作的环境等。日本总结出一套适合本国国情的"重金"招揽人才的方法,这就是通过购买、吞并外国公司,将被购买或吞并的公司里的人才据为己有。日本还通过购买或资助的方式,占有或部分占有美国名牌大学的实验室,在那里获取美国高级人才的智力资源。在日本,有很多外国科研人员在当地就业或与日本导师合作搞研究,像在日本的科学城筑波就有近千名中国学者。此外,他们不断扩招留学生,自20世纪80年代末期日本每年接纳的留学生就有了大幅度提高。充分利用外国留学生旺盛的创造力,是日本增大接受留学生容量的一个重要原因。

三、德国人才策略

德国自然资源贫乏,除硬煤、褐煤和盐的储量丰富之外,在原料供应和能源方面很大程度上依赖进口,2/3的初级能源需要进口❶。德国是高度发达的工业国家,经济实力居欧洲首位,是世界第四大经济强国。德国同美国和日本一样,都是世界近代史上后起的资本主义国家,他们差不多都从19世纪70年代起,经过三四十年的时间,在经济上突飞猛进,赶上并超过了英国、法国等老牌资本主义国家。德国到1910年,在工业生产能力上跃居欧洲冠军地位。究其原因,主要在于德国政府十分重视对全体国民的启迪和培养;重视人才、重视知识、重视教育、重视智力的开发。

18世纪初,拿破仑大军蜂拥进入德意志地区,铁蹄到处,人人胆寒。就在这严峻的时刻,面对法军的刀山枪林,德意志著名学者费希特慷慨激昂地号召同胞,在生死存亡之秋,首要的是唤

---

❶ http://news.xinhuanet.com/liao/2002-03/27/content_333436.htm.

醒民族精神，赶走侵略者。要做到这一点，必须普及教育。他指出："国家当以普及教育为第一措施"，在教育上的投资"可以带来数千倍的利益"。另一位改革者施泰因指出："要振兴德意志，必须主要依靠对青年人的教育和训练。"普鲁士国王威廉三世对费希特和施泰因的观点极为赞同，他在1809年公开表示："谨誓以最大的热忱，特别注意于我国民公共教育的事务。国家所有从物质力量损失的，必须从精神力量补回。"受到拿破仑蹂躏后的普鲁士，千疮百孔，国家经济临近崩溃的边缘。在这极端困难的情况下，威廉三世仍然每年支付15万塔勒巨款用于兴办柏林大学，为国家培养人才。这是普鲁士国王及政府极有远见的一招。1871年，统一后的德国政府更是把教育放在头等重要的地位，教育经费一再追加。到1880年，德国的教育经费已占国民生产总值的1.6%，1900年提高到1.9%。当时花这样大的本钱抓教育，提高国民素质，这在全欧洲乃至全世界都是不多见的。在德国，既普及小学教育，也十分重视发展中等教育和大学教育，大力培养多方面的人才。由于建立了多层次的教育结构，不仅基础教育收效显著，而且培养出一批出类拔萃的科学家。在20世纪头14年中，德国获诺贝尔奖奖金的科学家就有13人。由于教育事业的发展，国民素质的优化，使德国在电气、光学、化学、汽车制造等方面都居世界领先地位，特别是化学工业，德国在20世纪初期竟拥有五千多名化学家和工程师，几乎垄断了有机化学领域的所有科学发现和技术发明，成为20世纪初的资本主义工业强国。

但是在世界近现代史上，德国统治者走上了侵略扩张的道路，成为两次世界大战的发起国，给世界人民造成了深重的灾难。"第二次世界大战"结束后，联邦德国国民经济全部瘫痪。联邦德国不仅完全丧失了海外领地，而且国内市场狭窄、自然资源紧缺，但联邦德国政府认识到，要改变民族形象，恢复和发展经济，人才是第一位条件。为了培养适应经济发展的人才，联邦德国在20世纪60年代对教育进行了全面改革,大力调整了教育结构,建立了科学规范的教育体系,形成了与劳动市场紧密联结、符合市场需求,以基础教育、高等教育、职业教育、继续教育为四大支柱的教育系统,培养了大批市场经济急需的应用型人才。建立了完善的国民教育体系。推行"双元制"职业教育,把职业教育放在教育体系的中心地位上。

进入21世纪以来,面对知识经济的挑战和日益激烈的国际竞争,为保持德国经济在世界上的领先地位并在国际竞争中占据优势,德国政府冲破重重阻力,推进了一系列培养、吸引和使用国内外优秀人才的政策和措施,促使这些人才迅速加入到德国的经济和科技教育等领域并发挥作用。其主要措施包括:

第一,从"娃娃"抓起,造就精英人才。在德国,中小学精英人才的发现和培养由各州主管。联邦政府则主要通过提供研究项目和开展全国性的各种竞赛,来支持各州的英才政策。德国联邦"青年研究竞赛"是激发青少年对自然科学与技术的兴趣、发展创新思维的重要赛事,迄今已有40余年历史,众多青少年参加了比赛。2007年举行的第42届联邦"青年研究竞赛"共有109个研究项目和190名学生参加,项目涉及设计制作、生物、化学、数学、信息科学、地理和太空学、物理和技术等领域[1]。此外还有"纳米后备人才竞赛""联邦环境竞赛""联邦信息竞赛"等。这些竞赛大大激发了德国青少年从小参与科技发明和创新的积极性。

第二,成立英才资助机构,建设"精英大学"。德国政府为了培养高层次人才,专门设立了大学英才资助机构,为在校优秀大学生和青年学者提供奖学金。这是德国培养科研后备力量的一

---

[1] 闫瑾,刘京辉. 德国设立青年教授席位吸引人才[N]. 中国教育报,2007-11-12.

项核心政策,也是造就高质量科研人才的重要手段。2006年,联邦教育与研究部共提供资金8770万欧元。它们均按照统一的原则,以奖学金、家庭补贴、国外补贴、书费等方式发放,资助对象皆为在校大学生和博士生、高校外的科研机构,如德意志研究联合会、马普协会、霍尔姆兹研究联合会等,也是培养科研后备力量的重要阵地。此外,大量的研究所、基金会以及奖学金项目等,吸引着大量国内外高级人才在德国从事研究工作。其中有国家科学基金会、德国科学研究会、洪堡研究奖学金等。洪堡研究奖学金每年资助500名外国年轻的高级研究人员到德国从事较长期的研究工作,也鼓励他们的研究项目直接与德国的企业发生联系❶。德国的研究机构认为,德国现在大力资助外国人才到德国研究,除了直接带来研究成果外,还有一个长远目的,那就是培养对德国有感情的外国高级人才,会为德国带来长远利益。德国教育与科研部2004年提出了建设国家"精英大学"的计划,目标是在德国建立可与美国哈佛大学、哥伦比亚大学和斯坦福大学等相提并论的国际一流大学。2005年6月,德国联邦和各州正式批准了"顶尖科研资助项目"以及《研究和创新协定》,为今后10年德国的科学和研究创造条件。根据"顶尖科研资助项目",德国将在2006~2011年投入19亿欧元,打造一批世界一流大学和一流科研机构,着力培养青年科学家;挑选出10所最有竞争力的大学,每年平均额外投入2100万欧元,培育世界一流的大学;建立30个顶尖研究中心,每年分别投入650万欧元。此外,该项目将为青年科学家设立40个专门项目的研究院所,每年分别资助100万欧元。《研究和创新协定》主要是针对大学以外的大型科研机构。根据这一协定,科研机构的研究经费每年至少要

---

❶ 颜亮,何德功,郑汉根. 世界强国人才战略透析[J]. 国际人才交流,2005,3(3):54-57.

保持3%的增幅，为优秀青年科学家开展科研工作提供机会，实现跨机构间的合作。

第三，颁布实施新《移民法》吸纳国外高级人才。德国曾长期奉行限制移民的政策，但近年来一方面高技术人才大量流向美国和其他科研、创业环境优越的欧洲国家；另一方面，高税收、高福利的社会制度使德国经济不堪重负。劳动力成本过高使德国在国际竞争中处于非常不利的位置，因此德国各界最终达成共识：德国要向移民国家方向发展，并且要有选择地引进和培养急需的各类高层次人才。2004年7月，德国新《移民法》通过，于2005年1月1日正式生效。核心内容是在特殊情况下可给拥有高级专业水平的外国人"落户许可"，这些外国人包括拥有特殊专业知识的科学家；身处突出位置的教学人才或科研人员；具有特殊职业经验的专家和处于领导岗位的工作人员。符合条件的外国人才在德国入境时就可获得无限期"落户许可"。除技术移民外，《移民法》对外国人就业和申请工作居留及外国毕业生在德国毕业后找工作也作了相关规定。德国新《移民法》的正式实施，标志着德国真正迈入了移民国家的行列，并为德国有计划、有选择地引入外国移民和高级技术管理人才奠定了坚实的法律基础。2007年6月，德国教育与科研部长沙范表示，针对专业人才紧缺的状况，德国应降低《移民法》规定的专业人才移民应得收入的下限，将移民法中规定的年收入不少于8.55万欧元降为4万~6万欧元。

第四，德国自2000年起面向软件开发、多媒体、程序设计、信息咨询、网络应用等专门人才实行"绿卡"制度，规定第一年发放1万张绿卡，以后逐年增加。按照这一计划，德国引进2万名来自欧盟之外的IT业高级专业人员，并对其实行优惠的居留审批政策，免除烦冗的常规移民审批程序，如果手续完备，可在一天之内办妥，居留许可的期限为5年，年薪在3万欧元以上。为解除这些高级人才的后顾之忧,德国政府还允许他们携配偶以及年龄较小的子女一同来德国生活,经过一段时间,其配偶还可以获得工作许可。这些条件对发展中国家的信息技术人才尤其有吸引力。2000~2004年共有近18000名外国IT高级人才通过"绿卡"政策到德工作,其中印度人数最多,有近4000人,罗马尼亚和独联体各国分别占第二、三位[1]。从2001年开始,德国政府以及研究机构还投入了上亿欧元的资金,启动了"赢取大脑"工程,目的是挽留德国本土人才和吸引外国人才到德国来。此举不但留住了大量德国籍研究人员,还吸引了美国、英国等国家的高水平研究人员。最近几年德国基因工程研究的巨大发展就受益于"赢取大脑"工程。

第五,建设规范的人才市场,为人才合理流动提供方便。发挥国家人才市场的主渠道作用。据慕尼黑劳动局介绍,德国从1922年开始建立人才市场,这个市场开始时由国家垄断。全德16个州的180个地方劳动局均设有人才市场,组成了覆盖全国的人才市场网络。这些职业介绍所的工作人员全部由国家职员和工作人员组成,他们的主要职责是平衡人才市场、进行职业咨询、发放失业救济金、监督打黑工等。他们的工资与福利全部由政府承担。近几年来,德国开放了私人人事中介,弥补了国家职业介绍垄断造成的不足,在人才招聘中发挥了应有的作用。

一是各类人才信息联网。为了让人才与用人单位接触更方便,德国人才管理部门建立了信息丰富的人才信息系统,尤其是高级人才信息系统。在系统中储存着大量各领域的用人单位求才信息和高级人才求职信息,双方可以在这里直接建立联系或进行双向选择。许多来德国工作的外国电脑人才都是通过这个途径找

---

[1] 朱德仁.德国"战车"驶向人才高地[J].国际人才交流,2006,2(2):6-7.

到工作的。德国人才市场是公开营业的常设机构,有固定的场所与工作时间,用人单位与求职人员随时都能前往联系。目前,全德各地的人才市场上的人才供需信息已基本实现全国联网沟通,可以通过各种现代化手段,使求职者了解用人单位的性质、岗位兼职人员的要求等信息。

二是实行公平竞争的择优机制。德国的社会招聘用人制度,实现人才流动的双向选择、合同管理,并使每个员工都有机会参与职位晋升的竞争。德国企业界认为,人力资本是通过对劳动力的投资形成的,人才流动有利于调剂余缺,达到人尽其才、才尽其用,产生较高的经济效益。因此,德国企业在人员使用上,都提倡公平竞争、优胜劣汰。

三是提供综合性的各种服务。德国人才市场除了负责收集和提供各类就业信息,介绍用人单位情况,在用人单位和求职者之间牵线搭桥等主要服务功能外,它还提供培训、咨询、就职服务等各种服务,而且服务比较规范,同时它的服务范围很大,不仅仅只局限于本州或本地区,而是立足本地、辐射全国。德国劳工局还设立专门机构,随时跟踪德国高级人才市场,制作年度报告,对每一个需要高级人才的行业进行就业发展趋势预测、分析,为高级人才就业提供权威的指导信息。高校毕业生作为高级人才的一部分,是人才管理部门工作的重点之一。德国劳工局有专门帮助高校毕业生就业的机构。这个局在每个州都有分支机构。该机构与需要高级人才的企业和高校都有广泛联系。它们组织人才招聘会,组织学生参观用人单位,组织用人单位与毕业生进行座谈,而且对毕业生进行求职前的应聘培训和咨询。这些做法对于人才的合理流动,充分发挥各类人才的作用具有重要意义。

四、俄罗斯的人才策略

第一,建立和完善政府对青年学者的资助系统,建立国家级科学基金和资助体系。在俄罗斯总统普京发布的第599号总统令《关于在科学教育领域贯彻国家政策的措施》中规定，到2018年国家科学基金的总投资额至少应达到250亿卢布。

第二，构建国家创新体系，发展青年创新中心，搭建交流平台。俄罗斯政府有必要与地方企业共同搭建用于竞争和资助青年科学家的平台系统。青年学者将通过平台与企业经理、工程师、经济师等开展交流和人才培养。企业向青年学者提供支持。

第三，提高青年学者的收入。目前，在科研劳动力市场严重失衡的背景下，俄罗斯和世界发达国家都无法避免人才外流现象的出现，专家和学者建议把科学家、大学教师的工资和研究生的奖学金增加数倍，并将科研人员的个人补贴纳入激励机制。

第四，解决青年学者的住房问题。首先，通过提供住房补贴解决青年学者住房问题。其次，通过提供低于市场价格的住宅解决青年学者住房的问题。最后，2011~2012年，俄罗斯政府还采取了其他的措施帮助青年学者解决住房问题。如为了发展住房事业，联邦修订法案规定允许转让联邦土地基金用于住宅建设。为鼓励青年科学家购买属于自己的住宅，俄罗斯政府还提出了"为青年学者提供特殊形式的住房贷款"试点项目。

第五，在科学和教育领域建立人才储备库。俄罗斯逐步建立统一的没有地域限制、部门限制的科学教育人才库，使有才华、有发展前景的青年学者拥有能够展示自己的空间和平台。领导者应善于倾听青年科学家的意见和建议，青年科学家也应科研成果提交给科学和教育领域的专家前辈。

五、国外策略与人才发展

潘小娟、于欣、巢超（2008）指出，在知识经济迅猛发展和经济全球化进程加快的大背景下，人才已成为经济社会发展和科技进步的最重要资源，成为提升国家竞争力的最核心要素。面对世界范围内日趋激烈的人才竞争，各国政府越来越清醒地认识到人才对于国家发展的极端重要性，纷纷依托各自的国家战略定位制定和实施独具特色的人才战略，以提升国家的竞争力和在国际上的地位。

闫建（2006）主要阐述了西方发达国家经济社会的腾飞离不开其合理的人才培养战略、人才引进战略和人才使用战略，并且比较、分析了发达国家（美国、日本、新加坡）的人才战略，以及有选择性地论述其对于我国人才战略的完善的重要意义。

李娟（2012）指出，制定科学合理的国家竞争战略、努力提升国家竞争能力已经成为各国发展的必然选择和关键所在。综观世界主要国家竞争力战略，无论是发达国家还是新兴市场国家都特别注重改善市场和创业环境，重视科技创新，强调经济体内部的一致性、稳定性和协同性。并说明在未来发展中，我国应当从提高企业自主创新能力、实施人才强国战略、加快转变发展方式、扩大国际交流合作和改革创新公共制度五个方面着手，正确选择符合我国国情的国家竞争力提升战略。

李其荣（2011）主要说明了随着经济全球化进程加快，人类从工业经济时代步入知识经济时代，国际战略环境发生重大变化。国际竞争转变为以经济和科技实力为核心的综合国力的竞争。人才竞争在综合国力竞争中越来越具有决定性的意义。他指出，西方发达国家奉行人力资本优先战略，采取合理而全面的人才激励机制，吸纳各种人才尤其是高层次人才。为了实施人才强国战略，我们应在努力培养国内人才的同时，大力引进国外智力。我国的迅速发展为各类人才提供了广阔的舞台，只要我们有宽广的视野、开阔的胸襟、完善的政策，定能迎来"揽得天下英才"的喜人局面。

当今世界，人才已经成为各国争夺的战略资源，人才在世界范围内的流动已成不可阻挡的潮流。人才的流动存在着从不发达国家—发展中国家—中等发达国家—发达国家流动的趋势,发达国家利用其良好的科研环境和优厚的待遇从世界范围内吸引了大批顶尖的人才。从世界上人才的分布来看,主要集中在美国、欧盟和日本等发达国家和地区。随着经济全球化和知识经济的发展,人才短缺已成为一种世界性现象。2010年,美国、欧盟、日本将分别短缺100万名、120万名和160万名高科技人才。由此,进一步加剧了国际的人才竞争,在这场全球人才争夺大战中,作为世界经济三雄的美国、日本和德国更是凭借雄厚的国家财力和优越的科研条件,实施雄心勃勃的人才战略,不仅注重培养、使用和留住本国优秀人才,还千方百计从发展中国家攫取人才资源,开始了由经济强国向人才强国的跨越。

总的来说,美国、日本、德国成功的经验有以下几个方面值得借鉴:

(1) 政府必须担负起普及义务教育的责任。义务教育是提高国民整体素质的基本途径,也是提高国民素质的快捷途径。义务教育是非营利教育,一般而言,私人一般不愿涉足义务教育这一领域,从政府职能来看,政府必须切实担负普及义务教育的义务,这一义务是责无旁贷的,不能将这一责任推卸给其他组织或团体。美国、日本、德国三国政府在普及义务教育这一问题上,表现出惊人的一致,即财政大幅度投资于基础教育,遵循教育公平原则,城乡差距很小,即使贫困家庭的子女也很少因为经济原因而辍学。我国长期以来走的是一条精英主义的路线,由此造成了教育领域一系列不平衡:基础教育与高等教育发展不平衡,优先发展高等教育而非基础教育;在基础教育领域实行重点学校制度,导致学生得不到平等的教育机会;城乡教育水平差距过大,农村教育严重落后,特别是贫困地区教育经费一直得不到有效解决,导致大批儿童失学。在这方面我国走了很一长时间的弯路,主要由于国家财政投入不足而引发的中小学教育乱收费现象仍在持续，违背了教育公平原则，使社会弱势群体家庭子女再次输在起跑线上。1985年，我国开始实行"基础教育由地方负责"的教育体制，由此造成教育资源分配的严重不公。美国、日本和德国基础教育投资的80%，都是由政府负担。而据教育部发展研究中心1998年提供的数字，我国农村教育的投入中，中央财政约占1%，省财政占11%，县政府投入约占10%，其余78%由乡和村筹集，也就是说，是由农民自己负担，这一做法弊病较多。受教育权尤其是接受义务教育的权利是公民最基本的权利之一。美国政治家杰弗逊曾指出，衡量教育是否造福于社会，主要不是看它造就了多少杰出人物，而是使大多数人能够享受到必要的教育。如今中国政府采取的"两免一补"政策，已经惠及了绝大多数贫困儿童，向教育公平化迈出了可喜的一步。

（2）教育适度超前发展，大跨度提升教育和人才资源阶梯。美国、日本、德国三国实施经济追赶战略时，采取了教育追赶适度超前战略，大幅度提高教育经费投入，率先在教育方面成功实现了追赶，继而成功追赶并超越老牌资本主义国家。美国、日本、德国在发展初期，国力较弱，但他们却克服重重困难，冲破种种压力，制定相关法律法规，强制性地把大批经费投入教育事业，促进了各级各类教育的跨越式发展。美国在经济起飞之前，人力资本就超过英国在同等GDP条件下的水平，此后一直保持着人力资本超前发展的优势。日本在经济起飞之前，其人力资本积累都超过处于相同GDP时美国的水平，然而到人均GDP为12000美元左右后，日本的人力资本积累就不及同等GDP时美国的水平了，这也是日本能在短时期内缩小与美国的差距，却又始终没有超越美国的重要原因。新中国成立初期，由于种种原因，我国把大量资金投入到重工业，教育事业虽然也有较大发展，但总的来说，教育发展滞后于经济社会发展，以致这一状况持续到"文化大革命"，教育事业遭到严重破坏，漠视知识、歧视人才的现象令人忧心如焚。到改革开放初期，人才缺乏已成为经济社会发展的最大瓶颈。美日德三国崛起的历史表明，要想实现经济追赶，必先大幅投资于教育，率先实现教育追赶；反之，欲速则不达。我国经过改革开放30多年的发展，经济实力和综合国力大幅增长，已经具备大幅度投资于教育的物质条件。而且随着经济社会的发展，人才不足对经济社会发展的制约作用日益突出，使经济发展的后劲不足，必将影响我国经济社会的进一步发展。我国作为发展中国家，正在加速追赶西方发达国家，美日德的成功追赶实践给我们树立了榜样。要成功实现经济追赶，必须优先实现教育追赶，储存经济发展所必需的人才资本。

（3）鼓励和倡导私人、各类组织和机构兴办教育。私立教育是公立教育的有益补充，同时可以形成两者竞争的局面，有利于教育事业的健康发展。因此，政府应该鼓励大力发展私立教育。美国人认为，联邦、州和私人对兴办教育都责无旁贷，美国独立后流行一句谚语："兴办教育事业是由人民首创、州政府尽责和联邦政府积极关怀的工作。"❶ 美国的宪法规定实行地方分权制，主要由州负责设校兴学，并积极调动私人办学的积极性。日本中小学教育以国立公立学校为主，私立为辅，小学在校生数中私立学校占0.9%，初中在校生数中私立学校占6%，普通高中在校生数中私立学校占29.3%；幼儿园以私立学校为主；高等教育阶段也是私立学校占大多数❷。

应该说私立大学是促进日本高等教育普及的主力军。改革开放以来，我国民办教育发展迅速，办学规模不断扩大，但总体看来，民办教育还难以同公立教育竞争。政府应该积极鼓励私人投资教育，降低办学门槛，为民办教育的发展提供支持，保障民办

---

❶ 滕大春. 美国教育史 [M]. 北京：人民教育出版社，1994：681.
❷ 日本文部科学省. 平成十四年教育统计 [OL]. http://www.mext.go.jp/b_menu/toukei/index.htm [2002-4-25].

学校的办学自主权，赋予民办学校教育教学上更大的自主权，形成办学主体多元化的体制，促进教育事业的健康发展。

（4）修改移民法规，实施投资移民和科技移民政策。美国与日本、德国相比，其移民政策更为灵活，随着时代的变化不断修改与调整，吸引了来自世界各地的杰出人才，使美国在科学技术的各个领域始终保持领先地位，进而抢占了知识经济的前沿阵地，拥有世界上最强的竞争力。日本和德国在20世纪90年代以后也迅速调整其人才政策，在移民方面采取了一系列优惠政策，已经收到较好效果。在吸引外国留学生方面，美日德均采取鼓励和支持的态度，无论是申请移民还是"绿卡"，条件都在放宽，留学生已成为三国吸引外国人才的重要来源。我国作为一个发展中国家，又是一个人口大国，人口压力相当大，但是对于吸引海外高级人才，我们也应借鉴美日德三国的经验，采取正确的移民策略，鼓励、支持和吸引海外高级人才来华落户。只要我们措施得力，营造尊重人才的环境，对海外高级人才也会有一定的吸引力。此外，我国每年留学海外的学生很多，由于种种原因，回国效力的只是一小部分，如何使大批留学人才回国，是我们需要研究的一个重要问题。对于因各种原因不能归国的，要鼓励他们通过多种途径为促进国家的兴旺发达贡献智慧和才干。

（5）以市场为导向，调整教育结构和人才结构。长期以来，我国中学教育以应试教育为主，使得所有学生不管是否适合上大学，都往一个"独木桥"上挤，不仅造成了巨大的升学压力，也造成了教育资源的浪费。针对这种情况，我们应该学习借鉴美日德三国分流模式和"双元制"的职业教育体系，不同特点的学生进入不同类型的中学学习，使得理论学习和技术实践并重，加快科学技术转化为生产力的速度，使部分有技术特长的学生及早服务社会。同时，整个社会也应该转变观念，不能只重视大学而轻视专科学校或者职业技术学校，这样才能使不同类型的人才都能源源不断地涌现出来。目前，我国高校的专业设置没有充分考虑市场需求，许多专业和课本显得相对陈旧，人才培养与人才需求不成比例，导致大批学生毕业即失业，也造成了教育资源的浪费。另外，要规范人才市场的运作和机制设置，借鉴美日德三国人才市场的经验，在政府的指导和帮助下，紧密联系劳动力供需双方，而且要争取扩大服务范围，不仅立足本地，更要辐射全国，使得人力资源能在更大范围内自由流动。

以人才发展为主流的时代已经到来，我国的人才发展要学习国际人才发展的经验，只有通过不懈地积极努力学习、努力实践，汲取各国有益的人才发展的经验与成果，才能推动人才发展，从而增强国家发展和竞争实力。

参考文献

[1] 刘松汉. 国际视野下的人才战略 [J]. 群众, 2010 (11).

[2] 刘萍, 李先保. 论现代科学技术革命与人才发展 [J]. 中国商界, 2010 (12).

[3] 马克思, 恩格斯. 马克思恩格斯全集 [M]. 第46卷（上）. 北京: 人民出版社, 1979: 21.

[4] 吴向东. 论马克思人的全面发展理论 [J]. 马克思主义研究, 2005 (1): 35.

[5] 马克思, 恩格斯. 马克思恩格斯全集 [M]. 第46卷（上）. 北京: 人民出版社, 1979: 110.

[6] 袁贵仁, 韩庆祥. 论人的全面发展 [M]. 南宁: 广西人民出版社, 2003: 140.

[7] 马克思, 恩格斯. 马克思恩格斯选集 [M]. 第1卷. 北京: 人民出版社, 1995: 67-68.

[8] 刘长龙, 赵莉. 市场经济思想史 [M]. 北京: 首都师范大学出版社, 1999: 130.

[9] 马克思, 恩格斯. 马克思恩格斯选集 [M]. 第1卷. 北京: 人民出版

社，1995：277.

[10] 马克思，恩格斯. 马克思恩格斯选集［M］. 第1卷. 北京：人民出版社，1995：141 - 142.

[11] 马克思，恩格斯. 马克思恩格斯全集［M］. 第46卷（下）. 北京：人民出版社，1980：472.

[12] 冯之浚. 战略研究与中国发展［M］. 北京：中央党校出版社，2002：465.

[13] 秦剑军. 知识经济时代人才强国战略研究［D］. 武汉：华中师范大学博士学位论文，2008.

[14] ［英］约翰·索尔特，詹姆斯·克拉克，黄仕琦. UNECE地区的国际移民：模式、趋势与政策［J］. 国际社会科学杂志（中文版），2001，3（3）.

[15] 王志章. 美国人才引进的政策机制分析［J］. 中国培训，2007（7）.

[16] 闫瑾，刘京辉. 德国设立青年教授席位吸引人才［J］. 中国教育报，2007 - 11 - 12.

[17] 颜亮，何德功，郑汉根. 世界强国人才战略透析［J］. 国际人才交流，2005，3（3）：54 - 57.

[18] 朱德仁. 德国"战车"驶向人才高地［J］. 国际人才交流，2006，2（2）：6 - 7.

[19] 滕大春. 美国教育史［M］. 北京：人民教育出版社，1994：681.

第十章

人才发展的政策走向

人才战略是国家为实现经济和社会发展目标，把人才作为一种战略资源，对人才培养、吸引和使用做出的重大的、宏观的、全局性的构想与安排。本章从制定人才发展目标及方针出发，对确立人才优先发展战略布局，构建人才资源开发新格局，实施重大人才工程，创新人才发展体制机制，完善党管人才领导体制。

第十章 人才发展的政策走向

历史告诉我们：战略问题是一个国家发展的核心问题，缺乏战略谋划的国家，很难成为真正的强国；重大战略决策的成功是最重要的成功。谋划战略，就是要把握现实，选择未来。实践证明，在当代中国的发展过程中，改革开放是重大并成功的战略决策。面向未来，需要在坚持改革开放这个大战略下，探索和谋划大国发展的未来之路。发展是一种变化过程，发展变化意味着经济、社会、文化、政治、法律、人力、知识、技术、资源、环境等领域的全面进步和可持续发展。制定、实施并创新人才发展是适应"新常态"，实施人才强国战略的重大举措，是在激烈的国际竞争中赢得主动的战略选择。人才发展的核心是培养人、吸引人、使用人、发掘人。有效地进行人才发展新布局，完善人才发展政策是人才发展选择的落脚点。

第一节 人才发展目标及方针

未来十年，是我国人才事业发展的重要战略机遇期。人才发展策略是各国经济、社会发展规划中的重要组成部分，国家经济、社会发展规划同时也需要人才发展的支撑。对人才发展进行战略思考，站在国家宏观层面的高度上，从国家产业升级的要求出发，构建人才发展策略，是关系到国家经济、社会、文化发展的关键问题。在确定人才发展原则的基础上，必须充分考虑中国现有的政治、经济、社会文化和教育基础等因素，特别是地区、民族、性别等方面的差异，设计科学合理的人才发展路径，保障一国人才的持续有效开发，促进中国产业经济和经济健康发展。

根据全球价值链分工条件下中国产业升级的方向，迫切要求中国人才在产业分布、数量状况和质量结构方面满足一定要求，而为了实现这一目标，在人才发展原则的指导下，人才发展策略中应当着重从以下几个角度入手。

一、构建完备的教育培训体系

在制约国家经济发展的自然资源、物质资源和人才这三大战略资源中,只有人才具有较强的可开发性。教育作为人才发展体系的核心基础,决定着人才发展的有效性和科学性。人才发展应该通过建立完备的教育体系形成全方位、多层次的人才发展基础。

改革开放后,中国对教育体系进行了一系列的改革,包括开展对外交流、改革学制、引进西方的教育经验和积极推动民办教育等。这些措施已经在一定程度上形成了人才发展的基本体系。然而,要实现人才发展数量和结构方面的宏观目标,促进产业升级,需要形成相互配合、个性突出、总体协调的教育体系,这正应成为人才发展的重要方向。

人才发展根据中国产业升级对人才的要求设计特定的政府人力开发政策,从而促进人才发展和利用。良好的国家教育体系将给人才发展奠定坚实的基础。

知识经济背景下,为促进中国产业升级,提升中国在全球化价值链分工中的地位,必须构建完整的国家教育体系。人才发展以建立全方位、多层次的教育体系为基础,形成基础义务教育、职业技能教育和普通高等教育相结合的整体系统。其中,基础义务教育是人才发展的起点,保障人才发展机会的均等性,特别需要保证城乡基础义务教育机会和质量水平的一致性;职业技术教育是专业人才发展的关键,直接对市场需求进行各层次专业技术人才发展;普通高等教育是以培养高级人才为目标,集教学、科研和社会服务三项功能于一身的高等教育在提高人才素质方面具有举足轻重的作用,是人才发展的重要构成部分。

同时,进一步改革教育体制,加大教育经费投入,积极鼓励各种所有制形式的教育机构,根据市场需求多层次全面开发人才。通过人才市场实现用人单位和劳动人员的双向选择，促进教育与市场之间的联系，实现教育体系面向市场，改革现存教育体系和制度。这些正是人才发展的基础工作。教育是人才发展做出了突出的贡献。随着中国经济的发展，产业升级要求进一步改革中国教育体系，构建全方位、多层次的国家教育体系就成了人才发展的基础方向。

二、逐步推进人才发展法制化

知识经济时代的到来，促使全球经济竞争进一步加剧。人才的质量和数量已经成为决定全球经济竞争的关键。这种国家全民素质的竞争决定着国家在未来全球经济竞争中的地位和价值。人才发展是提升全民素质、改善人才结构的主要手段。没有法律制度的保证，人才发展工作的实施就无法得到有效保障。

人才发展作为社会发展战略的一个有机组成部分，必须纳入法制化的轨道，这已经成为促进人才发展工作正常进行的制度保障。人才发展也已经逐渐纳入法制化的轨道，从1986年颁布了《义务教育法》，1994年颁布了《社会力量办学条例》，1995年颁布了《教育法》，1996年颁布了《职业教育法》等，人才发展法制化进程不断推进。当然，人才发展工作的法制化进程还有待于进一步推进，以促进人才发展工作的有效实施，推动国家人才质量与数量的提高，实现国家产业升级和经济健康持续发展。

开发人才在国家经济发展中具有十分重要的作用和价值，人才发展是关系到国家经济、社会发展的大事，是国家战略的重要组成部分。切实推动人才发展工作的开展，需要推动人才发展法制化进程。通过法律和制度来规范人才发展工作，使之成为国民共同的认识和行动。唯有如此，才能优化人才结构，使人才结构与经济结构的演化动态相适应，促进国家产业升级，提升中国在全球价值链分工中的地位。建立健全人才发展工作的相关制度，提高人才发展的规范性和常规性，不仅能拓展人才发展的广度和深度，而且能通过科学有序地推进实现人才发展的持续性，充分实现其目标，最大限度开发中国人才。

因此，人才发展法制化已经成为推进人才发展工作的重要路径，在法制化的基础上，促进人才发展不仅有助于提高其本身的规范程度和切实实施，而且有利于推动人才发展工作本身的科学性，促进人才发展工作的有效落实。

三、促进人才发展理念转变

人才是促进国家、地区经济社会发展的主要资源，也是中国未来经济社会快速、持续健康发展的主要动力。只有真正从理念上认识到人才在国家发展中的重要地位，才能从根本上贯彻以人为本的经济发展理念，实施人才强国战略，推进人才发展的实施。

人才发展对于改进中国人才的数量和质量结构，促进中国产业升级，提升中国企业在全球价值链分工中的地位，建设创新型国家，都具有十分重要的价值。传统自然资源等物质资源的有限性决定了国家的发展最终依赖一国人才，人才具备很强的可开放性特征，人才成为经济增长永不枯竭的动力之源。只有认识到这一点，切实转变理念，才能真正落实科学发展观，促进人才发展工作的稳步推进。

人才与自然之间的关系随着整个社会经济技术的发展而不断演变，经历了从敬畏、了解、利用、"征服"、改造，最后又回归到人与自然和谐相处的曲折历程。

人才发展推进过程中需要注意以下几方面的理念转变：第一，树立人才是第一资源的观念，理顺物质资源与人才之间的关系。转变传统"重物轻人"的错误思想，下大力气鼓励人才发展。人才的有效开发是物质资源的前提，只有注重人才发展，获得科学合理的人才数量与结构，才能有效开发物质资源，促进国家经济发展。只有培养了各产业发展急需的各层次人才，才能从根本上促进中国产业升级，促进国家经济健康持续发展。第二，根据人才的差异性进行开发。人才本身具有差异性的特征，人与人之间的差异性也就决定了人才发展必须根据人才各自的特点进行，只有符合人才本身特点的开发才能实现其效率。第三，优秀开发人才。人才发展对于经济发展的推动作用远远超过对于物质资源的开发，因此在合理范围内，优先开发一国人才，对于国家经济发展和产业升级具有更强大的推动作用。

四、改革创新人才使用政策

人才使用是促进并体现人才发展效用的重要环节。没有有效的人才使用机制，人才潜能无法充分发挥，即使是拥有丰厚的人才，也难以发挥出应有的作用。因此，促进人才使用的完善是实现人才发展效率性的重要基础。资料显示，中国东部地区科技人才资源经济效益系数为1.29，而西部地区科技人才资源经济效益系数为0.68[1]，即不同区域人才使用效率差异较大。西部地区现有人才使用效率偏低，其根本原因在于地区人才使用机制存在差异，西部地区缺乏一种能使人才潜能充分发挥的机制。

改革与创新人才使用机制是促进人才发展的核心工作，它不仅可以改善现有人才的使用效率，缓解一国人才在部分地区和产业的匮乏现状，而且有助于指明国家未来人才发展的方向，是实现中国宏观人才有效开发的基础。人才发展应当立足于现有人才，在充分发挥现有人才潜力的基础上，将其作为人才发展的新

---

[1] 戴军. 美国人力资源管理模式的启示[J]. 中国人力资源开发, 2004 (2): 72.

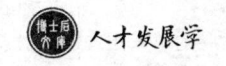

起点，带动国家对未来人才的有效开发，改善人才发展与需求之间匹配度，提升国家竞争力，促进国家经济健康持续发展。

五、构建人才发展评估机制

人才发展工作的顺利推进离不开对人才发展进行有效的监督评估。由于人才发展是一个庞大的宏观体系，因此，对人才发展进行全面评估时，其标准可能存在各种差异，尚无法建立一个系统成熟的人才发展评估机制。

人才发展的这种评估机制涉及国家、组织和个人多个层次、多个部门，不仅应当包括人才发展的经济投入产出效益评估，而且应该评估人才发展的社会效益，也就是包含人才发展对社会、经济发展的实际贡献效益。尤其需要注意的是，人才发展在经济方面的效益，不仅表现为产业发展绝对数量的增加，更重要的是反映在国家经济产业结构的升级上，对经济发展整体效益具有强烈的推动效应。而人才发展在社会效益方面的表现更为多样化，对人才发展的社会效应评价可以更为全面而客观地反映人才发展对整个国家发展的推动。

人才发展评估机制不仅仅是具体人才发展项目的评估，而且是对总体人才发展效益的整体性评价。通过具体人才发展项目的评估，可以对具体项目的经济、社会效益进行评价，调整具体项目的执行措施与实施方向；通过人才发展的总体评估，可以综合反映人才发展状况和效率，为人才发展的制度调整奠定基础。

中国人才数量庞大，其开发不仅涉及城市人才发展，而且包括数量众多的农村人才发展，人才素质水平与结构在各地区、各产业间存在较大差异，因此，人才发展的评估机制建立就显得更为重要。构建人才发展的评估机制，不仅能对已经实施的各项措施和战略方向所取得的成果进行有效评估，而且可以通过效益评估所产生的效果反馈，发现其中存在的问题，进一步调整人才发展的战略方向和执行措施，进而提高人才发展的效率，推动宏观人才整体状况的改善，促进国家产业升级，实现国家经济持续健康发展的目标。

人才的数量和质量结构已经成为促进产业升级和技术发展的核心推动因素。人才发展能够从整体层次对一国人才的数量和质量开发进行有效的导向，成为推动国家产业升级的重要手段之一。

国家不同的自然禀赋资源决定了不同国家产业发展方向有所差异，为促进国家产业发展正常的实现，人才发展的主要目标是满足国家各产业发展对人才的数量和质量的要求。因此，人才发展策略必须满足国家产业发展政策，通过科学恰当的引导方式，实现宏观人才在产业分布上的合理性，促进国家产业升级。

中国目前产业升级迫切要求实现中国第三产业比重的提升，第一产业比例下降，因此，采取科学手段，从城乡管理体制、教育投入、专业计划等多个角度促进农业剩余劳动力的有序转移，实现第三产业从业人员数量和质量层次上的提升，实现中国产业升级。

六、充分发挥市场调节机制

通过市场机制调节人才的收入水平，实现不同素质的人才收入之间的回报差异。提升高素质人才的收入水平，通过不同质量水平人才的回报差异，引导企业、社会和个人对人才质量开发进行有效投资。中国的部分地区，特别是欠发达地区，很多家庭大量生育，希望通过增加人才数量来增加家庭收入，从而实现脱贫的目标。然而，这实际上让他们陷入了一个恶性循环："收入低下—数量投资增加—质量开发下降—产业高度低下—收入低下"。正确的选择应当是，大力促进各地区特别是贫困地区加大对人才质量开发方面的投入，进入"收入低下—质量投入增加—质量提高—产业高度提升—收入增加"的良性发展。这不仅有助于中国落后地区的跨越式发展，解决地区发展失衡问题，而且有利于中国整体人才质量水平提升，实现中国产业高度化发展。而对于发达地区而言，通过收入水平差异有效引导企业、社会和个人进行人才质量开发方面的投资，提升其投资效率，将有利于提高中国产业发展高度，促进中国经济发展方式的转变。

从产业发展规律和全球价值链分工的推进趋势来看，资源优势是促进产业升级和提升一国产业在全球价值链分工中的地位的核心影响要素。人才发展是国家战略的基础部分，在国家经济发展中居于优先发展地位。将人才发展作为国家经济和产业政策调整的首要因素，通过开发优化宏观人才结构，促进人才结构与经济结构的演化动态相适应。通过人才开发政策，从制度、实施、市场等多方面促进国家人才数量、质量和结构上的提升，进而实现中国产业升级，推动经济持续健康发展。

总之，有效促进人才质量的提升，科学控制人才有效数量及其分布结构，是全球价值链分工条件下提升中国产业高度，促进经济发展方式转变的必经途径。当然，除了人才可能对产业高度产生影响之外，其他因素如资本要素、技术要素也是影响产业高度的重要原因。而关于全球价值链分工条件下资本、技术等要素对产业高度的影响，这些还有待将来进一步研究。

第二节 人才优先发展战略布局

把人才优先发展作为未来人才发展的重大方针，是针对我国现阶段人才领域的突出问题提出的，具有鲜明的时代性和很强的现实针对性。在《国家中长期人才发展规划纲要（2010~2010年）》中，把"人才优先发展"作为我国未来人才发展的重大方针首次提出，人才规划的核心内容。认真落实好这个方针，对于推动我国人才事业全面协调发展、促进我国经济社会科学持续发展，意义重大而深远。

一、人才优先发展的必要性

确立人才优先发展战略布局，是发挥人才第一资源作用的必然要求。进入 21 世纪，人类社会步入了一个科技创新不断涌现的重要时期，也步入了一个经济结构加快调整的重要时期，国民财富的增长和人类生活的改善越来越有赖于知识的积累和创新。在这种情况下，人才的作用和地位越来越突出，越来越重要。特别是随着经济全球化的发展，人才全球化趋势进一步增强，人才竞争进一步激烈。全球范围内的经济结构调整对人才素质提出了更高要求，综合国力的竞争更加倚重于科技进步和人才开发。当前，我国已经到了必须依靠增强自主创新能力和提高劳动者素质推动经济发展的阶段，势在必行。

确立人才优先发展战略布局，是实现科学发展的必然选择。我国人口多，人均资源少，经济社会发展面临严重的资源约束，促进经济社会发展必须发挥人才资源的优势。国际金融危机使我国转变经济发展方式问题更加突显出来，国际金融危机对我国经济的冲击表面上是对经济增长速度的冲击，实质上是对经济发展方式的冲击。综合判断国际国内经济形势，转变经济发展方式已刻不容缓。而转变经济发展方式，就要推动经济走创新驱动、内生增长的发展轨道，建设创新型国家。走创新驱动、内生增长轨道，建设创新型国家，关键在人才，因此，确立人才优先发展战略布局，是实现科学发展的必然选择。

确立人才优先发展战略布局，是新形势下人才资源开发的重大突破。目前，我国一些地区和部门仍然存在重物质投入、轻人才投入，重资源开发、轻人才开发，重项目引进、轻人才引进等问题，与建设创新型国家、全面建设小康社会的新形势新任务要

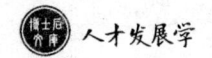

求还不相适应。不解决这些问题，就会严重制约我国经济发展方式的转变，就会制约建设创新型国家的步伐，就会制约现代化的进程。今后和未来一段时期，人才优先发展，必须要在上述问题上取得重大突破。

二、人才优先发展"四个优先"

（一）人才资源优先开发是支撑人才优先发展的核心构件

研究表明，西方发达国家都在走从"人力资源大国"到"人才大国"，再到"人才强国"，最后到"经济强国"的道路。"人才大国"的核心表征是人才总量。第六次全国人口普查数据显示：2010年年底，我国具有大学文化程度的人口有11964万人，加上在校的各类本专科学生3245万人，共拥有1.5亿人，堪称世界上最大的"人才大国"。"人才强国"的核心表征是人才产出、人才效能、人才群体作用的发挥程度，以及人才对社会经济发展所作出的贡献。《国家中长期人才发展规划纲要（2010～2020年）》显示，我国2008年的人才贡献率为18.9%，而西方发达国家同期的人才贡献率为40%～50%，这反映了我国与西方发达国家存在相当大的差距。综合其他指标考察得出，我国并非人才强国。

如果说我国从"人力资源大国"到"人才大国"的转变，是因为实施了人力资源的优先开发，实现了人才优先发展的"量的积累"，那么目前我国要实施人才资源的优先开发，实现人才优先发展的"质的提升"。人才资源开发的"质的提升"是人才优先发展的核心构件，从结果上看，就是要坚持人才贡献优先导向。人才贡献优先导向直接服务于社会经济的发展，区域人才贡献率与区域经济发展程度息息相关。图10-1显示了我国各地人才贡献率及总人力资本贡献率与经济发展水平的相关性，其中广东、江苏、浙江等省份具有代表性。

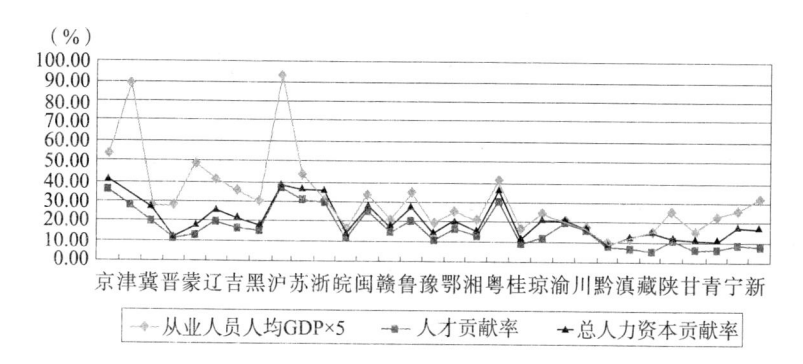

图 10 - 1 2010 年地区从业人员人均 GDP 与人力及人才贡献率的相关性

注：为了便于比较，将图中的各组原始数据同比扩（缩）到相同的量程；图中数据均为 2010 年年底数（下同）。

（二）人才结构优先调整是支撑人才优先发展的立体框架

经济学家在研究地区经济发展投入要素（人力资源与自然资源、物资资本等）的配置规律时，提出了"帕累托最优"或"帕累托效率"的概念。帕累托最优也被称为资源有效配置。

作为一种资源，人才在市场中也应该实现有效配置，以使其能够最大限度地发挥促进经济发展的作用。人才结构的"帕累托最优"就是指社会经济发展所需要的各方面人才都能得到有效供给。现阶段，我国人才结构性紧缺与结构性浪费并存的现象还很严重，突出表现在产业领军人才、高层次技术专家和高技能人才严重匮乏。因此，人才结构优先调整将会在构架上支撑人才的优先发展。

以引进智力为主旨，直接引进外国专家来我国工作，直接吸引海外留学人才归国创业，是缩短培养产业领军人才和高层次技术专家时间的一条捷径，同时也是增加跨文化优势的有效举措。因此，引智是实践人才优先发展、实现人才结构优先调整的重要途径。引智需紧贴经济社会发展的战略需求，通过不断完善人才引进机制，将引进的重点调整到高层次、紧缺型海外人才上来，才有利于促进人才结构的不断优化。人才结构优先调整的主体内容：从人才培养上讲，要求各级教育行政部门和各级学校坚持以国家发展需要和社会需求为导向，超前预测社会经济发展对未来人才的需求，建立产学研紧密结合的人才培养机制，依此调整人才培养结构，从而提高人才培养与经济社会发展需求之间的适应性和契合度；从人才配置上讲，要求政府加强人才宏观调控，建立与完善人才需求监测机制、人才动态调整机制，并依托人才市场，引导人才流向国民经济和社会发展重点领域。

（三）人才投资优先保证是支撑人才优先发展的长远驱动

人力资本投入，特别是人才投入是收益最大的投入。从图10-2地区GDP总量与人力资本投资总量的相关性可以看出，无论在哪个地区，人力资本投资与经济发展均具有高度的同向性，二者密切关联。

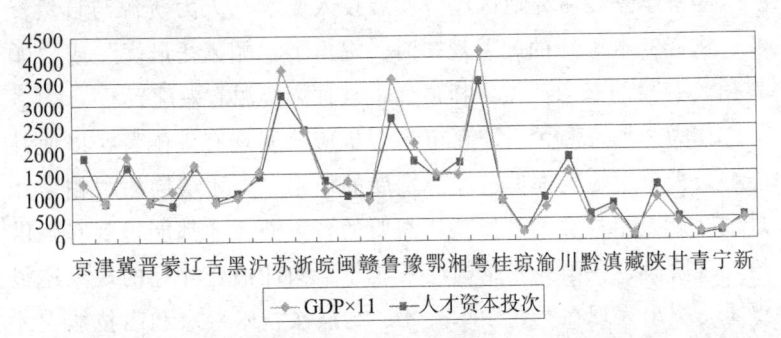

图10-2　2010年地区GDP总量与人力资本投资总量的相关性

改革开放以来，我国东南沿海地区的社会经济得到了率先发展。分析显示，由于这些地区抢占了人才发展的先机，超前加大人才的投入，积累了雄厚的人力资本特别是人才资本存量，促进了当地人才—经济同时超前发展又相互驱动的良性发展局面。图10-3显示了人力资本存量与经济总量的相关性。

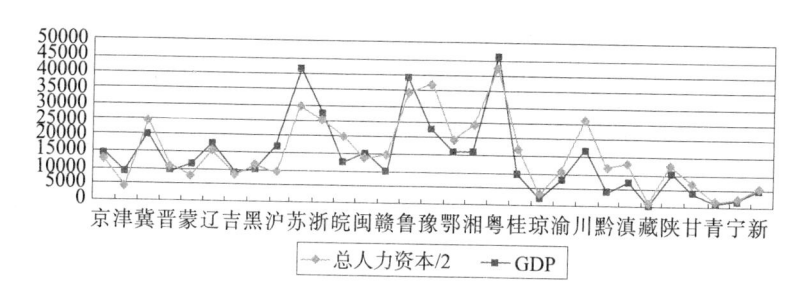

图 10-3　2010 年地区 GDP 总量与人力资本存量的相关性

在图 10-3 中，地区 GDP 总量与人力资本总量的同向性也非常显著。人力资本总量优先积累的东部沿海省份，其经济实力也领先于其他省份，其中广东、江苏、山东、浙江等省具有代表性。

人才投资优先保证在确立人才优先发展的战略布局中，具有举足轻重的作用，是驱动人才优先发展的长远力量。由于人才投资效应的滞后性，作为当届政府来说，"人才投资优先保证"可能在本届政府履职期间"看不到"政绩，但对于本地区经济社会的长远发展来说，则功在千秋、泽被万代，体现了以人才发展支撑经济社会发展的科学发展观。

（四）人才制度优先创新是支撑人才优先发展的法制基础

人才制度优先创新，要确立"人才本位"的理念。在计划经济时期，党能够凭借国家行政体制的力量，吸纳全社会的人才，把其他国家对我国的人才争夺限制在一定范围和一定程度内。但随着我国对外开放的不断扩大和社会主义市场经济体制的不断完善，人才成为社会性资源，而不是附属于政党的"政治财产"，体制外人才尤其如此。在这样的背景下，必须更新人才观念，提高人才在经济第一线的社会地位，优先创新促进人才价值实现和升值的制度环境，形成人才汇聚的机制。

要优先创新人才制度，就要健全人才激励保障机制，建立

"人才优先"的薪酬管理制度和政策,调动人才的积极性和创造性。李嘉诚被问道:为何几十年的成功积累还不如比尔·盖茨的几年"暴富"时,他一方面感慨"后生可畏",一方面承认比尔·盖茨掌握了这个时代最为稀缺的资源,即依附于创新型人才身上的创新资本。然而,在我们的实际生活中,人才价值与价格相背离的问题非常严重。其根源还是人才制度没有创新。

只有优先创新制度,才能用好用活人才,才能体现"以用为本"的方针,提高人才效能,实现人才的优先发展和人才事业的科学发展❶。

第三节 人才资源开发新格局

习近平总书记在调研考察期间强调,要始终坚持正确用人导向,进一步做好选人用人工作,建设高素质执政骨干队伍;要努力推进科学发展业绩考核干部机制长效化,进一步推动形成各级领导干部狠抓落实、一抓到底的良好风气,确保党和政府的重大决策部署真正落到实处;要努力使风清气正的选人用人风气常态化,大力营造有利于干部干事创业的良好政治生态;要在深入开展群众路线教育活动中改进作风,坚持把双联行动和教育实践活动作为锤炼干部作风的重要抓手、识别干部作风的重要平台和检验干部作风的重要标准,使干部选拔使用真正体现作风导向;要着力抓好基层党组织和人才队伍建设,大力加强创新型人才队伍建设,培养引进更多的科技创新人才。国以才立、政以才治、业以才兴,人才资源是未来三十年我国政治、经济、社会发展的第一资源、第一推动力。以《国家中长期人才发展规划纲要(2010~2020年)》编制为标志,构建人才资源开发新格局成为国家和社会的迫切需要。

---

❶ 桂乐政. 人才优先发展战略的内涵解析[J]. 科技进步与对策, 2012(8).

一、人才资源开发规律

习近平同志指出:"把我国建设成为人才强国,是一项庞大的系统工程,必须认识规律、尊重规律,按规律办事。"在市场经济条件下,当政府把人力资源作为一种社会资源主动进行投资开发时,所要解决的主要问题和矛盾是投资效益最大化,这就要努力避免人才培养与使用脱节、紧缺与浪费并存的现象出现,避免人才大量流失的情况发生,要使人才积极性、创造性得到最大限度的发挥。

市场经济条件下的人才资源开发规律研究,旨在以党的创新理论为指导,依据《国家中长期人才发展规划纲要(2010~2020年)》的要求,立足于我国改革开放以来人才资源开发的丰富实践,着重探讨当政府把人才作为一种社会资源主动进行投资开发时,需要遵从怎样的规律才能获得更大效益,通过揭示这方面的客观规律,为政府在制定和实施人才资源战略规划中提高社会效益和经济效益提供理论支持。

(一)人才投资的效益优先规律

发展经济学认为,人是一种自然资源,进行人力资源的投资必定带来丰厚的回报。作为社会人,人在社会化的过程中,必然形成一定的知识和能力结构。这种知识和能力结构不仅使人在定向发展上形成相关优势,而且赋予人进行创造性劳动的能力。一般来说,具有某种知识和能力结构优势,具有较强创造社会价值能力的人就是人才。在形成某种知识和能力结构的过程中,社会、家庭和人才个体都要付出大量的财力、物力、精力和实践,即要进行大量的资本投资。西方发展经济学家舒尔茨认为,通过投资形成的知识和能力结构,可以视为资本的存在形式,由此引出人力资本的概念。他认为人的创造力形成的过程,就是资本向人力资本转化的过程。因此,从经济学的角度看,人才是建立了知识和能力的结构优势，积累了更多人力资本的人。大量人才资源投资开发的实践证明，坚持优质资源的优先开发，坚持优势实践的优先利用，坚持优势领域的优先支持。坚持高层次创新人才的优先发展，一定会带来更为丰厚的投资回报，这就是人才投资的效益优先规律。

人才资源也是一种自然资源，与土地、矿山、森林一样，具有先天的差异性，施以同样的开发强度，会得到不同的开发结果。人在智力、体能、协调性和其他方面存在的自然优势，为形成人才的知识能力和结构优势提供了充分条件，有利于人力资本的积累，使知识积累和能力生成的劳动时间大幅减少，低于社会必要劳动实践，因而在同等社会劳动实践内，形成更多的知识积累和更加的能力结构，实现人力资本的更快积累。国民教育中长盛不衰的以考试选拔人才的制度，职场通行的考任制度就是这一规律的实际应用。人才各有所长，也各有所短，这种差别是由人的天赋素质、相同投入的条件下取得最大的成就。反之，用短舍长，则事倍功半。

人才学的研究发现，由创造而成才有一个最佳的年龄段。1901～1960年全世界215名诺贝尔奖获奖者的年龄统计结果证明，最佳年龄是30～45岁，峰值年龄是39岁。中科院曾以630位最杰出科技人才为样本，开展了杰出科技人才成长历程的研究，研究表明，在不同的年龄段，科技人才科研能力呈现出一些特点和规律，在31～35岁，是科技人才的科研活跃期；在36～40岁，他们的成果产出逐渐达到高峰；在41～45岁，他们就成为科研中坚力量。根据最佳年龄规律，在人才培养工作中，把人才投资区间放在继承期、创造期这一最佳年龄区内，有利于多出成果、多出人才。

由于社会发展和科技革命前沿的优势领域有更多课题需要攻克，更多的矛盾需要解决，更多的规律性认识需要加以总结，更多的工艺流程需要发明，更多的先进技术、技能需要掌握，因此，在经济社会发展的进程中，由于各种主客观原因，较先进入社会发展和科技革命前沿并掌握先机的人，更容易获得成长的机会，具有较大的成才概率。以信息产业为例，20世纪后期，电子信息技术水平每3年提高1倍，信息技术专利每年新增超过30万项，科研资料的有效寿命平均只有5年，信息产业的创新速度是其他产业不可比拟的。进入21世纪以来，我国信息产业快速发展。据工业和信息化部资料显示，2010年，我国规模以上电子信息产业销售收入达7.8万亿元，同比增长29.5%。电子信息制造业增加值、利润、投资增速分别高于工业平均水平1.2、4.3、21.7个百分点。规模以上电子信息制造业收入、从业人员占全国工业比重达9.1%、9.7%，已成为我国第一大支柱产业。2010年规模以上电子信息制造业从业人员880万人，比2009年新增102万人，占全国城镇新增就业人口10%左右。与之相适应，较早探索并掌握电子信息技术、技能的人也获得了更多成长发展的机会。在人才投资的选择上，对这样的优势领域给予优先支持，不仅有利于人才队伍的高速称赞，而且有利于经济社会的跨越式发展。

高层次创新型人才队伍主要是指处于领军位置的科技领军人才队伍。这支队伍的数量规模和整体水平关系国家经济社会发展的命脉。国家坚持自主创新、重点跨越、支撑发展、引领未来的方针要靠他们；加快推进国家重大科技专项，增强核心技术突破能力，抢占未来科技竞争制高点要靠他们；促进科技成果向现实生产力转化，把科技进步与产业结构优化升级同改善民生紧密结合起来，增强原始创新、集成创新和引进消化吸收再创新能力也要靠他们。不仅如此，在国家人才资源的整体开发中，高层次创新型人才还起着高端引领的重要作用。高层次创新型人次的发展，必然带动人才队伍建设整体水平的提高。目前，我国人才队伍整体创新水平与发达国家相比仍存在较大差距,高层次人才总量相对偏少的问题仍十分突出,特别是缺乏国际一流的科学大师,严重制约了我国自主创新能力的提升和创新型国家建设。因此,更应充分利用全球化和我国改革开放的良好机遇,对高层次创新型人才队伍建设进行重点投资,促使这支队伍优先发展,采用"请进来"和"走出去"并举的政策措施,引进来和培养高层次创新型人才,使我国高层次创新型人才队伍迅速壮大,缓解我国经济社会发的迫切需求。

(二) 人才发展的竞争择优规律

社会主义市场经济体制下,要使竞争择优规律充分发挥作用,必须满足以下三个条件:一是必须形成多个有法定权利义务的竞争实体,二是必须保证人才的有序自由流动,三是必须有一套法律法规使竞争局面得以维持。

没有高素质的竞争实体,集团竞争和人才流动就是一句空话,美国《财富》英文网2014年发布的《财富》世界500强企业最新排名中,中国入榜企业数量再次刷新,共有100家企业榜上有名,超过了2013年95家的纪录。有3家中国企业进入前十名,其中中国石化、中国石油和国家电网分别位列第3、第4和第7位(2014年7月7日《第一财经日报》)。中国企业在世界500强中的比重不断攀升,成绩可圈可点。但是透过世界500强榜单可以看出:以"石化双雄"为代表的500强企业中的中国企业多为国有及国有控股企业;高新技术企业、新兴能源企业偏少,国际品牌、跨国集团更少。不少世界500强企业的经营绩效凭借的多是资源红利和政策红利,而不是管理红利与技术红利。因此,当前培养竞争实体要从我国公有制为主体、多种所有制经济共同发展的实际出发,从深化改革的要求出发,从经济全球化的竞争北京出发,进行多方引导和支持。要重点引导和支持创新要素向企业聚集,加快建立以企业为主体、市场为导向、产学研相结合的技术创新体系。要合理引导企业兼并重组，提高产业集中度，发展拥有国际知名品牌和核心竞争力的大中型企业，逐步发展我国大型跨国公司和跨国金融机构，提高国际化经营水平。要培育发展战略性新兴产业，科学判断未来市场需求变化和技术发展趋势，加强政策支持和规划引导，强化核心关键技术研发，突破重点领域，加快形成先导性、支柱产业，推动高技术产业做强做大。要大力发展生产性服务业和生活性服务业，积极发展旅游业，推动特大城市形成以服务经济为主的产业结构。通过多方努力，培养覆盖各个经济活动领域，适应经济社会发展要求，具有参与国际竞争力的企业和企业集团群体。

一般来说，作为人才，通常是向着能够发挥甚或更好发挥自身才能作用的地方流动。随着我国市场经济体制的建立和市场经济的发展，市场对人才资源流动和优化配置起着越来越重要的基础性作用。由于人才资源的流动不是采取"现货交易"和"一次交割"的方式，而是通过合同契约等形式实现的，其再流动受到合同期的约束，从而使得市场价格的变化对人才资源流动的调节，并不像对其他资源和商品那样具有较高的灵敏度和强度。因此，要促进市场配置发挥作用，就应打破人才资源的地区、部门、单位所有格局，突破人才资源流动的体制性障碍，跳出隶属关系对人才资源流动的限制和局限，实现跨地区、跨部门、跨单位、跨所有制的优化配置；就应创造条件使人才资源"商品化"，同时使人才拥有其资源的所有权和自由支配权；就应建设规范化的人才资源市场仲裁机构、评价机构，以及完善的市场中介组织服务体系；就应由政府对人才资源的市场行为和运行有效调控与监管，保证其正常有序规范。在当前我国区域发展、城乡发展呈现较大差异的情况下，就要鼓励人才的柔性流动，使区域之间、城乡之间的人才流动实现动态平衡。

维持自由竞争的格局，防止出现一家独大、垄断经营、所有制歧视的情况发生,是维护市场经济秩序,确保市场经济健康发展的关键,也是形成集团有序竞争,确保竞争择优规律得以实现的重要前提。我国是从计划经济体制转变为市场经济体制的国家,坚持的是公有制为主体、多种所有制经济共同发展的基本经济制度,除了要防止垄断经营的情况发生之外,还要防止出现所有制歧视的情况。为此,就要努力营造各种所有制经济依法平等使用生产要素、公平参与市场竞争、同等受到法律保护的体制环境;就要努力营造鼓励扩大民间投资,放宽市场准入,支持民间资本进入基础产业、基础设施、市政公用事业、社会事业、金融服务等领域;就要加强和完善跨区域合作机制,消除市场壁垒,促进要素流动,引导产业有序转移;就要进一步转变政府职能,深化行政审批制度改革,加快推进政企分开,减少政府对微观经济活动的干预,加快建设法治政府和服务型政府;就要不断深化财税体制改革、金融体制改革和资源性产品价格及要素市场改革,健全土地、资本、劳动力、技术、信息等要素市场,加快社会信用体系建设,完善市场法规和监管机制,规范市场秩序。这些工作做好了,市场竞争就能有序进行,规律这只看不见的手就会在促进企业发展进步、优化整合的同时,对人才的培养、选择产生重大影响。

(三) 人才开发的供需平衡规律

人才开发的供需平衡规律是人才资源开发最基本的规律。人才开发的供需平衡规律告诉我们,人才供给和需求的动态平衡是决定经济社会又好又快发展的重要因素。在人才供需平衡过程中,经济社会发展起着主导作用。当一个系统、一个区域的人才资源与经济社会发展需求不相适应时,人才紧缺与人才浪费的现象就必然会发生。只有实现物质资本与人力资本的最佳结合,富集人力资本的人才能最大限度地实现自身价值,物质资本才能实现效益最大化。

第十章 人才发展的政策走向

倾向于与对方结合，是物质资本与人力资本的自然属性。附着于人才生命的人力资本只有与物质资本结合，才能通过劳动创造价值，生产新的社会财富。而货币只有与人的劳动相结合，才能变为资本。当供需平衡时，人才实现与资本的最佳结合，资本通过劳动与人才实现有机结合，资本由此取得利润，实现效益最大化；人才身上附着的人力资本才能通过商品生产形成价值，使人才的自身价值得到实现。当人才资源供给不足时，部分生产资料闲置，生产资料中的固定资产因为无形损耗而贬值。货币找不到投资渠道，因而不能成为资本，不能进入生产过程，给社会带来利润。当人才资源供给过剩时，部分人才找不到合适的工作岗位，造成人力资本的闲置。投资在人的教育培训中形成的人力资本，附着在人的生命之中，人力资本的闲置意味着生命的虚耗和投资的浪费。由于生命的延续是需要大量消费社会财富的，因而，人力资本的闲置还意味着社会消费的增加，这都将造成社会资源的浪费。

在人才供需平衡过程中，经济社会发展起着主导作用。经济社会发展决定人才的数量规模，决定人才的结构和分布，决定人才的质量要求。当一个系统、一个区域的人才资源与经济社会发展需求不相适应时，人才紧缺与人才浪费的现象就必然会发生。在国家经济社会发展过程中，人才供需不平衡的情况也是经常发生的。在我国改革开放之初，人才队伍的数量和质量远不适应经济社会发展的要求，特别是发展外向型经济的人才、现代企业经营管理人才、信息化人才缺乏。人才短缺问题一度成为制约经济社会发展的瓶颈。资本涌入集中的东南各省成为吸纳人才的高地，"孔雀东南飞"成为一时人才流动的真实写照。"十五"以来，中央做出了西部大开发的战略决策，资本开始向西部涌进，人才也开始成规模地向西部重点发展城市聚集。进入21世纪，中国经济的快速发展，引导人才队伍建设实现新的高速成长。丰富的人才资源对促进我国经济社会发展起到了巨大作用。但是，由于一些单位、一些高校不按客观规律办事，不注意研究经济社会发展需要和市场需求信息，在国家改革开放的全过程中，人才紧缺与人才浪费并存的问题一直没有得到很好的解决。现阶段，我国人才的培养与经济社会发展需求不相适应的问题还很突出。解决好这一问题，已经成为实现经济发展方式转变的当务之急。这也从另外一个方面告诫我们，人才的供需平衡问题是贯穿发展始终，需要我们不断研究解决的问题，人才的培养开发如果不能自觉做到与经济社会发展需求相适应，人才紧缺与浪费的现象就必然会发生。

人才资源的培养和成长，需要一个较长的周期，一个单位、一个企业乃至一个地区的人才短缺可以依靠人才的自然流动和市场调节机制解决，但是，大范围的人才短缺一旦形成，在短时间内将很难得到弥补。这就决定了实现人才供需平衡，必须要走教育先行的道路。现在入学的小学生，要到16年后才能大学毕业。现在入学的大学生毕业以后，也要参加社会工作实践5~10年才能成为现代化建设的骨干。学历教育的这种滞后性特点，要求教育必须有战略眼光，不但要看近期的需要，而且必须充分估计到现代科学技术的发展趋势。联合国教科文组织国际教育委员会提出的教育报告指出：许多发达国家和发展中国家的成功经验证明，教育先行，积极进行智力开发和人才储备，才能在激烈的科学技术竞争中争取战略主动。邓小平同志对此早就有清醒的认识，他指出："科学技术人才的培养，基础在教育。"因此，他认为："我们要千方百计，在别的方面忍耐一些，甚至牺牲一点速度，把教育问题解决好。"没有忍耐和牺牲，就没有教育的大幅度投入和教育的先行；没有教育先行，人才资源的开发、"科教兴国"战略的实施就是一句空话。为了实现教育的现代化，搞好学历教育，《中国教育改革和发展纲要》提出建设"211工程"，这对实现"科教兴国"战略,提高学历教育位置具有极为深远的意义。到 2010 年,我国的教育事业经过改革开放近 30 年的努力,已经取得跨越式发展,初中、高中的毛入学率分别达到 99%、79.2%。据国家统计局在系列报告中说,2010 年,我国各种形式的高等教育在学总规模达到 3105 万人,比 2005 年增加 805 万人,增长 35%,位居世界第一。教育为我国经济社会的可持续发展提供了强有力的人才保证和智力支持。现代科学技术的发展要求教育的连续性,要求在重视加强学历教育的同时,重视学历后的继续教育,把阶段性的教育发展成终身教育,只有这样,才能不仅在经费投入上保证教育先行,人才投入优先,而且在教育与科技进步、经济发展的关系上也能保证教育的先行地位,使教育更加贴近现代科技发展的需要,更加贴近经济社会发展的实际需要,实现人才供需平衡才有基础和可能。

(四)人才价值实现规律

人才价值实现问题,说到底,是人才身上物化的人力资本实现效益最大化问题,也是人的创造力如何得到最大限度发挥的问题。人才的价值涉及人才的潜在价值和现实价值、自我价值和社会价值,只有做到人才的潜在价值和现实价值相一致、自我价值和社会价值相统一,人才的积极性、创造性才能得到最大限度的发挥,才能够用好人才,凝聚人才,才能做到"以用为本",实现人才工作的终端落实。

人才的合理使用,其实质是实现人力资本与物质资本的优化组合,有了这种组合,才能形成更为有效的社会生产,才能使人才创造价值的劳动顺利展开,这就是人才价值实现的结合律。它告诉我们,要实现人才价值,首先要使人才得到合理使用,做到适能适位,在中国历史上,有过萧何月下追韩信的故事。在秦朝末年发生的农民起义中,韩信先是投奔项羽,没有得到合理使用,没能实现人力资本与物质资本的优化组合,帮助项羽形成新的战斗力。之后韩信通过人才流动的方式，改投刘邦，仍然没有得到合理使用，没能实现人力资本与物质资本的优化组合，于是又搞了一次人才流动，被萧何月下追回，引起刘邦重视，这才开坛拜将，实现了张良、韩信、萧何等杰出人才与战略资源的优化组合，辅佐刘邦一统天下。在美国汽车工业发展史上，得一史密斯而重振通用公司，得一艾柯卡而重振克莱斯勒，都是很著名的例子。在这一些特殊情况下，如遇到战争，适逢创业，人才价值的实现可以不计报酬，不惜牺牲，但不能不被合理使用。适应结合律，做到才尽其用，在任何时候、任何情况下都是最为重要的。

人才的价值涉及人才的潜在价值和现实价值、自我价值评价和社会价值评价。在进行创造性劳动的过程中，社会和人才自身都会对人才的劳动进行评价，这种评价主要是以社会认可、物质财富和物质利益的方式实现。如在我国的社会价值评价体系中，对国家公务员采取的是工资加级别待遇的方式，对企业员工采取的是工资加奖金的方式，对专业技术人员采取的是基本工资加岗位津贴加绩效薪酬的方式，对企业家则采取的是年薪制加股票期权的方式。在现实生活中，跟普通群众的生活贴得更紧、更经常起作用的，还是物质利益。当价值评价不能以物质财富和物质利益的方式顺利实现时，其他方式的社会认可也难以实现，或不能持久。因此，以物质财富和物质利益的方式对人才的劳动进行价值评价是最为根本的评价。

人才自身以知识与能力的形式积累了大量的人力资本，这是人才的潜在价值。人才在从事社会生产活动时，人力资本与资本结合，生成新增社会财富，获得社会报酬，即现实价值。在现实生活中，人才对自身知识与能力以及投入生产活动后获得社会报酬的评价是人才的自我价值评价。社会在人才以自身知识与能力投入生产活动后给予的报酬，构成人才的社会价值评价。人才的潜在价值和现实价值往往不相一致、自我价值评价和社会价值评价往往不相统一。在人才的现实价值和社会价值评价低于人才预期时，人才的工作积极性和主观能动性都不可能得到有效发挥，人才也难以稳定，社会生产效益也会降低。在我国改革开放之初，经济运行实行双轨制，国有企业和事业单位的经济效益下降，国家机关和国有企事业单位的人才纷纷下海，原因就在于此。而当人才的潜在价值和现实价值相一致、自我价值评价和社会价值评价相统一时，人才的积极性、创造性就能得到充分发挥。

现代心理学认为：需要是个体缺乏某种物质或精神的东西时产生的一种主观状态，是个体对客观事务的需求在头脑中的反映。当表现某种需要的愿望与能够满足需要的某种具体对象或条件结合时，需要就转为动机，动机推动产生行为达到目标，以满足需要。

根据马斯洛的需要层次理论，自我实现的需要是最高层次的需要，这种需要要求最充分地发展个体的潜力，实现个人的理想、抱负，做自己认为有意义的事情，这就是人才自我实现的需要。人才的自我价值实现，是人才的最高价值追求。这种自我实现的愿望，是在其他层次的需要得到满足之后产生的，在一定程度上是超越物质利益的。这种需要一旦形成并占有优势，就会转化成强烈的动机，产生出持久的创造力。处在人力资本最高层次的人才，是能够在更高数量级上创造利润的最可宝贵的财富。这部分人才的创造力一旦激发出来，就会产生巨大的社会经济效益。如科学史上的巨人牛顿、达尔文、普朗克、爱因斯坦、巴斯德、门捷列夫、爱迪生的发明创造为人类带来了难以计量的财富，至今还在深刻地影响着我们的生活。被国际上称为"杂交水稻之父"的袁隆平教授，以及其他荣获国家最高科学技术奖的科学家，他们获得荣誉和奖励与他们对我国现代科学发展所做的贡献相称。不仅高层次人才如此,其他层次的人才在进入自我实现过程中也都充满奉献精神。纵观人类社会历史,真正的无私奉献,大都源于自我价值实现的需要。因此,用好人才的关键,就是努力满足人才实现自我价值的需要。

综上所述,迄今为止,无论是学术界还是实际工作者,对于人才规律的研究,主要围绕两个方面开展:一是个体是怎样成才的,二是社会需具备什么样的条件才能形成人才辈出的局面。在市场经济条件,在政府把人作为一种社会资源主动进行投资开发时,需要遵循怎样的规律才能获得更大效益,尚无系统研究。在市场经济条件下,当政府把人才资源作为一种社会资源主动进行投资开发时,所要解决的主要问题和矛盾是投资效益的最大化问题,这就要努力避免出现人才的培养与使用脱节、紧缺与浪费并存的现象,避免出现人才大量流失的情况发生,使人才的积极性、创造性得到最大限度的发挥。研究和探讨市场经济条件下的人才资源开发规律,目的就在于此。市场经济条件下的人才资源开发规律包括人才投资的效益优先规律、人才发展的竞争择优规律、人才开发的供需平衡规律以及人才价值实现规律。所谓人才投资的效益优先规律,是指在人才资源投资开发的实践中,坚持优质资源的优先开发,坚持优势时间的优先利用,坚持对优势领域的优先支持,坚持高层次创新型人才的优先发展,就一定会带来更为丰厚的投资回报。所谓人才发展的竞争择优规律,是指当团体竞争和人才流动这两个条件同时具备时,集团内部就会形成建立在公平基础上的充分竞争和科学的人才评价机制,从而使选择机制得到优化,产生人才辈出的局面。所谓人才开发的供需平衡规律,是指人才供给和需求的动态平衡是决定经济社会又好又快发展的重要因素。这是因为,倾向于与资本的结合,是人力资本的自然属性,当一个系统、一个区域的人才资源与经济社会发展需求不相适应时,人才紧缺与人才浪费的现象就必然会发生。

只有实现与资本的最佳结合，富集人力资本的人才能最大限度地实现自身价值，物质资本才能实现效益最大化。所谓人才价值实现规律，是指人才的价值体现为了人才的知识能力结构优势即积累的更多的人力资本，表现在创造力杰出上。人才得到合理使用，人力资本实现与物质资本的有机结合，人才的创造性得到充分发挥的过程就是人才价值的实现过程。人才的价值涉及人才的潜在价值和现实价值、自我价值评价和社会价值评价，只有做到人才的潜在价值和现实价值的相一致、自我价值评价和社会价值评价相统一，人才的积极性、创造性才能得到最大限度的发挥，才能够用好人才，凝聚人才，才能做到"以用为本"，实现人才工作的终端落实。

二、人才资源能力建设

人才始终是国家发展的关键，国家人才队伍建设要把能力建设作为主题，坚持不懈，抓紧抓好。加强人才资源能力建设，就是要坚持学习与实践相结合、培养与使用相结合，促进人才在实践中不断增长知识，提升能力。提高各类人才的学习能力、实践能力、创新能力，从而保持人才资源可持续发展。

培养治国理政的领导人才，必须加强理论与知识学习，广泛开展形式多样的理论学习、业务和新知识、新技能培训；必须加强实践锻炼，实践是党政领导人才队伍能力建设的重要途径。通过理论知识与实践相统一，从而不断提高驾驭社会主义市场经济的能力、发展社会主义民主政治的能力、建设社会主义市场经济的能力、发展社会主义民主政治的能力、建设社会主义先进文化的能力、构建社会主义和谐社会的能力、应对国际局势和处理国际事务的能力。

需针对经营管理人才的不同要求实行分类培养。培养优秀的出资人代表，重点提高其战略决策能力、防范风险能力、识人用人能力；培养优秀的职业经理人，重点提高其经营管理能力、创新创造能力、市场应变和开拓能力、依法经营能力；培养优秀的复合型人才，提高其按国际通行规则履行职责的专业化水平；培养优秀的思想政治工作者，着力提高其政治理论水平和参与重大决策、有效开展党建与思想政治工作的能力。同时要不断完善实践锻炼机制，有计划、有重点地选派高层次人才到重要岗位、重大项目接受锻炼，在实践中提高其职业化能力和现代化、国际化意识。

通过国家重点院校、重点科研院所、重点实验室和开放实验室、国家战略工程和重大项目带动高层次专业技术人才的培养，以提高创新能力为核心，通过实施新世纪重点科研基地工程、国防科技高层次人才培养工程、"新世纪百千万人才工程""千人计划""万人计划"等，培养一批中青年学术骨干和高层次专业技术人才。

造就一批既了解国情又具有全球竞争力的各类人才，是我国在经济全球化背景下参与国际竞争的迫切要求。为此，一要加强国际化知识的宣传和普及，更加准确全面地了解世界各国的政治、经济、文化、历史、地理和社会发展状况；二要培养包括外语语言能力、计算机操作技能等开展国际交流交往所需要的基本技能；三要学习掌握各领域的国际惯例和规则，培养与国际先进水平和标准相一致的专业技能；四要对多元文化和价值观念具有接纳能力。

每年高校的自主招生都将公众的视线聚焦于高考招生制度，乃至我国高等教育的发展问题。很多人在呼吁改革高考制度。这是一件涉及面广、敏感度高，必须慎之又慎的事情。但慎重不等于什么都不做，对于表现明显的缺点，就应该逐步改进。例如，高考录取的明显缺点是按总分排队，它抹杀了不同学生的学习特长和不同专业的学习要求，而且总分排队助长了所谓的"掐尖大战"。

自主招生考试是在目前高考大框架下的一个补充手段，是慎重的改革探索。南开大学退出了"北约"联盟，源于该校想配合本校的教学改革，在招生环节上作一些契合学校特色的探索。例如，南开大学尝试在现行多科考试的框架下力争发现不同的"尖子"，并在考生特长与专业学习要求相匹配的前提下给予加分，试图形成尊重特长和尊重专业统一的价值取向。今后还可以更灵活，把更多的选择权交给学生：在一定的必选科目之外增加选考科目，如"五科"中选"三科"，由学生自己选。

现在舆论常常把自主招生和偏才怪才联系在一起。但是，偏才怪才是极少数，否则就不偏也不怪了，对他们可以通过其他特殊渠道录取，而不是在公开招考上设置优惠。自主招生考试不是为了选拔个别的偏才怪才。如果在考试中太注重偏才或怪才，可能会对中学形成"指挥棒"效应。人才培养往"偏"或"怪"的方向发展，不是正确的导向，从长远看，全面发展、特色鲜明的学生更有潜力。

实际上，人才培养比选拔更重要。如果说选拔人才是筛选出好种子，而让好种子生长得更好，才是大学的真正任务。大学的当务之急并不是用什么方式选拔人才，或者挑选什么样的人才，而是探索一套符合规律的人才培养方式。在人才培养方面，我们的大学教育有着很深的工业化思维烙印。我们往往把培养人才与工业上的"塑造"或"加工"看作一回事，而正确的教育理念应该是让学生像植物一样生长，不是"被塑造"或"被加工"。

数学大师陈省身曾说，大师是冒出来的。钱学森先生也曾感叹，这么多年都没有冒出杰出人才。他们用的都是"冒"这个字。有人把办尖子班的做法和应试教育的方法延伸到大学来，是不得要义的。"冒"是一个主动的过程。我们必须拓展学生主动学习、主动选择、主动参与的空间，不仅要指导，更要尊重学生的主动性、创造性，这是"冒"出人才的必要条件。

杰出人才的培养不单纯是大学的任务，中小学尤其是高中，要跟大学互动起来，共同探索杰出人才的培养规律，按照规律办事情，把环境营造好。

要不拘一格"冒"人才，需要实现教育的转型，真正实施素质教育。我们要在推进素质教育的实践中发展素质教育的理论，在人才培养上能够走出一条自己的路来，不必什么都跟在外国优秀大学后面亦步亦趋。

下面再来举一个力促科技工作者创业的例子。

近年来台湾高科技产业的发展备受瞩目，台湾成为全球第三大高科技业区，其中作为台湾第一科技园的新竹科技园区有着极大贡献。新竹科技园经过30多年的发展，已形成了包括集成电路、电脑及周边设备、通信、光电、精密机械、生物技术六大类产业的特色产业集群，拥有联华、华硕等一批世界知名的电子信息企业，新竹成为拥有国标竞争优势的电子信息产业基地。目前，新竹科技工业园的晶圆代工产业规模全球第一，集成电路设计全球第二，集成电路产业规模全球第四，笔记本电脑产量全球第一。

新竹科技园的发展，离不开政府的坚持、优势的创新政策、高科技人才的引进和完善的管理、服务等多家方面因素。

新竹积极吸引在硅谷的留学生回归创业，并利用民间的跨国团体，形成硅谷与新竹之间的技术、人才、资本和信息的交流；吸引世界高科技公司到工业园落户，甚至不少美国企业采取"以硅谷进行基本研究及市场拓展，在新竹园区从事产业发展、产品工程设计与生产"的经营模式。

新竹科技园是典型的在发展主导下建设的科技园区。在建设初期，政府直接介入园区规划，通过投资和服务，为园区配备一流的基础设施；政府制定一系列优惠政策，为园区企业发展、人才引进提供了支持；通过颁布一系列法规化的管理。政府将自己定位为一个公平公正的市场引导者和市场秩序维护者，在园区设立营建署、地政司、工业局、投资业务处及环保署等部门，为企业和员工提供一站式的全方位服务。

新竹科技园内有工业技术研究院、交通大学和清华大学以及六个"国家实验室"，研究机构和大学生为企业提供前沿技术、创新项目和丰富的人力资源，并对园区从业人员进行在职培训；同时，园区内不仅大部分企业的科研开发骨干经常参加研究机构和大学的研究、教学活动，而且为研究机构和大学提供了市场发展方向的指引和创新的实践基地。

2000年3月，"台湾当局"颁布了《政府科学技术研究发展成果归属及运用办法》。该办法规定，政府无论是以哪种形式出资进行科技研发工作，不再局限于"政府出资，必须享有所有权"的观念，而以归属研究单位为原则，归属政府为例外。这些规定，有利于促进知识产权的商业开发及应用。

新竹科技园为吸引海外留学生制定了大量优惠政策，为其提供了与美国相似的生活环境，给予这些高科技人才相当优厚的待遇，甚至超过美国同类人员的工资水平。而且新竹科技园还规定，企业雇佣台湾本地科技人员的人数必须占科技人员总数的50%以上，以保证把更多的台湾科技人员培养成为高科技人才和高级管理人才。主要的途径是依靠政府设立多项科技资助资金，采取财政支出的无偿资助与低息的方式，来帮助企业进行技术创新。除此之外，政府还通过税收优惠和通过便宜厂房来鼓励和刺激投资；为给新生企业提供资金，新竹一方面给未上市的公司股票提供灰色市场，同时又在20世纪80年代中期建立风险基金。政府专门出台了组织风险基金的公司法，风险基金企业完全按照市场规律进行操作，政府不做干预。

新竹科技园建立了一整套中介组织，涉及咨询服务、金融服务、人力资源、评估、法律、会计和信息服务等各个方面，这些中介组织为企业提供多方面服务，协调企业之间、企业与政府之间的沟通。

综上所述，新竹科技园之所以成功，原因可总结如下：首先，园区内有着相对完善的生活设施和适合高科技企业发展的空间。其次，园区建立了高效的管理体制，具有科学的规划、建设和管理。园区管理者树立了以企业为核心的服务理念，为园区广商提供全方面、多功能的服务，讲究服务速度、简化手续，讲究完整性与安全性，并提供24小时全天候服务。

三、国家战略人才培养

（一）万众一心托起"中国梦"

从历史来看，"中国梦"是中华民族追求民族复兴的百年梦想；从现实来看，"中国梦"是当代中国人追求中国社会主义现代化的共同理想；具体到海外回国留学人才，"中国梦"是指期盼祖国富强、人民幸福的深厚感情，以及用自己的学识报效祖国、奉献社会的美好志向，是把自己的事业融入中国发展大潮，与祖国一起成功的故事。

1. "中国梦"是真实的

"中国梦"是一种宣传，还是一种存在？笔者认为，是一种真实的存在。一是中国的机遇是真实的，这是国内外有识之士的共识。二是中国对人才的尊重是真实的。改革开放以来，各级党委、政府对人才工作日益重视，全社会尊才重才、爱才惜才的氛围日益浓厚。人才发展在中国进入了黄金期。三是中国对人才的支持是真实的。十年间，中央两次召开全国人才工作会议，制定了国家人才发展规划，实施了引进海外高层次人才"千人计划"，启动实施重点支持国内高层次人才的"万人计划"。中央财政为12项国家重大人才工程新增经费预算1000多亿元。四是人才在中国实现理想抱负是真实的。邓中翰的"中国梦"已经成真。王晓东想做世界上最好的生命科学研究所，潘建伟想做世界一流的量子物理实验室，丁列明想做中国老百姓吃得起的抗癌新药，等等，都正在成为现实。事实都充分说明，中国现已成为各类人才创新创业的热土，是各类人才可以成就事业和梦想的福地。

2. "中国梦"是进步的

人才的价值不仅在于个人事业的成功，更重要的是为社会和人民做出贡献。只为自己过上好日子而奋斗的梦是狭窄的，为大多数人过上好日子而奋斗的梦是进步的。钱学森、李四光等老一辈科学家把自己的全部才华奉献给了国家和民族，国家感谢他们，人民崇敬他们，他们也从中收获了人生的价值和幸福。我们说"中国梦"是进步的，一是因为"中国梦"与中华民族实现伟大复兴的梦想紧紧连在一起。从鸦片战争开始，中华民族饱受磨难和屈辱，实现中华民族伟大复兴，一直是海内外中华儿女的共同梦想。今天，我们正在迎来实现民族复兴最有希望的前景，赶上这个历史性机遇，把个人的理想抱负融入民族复兴的伟业，为实现中华民族百年梦想做出贡献，这是每个优秀中华儿女梦寐以求的事情。二是因为"中国梦"与中国特色社会主义事业紧紧连在一起。走中国特色社会主义道路，是改革开放 30 多年来我国现代化建设不断取得胜利的根本原因。投身中国的现代化建设，共同推进中国特色社会主义事业，把人类美好的社会理想在这块古老的土地上化为现实，是一种崇高的追求。三是因为"中国梦"与 13 亿中国人民的幸福紧紧连在一起。中国是世界上人口最多的国家，人才在中国创新创业，他们的才华和技术可以造福 13 亿人民，他们的价值能够得到 13 亿人民的认同。奋斗者是充实的，奉献者是幸福的。一个人的奋斗能为大多数人带来幸福，得到大多数人的承认，自己就是幸福的人。

3. "中国梦"是长久的

首先，"中国梦"有优秀中华文明的深厚底蕴，有长远的目标，而不是急急忙忙地追求眼前利益。许多海外学子回归祖国，往往是因为割舍不断的中华人文情怀。其次，"中国梦"有中国共产党对人民高度负责的执政追求为保证，党的基本路线、方针、政策是长期的稳定的可以预期的。再次，"中国梦"立足于促进世界和平发展、共同进步的国家目标。人才在中国创新创业，既是为中国发展进步做贡献，也有利于人类和平和长远发展。

4. "中国梦"是大家的

每一位海外回国留学人才都有自己的"中国梦"，但任何理想的实现都不会一帆风顺，在中国实现理想同样需要付出艰辛和汗水，实现"中国梦"要靠大家共同努力。中国现在还是发展中国家，尽管做了很大的改革、很大的创新、很大的努力，但与发达国家相比，无论是科研条件、工资待遇、住房保障等硬件建设，还是科研体制、创业环境、工作机制、服务保障等软件建设，都还存在不少差距。党和国家将继续推进科研和人才的理念、体制、机制改革创新，为各类人才创新创业提供越来越好的环境和条件。改革创新需要集中大家的智慧，依靠大家的努力。许多从海外回来的专家、学者说得好，回国后如果一切都一帆风顺，反而体现不出人才奋斗的价值；与其在海外批评，不如回国内实践；真正的专家不仅要提出问题，更要想办法解决问题。海外回国人才眼界宽、思路宽，胸襟也应该宽，应该与国内人才加强合作、团结奋斗，既要仰望星空、心怀梦想，又要脚踏实地、不畏艰难。在追求国家富强、民族复兴、人民幸福的伟大事业中，共同用智慧和坚韧托起东方的"中国梦"。

（二）国家战略人才培养新举措

首先，实施国家战略人才培养工程。实施国家战略人才培养工程，要有选择地培养重点理论研究领域的顶尖人才。积极鼓励科学家进入世界多学科基础理论研究前沿阵地，并为此尽可能创造一切有利条件。积极实施"战略高技术人才培养计划",以提高创新能力和弘扬科学精神为核心,造就一批具有世界前沿水平的战略高技术专家,提升我国科技竞争力。加快培养一批高水平的国防科技专家,充实加强以提升国防技术为内容的"高新技术工程"。

其次,加强国家战略高技术领域人才基地建设。要切实加强高技术领域人才基地建设,围绕信息高科技及其应用、生物高科技与绿色工程、纳米技术与微系统、关键材料与器件、战略能源技术、空天高技术、激光技术及应用、海洋高技术等领域发展,制定人才培养规划。要建设好国家高科技领域人才培养基地和国家实验室。

最后,建立国家战略人才培养保障稳定机制。利用好现有基地、新建基地和高等院校,构建国家战略人才培养平台,使战略人才的培养经常化、规模化和制度化。建立"国家战略高技术人才培养专门管理制度",建立高技术人才数据库,实行中央一体化直接管理,设立"国家战略人才专项资金"。对具有世界前沿水平的战略高技术科学家实行特殊津贴制度。探索建立国家战略人才安全保障机制和宏观预警机制。

(三)青年拔尖人才支持计划

青年拔尖人才支持计划申报工作开展以来,社会各界广泛关注。该计划是《国家中长期人才发展规划纲要(2010~2020年)》确定的12项重大人才工程之一,由中央组织部牵头实施。该计划旨在重点培养支持国内35周岁以下最具创新能力和发展潜力的青年人才,为他们潜心研究提供更有力的保障,为其脱颖而出开辟"绿色通道"。

(1)为高层次领军人才储备力量。青年拔尖人才支持计划从2011年开始,分期分批组织实施,每年遴选200名左右35岁以下的优秀青年人才给予重点培养支持。到2020年,计划培养支持2000名左右的优秀青年人才。该计划在遴选支持优秀青年人才的同时，致力探索人才遴选、考评、培养等各方面的新机制、新方法，催生一批各专业领域的青年学术技术带头人，形成我国各领域高层次领军人才的重要后备力量。计划实施过程中，将根据国家经济社会发展需要和人才发展的实际情况，对目标任务进行适当调适。青年拔尖人才支持计划侧重于支持从事研究工作的创新人才，计划的支持范围涵盖自然科学、哲学社会科学和文化艺术等领域，优先支持国家重点学科、优势产业、战略性新兴产业和急需紧缺领域的科研人才，以增强国家未来人才竞争力和创新能力。

（2）确保人选质量强调发展潜力。计划的申报条件主要包括两个方面：一是"硬件"条件，申报者应在35周岁以下、获得博士学位、在国内全职工作一年以上。对于在国际学术前沿取得重大突破的特殊人才可破格申报。二是"软件"条件，申报者应在同龄人中具有突出的专业水平和发展潜力，但不对论文、职称等条件做出具体规定。主要是遵循科学人才观，不简单以论文、职称等外在条件论"英雄"，而是强调发展潜力。确保公开、公平、公正是该计划具有公信力和生命力的关键。借鉴"千人计划""国家杰出青年科学基金"等计划的成功经验，组织者对计划实施工作进行了设计。一是信息公开。申报通知面向社会公开，评审结果面向社会公开，入选人员面向社会公开，接受社会各界监督。二是规范程序。计划人选者经过个人申报、单位推荐、资格审查、专家通信评审、现场答辩、社会公示等程序产生。在申报推荐的第一环节，即要求推荐单位严格把关，一般要通过组织专家评审等方式提出推荐名单、签署推荐意见。三是完善制度。通过多项制度设计，确保评选工作公正进行，如通信评审专家从评委专家库中根据学科匹配原则随机产生，如因故未能评审，由电脑自动分配新的评委来评审；专家意见和评判分数作为入选的决定性因素，避免外界干预专家评审工作或影响评审结果。

（3）打造经得起历史检验的精品人才工程。青年拔尖人才支持计划对入选者主要提供两个方面的支持。一是科研经费支持，中央财政提供为期3年、最高可达240万元的科研经费，并赋予入选者较为充分的自主支配权，以创造一个潜心研究的良好环境。支持经费的具体额度将依据其开展科研工作的实际需要、综合评审专家提出的意见来确定。同时，制定相应的经费管理政策，确保经费使用廉洁高效。二是培养政策支持，制定实施对入选者的后续培养政策，在承担项目、参与课题等方面给予特殊倾斜，利用国家重大科技专项或重大工程建设项目平台培养人才，探索创新青年拔尖人才的培养使用机制。

首批评选工作以遴选支持一批国内顶尖青年人才和探索建立一套科学公正的青年人才遴选机制为目标，本着边实施边完善的原则，认真吸收有益经验，充分听取各方面的意见建议，不断完善政策机制，努力把这项计划打造成国家需要、人才满意、地方和各部门欢迎、经得起历史检验的精品人才工程。

（四）国家高技能人才振兴计划实施方案

根据《国家中长期人才发展规划纲要（2010~2020年）》和《高技能人才队伍建设中长期规划（2010~2020年）》的部署，制定国家高技能人才振兴计划实施方案。

1. 项目的定位与主要内容

实施国家高技能人才振兴计划是适应加快转变经济发展方式、推动产业结构优化升级、提高企业竞争力、加强高技能人才队伍建设的重要举措。国家高技能人才振兴计划以技师、高级技师培训为重点，以提升职业素质和职业技能为核心，旨在培养和造就一批具有精湛技艺、高超技能和较强创新能力的高技能领军人才，引领、带动高技能人才队伍建设和发展。重点实施三个工作项目：

(1) 技师培训项目。适应加快转变经济发展方式、促进产业结构优化升级、发展现代产业体系的需要，充分发挥行业、企业和职业院校作用，加快培养一批具有精湛技艺和掌握新知识、新工艺的技师和高级技师。从2011～2020年，全国新培养350万名技师、100万名高级技师，使技师和高级技师总量达到1000万人。其中，国家重点支持50万名（每年5万名）经济社会发展急需、紧缺行业（领域）高级技师培训。

(2) 高技能人才培训基地建设项目。结合区域经济发展、产业振兴发展规划和新兴战略性产业发展的需要，主要围绕十大振兴产业、新兴战略性产业和经济社会发展急需、紧缺行业（领域），依托具备高技能人才培训能力的职业培训机构和城市公共职业技能实训基地，建设高技能人才培训基地，重点开展高技能人才研修提升培训、高技能人才评价、职业技能竞赛、高技能人才课程研发、高技能人才成果交流等活动。从2011年到2020年，建设1200个高技能人才培训基地，基本形成覆盖重点产业和中心城市的高技能人才培养网络。其中，到2015年年底，国家重点支持400个高技能人才培训基地建设。

(3) 技能大师工作室建设项目。发挥高技能领军人才在带徒传技、技能攻关、技艺传承、技能推广等方面的重要作用，鼓励各级政府、行业、企业选拔生产、服务一线的优秀高技能人才，依托其所在单位建设一批技能大师工作室，开展培训、研修、攻关、交流等活动。其中，到2020年年底，国家重点支持1000个左右技能大师工作室建设，基本形成覆盖重点行业、特色行业的技能传承与推广网络。

2. 项目的实施

根据《国家中长期人才发展规划纲要（2010～2020年）》的要求，国家高技能人才振兴计划于2011年开始实施，到2015年年底完成中期考核评估,到2020年年底完成总体目标任务。

(1)技师培训项目。2011年,将技师和高级技师培养任务分解落实到各地区、各行业。到2015年年底,任务完成过半。到2020年年底,完成全部培养任务。

(2)高技能人才培训基地建设项目。2011年,在经济社会发展急需、紧缺行业(领域)启动高技能人才培训基地建设工作。到2015年年底,完成国家重点支持的400个高技能人才培训基地建设工作。各地区、各行业同步开展本地区、本行业重点支持的高技能人才培训基地建设工作,到2020年年底,完成全部1200个高技能人才培训基地的建设任务和终期评估。

(3)技能大师工作室建设项目。2011年,选择部分地区、行业启动技能大师工作室相关工作。到2015年年底,技能大师工作室建设完成500个,项目任务过半,并进行中期评估。到2020年底,完成全部1000个技能大师工作室项目建设任务,相关部门联合开展终期评估。各地区、各行业同步开展本地区、本行业重点支持的技能大师工作室建设工作。

以上三个项目的具体实施办法由人力资源和社会保障部会同财政部共同制定。

3.项目的保障措施

(1)组织保障。落实《国家中长期人才发展规划纲要(2010~2020年)》,实施国家高技能人才振兴计划是一项复杂的系统工程,需要发挥各部门优势,发挥各级地方政府、行业、企业作用,共同做好组织实施工作。要建立计划实施情况的监督、评估、考核机制,加强督促检查,定期研究解决工作中存在的突出问题,总结和推广先进工作经验。在中央人才工作协调小组领导下,人力资源和社会保障部会同财政部、教育部、国资委等部门成立国家高技能人才振兴计划协调指导小组,负责计划的统筹协调、宏观指导和监督检查。协调指导小组办公室设在人力资源社会保障部职业能力建设司,负责高技能人才振兴计划具体组织实施工作。

(2)经费保障。建立健全国家高技能人才振兴计划的经费保障机制,进一步加大各级政府投入,并充分发挥财政资金的引导性作用,带动行业、企业和社会等多方面加大投入,为计划的实施提供充足的经费支持。对经济社会发展急需、紧缺行业(领域)高技能人才培训、高技能人才培训基地建设和技能大师工作室建设,各级财政给予适当支持。

(3)技术支持。根据国家产业结构调整和经济发展实际,做好《中华人民共和国职业分类大典》修订工作,为高技能人才培养、评价等工作提供依据。加快技师、高级技师国家职业技能标准的编制、修订和职业技能鉴定题库的开发。进一步加大高技能人才师资培养力度,提高教师能力水平。加快适用于高技能人才的现代培训技术和特色教材的开发。建立健全高技能人才调查统计制度。定期发布高技能人才岗位需求预测信息。建立完善分层次的高技能人才信息库和技能成果信息库。

第四节 人才发展重大工程

发展以人为本,人才以用为本。着眼于推进创新型国家建设、全面建设小康社会、提升人才未来竞争力,根据《国家中长期人才发展规划纲要(2010~2020年)》的要求,由国家层面组织实施的12项重大人才工程实施方案陆续出台,标志着国家重大人才工程全面启动实施。重大人才工程的实施既是对发达国家人才资源开发的借鉴,也是我国从20世纪90年代开始实施人才工程的经验总结。这些工程的设计充分考虑了人才发展的全局,既突出人才发展的战略重点,又统筹人才发展的各个领域和不同层面,培养国内人才与引进海外人才并重,是一个较为完整的工程体系。

一、重大人才工程实施现状

人才发展规划实施以来，中央人才工作协调小组及时对重大人才工程的组织实施作出部署，要求有关部门把实施重大人才工程作为实施人才强国战略、统筹推进各类人才队伍建设的重要抓手，加强组织领导，加大保障力度，狠抓工作落实。中央人才工作协调小组印发实施人才发展规划任务分工方案，明确各项重大人才工程的牵头部门和参与部门，并对重大工程启动实施提出要求。同时，各牵头单位签订重大人才工程责任书。任务分工方案下发后，各部门抓紧开展实施方案的制定完善工作。牵头单位组建了部领导牵头、相关司局参加的工作班子，教育部、科技部、卫生部等部门领导都亲自主持实施方案制定工作。

财政部专门成立了由部长任组长、分管副部长任副组长、涉及13个司司长参加的协调小组，并召开工程预算审核工作专题会议，及时核批1000多亿元的新增经费。中央人才工作协调小组办公室积极沟通协调，及时解决启动实施过程中的重点难点问题。在各部门的密切配合下，各工程实施方案和若干子计划陆续制定印发。

"边远贫困地区、边疆民族地区和革命老区人才支持计划"的参与单位多达10家。工程的实施方案中明确提出，中组部会同各参与部门成立部际协调小组，负责计划的设计、管理和监督，向各专项分配选派（培养）任务。教育部、卫生部等部门分别牵头负责教师、医务工作者等专项的组织实施。中宣部牵头的"文化名家工程"，国资委牵头的"企业经营管理人才素质提升工程"，人社部牵头的"国家高技能人才振兴计划"和"专业技术人才知识更新工程"，中组部牵头的"青年英才开发计划"，农业部牵头的"现代农业人才支撑计划"等均相继印发、实施。

目前，12项重大人才工程实施方案转入全面实施阶段。"国家高技能人才振兴计划"提出,新培养350万名技师、100万名高级技师,使技师和高级技师总量达到1000万人;"高素质教育人才培养工程"提出,每年培训11000名中青年骨干教师、5000名职业学校"双师型"教师、1500名高校拔尖创新人才以及2500名学校优秀校长;"全民健康卫生人才保障工程"提出,培养造就一批医学杰出骨干人才,培养5万名专科住院医师,培训30万名全科医师……纵观12项重大人才工程,每项工程都明确了任务目标、主要内容、工作分工、进度安排、经费预算和组织领导机制,实施方案可操作、可监测、可评估,同时注意与科技发展规划、教育改革和发展规划提出的重大工程和现有人才工程相衔接,形成协调一致、整体推进的工作格局。

政策是人才工作的生命线。各地抓住人才反映强烈、社会广泛关注的重点难点问题,研究制定突破性的人才政策,从一项项具体政策改起,由点到面、逐步推进,带动人才体制机制改革创新。中组部牵头制定了《国家特聘专家服务管理办法》,实施"千人计划"的"一个意见、八个办法",现已拓展到十四个办法;科技部牵头制定了《关于加强高层次创新型科技人才队伍建设的意见》;教育部牵头制定了《关于培养造就青年英才的意见》;人社部牵头制定了《关于加强科技创业人才队伍建设的意见》《分类推进职称制度改革的意见》。

截至2011年年底,中央国家机关有关部委近年来先后制定了168项人才政策,正在研究起草的还有140项。这些包含了大量创新的政策,为理顺人才工作体制机制、合力推进人才队伍建设、充分释放人才发展活力提供了制度保障。

二、重大人才工程实施制度

（一）经费保障

"工程"经费主要由政府、社会、用人单位和个人投入等构成。政府经费主要发挥对"工程"经费投入的支持和引导作用，按照分税制财政体制要求，各级政府承担的工程项目任务，由同级财政予以保障；各部门承担的具体工程项目任务，按照部门预算管理规定，向同级财政申请经费支持。有关部门要整合现有人才培养培训项目资源，做好项目归并和管理对接工作，避免重复建设和政策不衔接，统筹规划、突出重点、优化结构、确保重点项目的实施。各用人单位按规定比例提取职工培训费。要保障本单位开展工程项目支出，加强企事业单位继续教育经费提取和使用的监督管理。

（二）政策保障

第一，加强继续教育与人才使用政策的贯通。参加"工程"培养培训和学习情况作为个人经历和接受继续教育的重要记载。完善继续教育与工作考核、职称评聘、岗位聘任（聘用）、职业注册等人事管理制度的衔接。

第二，做好"工程"培养培训与各类人才培训政策的结合。探索"项目人才"培养模式，在国家重大专项、重大工程、重大建设项目中，明确与"工程"重点领域相关的人才培养培训项目，并在实施中搞好衔接；重视发挥企业作用，加强用人单位的人才培养培训与"工程"培养培训任务的衔接；加强对非公有制单位人才培养培训力度，拓宽和完善非公有制单位人才进入"工程"的通道。

第三，做好队伍建设和制度改革的结合。对有关重点领域、重点类别的人才队伍建设，结合"工程"实施进展情况，重点推进金融会计、社会工作、能源资源、环境保护与管理、工业设计制造、信息技术、人力资源管理等人才管理制度改革。

（三）服务保障

根据"工程"年度计划和培训需求，定期发布"工程"项目目录。面向社会征集有关项目承办单位，建立面向全社会的服务网络。研究不同类别、不同层次、不同岗位人才的素质能力模型，分类制定培训大纲，加强课程和教材体系建设，实施精品课程和精品教材工程，开展培训需求调查预测和反馈工作；加强网络课程和培训项目、专家师资、教材资源、施教机构和研究课题等国家数据库建设。

（四）监督保障

制定"工程"项目管理制度，对入选的"工程"项目和承办单位进行公示，接受社会监督；对"工程"项目开展情况进行指导、监督和检查。建立"工程"人才培养培训评估体系，及时跟踪考核"工程"社会效益和实际效果。加强经费使用情况的监督，建立相应制度，确保培养培训资金专款专用。强化企事业单位工程项目经费配套和使用的监督管理。逐步实现"工程"现代化网络管理，通过全国"工程"综合管理网络体系，及时掌握情况，实时监控，动态调控，提高"工程"实施效果。

三、重大人才工程实施目标

（一）创新人才推进计划

为积极应对国际科技竞争，提高自主创新能力，着眼于培养造就一批世界水平的科学家，在我国具有相对优势的科研领域设立100个科学家工作室；瞄准世界科技前沿和战略性新兴产业，每年重点支持和培养一批具有发展潜力的中青年科技创新领军人才；着眼于推动企业成为技术创新主体，每年重点扶持1000名科技创新创业人才；依托一批国家重大科研项目、国家重点工程和重大建设项目，建设若干重点领域创新团队；以高等学校、科研院所和高新技术产业开发区为依托，建设300个创新人才培养示范基地。

（二）青年英才开发计划

着眼于人才基础性培养和战略性开发，提升我国未来人才竞争力，在自然科学、哲学社会科学和文化艺术等重点学科领域，每年重点培养扶持一批青年拔尖人才；在高水平研究型大学和科研院所的优势基础学科建设一批国家青年英才培养基地，按照严入口、小规模、重特色、高水平的原则，每年选拔一批拔尖大学生进行专门培养；为培养造就未来国家所需的高素质、专业化管理人才，每年从应届高中、大学毕业生中筛选若干优秀人才送到国外一流大学深造，进行定向跟踪培养。

（三）企业经营管理人才素质提升工程

着眼于提高我国企业现代化经营管理水平和国际竞争力，到2020年，培养一批具有世界眼光、战略思维、创新精神和经营能力的企业家；培养1万名精通战略规划、资本运作、人力资源管理、财会、法律等专业知识的企业经营管理人才。

（四）高素质教育人才培养工程

为建设一支高素质、创新型教育人才队伍，通过研修培训、学术交流、项目资助等方式，每年重点培养和支持2万名各类学校教育教学骨干、"双师型"教师、学术带头人和校长，在中小学校、职业院校、高等学校培养造就一批教育家、教学名师和学科领军人才。

（五）文化名家工程

为更好地推动宣传思想文化工作，进一步提高国家文化软实力，着眼于培养造就一批造诣高深、成就突出、影响广泛的宣传思想文化领域杰出人才，每年重点扶持、资助一批哲学社会科学、新闻出版、广播影视、文化艺术、文物保护名家承担重大课题、重点项目、重要演出，开展创作研究、展演交流、出版专著等活动。到 2020 年，由国家资助的宣传思想文化领域文化名家达到 2000 名。

（六）全民健康卫生人才保障工程

适应深化医药卫生体制改革、保障全民健康需要，加大对卫生人才培养支持力度。到 2020 年，培养造就一批医学杰出骨干人才，给予科研专项经费支持；开展住院医师规范化培训工作，支持培养 5 万名住院医师；加强以全科医师为重点的基层卫生人才队伍建设，通过多种途径培训 30 万名全科医师，提高基层医疗卫生服务能力。

（七）海外高层次人才引进计划

重点围绕国家发展战略目标，在中央、国家有关部门、地方分层次、有计划引进一批能够突破关键技术、发展高新技术产业、带动新兴学科的战略科学家和创新创业领军人才。其中，中央层面实施"千人计划"，建设一批海外高层次人才创新创业基地，用 5~10 年时间引进 2000 名左右海外高层次人才回国（来华）创新创业。

（八）专业技术人才知识更新工程

围绕我国经济结构调整、高新技术产业发展和自主创新能力的提高，在装备制造、信息、生物技术、新材料、海洋、金融财会、生态环境保护、能源资源、防灾减灾、现代交通运输、农业科技、社会工作等重点领域，开展大规模的知识更新继续教育，每年培训 100 万名高层次、急需紧缺和骨干专业技术人才，到 2020 年，累计培训 1000 万名左右。依托高等学校、科研院所和大型企业现有施教机构，建设一批国家级继续教育基地。

（九）国家高技能人才振兴计划

适应走新型工业化道路、加快产业结构优化升级的需要，加强职业院校和实训基地建设，培养造就一大批具有精湛技艺的高技能人才。到 2020 年，在全国建成一批技能大师工作室、1200

个高技能人才培训基地,培养100万名高级技师。

(十)现代农业人才支撑计划

适应建设社会主义新农村、加快发展现代农业的需要,加大对现代农业的人才支持力度。到2020年,选拔一批农业科研杰出人才,给予科研专项经费支持;支持1万名有突出贡献的农业技术推广人才,开展技术交流、学习研修、观摩展示等活动;选拔3万名农业产业化龙头企业负责人和专业合作组织负责人、10万名生产能手和农村经纪人等优秀生产经营人才,给予重点扶持。

(十一)边远贫困地区、边疆民族地区和革命老区人才支持计划

为促进边远贫困地区、边疆民族地区和革命老区加快发展,实现基本公共服务均等化目标,在职务、职称晋升等方面采取倾斜政策,每年引导10万名优秀教师、医生、科技人员、社会工作者、文化工作者到边远贫困地区、边疆民族地区和革命老区工作或提供服务。每年重点扶持培养1万名边远贫困地区、边疆民族地区和革命老区急需紧缺人才。

(十二)高校毕业生基层培养计划

着眼于解决基层特别是中西部地区基层人才匮乏问题,培养锻炼后备人才,积极引导和鼓励高校毕业生到基层创业就业。实施一村一名大学生计划,用5年时间,先期选派10万名高校毕业生到村任职,到2020年,实现一村一名大学生目标。统筹各类大学生到基层服务创业计划。通过政府购买工作岗位、实施学费和助学贷款代偿、提供创业扶持等方式,引导高校毕业生到农村和社区服务、就业和自主创业。

第五节 人才发展体制机制

创新人才在人才竞争中具有明显的竞争优势。我国提出提高自主创新能力,构建创新型国家,把增强自主创新能力贯彻到现

代化建设的各个方面，以科学发展观作为推动人才发展的动力，坚决破除束缚人才发展的思想观念和制度障碍，形成一套健全完善的创新人才建设的机制体制，构建科学合理的创新人才发展机制体制，以实现我国创新人才队伍的大发展。

习近平总书记强调，我国经济已由较长时期的两位数增长进入个位数增长阶段。在这个阶段，要突破自身发展瓶颈、解决深层次矛盾和问题，根本出路就在于创新，关键要靠科技力量。要坚持自主创新、重点跨越、支撑发展、引领未来的方针，以全球视野谋划和推动创新，改善人才发展环境，努力实现优势领域、关键技术的重大突破，尽快形成一批带动产业发展的核心技术。要加快经济结构战略性调整，坚持三二一产业融合发展，整体提高先进制造业水平。他强调，实施创新驱动发展战略，是立足全局、面向未来的重大战略，是加快转变经济发展方式、破解经济发展深层次矛盾和问题、增强经济发展内生动力和活力的根本措施。在日趋激烈的全球综合国力竞争中，必须坚定不移走中国特色自主创新道路，增强创新自信，深化科技体制改革，不断开创国家创新发展新局面，发挥科技创新的支撑引领作用，加快从要素驱动发展为主向创新驱动发展转变，加快从经济大国走向经济强国。要加强科技人才队伍建设，为人才发挥作用、施展才华提供更加广阔的天地，鼓励人才把自己的智慧和力量奉献给实现"中国梦"的伟大奋斗。

一、人才发展体制机制的多项改革

针对建立创新人才发展体制机制，要综合培养社会所需各类人才，统筹兼顾各类人才队伍全面协调可持续发展，实现我国人才资源总量稳步增长，队伍规模不断壮大的战略目标，必须重视人才的培养工作，着力构建创新人才培养模式（王蕊，2011）。创新人才在人才竞争中具有明显的竞争优势。我国提出提高自主创新能力，构建创新型国家，把增强自主创新能力贯彻到现代化建设各个方面。要健全完善人才建设的机制体制，以科学发展观作为推动人才发展的动力，坚决破除束缚人才发展的思想观念和制度障碍，形成一套健全完善的人才建设的机制体制。

（一）人才发展体制机制改革方案

在实践中，有一些地方提出了人才发展体制机制改革的方案，下面以河南省为例，做简要介绍：

1. 人才培养开发机制

（1）目标要求：坚持以国家发展需要和社会需求为导向，以提高思想道德素质和创新能力为核心，完善现代国民教育和终身教育体系，注重在实践中发现、培养、造就人才，构建人人能够成才、人人得到发展的人才培养开发机制。坚持面向现代化、面向世界、面向未来，充分发挥教育在人才培养中的基础性作用，立足培养全面发展的人才，突出培养创新型人才，注重培养应用型人才，深化教育改革，促进教育公平，提高教育质量。统筹规划继续教育，基本形成学习型社会。

（2）主要任务：把社会主义核心价值体系教育贯穿人才培养开发全过程，不断提高各类人才的思想道德水平。建立人才培养结构与经济社会发展需求相适应的动态调控机制，优化教育学科专业、类型、层次结构和区域布局。创新人才培养模式，全面推进素质教育。坚持因材施教，建立高等学校拔尖学生重点培养制度，实行特殊人才特殊培养。改革高等学校招生考试制度，建立健全多元招生录取机制，提高人才培养质量。建立社会参与的人才培养质量评价机制。完善发展职业教育的保障机制，改革职业教育模式。完善在职人员继续教育制度，分类制定在职人员定期培训办法，倡导干中学。构建网络化、开放式、自主性终身教育体系，大力发展现代远程教育，支持发展各类专业化培训机构。支持建立军民结合、寓军于民的军队人才培养体系。

2. 人才评价发现机制

（1）目标要求：建立以岗位职责要求为基础，以品德、能力和业绩为导向，科学化、社会化的人才评价发现机制。完善人才评价标准，克服唯学历、唯论文倾向，对人才不求全责备，注重靠实践和贡献评价人才。改进人才评价方式，拓宽人才评价渠道。把评价人才和发现人才结合起来，坚持在实践和群众中识别人才、发现人才。

（2）主要任务：健全科学的职业分类体系，建立各类人才能力素质标准。建立以岗位绩效考核为基础的事业单位人员考核评价制度。分行业制定事业单位领导人员考核评价办法。完善重在业内和社会认可的专业技术人才评价机制。加快推进职称制度改革，规范专业技术人才职业准入，依法严格管理；完善专业技术人才职业水平评价办法，提高社会化程度；完善专业技术职务任职评价办法，落实用人单位在专业技术职务（岗位）聘任中的自主权。完善以任期目标为依据、工作业绩为核心的国有企业领导人员考核评价办法。探索技能人才多元评价机制，逐步完善社会化职业技能鉴定、企业技能人才评价、院校职业资格认证和专项职业能力考核办法。健全完善党政领导干部考核评价机制。建立健全公务员职位分类制度。建立在重大科研、工程项目实施和急难险重工作中发现、识别人才的机制。健全举才荐才的社会化机制。

3. 人才选拔任用机制

（1）目标要求：改革各类人才选拔使用方式，科学合理使用人才，促进人岗相适、用当其时、人尽其才，形成有利于各类人才脱颖而出、充分施展才能的选人用人机制。深化党政领导干部选拔任用制度改革，提高选人用人公信度。健全国有企业领导人员选拔制度，加大市场化选聘力度。完善事业单位聘用制度和岗位管理制度，健全事业单位领导人员选拔制度。

（2）主要任务：完善党政领导干部公开选拔、竞争上岗制度，探索公推公选等竞争性选拔干部方式。规范干部选拔任用提名制度。推行和完善地方党委讨论决定任用重要干部票决制。坚持和完善党政领导干部职务任期制。建立聘任制公务员管理制度。建立组织选拔、市场配置和依法管理相结合的国有企业领导人员选拔任用制度，完善国有资产出资人代表派出制和选举制。健全事业单位领导人员委任、聘任、选任等任用方式。全面推行事业单位公开招聘、竞聘上岗和合同管理制度。建立事业单位关键岗位和国家重大项目负责人全球招聘制度。

4. 人才流动配置机制

（1）目标要求：根据完善社会主义市场经济体制的要求，推进人才市场体系建设，完善市场服务功能，畅通人才流动渠道，建立政府部门宏观调控、市场主体公平竞争、中介组织提供服务、人才自主择业的人才流动配置机制。健全人才市场供求、价格、竞争机制，进一步促进人才供求主体到位。大力发展人才服务业。加强政府对人才流动的政策引导和监督，推动产业、区域人才协调发展，促进人才资源有效配置。

（2）主要任务：在建立统一规范、更加开放的人力资源市场基础上，发展专业性、行业性人才市场。健全专业化、信息化、产业化、国际化的人才市场服务体系。积极培育专业化人才服务机构，注重发挥人才服务行业协会作用。进一步破除人才流动的体制性障碍，制定发挥市场配置人才资源基础性作用的政策措施。推进政府所属人才服务机构管理体制改革，实现政事分开、管办分离。逐步建立城乡统一的户口登记制度，调整户口迁移政策，使之有利于引进人才。加快建立社会化的人才档案公共管理服务系统。完善社会保险关系转移接续办法。建立人才需求信息定期发布制度。完善劳动合同、人事争议仲裁、人才竞业避止等制度，维护各类人才和用人单位的合法权益。建立完善与西部大开发、东北地区等老工业基地振兴、中部地区崛起、东部地区率先发展战略相配套的区域人才交流合作机制，加快长江三角洲、珠江三角洲、环渤海等区域人才开发一体化进程。根据国家主体功能区布局，引导各类人才合理分布。

5. 人才激励保障机制

（1）目标要求：完善分配、激励、保障制度，建立健全与工作业绩紧密联系、充分体现人才价值、有利于激发人才活力和维护人才合法权益的激励保障机制。完善各类人才薪酬制度，加强对收入分配的宏观管理，逐步建立秩序规范、激发活力、注重公平、监管有力的工资制度。坚持精神激励和物质奖励相结合，健全以政府奖励为导向、用人单位和社会力量奖励为主体的人才奖励体系。完善以养老保险和医疗保险为重点的社会保障制度，形成国家、社会和单位相结合的人才保障体系。

（2）主要任务：统筹协调党政机关和国有企事业单位收入分配，稳步推进工资制度改革。建立产权激励制度，制定知识、技术、管理、技能等生产要素按贡献参与分配的办法。健全国有企业人才激励机制，推行股权、期权等中长期激励办法，重点向创新创业人才倾斜。逐步提高企业退休人员基本养老金，对在企业退休的高层次专业技术人员给予重点倾斜。建立完善事业单位岗位绩效工资制度。探索高层次人才、高技能人才协议工资制和项目工资制等多种分配形式。建立国家荣誉制度，表彰在经济社会发展中做出杰出贡献的人才。调整规范各类人才奖项设置。研究制定人才补充保险办法，支持用人单位为各类人才建立补充养老、医疗保险。扩大对农村、非公有制经济组织、新社会组织人才的社会保障覆盖面。

（二）对教育制改革及人才使用与国际接轨的建议

在工作中，有一些国外的教授对深化中国教育制度改革、人才使用与国际接轨提出了意见和建议。

美国丹佛大学国际关系学院美中合作中心主任赵穗生到美国之前是在北大,到美国以后在不同类型大学里教过书、上过学,进过文理学院教过书,在综合性大学里,如加州大学、现在所在的丹佛大学等教过书。他感觉美国学校这两年来的中国学生,过去主要是研究生,现在本科生数量突飞猛进,每年以较快速度上升。过去来的中国学生很多都是国内高考考不上,现在是高考根本不去参加的。这说明中国国内的教育体系出现了问题,教育制度影响社会,这些人对于中国教育信心不足,所以他们把自己的孩子送到国外去。在美国,学者们追求的并不是行政上的职位、"官本位",而在于三个方面:一是做科研。作为一个学者,科研研究、学术成就到底能不能说明对领域作了贡献,对学校名声作了贡献,首先安身立命不是去当官,而是作为一个学者。二是教学。教学包括对教书育人,对课程的发展,对学校的教育方面做出的贡献。这是我们安身立命的两个主要之处,作一个学者和教师,而不是做官员。三是服务。所谓服务包括在学术里的服务,在学校、学院、系里,担任一些行政职务、做出这些方面的贡献。在开始进入学校的时候,对这方面不是很重视,重视的是要育人、要做好学者。

学生就业,在美国比较强调自由化。侧重教育在探索知识的基础上,很快知道进入这种领域的方法和能力,因此就业的范围很广。比如学历史的,可以搞财政、可以搞生物。学医学的学生上国际关系的课,让教授给他写上医学的推荐信,这种信比生物老师写的推荐信还有用,因为生物是本来应该学好的,除此之外还能学好国际关系,说明能力比别人强。这种学生很快能适应环境。

(三)北京中关村的"人才特区"

在媒体上,有一些关于人才发展体制机制改革的案例值得我们思考,下面以北京中关村例,这里对人才发展的体制机制做出了许多探索，积累了经验。

中关村有超过百万人的高素质从业者，"两院"院士占全国总数近40%，博士、硕士约12万人，留学归国人员数量占全国1/4……中关村是我国首批与国际人才管理体系接轨的改革试验区，简称"人才特区"。中关村的人才特区究竟"特"在哪里？

人才是中关村最值得骄傲的财富。借助现有人才优势，探索一套吸引人才、留住人才、用好人才的政策和机制，已经成为中关村迫切需要解决的课题。这几年在中关村，人才队伍中出现一个新的特点，那就是留学归国人员越来越多，企业从海外引进高端人才的力度也越来越大。科研资金的使用、人才居留和出入境、境外股权和返程投资、恢复国籍等许多方面也是被引进人们关心的热点。这些热点问题无一例外，涉及对现有政策和体制的突破，其中一些政策突破力度之大，需要中央多家部委的协助才能完成。

1992年，年仅29岁的邓兴旺就成为美国耶鲁大学教授，六年后被耶鲁大学提前聘为终身教授。目前，他是国际植物生物学研究领域的主要专家和领军人物。2010年，作为中央"千人计划"从海外引进的高层次的人才，邓兴旺回国创业。他的目标是突破中国第三代杂交水稻的技术难关。但是创业之初，邓兴旺就遇到了资金上的巨大难题。

虽然没有创业资金，但邓兴旺却有中关村人才特区作为后盾。在北京市加快人才特区行动计划中，支持政策的第一条就是资金奖励及财政扶持政策。邓兴旺向有关部门打了一份申请资金的报告，表明自己是"千人计划"引进的高端人才和国家特聘专家，并附上了自己的研究计划书。邓兴旺获得了科技部2200万元的科技研发资金，同时到位的还有中关村人才特区的数百万配套资金。2010年9月，邓兴旺率领科研人员，提前两个月攻克水稻智能不育分子设计技术研究，以及新型不育系创制的技术难题,并提前20天通过审核。而作为科研的领军人才,邓兴旺等享受的特殊政策还不仅仅是这些。在中关村人才特区,目前共出台13项特殊政策,涉及重大项目布局,境外股权和返程投资,结汇,科技经费使用,进口税收、人才培养、兼职、居留和出入境、落户、资助、医疗、住房及配偶安置等多个方面。

除了海外引进的高端人才,在中关村还有很多国家级实验室、研究所。他们的研究项目如何适应市场发展的需要,也是人才特区改革的重点。

胡伟武曾经是中国科学院计算技术研究所的研究员,他带领的课题小组研制出"龙芯"系列产品性能已经达到世界先进水平。但是这样的课题组在2009年也遇到了科研上的瓶颈。在中关村管委会的帮助下,"龙芯"开始了体制机制的转换。胡伟武担任龙芯公司总裁。原有课题组成为公司的产品研发部,按照普通公司的架构,龙芯建立起董事会和销售、市场等多个事业部。创造性地提出了股权激励政策,以股份或出资比例等形式给技术人员分配股权。技术人员一次性缴纳税款有困难的,可以在五年内分期缴纳个人所得税。"龙芯"的科研人员不再以论文为导向,反而在实践中获得了更多的科研成果。

在北京市昌平区神华集团低碳研究所新建的研发基地里,千人计划从海外引进的高层次的人才,低碳研究所副所长刘科正兴奋地检查自己的新实验室。像刘科这样通过"千人计划"从海外引进的科学家,目前神华集团已经有13位,这个数字听起来令人振奋。神华是以煤炭生产,以及相关铁路、港口等运输服务业为主的综合性大型能源集团,在中关村人才特区里,也属于经济实力特别雄厚的企业,因此他们的改革方向也有独特的定位,那就是打造一个汇聚高端人才的特殊平台,即建立一个能源界的贝尔实验室。这意味着神华集团的研发平台必须具备行业的前瞻性和领军能力,拥有从基础研发到产品研发的整个链条。为此神华集团的做法是：首先，建立起一个打破国家地域限制的国际化的专家委员会，再由这个委员会指导科学家的研发工作。能够在这个委员会的指导下进行国际尖端课题的研究，再加上最先进的实验室、充足的研究经费，使神华集团的研发平台成为高层次人才向往的地方。这样的人才特殊平台，将有助于我国实现重点领域的科学突破，也使相关企业直接跨入世界一流行列。作为人才特区，中关村其实是在为全国"探路"。根据规划，到2015年，中关村国家级人才特区全面建成，将有望成功探索出具有示范意义和推广价值的人才政策体系。类似的人才特区目前在上海、天津、武汉、无锡等地也在加紧建设……从"经济特区"到"人才特区"，反映的是对人才的认识的深化。尊重劳动、尊重知识、尊重人才、尊重创造，才能赢得未来。

二、人才发展体制机制的战略调整

（一）创新人才培养机制多渠道培养和吸引创新人才

类似一个"梯形"的人才培养机制：在梯形最底端以在校学生和专业技术人才为基础，从他们之中通过教育和培养产生普通的科技人才，再从普通科技人才中择优构成科技研发人才队伍，而研发人才中具备创新能力的精英构成创新型人才群体。这四个群体人数依次减少，构成一个梯形。对于海外科技人才，应利用我国经济崛起、发展机会众多的有利条件，制定优惠的待遇政策，吸引海外高端科技人才为我国服务。

（二）创新产学研紧密合作机制以协助创新人才找准发展方向

产学研的紧密结合有利于科技资源的合理配置，有利于科技人力资本发挥最大绩效。为建设合理、有效的产学研合作机制，应由各地政府牵头，在企业与大学、科研机构间建立互动的合作关系网络。企业可以通过这些联系网，向大学、科研机构中的研究人员进行咨询，并了解到这些机构所从事的研究可能给企业带来的机遇与帮助。而大学和科研机构则应鼓励科研人员到生产一线去考察，也可以允许他们到当地的高新区等高新技术企业密集的地区去兼职或担当技术顾问，以促进科技人员熟悉企业的情况并了解社会最急需的科研需求。这样的双向互动既为企业培育了大批适合企业需要的人才，也避免了科技资源的浪费。同时，政府要建设公开、透明的科技信息发布网络，让科技人员能以最小的成本及时了解到最新的科研动向和社会需求。

（三）创新环境服务机制以培育鼓励创新、鼓励创业、宽容失败的创新文化

应鼓励以并大力宣扬敢冒风险、富于进取的创新精神。由于科技创新型人才基本提供的高新技术，高新技术产业是高风险型产业，失败的概率很高。以中关村近年来的资料显示，90%的科技型小公司存活不到3年。这就要求我们必须鼓励冒险，也要对失败持宽容的态度，从而培养健康的创新氛围。我国的传统文化是一个根植于小农经济的文化，重视稳定，反对一切与风险有关的活动。因此，在传统思想氛围中是没有科技创新存在的土壤的。这就需要我们现在打破传统观念的束缚，关键建立符合发展知识经济所需要的创新型文化，并以此作为思想上的支撑点抵制消极的"小富即安"的小农意识。当前，我国面临的另一个制约科技创新的因素是诚信不足，这是因为我国的市场经济法律体系还不完善。所以，我们要特别重视信任与合作文化的建立，重视法制体系的建设。此外，还要加强敬业精神和职业道德的教育，促进人员流动，淡化等级观念和尊卑意识，重视非官方科技信息交流平台的发展。

（四）创新继续教育、职业培训机制以保持创新人才的创新能力

科技创新型人才是科技创新的唯一载体，他们的能力远高于一般科技人才，他们是能独立完成科技创新任务的骨干力量。但是，他们也必须经历一个从普通科技人员成长为科技创新型人才

的过程,即使成了科技创新型人才也存在着不断补充知识、不断了解前沿科技信息的"充电"过程。这是他们能保持科技创新能力的关键所在。因此,各级政府和大学、企业、科研机构应该为科技创新型人才提供继续教育的机会和在职培训体制,鼓励他们在一定阶段可以赴外界进修、考察,以提高他们的科技创新能力,不断增加科技人力资本水平。同时,在科技人才职业培训方面,可由政府出面与周边大学联系,组织针对广大中小企业的培训活动,内容可涉及技术、科技信息、企业家管理技能等。这样的社会性培训,即为广大中小企业节约了培训成本,同时也解决了它们培训渠道匮乏、知识匮乏的困境。

三、高层次创造性人才发展制度变革

(一)党和政府历来重视高层次创造性人才队伍的建设

1998年,我国制定了《面向21世纪教育振兴行动计划》,开始实施"高层次创造性人才工程";2004年,在《2003~2007年教育振兴行动计划》中,我国又把实施"高层次创新性人才计划"作为建设高水平大学和一流大学这一国家战略的重大举措;2009年6月15日,为贯彻落实"千人计划",教育部召开高等学校"千人计划"工作视频会议,对加快实施"千人计划"进行动员与部署。通过这一系列重大政策的实施与大量卓有成效的工作,我国高层次创造性人才队伍的建设取得了重要进展,但与新形势、新任务的要求相比,仍然存在某些不相适应之处,如规模偏小、结构尚待调整、质量有待提高等。

高层次创造性人才是人才队伍的核心与关键,他们体现并决定人才队伍的整体水平。因此,必须从党和国家事业长远发展的战略全局出发,切实把高层次创造性人才队伍的建设作为当前和今后一个时期一项重大而紧迫的任务来抓,以高层次创造性人才队伍的建设带动整个人队伍的建设,更好地实施人才强国战略。

我们所界定的高层次创造性人才包括以下几种群体：①两院院士；②国家有突出贡献专家、国家三大科技奖励项目的主要研究者；③长江学者和创新团队的主要成员；④百千万工程人才；⑤"新世纪优秀人才支持计划"支持的人才；⑥"青年骨干教师培养计划"培养的青年骨干教师；⑦国家实验室、国家重点实验室、重点学科、工程技术研究中心的学术带头人；⑧杰出社会科学家和文学艺术家。然而，不同群体类型的高层次创造性人才肯定存在交叉与重叠部分，如长江学者将有可能进一步遴选为两院院士，国家实验室、国家重点实验室、重点学科、工程技术研究中心的学术带头人，也可能是国家三大科技奖励项目的主要研究者。

（二）我国高层次创造性人才队伍建设取得的成效

近年来，国家层面不断推出各种人才培养计划，如"高层次创造性人才工程""长江学者计划""高层次创造性人才计划""千人计划"等；地方与高校也纷纷推出并实施各具特色的人才引进与培养计划，加大对高层次创造性人才队伍的建设力度。如广东、福建、四川、湖南、湖北、上海、山东等地分别在省内高校实施"珠江学者计划""闽江学者计划""天府学者计划""芙蓉学者计划""楚天学者计划""东方学者计划""泰山学者计划"等。我国通过这些措施体系的实施，在很大程度上提高了高层次创造性人才队伍的建设水平与质量，培育了一支初具规模、结构合理、素质优良的高层次创造性人才队伍。

（1）高层次创造性人才队伍规模不断壮大。截至2007年，我国共有两院院士1105名，高校所拥有的院士人数越来越多。1955～2007年当选的两院院士申报单位共有600多个，其中高等院校拥有院士人数在所有类型单位中居第二强，约占总数的38.81%。教育部"长江学者奖励计划"实施10年来，全国共有115所高校聘任了1308名长江学者，其中特聘教授905名、讲座教授403名。"新世纪优秀人才支持计划"每年以1000人的比例增长，仅 2006 年共资助 937 人，其中自然科学领域 740 人，人文社会科学领域 197 人（教育部科学技术司，2006）。在创新团队与基地建设方面，到 2008 年高层次创造性人才计划共遴选支持创新团队 254 个，仅 2006 年"高等学校学科创新引智计划"就确定资助 51 个学科创新引智基地，这些基地共引进诺贝尔奖获得者 2 名、10 个国家的院士 40 名以及 29 个国家和地区的教授及同等职位者近 400 名，且基地的国内合作研究人员 500 余名（教育部科学技术司，2006）。以上数据表明，我国高层次创造性人才队伍已初具规模。

（2）高层次创造性人才队伍结构逐步优化。我国高层次创人造性人才队伍的结构明显改善。就长江学者而言，受聘上岗时特聘教授平均年龄 42 岁，讲座教授的平均年龄 46 岁。其中，中国籍学者 941 人，外国籍学者 367 人；特聘教授中 98% 具有博士学位，90% 以上具有一年以上国外留学或工作经历，直接从海外应聘或回国 3 年内应聘的有 259 人；讲座教授全部从海外招聘。随着我国综合实力与国际地位的提升，越来越多的海外高层次人才开始把目光聚焦到我国高校，我国高水平大学事实上已经对国际高层次人才具有很强的吸引力，人才来源结构日趋多元化与合理化，如北京大学、清华大学分别从美国普林斯顿大学引进了著名数学家田刚教授和著名生物学家施一公教授。这种趋势对于提升我国科学研究水平、培养青年才俊、加快建设世界一流大学发挥了十分重要的推动作用。

（3）高层次创造性人才队伍取得了一系列重大原始性的创新研究成果。"十五"期间，高校作为第一承担单位承担了"973 计划"项目 89 项并在其中担任首席科学家，占立项总数的 57.05%；承担国家杰出青年科学基金项目 393 项，占立项总数的 63.3%；获准创新研究群体 56 项，占立项总数的 54.9%；共承担国家自然科学基金项目 23000 余项，接近立项总数的 80%；承担国家自然科学基金重点项目近600项,占立项总数的55%以上(教育部科学技术司,2006)。"十五"期间,全国高校累计获得国家自然科学奖75项、技术发明奖64项、科技进步奖433项,分别占全国可公布奖项目的55.07%、66.40%、53.57%,高校这些重大原始性创新研究成果获得国家科技三大奖份额全面超过了50%(教育部科学技术司,2006);在2008年统计的35971项科技成果中,大专院校作为成果完成单位的共有7700项,比2006年增长了9.00%。这充分展示出高层次创造性人才队伍的突出成绩和巨大潜力。

(4)高层次创造性人才队伍成为一大批人才的"种核"。高层次创造性人才具有人才"种核"作用,这些人才的存在可以逐步形成一个人才群落,进而产生"人才共生效应"。英国卡迪文实验室从1901~1982年先后出现了25位诺贝尔奖获得者,这是"人才共生效应"一个杰出的典型。"长江学者奖励计划"注重引导长江学者教书育人、提携后学,支持长江学者组建创新团队、讲授核心课程、大力培养学术骨干和青年学生,实现了科学研究和人才培养的双赢。截至2008年,有8名长江学者获得国家级教学名师奖,56名长江学者获得67项国家级教学成果奖,15名长江学者获得16项全国高校优秀教材奖,87名长江学者指导完成的110名博士学位论文入选"全国优秀博士学位论文"。

(5)高层次创造性人才队伍推动了社会经济的发展。高层次创造性人才的科学研究必须植根于广泛的社会需求。例如,武汉大学测绘学院李建成项目组完成的"我国区域精密高程基准面建立的关键技术及推广应用"项目,在测绘领域掀起了一场新的革命,获得2008年度国家科技进步二等奖。目前,项目成果已经普惠社会,已应用于30多个省(自治区、直辖市)工程建设和多个国家重大工程,包括测绘、国土、石油、国防、水利、电力、交通、规划、建设等众多行业和领域,推广应用到全国30

多个省（自治区、直辖市）的现代高程基准网建设，产生了巨大的经济效益，节约经费近 2 亿元。以宗福邦教授为首的武汉大学古籍整理与研究所历经 18 年艰苦工作，编撰完成长达 1300 万字的鸿篇巨作——《古训汇纂》，这是我国继《辞源》《辞海》《汉语大字典》之后的又一部大型汉语工具书，对我国传统语言文字研究和辞书编纂具有很高的参考价值。

（三）我国高层次创造性人才队伍建设存在的问题

第一，原始创新能力不足。科技成果贡献的一个重要尺度是评估在 *Nature* 和 *Science* 上以第一、二作者单位发表的论文数量。从 1991~2007 年，我国高校在以上两种期刊以第一作者单位发表论文 79 篇，以第二作者单位发表论文 71 篇。另据中国科学技术信息研究所相关报告表明，以 SCI 数据库统计，2007 年以我国机构为第一署名机构发表的论文，累计被引用次数超过 200 次的只有 62 篇，其中高校系统仅为 39 篇，并且在这 39 篇论文中超过 400 次被引用的论文仅 4 篇，引用超过 300 次以上的共 8 篇。这在一定程度上说明目前我国原始创新能力不足，科技成果贡献与学术影响力仍然偏低，也反映了当前我国高层次创造性人才数量缺乏。

第二，具有国际领先水平的学术大师匮乏。我国虽然汇集了一定量的人才，但是学科领军人才与学术大师仍然相当缺乏，尤其是活跃在国际科技前沿的创新性人才明显不足。

第三，高层次创造性人才的引进工作有待改善。首先，高层次创造性人才队伍的引进还缺少整体规划，存在人才重复引进或者人才引进与学科建设脱节现象。急功近利、缺乏规划的盲目引进，不但不会使高层次创造性人才投资得到回报，相反会使其附加值降低。其次，高层次创造性人才本身具有稀缺性和难以获得性，然而各地方、各系统却缺乏对各领域高层次创造性人才的长期关注和跟踪，使得在引进高层次创造性人才过程中失去了主动权。再次，引进高层次创造性人才时缺乏明确双方的责任、权利、义务，或者只明确其应得的薪酬，对引进人才的任务目标、岗位职责等考虑甚少。最后，部分地方与部门存在重人才引进工作而轻视引进后对人才科学研究的跟踪服务。人事部门往往将引进的人才数量作为部门工作的年终总结陈词，却忽视了对高层次创造性人才深层次的服务。

第四，对高层次创造性人才的考核机制不科学。首先，过于注重定量指标，片面追求论文和课题数量。例如，在现有体系下，两个同专业领域的学者，一个获得国家级课题资助，另一个则只是省部级课题资助，但其研究成果均发表在影响因子相同的刊物上。这样，获得国家级课题的学者在评审中就会处于有利位置，获得省部级课题的学者则居于劣势。这种评价体系违背了科研工作的固有属性，显然不利于高层次人才的培养与创新能力的发挥。其次，忽视团队考核。科学发展已经从单个科学家、发明家孤立研究的"小科学"时代进入到需要大量的科学家、发明家、实际应用与开发推广人员共同合作研究的"大科学"时代。科研团队建设问题已越来越成为学科发展的关键性问题，为此绩效考核也应当吸纳团队元素。然而，部分高校高层次人才的考核和评价体系往往只重视个人考核，基本没有进行团队考核，这显然不利于学术创新团队建设，制约了整体创新能力的提高。最后，考核周期过短且直接与个人的收入挂钩，这使得许多学者追求"短、平、快"式的科研成果。一方面，导致人才原始创新能力不足；另一方面，助长了急功近利的浮躁行为与学术不端行为。

（四）高层次创造性人才发展之路

第一，加强统筹，成立高层次创造性人才队伍建设领导协调机构。高层次创造性人才队伍的建设工作涉及面广、系统性强，做好这项工作，必须加强宏观引导，做好顶层设计。应以教育部、人力资源和社会保障部、外国专家局、中央组织部为依托，组建高层次创造性人才队伍建设的领导协调机构，进一步加强与统筹全国各地、各系统高层次创造性人才队伍建设的宏观领导与管理。领导协调机构应指导各部门结合实际，研究制定各领域高层次创造性人才队伍建设的中长期规划，并抓紧出台相关的配套政策与措施。领导协调机构应根据中央精神和有关规定，定期研究高层次创造性人才队伍与发展的战略性、全局性等重大问题。

第二，整合资源，做大做强现有高层次创造性人才计划的"品牌"。首先，建立科学的高层次创造性人才计划效果评估体系，适时调整与整合现有国家层面上的高层次创造性人才计划体系，对于效果不理想的行动计划和政策措施要进行改革与完善，并加大对核心品牌的资助与管理。其次，进一步改革完善现有的"高层次创造性人才计划""长江学者奖励计划""新世纪优秀人才计划""百千万人才工程""千人计划"等高层次创造性人才计划的培养选拔体系，并对高层次创造性人才计划体系的实施过程进行跟踪监控，及时发现和解决实施过程中的新情况、新问题。最后，应当严格禁止各地方、各系统用各类"人才培养计划"当"名片"并作为高层次创造性人才队伍建设成果的现象，人才队伍建设的成果最终要体现在有国际影响力的原创性成果上。

第三，汲取经验教训，加强各地区、各部门高层次创造性人才计划的研究与推广。各地区、各部门纷纷从实际出发，开展各具特色的高层次创造性人才队伍的建设工作。上海设立了领军人才专项资助资金，明确了领军人才的选拔机制、领衔机制和资助机制；广西则以人才小高地建设为重点，探索建立了首席制度，通过选拔培养一批"首席科学家""首席专家"来保障地方社会经济的发展；广东、福建、四川、湖南、湖北、山东等省分别在省内高校实施"珠江学者计划""闽江学者计划""天府学者计划""芙蓉学者计划""楚天学者计划""泰山学者计划"等，这些人才引进与培养计划在一定程度上取得了推动经济社会发展和加强高层次创造性人才队伍建设的双赢局面。在下一步的工作中，相关部门应对各地区的高层次创造性人才计划进行调查与研究，评估这些计划所取得的成就与存在的问题，总结经验及成功做法，对具有高效益、具有特色的高层次创造性人才计划应逐步在全国范围内推广实施。

第四，评估人才政策，完善高层次创造性人才队伍建设的政策体系。制度变迁理论认为，制度变迁是一种效率更高的制度（即制度变迁的目标模式）替代另一种制度（即所谓的起点模式）的动态调整过程，人才政策同样具有制度变迁的内在机制与功能。因此，根据新形势、新任务对人才政策进行恰当评估，为下一阶段人才政策体系的完善提供借鉴经验，这是很有必要的。首先，要认真梳理已有的人才政策，避免政出多门、相互冲突条款现象的发生，并根据不断发展变化的形势，研究制定具有前瞻性的新政策。其次，梳理与总结国外高层次人才引进、人才培养的相关政策措施，并结合我国实际情况有选择性地借鉴高层次创造性人才队伍建设思路、建设模式与建设措施，创新我国特色的高层次创造性人才队伍建设的政策体系。最后，要认真抓好各项人才政策的落实工作，使高层次创造性人才队伍建设工作走上制度化、规范化轨道。

第五，建立人才信息库，开发高层次创造性人才队伍建设的需求与预测系统。加强对高层次创造性人才队伍的信息化管理，建立包括高层次创造性人才引进、人才培养、人才使用、人才激励、人才保障、人才安全分析在内完善的、系统的高层次创造性人才队伍建设需求与预测体系。建立分层、分类的高层次创造性人才需求目录和高层次创造性人才素质要求模型，明确高层次创造性人才的知识、能力要求。建立有效的信息更新反馈机制，瞄准海内外定期采集信息,建立高层次创造性人才的实时跟踪系统。

第六,培育创新文化,营造良好的人才生态环境。人才生态论认为,人才的引进、培养与成长需要良好的生态环境。对高层次创造性人才而言,由于其本质特征及创造力的周期性,营造良好的人才生态环境对于其创新性科研成果的产生显得尤为重要。全社会应努力为高层次创造性人才提供良好的工作环境、和谐的人际环境、宽松的学术环境、舒适的生活环境和鼓励自由创新、宽容失败的文化环境,激发高层次创造性人才的创新欲望,激励他们的创新热情,激活他们的创新潜能。同时,加强舆论宣传引导工作,改变社会的非货币报酬结构,提高公众的道德水准,构建高层次创造性人才的声誉机制,提升高层次创造性人才学术声誉与道德声誉的价值。

第七,高层次创造性人才应勇于开拓创新,突显其高层次创造性的本质特征。高层次创造性人才的本质特征在于其高层次性与创新能力。因此,高层次创造性人才应发挥自我优势,坚持自主创新,努力攀登科学高峰;要瞄准世界科技发展的最前沿,力争在有条件的领域率先实现突破、实现跨越;要紧紧围绕我国社会经济发展和人类进步的重大课题,严谨治学,抓紧攻关,为国家现代化建设和综合国力的提升贡献自己的力量;要严以自律,求真唯实,坚持发扬优良的科学道德与学风,努力做一名具有良好科研诚信、高尚学术道德的高层次创造性人才。

第八,高层次创造性人才应发挥"种核"作用,提升整个人队伍水平。首先,高层次创造性人才作为学科带头人,担负着培养新一代高层次创造性人才的重要使命。因此,高层次创造性人才首先应发挥其在人才群落中的"种核"作用,实现其与周围人才间互相影响的共生效应。其次,高层次创造性人才应以自己高尚的道德情操影响其他科研人员,在学术和思想各方面率先垂范，成为教书育人的楷模。最后，要积极主动培养人才、举荐人才，带动和吸引更多的高层次创造性人才，为加快建设高层次创造性人才队伍做出特殊贡献。

参考文献

［1］赵光辉．高层次人才与海外人才战略研究［M］．武汉：武汉理工大学出版社，2005（10）．

［2］桂乐政．人才优先发展战略的内涵解析［J］．科技进步与对策，2012（8）．

［3］赵永乐．大力宣传和普及运用科学人才观完善党管人才工作运行机制［J］．中国人才，2012（12）．

［4］陈小平，赵国忠．人才发展：模型构建及对策实证研究［M］．北京：中国人事出版社，2012．

［5］唐凤．欧洲欲平衡国家间科研资源分配［N］．中国科学报，2012－6－6（A2）．

［6］吴江等．建设世界人才强国［M］．北京：党建读物出版社，2011．

［7］曾培炎．伟大的历程 辉煌的成就 宝贵的经验［J］．求是，2012（11）．

［8］张珏．日本：教育对日本现代化起了主要作用［J］．教育发展研究，2003（2）．

［9］赵常伟．论邓小平的人才强国战略思想［J］．聊城大学学报，2005（4）．

［10］［美］罗伯特·弗尔德曼．发展心理学：人的毕生发展［M］．苏彦捷等译．北京：世界图书出版社，2007．

［11］雷雳．发展心理学［M］．北京：中国人民大学出版社，2009．

［12］金东海．教育学［M］．兰州：甘肃教育出版社，2010．

［13］叶忠海．人才科学开发研究［M］．北京：高等教育出版社，2009．

［14］赵恒平，雷卫平．人才学概论［M］．武汉：武汉理工大学出版社，2009．

［15］熊斌．试论我国老年人才资源的开发利用［J］．重庆工学院学报，

2004（10）.

［16］盛若蔚.习近平在青年科技创新强调创业人才座谈会上强调：青年科技人才要勇做创新先锋［N］.人民日报，2008-5-5（1）.

［17］戴军.美国人力资源管理模式的启示［J］.中国人力资源开发，2004（2）：72.

［18］陈宇学.创新驱动发展战略［M］.北京：新华出版社，2014.

［19］李扬，张晓晶.论新常态［M］.北京：人民出版社，2015.

附　录
人才发展访谈录

怎样做学者[1]

2014年3月8日,是国际妇女节。赵光辉博士召集了20多位学者来到密歇根大学吴贤铭制造中心,他们就怎样做一名学者展开了讨论,总结他们来密歇根大学之前的学术道路,记录他们在美国访问学习的要点,展望他们未来人生与研究的美好愿景。我听完了每位学者的自我介绍与发言后,感觉这是一件比较有意义的事情。指引未来的学者怎样完成完全陌生的美国学术生涯,将个人发展放到未来科技、产业创新以及国家贡献的大背景中思考,这是非常重要的。

---

[1] 作者:倪军教授,首批"千人计划"入选者、上海交通大学密歇根学院名誉院长、制造工程专家,美国密歇根大学吴贤铭制造科学冠名教授、吴贤铭制造研究中心主任。本书作者在密歇根大学访问研究的导师是倪军教授。

1983年我来到美国，从国内第一批访问学者到今天坐在我面前的这一批，三十年，弹指一挥间。第一批访问学者大多都已经退休了，只有少数几位中国科学院、中国工程院院士还在继续工作，他们为国家的建设和发展做出了重大的贡献，许多重大的历史瞬间都记录过他们的身影。很多主要大学、高校、研究机构，包括一大批政府行政官员，许多都来自那个阶段的访问学者群体。而在我面前的这一批访问学者，又将走进30年前访问学者曾经去过的图书馆，也许会阅读到同一本书籍。同样地，他们也可能会在古老的钟楼下顿一下忙碌的脚步，聆听从楼顶上鸣奏出的乐曲。

这三十年，同样都是访问学者，他们有哪些变化呢？最明显的，莫过于环境改变了。

回忆第一批来的访问学者，那是20世纪80年代，可能对今天的"80后"学者们来说完全陌生。那时，国内环境比较闭塞，中国与美国的差距比较大，他们就像干海绵见到水了，什么都"吸"，从早到晚，非常拼命。那样的一种刻苦、一种精神、一种状态，每每想起，都会令人肃然起敬！他们对什么都充满新鲜感，包括对家庭厨房的用具，美国怎么有这么多厨房用具啊，什么工具都有，连刨土豆皮都有专门的工具。国内做饭很简单的，就是"一把刀"，啥都干了。就是这样一些地方、一些细节、一些感受，使他们不仅在学术、技术上，同时也在观念上、在理念上、管理上等，都发生了很多的变化。访问学者通常都跟随一个导师，在一段有限的时间内，学到的理论、科学、技术，其实是相当有限、非常不易的。但是这并不影响他们学习美国社会先进的理念、组织、管理、方法、运行系统，这些方面的体会、感悟，也许对他们的人生、学习、研究会有着更大的作用。

每个时代都有每个时代的优势。坐在我面前的这一批访问学者，他们来到美国之前已对美国有了很多的了解，在信息社会，想要的信息在互联网上都能够轻松获得。相比之下，倒是美国人了解中国远远不如中国了解美国。当我们现在回头，与三十年前相比，我们不再有那么大的反差了。美国有的设备，我们对比看看实验室，国内也能够看到。那么，我们现在来美国重点要学习什么？与三十年前的不同点应该在哪里？什么是我们必须到美国来才能学到的？是的，从表面上来看，设备是有了，可是这些设备的"灵魂"在哪里？

20年前的时候，我陪着密歇根大学工程学院的院长到国内访问，到过几所著名的大学考察交流。有所大学安排我们看设备，用红绸布盖得严严实实，一拉开，非常棒的设备！这时候，和我同行的美国人实在忍不住了，就问了一句："设备我们已经看了不少了，请问你们用它做什么呢？"我看见接待我们的人，手里拿着一大串钥匙，他只是管设备的，当然答不上来。这件事令我印象深刻，可以想象，国家投入了那么多钱，那么好的设备，但是没有用起来，至少是没有充分用好它。其实，问题就在这里。

作为一名访问学者，到底有什么地方值得我们学，到底哪些方面需要我们聚焦、需要我们继承上一辈访问学者的拼搏、奋斗的精神？目前中国的访问学者面临着什么样的问题？我们希望在美国学到什么？

个人建议，现在的访问学者应该更关注设备以外的管理系统、运行系统、维护系统。比如美国大学的管理，它的科研环境、学术环境是依靠什么建成的。美国大学白天很少看到保安、管理人员，什么都是开放的。实验室可以看，图书馆也可以随便用，学生越用，学校越高兴。考核这些设备有没有用够，这就是标准。设备不用，买它干啥？图书馆不用，建它干啥？密歇根大学有24个图书馆，大部分图书馆都是24小时常年开放，在重大的节假日，包括圣诞节都不关门。每个图书馆的基础设施都非常完备，卫生间都干干净净。你看不到一个人在管理，但是却管理得井井有条。这里你很少见到像国内图书馆那么多的摄像头、检测仪,不会特别担心学生会偷书或者借书不还,学校相信每一位学生,但是一定有一些东西在支撑着这一种信任。让你完全感觉不到到底是什么在保证这套体系的正常运行,这就是软件,是精神,是我们需要静下来思考学习的地方。

中美教育的主要差距,不在硬件,而在于软件,有一些几乎是看不出来的。在密歇根大学,除了感觉到校园和谐之外,的确没有特别之处。有一位刚来不久的访问学者和我聊天,他说密歇根大学好像并没有什么特别的地方。整个校园和城市混在一起,刚来的时候就像到了乡下一样,连一个合影留念的校门都没有。但尽管如此,密歇根大学的学科却非常全,除了农业,其他学科都有。所谓学科全面,特指这个学校必须有 90 个以上的学科排在全美前十名,而密歇根大学则有 99 个学科排名在前十名以内。密歇根大学有很多特色,除了学科交叉,大学里教授的交叉也非常多。而只要三个不同学院的教授合议,就可以开始一项新的学科研究,得到学校的经费支持,这个是不同于其他大学的。事实上,密歇根大学很多新的学科发源于一些研究项目,由项目升级到系,最后演变为学院。2011 年与 2012 年,密歇根大学的研究经费在全美位居第一,14 亿美元是当年使用的研究经费,不是到账的经费。这些经费都必须到政府、企业去申请,而竞争激烈,只有水平高才能拿到。

单是从国内大学的设施来看,都不差。国内大学的校门非常漂亮,很多新校区、新的建筑、新的实验室。既然都已经有了,我们到美国来还要学什么东西呢?有人回答得好,"缺什么学什么"。由于工作关系,我到过很多国内大学,看完健全的校园设施之后,我总感觉缺少了什么。到底缺什么呢?我一直在思考。比如说,我感觉缺少一种氛围。现在有一个比较流行的词,叫做校园文化。一谈到校园文化,国内很多大学都会说,我们也有啊，且是一整套。但是校园文化是一种积淀，它是一种自然形成的东西，不是人为制造的。密歇根大学的校园文化，我们可以从很多方面感觉到：比如校园的清洁，都是大家下班以后，清洁人员就上班了，校园总是保持得非常干净；再比如校园巴士，你想不到，很多都是学生在开。这背后的管理体系，正就是我们要学的。

对文化反差的强烈感受，在刚来的时候最明显。经过一段时间，就感觉不到了。所以，我建议在书中把大家刚刚来到美国的感受写出来，时间久了失去新鲜感，就很难写了。是的，虽然现在我们可以通过网络了解美国，但是，网络与切身感受是完全不同的。很多从国内城市，尤其是从国内大城市来密歇根大学访问的，来到安娜堡这个小地方，反差特别大：这就是乡下嘛，连一座高楼都没有！可以见到很多路，就是见不到很多人，路比人多！在密歇根大学，我建议大家一定要到橄榄球场看一场真正的球赛，票再贵也值得。当时有一个学校扩建，超过密歇根大学球场二十几个观众席位，密歇根大学就再建了一个球场，仍旧保持第一。这个球场可以容纳12万人，而整个安娜堡也就12万人。周边地区的人开几个小时的车来此看球赛，大家聚集在一起，拿出啤酒来，说说话、聊聊天，交流交流，这是密歇根大学文化的特别之处。作为访问学者，既然来到这里，就应亲自去感受。不断开阔视野，多去一些地方，多走、多看、多思考，这样才能够了解更多、体会更真实的文化差异，而这将受益一生。

对文化的反差的感悟还有一种情形就是回国以后。等到有一天，当访问学者回忆起在美国学习生活的岁月时，突然感悟到自己还有一些事情没有做到。想做，也能做，但是没有做，这就是遗憾。有位访问学者回国之后偶遇，他说，去了一趟美国，英文没有大的改进，美国文化也没有多的接触，真是遗憾！我可以肯定地说，访问学者回国之后，都不会像现在这般拥有充足的时间了解美国的社会运作,探寻美国的城乡差别,研究美国的社会结构,分析美国的经济结构,享受美国的社会服务。

从不同的角度选择不同的学者,讲述不同的故事,提出不同的问题,不一定要马上要在书中见到答案,能够提出问题也很好,留下的问题可以让后面的学者来写。不同的时代,面临着不同的问题,所关心的问题也不尽相同。我希望将这本书设计成一个动态的过程,这是有意义的。这本书写给谁看?生活中的所思所想,可能会对准备出国的读者有用,但是我不能仅仅限于此。这本书的出版,我希望更多的读者也能看到。他们也许不会来美国做访问学者,但也许会问:访问学者是干什么的?他们在海外,花了那么多时间与精力收获到了什么?哪些东西对我也有用处?哪怕他不出国,但同样也能够从这本书中得到想要的答案,指导他的工作,启迪他的人生,这将是更大的意义。

学者易行健的学术之路[1]

一、求学和学术之路

1974年冬天我出生于湖南湘乡市湘黔铁路旁边一个小山村,名字是我祖父——一位受人尊重的老派知识分子取的,名字来源于《周易》的乾卦"天行健,君子以自强不息"。我杰出的老

---

[1] 易行健,男,湖南湘乡人,汉族,教授,经济学博士(后),广东外语外贸大学国际经济贸易学院副院长。2004年毕业于复旦大学经济学院获经济学博士学位,2005年9月~2006年5月在芬兰赫尔辛基大学经济研究中心访问学习,2011年进入中国社科院数量经济与技术经济研究所博士后流动站从事博士后研究,2013年12月~2014年9月在密歇根大学人口研究中心访问学习。2012年入选教育部"新世纪人才计划",2014年入选广东"千百十工程"国家级学科带头人培养对象。研究方向为中国居民消费储蓄行为和家庭金融、中国宏观经济运行和发展战略转型、应用计量经济分析,目前承担国家自然科学基金项目2项,广东"理论粤军"重大现实问题招标项目1项,其他省部级项目5项,出版专著1部、译著1部,合著2部,在权威核心期刊发表学术论文50余篇。

乡——曾国藩认为儒家文化的精髓就在于"君子以自强不息",懂事以来就逐渐理解到我那已经驾鹤西去的祖父寄予我这个长孙的期望,在以后的学习工作过程中始终秉承"自强不息"的儒家精神。

自小先天不足,后天失调,不足满月就出生,在那个短缺经济的岁月成长,发育缓慢,我记得人生第一次体检是初中毕业,当时身高才过140厘米,体重不足35公斤。我度过了牙牙学语、蹒跚学步的幼儿期,开始进入小学的启蒙教育,那时候爷爷在中学教书,我就和爷爷相依为命,接受了还算比较系统的小学教育与基本的古典知识教育。由于小学会考报考的失误进入了我们乡中学——双江乡中学读初中,回想起算不上太紧张但非常充实的初中生活,现在仍历历在目,我那"封建教育思想"极为严重的祖父"逼迫"我背诵默写语文、英语课文,练习一个一个的数学、物理与化学习题,复述一段一段的历史故事与地理常识,当然同时也体会到乡村知识分子的情趣,夕阳西下时拉拉二胡,天气晴朗时去学生家做做家访讨点米酒喝喝,微醺之时读读《西厢记》幻想一下才子佳人的故事,夏夜唱唱王洛宾的《草原牧歌》回想下青年时代。从现代人力资本理论而言,幼儿与少儿时期的经历对一生的人力资本积累影响巨大,现在回想起来确实如此。初中毕业后顺利进入湘乡的最高学府——湘乡一中读高中,在古色古香的孔庙周围度过了极为紧张的高中生活,高考发挥失常进入湖南纺织高等专科学校(湖南工程学院前身)机电系机械设计与制造专业学习。

1995年专科毕业后进入湘潭纺织机械厂做了一个车床操作工人,在此期间在书店见到MIT研究生院创始人之一,也是美国第一个获诺贝尔经济学奖的萨缪尔森教授写的《经济学》(第12版),从此开始了一个经济学家是如何炼成的成长故事。经过两年的边工作边自学后顺利进入湘潭大学商学院(以前叫"国际经贸管理学院")政治经济学专业攻读硕士学位，2000年毕业留校工作，在任教的同时准备博士研究生的入学考试，2001年进入复旦大学经济学院数量经济学专业攻读博士学位，2004年6月获得经济学博士学位，同年被评为经济学副教授、硕士生导师。2005年5月工作调动来到火热的岭南，进入广东外语外贸大学国际经济贸易学院工作并担任经济系主任。2005年9月～2006年5月受国家留学基金委资助在芬兰赫尔辛基大学经济研究中心（HECER）从事访问研究。2011年进入中国社科院数量经济和技术经济研究所从事博士后研究。2006年回国后于当年12月担任国际经济贸易学院的科研副院长至今，期间于2008年获得广东省"千百十工程"省级学科带头人培养对象，2008年被评为金融学教授，2012年入选教育部"新世纪优秀人才"培养计划，2014年8月入选广东省"千百十工程"国家级学科带头人培养对象。这一期间分别于2010年和2013年获得国家自然科学基金"基于家庭异质性特征视角的微观消费储蓄行为与促进消费的宏观经济政策研究"（71073032）和国家自然科学基金"人口结构对中国居民消费的影响研究：微观机制、实证检验与宏观政策"（71373057），还获得打造"理论粤军"重大现实问题研究招标课题"广东全面提高对外开放水平的战略研究"和其他省部级项目多项，在权威期刊发表学术论文50余篇，获得广东省2008～2009年度哲学社会科学优秀成果奖一等奖、中国数量经济学会第二届优秀论文一等奖与广东金融学会优秀科研成果一等奖等科研奖励多项，培养各种类型研究生20余名，其中8名研究生进入国内外著名高校攻读博士研究生，4名研究生的学位论文获得大学优秀硕士学位论文，1名研究生的学位论文获得广东省优秀硕士学位论文。

二、为何再次出国访学并选择密歇根大学

这次来密歇根大学访学好几次碰到同仁问起我为何再次出国

访学，因为我已经评上教授多年，同时也是好几个学科的带头人并兼有学术行政职务。实事求是而言，此次访学的机会成本远高于2005～2006学年去欧洲的访学，但是这次访学却也蓄谋已久，其原因有三：

（一）有"江郎才尽"之感，想借访学机会进一步提升学术视野和科研能力

俗话说"活到老、学到老"，但是实施起来却不容易，2006年归国以后借助在赫尔辛基大学掌握的现代经济学基础理论和研究方法，于2006～2008年开始了博士毕业后的第一轮学术井喷，但是逐渐进入了边际产出递减区间，学术成长曲线也进入了二阶导数小于0的阶段。2009～2010年吃了两年老本，顿感更为吃力，阅读国内外同行所发表的优秀论文，发现现代经济学的发展一日千里，经济学研究的分工更为细致，经济学新的研究领域快速涌现，计量经济学的发展越来越多以微观计量经济分析为主导，经济学与其他相关学科的交叉越来越多，同时经济学遇到的挑战也越来越激烈。从国内的经济学学术市场来看，近几年欧美一流大学新出炉的博士大批量回国提高了国内的经济学的研究水平和教学水平，经济学教学、科研的国际化步伐逐年加快，给我们这群"土鳖"学者带来无比巨大的压力；加上本土新培养的年轻博士学术水平也水涨船高，综合导致经济学学术市场竞争日趋激烈，所幸在2010年获得国家自然科学基金项目立项，在基金项目的压力下，从2011年开始又开始了学术之路的攀登，"雄关漫道真如铁，而今迈步从头越"，逐步加大阅读国外顶尖期刊所发表论文和NBER（美国国民经济研究局）的力度，逐步开始从研究时间序列数据开始进入分析面板数据和微观家庭调查数据，逐步开始抛弃使用Eviews计量分析软件开始慢慢学习统计分析软件。虽然近3年自己的学术水平和研究能力又开始进入新一轮的上升通道，但是苦于时间不集中和缺乏一个高水平学术平台和学

术氛围的熏陶,已经开始有"江郎才尽"之感。

(二)有"黔驴技穷"之惑,想借访学机会借鉴教学科研机构如何优化管理的问题

伴随着自己年岁的增长,从2004年开始逐步走上教学科研机构的管理和服务岗位,最开始是金融系副主任,然后是经济系主任和学院的科研副院长,协助学院从事过金融学本科专业的考核,政治经济学博士点的申报,MBA学位授予权的申报,西方经济学硕士点、数量经济学硕士点、理论经济学和应用经济学一级学科硕士点的申报,国际贸易学重点学科和应用经济学一级重点学科的申报和建设,也协助学院从事过国际交流和合作工作,同时还将不少的精力还用于硕士研究生的培养工作和科研团队的建设问题。近10年来的管理和服务工作,不能说完全没有成绩,但是囿于客观环境和主观思想,自己越来越感觉到"黔驴技穷",迫切需要到世界的人才培养和学术研究中心——美国去走一走、看一看,实地考察,深入思考,为未来有可能走向更高一层的管理和服务岗位从视野、经验等方面进行积累,并且从遥远的异国他乡,远离国内的工作环境来思考一下未来的发展思路问题。

(三)有"发展陷阱"之虑,想借访学机会体会下美国在经济发展和教育理念方面的智慧

经过30余年的发展,中国目前已经进入中等收入偏上的国家行列,后发优势将逐渐丧失,帕累托改进式的改革空间日益遭到压缩,如何真正通过建设"创新型国家"来避免陷入"中等收入陷阱"实现跨越式发展,已经成为关注中国发展的政治家、企业家和学者广为关注的问题。同时创新型人才培养问题始终成为我国真正建设创新型国家最大的障碍和拦路虎,我自己作为一名着力于人才培养的高等学校教师,面对著名的"钱学森之问"这一关于中国教育事业发展的艰深命题,也时常思考,也时常琢磨全世界创新能力最强、教育水平最高的国家——美国是如何培养

创新能力和构建人才培养体系？但由于从来没有来过美国，即使通过阅读相关文献和各学科学者的转述，因而总是感觉"隔靴搔痒"，无法真正体会创新型国家的建设和高质量创新型人才培养体系的精要和智慧，俗话说"百闻不如一见"，在面对"发展陷阱"之虑，迫切感觉需要来美国亲身体验下。

为什么是密歇根大学？

美国世界一流大学众多，那为什么没有选择经济学研究的中心——哈佛大学和MIT或经济学的圣殿——芝加哥大学？其原因也有三：其一是我近年来主要从家庭消费储蓄行为研究，密歇根大学社会研究所是全世界最早从事家庭动态调查的研究机构，同时世界上非常著名的跨学科研究中心，申请来密歇根大学可以帮助我深入理解家庭经济社会运行，有利于在未来的学术生涯中从事跨学科研究；其二是申请的合作导师谢宇教授是美国科学院和美国人文艺术科学院两院院士，在社会学、统计学和社会科学研究方法论方面有极为高深的造诣，同时谢宇教授也是中国 CFPS（中国家庭动态跟踪调查数据）的实际负责人，过来谢宇教授门下学习熏陶一段时间不但可以熟悉中国家庭动态跟踪调查数据，而且可以跟踪学习目前社会科学最前沿的方法论；其三是我本身在国内也多年兼职从事大学的教学科研管理工作，而密歇根大学作为一所规模庞大的一流公立大学，对国内的大学具有较强的借鉴作用，同时安娜堡的中小学教育在美国也是非常不错的，有利于我9岁的孩子过来跟班学习体验美国原汁原味的少儿教育。

三、密歇根大学访学期间的工作、收获和体会

（一）参加两次大型的学术会议的收获和体会

1月3~5日参加了于费城召开的以美国经济学会和美国金融学会为主的美国社会科学联合会年会，本次年会共有12000名学者和研究生参加，共有近500个 Session，是全世界规模最大、水平最高的经济学家金融学术会议，同时也是全世界最大的经济

学和金融学博士毕业生的就业市场（Job Market）。收获和体会有四：

其一，见识国内目前尚处于起步阶段的经济学金融学学科分支的前沿发展，比如行为经济学、健康经济学、环境和生态经济学、教育和教学经济学、家庭金融、战争经济学、人口经济学、大数据时代经济学发展等。

其二是获悉目前世界经济学分析方法的前沿发展和研究领域的分布等。目前经济学金融学研究更多地使用自然实验、田野实验和控制实验，更多地使用结构方程来进行经济学金融学建模，因果关系推理和识别的方法更为严谨，更少地使用时间序列数据的同时更多地使用微观调查数据和实验数据，经济学金融学研究的分工越来越细的同时跨学科和交叉学科的发展也越来越普遍。

其三，经济学金融学博士毕业生的就业机制和就业情况等。本次年会全球近1000个机构参与了招聘工作，其中中国大陆也有50多所高校来费城进行人才招聘，总体而言，经过几十年的发展，目前已经形成比较完善和规范的招聘机制，大体而言招聘程序为投简历（包括导师和教授推荐信以及工作市场论文）—电话面试—经济学年会面试—Flyout去校园做Presentation与商议—给出工作Offer—签订工作协议，当然不是每个经济系或商学院的招聘程序均完全一样，其中在就业市场（Job Market）最强的信号就是你的工作市场论文（Job Market Paper）和导师推荐信（当然论文发表情况也非常重要），美国Top50的经济系每年大多会推出各自的Job Market Star，然后集合全系的力量对"明星"的面试等各个环节提供全方位的帮助；今年我弟弟易君健在芝加哥大学经济系完成博士后研究也上了Job Market，收到来自杜克大学等全球20多所经济系或商学院的面试通知，在费城参加面试后2月中旬在美国、欧洲和亚洲近10所高校做了Presentation，最终被新加坡国立大学经济系录用。本次年会是历年来大陆高校参与招聘最多的年会，有的学校是组团带队来招聘，比如湖南大学由副校长带队，四川大学干脆直接在展览场所摆台进行招聘，广东地区的中山大学和深圳大学均参与了正式的招聘，还有很多学校由院长或系主任带队来招聘，比如复旦大学、上海财经大学、中央财经大学、中国人民大学等。我们大学此次没有参与招聘，但是在美国经济学会网站打了招聘广告，在年会也碰到好几个对我们学院感兴趣的博士生，后来有一名香港中文大学经济系的博士毕业生作为"云山青年学者"被我院录用，希望接下来的年会能够带队过来参与人才招聘。

其四，美国办会效率之高、论文报告之密集叹为观止。本次年会会期共3天，参加人数达到12000人，会议正式酒店近30家，共报告了1000多篇论文，如果加上张贴的论文，其总数将超过2000篇，每一天从早晨8点开始到晚上9点学术报告和学术活动从无间断，会议日程安排也没有单独列出午餐和晚餐时间。小到几个人的会议室，大到主会场或诺贝尔奖获得者的专题报告则可容纳近1000人，整个会议有条不紊，来自全世界的众多著名经济学家参与会议，我自己就见到诺贝尔获奖者5人、前美国财政部长和前哈佛大学校长萨默斯教授、美联储前主席和普林斯顿大经济系前主任伯南克教授、世界Top 50经济系的众多大牌经济学家和IMF和世界银行经济学家等，同时也聆听了2013年小诺贝尔奖（克拉克奖，专门颁给40岁以下的经济学新秀）——Ray Chetty博士为代表的学术新星的演讲。我自己也在国内领导主办过多次学术会议，同时每年也参与过以中国经济学年会、中国金融学年会、中国数量经济学年会、中国国际贸易学科协作组年会为代表的各种学术会议，会议规模从60～1000人，主办方之累、办会效率、论文质量与美国经济学年会相比，提高余地真还不是一点点。

5月1～3日参加了于波士顿召开的美国人口学年会，由于我自己不是做人口学的，只是近几年来分析中国人口结构与居民消费关系才意识到人口问题如此之重要，因此慢慢涉及一些人口学问题，参加此次年会受到密歇根大学的合作导师谢宇教授资助，三天的会议受益匪浅，发现人口学是一个非常庞杂的交叉领域，研究领域和研究方法的多样性远超过经济学金融学，所报告的论文和主题演讲涉及如此多的领域，如生育、健康、教育、家庭、婚姻、性行为、种族、移民、犯罪和暴力、不平等、代际传递等，涉及的学科有社会学、人口学、经济学、公共管理、统计学、生物学等。大部分主题与我们现实生活息息相关，但是所采用的研究方法与经济学研究方法相关度比较高，非常有利于我未来将这些人口相关问题与经济学金融学相关问题进行交叉结合起来拓展新的研究领域，同时也有利于我从学术和生活的角度思考这些现实的人口问题。

（二）参与众多小型研讨会（Seminar）的收获与体会

除了在上面谈及的两个大型学术会议密集地听讲座以外，在美国这八个月时间我花费了大量的时间听 Seminar，主要在密歇根大学 Ross 商学院、经济系、社会研究所（ISR）、福特公共管理学院、社会工作学院、中国研究中心以及人口研究所的量化研究团队（QMP）听 Seminar，总体而言感觉收获很大。这些 Seminar 主要涉及经济、金融、社会等多个方面，听 Seminar 和单纯看论文还是存在差异的，差异主要体现在你如何去 Follow 作者的构思和逻辑以及理解论文背后的东西，同时还可以考虑和作者直接沟通交流。我在密歇根大学的合作导师谢宇教授是美国的两院院士，但是谢老师只要在安娜堡，每次参与的相关 Seminar 都能见到谢老师的身影和积极提问，我们这些后辈小子能不积极参与吗？我 2005 年访学时以跟博士班听课和写论文为主，这次则以听 Seminar、参与学术会议和写论文为主，生命周期阶段不同，采取的方式就应该有所差异。谢宇教授这里的中国访问学者和博士生不少，因此他专门组织了一个工作语言为中文的 QMP（量化研究方法）Seminar，每两周一次，每次讲 1~2 篇论文，谢老师每次旁征博引分析每篇论文逻辑和识别方法上面存在的问题，同时还给我们"八卦"一下社会科学界的奇闻轶事，这不但有利于我们进一步修订论文，还能够从多方面了解美国社会科学方法论的发展和争论以及美国的大学与科研体系的运作。由于谢老师是 CFPS 数据的主要负责人，今年 QMP 的多次 Seminar 均围绕这套数据来展开，比如中国居民的财富集中情况和不平等问题、中国居民家庭的收入阶层变动问题（这几篇论文后来均收入今年即将出版的《中国民生报告》）等。我也汇报了两次研究成果，一次是以中国的数据检验生育率下降和婚姻行为之间的因果关系，另外一次是中国农村居民外出务工和家庭储蓄率关系的实证检验。

我选择几个印象比较深的 Seminar 的论文说说，比如加州大学洛杉矶分校的 Keith Chen 过来讲一篇论文"Language Structure and Economic Choice"，该文从语言结构对经济行为的影响构建理论模型。比如中文不存在将来时态，英文则存在将来时态，居民如果以讲存在将来时态的语言为主，那么就可能将现在和未来有一个比较明确的划分；而居民如果以将不存在将来时态的语言为主，那么就可能将现在和未来放在一起进行经济决策，然后将语言结构引入跨国数据，结果表明不存在将来时态的居民储蓄率显著高于存在将来时态的居民。还有一次有一位作者利用在中国访问研究的时间搜集了中国北方人和南方人的行为差异，然后从种植水稻还是小麦来解释这一差异，先姑且不论这一结论是否完全科学，但是可以为我们解释中国南方人和北方人的行为差异提供一个新的视角，后来这篇论文发表在 *Science* 上面。另有一次，斯坦福大学的 Rozzle 教授利用在中国大量收集的健康、营养和教育投入的数据来预测中国未来的收入分配状况，他提出一个公式：当前的收入不平等 + 当前的人力资本投资的不平等 = 未来的收入不平等。人力资本包括健康营养和教育投入这几个方面。然后考虑到高考录取的地区不平等等因素,最后得出结论认为中国未来的收入不平等问题不容乐观。这些论文涉及研究领域之广、研究方法之严谨、研究视角之独特,尚需要较长一段时间慢慢消化。

(三)了解美国的社会经济文化和创新型人才培养体系的收获与体会

我是一名经济学者,同时也是一名高等学校教师,因此多从专业和职业的角度进行观察。来美国之前就得知美国底特律这个汽车之都现在已破败不堪,来密歇根大学后两次和底特律亲密接触,第一次是今年2月去Outlets由于导航设错了,一不小心导到底特律近郊,看到无数的厂房和居民楼窗户和门洞大开,无比破败,近郊很多被遗弃的别墅,路上只能见到几个黑人在闲逛。第二次是送一个朋友去底特律机场之前去了趟通用总部,就在底特律市中心,通用总部倒还不错,但是周围可真惨不忍睹。后来从多方面了解底特律衰败的缘由,起源是种族冲突导致白人的大规模撤离,根源还是在于产业转型的不成功,同时底特律市没有一流大学和城市管理的失败,综合导致目前的状况。后来逐渐了解到美国以前的工业中心——五大湖区现在被称为"锈带",其根源就是在于廉价劳动力比较优势的丧失,根据克拉克定理,产业结构由第二产业为向第三产业转变,辉煌的五大湖区开始走向没落,即使曾经风光一时直追纽约的芝加哥虽然是五大湖区转型最为成功的城市,但是也不能与当年的风光相提并论。看到底特律的衰败和破产实际上我还有另外两重想法:一是美国社会经济结构的弹性非常大,经济结构调整速度远快于欧盟和日本。日本从1990年以来经济结构调整了20多年,欧盟也调整了10多年,依然没走出低谷。看到底特律的情况我开始有些感觉了,作为曾经的世界汽车之都美国政府说破产就破产,不会为了曾经的辉煌而强行延迟调整,这样反而加速了经济结构的调整,加速了要素的流动，2008年金融危机后发达国家最先走出来的也是美国。二是伴随着中国人口结构的急剧恶化，中国很多城市如果经济结构转型不成功，那么均将面临底特律类似的困境。今年7月去加州和美西一行后体会到美国经济重心的转移，从东到西、从北到南、从五大湖区向太平洋海岸，由重工业向IT和生产型服务业以及金融业等转移，这其中美国的制度、文化和教育在其中起到非常关键的作用，比如自由迁徙、鼓励创业、鼓励冒险、容许失败、以直接融资为主的金融体系对企业的支持、世界上独一无二的风险投资机制等。中国借鉴美国经济转型最有价值的我感觉还是两个字"弹性"，经过30多年发展，中国目前出现了阻碍调整的比较强的"刚性"，极为不利跨越中等收入陷阱（"第二次世界大战"后世界上只有不到20个国家顺利跨越了中等收入陷阱进入高收入经济体行列），幸好党中央决策层深刻认识到这一点，这一年多来的各种情况表明中国目前的经济结构弹性正在逐步增强。

美国崇尚自由，硬币上都是Liberty，这点体现的无处不在，最重要的在于自由的选择权，当然自由和民主也会导致一些问题（如决策速度低下）；另外，我体会较深的就是美国啥东西的Variance都很大，也就是说差异很大，比如美国的中小学教育，放学早，其余这么多时间怎么处理呢，让孩子接近大自然接近社会这是毫无疑问的，以亚裔为代表的家庭可能还是给孩子很多课外的学习等。中国的情况不太一样，学校给孩子布置大量的课外作业挤压了孩子和家庭的自由选择，实际上就是等于学校行使了大部分选择权。美国的做法是把选择权让渡给孩子和家庭，美国做法的好处是孩子的发展途径多种多样，但孩子成长后的Outcome方差也极大。与此相对应的是，中国孩子的发展途径较为单一，孩子成长后的Outcome的方差相对较小，但是创造力可能要受到压抑，正态分布的右边可能存在截断的情况。在国内大家普遍认为中国的家长难做，过来后我感觉美国的家长更难，为何呢？其一是美国中小学放学早，学校把很多责任和选择权让渡给家庭；其二是在孩子的受教育过程中美国这边的选择是更多地让家庭参与进来，比如每个星期孩子各方面的阅读情况、对社会的了解情况（我孩子在这边上小学三年级，我感觉最有意思的课程是 Social Study，讲述美国的历史地理和社会以及密歇根州的历史地理和社会状况，还讲述一些简单的经济学常识）等。

在美国这 8 个月，除了密歇根大学，我还去过哈佛大学、普林斯顿大学、芝加哥大学、斯坦福大学、西北大学、宾夕法尼亚大学、麻省理工学院这几所世界顶尖大学。当然除了参观校园以外主要是去考察该校的经济系和商学院，因为我的专业直接归属于这两个院系，其中芝加哥大学去的次数和待的时间是最长的。体会很多，各个学校的文化差异极大，比如哈佛大学我觉得确实是生活学习兼顾最好的大学，从哈佛出来走路不到 30 分钟就到 MIT 了，最直观的感觉就到了清华附近的中关村了，只是没有卖假文凭和盗版光碟的；芝加哥大学非常严谨，普林斯顿大学古典清新，斯坦福大学自由奔放，西北大学直接就面朝密歇根湖感觉视野开阔，宾夕法尼亚大学则有点没落的贵族气息。这几所大学的商学院差异也很大，以哈佛大学商学院和芝加哥大学商学院为例，哈佛大学商学院以案例教学为主，芝加哥大学商学院则以课堂教学和科学研究为主，哈佛大学商学院培养更多的是职业经理人，芝加哥大学商学院则培养金融精英最多，从科学研究排名芝加哥大学商学院远超过哈佛大学商学院，但是从培养职业经理人角度哈佛大学商学院则更优，然而如果培养金融高层次人才哈佛大学商学院又远落后于芝加哥大学商学院了。总体而言，这几所大学商学院招生标准、培养模式均存在很大差异，这点和中国不一样，中国把哈佛大学商学院膜拜为经典，这点误导中国各大商学院的发展，这不又回到了 Variance 了。我总结这几所商学院招生、培养和科研的差异原因如下：其一是体现了大学文化本身的差异；其二是体现了所处城市的差异；其三是体现了学科领军学者群体的差异。当然这三者本身可能是联合内生的。

从大学的管理和科研体制来看，体会也不少，感受最深的是三个方面：一是获得美国终身教职是如此之难，竞争是如此之激烈，密歇根大学经济系自始至终还没有给过华人以终身教职，博士毕业后进入研究型大学做助理教授本身就是百里挑一，然后从助理教授到终身教授依然存在很高的淘汰率，见到不少在美国做助理教授的，见面都是关心 Paper 进展如何了。那么博士生呢？就是关心工作市场论文进展如何了。一路淘汰下来，最后教授的科研水平能不领先全球吗？二是美国博士生的淘汰率和转校以及转专业的弹性问题，我们以前经常听说美国高校录取是"宽进严出"，但是我这次的体会则是"严进苛出"，绝大部分的博士生真是炼成"上灭下绝"，其中的艰辛很难想象，当然也同样又回到 Variance 了。我也见过美国 150 名以后的大学培养的博士生，那水平就不太好评估了。三是美国教授之间的合作以及科研经费的使用远超我们的想象。中国大学学科之间的条块分割比较严重，教授之间跨学科的合作相对要少了很多。我在这边工作的 ISR（社会研究所）是一个非常著名的跨学科研究中心，囊括了从社会学、经济学、统计学、生物学等非常多的学科，教授之间的合作和交流非常之多，值得中国现在搞协同创新中心借鉴参考。同时美国大学的管理更多的是服务而非监管，中国大学的管理更多的是监管而非服务。比如科研经费管理，美国更加人性化和科学化，科研经费中间的劳务费和人力资本支出占了很多一块，并且由科研负责人主要来承担支出的责任。

我喜欢旅游，在国内时候每一年也要花费一个月左右的时间在各地观光游览，这次来美国也不例外。除了经典的美国东部游以外，和另外一位访问学者一家自驾了加州和美西，走过了从洛杉矶到圣地亚哥的一号公路，也用脚步丈量了优胜美地、黄石公园、大峡谷、纪念碑谷、拱门国家公园、峡谷地和大提顿等系列国家公园。从单个景区的风光而言，绝大多数实际上在中国西部都能找到类似的或更为优美的风光，但是美西游给我留下深刻印象的有如下几个方面：一是美国的国家公园收费是如此之低、环境是如此之原生态、环境保护意识是如此之强，美国国家公园一年的收费是一台车 80 美元，要是在国内一台车一个国家公园一次都远超 80 美元。同时美国国家公园内部除了规定的宿营地和必要的服务区以外没有见过酒店等市场化的楼堂馆所。另外，还有大量的工作人员固定时间和固定地点讲解环境风土的变迁。印象最深还在于我的孩子为了要一个国家公园的徽章，做题目、听讲解员讲解、宣誓，那可是近两个小时的时间，中间还抹眼泪多次，最终拿到徽章时候欢呼雀跃，给我们大家都上了一堂非常生动的环保课程。二是真正的风光实际上都在路上，广袤的美国西部，荒凉的一塌糊涂，荒凉的丧心病狂，荒凉的黯然销魂，下回来一定要给出更多的时间，跑更少的景点、更大的弹性来体验"大漠孤烟直，长河落日圆"的美国西部风光。

美国还有很多值得学习的地方，比如很高的社会信任感、较好的社会秩序、多元化的移民文化等；当然也有一些需要反思的地方，如费用昂贵、效率低下的医疗体系，效率低下、速度很慢的铁路系统，单调贫瘠的饮食等。

四、简单介绍我在密大的研究

在密歇根大学短短八个半月的时间把以前几篇论文修订定稿并合作完成两篇英文论文，下面简单介绍一下：

（1）作为国民经济支出中最大和最稳定的项目，中国的居民消费占 GDP 之比目前低于世界平均水平约 25 个百分点（以 2011 年数据为例，世界平均的居民消费率为 60.4%，中国只有 36%），目前部分主要中等收入经济体与部分主要高收入经济体居民消费率的显著差异造成的消费－储蓄失衡已经成为世界经济失衡的内在根源之一。《世界各国居民消费率的决定因素分析：基于跨国面板数据的实证检验》利用全球64个国家1978～2011年的跨国面板数据对影响居民消费率的因素进行实证估计与扩展分析，结论表明：第一，人均GDP增长率、通货膨胀率、政府消费率与经济结构变量显著影响世界各国的居民消费率，并且居民消费率具有较强的惯性，同时，儒家文化圈的国家在控制其他解释变量的前提下居民消费率比其他国家低约5.5个百分点；第二，在引入国家脆弱性指数作为国家政治经济社会的系统不确定性的代理变量引入基准方程，但是没有找到国家社会政治经济系统不确定性显著影响居民消费率的证据；第三，分别以M2/GDP与私人部门信贷占GDP之比作为金融发展的代理变量引入基准方程来进行实证检验，但是没有找到金融发展与居民消费率具有显著的线性和非线性关系的证据；第四，提高社会保障支出占财政支出之比能显著提高居民消费率。

（2）Clark（1940）认为随着收入的增长，最终需求将越来越多地向服务需求转移。服务业主要可以分为生产性服务业和消费性服务业，其中消费性服务业的发展主要应该归因于居民家庭服务性消费支出的增长。《家庭服务性消费支出的决定因素：基于中国城镇住户调查数据的实证检验》利用2009年与2002年中国六个省与直辖市的城镇住户调查数据，对家庭总服务性消费与各分项服务性消费的决定因素进行了实证检验与扩展分析，结论表明：第一，2009年与2002年家庭总服务性消费支出的收入弹性不存在显著差异，均略小于1；第二，2009年除开交通通信类以外其他7项消费性服务业均有较强的发展潜力，但是2009年只有饮食类、居住类、文化娱乐类和家政类服务的收入弹性显著高于2002年，两个年份除收入外其他各解释变量对各分项消费的影响效应与影响方向均存在差异；第三，城市人口规模对家庭总服务性消费支出的影响呈现倒"U"形关系，但是城市人口规模与家庭分项服务性消费之间的关系比较复杂；第四，总体而言，妻子对家庭服务性消费的影响显著大于丈夫的影响，这主要体现在受教育年限和就业状况这两个方面。本研究可以为促进我国消费性服务业的发展提供经验证据。

(3)《外出务工收入与农户储蓄行为：基于中国农村居民的实证检验》基于中国2009年3省9县914个农户调查数据，考察了劳动力外出务工对农户储蓄行为的影响。结果表明，外出务工收入占家庭纯收入的比重对家庭储蓄率有负效应，并且在有外出务工收入的家庭中非常显著；利用本村地势及村人均耕地面积作为工具变量来控制外出务工收入占比的内生性，同时通过子样本回归和Tobit回归解决外出务工收入占比是截断数据的问题，估计结果依然稳健；对这一影响机制的扩展研究表明，外出务工收入占比对农户储蓄率的影响在低收入、存在流动性冲击及无其他工资性收入的农户中作用更强且更显著。这说明，外出务工能够作为一种分担风险、缓解流动性冲击的机制而作用于居民消费及储蓄行为。

(4)目前东亚国家的生育率和结婚率均快速下降，那么两者之间是否存在因果关系呢？中国采取的计划生育政策可以当作是一个外生制度冲击和准实验，"Siblings, Altruism, and Marital Outcomes: Explaining the Decline of Marriage Rates in China"利用两套家庭调查数据对此进行实证检验，结论表明独生子女比有兄弟姐妹的青年结婚现在要晚，并且结婚率也显著要比有兄弟姐妹的青年要低，孩子结婚这项研究测试的是对婚姻的结果是独生女的效果。中国特有的计划生育政策作为一个准实验，这位结婚率的下降提供了新的解释，维持我们建立了一个婚姻市场搜索模型来分析其中的机制，结果表明独生子女有较少的利他主义，较少地提供家庭公共产品。

（5）由于重男轻女的性别偏好、医疗技术进步、外生的计划生育以及乙肝病毒等多个原因，目前中国出生性别比失衡比较严重，"A Simple Model on Male-biased Sex Ratios and Criminal Behavior"从婚姻市场竞争的角度构建了一个理论模型得出结论认为偏向于男孩的性别比提高将增加社会的犯罪行为。

总体而言，在密歇根大学的研究进展尚没有达到自己的预期，CFPS数据的处理还没有完全做完，未来我的研究仍将专注于人口结构变迁与中国居民家庭的消费储蓄行为，同时也将跟踪中国的家庭金融行为等方面的进展并进行研究。

五、我的遗憾和给未来的访问学者的建议

这次访学时间比较短，只有短短8个月（一个学期和两个假期），时光如梭，一眨眼就过去了，虽然是第二次出国访学，收获和体会也非常多，但是遗憾也很多，总结起来大概如下：

其一是语言方面的准备还是不过关，2005年那次出国之前进行过语言培训，这次出国年龄相对大了近10岁，事情更多更忙了，没有来得及充分准备英语，因此听有PPT数量较多的Seminar倒问题不大，但是如果涉及讨论环节和思想的交流就感觉到困难了，同时英语的写作始终没有过关。语言这个交流的工具不充分掌握，始终难以深层次理解美国的经济、社会、文化与生活，建议未来的访问学者在来美国之前务必花大力气解决语言问题。对于我们的孩子而言，语言从娃娃抓起实在是有必要。

其二是时间太短，难以真正融入密歇根大学的教学、科研网络，我个人感觉如果想有效融入这边的学习工作生活，可能两年及两年以上更加合适，如果时间有限，一年半是最起码的。为何这样说呢？因为来了后把生活安顿下来估计要一个月左右，然后回去准备半个月左右，中间在美国各地游学至少一个月左右，这就去掉三个月了，考虑到旁听1~2门课程，撰写1~3篇英文论文所花费的时间，因此18个月以上就成为必需的事情了。

除了语言准备和访问时间长短的选择这两个方面以外，对未来的访问学者的建议还主要有两条：

其一是目标至少要比较明确。从我们经济学的角度而言，来美国访学机会成本不少，在美国的花销和在国内收入的损失均列入机会成本，这既是一笔消费同时更是一笔投资。一笔重要的人力资本投资，既然是投资，那么就要求有收益，收益既有短期收益更有长期收益，既有显性收益更有隐性收益。收益的大小取决于访学的目标，目标决定你的行为。每位访问学者来美国访学的目的各有差异，只要在赴美之前根据自身的约束条件和目标比较详细制定规划，认真实施，肯定能够比较好地完成返学任务。

其二是争取全方位地了解美国社会经济文化和教育教学科研体系的运行。多走走，多看看，多琢磨，多与本地人和各方人士交流，从多个角度理解和探寻美国的各方面情况，了解美国的历史、美国各个阶段的社会经济转型、美国各个层次的教育体系。很多时候"管中窥豹"可以理解平时无法看明白的问题，比如去奥本山看看NBA、去密歇根大体育场看看橄榄球赛、去芝加哥酒吧听听爵士乐、去西部的印第安人保留地看看印第安人的生活、去美国的国家公园看看美国的公园管理、自驾美国西部体验下广袤荒凉的大西部、去旧金山和洛杉矶看看华人的生活、去华盛顿国会山和波士顿体会美国建国的历史和民主的基石、去各大著名高校听听不同学科的Seminar、去美国的著名大学相同学科体会下学派的构建和差异、去美国的中小学看看他们的课程表等，不一而足，访学访学，不但要学，更重要的还需要"访"，没有"访"，学的就有缺陷。

附录 人才发展访谈录

学者邓贵平的学术之路[1]

一、求学之路

用高中语文老师的话来概括：我是我们班学得最苦的学生。

因喜欢照相，他路过我家，获知我家坐落在四川江油一个风景秀丽但相对落后的村子。虽然只考取了绵阳师专，我却成了组里（60户人家）第一个大学生。大专毕业后，我到德阳一所中学任教，一边从事教学，一边悄悄准备考研。虽然教学任务繁重（高一、高二、高三合计7个班的地理教学和高二班主任），2004年还是幸运地通过四川师范大学的研究生考试。研二时，父亲偶染重病离我而去。考博失败后，来到四川雅安芦山发改局工作。边工作边继续考博，于2008年通过成都理工大学博士研究生考试。

获得导师支持后，2008年秋我来到九寨沟风景名胜区管理局工作，开始半工半读求学生涯。到九寨沟后，我一直在科研处工作，先后负责了九寨沟景区地质灾害拉网式普查、阿坝州旅游品牌战略规划、九寨沟国家国际科技合作基地和国际合作项目《九寨沟水资源与生态安全保护关键技术合作研究》的成功申报，也有幸成为该项目的负责人。另外，参与成功申报和实施国家"863"重大专项"基于时空分流导航管理模式的RFID技术在自然生态保护区和地震遗址博物馆的应用"课题和国家科技支撑计

---

[1] 邓贵平，男，四川江油人，汉族，高级工程师，博士，九寨沟风景名胜区管理局科研处处长，主要从事旅游地学、景区管理和世界自然遗产保护等领域研究，现在密歇根大学做博士后研究。近年来在《Natural Resource Forum》《山地学报》《长江流域资源与环境》《旅游学刊》《计算机信息工程与技术》等学术刊物公开发表论文20余篇，在科学出版社出版专著《九寨沟旅游地学景观成因与保护》。作为课题负责人主持一项国家国际科技合作专项，作为主研人员参与国家"863"重大专项、国家科技支撑计划和国家自然科学基金重大国际合作项目。

划"智能导航搜救终端及其区域应用示范"项目。九寨沟的工作拓展了我的视野，带给我新的理念，让我认识到新技术在景区管理和服务中的重要作用，也认识到战略合作的重要意义。通过多次有效沟通，我成功拓展了九寨沟风景名胜区管理局与密歇根大学、北京大学、武汉大学和上海师范大学等高校的合作关系。

2011年6月我顺利获得博士学位，2012年初在科学出版社出版个人专著《九寨沟旅游地学景观成因与保护》。2012年秋，受九寨沟风景名胜区管理局选派，非常幸运地来到密歇根大学跟随David Allan教授做博士后研究，开启人生新的征程。我始终铭记那位语文老师激励我的话，"大凡成功者，不在于纨绔，而是有心人"。虽曲折，我不懈追求。

二、学术感悟

天资并不聪慧的我深知这次机会来之不易，它凝聚了无数的汗水与不懈努力，凝结了众多领导、亲朋好友的殷切期望，以及国家、单位的大力支持。我要刻苦努力，争分夺秒，全面提升自己，努力在导师与朋友的帮助下在以下三方面取得进步：一是开展《景区可持续管理研究——以九寨沟为例》课题，通过对比研究，从经济、环境和社会三个维度找出中美景区可持续发展面临的共性问题，构建景区可持续发展评价体系，分析总结美国景区管理经验，努力提炼出可以复制的景区可持续管理模式，为九寨沟未来可持续发展提出建议。二是推进国际合作项目《九寨沟水资源与生态安全保护关键技术合作研究》的实施，希望通过对水体、藻类、底栖动物等的采样和对湖泊地形、生物量的测定和泥芯样品分析、野外试验找到九寨沟湖泊的指示生物，构建景观水体综合监测指标体系。三是强化九寨沟风景名胜区管理局同密歇根大学之间的科研合作，努力建立战略合作关系。在此基础之上，开拓与美国其他著名大学或研究机构的科研合作。

中国正快速崛起，旅游业正蓬勃发展，作为四川省的龙头景区和中国旅游的一张名片——九寨沟需要可持续发展，需要走向世界，世界也需要九寨沟。她将让世人感知大自然的鬼斧神工，涤荡他们的灵魂，激发他们的灵感，带给他们美的熏陶，美的享受，爱的传递。她也需要世人的呵护，世人的智慧，世人的力量，方能永葆青春，永葆美丽。九寨沟需要借鉴其他国家公园的成功经验，也愿意分享自己的探索与创新。九寨沟是世界了解中国的窗口，也是中国了解世界的平台。我愿为搭建九寨沟通向世界的桥梁添砖加瓦，也愿为世界了解九寨沟、了解中国尽微薄之力。

在科研上，我需要脚踏实地，戒骄戒躁。我深知一个课题要做实，需要有开阔的视野，需要团队的力量，需要注重研究的严谨性，同时，学科交叉也很必要。一个人要取得科研突破，需要不懈努力，需要不断积淀，决不能急功近利，急于求成。例如，我的导师 David Allan，已年过七旬，仍不懈追求，潜心科研，其研究成果去年在美国科学院院刊（PNAS）公开发表。

在文化上，我希望多去了解美国以及其他国家的文化。每个国家都有自己的生存艺术，都有自己的智慧与创造，我们应互相尊重，增加交流，合作才是互利共赢的选择。

三、学习收获

美国为世界最发达的资本主义国家，经济、文化、工业等领域都处于世界领先地位。而密歇根大学在世界上享有极高盛誉，被誉为"公立常春藤"。据英国《泰晤士报高等教育副刊》2014最新的世界大学声誉排行榜，密歇根大学排名全世界第 15 位。我有幸来到美国这所著名学府，虽然时间较短，但收获颇丰。

到密歇根大学后，在导师的指导下，首先补充湖泊、河流生态系统相关知识，选修了五大湖科学管理等课程。五大湖科学管理是深受资源与环境学院学生欢迎的一门课，由导师 David Allan 教授和另外 7 位老师一起授课，课程中途还邀请了五大湖相关研究机构的研究人员来授课，分别讲述了美国五大湖地貌、地层、地质构造、演化历史与成因、湖水的物理和化学性质、大气循环、湖泊生态系统、湖泊管理机构、湖泊保护相关法律法规、湖泊管理政策、湖泊利用方式、人类活动对湖泊生态环境的影响及应对措施、外来物种对湖泊水生态环境的威胁及应对措施、美国与加拿大在五大湖管理中的协议与分歧、湖泊水环境的监测与科学研究等。除专业知识外，这门课程让我感受到密歇根大学课程设计与国内众多大学的不同。一是多名教授同时教授一门课程。除主讲教授外，其他授课老师与学生一起听课，一起讨论。二是非常重视学生的提问。一有学生举手示意，授课教授将会立即停下来答疑。三是重视学生科研能力的培养。将学生划分为好几个小组，对不同的小组设定不同的课题，各小组将在自己的老师指导下开展研究。结合课程，我还学习了 David Allan 的著作《河流生态学》和《河流：生态与生命》，研读了其论文，对湖泊生态系统、流域保护和生态恢复等有了进一步认识，对我组织实施国际合作项目《九寨沟水资源与生态安全保护关键技术合作研究》等很有帮助。

为推进国际合作项目，我至少两个月和课题组召开一次电话会议，讨论细化研究计划，精心设计研究方案。2013 年 7 月，我回到九寨沟组织召开了《九寨沟水资源与生态安全保护关键技术合作研究》项目启动仪式暨生态保护研讨会，邀请了密歇根大学、伊利诺伊大学、波特兰州立大学、中国科学院成都生物所、上海师范大学等高校或研究机构的著名教授做主题报告，研讨项目实施关键内容和九寨沟生态保护相关问题。随后，选取长海、天鹅海、箭竹海、熊猫海、五花海等十个湖泊进行藻类、底栖动物、水体采样，在珍珠滩设立两个样方。2014 年 7 月，我将和研究团队继续回到九寨沟开展野外研究，包括九寨沟主要湖泊湖底地形测量和生物量测定，珍珠滩、五花海实验和五花海、镜海、老虎海泥芯采样分析等。

关于去年夏天回九寨沟开展科研工作，我愿和大家分享一个有趣经历。去年7月，我和美国专家搭乘达美航空从底特律飞上海。起飞几小时后，空姐播音告知有乘客突发疾病，急切需要医生，还是很幸运，乘客中找到医生，但遗憾的是没有设备，最后为救治病人，飞机不得不改降阿拉斯加机场。放下病人后，飞机进行起飞例行检查，结果发现油箱漏油，这可能是由于为成功降落在阿拉斯加机场，机长不得不放油减轻负荷所致。我们也被迫在阿拉斯加留宿一晚，被告知第二天早晨8:30登机。但是，虽然外地飞来的专业维修人员努力工作了十几小时，飞机仍未修好，我们登机时间也不得不进一步推迟，直到当天晚上6:30才登上另外一架协调来的飞机。就这样，我和阿拉斯加幸运邂逅一天，虽然上海交流活动被迫取消。

为推进景区管理研究，我阅读了《美洲生态旅游与保护》《智慧旅游》《危机管理》《第五项修炼》等著作，研读了关于大数据、云计算、物联网、移动互联网、学习型组织、战略联盟、业务流程优化和黄石、优山美地、普利特维采、班夫等国家公园以及智慧城市、智慧旅游等方面的高质量论文，深化了对智慧景区的认识。表现在如下方面：

第一，明晰了定义。它是"将先进理论同科学技术高度集成，实现人与自然和谐发展的景区"。

第二，总结出特征。它具有五个特征：一是持有先进理念。始终坚持可持续发展战略，既要发展旅游经济，又要保护好资源和生态环境，走节能环保之路；二是具有高超的管理艺术。在大数据时代，景区管理者除掌握先进的管理手段和技巧，还应重视数据，决策应基于大数据分析；三是重视科学技术的应用。物联网、云计算、移动互联网、社会新媒体、可穿戴技术等都将在景区发展中发挥重要作用；四是拥有素质综合的人才队伍；五是在旅游发展和生态保护方面都是成功的。

第三，建立概念模型。它由发展低碳旅游、信息化建设、创建学习型组织、优化业务流程、战略联盟和危机管理六部分组成，彼此耦合，相互影响。

第四，认识到重要意义。"智慧景区"建设将是我国景区抢抓机遇和应对挑战的重要战略，是实现可持续发展的重要举措。

6月底，我将代表九寨沟风景名胜区管理局出席优山美地国家公园150周年庆祝大会，届时也将开展中美国家公园对比研究。随后，还将到黄石、大峡谷等国家公园考察学习。

为了解其他国家的文化，其他学科的研究方法和研究成果，拓展思路，开阔视野，我参加了在罗斯商学院举办的2013年印度发展年度会议和第24届亚洲商会，以及两届由交通研究院举办的聚焦未来汽车研究年度论坛。今年5月，将到波特兰州立大学参加水生科学年度会议。除资源与环境学院外，我还努力参加密歇根大学其他学院的各种讲座，尤其是社会科学学院和罗斯商学院。另外，还坚持旁听中国研究中心、孔子学院组织的关于中国的各种研讨和讲座，旨在对中国有一个更全面的认识。

另外，结识了密歇根大学吴贤明制造中心、公共卫生学院、密歇根大学水中心、可持续发展研究中心的著名教授，有幸受邀参加密歇根大学华人教授联谊会，与他们的交流，增长了见识，提高了对科学研究的认识，希望能与他们开展合作，强化九寨沟风景名胜区管理局与密歇根大学的科研合作。

四、学术贡献

目前对湖泊水体质量的监测主要采用理化监测为主，但理化指标很难真实反映九寨沟景观水体的水质变化。因为九寨沟目前水体质量很好，理化指标都符合国家一类水标准。但九寨沟生态系统非常脆弱，一旦遭到破坏，将很难恢复，因此需要及时发现水环境的细微变化。由于一些N、P等营养盐被藻类或底栖动物等吸附,理化指标往往不能真实反映这些微小变化。我希望通过采样、实验,寻找到指示生物,建立生物监测指标体系,实时监测优质景观水体的异常变化,并提出预防和应对对策。

景区管理研究在国内还很缺乏,滞后于旅游业的快速发展。我希望结合在九寨沟风景名胜区管理局的工作经历开展景区管理研究,尤其是侧重于自然景区的可持续管理。从自然条件、旅游经济、环境保护、社区参与、管理体制等方面进行中美典型景区比较研究,去揭示景区管理的共性问题以及景区管理需要共同遵守的规律。采用定性和定量相结合的方法,针对景区可持续性选取评价指标,从游客、社区居民和景区管理部门与环境、社会和经济之间的复杂作用构建评价体系。努力将物联网、云计算、移动互联网等现代信息技术和学习型组织、业务流程优化、战略联盟等先进管理理念整合到景区管理活动中,提出景区可持续管理模式——建设"智慧景区",有效保护景区生态环境,有力提高景区管理和服务能力,推进景区环境、社会、经济全面、协调、可持续发展。

五、我的遗憾

匆匆来到美国,虽经努力但仍然没有做好英语准备,尤其是口语,这给学习和交流带来一些困难,不得不花费大量时间去提高英语水平。虽然我们从初中开始学习英语,高中、大学、研究生期间也都重视,但过多强调语法和阅读,对口语和听力强化不够。因此,出国留学之前,建议多强化语言学习,若到美国,还需多了解美国文化,这将有助于快速适应美国的学习和生活。

六、我的梦想

两年密歇根大学博士后研究结束之后,我将回到九寨沟风景名胜区管理局工作,希望为九寨沟景区的可持续发展做出新的贡献。

第一,努力推进九寨沟国家国际科技合作基地的建设。首先，将九寨沟生态环境与可持续发展联合实验室建成四川省重点实验室，逐步升级为国家重点实验室。其次，通过与国内外著名高校合作，努力将九寨沟风景名胜区省级博士后科研工作站建成国家级博士后科研工作站。最后，联合密歇根大学等国际著名高校进一步申报和开展国家级科研课题，围绕国家、地方和九寨沟重大问题展开国际合作，努力引进先进技术和管理经验，孵化和创新先进管理模式。

第二，大力推进智慧九寨的建设。首先，进一步深化智慧景区先进理念的研究，努力探索新技术和管理理念在景区的应用。其次，努力将智慧景区先进理念转化为实践，进一步提升九寨沟的管理和服务水平。最后，将智慧景区先进理念向智慧旅游拓展，助推旅游行业的健康发展。

第三，进一步完善湖泊水环境生物监测指标体系和评价模型，实时监控九寨沟水环境的动态变化，努力将美国国家公园生态保护技术和先进理念应用到九寨沟，推动九寨沟可持续发展。

学者孟洪福的学术之路[1]

一、求学之路

每个人都有丰富多彩的人生故事，对我个人而言，求学之路算是中规中矩吧。从小学、中学、大学一路走来，直到博士研究生毕业。在攻读博士学位期间，就有博士同学通过国家留学基金委公派，前往美国、瑞士等国的知名大学访问交流。由于我博士

---

[1] 孟洪福，1981年生，男，博士，副教授，硕士生导师，就职于东南大学信息科学与工程学院毫米波国家重点实验室。2004年毕业于电子科技大学电磁场与微波通信专业，获工学学士学位，同年保送至东南大学信息科学与工程学院硕博连读，2009年毕业于东南大学电磁场与微波技术专业，获工学博士学位，并留校任教。2012年晋升为副教授，并于同年被遴选为硕士生导师。2013年4月至2014年4月由国家留学基金委公派至密歇根大学安娜堡校区辐射实验室访问学习。

期间的课题任务重，所以没能成行。当时就萌生了博士毕业之后，要找机会出国访问交流，看看外面的学校、外面的科研、外面的世界。因此，当毕业工作两年多之后，学校的教学、科研等工作已经走上正轨，我选择了在这个时间到美国访问交流。

二、我的感悟

对一个人来说，如果在一个环境里待的时间长了，就会产生一定的惰性，也就是平时所说的习惯了，再到一个新的环境时就会特别不适应，这个我在2004年就深有体会。我生于四川长于四川，本科四年也是在成都度过的，所以当本科毕业刚到南京开始研究生生活的时候，前半年很不适应，十分怀念本科生活。从那时到这次出国前，我在南京也生活了九年，也习惯了南京的生活，所以，当去年我初到密歇根大学时，顿时又有了2004年的感觉。也许正因为有以前的经验，所以，这次我适应起来更快。但在适应安娜堡学习生活的同时，我也在寻找造成各种不适应的原因。

我此次访问交流的目的主要是学校的科研教学，所以更多的关注了国内外学校中的差别，如教学中的差别、科研上的差别以及校园生活的差别。

到密大之后，我旁听了辐射实验室为研究生开设的专业课程电磁理论，感受到了教学中的差别。电磁理论作为电磁场与微波技术专业研究生的必修课，国内各个学校也同样开设，但通过旁听，切身感受最大的就是课程讲解的难度。很明显，密大教授对该课程讲解得更深入，难度更大，在课堂上也更多地与实际科研相联系。同时，学生的课后习题任务很重，需要花费很多的时间，阅读大量书籍和其他参考文献才能完成习题。相对地，国内在该门专业课程中，更多的是讲解基础知识，让学生感受不到课程与科研的紧密联系，这就是课程教学中最显著的区别。

在密大访问，另外一个显著的感受就是师生对待学术研究成果的态度。国内许多高校现在都对博士生毕业的论文发表情况有硬性规定，均要求博士生毕业之前必须发表多少论文，且其中需要有一定数量被 SCI 收录。例如，东南大学要求学生在毕业前至少发表三篇论文，其中一篇被 SCI 收录。正因为有此严格的规定，使得博士研究生面临的压力巨大，也使文章成为国内博士生最为关心的问题。相对地，密大则对博士研究生毕业的学术研究成果要求完全是另外一个情况，学校对博士生毕业时的科研成果没有任何硬性规定，完全根据学生自己的研究情况和导师的要求。也许正是学校没有硬性要求，使密大的博士研究生在做科研时的压力小了许多，但这并不是说他们的科研就没有成果，相反，密大很多博士生毕业时就已经有大量文章发表。

除了学习科研之外，最大的感受就是校园中的日常生活。国内的模式基本将学生的科研学习与生活分开的，一般要求在实验室、图书馆等地方只能科研学习，同时这些地方都是定时开关门的，其余休息时间学生只有宿舍可待，另外学校食堂也是定时供应。而在密大，美国大学的自由风格得到了体现，学生的学习科研与生活是融为一体的。学生随时可以进出实验室、图书馆，也随处可见边吃东西边讨论的学生，同时，在校园内各种餐饮食品店也基本是全天候提供服务，让学生的学习与生活并没有那么明显的界线。

在感受到教学、科研及校园生活的差别时，我也在思考造成这些差别的原因。个人觉得最主要还是中美高校在管理方式上的区别造成了目前的这些现象。

首先一个重要区别是教授授课制度。我所旁听的电磁理论课是由辐射实验室现任主任 Sarabandi 教授主讲，同时实验室其他几位著名教授也会每年或者每两年亲自开设课程，这在国内高校是很难做到。国内由于科研任务重，更多的课程是由年轻老师来讲授，在教学过程中，由于年轻老师的科研经历有限，不可能做到大牌教授讲课时的旁征博引，也很难做到与具体的科研应用相结合，所以在授课深度等方面的差别就出来了。其实，国内高校也已经意识到了这个问题，现在许多高校都开始要求教授亲自带课。

另外一个重要区别是在博士研究生的招生管理方式上。密大的博士研究生招生是导师和学生的双向选择，是一个全过程的双向选择，即使学生入学之后，学生和老师相互之间都还有改变选择的机会。在密大的这段时间里，我亲历过学生中途放弃攻读博士，转而重新申请其他学校，也亲眼见证了老师对入学半年的学生不满意，放弃学生的实例。这种学生和老师之间完全自由的选择权利，使老师和学生都有机会选择到更适合自己的合作伙伴，相互配合以取得更多的科研成果。相比之下，国内的招生制度就显得不那么完善了。以东南大学为例，由于招生指标十分有限，使老师选择学生的余地很小，否则就可能出现招生空缺的情况，而一旦学生入学，学生的毕业由老师所掌控，使学生也没有改选的机会。

当然，还有其他许多管理方式之间的差别。在密大的感受是学校的管理更多的是以人为本，许多管理制度更多的是从方便老师和学生科研学习的角度设置。例如，图书馆的 24 小时服务，甚至为了保证学习晚归的同学的安全而为学生提供叫车服务。再如，学校机械加工中心的开放加工模式，使学生能够亲自操控设备加工所设计的东西。还有学校的免费 Blue Bus 以及能凭 M-card 免费乘坐安娜堡市区所有公交等，都体现了美国高校在服务管理方面的巨大投入。

三、我的遗憾

一年的时间是很短的，现在我已经开始回国倒计时了。虽然在美国访问交流的这一年的时间里，我亲历了美国著名高校的学习和科研，也体验了美国社会吃穿住用行等方方面面，但遗憾的是还是没有体验到真正的美国人的社会生活。我所在的辐射实验室隶属于密歇根大学安娜堡校区的工学院，整个学院的美国老师和学生比例并不大，特别是我所在的辐射实验室，多数教授均是移民，研究生也以外国学生为主，接触到的土生土长的美国人的机会并不多，至于体验到的美国人的社会生活就更少了。也许是因为美国本来就是一个移民国家，不存在所谓的土生土长的美国人吧，所以在这体会更多的各个国家各个民族的大融合。

四、我的收获

此行的目的是以访问交流为主，所以进入密大之后见识了世界一流高校的课堂教学、实验室科研，特别是科研团队、科研思路和科研水平，同时也趁此机会参加本专业的顶级学术会议和许多学术讲座，也了解了本专业的研究前沿。至于科研上的具体收获，则需要在以后的科研中进行运用加以检验。

同时，在访学交流期间，结识了许多不同学科、不同地域、不同身份的新朋友，他们当中有老师有医生，有老外有老中，有教授有学生，特别是从国内各个单位来到密大的进行访问交流的大量访问学者，他们都是所在单位的优秀人才，通过大家的交流，了解了国内外各个行业、各个单位在教学、科研、管理等方面的共同与区别，能够相互沟通相互学习，这也是一个难得的机会。

再者，前面谈到的对国内外高校在科研、学习以及校园生活中体会到的各种差别及其原因的思考，也是本次访学交流的一大收获。

五、我的贡献

个人贡献是渺小的，每个人的研究工作都集中在一个很小的领域，即使有成果在整个社会领域中也是微不足道的。借用一张描述 Ph. D. 的图片，当我们的研究工作将人类知识圈的大圆顶出一个小凸点时，我们将之称为贡献，但从人类知识圈的整个大圆来看，这个小凸点微乎其微。

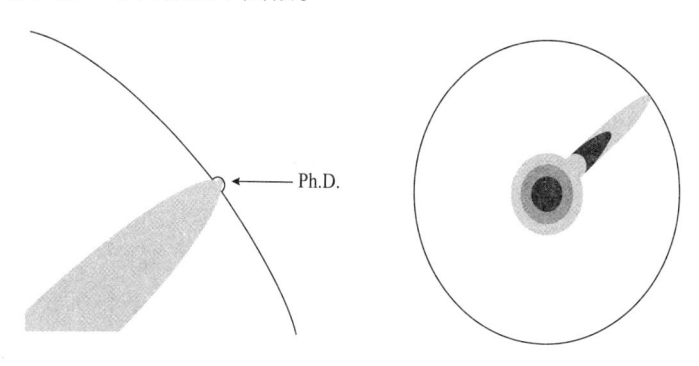

图 1　Ph. D. VS 人类知识圈*

* By Matt Might, http://matt.might.net/articles/phd-school-in-pictures.

六、我的梦想

总的来说，从多年前的计划，到争取国家留学基金委的资助，然后在工作中腾出一年的时间，这一年的访问交流整个经历下来也感觉十分不易，所有十分珍惜此次经历。

通过此次访问交流，丰富了自己的阅历，开阔了自己的视野，也有许多感悟，希望回国后能以这些阅历，这些视野，以及这些所感所悟，指导以后的工作，做一名合格的人民教师。

学者秦毅的学术之路

一、求学之路

我出生在中国著名的酒都——宜宾，这是一个处于三江交汇位置的城市，风景秀丽，生活恬静舒适。从小学一直到高中，我的生活和学习一切顺利，成绩也一直在班上名列前茅，但是最重要的高考却发挥失常，就这样来到了我学习工作了十多年的地方——重庆大学。重庆最初并不是我满意的学习和工作的城市，当时内心还是最想去东部沿海经济发达的地区，但经过四年的生活学习，我慢慢爱上了重庆这座城市，爱上了重庆大学。重庆的地理位置与我的故乡相似，位于长江和嘉陵江的交汇处，是长江上游地区的重要交通枢纽，环境优美，气候宜人，物产丰富，并以特色美食著称。作为我国的第四个直辖市，重庆是一个极具发展潜力的城市，经济和社会发展在全国名列前茅，并一度名列全国宜居城市之首。因此，本科毕业之后，我选择继续留在重庆读研究生，并于2008年12月顺利获得博士学位。随后，我留在重庆大学开展教学和科研工作。为了拓展自己的视野和研究方向，学习国际前沿的新理论、新方法和新技术，我选择来到美国进一步学习深造。美国是许多人心中梦想的国度，不仅科技和经济发达，而且自然环境优美，非常适合工作、学习和生活。因此，我在选择访问学校的时候，只考虑美国的大学。当时，美国西北大学和密西根大学都给了Offer，但考虑到与我研究方向的相关性，我最终来到了密歇根大学安娜堡分校。我能顺利来到安娜堡，也是经历了一段波折，因为最开始在留学资格证书上写的是美国西北大学，所以需要向中国留学基金管理委员会申请更换留学单位。这一更改过程是比较复杂的，结果也是不确定的。幸运的是，我的更换学校申请顺利获得了批准，这样就来到了密歇根大学，在 Kon-Well Wang 教授领导的结构动力学与控制实验室，开始了为期一年的访学生涯。这段访学经历是我人生中一笔宝贵的财富，让我回味无穷，终身受益。

二、我的感悟

美国是世界上最发达的国家，经济、文化、工业、科技、教育等领域都处于世界领先地位。对于美国的认识，我们大都是通过书本、网络和电影了解的。特别是美国的科技实力是大家有目共睹的，为许多领域和行业的发展都做出了开创性贡献。每年的诺贝尔奖，都有美国科学家的身影。我们到美国访学的目的学习美国先进的科学技术以及科研和教育理念。能来到美国访问研究，特别是来到密歇根大学这样的世界著名学府（《泰晤士报·高等教育副刊》2014 最新的世界大学声誉排行榜，密歇根大学排名全世界第 15 位）学习深造，我是感到非常自豪和幸运的，同时也深感压力，需要尽最大努力完成合作导师交予的研究任务，尽可能多地汲取与研究方向相关的新知识。

初到美国，给我的第一印象是空气是那么的清新，天空是那么的蓝，阳光是那么的灿烂，随处可见松鼠在路上、树上和草坪上嬉戏，人和动物之间相处的是那么的和谐。相比于中国随处可见的雾霾和沙尘，我们仿佛来到了世外桃源。美国人也是相当的友善和热心。这里举一个例子。我下飞机后坐车来到我们租住的公寓，由于公寓非常大，且房屋门牌号不是按顺序编的，导致我们找了很久都找不到所租的公寓。这时，刚好遇到一对中年夫妇，向他们询问公寓的位置，他们虽然没在这个公寓住，但也冒着严寒带着我们去找，让我深深感到这里人与人之间的关系是那么的融洽和和谐。在教育方面，美国的学校都是按照学生的兴趣来培养学生，通过兴趣来引导学生发现问题和解决问题，从而提高学生的创新能力，并且强调提高学生全方位的素质，而不过分强调考试能力。总之，在如何保护自然环境，如何构建和谐和道德社会，如何提高教育水平和创新能力等方面，中国还有许多需要向美国学习的地方。

在密歇根大学，我主要从事结构损伤检测方面的研究。我所在的研究小组在损伤检测方面进行了大量而深入的研究。这种研究具有持续性和稳定性，并且通过引入一些新的理论和方法，比如电阻抗成像方法、波传递方法等，使研究的科学问题不断深入，同时能提出更好地解决该科学问题的方法。我的合作导师 Kon‐Well Wang 教授每周都要和课题组开一次 45 分钟的组会，了解课题进展情况，与学生进行深入探讨，并且特别强调研究的基础性和创新性，以及要从数学和物理两方面去揭示问题的本质，因为只有弄清了某些问题的本质规律，才能提出更好的解决方法。另外，他通常要求学生不急于发表成果，而是希望学生做出一些exciting的成果再拿去发表。而国内科研往往比较急功近利，大部分导师与学生沟通很少，将任务布置给学生以后，就让学生自己去完成，缺乏老师与学生的探讨以及学生之间的探讨。要知道许多重要的科学发现，都是在不同思想碰撞的火花中产生的。老师不站在科研第一线，就无法把握研究方向的发展趋势，跟不上学科发展的潮流。此外，国内老师通常要求学生尽可能多写论文，使某一科学问题的研究不够深入，从而造成发表的成果水平不高，甚至导致一些重大科学发现从身边溜走。这是值得我们深思的，为什么我们国家开创性成果很少，总是进行一种跟踪研究？像佩雷尔曼、张益唐等十年磨一剑、一鸣惊人的大师级人物在中国是很难出现的。归根结底，我认为这与我们国家的科研体制、考核机制、科研氛围是密切相关的。国内很多老师都是喜欢追逐热点，在某一方向或科学问题上缺乏持续和深入的研究。做完一个项目后，基本没有后续研究，而是立马投入到一个新的研究方向或领域，这就造成了通过该项目只能解决表面的工程技术问题，无法揭示研究对象的科学本质。只有静下心来围绕自己的研究方向和研究目标开展持续深入的研究，才能取得引领学科发展的开创性成果，才能使我国的科技实力实现本质上的提升。

三、我的收获

在密歇根大学安娜堡分校访学的短短一年中，我在科研、访学密友联谊会活动、生活和文化等方面获益良多。下面从这三个方面具体加以介绍。

（1）科研方面。我在密歇根大学结构动力学与控制实验室主要从事结构损伤定量检测方面的研究，而我在国内主要从事基于振动信号处理的故障诊断方法研究，实现机械故障部位和类型的定性识别。这是故障诊断领域的两个主要方向，既有联系，也有一定的区别。前者强调系统动力学模型和动力学特性，而后者主要是强调故障特征提取的信号处理方法和故障在线监测。为了加强动力学方面的专业知识，我旁听了合作导师 Kon – Well Wang 教授开设的"粒子动力学与振动"这门课，进一步了解了粒子动力学、刚体动力学、牛顿法求解动力学问题、拉格朗日法求解动力学问题、单自由度动力学方程、多自由度动力学方程、模态分析等知识，为开展合作研究进行了知识储备。国外教授上课是非常认真的，板书工整，公式推导和讲解非常仔细，经常给学生提问，引导学生主动思考，考试也以计算一个实际工程问题这样的大题为主，能够更好地培养学生解决问题的能力。通过与国外研究小组的合作研究，我掌握了利用压电晶片、压电阻抗和谱元法精确识别损伤位置和程度的方法，了解了该方法还存在的问题，比如该方法对机电耦合动力学模型要求较高，仿真能取得精确的识别结果，但对于实际试验，由于动力学模型和测试系统的影响，位置虽能准确识别，但是损伤程度的识别精度较低。为了降低测试噪声对压电阻抗计算的影响，需要采用信号处理方法对测试信号进行降噪，同时需要通过测试数据对模型进行修正，这样才能提高损伤检测的精度。除了压电阻抗检测法，还了解了针对纳米复合材料的电阻抗成像（EIT）检测方法。该方法涉及纳米、力学、功能材料、测试等多个学科，是一种典型的学科交叉方法。在科技大爆炸的这个年代，通过学科交叉可以建立新理论，提出新方法，得到新成果，甚至开辟出一个新的学科。我们研究小组的很多项目都是有来自不同学校、不同领域的学者共同申请的，具有很强的交叉性。研究小组的老师、学生和博士后也经常参加高水平国际会议，在会议上与其他学者交流最新的研究成果，了解本研究领域和其他相关领域最新发展趋势，从而有助于其他学科进行多学科交叉，开辟新的研究方向。这也就是美国始终处于科学研究前沿的原因之一。以密歇根大学机械系为例，其学术成果已不仅仅是纯机械学科的成果,而大量的是机械与物理、化学、信息、生物、材料等学科进行交叉而形成的成果。这些成果中有部分能发表在 Science、Nature、Physics Review Letter、Small 等国际顶尖期刊上,这对于中国的机械学院或系来说是很难想象的。总之,在科研方面,我不仅收获了新理论、新方法和新知识,而且深刻认识到了在传统学科加强基础研究、学术交流和学科交叉的重要性和紧迫性。

(2) 访学密友联谊会活动方面。访学密友联谊会是在密歇根大学进行合作研究的老师、学生和博士后组成的一个团体,并建立了相应的 QQ 群作为大家相互联系的纽带。通过访学密友群,大家交流科研、生活、时政等方面的信息,为许多访问学者特别是新来的访问学者在工作和生活上提供了很大的帮助。访学联谊会还会通过组织各种活动,使来自不同单位和不同领域的访问学者相互认识、增进感情、加强合作和交流,丰富大家的访学生活。我刚到美国时,由于人可能比较热心,喜欢交朋友,就被选为新一届访学密友联谊会秘书长。这个职务主要是为访问学者服务的,组织一些活动,以及解决访问学者遇到的困难。中国驻芝加哥总领事馆对密大访学联谊会也是大力支持,并提供了经费资助。在大家的共同努力下,我们成功举办了中校 VS 北校篮球友谊赛、中秋佳节联谊聚餐、乒乓球、桌球、第 2 届厨艺大赛等活动,并组织访问学者去参加学术报告、学位授予仪式、学校重要纪念活动等。这里我要特别感谢我的好搭档丁琳,她不仅积极参与组织工作,更将自己的家作为活动场地。感谢她这种无私奉献、热心助人的精神!通过这些活动,访问学者在异国他乡不再感到孤单,也认识了很多新朋友,同时为不同学科和研究领域的学者开展合作和交叉研究提供了联系的纽带和平台。对于我来说,通过担任秘书长之一职务,锻炼了自己的领导能力、组织能力和人际交往能力;也通过访学密友联谊会及相关活动认识了来很多同行和其他领域的朋友,这对于我回国后与其他高校开展合作研究,进行学科交叉,是大有裨益的。

(3)生活和文化方面。在进行科研工作的同时,也不能离开对美国式生活和文化的了解和体验。最令我难忘的是美国的钓鱼运动。美国的渔业资源异常丰富,钓鱼是许多美国人都喜欢的一种休闲运动。特别是密歇根州地处五大湖区,各种鱼类应有尽有,钓鱼人口众多。作为初次来到美国的学者,我也充分体会到了钓鱼的乐趣。在购买了密歇根州的钓鱼证和准备好钓鱼工具后,你就可以到密歇根州的任何河流和湖泊去钓鱼。当然,要最大程度享受钓鱼的乐趣,就得赶鱼汛。几个大的鱼汛包括 5~6 月的白鲈鱼汛、9 月底 10 月初的三文鱼鱼汛、11 月的鲫鱼鱼汛、12 月初的白鱼鱼汛。在这些鱼汛到来时,不会钓鱼的人也能轻松上鱼,大多数人都是满载而归,这是在中国无法体验到的。在访学这一年中,我不仅学到了很多钓鱼的技巧,了解了很多鱼的生物特性,而且战果辉煌,特别是第一次钓到了 15 斤重的三文鱼,让我很有成就感。当然,我收获最多的还是在 Gallup Park 钓的 Bluegill,类似于中国的鲫鱼,虽然个头较小,但肉质鲜嫩且无腥味。除了钓鱼以外,还去现场看了 NBA 和橄榄球赛——这两个美国非常流行的运动,体验到美国人民对这两种运动的热情。我还和家人自驾到美西和美东,深度了解美国的自然和人文环境。在美西,我更多感受的是大自然的鬼斧神工和美国的地大物博,特别是黄石公园让人惊叹。在美东,我去了华盛顿、费城、纽约、波士顿,了解了美国的国家历史和行政体制;拜访了普林斯顿大学、耶鲁大学、哈佛大学、MIT 等世界名校,了解了美国的各种文化,体会到东西方文化之间的差异。中美两国之间应该取长补短,加强合作,丰富和促进各自国家文化的发展。教会文化就是一种典型的美国文化,许多人自愿加入教会,宣扬互助友爱和无私奉献的精神。例如,向非英语国家的人免费提供英语学习服务,以及组织大家参加美国的各种传统活动。信仰的力量是无穷的,美国人在宗教上的信仰也造就了美国这样一个充满道德和关爱的社会,所以中国当代也需要信仰,只有这样我们才能建成更好的道德和诚信体系。

四、我的贡献

我所在的研究小组主要从事基于双稳态(bistable)系统的结构健康监测、能量采集和动力学行为控制。如何将双稳态结构与信号处理相结合,并用于压电阻抗降噪?这是我在访学期间思考的。随机共振就为双稳态结构与微弱信号检测相结合提供了这样的桥梁。随机共振是一种非线性物理现象,利用非线性系统,在输入信号和噪声的协同作用下,可以实现从大参数强噪声中提取弱信号。传统的随机共振都是基于非线性一阶微分双稳态模型实现的,但是基于这一模型的随机共振输出信号光滑性较差,并且存在许多噪声和毛刺。由于这种一阶微分双稳态模型与一阶低通滤波器的作用是相似的,因此可以通过考虑增加双稳态模型的阶次来改进随机共振效应。于是,提出了利用一种二阶微分双稳态模型来实现随机共振。相比于基于一阶微分双稳态模型的随机共振,基于二阶微分双稳态模型的随机共振具有更好的降噪性能。

由于双稳态模型中的栅栏参数对输出信号有重要影响,因此通常需要寻找优化的参数来提高降噪性能。传统的方法,都是对栅栏参数在一定取值范围内进行顺序搜索来获得优化值。在这种方法中,如何确定步长和取值范围是至关重要的,并且需要通过大量的搜索才能得到优化值,从而造成计算效率不高。另外,随机共振的输出信号光滑性较差,并且存在许多毛刺。因此,还有必要对共振输出信号进行进一步处理以提高信噪比。于是,基于二阶微分双稳态模型,利用二进小波变换,提出了一种迭代算法来获取优化的栅栏参数。利用该方法,通常只需几次迭代便能获得优化的栅栏参数。仿真和实验证明,将我所提出的方法,用于强噪声背景下微弱特征提取，取得了很好的效果，因此该方法可以用于提高压电阻抗的计算精度，从而进一步提升基于动力学模型的压电阻抗检测损伤方法的诊断性能。这一研究成果，也是我访学期间在科研上的主要贡献，具有重要的科学意义和工程价值，同时对于以后双方继续开展合作研究具有积极的作用。

五、我的遗憾

访学一年的时间匆匆而过，虽然自己也收获了很多，但也留下了遗憾。我的合作导师给我布置了两个研究任务，一个是利用压电阻抗法进行梁结构损伤检测，另一个是利用电阻抗成像法进行纳米复合材料损伤检测。我主要将精力投入到第一个研究任务，对其进行了较深入地了解和研究。但实际上，利用电阻抗成像法进行纳米复合材料损伤检测，更能代表健康监测领域的最新发展趋势和多学科交叉融合。我未能在访学期间全面理解和掌握该方法，回国以后也没有与相关研究人员进行面对面交流的机会。但我认为这是一个很好的研究方向，我将继续探索这一研究课题，并保持与密歇根大学 Kon – Well Wang 教授研究小组的合作和交流。另一个遗憾是，访学期间未能广泛地与密歇根大学本领域的其他知名学者进行沟通交流，因此对自己所在学科领域的研究热点和发展趋势了解得还不够全面。

六、我的梦想

经过在密歇根大学安娜堡分校一年的访问学习和合作研究，我已经回到了重庆大学继续自己的教学和科研工作，开始了自己事业的新征程。

学成回国后，首先要报效的就是祖国和学校。在学科前沿纵深发展和多学科交叉深度融合的背景下，我国的科技事业正处于重要的转型期，也给我们这一代年轻学者带来重要的发展机遇。我将努力把从国外学会的先进理论和方法，与自己的研究领域相融合，加强基础研究，将研究方向往纵深拓展，争取能够做出一些创新性强的高水平研究成果，从而为我国和重庆大学科技事业的发展贡献自己的力量。

其次是将从国外学会的先进教学方式和研究培养方法用于自己的本科和研究生教育。对于本科教育，我将主动引导他们去思考问题，让他们积极提问，激发学生对课程和科学研究的兴趣，并讲授课程领域最新的研究成果和发展动向。对于研究生教育，我将加强与研究生的沟通交流，着重培养他们独立发现问题和解决问题的能力以及提高他们的综合素质，以便他们在学术界或产业界做出更大的贡献。

最后是大力加强国际合作交流，与合作导师继续沟通交流，邀请他到重庆大学讲学；我自己也要尽可能多地参加国内和国外的高水平国际会议，与同行交流，提高自己研究成果的影响力，同时以后也将尽力争取机会再到世界著名的科研机构去访问。

我希望以上亲身感悟和经历，能给后来的访问学者一些启迪和帮助，让他们通过访学能够得到更多的收获。

学者徐杨的学术之路

一、求学经历

我是属于生在红旗下，沐浴在阳光里的一代。成长经历甚是平淡，什么都是按部就班，工作生活家庭皆是如此。南通是江苏教育最好的地区，祖父和外祖父都是教师，从小被灌输了读书是唯一出路的思想，我表姐成绩很好，中考全县第一，我比她低一个年级，从小学到中学都是活在表姐的阴影下，不能免俗地到了中学以后我也成了学霸，我比表姐自豪的一点是兴趣爱好比较多，曾经组织了年级第一支足球队，坚持到现在的羽毛球爱好的种子也是那时种下的，当年还幸运地拿到奥数江苏省一等奖获得了20分的高考加分。高中毕业我进入上海医科大学学习，入校当年这个学校改名叫复旦大学上海医学院，尽管我只在本科和硕士毕业典礼的时候去过复旦本部。毕业以后我到苏州大学读了血液内科的博士，然后成了一名普通的内科医生。

关于我的择业经历我愿意分享我的一点感想，网络上有点段子大意是说"生科毁一生，学医穷三代"，尽管夸张了些现而今还是有点共鸣的。在本科第五年获得直研的机会，我选择了生科专业，加上实习待了整整四年，实验中各种辛酸苦辣就算了，最极品地是找工作，除非出国，国内工作很难找。这种现状到现在也没有显著的改观，生科专业变成了制造业，大量本科、硕士及博士被制造出来，但是最后都输送美国。尽管在美国经费削减而国内科研经费摆阔的情况下，部分人回到了中国，但是并没有形成足够好的机制。医疗行业也是被国内诟病的一个行业，作为一名初级医生收入是很低的，无休止的加班，极度紧张的工作环境，当下的医疗暴力，媒体的污名化等，都加剧了职业的不幸福感。我想我坚守这个职业的原因大概有两个：一是热爱，二是无奈。热爱这个词语其实很有政治意味，从小被教育热爱祖国热爱人民，不管客观上要求还是主观上的进步，我想我还是热爱这个职业的。我的无奈是我不做医生，我能做什么？我想大部分医生同道都能理解这是中国转型的阵痛，只是希望产程能短一些，痛苦能少一点。

二、我的感悟

我到密歇根大学来访学是匆匆决定的，至少并不是在我的近期日程上。记得去年在伦敦开会的时候收到科室邮件，内容是中国医师协会选拔 8 名血液内科医生到国外做为期一年或半年的访问学者，时间比较紧迫，另外需要尽快联系导师尽快出国，国内的同志们应该能理解，这是大部分国内机关的一贯风格。和科室领导讨论了一下，考虑到出国是大势所趋并且是职称晋升的必要条件，我尝试了申请这个交流项目并被录取。密歇根大学的

Dr. Ferrara 教授很愉快地接受了我的申请,他是国际上最为知名的从事造血干细胞移植(HSCT)后移植物抗宿主病(GVHD)研究的专家。我很幸运能够师从 Dr. Ferrara 学习,如今近四个月了,有一些小小的感悟。

(1) 充分的准备很重要。无论是心理、身体、语言以及文化都需要做充分的准备。国外自己支配的时间多了,需要做好静思独处的准备,能够真正把心静下来做事情是很不容易的事情,很遗憾我自己没有做到。密歇根天气比较寒冷,自己从来没在北方待过,凑巧地碰到了 20 年来最冷的冬天,刚来的时候有点水土不服。不过在热心的密友们组织下第一次去了滑雪场,很激烈很有趣。这些天天气暖和点了,满地的积雪已经杳无踪迹,无从怀念。仗着自己七八年前准备托福的英语就跑过来了,到了美国才知道什么当年突击学得的都抛到了脑后了,提笔常常忘字,开口常常忘词。实验室里面都是地道的美国人,他们的语速飞快根本就跟不上。即使座位相邻的合作者在最初时候会先跟我说一遍,然后把大意再写下来发邮件给我。平常练习的很多 VOA、NBC 都是字正腔圆的主播,发现很多美国人生活中讲话发音真的差别很大,这一点我现在还在学习。美国社会有着独特的文化,每天不厌其烦地跟你说"how are you",为别人开门让路,遇到人满脸堆笑,跟同事去酒吧明明就几块钱却每人付自己的钱……这些我现在已经能适应了。还有教堂,我是猎奇般地去过几次,很遗憾后来因为天气没有坚持,等到春暖花开的时候我要去了解下。因为大部分时间待在临床,我现在感触比较深的是美国的医患之间和谐关系,这是我最羡慕的。

(2) 前瞻性规划很重要。出国一年,究竟要学习些什么,带回些什么? 我并没有一个详细的规划,在和导师讨论规划安排的时候比较被动。作为基础研究来说,一年的时间相对短了点,我能理解导师的顾虑。现在选择的课题偏临床研究一些,主要是学习一个好的临床研究应该如何做好前期准备、如何组织人员、如何具体运行以及最后资料的总结,回国以后我所在的单位会加入这个国际多中心研究,美国医院内的治疗是很标准的,临床随访非常完善,数据采集客观,每个临床研究后面都有一个具有一定规模的团队在工作。一定时间内国内的临床研究无论是硬件还是软件,都应该很难达到这样的程度,但是这应该是努力的方向。鉴于回国后申报课题等的需要,我想跟导师讨论一下课题进度安排,希望接下来的时间还是可以做一个小一点稍微偏基础的课题,当然我明白这是一个挑战,因为实验室都是老外,大家自己一摊活,平时基本低头做自己的工作,需要自己有独立的能力。我夫人开玩笑说高大上的实验室不适合我,应该选择一个小一点中国老板的实验室,容易适应一些可能产出会多一点。尽管不同意,但有时候我感觉她是对的,做好前瞻性规划很重要。

(3) 主动一点也很重要。这是我最近的体会,跟国内很不相同,在国内每天自觉不自觉地都会投入到实现"中国梦"的建设中去了,每天的生活节奏很快。美国的生活很平静、很平和,刚到美国的一两个月很享受这样宁静的生活,但是后来就变得懒散,真正成了自由而无用的灵魂。通过跟美国同事深入的交谈,觉得我可以改进的地方很多,同事说我看你每天塞着耳机,你现在告诉我你是在听 NPR Radio,但是我原来以为你是不愿意跟我们交流。老外医生每天早上查房完毕都会问一句 Any Question?我习惯的说 NO。刚开始是因为不太能听懂,现在大部分能理解但是怕表达错误的原因,我还是尽量避免说话避免提问。上个星期我尝试了问了个问题,老外很兴奋地把 Fellow 和一些实习的同学一起叫过来,然后认真地板书讲了起来,大家进行了一次有益的讨论。除了工作上的,生活里旅游,购物什么都是主动接触美国社会的方式。在与华人杰出人物倪军教授的座谈中,倪教授也鼓励我们多走多看,我必须提醒自己更主动一些。

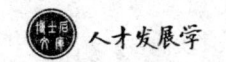

三、我的贡献

很遗憾，我迄今没有贡献，除了改了两篇学生写的论文被两个 1~2 分的杂志接受了。现在正在准备写文章，出国前和国内另外一位老师一起合作陆续有一些有意义的结果，我希望自己能静下心来好好组织，争取发表到 10 分左右的杂志。

四、我的收获

访学时间迄今 4 个月，收获也不多。认识了很多朋友，无论是在网络上还是现实中。很多一起访学的老师大家互相帮忙，解决了很多困难。大家能够就某些话题进行深刻讨论，网络里的各种戏谑都是美好生活的一部分。另外硬要说收获就是英语听力好像提高了一点，但是像过山车一样，有几天会觉得又都还回去了。我希望春暖花开的时候我开始锻炼身体，跑步、打羽毛球，养成规律的生活。希望能更主动一点，提高自己英文听说读写能力。当然，希望在访学期间如果能有 publication 那就最好了。另外一点收获认识到前期做的一些研究比较杂，尽管获得了国自然的支持，我想以后的研究方向要更集中一点，更深入一些。

此外，一方面是为了省下午饭钱，另一方面可以听各种不同的讲座。我现在每周大致有三天中午都会参加各种讲座，讲座大部分都是与免疫学和内科学相关的。讲者有大牛也有 PHD 学生，真正能够培养科研思维，了解领先技术，更新前沿知识，如果有感兴趣的讲座下午可以检索作者的文章加深了解。密歇根大学的图书馆十分先进，网上文献也比较齐全，这一点国内大学的图书馆可能需要很长一段时间才能迎头赶上。

五、我的遗憾

我的遗憾是我出国前应该好好学习下简单中餐的做法，现在吃饭成了很大问题，基本靠医院食堂和一些简单中国快餐解决的。

其他的一些遗憾我好像在感悟里面说完了。

六、我的梦想

我的梦想是成为一名医术高超、医德不坏的医生，成为一名优秀的临床科研工作者。我所在的单位正在筹建造血干细胞移植研究所，希望能够充分发挥密歇根大学的所学所见，协助建立临床科研平台，建立高水平的临床患者资料库和标本库，推动治疗的标准化，发表高水平的临床研究成果。在基础研究方面，希望自己能够约束研究兴趣，集中研究方向，把课题做得深入一点，获得更多的基金的支持。

学者孙力超的学术之路[1]

我是2009年毕业于北京协和医学院获得免疫学博士学位，研究方向是结肠癌肝转移分子机制的研究。毕业时我的第一篇学术论文发表在肿瘤学知名杂志 Clinical Cancer Research 上，这对我真是莫大的鼓励，同时更激发了我对科研的兴趣。在同学们纷纷进入医院当大夫、进入国际知名公司当顾问的时候，我选择留在中国医学科学院肿瘤医院继续我的科学研究。在工作的3年时间里，我深入研究了 P-cadherin 基因在结肠癌肝转移中的机制，并在国际上首次发现了3个蛋白（Hp、Opn、PTGIS）能预测结肠癌的肝转移，预测的敏感性和特异性均在85%以上。这些研究

---

[1] 孙力超，山西太原人，中国医学科学院肿瘤医院分子肿瘤学国家重点实验室任副研究员。2009年毕业于北京协和医学院获免疫学博士学位。2012年10月~2013年10月在密歇根大学安娜堡分校访问学习。研究方向是肿瘤干细胞靶标分子分离鉴定及其分子机制的研究。目前承担国家863青年科学家课题1项，国家自然科学基金1项，其他课题4项。发表SCI论文10篇，中文核心期刊论文27篇。2010年获北京协和医学院优秀博士毕业论文。

结果陆续发表了 3 篇 SCI 论文，包括一流病理学杂志 The American Journal of Pathology 和外科杂志 Ann Surg Oncol。随着研究的深入，越来越多的证据表明肿瘤干细胞是肿瘤转移、复发、耐药的根源，也是肿瘤研究新的热点，而我在这方面的知识却是空白，就在这个时候我萌生了出国学习、深造的念头。

美国密歇根大学安娜堡分校是我心中留学的圣地。这里云集着一批富有才华的教授，包括癌症中心的 Max Wicha 教授、王少萌教授，也有药学院的孙笃新教授，他们在肿瘤干细胞领域发表了数篇有影响力的论文。其中孙教授的研究团队在国际上首次发现了花椰菜（Broccoli）中的天然成分 Sulforaphone 能够抑制乳腺癌肿瘤干细胞的生长，具有预防或治疗癌症的潜力。我对这项研究非常感兴趣，因为在他的实验室我不仅能从事肿瘤干细胞的基础研究，还能接触到筛选靶向肿瘤干细胞药物的领域，这是非常有意义的事情。因此，我就试着给他发了第一封邮件，很快孙教授回复，愿意给我一个视频面试的机会，再决定能否去他的实验室。我精心准备了一个英文研究报告和可能会问到的问题。面试的时间是在北京时间的晚上，我提前半个小时就等在电脑前，晚上 10：00 面试正式开始，首先是做一个学术报告以及工作设想。之后孙老师以及药学院的另外两位专家提问，我都一一做出回答。面试大概持续了 2 个小时，最后孙老师和我说，让我等几天，他们讨论后再给我最终结果。接下来的几天，我都是怀着惴惴不安的心情等待着回复。终于在面试后的 1 周，我收到了含有这么一句话"I am pleased to provide this offer letter to you for a full-time postdoctoral research fellow position in my laboratory at Department of Pharmaceutical Sciences"的邮件。我得到了密歇根大学 Offer 了。

就这样我怀着兴奋和忐忑的心情搭乘 Delta 航班踏上了赴美学习之路。14 个小时的飞行我几乎没睡，因为接下来的学习生活是全新的，我能适应吗？能有收获吗？就这样随着人流，检查、出关取行李，迎接我的是实验室的另一位访问学者和 Lab Manager。坐在车里，看着路上飞驶的汽车，时而出现的一幢幢小楼，仰望蓝蓝的天空、白白的云彩，心里想着《北京人在纽约》的场景，哎！我到美国了。

来美国之前，我对将要面临的困难归纳为两点：语言和文化。虽然我做了充足准备，但是这些困难还是接踵而来。比如，生活中我不清楚被子 Queen Size 和 Kind Size 的区别？1oz 是多少毫升？公寓房间的名称是字母和阿拉伯数字组合命名的（k-23）？在超市里你会发现，红酒有 N 种名称，而不只是 Wine，菜单中每个菜名都不认识。在工作中，我还要重新学习实验室各种试剂、材料的名称；学术报告中陌生的单词，即使是微升、毫升这样的常接触的单位，当从别人最终说出来的时候都觉得很陌生。但是我始终都以学习、接纳的心态面对这一切，痛并快乐着！词汇量、口语都在一点点的积累中不断进步。在我一年多的留学生活中一直都有"访学密友"这个平台陪伴着我，在这里结识了像蒋国芳、丁琳等热心朋友，让我在陌生的环境中感受到了家的温馨，让我们在面临困难的无助中看到了一丝希望的曙光。

在美期间我主要从事乳腺癌 Herceptin 耐受机制的研究。乳腺癌是美国最常见肿瘤之一，而 HER2 受体是表皮生长因子受体家族的一员，25%~30% 的晚期乳腺癌的癌组织中都有 HER2 受体基因过度表达，是乳腺癌的一项独立预后不良因素。Herceptin 是针对 HER2 受体的人源化单克隆抗体，早在 1998 年美国 FDA 就批准该药用于乳腺癌的临床治疗，取得了令人鼓舞的疗效。但是长期临床观察发现，一部分乳腺癌患者在经过 Herceptin 治疗后，发生了耐药，患者预后很差。为了解释乳腺癌 Herceptin 耐药机制，我们实验室利用基因工程技术敲降了乳腺癌细胞系 BT474 中的抑癌基因 PTEN，并用药物 Herceptin 处理，最终获得了耐受 Herceptin 的细胞系（LTT），该细胞系能够模拟临床上乳腺癌病人Herceptin耐受。随后我们发现Sulforaphone能有效杀灭LTT细胞，而对亲本细胞BT474没有杀伤作用。为了阐明LTT耐药以及Sulforaphone特异杀灭LTT细胞的机制，我们采用目前最先进的二代测序技术，分析了BT474、LTT以及Sulforaphone处理后不同时间段细胞的转录组差异，经过生物信息学分析、qPCR的验证以及功能鉴定，筛选出一个关键基因。该基因在LTT细胞中高表达，维持了肿瘤干细胞的干性。Sulforaphone能特异阻断该基因的表达及活性，从而特异的杀灭LTT细胞，该研究结果揭示了临床上乳腺癌病人Herceptin耐药的机制，并为治愈乳腺癌提供了一个候选小分子药物。目前这部分工作已经完成，正在撰写论文。

我人生的理想是能为人类攻克肿瘤疾病贡献自己的一分力量，即使只是发现一个在肿瘤发生、发展、转移的纷繁复杂通路中的一个基因；即使只是揭示它的一部分功能，我都愿意用自己的一生去探索。

学者杨杰的学术之路

小时候，觉得美国什么都好，什么都漂亮，很多东西很稀奇。大凡从过来美国来的东西都要加个"洋"字，洋娃娃，洋画，洋碱，洋芋……因此，很想去美国。现在想来，那时候是有些崇洋媚外。后来，长大一些，觉得美国没那么好了，或者说不太好了。资本主义社会，到处都是不平等，充满了剥削，社会不安全，到处都是暴力、凶杀。又不想去美国了。在现在信息技术高度发展的今天，我们通过网络等各种媒体可以更简单、更方便、更多了解到世界。好的，坏的，我们都可以看到。对于已过而立之年的我，已学会客观地看问题，分析问题，所以对美国也有自己的看法。但是不管怎么说，还是很想出来亲身感受一下。

我是一名口腔医生，在北京大学口腔医院工作。即便目前国内的医疗环境不是很好，但我依然热爱这个职业。同时，我也以能在国内最好的口腔医院之一工作而感到骄傲。北京大学口腔医院是一个集医教研防于一体的大型口腔医院，医院一向重视科学研究，重视与国内外的交流、合作和学习。为了鼓励和支持广大年轻医师出国学习，医院专门设立了基金进行资助。因此，申请到美国学习交流也就比以前容易多了。

2013年3月，在美国Seattle参加IADR会议上，接受密歇根大学牙科学院的Dr. Hu面试之后，确定了我于当年下半年到密歇根大学学习一年半的机会。当时，我其实并不很兴奋。我内心的确很想来感受一下美国，看看真实的美国是什么样的。但是如果要我一年半那么长的时间出来，心里确实会有些顾虑。和其他专业不一样，学医的，无论你在国内是做临床医疗还是基础科研，出来学习的大部分都是在实验室工作，做基础研究。这对于临床医生来说存在上手难，且所学习的东西可能和将来的工作存在脱节的现象。此外，一年半的时间，对我经济上也造成不小的影响，这是现实的问题。

但正如前面所说，我是成年人，出国学习利大于弊的结论应该很容易得出。理由我也想也不用在这赘述。

2014年9月，我踏上了赴美学习之路。我是一个顾家的人，在美国的生活基本安置好之后，我为夫人和孩子申请了J2签证，这样我们一家人开始了美国工作生活。

以前也有出差到美国，但那是短期的，和现在这样长期（一年半，我姑且称之为长期）生活在美国是完全不一样的。两个星期下来，虽然谈不上Culture Shock，但是我也感到了美国生活与北京的很大差别。密歇根大学所在的城市安娜堡是个小城，很多人称之为安村。整个城市约12万人，到哪儿人都少，所以也显得安静，这是我所喜欢的。美国人很友好，很乐于助人，很nice。你可能觉得我也太崇洋媚外了吧，才来几天就忘了姓啥了？那我只能说，这确实是我的真实感受，而且我还想说美国人的素质明显高于国人，这种差距我们会在相当长的一段时间内存在。还有一点感触就是，城市虽小，但是没有车真心不方便。这里的公共交通系统很不发达，其原因我想是这里轿车的普及率太高了。

访问学者，主要任务是来交流学习的。那我还是把重点放在学习工作中吧。

记得当时是周四晚上到的美国，周五到 IC (International Center) check in 和办理入住，周末添置了些生活用品，来不及倒时差周一就到实验室报到开始工作了。

我们实验室主要从事牙齿生长发育缺陷的研究，近年来的着重于釉质发育不全的相关基因的研究。我是一名儿童口腔科的临床医生，因此如果从专业上看实验室基础研究和国内的临床工作还是接轨的，但实际上差别却很大。临床工作以治疗疾病为主。当然，我们也从事科研工作，但主要是临床科研，基础科研虽然也做，但是做得相对较浅。因此，刚到实验室的我觉得很吃力。原因包括两个方面：一是目前实验室所从事的大部分研究工作对我来说接近于空白；二是语言上的障碍。实验室研究人员除了我还有七个人，其中五个美国人，一个印度人，只有一个中国人。起初，教授安排一个美国人和印度人带我做实验。他们都很好，很有耐心。一步一步地教我。但美国人英语讲得很快，印度人的口语太重（个人认为），加上我的英语水平本就相当一般，所以刚开始时语言上的障碍很明显。另外，分子生物学基因筛查方面的内容，我觉得我在国内看中文还有些难以理解，更不用说现在全套英文的。

所以开始的两个月，真的很辛苦，每天工作结束后，美国人问我怎么样？我每次基本读成：Too much information！可能新东西、要记得的东西太多了，回到家都觉得头痛。当时我安慰自己，万事开头难，慢慢会好的。到现在已经半年了，美国人和印度人带我做的实验我基本掌握,能够独立操作,这一点我觉得很欣慰。但是在语言方面,虽然有了长足的进步,我已经不担心在日常生活中问美国人问题了,打电话基本上能听明白,而且我也基本上能用英语准确表达自己的想法了。但是英语水平还是远远不够,因为我发现实验室的美国人在聊天的时候,我虽然尽量地去听,但还是大部分听不懂。而且很难和美国人深入探讨问题。我和实验室的那位中国人聊天时问过这个问题。她说,首先,只要你的表达没有大的歧义,那么他们都能听懂你想说的,即便有语法错误,就像中国人听美国人说汉语一样,只要大概意思你说对了就能明白。其次,你在中国的英语是英式英语,和美式英语还是有不少区别,包括发音和习惯用法。此外,美国人之间聊天语速很快,你还没有充分了解美国的文化背景,很多东西听不懂完全正常。确实,语言这东西,需要时间的积累,几年都不一定能学得明白,何况我这没什么语言天赋的在短短几个月之内能掌握多少?所以,心态放好了,能学多少学多少,尽力而为,不给自己太大的压力,毕竟我将来还要回国,天天说的还是中文。

在专业学习方面想说得比较多。我在国内也带过学生,也是老师,但是在这里我则是个完完全全的学生。实验室里可能只有那位中国人年纪比我大,其他人都比我年轻,但闻道有先后,术业有专攻,在实验室工作中他们都是我的老师。开始的两个月,真的很吃力。现在看来很简单的提取 DNA、PCR 等基本操作在那个时候都不简单,很多时候需要重复多次才能得到正确的结果。虽然很辛苦,但那时候我很开心,因为每天都有很多收获,觉得非常充实。

但这种感觉在接下来的两个月发生了转变。几个月来东西倒是学了不少,但仔细想想,我学的这些东西将来回国能用上吗?人这一生的精力是有限的,需要学的东西是无限的,我要把有限的精力放到更多有意义的事上。就算学到的很多知识、技能,但是回国后不能用或者没法很好地发挥其作用,意义何在?仅为给自己增加一个出国学习的经历?为了将来提职称时达标?我不知道,有些茫然。目前我们实验室所做动物实验研究都是基于基因敲出小鼠的模型,这项研究目前在我们医院很难开展,首先是因为北大口腔医院的动物房不够达标;其次,基因敲出小鼠的研究费用太高,需要配套的专门设备,成本太高;此外,对于一个临床医生来说,我很难如此多的时间来从事此类大工程的研究。釉质发育不全(amelogensisimpefecta,AI)是由于基因突变造成的遗传病,我们目前研究的方向是突变基因的所造成的釉质发育不全的机制,以及相应 mRNA 所编码蛋白的功能等。而在临床上对于这类遗传病只能改善症状,提高生活质量,并不能根治。那么我们所从事的研究对临床治疗有多少指导意义呢?这就是我在最前面提到的临床医生出来如果做基础科研容易造成和实际工作的脱节。我和很多国内在密大访学的老师交流过,我很羡慕他们,因为很多老师在密大从事的课题和国内是相关的,有的甚至就是国内课题的继续或者延伸,或者是与密大联合的项目。我也问过一些医学方面的朋友,有的是在临床科室学习,虽然不能治疗病人,但是这样的始终在一线工作,可以学习很多更为实用的技术或者技能,可以做到学以致用。也有一些老师国内是临床医生,在密大虽然也是在实验室工作,但是所做的基础研究和临床密切相关,可以指导临床治疗,属于理论联系实际,理论指导临床。我在国内也做过一些基础研究,就属于这个范畴。所以,我对目前工作的意义有些茫然。

记得刚来美国的时候,我在美国的已经开业的大学同学就不停地给我打电话,给我洗脑,强烈建议我留下来,并且告诉我在美国如何拿到牙科医生执照、如何开业的详细步骤。当时我告诉他们,我是肯定要回国的。他们说,不一定,一年半后你的想法可能会变的。没错,社会在不断发展,而我们处于其中,我的观念、想法也在变。我在这里举这个例子不是想说明我想留在美国当牙医，而是想说又经过了四个月的美国学习工作生活，我由茫然变得明朗了。

也许有人会问这期间你经历了什么特殊的事件，改变了你的看法？我也仔细回想过这个问题，其实并没有经历什么特别的事和特别的人，而是在日常中的点点滴滴使我发生了转变。这些点滴包括实验室的工作、学术讨论、人与人之间的交流、各种社会活动，等等。

密歇根大学1817年建校，是美国最早的大学之一。其在中国国内的名声虽然不大，但在美国本土却非常出名。它和加州大学伯克利分校为全美最好的两所公立大学，并且与私立大学相比，排名也仍然靠前，是美国十佳综合性大学之一。2013~2014年度TIMES世界名校排名，密歇根大学排在第18位。密大的Dental School排名也在全美的前五位。能在这样的大学里学习交流，我感到非常自豪。

密大的学术风气非常好，表现在学生的学习勤奋，校方对学生摄取知识所提供的各种支持和服务，为各种类型的学术交流所提供的平台以及为学生更好地开发潜力的平台和扩展的空间。北大医学部（我本硕博所在的学校）的学风也非常好，但是感觉不太一样，具体差别在哪里我说不好，可能是国内学生学习的成分中被动性更多些，学校提供支持与服务没有那么给力吧？我很喜欢这种氛围。我的实验室没有在牙科学校中，所以我常常错过中午的各类讲座，但只要在可能的情况下，我都会尽量来参加。一次我问一同听讲座的朋友，为什么每次讲座都在中午12：00开始呢？他说，上午和下午的时候大家都有工作，中午吃饭时间，大家会有空些，来听的人会多些。看，很多人都带着饭一边吃一边听。而在国内讲座都是放在工作时间，如果时间长了影响下班还会有很多人有意见。这只是一个很小的细节，但正是从这些细节，我感到了差别。

美国人很享受生活,即使每天再忙实验室也有 Coffee Break。但他们在工作时很认真,很投入。我觉得他们似乎真正融入到了工作中,把工作当作自己的生活的一部分。我这样给他们评价可能高了点,但也并不太夸张。一次,我对实验室的一个美国人说我想学一下 Western Blot,其实我是想在他有空的时候跟着学一下。但他略加思索后说,我今天下午就可以安排开始一批样本的 Western Blot,你有时间吗?十几分钟后他给我拿来一些资料,说这事实验的 Protocol 和相关的一些知识,你先看下,这样下午开始实验室的时候有助于你的理解和记忆。当时我觉得很惭愧,我貌似随便的一句话,别人却如此认真地对待,而我自己还没开始想是否要找点儿资料来看一看。

和牙科学院的实验室相比,我们实验室算大的,里面有很贵重的仪器和设备。在这半年的时间里,我基本上所有的设备都使用过,而且我发现他们的使用频率非常高。我一次对实验室的同事,我们的仪器使用得够频繁的。他说,那当然,买了就是为了用的啊,不然不就白买了吗?这使我想起来了北大口腔医院中心实验室买了一台共聚焦显微镜,具体多少钱不知道,但很贵。虽然组织了使用的培训,但最后只有很少的一部分人在老师的指导下才能用,一定程度上大大降低了该设备的使用率。诚然,正确地使用仪器和仪器的维护很重要,但这不能成为学生使用的障碍。我们实验室还经常做一些 SEM(扫描电镜)、TEM(穿透电镜),实验室没有这些设备,我们需要联系学校里的其他系,比如说地理系和天文系。就这事我也问过实验室的同事,我们联系使用其他系的仪器设备方便吗?他们说,很方便,都是学校的资源,申请、预约使用很方便,学校支持和鼓励资源共享。后来在和倪军教授的座谈中也听他说过,密歇根大学非常支持多学科的合作,如果是三个学科同时申请项目,都不需要Review,直接通过,给予经费资助。这种资源的共享和多学科的合作为科研工作的开展提供了有力的支持，促进了学科的发展。

在实验室中让我感触很深的还有一点，就是团队合作。临床上口腔医生大多是单打独斗，在实验中我们也基本上是一个人从头做到尾。因此，我很少感觉到团队的合作。我们实验室虽然只有8个人，但是工作效率却很高，每个人都是只负责一个方面的实验内容，定期开实验室组会，大家汇报实验进展，PI（项目负责人，老板）组织大家讨论，总结工作，设计、分配下一步的工作。整个实验室就像一条流水线，大家分工不分家，所以实验室的效率很高，每年都能发表不少文章，并且很多都是该领域的高水平文章。大家虽然各负责一块工作，但也常常协作。我们实验室定期要取猪的牙胚，需要剖开骨头，完整地取出未萌的牙胚，这是一个不容易的工作。每当这时候我们全都会参与，甚至老板也会加入。分成4组，一组分开上下颌骨，一组取上颌牙胚，一组取下颌牙胚，一组收集样本。每次大家都合作得很好，10个猪头，40颗牙胚，基本就是一个小时就能完成。没有取过可能不能感觉出这是怎样的速度，但实事求是地说，这是一个非常快的速度，而且在整个过程中大家积极性都很高，工作起来很愉快！

说一个工作以外的事吧，毕竟工作只是生活的一部分。2013年圣诞节，我们全家和几个朋友一起带孩子去奥兰多 Disney 去玩。可能是在圣诞期间，Disney 主题公园里人尤其多，在这之前我在美国从没见过这么高密度人群。如果你去过北京庙会，那你就可以想象当时 Disney 有多少人了。主题公园中有非常多的游览项目，每个项目都需要排队，而且有的项目还要排队到1个小时以上（如冒险岛的 Harry Potter 城堡）。但即便有如此多的人，排如此长的队，秩序却相当的好，大家按顺序排队。很少看到有工作人员维护秩序，只是在队伍的最后常常看到一个工作人员举着"This is the end of the line"的牌子，仅此而已。大家知道那么多人，磕磕碰碰是很常见的，但我在奥兰多主题公园玩了4天，期间没有看到一起不愉快的事件发生,而且大家都很礼让,整个主题公园一片欢乐、祥和。这时候大家是否都想到两个字——素质。的确,国人的素质有待提高。这可能是我们常说的话,但我在这里想说的是,要提高素质我们要先从自己做起,而不总是高高在上地谴责其他人素质太低了。如果我们每个人都做好自己,并且相互感染,那么总体素质就会提高。古人云,修身齐家治国平天下。我们大部分人不做治国平天下的大事,但我们只要想做好任何一件事,必须要"正其心,修其身"。

……

还有很多类似这样的点点滴滴,让我在半年来的密大学习工作中有太多的感触。我是一个不善言辞的人,我试着整理我的心得体会,希望与大家分享。

第一,学技术、方法重要,但更重要的是学思路。诚然,我在这里学到很多的实验技术,如 SEM、TEM、引物的设计、DNA 测序等基本实验技能。这些都是我以前没有接触过,经过几个月的学习训练,基本掌握了这些操作方法。但是我们想想,这些常用的实验室技术我们在国内不能学会吗?就为学这些方法我们非得跑到美国来吗?而且,正如我前面所说的,就算这些技术学会了,回国之后我的工作以临床为主,这些实验室技能怎么应用呢?在这里举个例子,我们上学的时候有句话"学好数理化,走遍天下都不怕"。但现在我想很多人都忘记当时学的那些东西了,而且要不是相关专业,用到的也很少或者只是皮毛而已。那这些东西是就白学了吗?其实,我们可能发现,我们在数理化之外的很多地方,包括我们现在的工作中,很多地方我们的行为都潜移默化地受到"数理化"的影响,这就是我们思考问题、分析问题、解决问题的方式。因此,我们在学习具体技术的基础上,更重要的是要学习思考问题的办法,解决问题的思路。正如我们看一篇文章,固然我们关注结果,但是我想更多的人是想学习实验设计和方法（如果是一个科研工作者的话）。正如古人所说的，授之以鱼，不如授之以渔。

第二，学习敬业精神。中华民族历来有"敬业乐群""忠于职守"的传统，敬业是中国人民的传统美德。我理解的敬业精神是人们基于对一件事情、一种职业的热爱而产生的一种全身心投入的精神，是社会对人们工作态度的一种道德要求。但我觉得在国内我身边的很多人缺乏敬业精神。这可能是因为大家都想爱一行干一行，而不是干一行爱一行。著名导演张艺谋说过一句话，我是世界上最幸福的人，因为我喜欢拍电影而且正在拍电影。可见真正正在从事自己喜欢职业的人不多，但这并不能成为我们不敬业的理由。我在美国也接触了不少人，有教授、实验室技术员，动物饲养员，政府部门工作人员，收银员，教堂、图书馆的义工，到过很多部门办过不少事，到过政府部门、学校管理部门、银行、医院、药店、超市等，我觉得他们都很认真地对待自己的工作，似乎都很享受自己的工作。我不排除体制上的差别，但我想不管谁都应该在其位谋其政，任其职尽其责。我们在这里的访问学者在国内都是老师，其中很多还是医生。我个人认为教师和医生是最重要的两个职业，一个铸就灵魂之美，一个缔造生命之美。因此，教师和医生肩上的责任巨大，更应该具备敬业精神。

第三，认真做好每一件事。可能有人觉得这句话太可笑了，小学老师就这么告诉我了，这就是你总结的心得体会吗？没错，这是一句太普通不过的话了。但是，我们有谁能问心无愧地说，我认真做好了每一件事呢？科学是严谨的，那么研究科学则更应该严谨。因此，认真做好每一件事在科研工作中就更为重要。我想我没有必要在这里再举例来说明这一点。态度决定高度，细节决定成败。如果我们养成认真做好每一件事的习惯，那么成功终究会向你招手的。

第四，珍惜时间。时间永远不等人，我们应该珍惜时间。不记得在哪里看过这样一句话，年轻的时候，能够挥霍的只有青春。我虽然没有挥霍青春,但光阴似箭,我的青春已经一去不返了,黄金时间已然不在有了。已经步入而立之年的我很珍惜时间,尤其是珍惜学习时间。密大是一个有着悠久历史、良好的文化传承的大学,我很珍惜在这里学习的机会。时间过得很快,我在密大的访学时间一晃就只剩一年了,我会珍惜在这里的每一天,我也希望和各位访问学者一起共勉,争取在回国之时不留遗憾。

第五,感恩,回报。最后我要感谢国家、医院能给我这次到密大进行访问学习的机会。国家培养出一名博士,并且送到国外来学习是不容易的。我有幸获得了这样的机会,我不会辜负祖国的希望,我会将我所学回报国家,回报社会。而对于我这样一名普通的医生,回报的方式就是将自己的所学结合国内的实际情况,整合创新,包容兼并,促进的学科发展,造福更多的患者。要想实现这些,唯有我们今天努力。所以,中国,等我回来时,我一定变得更强大!

学者孙海的学术之路[1]

一、求学之路

求学之路和人生可以从两个轨迹开始谈起,我是一个一个土

---

[1] 孙海博士是中国深海工程领域高层次人才培养基地走出青年领军人物,有着不达目的誓不罢休的科研态度和优秀性格。把科研和教学寓教于乐,在哈尔滨工程大学即创建了无人机实验室,让学生在感兴趣的同时,也能学到前沿的知识,这种方法是非常好的。

2013年3月,孙海博士受国家留学基金委资助,来到了密歇根大学进行博士后的研究,进入了Marine Renewable Lab 与 Marine Hydrodynamic Lab,在研究期间取得了国外实验室的资助,并指导学生以UROP导师的身份拿到了密歇根大学的Funding,从事VIVACE清洁能源的研究,包括了流固耦合、控制、系统识别等方向的分析和研究。

无论是在海洋工程,还是在海洋可再生能源方面,尤其是在涉及深海领域的工程设计上,我国与美国等发达国家有着巨大的差距。孙海博士把在密歇根大学学到的先进知识带回祖国,围绕着海洋前沿工程领域,开展深入的研究,为实现我国海洋前沿工程领域发展的中国梦,做出自己的努力,贡献自己的力量。

生土长的哈尔滨人。哈尔滨被誉为"东方小巴黎",这个城市充满了浪漫、音乐、异域的文化,寒冷的天气造就了哈尔滨人直爽的性格。我从幼儿园、小学、中学、高中、大学、研究生、博士都在哈尔滨度过。2001年我进入哈尔滨工程大学,本科与研究生学习的是飞行器设计,博士课题为结构可靠性和地震研究。2009年博士毕业,我学习海洋工程博士后,经历了"上天入地下海"的过程,在2012年创立了无人机实验室,成为多旋翼无人机国内领先的实验室之一;目前工作于哈尔滨工程大学深海工程中心,是中国深海工程领域高层次人才培养基地之一。这是我人生的第一条轨迹。我的第二条人生轨迹要从我的爱好谈起,我从小就比较爱玩,好动,调皮捣蛋无所不能,上学之后有所收敛,仍然是爱好众多,短短的大学生活,我创建了"4U"街舞团体,并得到两次全国街舞冠军,数次省内冠军;成为游戏论坛版主,并以"不戴眼镜"为笔名,在游戏杂志与网络上发表了数篇攻略,赚得若干稿费并一一挥霍;喜爱音乐与混音,制作了2011年世界大学生冬运会开幕式表演的混音之一;做过网页设计与编辑。乍看之下,我的两条人生轨迹并没有什么重合,但实际上是交错重合在一起的,我的性格是不达目的誓不罢休,在科研和其他方面也是这样,创建无人机实验室的时候,我的想法就是寓教于乐,让学生在感兴趣的同时,也能学到前沿的知识。事实证明这种方法是正确的,实验室的学生本科毕业前,实现了每人发表至少两篇国际论文的目标。2013年3月得到国家资助,来到了密歇根大学进行博士后的研究,进入了Marine Renewable Lab 与 Marine Hydrodynamic Lab,在研究期间取得了国外实验室的资助,并指导学生以 UROP 导师的身份拿到了密歇根大学的 Funding,现从事 VIVACE(Vortex Induced Vibrations Aquatic Clean Energy:Wikipedia:http://en.wikipedia.org/wiki/Vortex_ power)清洁能源方向的研究,包括了流固耦合、控制、系统识别等方向的研究。

二、我的感悟

只身来到美国,几乎开始全新的研究课题,这对任何一个科研工作者都是一个很大的挑战。我到实验室的第一个任务就是调节并维修实验的激光器,Class 4 激光器应用与激光粒子图像显影技术,在实验的过程中,使用高速摄像机来拍摄流体的影像作为科学展示;第二个任务就是开发嵌入式虚拟弹簧-阻尼系统,这套系统需要达到模拟现实的弹簧与阻尼器,而且无延迟,同时还需要将其应用于实验、MIT 和伯克利曾经有过类似系统,我所在的实验室也将此系统成功地应用于实验,但是以上系统存在延迟,而且都是通过电脑来控制的,我需要重新设计,并将其移植于单片机。在所有这些问题的基础上,VIVACE 还是我从来没涉及的领域,难度可想而知。

所谓"功夫不负有心人",在来美国的第一个月,我与本地的工程师合作,用了一个星期的时间修理并设置激光器,整个设备至今运行良好。但是学习涡激振动方面的知识难度非常大,这部分无论是理论还是实验,都是海洋工程界的难题。前 6 个月,我几乎是每天工作超过 12 个小时,包括查资料,整理前人的成果,学习流固耦合方面的知识,摸透硬件和软件,终于实现了硬件的设计,成功实现了虚拟弹簧,接着将阻尼加入系统,目前的进展已经出乎合作导师的意料,我的系统已经成功地将 NS(nonlinear static)模型植入并验证了有效性,可以进行下一步的实验了。

放学期间我最大的感悟就是,作为一个科研工作者,需要随时冲击自己的极限,当你觉得可能做不了的时候,只要给自己设定一个标准,不断地去努力,那么无论看起来多么不容易的目标,总会实现的。

三、我的收获

美国社会值得我们学习的有很多方面,我认为主要有以下几个方面：第一个方面是对青少年的教育，美国随处可见的博物馆，其中针对各种年龄的学生都有相关的交互式操作、触摸与操作。让我印象最深的是在圣地亚哥航空母舰博物馆中，有针对小学生的驾驶室，可以通过雷达实现简单的指挥作战，坐在真正的航母驾驶舱中，可以想象对学生的吸引力。第二个方面是对实验室与科研的管理，就我所参与的几个项目，除了实现项目的几个主要目标之外，如果有新的想法可以随时加入进来。简单地说，只要有想法，就会支持。第三个方面是对想法的支持和批判的接受。在美国科学界，确实存在权威、教授等一些等级，但是每个人对想法和新鲜的看法都会很尊重，只要愿意表达，每个人都会认真地听，然后认真地思考和讨论，不会是因为你是本科生、博士、博士后、工作人员的不同而待遇有所不同，真正做到了"百家争鸣"。我所在的组从一个小的模拟流体问题开始，在讨论的过程中充分听取大家的意见，结果问题越做越多，最后申请到了美国能源部的项目。

四、我的贡献

我所做的项目翻译过来为涡激振动清洁能源发电，涡激振动VIV首次出现在达·芬奇的描述中。这种现象广泛存在于很多工程结构，如桥梁、烟囱、输电线路、飞机操纵面、离岸结构、热电偶套管、发动机、热交换器、船用电缆、拖曳电缆、石油生产钻探和生产立管等。工程上认为是一种需要避免的灾难性现象。Tacoma Narrows Bridge 位于美国华盛顿州，旧桥于 1940 年建成，该桥是华盛顿州耗资 640 万美元建成的悬索大桥，当时享有世界单跨桥之王的称号。大桥于 1940 年 7 月 1 日建成通车，由于其自振频率与涡激振动频率相次，产生共振，最终吊桥在 6 日后损毁。我们的研究恰恰与工程界相反，我们使用 VIVACE 设备，增强并利用 VIV 这种现象进行新能源的开发，将动力转化为电能来加以利用。VIVACE 有三个特点：第一，可以在相对流速较小的情况下获得较高的能源转换率,它可以在水流速度 2~4 节的情况下发电,而目前现有的水流发电技术普遍要求速度在 4 节以上,实际上在全世界大多数的河流和海潮速度都在 3 节左右;第二,它的运行模拟的是鱼的游动方式,通过交替的涡流来发电,对自然环境无任何干扰,和水生物可以和谐共存;第三,VIVACE 有提升自由表面和减缓水流的作用,可以将其安装于河流和湖泊的交界口,减缓水的流动,达到保护水资源的目的。

五、我的梦想

无论是在海洋工程,还是海洋可再生能源方面,我国与其他发达国家差距都非常大,尤其是在涉及深海领域的工程设计上,如何将我在这里学习到的知识带回国,并应用起来,是一个很大的挑战。

我认为事业就像画点连线一样,小型微型无人机是一个点,让我掌握了控制系统设计与飞行动力、嵌入式系统;海洋工程是一个点,让我掌握了流体力学、流固耦合等理论;网页设计等也是一个点,让我掌握了宣传、市场经济等一些问题。我要做的就是如何将这些点连起来,让我的事业围绕着海洋工程领域,展开我的研究,目标瞄准我国亟须发展的领域努力。

学者汪昌盛的学术之路[1]

2014 年年初,受 UM 访问学长委托,要合作起草一本关于 UM 访问学者的回忆录。内心很是激动,也思绪万千。人生已经走到第 34 个年头,上有老,下即将有小,在求学阶段,体会到

---

[1] 汪昌盛,1980 年出生,上海交通大学材料科学与工程学院材料加工工程专业,2007 级秋季博士研究生,于 2009 年 11 月赴 Wu Center 和福特汽车公司学习深造,并于 2011 年 11 月完成为期两年的访学工作,回国。现就职于国家最大的汽车燃油系统制造商亚普汽车部件有限公司,任 CAE 高级经理。

了常人不能体受之苦。尤其是在 Wu Center 的访学两年，更是在学术上的升华，科研理论上的深化。下面就我的体会和感悟和大家一起分享：

一、求学之路

我 2002 年本科毕业，求职到中国最大的汽车燃油系统制造公司扬州亚普汽车部件有限公司从事产品开发岗。走出宁静的校园，进入生产企业，人生的道路开始了新的篇章。三个月的生产实习，必不可少。然而非在校园里的实习，此时的工厂实习，就是在操作流水线上定岗为操作工，然而还不是每日重复着机械劳作，而是每周都能调换不同的操作岗。虽然是重复劳动，然而基本上熟识了汽车燃油系统的部件、功能和要求。完成三个月的操作工岗位，定岗于开发工程师。此时，才发现流水线的工作，让我受益匪浅。由于已经初步认识了燃油系统的功能和要求，在燃油系统开发岗上，能够很快进入角色。随着工作的开展，不断地认识到自己的认识，尤其是理论水平远远不够，不能适应行业的发展。在 2013 年，毅然决定考研深造。由于没有辞职，在兼顾工作的同时，炼狱般复习高数、线代和英语等课程。上天不负有心人，2004 年的春天，也是人生中一个重要时刻，我收到了来自于合肥工业大学的硕士录取通知书。2004 年的秋天，顺利进行硕士阶段的学习。我的专业是材料加工，似乎学海无涯，此时发现加工成形中的很多问题依旧不能理解。在导师的支持下，2006 年的深秋时刻，毅然决定考博求学于本专业国内顶级研究单位——上海交通大学塑性成形工程系。也许是上天不辜负一个向上的人，2007 年的春天，我顺利收到了交大的博士研究生录取通知书。怀着积极主动的心情开始了交大的学习和科研。在导师的指导和帮助下，在加工成形领域的科研工作进展顺利。由于我负责的课题是美国福特汽车公司全球大学研究计划 URP（University Research Program）项目，因而在交大完成课题试验部分后，于

2009年11月顺利被派遣到北美开展理论研究工作。

二、我的感悟（访问期间的思考）

我的课题经费来源是福特汽车公司，但福特汽车没有资质给来访学者发 DS-2019，在倪军老师的帮助下，顺利通过 UM 获得 DS-2019 和邀请信。这样，我也顺理成章地成为 Wu Center 的一员，在 Grace 的帮助以及前辈 Qiao 的关心，我很快办理完 UM 的相关手续。虽然我主要时间在福特汽车公司的研究创新中心，但每月都要回 Wu Center 汇报一次。也认识了很多有同样经历的国内访问学者。正是因为在 Dearborn 的福特汽车公司，相比较于其他的访问学者，要更多些感悟和心情。虽然是在公司，但导师 Cedric 博士（师从哈佛大学的 Huchison）的学术理论水平很高，帮助我理解了课题的技术路线和关键核心问题，我也顺利实现了对加工成形中板料断裂判据的界定。不仅是导师 Cedric，福特成形组的其他同事也都很热情，乐于分享。每当我在组会中提出课题中的关键问题时，大家都愿意畅所欲言，积极地把自己的想法与你分享，并一起讨论在这里，似乎感觉不到领导和职员的差异，老师和学生的不同，有的只是对问题不同的理解和看法。我于 2011 年 10 月份给 Wu Center 的老师同学们做了主题为 Die Wear Characteristic Research（模具磨损特性研究）的报告，同在福特公司一样，大家的讨论依旧热烈，虽然很多同学我甚至叫不出姓名。有对研究结果的质疑，也有赞美之声。但无论如何，大家都是认真地听了报告，研讨会上没有手机声，没有窃窃细语，有的只是思考和提问。有时候不禁长叹感悟：如果国内的研究机构都能有这样的氛围和气氛，少些阿谀奉承，多些思考和分享，何愁咱们的科研能力不能提高，何忧学术水平不能增强。

三、我的收获（访问期间的最大收获）

在 Wu Center 和福特汽车公司的访问期间，不仅仅是课题关键问题的解决而顺利完成博士课题，也不只是认识了众多同行前辈，扩展了人脉，更是从行业前辈身上，学到了如何做科研，如何开展工作。只要勤奋，多读文献，多请教同行，以及不断地进行归纳总结，就没有完不成的科研，就没有实现不了的技术路线。当然，不仅仅是科研的收获上，生活上也从福特公司的老师们身上学习到了很多。把工作和生活分开，工作时100%投入，下班后 Enjoy Life，和家人共度工作外的时光，这是很多旅美华人的共识。此时，由衷地感谢福特公司的 Weijian Han 博士。他让我们这些晚辈懂得了如何去生活，在烹饪中寻找乐趣，与人口福，与己心福。也懂得了在工作中，要积极进取，求其上，得其中；求其中，得其下；求其下，You got nothing（一无所获）。

四、我的贡献（回国发展）

日月如梭，两年的 UM 和福特公司的访问很快结束，我于2011年11月底回到交大，完成课题的总结工作。然而，也许是上帝安排，也许是命中注定，在原来我考研离开的亚普公司的召唤下，我很快又回到离别了近十年的扬州亚普，开始主持燃油系统的数值仿真技术工作。我离开的2004年，国内的燃油系统行业内还没有应用数值仿真技术。然而，随着国内汽车工业的发展，对虚拟仿真的需求和依赖越来越高。在公司领导的期望中，我承担了国内最大的燃油系统生产商的数值仿真工作，包括现有能力的提升和未来能力发展的规划。此时，发现在 UM 和福特公司的学习给了我很多帮助。尤其在未知领域的开拓上，不急于求成，而是循序渐进，稳步发展，和同事们一起完成了未来虚拟仿真能力的发展规划，并已经在部分领域，开展了研究工作。

学以致用，学以发挥，回报社会，回报祖国。愿访问学者们在访学期间，多提高，多钻研，回国后，为祖国母亲做贡献，也愿 Wu Center 的队伍越来越壮大。

学者杨恺的学术感悟[1]

一、初到美国

2012年11月11日，美国东部时间早上7点，从北京乘坐Delta航空飞到底特律，然后在机场等这边实验室的博士来接机。底特律那天的天气比北京的暖和。渐渐太阳出来了，接我机的实验室博士也来了。然后他把我送到了我租住的地方，在和他聊天的期间，知道他是从上海过来的，在这待了很多年，直到现在。其中有一点我印象很深，这么多年来，他就只回国过了两次春节。此刻明白了，虽然留学很美好，能够学成本领，开阔视野，但也要耐得住寂寞。当上天给你打开一扇通往先进知识的大门，那么也同时关闭了那一扇喧嚣热闹的大门。不过突然想着自己有两个春节不能回家过，未免有点遗憾。

二、工作与收获

很幸运，在这边实验室遇到了学术高手Harne博士和走在学术前沿的导师（大家都称呼Dr. Wang）。这位Harne博士是实验博士后，属于那种把学术当自己的兴趣爱好的人，每天早上7点前到实验室，晚上6点回家在家继续工作，每周如此。每次经过他桌前，看见他不是在写论文，就是在编写程序或者在看别人的论文。自己亲自操作机床加工实验装置，购买实验器材，搭建实验设备。半年内多篇SCI期刊发表，影响因子非常高。所以，很幸运在他的帮助和导师的指导下，我的课题做得非常顺利，并在

---

[1] 杨恺，1986年3月出生，北京航空航天大学宇航学院/高等工程学院直博生5年级，专业是航天飞行器设计，方向结构振动与控制。受2012年国家留学基金委国家建设高水平大学公派研究生项目资助，以联合培养博士生身份在美国密歇根大学安娜堡校区机械工程学院结构动力学与控制实验室（SDCL）进行为期16个月的访问学习，在Kon－Well Wang教授指导和Ryan L. Harne博士的帮助下，从事非线性结构振动控制研究，完成了两篇期刊论文，其中1篇已被SCI期刊并录用于近期发表。

短时间内掌握了新的知识，拓展了视野。

在这 16 个月期间，我感觉在这边工作烦恼很少，实验室同学间关系融洽，导师平易近人，每周都能见导师，并愉快地交流学术，总能在新的一周找到研究方向和解决问题的突破口。以前在国内设计实验装置，用制图软件制出图后交给加工厂，让加工厂加工成品，因此并没有实际加工产品的经验，很多时候设计不重视加工顺序和工艺，这对今后设计工作是不利的。在密歇根这边，每一个装置部件，都需要自己拿材料在加工厂使用机床进行加工，从而经过多次的训练，我不仅熟练使用机床，也提升了自己的设计思维，知道了如何设计才能使得零件能更好、更有效率地制作出来，同时也精练了整体的设计。这是我在访学期间非常重要的收获——真正的动手实践。

做完实验后，在写论文时，发现这边的导师和那位博后对写作要求很高，我的论文经历了接近三个月数十次的反复修改，从图的每条线、标注到参考文献的格式和页码都做了极为细致的修改。在论文主体内容方面，通过与他们之间的反复来回修改，将论文水平提升了很高的档次，并在其中学习了不少英语表达方式和技巧，比如如何用精练的词汇和句式表达出准确丰富的内容，这是我访学期间最大的收获。

在这边实验室，导师的要求是实验室交流和例会必须说英语。而且学校组织了不少 faculty candidate seminar，导师鼓励我们去参加，从而学习别人如何做演讲，如何做求职面试，如何做 PPT。这期间，导师也组织了多次实验室的 seminar，每次由一位同学做 PPT 为大家介绍自己的工作。我也在 2014 年 1 月底做了一次实验室内部的学术汇报。因此，访学期间，英语听说读写都得到了极大的提升，同时也提升了自己做学术汇报的能力，增强了敢于向他人展示自己工作成果的自信心。

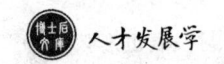

三、学术贡献

在访学期间,结合这边实验室的 bistable 非线性结构,提出了高效的振动控制设备,并进行了理论与实验研究。完成了两篇期刊论文,其中一篇 SCI 检索期刊 Smart Materials and Structures 被录用并将于近期发表。

四、其他的收获

首先,在美国学会了开车、办保险、办电力业务、烧菜、做家务、独立生活能力极大提高。

我还游历了整个美国:

2012 年 12 月 23 到 2013 年 1 月 8 日,与同学驾车从安娜堡到芝加哥,沿着美国母亲之路 66 号公路,从芝加哥一直开车开到加州的洛杉矶,期间跨越了多个州,横穿美国大陆,见过了各地风光,雄伟的大峡谷,寒冷的犹他州,温暖的新墨西哥州,彪悍的得克萨斯州,绚丽的拉斯维加斯,最后停在了洛杉矶 Santa Monica 66 公路结束之处,完成了 2200 英里的驾车旅行。然后北上到了旧金山,在沿着另一条路线,经过盐湖城,开回安娜堡。这是一场疯狂而自由的举动,至今还历历在目,在洛杉矶的好莱坞环球影城与很多人一起聚集狂欢,倒计时,迎接 2013 新年。

2013 年 8 月下旬,与本科同学一起飞到洛杉矶,沿着拉斯维加斯,大峡谷,羚羊谷,盐湖城,黄石公园,旧金山,洛杉矶,领略了黄石公园景色的优美。

2013 年 12 月参观了华盛顿,参观了博物馆。然后在纽约游历了两周,领略了城市的人文魅力,参观了很多博物馆。最有意义的事是在纽约巴特里公园跨越了 2013 年。看着烟火映照下的自由女神像,突然想到,2012~2013 年是在这块大陆最西边的城市跨年,2013~2014 年在最东边的大城市跨年,跨越这个大陆跨越了一年。

除了旅游以外,在这边遇到了很多国内过来的访问学者,感觉找到了组织，平时参加组织的活动，结识了不少访问学者，拓宽了人际关系，对今后的科研合作打下了基础。这是很重要的收获。

五、感动的事

在最后回国之际，美国这边的导师开了一个派对，在派对上导师赠予我珍视的有实验室标志的水杯礼物，这让我感觉到，虽然我只是这里的匆匆过客，却依然得到了集体的温暖和大家的热情。

六、遗憾的事

在这边访学时间略短，如果能再待的时间长一点，也许能取得更多的成果，学到更多的知识。

七、我的心声

在美国学习16个月，我变得成熟稳重、独立自主，学术科研能力也得到了很高的提升，这为今后的科研工作和未来的发展奠定了坚实的基础。总之，这趟在美国的访学经历将是我人生中值得珍视的一段宝贵经历，收获远大于遗憾。因此，衷心感谢国家留学基金委和北京航空航天大学能给予我这个宝贵的机会，感谢国内导师黄海教授对我的出国留学的支持以及留学期间对我博士论文的指导，感激密歇根大学这边的导师、博士后以及实验室同学的指导与帮助，感谢其他访问学者对我真诚的帮助，让我度过了愉快、收获颇丰、非常有意义的16个月的访问学习。

学者王立存和李西兵的学术感悟[1]

一、初到美国

曾经鸟瞰亚欧大陆，如今即将飞跃重洋。

---

[1] 王立存博士，重庆工商大学教授，美国密西根大学访问学者。李西兵博士，齐齐哈尔大学教授，美国密西根大学访问学者。

带着梦想，带着喜悦，带着心中的好奇登上了从北京首都机场飞往美国的 Delta 航班飞机。

想象着美国的山，美国的水，美国的人，美国的大地，美国的天空，美国的森林，以及前人所谓的一切在我们心中无名地想起。

以为 DTW 机场多么的庞大，车辆多么的众多，人流多么的拥挤，来之前不必联系，到了之后随时、随处打的。

岂料，这里不是北京，不是上海，不是中国的大地，根本没有类似的对比。

没有随时的 TAXI，没有拥挤的人群，没有众多的车流，没有首都机场的庞大无比！

国内国外两套系统，不同体系。

飞机着陆，腿着地。

取行李，在异地，下飞机。

排队，出关，国际出口，只两条人流，心情不紧不急。

有位老太，不懂英语，前来问起，帮忙翻译。

小事一桩，愉快之极。

助人为乐，初试我们在美国的第一口英语。

轮到我们，询问了几个问题。

咔嚓一声，盖章完毕。

走出关卡，来到大厅，没有几个人，只有一对夫妇和一个看似是中国人小兄弟。

看着第一次来的不熟悉的东张西望对此地颇感好奇，这位小兄弟主动问起，到哪里去？

心情高兴，热切温暖，还是普通话！

迎面答道："到密大去。"

"跟我走吧，我的室友，一会过来，DWT 接机。"

碰到了好人，后来才知道幸好没有去找那根本就打不到的"的"。

坐上小兄弟的汽车，一路狂奔，聆听他们的对话和妙语。

"在美国开车，完全没有了北京、上海的拥挤，甚至你是会感到孤独的。"

来到了密大，住下。

首先是拜访仰慕已久的导师 Professor Jun Ni。

第二天，到学校去。

地太大，路太多，不知道路怎么走，实验室又在哪里？

遇到一中国学生，打听：

"在东边。"

其实已经转向，找不到南北东西。

"有个'很高'的钟塔，就在哪里。"

顺着公路走过去，其实是绕了过去……

找来找去，钟塔在哪里？

很高建筑呢，饶了很大一圈，何从谈起！

可能是它了，终于，和国内习以为常的高楼大厦相比，这里的很高，四五层楼而已。

广场路边，与 Prof. Jun Ni 偶遇，促膝谈心。

美国学习研究，待续……

二、我们的感悟

1. 中美教育观念之思考

美国的教育为了生活和创新，注重培养学生的实际动手能力，以达到树立自信、自主、自立精神和独立的个人人格魅力的目标，每个人都是不同的、独一无二的，每个人追求的也是不同的、独一无二的，而不是一味地整齐划一。而正是每个人的不同和独一无二组成了丰富多彩的人类社会，削弱了彼此之间的攀比心态，每个孩子都看到了自己独特而优秀的一面。

中国的教育为了应试，以填鸭式教学方法灌输教育，培育出的学生具有严格、严密、严谨的精神，这是好的，但同时更多的是在创新能力方面的不足，容易偏于自我约束、自我控制，甚至因害怕出错而习惯于固守规范，缺乏了独立创新的内在细胞。

这种应试教育，以中小学为例，为了使自己的学校有个好成绩，学校对教师们布置任务，教师们怎么办？只有给自己的学生布置更多的任务。从而促使教师对自己的学生与其他老师或其他学校以及全国的同类教师的学生更多的是进行成绩上的对比，促使每个老师多留作业，不仅没有减负，反而实现了增负，现在小学一年级的书包至少得用中学初一、初二学生的书包才能装下。所以，教学机制和培养模式的改革至关重要。

另一方面，教育不能发展成为一个产业，尤其是义务教育阶段，如果成了一个产业，就会偏离教育目标，"人"是培育了，"才"就没有了创新。小孩子到了美国，为什么都不愿意回来？即使英语不是很懂，交流不是很通，但都不愿意回到过去。浙江大学郑强教授分析过我们为什么诺贝尔奖难于出现的原因，值得我们深思。

创新是一个民族的灵魂，学生们淹没在众多的作业中，哪来的创新，现在一年级的同学回家做完作业都要九点多了，还要家长签字验收，睡眠都难以保证，何谈创新的培育。实践证明，现实情况的对比，要实现我们的创新性教书育人的教育目标，任重道远。

2. 中美大学科学研究之思考

美国的大学教授，大都自己是一个团队，自己带五六个、七八个研究生，教授、副教授甚至即使刚刚来到大学的助理教授，自己都有自己的观点，组成自己的团队，因为每个人的独特和不同的思想，每个人都有一个思想的火花，众多人加起来就出现了众多的庞大的思想，和其他教授联合组成大团队的也有，但比较少。

中国原来大多也是单一教授体制，现在向科研团队方向转变，有利也有弊，也可以说是是在社会转型期的一种探索。

教授的工作注重于放在基础理论、应用理论，完全应用的比较少，应用的研究是企业研究中心的任务。大学教授主要做机理研究或者样机研究，后续的任务企业进行承接。

中国的教授做机制研究，最好要出样机，甚至还有"交钥匙"工程。无可厚非，可能和中国大而全的观念有关系，可是人的精力是有限的，爱因斯坦也只做了原子弹的机理分析，后来带领造出原子弹的合适人选还是罗伯特·奥本海默。

当然，这和我们的社会结构是有关系的，我们的企业现在的科研能力还没有独立。更重要的是，在这个转型期中如何从为工业界服务到引领工业界的境界，值得我们探索和深思。

3. 中美交通规则之思考

考驾照的之前，一本很厚的交通规则手册是必看的，比国内的几百道题还多，更多的是一种让你去了解某个规则的道理，去理解某条规则的原因。例如：校车停车学生上下车时，过往车辆是必须要停的，这不是理，而是法。如果不听，警察立马出现，这不仅仅是两百美元的问题，而是要上法庭的。

"小路让大路"，小路上有停止标志，大路的车是根本不用左顾右看甚至刹车。这样大路的行车效率就会很高，小路遵守STOP 秩序，也安全有序。

如果携带临产孕妇闯了红灯，跟警察解释清楚，万方情急无奈之下，警察也会让你过去，不会扣 6 分的，但这只是一个特例。很多情况，寓情于法，寓理于法，合乎情理的条款放在了法律中成了法律，合法的条款也是有道理的、合理的。

法和理，法和情，可以达到一种境界，两者可以实现没有冲突，成为和谐的一体。

4. 几个常用词的解释

（1）华人与中国人。在美国所谓华人，中国后裔是不会叫中国后裔为华人的,他们互称为中国人。华人是国内的尤其是大陆的国人给国外的中国后裔类似于给某些外国人的一种优待或者是一种自我贬低,在国内为了区别可称呼,至少在国外根本没有必要。台湾人自己都认为是中国人,而有些大陆人非要把人家区分为台湾人,都是自家人,这点可能和自信心有关系,很重要。

(2)中国与国内。我的很多朋友,尤其是很多没有出过国的人,对来到国内的一些学者或者刚刚出去不久而回来的人在国内交流时说"中国"而不说"国内",并不是他们把"国内"叫作"中国"是去把他们自己撤离了"国内"这个范围,并不是这个意思的,而是他们出去了,有了国际国家的框架思想,把相应的地方叫出了国名而已,无他,没有什么的。包括在美国的中国人,他们谈论国内,在相对的外国是要称呼中国为中国的,有时候中国人之间成为"国内有什么新闻了",也是很正常的。

(3)台湾人与北京人。有些台湾人自称为台湾人,他们的意思是他们来自台湾的意思,就像北京人自称为北京人,有时候是我们大陆人想多了,或是把人家提前排斥在外了。大前提是他们也是承认自己是中国人的,我们也认为台湾是我们的一个省,有时候也很正常的。

三、我们的收获

我们在美国最大的制造研究中心学习、工作,开阔了视野,拓宽了思路。在美国最大的制造研究中心 GROUP 合作、探讨和研究,参与到 NSF 美国自然科学基金项目和 CHRYSLER 汽车项目等的研究中,受益良多。同时,利用课余时间,更多地了解美国的社会。积极参与中美大学教育和中美创新体系的比较研究工作,探索中国教育体制机制改革的思路,进行中国大学科研团队建设和创新思维体系的思考。本文根据对密歇根大学的调研,结合齐齐哈尔大学和重庆工商大学等国内部分高校的现状,对相关方面提出几点看法,仅供参考。

1. 教学方面

中国的教育是训导式的，美国的教育是启发式的，中国课堂以教为主，美国教与学兼顾并重。

我们认为中国的教育改革最好是把训导式与启发式相结合。让更多的学生在课堂上接受训导式的教育，少部分学生头脑聪明灵活，可以采取启发式，不受条条框框的限制。老师上课讲到关键的地方可以主动停下来，询问学生该怎么办，活跃课堂气氛，兼顾教与学。老师在教学中重视培养学生的批判式思维，老师在课堂上讲的不一定全对，应该鼓励学生提出问题，使学生的提问能触及问题的深处。在座谈会或在开会讨论问题时，要是有人提出问题，好的问题提出来后就等于解决了问题的一半，要注重培养学生在实践中去发现问题、归纳问题和自己去解决问题，学生可以与老师一起探讨，师生的思维一起互动。建议学生做的习题是开放式的，往往没有一个固定的答案，老师鼓励学生自己去思考、去提炼、去简化、去提出方案，而且没有唯一的答案，更加注重学生的能力提高和创新，注重解决实际问题的能力。

大学对人才的学习和培养，如何来评估？其实，有效的人才培养并不是指把学生的课时填满就够了，而是要看学生是否学到真正有用的知识。

每四年进行一次人才培养计划修订，但起的作用不大，其主要原因是教师不想改变原上课的内容，有些教师讲同一门课几十年，内容没有一点更新，很多新课本增加的新知识也不讲，教师上课不按照大纲要求，或者大纲是临时做的，好不容易把培养计划做出来，可大纲没有，现选教材现做大纲，能起到多大作用呢？其实，教学改革要怎么进行，首先，要在改革前做调查，任何的改革不是平白无故、没有依据地改，而是要根据调研资料反映出来的问题来改。比如可以这样调查，从毕业的从事本专业的学生根据毕业年限分类调查，第一类是毕业20年的，第二类毕业

10年，第三类毕业5年。把调查分成两类，一是大学课堂上的学习内容在他们职业生涯当中有多重要；二是大学的教育对他们有没有用。然后从分析调查表就可以看到，哪些课程设置对学生职业生涯重要，哪些是教育体系里的不足之处，哪些是学校认为重要而毕业生觉得不重要的，还有哪些是毕业生认为很重要但学校的教育里没有注重的？

根据国内相关高校具体情况，建议在教学改革有增加两大内容：一个是加强学生动手能力，一个是增加实验课。以前每一门课后面都有一个"小尾巴"，让学生跟着老师去做实验，但具体的实验结果都由实验室的工作人员测试出来了，学生只是去抄个数据、写个报告就完事，这样就达不到"学生要学"的目标。现在虽然是合成一成实验课，但其本质还是没有发生多大变化。建议现在的新教学方案是，把所有的实验抽出来集中成一节大课，三、四年级学生都需要上这样的实验课。两年的实验课加起来一共12个学分，以增加在整个本科毕业总学分中的比例。由此，学生们不仅要做实验，还要设计实验。比如测试材料的强度，做这个实验时就要考虑怎么测，如何调整误差，实验报告如何处理？这些实验都由两三个学生合成一个小组完成，大家都非常重视。这样改革后，学生们就不会像原来那样，在实验室"看一下、听一下"就走了。

在课堂文化方面，中国高校的办学理念和美国也有明显差异。国内大学以传授书本知识为主，而美国大学在培养人的能力、创新性和传授知识上是三者兼顾的。在教学方法上，中国的教学一般是教授在课堂上讲，学生听讲、记笔记。但美国大部分的老师都是一边教授知识，一边与学生互相学习。在中国的大学讲台上，很少有教授敢讲自己不懂的问题，因为他可能会被学生轰下去。很多学生会说，老师怎么自己也不懂，就这样在讲台上讲呢？但在美国，经常可以看到学生和老师一起探讨问题，老师可能会说：这个问题老师也不知道答案，但如果由他自己来解答，会如何简化、找出怎样合理的方法……这样，学生和老师一起讨论、学习，这也是美国学生解决实际问题能力强于中国学生的重要原因。反观中国学生，可就不一样了。中国学生喜欢在做完了作业后"对一对"：如果答案一样，大家都放心了。而在美国课堂上，更多的题目是开放式的，很多问题没有唯一解，只有若干个解里面哪个比较好。就这一点而言，中美大学的教师在教学理念上有明显差异。其实，问题有唯一解，老师改卷子很容易，计算机也可以改卷；但如果题目是开放式的，那么对老师的要求就非常高了。

目前，部分老师还是以授课为主，老师讲，学生在底下记笔记等，现在用了PPT，PPT因为速率太快，效果不见得很好，信息量进的快、出的也快。在美国，大学更注重学而不是授，因为知识可以通过Google这些搜索引擎马上能够知道、了解，而应更注重能力的建立，特别是各种批判思维能力的建立。我们觉得，我们中国包括教材、老师布置的家庭作业、考试题目等大部分是公式化的，已经提取好的问题让学生解，学生更习惯于做完作业就对答案，现在学生普遍习惯这样，考试考完了，老师答案一公布，和老师的标准答案一样学生就很放心，肯定能拿高分。这样，他们的创新能力被约束了，因为我们都是追求唯一解。美国大学更强调、更鼓励用开放式问题而不是公式化了的问题，我们觉得这很重要。

我们还处于一种传统的教育体系，即一年级打数学、物理基础，大二的时候再打一些基础，第三年打一些专业基础，第四年专业课，第八学期是毕业设计。这体系的弊端就是大学四年的后半学期，很多学生都不在学校，都在外面，为了减轻就业压力，很多人就先去实习，报了一个用人单位，给他们做一做、表现一下，好的话就把自己留下来。实际上，组建毕业设计的本来目的是把四年所学知识进行汇总、综合演练和应用，但我们觉得这个目标没有达到；另外，学生学到第四年，很多一年级、二年级、三年级学习的知识已经忘掉了。中国的教育方法有点像武术。第一天做什么呢？可能是提水，提水后就是走梅花桩、蹲马步。有的时候，学徒根本不知道提水、走梅花桩、蹲马步有什么用。美国的教育体系又是怎么样的呢？先去打个架，跟人打斗一番，打斗一番之后才知道我要练防守，我要练进攻，我的腿部力量还不够等。在美国，有些老师是这样的，学生上我的课，你拿我的Ａ很容易，但要拿Ａ＋，你要是不让我感到惊喜，你就拿不到Ａ＋。你要敢于提出问题，敢于创新，甚至在美国的有些课堂上，老师喜欢讲一些自己也不知道答案的问题，和同学一起探讨一些自己怎样分析化解这个问题的过程，告诉学生这是没有唯一解的只有相对来说比较好的解，这个过程是带领学生开发他们的创新思维。如果你只是告诉他们一些已经提炼好的结论，而不是一个思考的过程，学生是很难学会自己去解决问题、提出问题的。这是办学理念上的差异。在这方面，应该制订出具有特色的培养计划，让学生能够主动去学，有目的地去学，否则学生不听课，逃课便是难以避免的。

在图书馆与实验室利用率方面，国内很多大学都盖了非常漂亮的教学楼、办公楼、学生宿舍、图书馆等，实验室内都配备了现代化计算机和先进设备。在很多硬件方面，国内的大学胜过美国的许多大学。但是，国内大学的软性服务普遍不如美国大学，密歇根大学有24个图书馆，开放时间都很长，有半数的图书馆24小时开放，每周开放7天，哪怕在圣诞节和新年，都有个别图书馆保持开放。办图书馆就是为广大师生提供服务和方便，使师生能随时获取信息。在美国，评估一所大学图书馆的好坏，关键就是看师生的利用率。而国内大学的图书馆管理普遍存在的问题是，开放的时间较短，馆内有的地方还设了禁区。实验室利用率也很低，有的先进设备购进来后就被搁置在一边，不让学生使用，生怕弄坏。

为什么会出现图书馆与实验室利用率低呢？这主要跟培养计划有关，我们注重的是教而不是学，所以学生才会不去利用。

建议：理论课与课程设计同时进行，减小理论课时间，增加课程设计的时间；凡是适合做课程设计的课程，可以16学时理论教学，16学时课程设计教学，并且穿插进行；在进行课程设计环节时，指导教师必须到位，根据学生制订的计划进行实时跟踪，避免只有布置题目与验收结果两个环节，形同虚设，指导教师必须把好关，防止网上抄袭现象；同时图书馆主动为学生提供信息，欢迎学生进来使用，哪怕自己带书进来学习，因为里面的宁静舒适的环境吸引了学生；在使用实验室方面，对学生进行适当训练，让他们掌握安全操作知识，可以提高使用率，对学生教学和科研都有帮助；同时严格把关教学实验设备的购买，现在很多学院拿着本用于购买教学设备的钱购买自己科研设备，造成设备利用率低下。

其实学校很多想法都挺好，关键一到执行阶段，由于利益驱使，并没有达到预定的效果，如省重点专业拿下来了并没有实质性变化，人才培养试点改革也没有按照想法去执行，不少是面子工程，为了获得省里或者学校的经费支持。

2. 科研方面

从创新机制来看，中美大学间的区别非常大。中国的大学基本以国家战略目标为导向。比如，国家现在有16个重大科研专项，很多科研经费也就顺着这些项目拨过去了。而在美国，大部分的创新还是以个人兴趣为导向。这样，从资源分配来看，中国的科研经费实行的是国家拨款，且拨款方式比较集中。16个重大专项，每个都有上百亿元资金投入。而美国实行的则是分散性投资。

再从组织结构方面看，中美两国也有很大的差别。在科研上，中国的高校一般是大团队、大梯队，而美国都是小梯队、小组，但这些小组又可以动态组合成无数个新的队伍。在中国，科研项目往往就局限于十多个科研院所，因为一个所里往往集结了一位学科带头人、所长，还有几位正教授，若干位副教授，一批博士后和一大批学生。底下的教授、副教授、博士生，这些人的研究方向、任务都是由所长从上到下指派过来的。

因此，就未来创新人才培养模式来说，中国高等教育面临着三大挑战：一是创新环境，二是创新机制，三是创新基础。

首先，中国的创新环境基本上是对接国家需求的。原创性研究不一定可以和美国相比，但完成某些国家的科研项目、任务，比如国家"863"项目等，则可以非常高效。但随着创新型社会逐步建立起来，中国以后不能只是局限于跟踪研究，即国外做什么我们做什么，中国一定要推出自己的原创性研究，这就是第一个挑战。

第二，在创新机制上，中国大学要学会在科研大团队模式和动态协作的众多科研小组模式上实行两者兼顾，既不能完全依靠大梯队，也不能像美国，都靠个人小组。从中国社会发展、经济发展的实际需要来讲，高校既要有科研大团队，也有鼓励若干创新型小组甚至个人，鼓励教授自己带学生一起去进行创造。

第三，从创新基础来说，未来10年，中国大学很可能要经历一个大的变革。目前中国高校做的很多科研，还是工业界应该做而不能做的事。而这种水平的研究在美国基本上已经由大公司自己的研发队伍来做了。今后，一旦中国有更多企业都能够像华为那样有了属于自己的研发队伍，那么就不会继续依靠大学来解决它们的问题。所以，中国高校一定要在基础创新上往前走一步，谁走得早，谁就领先。

相当一部分国内高校为什么这么多教师不愿意搞科研，争着上课。其实这与竞聘职称条件、科研与教学成效都有关系。在职称评聘条件中，评副教授除了写几篇第一作者核心期刊论文外，其他条件都可以挂名参与，评教授有市厅级主持项目就可以，也就是说获得硕士学位，把硕士论文整理一下，发几篇论文，找个机会参编一下书，参与一下项目，参与一下实用新型专利就符合要求评副教授要求了，年轻的时候就这样混过来了，哪还会做多少科研呢。在国内，很多院校评副教授必须要主持省级以上项目并结题，评正教授必须要主持国家级项目并结题才行。我们觉得评副教授最少应该主持市厅级以上项目，评正教授必须要主持省级项目并结题才行。另外，建议评职条件中论文与项目应该挂钩，参聘中如果缺少与项目内容相差的论文，要么项目无效，要么论文无效。现在很多教师为了评职称而挂名，实际上不做科研。科研想出成果难，教学想出好成果难，教师想上一门课容易，想上好一门课难，相对目前教改不是很好的情况下，通过教学更容易得到更多的效益，特别年轻人，工资低，更容易愿意上课而不愿意搞科研。建议提高科研力度，除了科研奖励外，进行科研与教学综合评分，实行效益分配制度。如科学与教学都分为高低两档，当科学与教学都比各自低档分高时则为合格，那对高于各自低档分以上的进行效益分配；当其中科研或教学分有一个高档时，允许另一分为高档分，只对高于高档分以上的进行效益分配，以支持专门从事科研水平高或教学水平高的教师；如果科学与教学都分都不合格，则高职低聘或进行相应惩罚。

3. 师资引进

在美国，大学招聘一名老师有严格的考核标准，进来的都是明星级或具有明星潜力的老师。我们国内大学进来的老师，多是大批量进来的，许多人拿到博士 2~3 年后就升到副教授。他们到学校或科研单位后，依托有名气的大教授搞科研，从而违背了大学科研的规律。在国外，一个助教（拥有博士学位）从被聘用的第一天起就应该独立,学校期待他能独立开展科研教学。但是,国内助教的工资很低,如果不依托某个大教授,他们的生活就非常艰难。国内一些大学现从国外高薪聘请一些特殊人才,薪水高出国外大学好几倍。但是如果国内大环境不改善,从国外空降几个人过来不能解决问题,很难影响大学的发展方向。可见,培养人才是个漫长的过程,不能急于求成。

中国高校师资队伍普遍比美国前十所的师资水平要差,关键是国内聘用单位的标准太随意、太低,不使用国际标准,而且只重引进、不重引进后的管理和评价。

建议采取新人新办法,老人老办法,对新进来的老师要严格把关,逐步过渡。一旦新人超过一半的时机成熟后,就应该进行重大改革,提高对老师的考核标准。教师把教授聘上了,学校如何激励教授工作,又凭什么指标评价教授的工作,教授应该在学术地位、教学、科研等方面有自己的贡献才行,不能评上了教授就万事大吉。另外,评教授投票,应该是一件极为慎重的大事情,投出的票就表示你认可其有教授的资格,今后其所作所为是否像一名教授,你投出的票应对其负责,对学校负责,对教育负责。

学者邱志惠的学术感悟[1]

我五次访问密歇根大学,分别是在 2003 年、2007 年、2012 年、2013 年、2015 年。最长的一次是 2007～2008 年一年,在密歇根大学做访问学者。所以,非常想写写我的一些访美感受,下面仅从以下几个方面谈谈个人的体验感受。

---

[1] 邱志惠,西安交通大学教授。

一、科研

很多著名的教授在评上终身职称了以后，自己发表的论文很少。所以，有些人可能会有疑问，他们是不是不做科研了呢？其实不然。美国大学的科研经费来源两个渠道：一是国家课题，主要是基础科研的多一些，总量很少；二是企业课题，即应用型科研，工科的课题主要来源于此。我所访问的密歇根大学工学院承担的课题大多属于第二类。研究成果要实际应用到企业的产品上，产生经济效益，科研的成果是属于企业的。课题组如果想写成论文发表，首先要等企业将研究成果申请专利，再经过企业内部的层层审批，获得批准后才能发表。或者有的成果不适合申请专利，属于企业内部机密，干脆不披露，不让其他企业去分享成果。

再者，美国大学不是以论文数量为考核指标，教授以成果在产品上的应用为自豪。以汽车城而闻名的底特律，附近的大学首选合作企业当然是三大汽车公司，其次为其他汽车零部件供应公司。我认识的教授，所做项目研究大都涉及汽车产业。无论专业领域是机械、电子、计算机、材料或控制，都和汽车息息相关。从车身上一个最小的焊点、汽车轻量化、碰撞、安全，到发动机里的各种流道、气孔、各个细小的结构设计，无不渗透着教授、博士、硕士们的精心研究。难怪美国的汽车质量好，安全系数大。即使几十辆车在高速公路上发生碰撞，也很少人员的死伤；打开汽车前盖：周边的防碰撞粗管子都可以和赛车媲美，让我目瞪口呆。

二、教学

密歇根大学要求每个教授都要上课，不仅给研究生上课，还要给本科生上课，大部分教授一个学期要上2~3门课，这是教授的主要考核指标。无论你是系主任，还是院长，即使是诺贝尔奖获得者也没有例外，要给本科生上课。学校为本科生可供选修的课程达到15000多门，学生来自全美和世界100多个国家。密歇根大学的教师中，有现任的美国国家科学院院士十多人，还有许多世界知名的学者及科学家。学校工资最高的不是校长，而是一位法学院的特聘讲师。教授们以教学为主任，以学生接受知识、探讨教学内容为乐趣，很多课程都有可以创新、独自发挥的空间。一个大作业，学生要花大量的时间才能完成。我全程跟听的一个产品分析课，每个作业都设计得非常好。一个组的学生分析一把椅子，完全拆成了零件，不能恢复了，分析得认真细致。另外一组的学生，分析耐克鞋，直接把鞋从中间切断开，每一层的材料，都清清楚楚。我听了两遍的机器人课，每组学生把机、电、程序控制样样精细，最后做出产品运动展示，写报告。一门课的设计不亚于我们有些本科生的毕业设计，所以写的报告肯定不会脱离实际。学生最后的成绩也不仅仅以期末考试为全部，期中成绩占30%，作业占30%，期末考试成绩占40%。密歇根大学上课的时间也和中国不一样，几乎什么时间都有，教室的利用率很高。我刚到安娜堡的时候，为了练习英语，连续听课，中午都有课，连吃饭的时间都没有。我最喜欢的一门课是汽车系主任开设的课程，每周一次，请的都是汽车公司的总工级大师来讲课，相当于我们国内的讲座，介绍的都是行业内的最新技术、最新状况、最新难题等。特别值得一提的是，密歇根大学的网络教学，很多经典的、主要的课程，全部有网络资源，面向全球的网络学生开放，画面是左边是PPT，右面有板书、教师、学生，使得上网课的学生和亲临教室没有什么差别，访问学者也可以去找老师要该课程的密码，进行网络听课。所以，我后来虽然去了迪尔本分校，但还可以上安娜堡分校的课，可以在自己有时间的任何时候听，也可以反复听，有的课程还让我中国的相关同事学习了。

三、密歇根大学校园

我很爱参观大学，特别是美国的名校，每到一个城市必到其著名的学校园区里逛一逛。密歇根大学的校园是我最喜欢的一个，也是我感觉最好的一个。密歇根大学有三个分校，分别在 Ann Arbor、Dearborn 和 Flint。其中 Ann Arbor（安娜堡）是主校区，也是密歇根大学最好的分校。安娜堡是一个典型的大学城，城市和校园融为一体，学生和老师生活和教学的场所往往一街之隔。这里风景优美，气候宜人，在全美最适宜居住的城市中排名第七。

我最喜欢这里的图书馆，大大小小的图书馆和资料中心有几十个。图书馆里其他书不说，就是中文区里的藏书已经让我惊讶：全套的中国各种史书名著暂且不提，仅就中国的地方志而言就非常全，连陕西的宝鸡市市志、铜川市市志都有。

密歇根大学不仅是学术重地，也是文化中心，有近千个学生社团及组织，各种性质的活动应有尽有。另外大学的多所博物馆、剧场、音乐中心、艺术中心、公园等，都是学生课余休闲的好去处，校园生活十分丰富多彩。校园里特别值得去看的有艺术博物馆，除了一些珍藏外，还有不定期的各种展览，我有幸在这里看到了齐白石的画展。这里是著名的诺贝尔奖得主丁肇中的母校，美国前总统福特的博物馆也在北校区……

密歇根大学有极强的体育传统，各种运动团队在比赛中屡屡获奖，大学的主场著名的密歇根竞技场可容纳 10 万多人，学费也是公立学校中最贵的。其捐款数也为公立大学中最高，总额达到 71 亿美元，远超其他公立大学。

四、迪尔本分校

密歇根大学的两所旗舰校区是弗林特校区和迪尔本校区。我这里主要介绍一下我停留时间最长、大家不太熟悉的迪尔本分校（UMD）。因为安娜堡大家都比较熟悉了。

迪尔本分校（UMD）其实是众所周知老福特的家园，他捐献给了密歇根大学。校园非常漂亮，有喷泉、河流、原始树木，有鹿、乌龟、天鹅等各种动物，还有专门观鸟的自然博物馆，所以这里完全是一个天然的公园。在寒冷的漫长冬日，坐在温暖的玻璃房里欣赏各种珍奇的、漂亮的鸟，是一件多么幸福的享受。

Chancellor（相当于分校校长）在这个花园里宴请全校的师生，PICNIC。

UMD 地处密歇根州东南部城市迪尔伯恩，是美国密歇根大学三所分校之一。从安娜堡沿着漂亮的 HINES PARKWAY 开上 40 分钟就到了迪尔本分校。虽然学校距离汽车城底特律只有 20 分钟的路程，但是这里的生活环境和治安状况与底特律形成了鲜明的对比，非常安全。学校实行小班教学，很多著名教授亲自上课。2009 年 UMD 获得美国中西部最佳硕士级公立大学排名第四，特别是该校工程与计算机科学连续数年名列前茅，该学校的本科工程教育跻身全美硕士级公立大学前十位。老福特是美国制造业的楷模，他勤奋、求实的作风，影响了美国几代人，也影响着密歇根大学的学生们。在这里，还可以看到福特的好朋友爱迪生为福特家建设的水电站。还有福特当年发明的 T 型车及车库以及现在学生参加世界汽车设计大赛的作品。

五、留学迪尔本

迪尔本分校的教授和福特公司的合作更是贴近。由于美国学生本科生花费学费较高，大部分都是依靠贷款，所以本科后大部分去工作，然后读由企业付学费的在职硕士。所以，迪尔本分校有很多福特、通用、克莱斯勒等汽车公司的员工在这里读在职硕士，很多硕士课程是晚上开设，还是小学期，会开设很多课程。

因为这里博士生比较少，所以很多中国来的硕士生都参与科研项目，获得全额资助。一些学生在读硕士期间就可以去企业实习，基本可以自己负担在美国读书费用，毕业就直接去这些汽车公司工作了。本科生也会参加一些国际水平的汽车设计大赛，UMD的汽车，世界闻名。学校有在校学生9000多人，图书馆、体育馆、学生宿舍的设施，很多是美国一流的。近年来有500多名中国学生这里进行本科和硕士的学习，全部获得学校的奖学金。还有不少的访问学者和访问博士和美国教授一起搞科研工作。

六、尾声

还想写得很多很多，说不完的千言万语，最后和读者一起分享2015年7月西安交大在迪尔本读硕士的学生们一起为纪念母校建校120周年"跳舞吧！交大——为世界之光"拍摄的照片，他们还用身体在福特庄园前构造XJTU（西安交通大学）。